Michael Kofler

Swift 2

Das umfassende Praxisbuch

Liebe Leserin, lieber Leser,

2014 stellte Apple auf der Entwickler-Konferenz WWDC seine neue Programmiersprache Swift vor. Nicht nur viele Entwickler waren sofort von den Möglichkeiten der Objective-C-Altenative begeistert. Auch für unseren Autor Michael Kofler war von Anfang an klar, dass Apple hier die vielleicht zurzeit modernste Programmiersprache geschaffen hat.

Mittlerweile liegt Swift bereits in der Version 2 vor, auf der unser Buch beruht. Es begleitet Sie von Anfang an beim Erlernen der Sprache und ist in drei Teile gegliedert. So lernen Sie im ersten Teil Swift im Detail und Xcode kennen. Im zweiten Teil finden Sie Hintergrundinformationen zu Programmiertechniken, um Apps für iOS zu programmieren. Mit dem Wissen des letzten und dritten Teils können Sie schließlich auch Anwendungen für OS X umsetzen. Zahlreiche spannende und direkt nachprogrammierbare Beispiel-Apps helfen Ihnen, das Gelernte zu verstehen. Unter anderem dabei z. B. ein Kompass, eine Schatzsuche, ein Lotto-Simulator, ein Währungsumrechner, ein Icon-Resizer und das Strategiespiel »5 Gewinnt«.

Um die Qualität unserer Bücher zu gewährleisten, stellen wir stets hohe Ansprüche an Autoren und Lektorat. Falls Sie dennoch Anmerkungen und Vorschläge zu diesem Buch formulieren möchten, so freue ich mich über Ihre Rückmeldung.

Ihr Stephan Mattescheck
Lektorat Rheinwerk Computing

stephan.mattescheck@rheinwerk-verlag.de
www.rheinwerk-verlag.de
Rheinwerk Verlag · Rheinwerkallee 4 · 53227 Bonn

Auf einen Blick

Wir hoffen, dass Sie Freude an diesem Buch haben und sich Ihre Erwartungen erfüllen. Bitte teilen Sie uns doch Ihre Meinung mit. Eine E-Mail mit Ihrem Lob oder Tadel senden Sie direkt an den Lektor des Buches: *stephan.mattescheck@rheinwerk-verlag.de*. Im Falle einer Reklamation steht Ihnen gerne unser Leserservice zur Verfügung: *service@rheinwerk-verlag.de*. Informationen über Rezensions- und Schulungsexemplare erhalten Sie von: *britta.behrens@rheinwerk-verlag.de*.

Informationen zum Verlag und weitere Kontaktmöglichkeiten finden Sie auf unserer Verlagswebsite *www.rheinwerk-verlag.de*. Dort können Sie sich auch umfassend und aus erster Hand über unser aktuelles Verlagsprogramm informieren und alle unsere Bücher versandkostenfrei bestellen.

An diesem Buch haben viele mitgewirkt, insbesondere:

Lektorat Stephan Mattescheck
Gutachten Clemens Wagner
Korrektorat Friederike Daenecke, Zülpich
Herstellung Norbert Englert
Typografie und Layout Vera Brauner
Einbandgestaltung Eva Schmücker
Satz Michael Kofler
Druck C. H. Beck, Nördlingen

Dieses Buch wurde gesetzt aus der TheAntiquaB (9,35 pt/13,7 pt) mit LaTeX.
Gedruckt wurde es auf chlorfrei gebleichtem Offsetpapier (90 g/m^2).

Bibliografische Information der Deutschen Nationalbibliothek:
Die Deutsche Nationalbibliothek verzeichnet diese Publikation in der Deutschen Nationalbibliografie; detaillierte bibliografische Daten sind im Internet über *http://dnb.d-nb.de* abrufbar.

ISBN 978-3-8362-3651-5
© Rheinwerk Verlag GmbH, Bonn 2015
1. Auflage 2015, 1., korrigierter Nachdruck 2016

Inhaltsverzeichnis

2   Operatoren

TEIL II   iOS

10   Hello iOS-World!   327

11 iOS-Grundlagen

12 Apps mit mehreren Ansichten

14   To-do-Listen   461

15   Schatzsuche   501

TEIL III OS X

18 Hello OS-X-World! 617

19 OS-X-Grundlagen 643

Vorwort

Als im Juni 2014 das alljährliche Apple-Entwicklertreffen stattfand, übertrafen sich die Medien wie üblich mit Spekulationen darüber, welche Produkte Apple diesmal aus dem Hut zaubern würde: die damals noch sagenumwobene Apple Watch? Ein neues iPhone? Doch Apple konzentrierte sich auf die Software und präsentierte – selbst für Insider überraschend – eine neue Programmiersprache: Swift.

In ersten Kommentaren konnten selbst Apple-Fans Ihre Skepsis nicht verbergen: Brauchen wir wirklich eine neue Programmiersprache? Doch je mehr Details Apple auf der World Wide Developers Conference (WWDC) verriet, desto größer wurde die Begeisterung der teilnehmenden Entwickler und der Fachpresse. Swift war zum Zeitpunkt der Ankündigung bereits ein nahezu fertiges Produkt, an dem Apple im Geheimen seit mehreren Jahren gearbeitet hatte.

Mit der Freigabe von Swift 1.0 blieb Apple aber nicht stehen. Jeweils im Abstand weniger Monate folgten die Versionen 1.1, 1.2 und zur WWDC 2015 auch schon die Version 2.0, auf der dieses Buch basiert. Damit hat Apple Swift im ersten Jahr stärker verändert als Objective-C in einem ganzen Jahrzehnt!

Warum Swift?

Swift ist für Apple ein Befreiungsschlag: Objective-C dient dem Apple-Universum seit vielen Jahren als Fundament. Das ändert aber nichts daran, dass Objective-C eine Programmiersprache aus den 1980er-Jahren ist, die in keinerlei Hinsicht mit modernen Programmiersprachen mithalten kann.

Swift ist dagegen ein sauberer Neuanfang. Bei der Vorstellung wurde Swift auch *Objective-C without the C* genannt. Natürlich ist Swift von Objective-C beeinflusst – schließlich musste Swift kompatibel zu den Bibliotheken für iOS und OS X sein. Neben eigenen Ideen greift Swift aber auch Konzepte von C#, Haskell, Java, Python und anderen Programmiersprachen auf. Daraus ergeben sich mehrere Vorteile:

- ▶ Swift zählt zu den modernsten Programmiersprachen, die es momentan gibt.
- ▶ Code lässt sich in Swift syntaktisch eleganter formulieren als in Objective C.
- ▶ Der resultierende Code ist besser lesbar und wartbar.
- ▶ Swift ist für Programmierer, die schon Erfahrung mit anderen modernen Sprachen gesammelt haben, wesentlich leichter zu erlernen als Objective C. Vorhandenes Know-how lässt sich einfacher auf Swift als auf Objective-C übertragen.

Wer mit Apple-Produkten zu tun hat, erwartet Perfektion bis ins letzte Detail. Bei aller Euphorie für Swift will ich Ihnen nicht verschweigen, dass dies für Swift momentan nicht ganz zutrifft:

▶ Die Integration in Xcode ist gut, aber nicht perfekt. Beispielsweise fehlen in Xcode noch Refactoring-Funktionen für Swift.

▶ Trotz der Fertigstellung von Version 2.0 ist zu erwarten, dass Apple weiter intensiv an Swift feilen wird. So wünschenswert jede Verbesserung ist, so ärgerlich sind inkompatible Neuerungen, wenn Sie gerade an einer App arbeiten.

Allen Kinderkrankheiten zum Trotz vereinfacht Swift den Einstieg in die App-Entwicklung enorm. Es ist zu erwarten, dass Swift in wenigen Jahren *die* Programmiersprache der Apple-Welt sein wird und Objective-C in dieser Rolle ablöst. In naher Zukunft wird an Swift also kein Weg vorbeiführen.

Was bietet dieses Buch?

Dieses Buch vermittelt einen kompakten Einstieg in die Programmiersprache Swift (Version 2 / Xcode 7). Während es im ersten Teil des Buchs primär um die Syntax geht, demonstrieren die weiteren Kapitel die Entwicklung von Apps für iOS und OS X. Sie lernen Swift also in Theorie und Praxis kennen, wobei die Praxis klar im Vordergrund steht. Nebenbei gibt das Buch Ihnen auch einen Einstieg in den Umgang mit Xcode, in die Anwendung elementarer Cocoa- bzw. Cocoa-Touch-Klassen sowie in grundlegende Techniken und Konzepte der App-Entwicklung.

Um von diesem Buch maximal zu profitieren, benötigen Sie weder Vorkenntnisse in Xcode noch in der App-Entwicklung. Ich setze aber voraus, dass Sie bereits Erfahrungen mit einer Programmiersprache gesammelt haben. Ich erkläre Ihnen in diesem Buch also, wie Sie in Swift mit Variablen umgehen, Schleifen programmieren und Klassen entwickeln, aber nicht, was Variablen sind, wozu Schleifen dienen und warum Klassen das Fundament objektorientierter Programmierung sind. So kann ich Swift kompakt und ohne viel Overhead beschreiben und den weiteren Schwerpunkt auf die konkrete Anwendung legen.

Wenn Sie in die Welt der App-Entwicklung für iOS oder OS X eintauchen und dabei auf eine der modernsten verfügbaren Programmiersprachen setzen möchten, dann schafft dieses Buch ein solides Fundament. Bei Ihrer Reise durch die neue Welt der Swift-Programmierung wünsche ich Ihnen viel Spaß und Erfolg!

Michael Kofler (*https://kofler.info*)

PS: Ausdrücklich bedanken möchte ich mich bei Clemens Wagner, der eine Menge Zeit investiert hat, um das Manuskript zu lesen. Viele Korrekturen und Verbesserungen gehen auf sein Konto.

TEIL I
Swift

Kapitel 1
Hello World!

Traditionell beginnt jedes Buch zu einer Programmiersprache mit dem Programm »Hello World!« – und auch dieser Titel ist keine Ausnahme. »Hello World« gibt eine Zeichenkette am Bildschirm aus. Die eigentliche Aufgabe des Miniprogramms besteht aber darin, mit der Entwicklungsumgebung Xcode und der Syntax von Swift vertraut zu werden.

In diesem Kapitel zeige ich Ihnen gleich zwei Hello-World-Varianten, die im Playground bzw. als Terminal-App ausgeführt werden:

▶ **Playground:** Der »Playground« ist eine Testumgebung, um Swift auszuprobieren. In den ersten Kapiteln dieses Buchs, in denen es um die Syntax von Swift geht, ist der Playground ein unverzichtbares Hilfsmittel, um mit Swift vertraut zu werden.

▶ **Terminal-Anwendung:** Längerfristig besteht Ihr Ziel sicherlich darin, Apps für iOS oder OS X zu entwickeln. Leider sind selbst einfache iOS- bzw. OS-X-Apps mit viel Overhead verbunden: Sie müssen sich mit den vielen Komponenten von Xcode anfreunden, sich mit der Logik eines Model-View-Controllers auseinandersetzen und diverse Bibliotheken und APIs erlernen. Für erste Experimente bietet es sich deswegen an, Programme zu entwickeln, die keine Benutzeroberfläche aufweisen und in einem Terminal-Fenster von OS X ausgeführt werden.

Um ein ordentliches Fundament für die weiteren Kapitel zu legen, in denen es bezüglich Swift-Syntax richtig zur Sache geht, folgt den Hello-World-Beispielen ein Swift-Crashkurs. Er stellt ausgewählte Sprachelemente von Swift anhand von Beispielen vor. Und damit Sie sich bei Ihren ersten Programmierversuchen nicht in der komplexen Entwicklungsumgebung Xcode verlieren, rundet eine Xcode-Einführung das Kapitel ab.

Hello World für iOS und OS X

»Und wo sind die Hello-World-Versionen für iOS und OS X?«, werden Sie nun vielleicht fragen. Keine Sorge, auch die gibt es – aber erst als Einleitung von Teil II bzw. Teil III des Buchs, wo es dann um die App-Programmierung für iOS bzw. OS X geht.

1.1 »Hello World« im Playground

Voraussetzungen

Damit Sie Programme in Swift schreiben können, benötigen Sie drei Dinge:

- einen Apple-Computer, z. B. ein MacBook, einen iMac oder einen Mac Mini
- eine aktuelle Version von OS X
- eine aktuelle Version von Xcode

Xcode ist *die* grafische Entwicklungsumgebung (*Integrated Development Environment* = IDE) der Apple-Welt. Sie können Xcode kostenlos im App Store herunterladen und installieren. Der Platzbedarf für Xcode beträgt gut 6 GByte.

Mehr Komfort mit einem großen Monitor

Falls Ihr Mac ein Notebook ist, sollten Sie über die Anschaffung eines möglichst großen Monitors nachdenken. Dieser macht das Arbeiten in der Entwicklungsumgebung Xcode *viel* komfortabler.

Apple Developer Program

Wollen Sie Ihre Apps später über Apples App Store weitergeben, ist eine Mitgliedschaft im *Apple Developer Program* erforderlich. Diese Mitgliedschaft kostet ca. 100 Euro pro Jahr.

Neu seit Mitte 2015

Mitte 2015 verkündete Apple zwei wesentliche Neuerungen für das Developer Program: Zum einen gab es in der Vergangenheit getrennte Developer Programs für iOS und OS X. Diese wurden vereint, was Entwicklern Geld spart, die für beide Plattformen entwickeln.

Zum anderen war in der Vergangenheit die Mitgliedschaft im iOS Developer Program erforderlich, um Apps auf einem eigenen iPhone oder iPad ausprobieren zu können. Das ist nun nicht mehr der Fall. Das Testen ist kostenlos, die Mitgliedschaft ist erst erforderlich, wenn Sie Ihre Apps im App Store weitergeben oder für OS X signieren möchten.

Den Playground starten

Der »Playground« ist ein Dokumenttyp von Xcode, der seit Version 6 zur Verfügung steht. Im Playground können Sie Swift-Anweisungen ausführen, ohne diese in ein richtiges Programm zu verpacken. Der Playground stellt darüber hinaus weitreichende Hilfsmittel zur Code-Eingabe, zur Fehlersuche sowie zur grafischen Darstellung Ihrer Daten zur Verfügung. Der Playground ist ein fantastisches Werkzeug, um Swift kennenzulernen!

Um zum Swift-Spielplatz zu gelangen, starten Sie Xcode und klicken im Startdialog auf GET STARTED WITH A PLAYGROUND. Sie müssen Ihrem Playground nun einen Namen geben und die gewünschte Plattform auswählen (OS X oder iOS). Die Playground-Datei mit Ihrem Code wird in einem Verzeichnis gespeichert, dessen Ort Sie im nächsten Schritt festlegen.

Die Plattformauswahl ist nur dann relevant, wenn Sie im Playground iOS- oder OS-X-Steuerelemente bzw. andere plattformspezifische Objekte erzeugen möchten. Bei einem der folgenden Beispiele ist dies der Fall – es zeigt eine Bitmap in einem OS-X-spezifischen Image-View-Steuerelement an. Wenn Sie das Beispiel nachvollziehen möchten, müssen Sie sich also für einen OS-X-Playground entscheiden.

Standardmäßig besteht das Playground-Fenster aus zwei Bereichen, die nebeneinander angeordnet sind: Im linken Bereich geben Sie den Code ein. Im grau hinterlegten rechten Bereich werden Ausgaben, Zuweisungen, die Anzahl von Schleifendurchläufen und andere Informationen angezeigt.

Bemerkenswert am Playground ist, dass Sie Ihren Code nicht explizit ausführen müssen. Die Code-Ausführung beginnt sofort, sobald Ihre Eingaben frei von Fehlern sind. Auch nachträgliche Änderungen in weiter oben befindlichen Code-Zeilen werden berücksichtigt; alle Ausgaben werden sofort entsprechend akualisiert.

Nach dem Start eines OS-X-Playgrounds enthält der Codebereich bereits einen Kommentar, die Anweisung `import Cocoa` sowie die Zuweisung `var str = "Hello, playground"`. Die `import`-Anweisung ermöglicht es, Klassen der Cocoa-Bibliothek zu nutzen. Diese Bibliothek dient zur Programmierung grafischer Benutzerflächen. Haben Sie hingegen den Playground für iOS betreten, dann wird statt Cocoa die iOS-spezifische UIKit-Bibliothek importiert.

Hello World!

Sie können nun im Playground eigene Swift-Anweisungen eingeben. Für das klassische Hello-World-Programm ist nur eine einzige Zeile erforderlich:

```
print("Hello World")
```

Das bedeutet, dass die Zeichenkette `"Hello World"` auf dem Bildschirm ausgegeben werden soll. Tatsächlich erscheint die Ausgabe im grau hinterlegten Bereich des Playgrounds (siehe Abbildung 1.1).

Um sowohl Swift als auch den Playground besser kennenzulernen, geben Sie als Nächstes eine einfache Schleife ein:

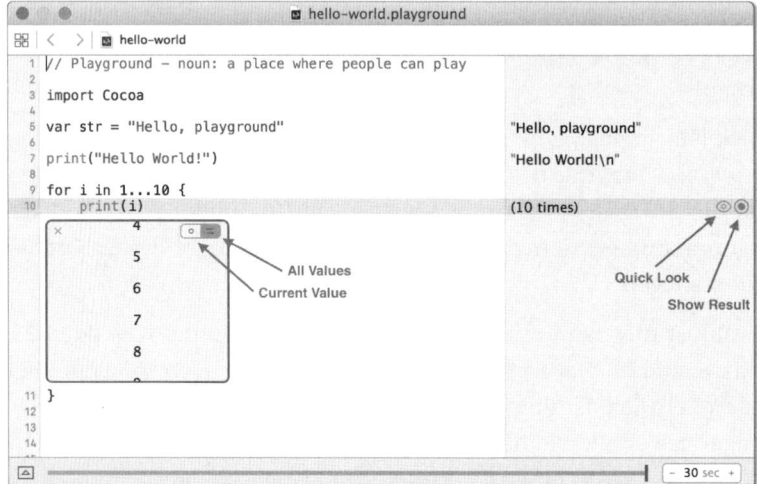

Abbildung 1.1 »Hello World!« im Playground

```
for i in 1...10 {
  print(i)
}
```

In dieser Schleife nimmt die Variable i der Reihe nach die Werte 1, 2, 3 bis 10 an. print soll jeden dieser Werte ausgeben. Tatsächlich ist im grau hinterlegten Bereich des Playgrounds anfänglich nur die Ausgabe *10 times* zu sehen. Das bedeutet, dass der Inhalt der Schleife zehnmal durchlaufen wurde. Wo aber ist die Ausgabe?

In Schleifen verzichtet Xcode darauf, alle Ausgaben direkt anzuzeigen. Wenn Sie aber den Mauszeiger über die Ausgabe *10 times* bewegen, erscheinen zwei kleine Icons (siehe Abbildung 1.1): Mit dem augenförmigen Icon QUICK LOOK können Sie Objekte näher ansehen, ohne dafür ein eigenes Fenster zu öffnen. Das rechte, runde Icon SHOW RESULT fügt hingegen unterhalb des betreffenden Codes eine Box mit den Programmausgaben ein. Anfänglich wird darin nur die letzte Ausgabe angezeigt, also der Wert 10; erst wenn Sie innerhalb der Ausgabebox das Icon ALL VALUES anklicken, zeigt Xcode alle Ausgaben in einer Box mit Scroll-Möglichkeit.

Grafische Darstellung von Daten

Noch deutlich beeindruckender fällt die grafische Darstellung von Daten aus. Um das auszuprobieren, geben Sie die folgende Schleife ein:

```
for x in 1...100 {
  let y = sin(Double(x)/10)
  print("x=\(x), y=\(y)")
}
```

Hier durchläuft die Variable x die Zahlen 1, 2, 3 bis 100. In der Schleife wird y gemäß der mathematischen Formel *sin(x/10)* berechnet. Damit das funktioniert, muss x mit Double explizit in eine Fließkommazahl umgewandelt werden. Anschließend werden beide Werte ausgegeben. Das Miniprogramm nutzt die in Zeichenketten zulässige Syntax \(ausdruck), um den in den Klammern befindlichen Ausdruck in die Zeichenkette einzubauen.

Klicken Sie nun bei der Ausgabe *100 times* neben der Zuweisung y = ... auf SHOW RESULT, dann werden die Werte, die y im Verlauf der Schleife alle angenommen hat, in einer Grafik dargestellt (siehe Abbildung 1.2). Die Sinusfunktion ist darin gut wiederzuerkennen.

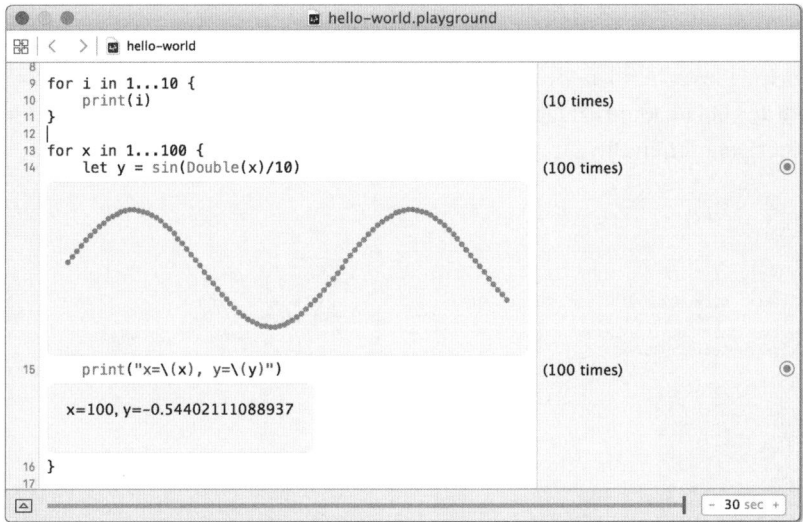

Abbildung 1.2 Grafische Darstellung von Daten

Darstellung von Objekten

Das folgende Beispiel zeigt, dass Sie im Playground auch Steuerelemente und andere grafische Objekte darstellen können. Dieses Beispiel setzt voraus, dass Sie in einem Playground für OS X arbeiten.

```
let rect = NSRect(x: 0, y: 0, width: 600, height: 400)
let v    = NSImageView(frame: rect)
let url  = NSURL(string: "https://kofler.info/uploads/foto.jpg")
let pic  = NSImage(contentsOfURL: url!)
v.image  = pic
```

Der Code ist ein wenig komplexer:

▶ Die Variable `rect` wird dazu verwendet, um ein `NSRect`-Objekt zu speichern, das ein Rechteck in der Größe von 600 × 400 Pixel repräsentiert.

▶ In der nächsten Zeile wird ein `NSImageView`-Steuerelement in der Größe des `NSRect`-Objekts erzeugt.

▶ Die Variable `url` verweist auf ein `NSURL`-Objekt mit der Adresse einer Bitmap-Datei im Web.

▶ In der vierten Anweisung wird diese Bilddatei aus dem Internet heruntergeladen und in einem `NSImage`-Objekt gespeichert.

▶ Im letzten Schritt wird dieses `NSImage`-Objekt schließlich als Inhalt des `NSImageView`-Steuerelements verwendet. Das ist die einfachste Möglichkeit, um eine Bitmap in einem OS-X-Programm darzustellen.

Wenn Sie nun im Playground neben der Ausgabe der letzten Anweisung das Icon VALUE HISTORY anklicken, dann zeigt Xcode das `NSImageView`-Steuerelement samt der aus dem Internet geladenen Bitmap an (siehe Abbildung 1.3).

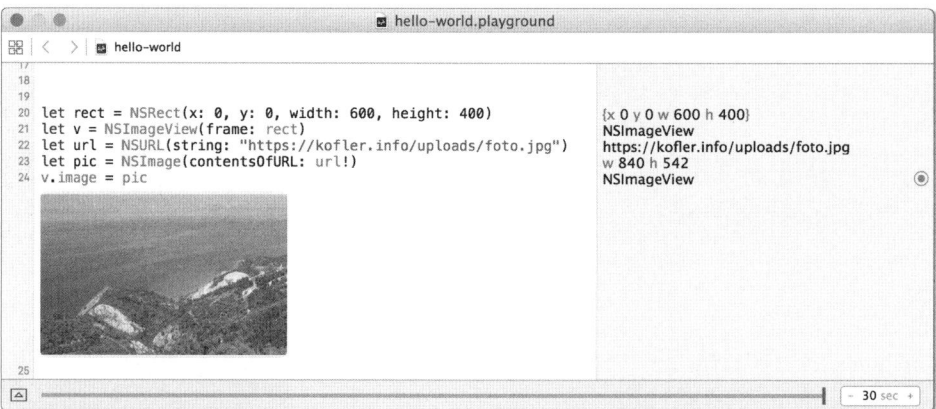

Abbildung 1.3 Darstellung von Steuerelementen im Playground

Was bedeutet NSxxx?

Das Kürzel NS steht für NextStep. NextStep war das Betriebssystem des Unternehmens NeXT, das Apple 1996 gekauft hat. OS X basiert auf NextStep und verwendet bis heute viele Klassenbibliotheken, die ursprünglich für NextStep entwickelt wurden. Deswegen beginnen die entsprechenden Klassennamen mit NS. Analog beginnen Klassennamen des UIKits, also dem wichtigsten iOS-Frameworks, mit UI. Weitere Abkürzungen, die in diesem Buch häufig vorkommen, fasst Tabelle 1.1 zusammen.

Abkürzung	Bedeutung
CA	Core Animation
CG	Core Graphics
CL	Core Location
IB	Interface Builder
IDE	Integrated Development Environment
MK	Map Kit
MVC	Model-View-Controller
NIB	NeXT Interface Builder
NS	NextStep
OOP	Objektorientierte Programmierung
REPL	Read Eval Print Loop
UI	User Interface (UIKit-Framework)
XIB	XML Interface Builder

Tabelle 1.1 Abkürzungsverzeichnis

Kommentare

In Swift leiten Sie einzeilige Kommentare mit // ein, mehrzeilige Kommentare beginnen mit /* und enden mit */. Innerhalb des Playgrounds haben Sie darüber hinaus die Möglichkeit, Kommentare mit //: bzw. /*: einzuleiten. Damit wird nachfolgenden Text gemäß der Markdown-ähnlichen reStructuredText-Syntax formatiert:

```
*kursiv*, **fett**, `Listing-Schrift`

# Überschrift in Ebene 1
## Überschrift in Ebene 2
### Überschrift in Ebene 3

* Aufzählung Punkt 1
* Punkt 2
```

Das gibt Ihnen die Möglichkeit, formatierte Kommentare zu verfassen und auf diese Weise besonders gut lesbare Playground-Dokumente zu erstellen. Ob die Kommentare als Quelltext oder in formatierter Schrift angezeigt werden, stellen Sie mit EDITOR • SHOW RENDERED MARKUP bzw. SHOW RAW MARKUP ein (siehe Abbildung 1.4).

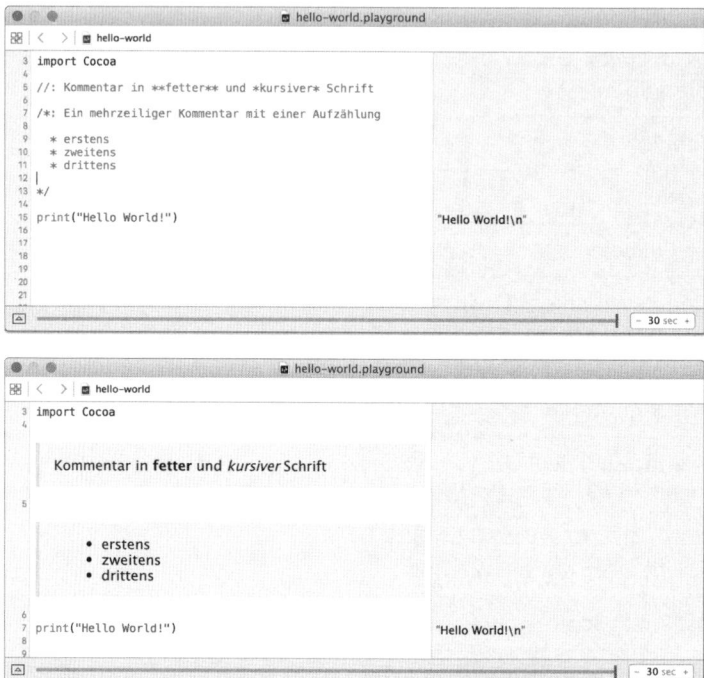

Abbildung 1.4 Oben die Quelltextansicht eines Kommentars, unten die formatierte Ansicht

Playgrounds mit mehreren Dateien

Playgrounds können aus mehreren Dateien bzw. »Seiten« bestehen. Zur Verwaltung der Dateien öffnen Sie mit ⌘+1 den Navigator (siehe Abbildung 1.5) und fügen mit FILE • NEW • PLAYGROUND PAGE weitere Dateien hinzu.

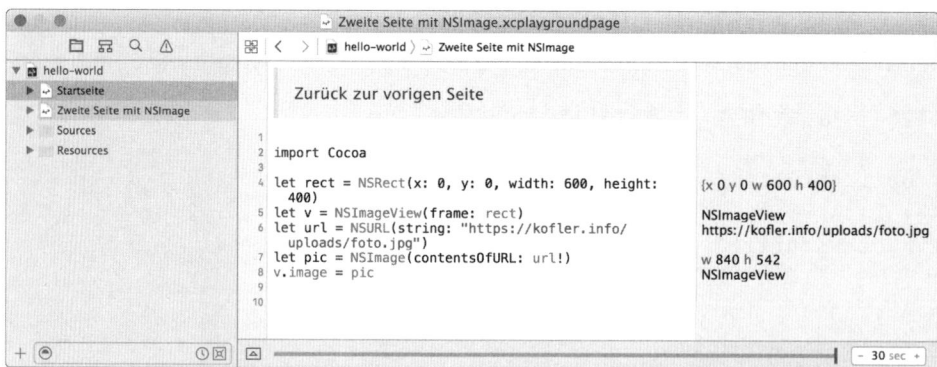

Abbildung 1.5 Mehrseitiger Playground

Die schon vorhandene erste Seite des Playground erhält dann im Navigator den Namen Untitled Page, die zweite Seite wird Untitled Page 2 genannt. Natürlich können Sie diese Namen ändern. ⌘+⓪ blendet den Navigator wieder aus.

In einem weiteren Schritt können Sie die Seiten durch Querverweise verbinden. Die Links definieren Sie als Markdown-Kommentare gemäß der folgenden Syntax:

```
//: [Hier geht's zur nächsten Seite](@next)
//: [Zurück zur vorigen Seite](@previous)
```

Diese Gestaltungsmöglichkeiten sind vor allem dann interessant, wenn Sie Playgrounds im Unterricht verwenden oder interaktive Playgrounds gestalten möchten.

1.2   »Hello World« als Terminal-App

Längerfristig wollen Sie natürlich »richtige« Apps programmieren, also Programme mit grafischer Benutzeroberfläche, die unter iOS oder OS X laufen. Leider ist der Overhead recht hoch, um auch nur eine minimale Benutzeroberfläche zusammenzustellen: Sie müssen sich nicht nur mit diversen Bibliotheken, Klassen und Programmiertechniken auseinandersetzen, sondern sich auch an die komplexe Xcode-Oberfläche gewöhnen.

In den folgenden Kapiteln geht es mir vorerst *nur* darum, Ihnen die Sprache Swift näher vorzustellen. Zum Ausprobieren vieler Sprachelemente ist der Playground vollkommen ausreichend. Wo dies nicht der Fall ist, bietet sich die Realisierung des betreffenden Codes als »Command Line Tool« bzw. »Terminal-App« an. Dabei handelt es sich um minimalistische Programme ohne grafische Benutzeroberfläche, die direkt in Xcode oder in einem Terminal-Fenster ausgeführt werden. Soweit diese Programme Eingaben verarbeiten oder Ausgaben durchführen, erfolgen diese im Textmodus.

Xcode kennenlernen

Auch wenn die Programmierung einer Terminal-App vergleichweise einfach ist, müssen Sie hierfür erstmalig ein eigenständiges Xcode-Projekt erstellen. Dazu wählen Sie im Xcode-Startdialog den Eintrag CREATE A NEW XCODE PROJECT; sollte Xcode schon laufen, starten Sie ein neues Projekt mit FILE • NEW • PROJECT.

Damit gelangen Sie nun in einen Dialog mit Vorlagen für neue Projekte (siehe Abbildung 1.6). Dort wählen Sie aus der Gruppe OS X • APPLICATION den Eintrag COMMAND LINE TOOL aus.

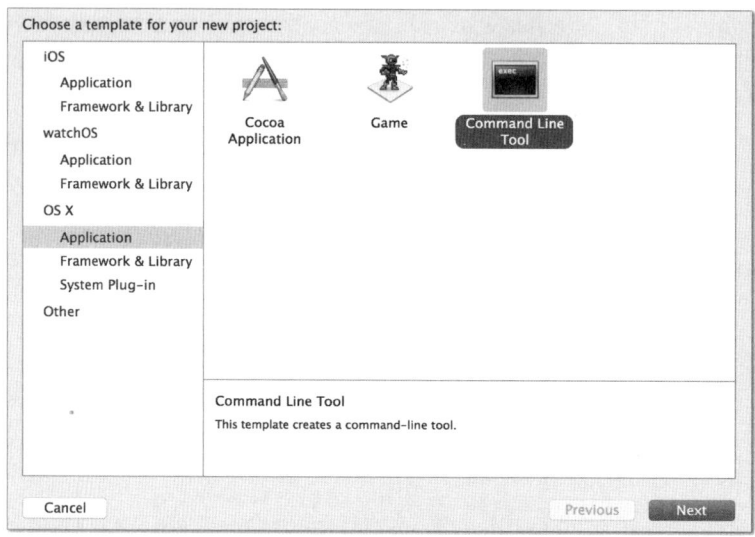

Abbildung 1.6 Dialog zum Start eines neuen Projekts

Im nächsten Schritt müssen Sie Ihrem Projekt einen Namen geben und als Programmiersprache SWIFT auswählen (siehe Abbildung 1.7). PRODUCT NAME ist dabei der Programmname. Als ORGANIZATION IDENTIFIER geben Sie üblicherweise den Domainnamen Ihrer Webseite in umgekehrter Reihenfolge an – also info.kofler für *http://kofler.info*. Wenn Sie über keine eigene Domain verfügen, verwenden Sie vorerst Ihren Nachnamen oder einfach test. Spätestens, wenn Sie Ihre Programme in den App Store hochladen möchten, müssen Sie hier aber echte Daten angeben.

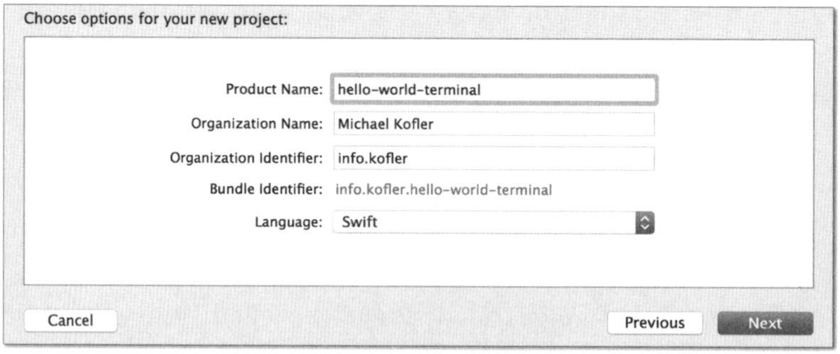

Abbildung 1.7 Eigenschaften des neuen Projekts

Im nächsten Schritt müssen Sie angeben, wo Xcode die Dateien des Projekts speichern soll. Xcode erstellt generell für jedes Projekt ein eigenes Verzeichnis, das mit dem Produktnamen übereinstimmt. Im Verzeichnisauswahldialog geht es somit also nur darum, das Basisverzeichnis für die Projektverzeichnisse festzulegen. Wenn es sich bei »Hello World« um Ihr erstes Xcode-Projekt handelt, empfiehlt es sich, jetzt ein Verzeichnis für alle Ihre Xcode-Projekte einzurichten. Später können Sie in diesem Verzeichnis dann beliebig viele weitere Projekte einrichten. Bei manchen IDEs würde man dieses Basisverzeichnis als Workspace-Verzeichnis bezeichnen. Xcode verwendet diesen Begriff aber in einem anderen Zusammenhang.

Versionskontrolle mit Git

Der Verzeichnisauswahldialog enthält unten die Option CREATE A GIT REPOSITORY. Damit können Sie Ihren Code unter eine Revisionskontrolle stellen. Das gibt Ihnen die Möglichkeit, später Änderungen am Code nachzuvollziehen und bei Bedarf wieder rückgängig zu machen. Besonders attraktiv ist Git für Projekte, an denen mehrere Personen arbeiten. Für »Hello World« ist Git aber definitiv überflüssig.

Nach der Verzeichnisauswahl erscheint die eigentliche Xcode-Benutzeroberfläche (siehe Abbildung 1.8). Außer der in den Fenstertitel integrierten Symbolleiste gibt es vier Bereiche, die ich Ihnen in Abschnitt 1.4, »Xcode-Crashkurs«, im Detail vorstelle.

So viel vorweg: In der linken Spalte navigieren Sie durch die Dateien Ihres Projekts. Dort finden Sie die Datei main.swift mit dem Code des Hello-World-Projekts. Klicken Sie diesen Eintrag an!

Die mittlere Spalte zeigt den Code der links ausgewählten Datei bzw. Details des links ausgewählten Objekts an. Unterhalb des Codes kann optional der Debugging-Bereich mit den Konsolenausgaben eingeblendet werden.

Die rechte Spalte ist in mehrere Bereiche aufgeteilt, die für das Hello-World-Projekt aber allesamt nicht relevant sind. Sie können diese Spalte durch den entsprechenden Button in der Symbolleiste vorerst ausblenden (siehe Abbildung 1.8).

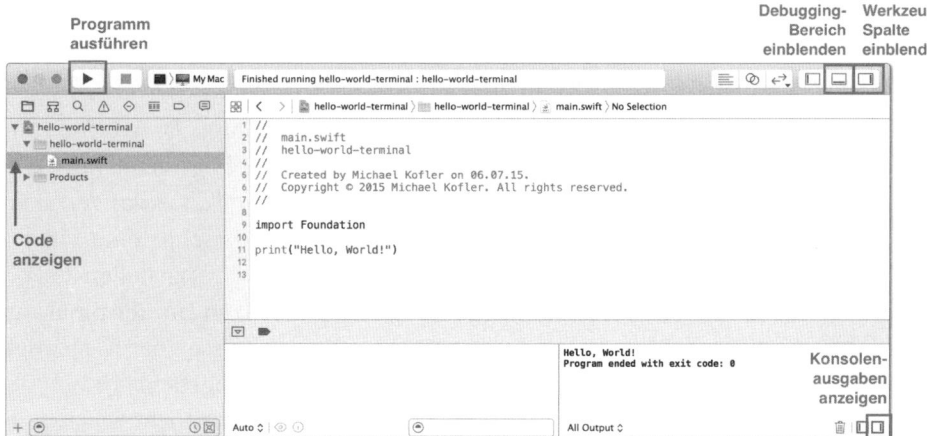

Abbildung 1.8 Der Hello-World-Code in Xcode

Was die Code-Eingabe betrifft, stellt das Hello-World-Programm eine Enttäuschung dar: Die einzig erforderliche Zeile lautet print("Hello World!"), und diese Zeile ist standardmäßig bereits vorhanden. Also können Sie das Miniprogramm sofort mit dem Run-Button bzw. mit ⌘+Ⓡ ausführen. Das sollte auf Anhieb gelingen, allerdings kann es sein, dass Sie in Xcode die Ausgabe nicht sehen: Xcode blendet zwar den Debug-Bereich von Xcode bei der Ausführung der ersten print-Funktion ein, dieser Bereich besteht aber wieder aus zwei Teilen. Oft ist nur der linke Teil VARIABLES VIEW sichtbar; dann müssen Sie mit dem Icon CONSOLE rechts unten im Debugging-Bereich auch den rechten Ausgabebereich einblenden.

Was ist die Foundation?

Xcode fügt in den Code neuer Terminal-Apps automatisch import Foundation ein. Damit können Sie in Ihrem Programm auf eine Sammlung elementarer Basisklassen zurückgreifen. Alle Klassennamen beginnen mit NS, weil auch die Foundation ein Erbe aus der NextStep-Vergangenheit Apples ist. Das Foundation-Framework enthält unter anderem die Klassen NSArray, NSDate, NSError, NSLocale, NSString und NSURL.

OS-X- und iOS-Programme beginnen analog mit import Cocoa bzw. import UIKit. Damit stehen Ihrem Code spezifische Klassen zur Programmierung von OS-X- bzw. iOS-Oberflächen zur Verfügung. Das Foundation-Framework wird in diesen Fällen gleich mitimportiert.

Wo ist die App?

In der Abschnittsüberschrift war ja von einer »Terminal-App« die Rede. Wo ist also diese App? Xcode speichert das neue Programm beim Kompilieren in einem Unterverzeichnis innerhalb von .Library/Developer/Xcode. Am schnellsten gelangen Sie in dieses Verzeichnis, wenn Sie in der linken Xcode-Spalte PRODUCTS aufklappen und dann für den Eintrag HELLO-WORLD-TERMINAL das Kontextmenükommando SHOW IN FINDER ausführen.

Sie können das Programm übrigens wirklich im Terminal ausführen. Dazu öffnen Sie ein Terminal-Fenster und wechseln in das von Xcode erzeugte Debug-Verzeichnis. Am schnellsten gelingt das, wenn Sie im Terminal nur cd eingeben und dann das Verzeichnis per Drag & Drop vom Finder in das Terminal verschieben. Anschließend führen Sie das Programm aus, indem Sie dem Programmnamen ./ voranstellen (siehe Abbildung 1.9). Das ist notwendig, weil bei der Programmausführung im Terminal aus Sicherheitsgründen nur Programme aus bestimmten Verzeichnissen berücksichtigt werden. Deswegen müssen Sie das aktuelle Verzeichnis explizit angeben:

```
$ cd /Users/kofler/Library/Developer/Xcode/DerivedData/ \
    hello-world-terminal-haavmuzfahoddzbqpkyhxlfpznzy/Build/
    Products/Debug
$ ./hello-world-terminal
Hello, World!
```

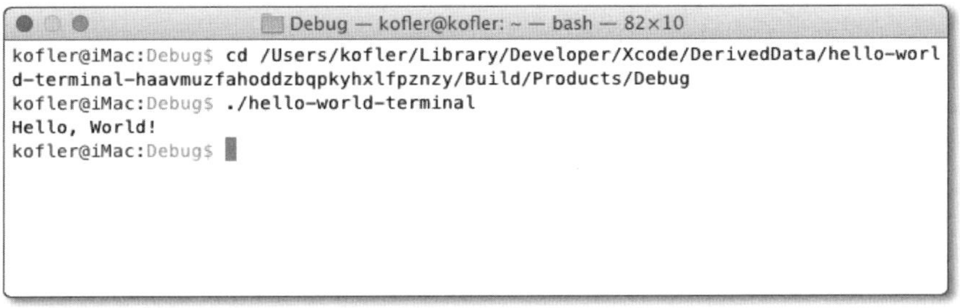

Abbildung 1.9 Programmausführung im Terminal

Momentan geht es nur darum, das Programm für Testzwecke auszuführen. Wollen Sie dagegen eine Terminal-App dauerhaft auf Ihrem Rechner installieren oder auf andere Rechner verteilen, müssen Sie ein Release-Kompilat erstellen. Die entsprechenden Kommandos und Einstellungen finden Sie im PRODUCT-Menü. Sie werden in Abschnitt 5.4, »Lottosimulator« näher erläutert.

Mehr als nur »Hello World!«

Sollten Sie bisher mit anderen Programmiersprachen gearbeitet haben, dann wird es Sie vielleicht irritieren, dass der Programmcode in main.swift so minimalistisch ausfällt.

▸ Wo ist die main-Funktion oder -Methode?

▸ Wie können Sie auf Parameter zugreifen, die beim Aufruf an das Programm übergeben wurden?

Die erste Frage erübrigt sich: In Swift ist es nicht erforderlich, den Start-Code der Terminal-App explizit in eine main-Funktion zu verpacken. Hinter den Kulissen kümmert sich der Compiler darum. Sie können innerhalb von main.swift aber natürlich andere Funktionen definieren, wie das folgende Beispiel beweist:

```
import Foundation
func sayHello(name: String)  {
    print("Hello, \(name)!")
}

// den Namen des aktiven Nutzers ermitteln
var username = NSFullUserName()

// Funktion sayHello aufrufen
sayHello(username)
```

Zur Beantwortung der zweiten Frage werten Sie Process.arguments aus. Das erste Element dieses Arrays enthält immer den Programmnamen inklusive des gesamten Pfads. Wenn Parameter übergeben wurden, dann können diese aus den weiteren

Array-Elementen gelesen werden. Die Anzahl der Parameter ermitteln Sie bei Bedarf mit `Process.arguments.count-1`:

```
// Zugriff auf Parameter, die an das Programm
// übergeben wurden
print("Es wurden \(Process.arguments.count-1) " +
    "Parameter übergeben.")

var cnt = 0
for arg in Process.arguments {
    print("Parameter \(cnt): \(arg)")
    cnt++
}
```

Bleibt noch die Frage zu klären, wie Sie überhaupt Parameter an ein Programm übergeben. Am einfachsten gelingt das, wenn Sie Ihr Programm in einem Terminal ausführen. Alle Daten, die Sie nach dem eigentlichen Programmnamen angeben, werden als Parameter übergeben (wobei Jokerzeichen etc. vorher von der im Terminal laufenden Shell durch Dateinamen oder andere Zeichenketten ersetzt werden). Für die Programmausführung innerhalb von Xcode geben Sie die gewünschten Parameter mit PRODUCT • SCHEME • EDIT SCHEME im Dialogblatt ARGUMENTS an.

Build- und Run-Schemata

Xcode verwendet Schemata, um alle Einstellungen für das Kompilieren und Ausliefern von Programmen in verschiedenen Stadien der Programmentwicklung zu verwalten. Es gibt vier vordefinierte Schemata, unter anderem für das Debugging, also für gewöhnliche Testläufe zur Fehlersuche, und für das Profiling zur Performance-Analyse. Bei Bedarf können Sie im Menü PRODUCT • SCHEME eigene Schemata definieren.

Wenn Sie den Run-Button in der Symbolleiste von Xcode etwas länger anklicken, öffnet sich an dessen Stelle ein Menü zur Auswahl eines Schemas. Ab sofort gilt dieses Schema als Default-Schema für den Button — so lange, bis es wieder geändert wird.

Mehr Details zum Umgang mit Schemata folgen in Abschnitt 11.8, »Mehrsprachige Apps«. Dort zeige ich Ihnen, wie Sie mehrere Schemata erstellen, um eine iOS-App in unterschiedlichen Spracheinstellungen zu testen.

Den Swift-Interpreter und -Compiler direkt aufrufen

In diesem Buch steht die Entwicklung von Programmen innerhalb von Xcode im Vordergrund. Es schadet aber nicht zu wissen, dass Sie Swift auch außerhalb von Xcode auf unterschiedliche Weisen einsetzen können.

Zwar ist Swift kein Interpreter, es gibt aber einen kaum bekannten REPL-Modus (*Read Eval Print Loop*): In diesem Modus werden eingegebene Anweisungen sofort kompiliert und dann ausgeführt. Swift verhält sich also ähnlich wie ein Interpreter. Um den REPL-Modus auszuprobieren, müssen Sie zuerst herausfinden, wo sich das Programm swift befindet. Das gelingt am einfachsten im Terminal mit dem Kommando xcrun:

```
$ xcrun -f swift
/Applications/Xcode.app/Contents/Developer/Toolchains/\
  XcodeDefault.xctoolchain/usr/bin/swift
```

Die Eingabe dieses langen Pfads ist natürlich unhandlich. Also definieren Sie im Terminal zuerst einen Alias (eine Abkürzung). Wenn Sie diese Abkürzung dauerhaft nutzen wollen, bauen Sie das alias-Kommando in die Datei .profile ein.

```
$ alias swift=$(xcrun -f swift)
```

Nach dem Start von Swift liefert :help einen mehrseitigen Hilfetext. Andere Eingaben, die sich auch über mehrere Zeilen erstrecken dürfen, werden sofort ausgeführt. [ctrl]+[D] beendet den Interpreter.

```
$ swift
Welcome to Swift!  Type :help for assistance.

  1> :help
The Swift REPL (Read-Eval-Print-Loop) acts like an interpreter.
Valid statements, expressions, and declarations are immediately
compiled and executed. ...

  1> 2+3
$RO: Int = 5

  2> print("Hello World!")
Hello World!

  3> for i in 1...3 { print(i) }
1
2
3
  4> for i in 1...3 {
  5.     print(i)
  6. }
1
2
3
<ctrl>+<D>
```

Wenn Swift also in der Lage ist, Kommandos ad hoc zu kompilieren und auszuführen, dann muss auch die Möglichkeit bestehen, ein Swift-Script ähnlich wie ein bash- oder Python-Script zu schreiben. Dazu schreiben Sie den gewünschten Code einfach in eine Textdatei, wobei die erste Zeile exakt wie folgt aussehen muss:

```
#!/usr/bin/env xcrun swift
```

Ein vollständiges Script könnte so aussehen:

```
#!/usr/bin/env xcrun swift
import Foundation
var username = NSFullUserName()
print("Hello \(username)!")
```

Bevor Sie die Datei zum ersten Mal ausführen können, müssen Sie im Terminal das Execute-Bit setzen:

```
$ chmod a+x mein-script.swift
$ ./mein-script.swift
Hello Michael Kofler!
```

Swift als bash- oder Python-Alternative?

Natürlich ist es faszinierend, dass Sie Swift-Programme ähnlich wie Shell-Scripts verfassen können, der praktische Nutzen ist aber gering: Einerseits laufen derartige Scripts nur, wenn auf dem Rechner Xcode installiert ist. Diese Voraussetzung ist nur auf Entwicklerrechnern gegeben. Andererseits ist der Overhead für das Kompilieren sehr hoch und lohnt sich nur bei relativ komplexen Aufgaben. Einfache Scripts werden von bash oder Python *viel* schneller ausgeführt!

Im Terminal ist nicht nur der Swift-Interpreter zugänglich, Sie können dort auch Swift-Programme kompilieren. Dazu ermitteln Sie zuerst den Speicherort des Swift-Compilers swiftc und des *Software Development Kits* (SDK) für OS X. Das Kompilat erhält den gleichen Namen wie die Code-Datei, aber ohne die Endung .swift. Es kann unmittelbar ausgeführt werden.

```
$ alias swiftc=$(xcrun -f swiftc)
$ platf=$(xcrun --sdk macosx --show-sdk-path)
$ swiftc -sdk $platf mein-code.swift
$ ./mein-code
```

1.3 Swift-Crashkurs

Die folgenden Absätze fassen ganz knapp die wichtigsten Syntaxregeln und Eigenheiten der Sprache Swift zusammen. Sollten Sie etwas nicht auf Anhieb verstehen: Keine Angst, alle Begriffe werden in den weiteren Kapiteln im Detail erläutert!

Elementare Syntaxregeln

Normalerweise werden Anweisungen zeilenweise formuliert. Anders als bei Objective-C ist es nicht erforderlich, Anweisungen mit einem Strichpunkt abzuschließen. Ein Strichpunkt am Ende einer Anweisung ist aber syntaktisch erlaubt und stellt keinen Fehler dar.

Soweit es für den Compiler klar erkennbar ist, dürfen Anweisungen auch über mehrere Zeilen reichen. Das gilt z. B. bei offenen Klammern oder beim Einsatz von Operatoren:

```
print("abc" +
  "efg")
let a = 3
  + 5
```

Wenn lange Zeilen bei einem Punkt getrennt werden, also beim Aufruf von Methoden oder beim Zugriff auf Eigenschaften, dann muss der Punkt in der zweiten Zeile angegeben werden:

```
// OK
let temp = NSString(string: NSTemporaryDirectory())
  .stringByAppendingPathComponent("mein-temp-verzeichnis")
// Fehler 'Postfix . is reserved'
let temp = NSString(string: NSTemporaryDirectory()).
  stringByAppendingPathComponent("mein-temp-verzeichnis")
```

Mehrere Anweisungen in einer Zeile sind erlaubt, sofern diese durch Strichpunkte getrennt sind:

```
var a=3; let b=5; var c=a+b
```

Code-Blöcke, also zusammengehörende Anweisungen in Schleifen, Verzweigungen oder Funktionen, werden mit geschwungenen Klammern gebildet. Code-Einrückungen sind optional und spielen anders als z. B. in Python für den Compiler keine Rolle.

```
if x==3 {
  ... mach etwas
}
```

Kommentare

Es gibt zwei Möglichkeiten, um Kommentare in den Quellcode zu integrieren: Einzeilige Kommentare werden mit // eingeleitet und reichen bis zum Ende der Zeile. Mehrzeilige Kommentare beginnen mit /* und enden mit */. Sie dürfen in mehreren Ebenen verschachtelt werden.

```
// einzeiliger Kommentar
/* mehrzeiliger
   /* verschachtelter */
   Kommentar */
```

Markdown-Kommentare

Kommentare, die mit /// bzw. /** eingeleitet werden, unterstützen die wichtigsten Formatierungsmöglichkeiten der Markdown-Variante *reStructuredText*:

- **Textauszeichnung:** *kursiver Text*, **fetter Text**, `Listingschrift`
- **Zitierter Text (Block Quote):**

  ```
  > Text. Noch
  > mehr Text.
  ```

- **Code-Block:** die Code-Zeilen müssen jeweils um vier Zeichen eingerückt werden
- **Links:** [Link](http://site.com/bla/bla)
- **Bilder:** ![alternativer Text](http://site.com/image.png "<Titel>")
- **Aufzählungen ohne Nummerierung:**

  ```
  * erstens
  * zweitens
  * drittens
  ```

- **Aufzählungen mit Nummerierung:**

  ```
  1. rot
  2. grün
  3. blau
  ```

- **Überschriften:**

  ```
  # Überschrift 1. Ebene
  ## Überschrift 2. Ebene
  ### Überschrift 3. Ebene
  ```

Bei Funktionen und Methoden können die Parameter sowie der Rückgabewert mit parameter name: bzw. mit returns: extra dokumentiert werden (siehe Abbildung 1.10). Außerdem können die Fehler, die eine Methode verursachen kann, mit throws: festgehalten werden.

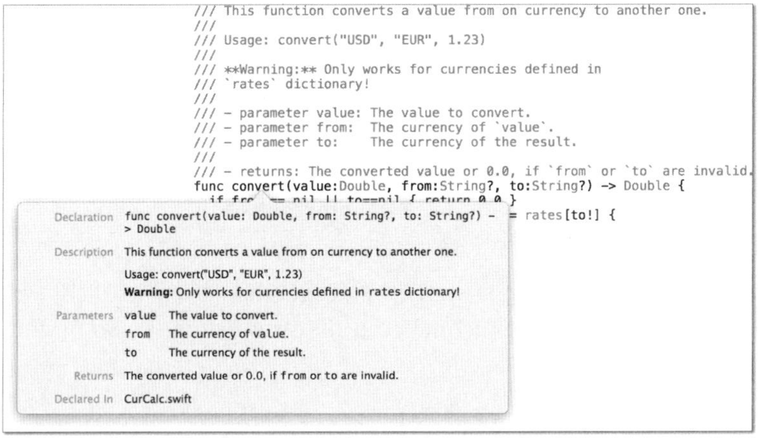

```
/// This function converts a value from on currency to another one.
///
/// Usage: convert("USD", "EUR", 1.23)
///
/// **Warning:** Only works for currencies defined in
/// `rates` dictionary!
///
/// - parameter value: The value to convert.
/// - parameter from:  The currency of `value`.
/// - parameter to:    The currency of the result.
///
/// - returns: The converted value or 0.0, if `from` or `to` are invalid.
    func convert(value:Double, from:String?, to:String?) -> Double {
        if fro   == nil || to==nil { return 0.0 }
```

Declaration	func convert(value: Double, from: String?, to: String?) -> Double	= rates[to!] { > Double
Description	This function converts a value from on currency to another one.	
	Usage: convert("USD", "EUR", 1.23)	
	Warning: Only works for currencies defined in rates dictionary!	
Parameters	value The value to convert.	
	from The currency of value.	
	to The currency of the result.	
Returns	The converted value or 0.0, if from or to are invalid.	
Declared In	CurCalc.swift	

Abbildung 1.10 Formatierter Kommentar

Weitere Markdown-Syntaxdetails sind auf dieser Seite dokumentiert:

https://developer.apple.com/library/ios/documentation/Swift/Reference/
  Playground_Ref/Chapters/MarkupReference.html

//: versus ///

Markdown-Kommentare im Playground werden mit //: bzw. mit /*: eingeleitet. In gewöhnlichen Code-Dateien müssen Sie hingegen mit /// bzw. /** verwenden. Ich habe keine Begründung für dieses inkonsequente Verhalten gefunden.

Variablen und Konstanten

Variablen müssen bei der ersten Zuweisung mit var deklariert werden, Konstanten mit let.

```
var x=3    // Variable
x=5
let max=5  // Konstante
max=7      // Fehler, max kann nicht mehr verändert werden
```

Zahlen und Zeichenketten

Swift wählt bei der Initialisierung automatisch einen geeigneten Datentyp für Variablen. Der Datentyp darf sich später nicht mehr ändern:

```
var x=3
x=2.5      // Fehler, x ist eine Integer-Variable!
```

Umgekehrt akzeptiert Swift aber var x=2.5; x=3.

Generell vermeidet Swift automatische Typumwandlungen. So liefert sqrt(2) einen Fehler, weil die sqrt-Funktion nur für Fließkommazahlen definiert ist. Der folgende Code scheitert, weil x1 eine Integer-, x2 aber eine Fließkommavariable ist:

```
var x1 = 3          // Int
var x2 = 0.2        // Double
var x3 = x1 + x2    // Fehler, + kann Int und Double
                    // nicht addieren
```

Dagegen wird die folgende Anweisung anstandslos ausgeführt, offensichtlich, weil hier der Compiler selbst 3,0 + 0,2 ausrechnet und die Anweisung im Sinne von x4 = 3.2 interpretiert:

```
var x4 = 3 + 0.2   // funktioniert, weil der Compiler
                   // vorweg addiert
```

Explizite Typumwandlungen führen Sie in der Form Int(x) oder Double(x) durch:

```
var x1 = 3                  // Int
var x2 = 0.2                // Double
var x3 = Double(x1) + x2    // Double
```

Zeichenketten werden mit doppelten Apostrophen gebildet, also "bla". Sie dürfen nicht über mehrere Zeilen reichen. Sie können aber mehrere Zeichenketten mit + verbinden und den Code so über mehrere Zeilen verteilen:

```
var s = "Eine lange " +
        "Zeichenkette"
```

Innerhalb von Zeichenketten können Sie mit \(ausdruck) nahezu beliebige Ausdrücke einbauen. Swift wertet den Ausdruck zur Laufzeit aus und baut das Ergebnis in die Zeichenkette ein.

```
var x=3*7
print("x=\(x)")            // Ausgabe: x=21
print("Die Wurzel von zwei ist \(sqrt(2.0))")
```

Datentypen und Optionals

Die bisherigen Beispiele haben gezeigt, dass Swift den richtigen Datentyp in der Regel selbst erkennt. Einmal festgelegt, kann der Datentyp einer Variablen nicht mehr geändert werden. Swift ist also typsicher. Bei Bedarf können Sie den gewünschten Datentyp von Variablen aber auch explizit festlegen:

```
var d:Double = 3           // d ist eine Double-Variable
```

Eine Besonderheit von Swift sind *Optionals*: Das sind Variablen, die einen Wert oder den Zustand nil im Sinne von *nicht vorhanden* speichern können. Dem Datentyp folgt in diesem Fall ein Frage- oder Ausrufezeichen. Fragezeichen kennzeichnen »gewöhnliche« Optionals, Ausrufezeichen Optionals mit »Implicitly Unwrapped Optionals«. Die Unterschiede zwischen diesen beiden Optional-Typen erläutere ich in Abschnitt 3.5, »Optionals«. Die folgenden Beispiele verwenden durchwegs gewöhnliche Optionals.

```
var opt:Int? = 3
opt=nil
```

Ein Beispiel für die Anwendung von Optionals ist die Init-Funktion Int. Sie versucht, eine Zeichenkette in eine ganze Zahl umzuwandeln. Gelingt dies, liefert die Methode eine Integer-Zahl, andernfalls nil. Der Datentyp ist in jedem Fall Int?:

```
var nmb = Int("123")   // 123
nmb = Int("abc")       // nil
if nmb != nil {
   print(nmb)
}
```

Bei der print-Ausgabe im Playground werden Optional-Ausgaben in der Form Optional(xxx) dargestellt. Diese Schreibweise ist ein Hinweis darauf, dass nmb im obigen Beispiel eben nicht eine Int-Variable ist, sondern eine Variable mit dem Datentyp Int?. Das hat zur Folge, dass Sie nmb nicht ohne Weiteres in einer Berechnung oder Zuweisung verwenden können – unabhängig davon, ob nmb nun gerade eine Zahl oder nil enthält.

```
print(nmb + 3)         // nicht möglich
var i:Int = nmb        // nicht möglich
```

Die beiden obigen Anweisungen scheitern daran, dass eine Addition zwischen einem Int?-Wert und einem Int-Wert nicht definiert ist und dass auch eine Zuweisung eines Int?-Ausdrucks an eine Int-Variable nicht erlaubt ist; es kann ja sein, dass nmb keine Zahl, sondern nil enthält. Dieses Problem umgehen Sie, wenn Sie nmb explizit »auspacken« – und zwar mit dem nachgestellten Unwrapping-Operator !.

```
if nmb != nil {
   print(nmb! + 3)     // ok
   let i:Int = nmb!    // ok
}
```

Noch eleganter lassen sich Zuweisungen von Optionals mit if let durchführen. Der if-Block wird nur ausgeführt, wenn der optionale Ausdruck nicht nil war.

```
if let j = nmb {       // j hat den Datentyp Int
   print(j + 4)        // ok
}
```

Tupel, Arrays und Dictionaries

Tupel sind geordnete Aufzählungen von Daten, wobei die Elementanzahl unveränderlich ist. Ihr Einsatz bietet sich z. B. an, wenn eine Funktion *mehrere* Werte als Ergebnis zurückgeben soll. Die Tupel-Elemente werden einfach in runde Klammern gestellt, wobei die Elemente unterschiedliche Datentypen aufweisen können:

```
var tupel = (1, 2, 3, "abc", true)
```

Es ist nicht ohne Weiteres möglich, Schleifen über Tupel zu bilden. Dafür können die Elemente eines Tupel unkompliziert mehreren Variablen zugewiesen werden:

```
var coord3D = (3.3, 2.4, 0.7)
var (x,y,z) = coord3D
```

Alternativ können Sie die Elemente eines Tupels auch in der Form .n ansprechen, also tupel.0 für das erste Element, tupel.1 für das zweite etc.:

```
print(coord3D.2)     // Ausgabe 0.7
```

Arrays helfen wie in vielen anderen Programmiersprachen dabei, geordnete Datenmengen zu verwalten:

```
var daten = [7, 12, 9]
print(daten[1])        // 12, also das zweite Element
let cnt = daten.count  // 3

for i in daten {
  print(i)
}
```

Viel Flexibilität zeigt Swift bei der nachträglichen Veränderung der Array-Größe:

```
var data = [2.4, 3.5]
data.append(3.4)
data+=[2.7, 3.9]
data.removeAtIndex(2)
print(data)  // Ausgabe: [2.4, 3.5, 2.7, 3.9]
```

Überraschend umständlich ist aber die Erzeugung eines 8x8-Integer-Arrays:

```
var chessboard =
  Array(count:8, repeatedValue:
    Array(count:8, repeatedValue:Int()))
```

Wenn Sie nicht einen numerischen Index für den Zugriff auf die Elemente Ihrer Aufzählung verwenden möchten, bieten sich Dictionaries an. Deren Elemente sind Schlüssel-Wert-Paare.

```
var colorcodes = ["red":0xff0000,
                  "green":0x00ff00,
                  "blue":0x0000ff]
colorcodes["white"]=0xffffff        // Element hinzufügen

for (cname, cval) in colorcodes {  // Schleife über alle Elemente
    var hex = NSString(format:"%6X", cval)
    print("Farbcode \(hex) = Farbe \(cname)")
}
```

let versus var

let kennzeichnet in Swift Konstanten, var Variablen. Das gilt auch für Arrays, Dictionaries, Sets etc.: Ein mit let deklariertes Array kann später nicht mehr verändert werden.

Schleifen

Das folgende Listing zeigt vier Varianten für eine Schleife, die jeweils die Werte 1 bis 3 durchläuft. Im Vergleich zu C oder Java entfallen diverse runde Klammern. Dafür sind die geschwungenen Klammern zwingend erforderlich, auch dann, wenn der Schleifenkörper nur aus einer Anweisung besteht. Der Range-Operator n1...n2 drückt einen Zahlenbereich aus, jeweils inklusive des Start- und Endwerts.

```
// klassische for-Schleife
for var i=1; i<4; i++ {
    print(i)
}
// for-in-Schleife (for-each)
for  i in 1...3 {
    print(i)
}
// while-Schleife
var cnt=1
while cnt<4 {
    print(cnt)
    cnt++
}
// repeat-while-Schleife
cnt=1
repeat {
  print(cnt)
  cnt++
} while cnt<4
```

Verzweigungen

Verzweigungen werden mit if oder switch gebildet. Die Syntax hat wiederum große Ähnlichkeiten zu C und Java.

```
var x=3
if x<0 {
    print("x ist negativ")
} else if x==0 {
    print("x ist 0")

} else {
    print("x ist positiv")
}
```

Eine oft genutzte Eigenheit von Swift besteht darin, Optional-Zuweisungen mit Abfragen zu verbinden. Im folgenden Beispiel enthält eingabe eine Zeichenkette. Int versucht, die Zeichenkette in eine ganze Zahl umzuwandeln. Der Code nach if-let wird nur ausgeführt, wenn das gelingt, Int(eingabe) also nicht nil ergibt. In diesem Fall enthält n mit dem Datentyp Int die Zahl.

```
let eingabe = "123"
if let n = Int(eingabe) {
  print("Zweimal n = \(2*n)")
}
```

Bei der switch-Konstruktion ist ein default-Block zwingend erforderlich und muss nach allen anderen case-Blöcken formuliert werden. Die einzige Ausnahme ist eine switch-Auswertung von Enumerationen, bei denen der Compiler erkennen kann, dass alle möglichen Werte berücksichtigt wurden.

```
switch x {
case 1:
    print("x ist 1")
case 2, 3:
    print("x ist 2 oder 3")
default:
    print("x ist kleiner 1 oder größer 3")
}
```

Funktionen

Mit func definieren Sie Funktionen. Dabei müssen Sie für alle Parameter deren Datentypen angeben. Sofern die Funktion ein Ergebnis zurückgibt, müssen Sie auch dessen Typ in der Form -> typ spezifizieren.

```
// Durchschnittswert eines Arrays für Fließkommazahlen ermitteln
func avg(data: [Double]) -> Double {
    var sum = 0.0
    for itm in data {
        sum += itm
    }
    return sum / Double(data.count)
}

var x = [7.3, 2.5, 0.0]
print("Durchschnittswert: \(avg(x))")
```

Funktionen müssen *vor* ihrer Verwendung definiert werden, können also nicht am Ende des Codes formuliert werden. Beim Aufruf müssen dem Funktionsnamen immer runde Klammern folgen, auch wenn es gar keine Parameter gibt.

Bei vielen in Swift definierten Funktionen werden die Argumente wie im obigen Beispiel übergeben, ohne den Parameternamen anzugeben. Es gibt aber auch Funktionen und Methoden, bei denen Sie beim Aufruf die Namen der Parameter voranstellen müssen:

```
let locDe = NSLocale(localeIdentifier: "de_DE")
```

Ob Parameternamen erforderlich sind oder nicht, hängt davon ab, wie die jeweilige Funktion oder Methode deklariert ist. Swift-Funktionen sind zumeist ohne Parameternamen zu verwenden. Bei Methoden von Klassen aus den Bibliotheken Foundation, Cocoa oder UIKit muss zumeist der erste Parameter unbenannt übergeben werden, alle weiteren Parameter aber mit Namen. Dieses merkwürdige Verhalten, das der Kompatibilität zu Klassen geschuldet ist, die mit Objective-C entwickelt wurden, erscheint nicht nur Swift-Einsteigern inkonsistent. Glücklicherweise unterstützt Sie Xcode bei der Eingabe der Parameter: Sobald Xcode die Funktion oder Methode erkannt hat, können Sie mit ⇥ von einem Parameter zum nächsten springen.

Funktionen können als Ergebnis selbst Funktionen zurückgeben oder wie in der folgenden Funktion applyFuncAndPrint als Parameter Funktionen verarbeiten. Auch für selbst definierte Funktionen gilt normalerweise: Der erste Parameter ist ohne Namen zu übergeben; bei weiteren Parametern – hier bei fn – müssen die Namen angegeben werden.

```
// applyFuncAndPrint wendet die Funktion fn auf alle Elemente
// eines String-Arrays an und gibt das Ergebnis aus
func applyFuncAndPrint(data: [String], fn:(String)->String) {
    for s in data {
        print(fn(s))
    }
}
```

```
// liefert lauter Großbuchstaben
func upper(s:String) -> String {
    return s.uppercaseString
}
var ar = ["Swift", "ist", "cool"]
applyFuncAndPrint(ar, fn:upper)  // Ausgabe: SWIFT IST COOL
```

Closures

Funktionen können in Form von *Closures* (»Funktionsabschlüssen«) ad hoc definiert und angewendet werden. Objective-C bietet mit *Blocks* ein ähnliches Sprachmerkmal; in Java und C# spricht man von Lambda-Ausdrücken. In Swift sieht die Syntax für Closures so aus:

```
{ (Parameterliste) -> Rückgabedatentyp  in  Code}
```

Im folgenden Beispiel wird noch zweimal applyFuncAndPrint aufgerufen. Die erste Closure wandelt den zu verarbeitenden String-Parameter in Kleinbuchstaben um. Die zweite Closure ermittelt den ersten Buchstaben der Zeichenkette. Das Ausrufezeichen nach first ist erforderlich, damit der Ausdruck Zeichenketten zurückgibt und nicht Optionals, wie dies die first-Methode vorsieht.

```
applyFuncAndPrint(ar,
    fn:{ (s:String) -> String in return s.lowercaseString } )
// Ausgabe: swift ist cool

applyFuncAndPrint(ar,
    fn:{ (s:String) -> String in
      return String(s.characters.first!) } )
// Ausgabe: s i c
```

Sofern für den Compiler die Datentypen der Parameter und der Rückgabe klar sind, können Closures in einer wesentlich kompakteren Syntax formuliert werden. Die anonyme Funktionsdeklaration entfällt dann ebenso wie die Schlüsselwörter in return. Die Parameter werden nun in der Form $0, $1 etc. angesprochen. Der Code für die beiden obigen Beispiele sieht dann so aus:

```
applyFuncAndPrint(ar, fn:{ $0.lowercaseString } )
applyFuncAndPrint(ar, fn:{ String($0.characters.first!) } )
```

Klassen und Datenstrukturen

Swift sieht mit class und struct zwei Konstrukte vor, um Code und Daten zu kapseln. Der wichtigste Unterschied zwischen class und struct besteht darin, dass von class abgeleitete Instanzen immer als Referenzen adressiert werden, während structs wie elementare Datenwerte kopiert werden (*Reference Types versus Value Types*).

In diesem Einführungsbeispiel definiert class zuerst die Klasse Rectangle zur Verwaltung von Rechtecken. Der weitere Code erzeugt einige Objekte (»Instanzen«) dieser Klasse und speichert diese in einem Array. Innerhalb der Klasse wird der Konstruktor mit init gebildet. self ermöglicht den Zugriff auf Klassenvariablen, wenn es gleichnamige lokale Variablen oder Parameter gibt.

```
// Definition der Klasse
class Rectangle {
    var width:  Double
    var height: Double

    init(width: Double, height: Double) {
        self.width  = width
        self.height = height
    }
    func area() -> Double {
        return width * height
    }
    func showData() {
        print("Width  = \(width)")
        print("Height = \(height)")
        print("Area   = \(area())")
    }
}

// Anwendung der Klasse
var rects = [Rectangle]() // Rectangle-Array
rects += [Rectangle(width: 10, height: 12)]
rects += [Rectangle(width: 7.3, height: 2.4)]
rects += [Rectangle(width: 2.9, height: 0.7)]
for rect in rects {
    rect.showData()
}
```

Fehlerabsicherung

In Swift 1.0 fehlte das in vielen anderen Programmiersprachen übliche Konstrukt try-catch zur Fehlerabsicherung. In Swift 2.0 besserte Apple aber nach, und nun können Sie auch in Swift gewisse Methoden auf diese Weise absichern.

try-catch ist aber weiterhin nicht dazu gedacht, einfach jeden beliebigen Code gegen eventuell auftretende Fehler abzusichern; try eignet sich vielmehr nur für Methoden, die explizit mit throws definiert sind und somit Fehler auslösen können. Dank einer speziellen Anpassung für Swift trifft dies auch für alle API-Methoden zu, bei denen in Objective-C die Fehlerverarbeitung über ein NSError-Objekt erfolgt.

Im folgenden Beispiel soll der Inhalt der Zeichenkette s in einer Datei gespeichert werden. Tritt dabei ein Fehler auf, kann darauf im catch-Teil des Codes reagiert werden. Wie für alle Themen in diesem Crashkurs gilt auch hier: Viele weitere Details und Varianten folgen in den weiteren Kapiteln!

```
let s = "Ein Text"
// Zeichenkette s in eine Textdatei schreiben
do {
  try s.writeToFile("/bla/test.txt",
    atomically: false,
    encoding: NSUTF8StringEncoding)
} catch {
  // hier steht automatisch die Konstante 'error'
  // zur Verfügung
  print("Fehler: \(error)")
}
```

1.4 Xcode-Crashkurs

Beim Start von Xcode können Sie einen neuen Playground öffnen, ein neues Projekt starten oder ein vorhandenes Projekt bzw. einen Playground öffnen. Je nachdem, ob Sie sich in einem Playground befinden oder ein Projekt bearbeiten, sieht Xcode ganz unterschiedlich aus. In diesem Abschnitt geht es ausschließlich um die Verwendung von Xcode zur Entwicklung von Swift-Programmen, also nicht um den Playground-Modus.

Im Projektmodus setzt sich das Xcode-Fenster aus der Symbolleiste sowie bis zu vier Bereichen zusammen (siehe Abbildung 1.11):

▸ dem Navigator (links)
▸ dem Editor (Mitte)
▸ der Werkzeugleiste (rechts)
▸ dem Debugging-Bereich (unten)

Mit den Buttons am rechten Rand der Symbolleiste können Sie alle Bereiche mit Ausnahme des Editors ein- und ausblenden.

In diesem Abschnitt gehe ich nur auf die Grundfunktionen von Xcode ein. In Teil II und III dieses Buchs, wo es um die Gestaltung von grafischen Benutzeroberflächen für iOS bzw. OS X geht, folgen dann viele weitere Details. Wenn Sie auf der Suche nach einem Xcode-Handbuch sind, lege ich Ihnen die folgende Seite von Apple ans Herz:

https://developer.apple.com/library/ios/documentation/ToolsLanguages/
Conceptual/Xcode_Overview/chapters/about.html

Wenn Sie das englischsprachige Handbuch nicht im Browser lesen möchten, finden Sie rechts oben auf der Webseite einen PDF-Download-Link.

Nichs als Fenster

Normalerweise zeigt Xcode pro Projekt ein Fenster. Sie können mehrere Projekte zugleich öffnen – das ergibt dann entsprechend viele Xcode-Fenster.

Xcode gibt Ihnen aber auch die Möglichkeit, ein Projekt in mehreren Fenstern zu bearbeiten: Einerseits können Sie im Projektnavigator Dateien per Doppelklick öffnen. Damit können Sie die Dateien in eigenen Fenstern bearbeiten, die vom Xcode-Hauptfenster losgelöst sind. Das ist vor allem für Code-Dateien praktisch.

Andererseits können Sie mit FILE • NEW • WINDOW das aktuelle Xcode-Fenster duplizieren. Damit erhalten Sie zwei unabhängige Ansichten des gleichen Projekts und können diese verwenden, um unterschiedliche Aspekte Ihres Programms parallel zu bearbeiten.

Navigator   Editor   Werkzeuge

Debugging

Abbildung 1.11 Der Aufbau von Xcode im Projektmodus

Navigator

Der Navigatorbereich gibt Ihnen in mehreren Dialogblättern die Möglichkeit, auf unterschiedliche Weise Komponenten Ihres Projekts auszuwählen:

▶ Anfänglich ist der **Projektnavigator** mit einer hierarchischen Ansicht aller Projektdateien aktiv. Ein einfacher Klick öffnet die Datei zur Bearbeitung im Editor, ein

Klick mit ⌥alt öffnet die Datei im Assistenzeditor, und ein Doppelklick öffnet die Datei in einem selbstständigen Fenster.

▶ Im **Symbolnavigator** können Sie Klassen, Methoden und andere Komponenten auswählen und rasch zum entsprechenden Code springen.

▶ Der **Find Navigator** enthält eine Suchfunktion.

▶ Der **Issue Navigator** enthält eine Liste aller Fehler, die Xcode in Ihrem Projekt festgestellt hat.

▶ Die weiteren Navigator-Dialogblätter listen Tests, Debugging-Sessions, Haltepunkte und Build-Reports auf.

Editor

Das Aussehen des Editors hängt vom Typ des angezeigten Dokuments ab (z. B. Code, Storyboard, Projekt-Einstellungen). An dieser Stelle konzentriere ich mich auf den Code-Editor, der für die ersten Kapitel dieses Buchs ausreicht.

Grundsätzlich bietet der Code-Editor alle Funktionen, die von einem modernen Editor zu erwarten sind: So werden verschiedene Teile des Codes farbig hervorgehoben und Fehler direkt gekennzeichnet. Oft bietet der Editor sogar *Fix-it*-Vorschläge zur Korrektur an.

Während der Eingabe kann Xcode Klassen- und Methodennamen sowie andere Schlüsselwörter vervollständigen. ⎋esc blendet die Vervollständigungsliste aus, nochmals ⎋esc blendet sie bei Bedarf wieder ein. Bei vervollständigten Methoden springt ⇥ zum jeweils nächsten Parameter und ermöglicht so eine bequeme Eingabe.

Abbildung 1.12 Code-Navigation über die Titelleiste des Editors

Bei der Navigation im Code, aber auch beim Wechsel zwischen den verschiedenen Code-Dateien des Projekts hilft die Titelzeile des Code-Bereichs. Sie gibt an, welche Datei, welche Klasse und welche Methode Sie gerade bearbeiten. Ein Mausklick auf den Datei- oder Objektnamen führt in ein Dropdown-Menü, das die gerade aktive Datei ändert bzw. den Cursor zur Definition einer anderen Klasse oder Methode setzt (siehe Abbildung 1.12).

Assistenzeditor

Normalerweise wird im Code-Bereich immer nur *eine* Datei angezeigt. Es gibt mehrere Möglichkeiten, diese Einschränkung zu umgehen:

- ▸ Ein Doppelklick im Navigator öffnet die Datei in einem eigenen Fenster.
- ▸ Mit ⌘+T können Sie innerhalb von Xcode ein Dialogblatt (*tab*) öffnen.
- ▸ Mit dem Button »Eheringe« in der Symbolleiste (offizielle Beschriftung: SHOW THE ASSISTANT EDITOR, siehe Abbildung 1.13) teilen Sie den Editorbereich in zwei nebeneinanderliegende Bereiche.
- ▸ Mit dem Doppelpfeil-Button können Sie zwei verschiedene Versionen derselben Code-Datei vergleichen. Diese Funktion steht allerdings nur zur Auswahl, wenn Sie die Revisionen Ihres Projekts mit Git verwalten.

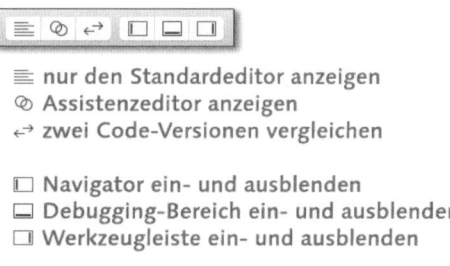

≡ nur den Standardeditor anzeigen
⊘ Assistenzeditor anzeigen
↩ zwei Code-Versionen vergleichen

▢ Navigator ein- und ausblenden
◻ Debugging-Bereich ein- und ausblenden
◻ Werkzeugleiste ein- und ausblenden

Abbildung 1.13 Buttons in der Symbolleiste

Die interessanteste und in der Praxis auch wichtigste Funktion ist der Assistenzeditor. Dessen zwei häufigsten Anwendungsfälle sehen so aus:

- ▸ **Code/Code:** Links wird der gerade bearbeitete Code angezeigt, rechts eine zweite Code-Datei mit dazu passenden Informationen – z. B. mit der Definition der Klasse oder Methode, die Sie links erzeugen bzw. aufrufen.
- ▸ **GUI/Code:** Links wird ein Objekt einer grafischen Benutzeroberfläche angezeigt, z. B. eine Ansicht einer iOS-App im Storyboard-Editor, rechts eine zugeordnete Klassendatei.

Im Modus AUTOMATIC versucht Xcode selbstständig, eine geeignete Zuordnung zwischen dem Haupt- und dem Assistenzeditor herzustellen. Das gelingt nicht immer zufriedenstellend. Sie können auf diese »Intelligenz« über das COUNTERPART-Menü im Titelbereich des Assistenzeditors Einfluss nehmen. Zur Auswahl stehen unter anderem SUPERCLASSES und SUBCLASSES für Klassen oder CALLERS und CALLEES für Methoden. Alternativ können Sie die Assistenzdatei auch manuell festlegen.

Maus- bzw. Trackpad-Kürzel

Innerhalb des Codes können Sie zwei ungemein praktische Maus- bzw. Trackpad-Kürzel nutzen:

▸ Mit [alt] plus Klick zeigt Xcode eine kurze Beschreibung der betreffenden Klasse, Methode, Eigenschaft etc. an (siehe Abbildung 1.14). Von der Infobox führen Links direkt zur betreffenden Dokumentation.

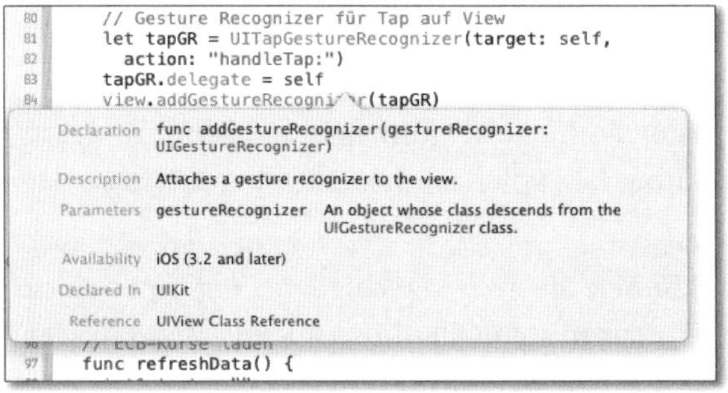

```
80    // Gesture Recognizer für Tap auf View
81    let tapGR = UITapGestureRecognizer(target: self,
82      action: "handleTap:")
83    tapGR.delegate = self
84    view.addGestureRecognizer(tapGR)
```

Declaration	func addGestureRecognizer(gestureRecognizer: UIGestureRecognizer)
Description	Attaches a gesture recognizer to the view.
Parameters	gestureRecognizer An object whose class descends from the UIGestureRecognizer class.
Availability	iOS (3.2 and later)
Declared In	UIKit
Reference	UIView Class Reference

```
96    // ECB-Kurse laden
97    func refreshData() {
```

Abbildung 1.14 »alt«-Klick zeigt Kontextinformationen zu Methoden oder Klassen

▸ [⌘] plus Klick führt zur Definition eines Schlüsselworts. Bei selbst definierten Klassen oder Methoden gelangen Sie so rasch in die betreffende Datei. Bei Swift-spezifischen Funktionen bzw. bei Klassen oder Methoden aus externen Bibliotheken (Foundation, UIKit etc.) zeigt Xcode hingegen die Definition dieses Schlüsselworts als Swift-Quelltext an. Sobald Sie etwas Erfahrung mit der Swift-Syntax gewonnen haben, hilft der Quelltext dabei, Zusammenhänge und Datentypen besser zu verstehen. [ctrl]+[⌘]+[←] bzw. der ZURÜCK-Button im Code-Editor führt zurück in die ursprüngliche Datei.

Tastenkürzel und Editoreinstellungen

Grundeinstellungen des Editors, wie Schriftgröße, -farbe und -art, finden Sie im Einstellungsdialog. Dort können Sie auch festlegen, ob Xcode Zeilennummern anzeigen soll oder nicht. Im Dialogblatt TEXT EDITING • INDENTATION finden Sie Einstellungen, ob Xcode Ihren Code mit Tabulatoren oder Leerzeichen einrückt, um wie viele Zeichen der Code pro Ebene eingerückt werden soll etc.

Viele Xcode-Funktionen lassen sich per Tastatur steuern. Eine Referenz aller Tastenkürzel finden Sie im Dialogblatt KEY BINDINGS der Programmeinstellungen. An dieser Stelle können Sie die Tastenkürzel auch verändern (siehe Abbildung 1.15).

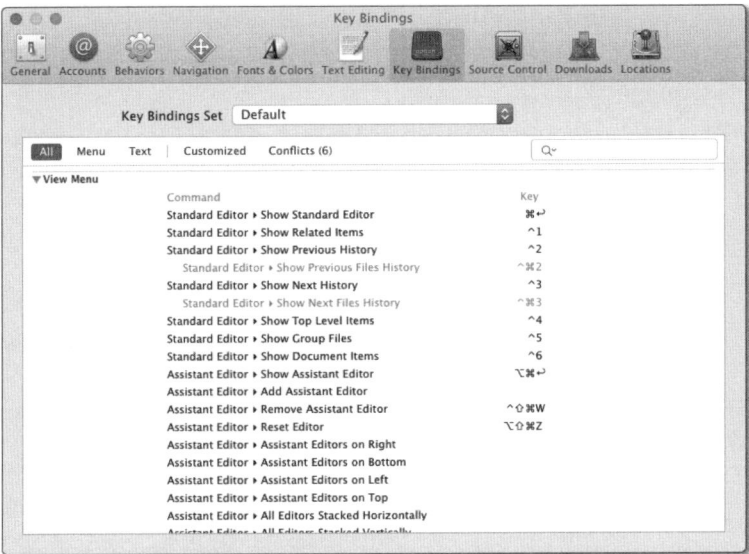

Abbildung 1.15 Referenz der Tastenkürzel in den Xcode-Einstellungen

Schnellnavigation im Code

Ein unverzichtbares Tastenkürzel zur Navigation in großen Projekten ist `⇧`+`⌘`+`O` (»Oh«, nicht Null): Xcode blendet dann ein Suchfeld ein, in das Sie den Namen einer Projektdatei, Klasse, Methode, Eigenschaft, Funktion etc. eingeben. Mit den Cursortasten wählen Sie das gewünschte Schlüsselwort aus einer Liste aus und springen mit `↵` blitzschnell dorthin.

Werkzeugleiste (Inspector und Library Pane)

Die Werkzeugleiste ist zweigeteilt (siehe Abbildung 1.16):

▸ Der obere Abschnitt enthält die **Inspector Pane**. Sie zeigt Informationen und Einstellungen zum gerade ausgewählten Objekt im Editor. Bei vielen Objekten und insbesondere bei Steuerelementen können Sie dort diverse Merkmale und Eigenschaften verändern.

▸ Der untere Abschnitt der Werkzeugleiste enthält die **Library Pane**. Das ist eine Art Toolbox mit Objekten, die Sie in Ihr Projekt bzw. in die gerade aktive Datei einfügen können. Dazu zählen Dateien, Klassen, Code-Schnipsel (Snippets), Steuerelemente und Medien-Objekte. Am unteren Rand der Library Pane befindet sich ein Textfeld, um die oft lange Liste von Einträgen zu filtern.

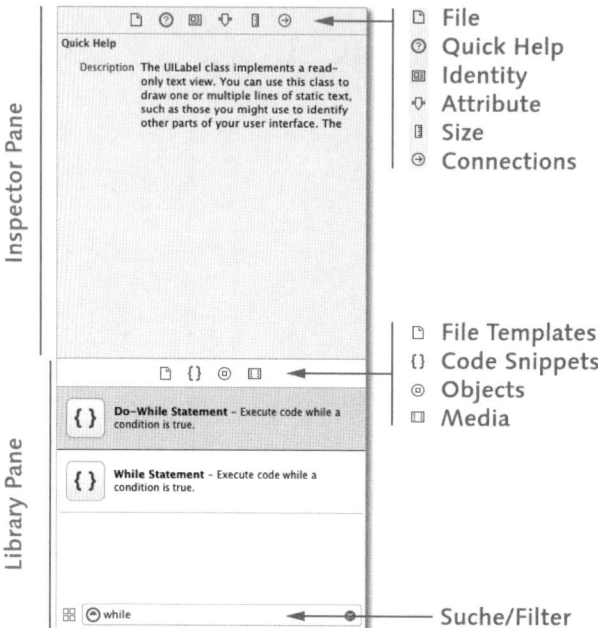

Abbildung 1.16 Die Werkzeugleiste

Code-Snippets

Gewisse Code-Passagen bzw. -Muster werden Sie immer wieder benötigen – z. B. die Zeilen zur Formulierung einer Schleife oder einer `switch`-Anweisung. Xcode stellt vorgefertigte Code-Muster in Form sogenannter Snippets zur Verfügung. Sie finden die Snippets in der Toolbox, also im unteren Bereich der Werkzeugleiste, wenn Sie den Button Show the Code Snippet library anklicken (siehe Abbildung 1.17). Anschließend können Sie das gewünschte Snippet per Doppelklick oder mit Drag & Drop in den Code einfügen.

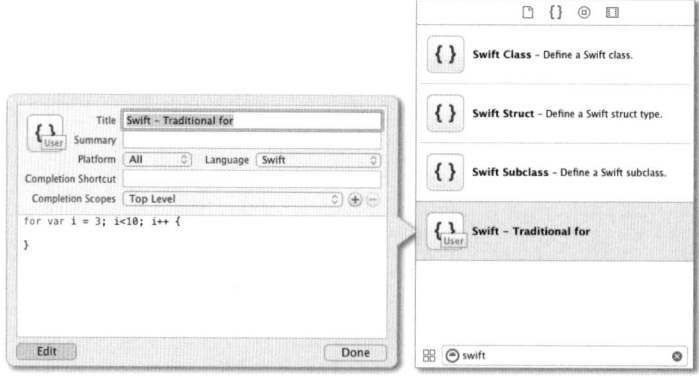

Abbildung 1.17 Der Snippet-Editor

Leider enthält die Snippet-Sammlung zurzeit nur ganze drei Swift-Snippets. Alle anderes Code-Schnipsel sind für die Sprachen C, C++ und Objective-C vorgesehen. Verwenden Sie das Suchfeld unten in der Toolbox, um die Swift-Snippets herauszufiltern!

Natürlich können Sie auch selbst Snippets definieren. Dazu verfassen Sie den Code zuerst im Editor (siehe Abbildung 1.17), markieren ihn und fügen ihn dann per Drag & Drop in die Snippet-Sammlung ein. Am Ende der Sammlung erscheint dann der neue Eintrag MY CODE SNIPPET. Diesen klicken Sie nun an und stellen seine Eigenschaften ein.

Speichern

FILE • SAVE bzw. ⌘+⎣S⎦ speichert Ihr Projekt. In der Regel ist dieses Kommando aber überflüssig – Xcode speichert unablässig alle Änderungen, die Sie gerade durchführen. Deswegen besteht keine große Gefahr, dass Sie aufgrund eines Absturzes von Xcode oder gar Ihres Rechners Daten verlieren.

Das ständige Speichern führt allerdings dazu, dass Änderungen, die Sie nur probeweise durchgeführt haben, dauerhaft gespeichert werden. Deswegen ist es zweckmäßig, vor größeren Änderungen oder Umbauarbeiten den aktuellen Projektstatus mit FILE • CREATE SNAPSHOT zu speichern. Bei Bedarf können Sie das Projekt dann später unkompliziert mit RESTORE SNAPSHOT wieder in diesen Zustand zurückversetzen.

Versionsverwaltung (Git)

Noch viel mehr Flexibilität haben Sie, wenn Sie Ihren Code unter die Kontrolle des Versionsverwaltungssystem Git stellen. Damit können Sie Änderungen jeder beliebigen Datei nachvollziehen bzw. rückgängig machen. Git ist allerdings selbst ein sehr komplexes Werkzeug und für Einsteiger nur bedingt geeignet.

An dieser Stelle erläutere ich nur ganz kurz den allereinfachsten Fall:

▶ Sie verwenden Git allein, also nicht in einem ganzen Team von Entwicklern.

▶ Alle Dateien bleiben auf Ihrem lokalen Rechner, d. h., es gibt keine externen Git-Repositories auf einem Server oder z. B. auf der Webseite *https://github.com*.

Zur Aktivierung von Git reicht es, beim Anlegen eines neuen Projekts im Dialog zur Verzeichnisauswahl die Option CREATE GIT REPOSITORY ON MY MAC zu aktivieren (siehe Abbildung 1.18). Natürlich können Sie Git auch nachträglich bei einem schon vorhandenen Projekt aktivieren. Dazu führen Sie das Kommando SOURCE CONTROL • CREATE WORKING COPY aus.

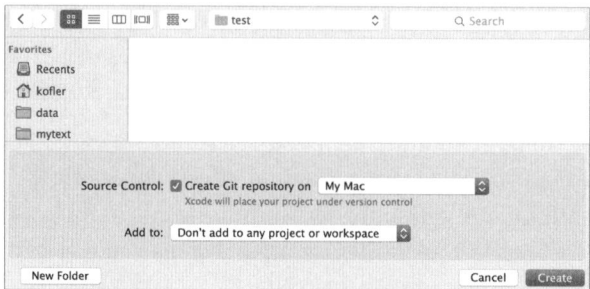

Abbildung 1.18 Git beim Einrichten eines neuen Projekts aktivieren

Git funktioniert damit nicht automatisch: Es kommt nun darauf an, regelmäßig SOURCE CONTROL • COMMIT auszuführen – auf jeden Fall einmal täglich bzw. vor jedem größeren Umbau in Ihrem Code. In diesem Dialog sind ebenso wie im Projektnavigator geänderte Dateien mit dem Buchstaben M (*modified*) und neue Dateien mit dem Buchstaben A (*added*) gekennzeichnet (siehe Abbildung 1.19).

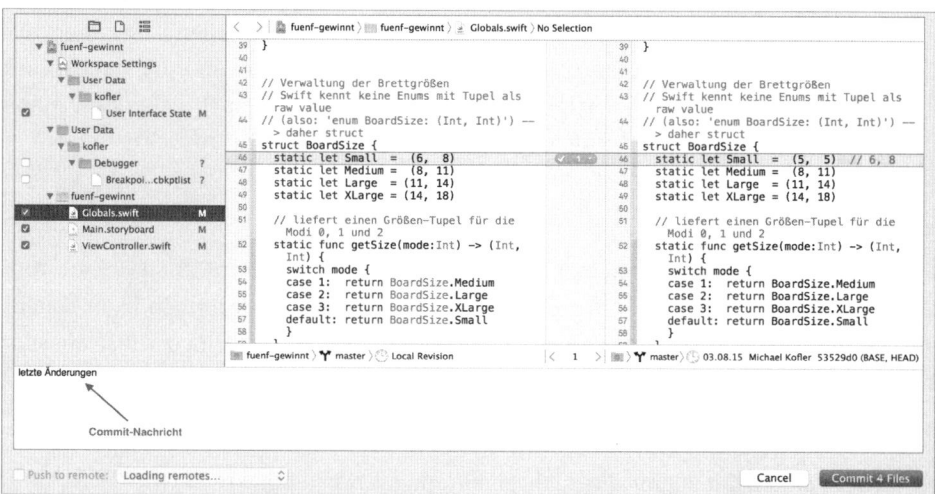

Abbildung 1.19 Der Git-Commit-Dialog

Wenn Sie eine veränderte Datei auswählen, zeigt der Dialog die seit dem letzten Commit durchgeführten Änderungen. Um den Commit-Dialog abzuschließen, müssen Sie im Textfeld am unteren Rand eine kurze Nachricht eintragen, welche Arbeiten Sie seit dem letzten Commit durchgeführt haben. Das hilft Ihnen später, den Grund von durchgeführten Änderungen zu verstehen. (Noch viel wichtiger ist der Commit-Kommentar natürlich bei Projekten, an denen ein ganzes Team arbeitet.)

Von Git erstmals richtig profitieren werden Sie, wenn eine Funktion Ihres Programms, die sich früher ordnungsgemäß verhalten hat, plötzlich Fehler verursacht. Wann wurde die betreffende Datei zuletzt geändert – und warum? Die Antwort auf diese

Fragen gibt die Ansicht Comparison, die Sie über ein winziges Menü des Buttons Show the Version Editor rechts in der Xcode-Symbolleiste aktivieren können (siehe Abbildung 1.20). In dieser Ansicht können Sie auch einzelne Änderungen rückgängig machen.

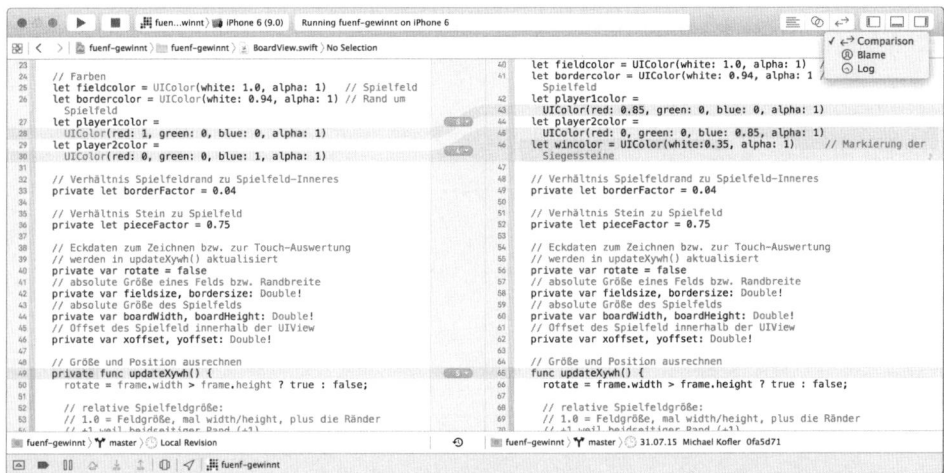

Abbildung 1.20 Vergleich der aktuellen Versionen einer Code-Datei (links) mit einer älteren Version (rechts)

Daneben existieren zwei weitere Git-Ansichten:

▶ Die Blame-Ansicht zeigt, wer für welche Veränderung verantwortlich ist. Diese Ansicht ist nur zweckmäßig, wenn mehrere Personen an einem Projekt beteiligt sind.

▶ Die Log-Ansicht liefert eine Liste aller Commits samt der dazugehörigen Commit-Nachricht. In dieser Ansicht führt der Button Show n modified files in einen weiteren Dialog mit der Liste der veränderten Dateien. Wählen Sie dort eine Datei aus, zeigt Xcode wie in Abbildung 1.20 auch die dabei durchgeführten Änderungen an.

Weitere Informationen zu Git im Allgemeinen sowie zur Integration von Git in Xcode finden Sie hier:

https://developer.apple.com/videos/wwdc/2013/#414
https://developer.apple.com/library/mac/documentation/ToolsLanguages/
  Conceptual/Xcode_Overview/ManageChanges.html
https://git-scm.com/documentation

Vorhandenen Code für eine neue Swift-Version anpassen

Seit der Vorstellung von Swift 1.0 Mitte 2014 hat Apple circa alle vier Monate neue Versionen seiner Programmiersprache veröffentlicht. Jede neue Version brachte Verbesserungen mit sich, aber leider auch Inkompatibilitäten. Als Hilfestellung zur Anpassung des Codes an die jeweils aktuelle Swift-Version stellt Xcode das Kommando EDIT • CONVERT • TO LATEST SWIFT SYNTAX zur Verfügung. Es analysiert den Playground bzw. alle Code-Dateien eines Projekts, zeigt dann einen Überblick über die geplanten Änderungen an (siehe Abbildung 1.21) und führt diese schließlich durch.

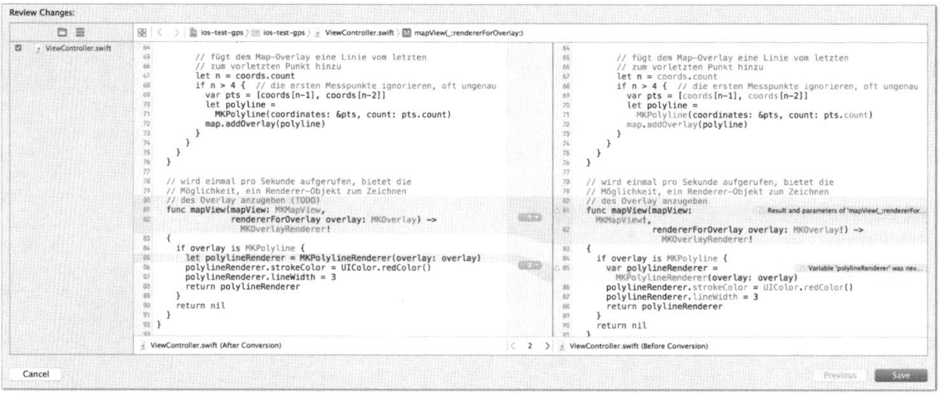

Abbildung 1.21 Das Convert-Kommando passt vorhandenen Swift-Code an die aktuelle Swift-Version an und visualisiert vorher alle notwendigen Änderungen.

Der Code-Konverter ist ein nützliches Hilfsmittel, aber er ist alles andere als perfekt. Nach der automatisierten Code-Anpassung bleibt bei großen Projekten eine Menge mühsamer Handarbeit zu tun. Dabei hilft der ISSUE NAVIGATOR, der alle noch offenen Syntaxprobleme auflistet (siehe Abbildung 1.22).

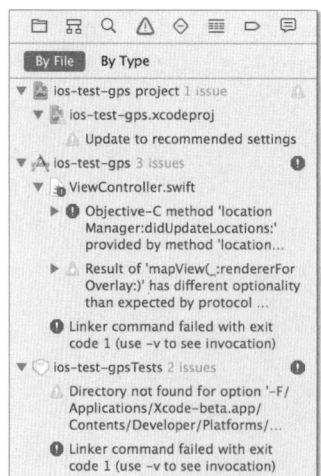

Abbildung 1.22 Der Issue Navigator in Xcode listet alle Probleme des Projekts auf.

Als besonders problematisch haben sich API-Änderungen erwiesen: Mit jeder neuen Swift-Version verbessert Apple die Kompatibilität zwischen Swift und den Foundation-, Cocoa- und UIKit-Bibliotheken. Damit lässt sich der Swift-Code oft deutlich einfacher formulieren – aber der Konverter ist damit überfordert, diese Änderungen automatisch durchzuführen. Dennoch muss man Apple zugestehen, dass der Konverter die ständigen Swift-Updates für Entwickler zumindest leichter erträglich macht.

Wann wird Swift stabil sein?

Persönlich hatte ich ja gehofft, dass mit der Vorstellung von Version 2.0 etwas Ruhe in die Entwicklung der Swift-Syntax einkehren würde. Auf den WWDC-Vorträgen Mitte 2015 war davon aber keine Rede. Apple will offensichtlich weiter an Swift feilen, bis es den Apple-typischen Grad an Perfektion erreicht hat. Wann dieser Zustand erreicht ist, lässt sich momentan noch nicht absehen.

Kapitel 2
Operatoren

Im Ausdruck a = b + c gelten die Zeichen = und + als Operatoren. Dieses Kapitel stellt Ihnen alle Swift-Operatoren vor – von den simplen Operatoren für die Grundrechenarten bis hin zu Swift-Spezialitäten wie dem Range-Operator n1...n2.

Leerzeichen vor oder nach Operatoren

Normalerweise ist es nicht notwendig, vor oder nach einem Operator ein Leerzeichen zu schreiben. x=x+7 funktioniert genauso gut wie x = x + 7. Aber wie so oft bestätigen Ausnahmen die Regel: Swift kennt bereits standardmäßig ungewöhnlich viele Operatoren, und wenige Zeilen Code reichen aus, um weitere zu definieren.

Das führt mitunter dazu, dass der Compiler nicht eindeutig erkennen kann, wo der eine Operator endet und wo der nächste beginnt. Spätestens dann *müssen* Sie ein Leerzeichen setzen – und dann sollten Sie es vor *und* nach dem Operator setzen! Andernfalls glaubt der Compiler nämlich, Sie wollten ihn explizit darauf hinweisen, dass es sich um einen Präfix- oder Postfix-Operator handelt. Im Detail sind diese Feinheiten in »The Swift Programming Language« dokumentiert:

https://developer.apple.com/library/ios/documentation/Swift/Conceptual/
    Swift_Programming_Language/LexicalStructure.html (beim Punkt »Operators«)

2.1 Zuweisungs- und Rechenoperatoren

Dieser Abschnitt erläutert die zahlreichen Rechen- und Zuweisungsoperatoren. Swift kennt dabei auch Mischformen. Beispielsweise entspricht x+=3 der Anweisung x=x+3.

Einfache Zuweisung

Der Zuweisungsoperator = speichert speichert in einer Variablen oder Konstanten das Ergebnis des Ausdrucks:

```
variable = ausdruck
```

Vor der ersten Zuweisung an eine Variable bzw. Konstante muss diese mit var bzw. let als solche deklariert werden.

```
var i = 17
i = i * 2
let pi = 3.1415927
```

Nicht zulässig sind Mehrfachzuweisungen in der Art a=b=3. Dafür können mehrere Variablen als Tupel geschrieben und gleichzeitig verändert werden:

```
var (a, b, c) = (1, 7, 12)
```

Das funktioniert auch bei komplexeren Ausdrücken:

```
var (_, a, (b, c)) = (1, 2, ("x", "y"))
// entspricht var a=2; var b="x"; var c="y"
```

Der Unterstrich _ ist hier ein *Wildcard Pattern*. Es trifft auf jeden Ausdruck und verhindert im obigen Beispiel dessen weitere Verarbeitung.

Wert- versus Referenztypen

Swift unterscheidet bei Zuweisungen zwischen zwei grundlegenden Datentypen:

▶ **Werttypen (Value Types):** Dazu zählen Zahlen, Zeichenketten, Tupel, Arrays, Dictionaries sowie struct- und enum-Daten. Bei einer Zuweisung werden die Daten kopiert. Die ursprünglichen Daten und die Kopie sind vollkommen unabhängig voneinander.

▶ **Referenztypen:** Objekte, also Instanzen von Klassen, sind Referenztypen. Bei einer Zuweisung wird eine weitere Referenz auf die bereits vorhandenen Daten erstellt. Es zeigen nun zwei (oder mehr) Variablen auf dieselben Daten.

Die folgenden beiden Beispiele verdeutlichen den Unterschied. Im ersten Beispiel werden in x und y ganze Zahlen gespeichert, also Werttypen:

```
var x = 3
var y = x
x = 4
print(y)  // y ist unverändert 3
```

Für das zweite Beispiel definieren wir zuerst die Mini-Klasse SimpleClass. In a wird eine Instanz dieser Klasse gespeichert. Bei der Zuweisung b = a wird die Instanz *nicht kopiert*, stattdessen verweist nun b auf dasselbe Objekt wie a. (In C würde man sagen, a und b sind Zeiger.) Jede Veränderung des Objekts betrifft deswegen a gleichermaßen wie b:

```
class SimpleClass {
  var data=0
}

var a = SimpleClass()
var b = a          // a und b zeigen auf die gleichen Daten
a.data = 17
print(b.data)      // deswegen ist auch b.data 17
```

> **Arrays, Dictionarys und Zeichenketten sind Werttypen!**
>
> Die Unterscheidung zwischen Wert- und Referenztypen gibt es bei den meisten Programmiersprachen. Beachten Sie aber, dass Arrays und Zeichenketten in Swift Werttypen sind und nicht, wie in vielen anderen Sprachen, Referenztypen!

Elementare Rechenoperatoren

Die meisten Rechenoperatoren sind aus dem täglichen Leben bekannt (siehe Tabelle 2.1). Der Operator % liefert den Rest einer ganzzahligen Division: 13 % 5 ergibt also 3, da 2 * 5 + 3 = 13. Bei Fließkommazahlen wird der Rest zum ganzzahligen Ergebnis ermittelt. 1.0 % 0.4 ergibt 0.2, da 2 * 0.4 + 0.2 = 1.0

Operator	Bedeutung
+	Addition
-	Subtraktion
*	Multiplikation
/	Division
%	Restwert einer ganzzahligen Division
&+	Integer-Addition ohne Überlaufkontrolle
&-	Integer-Subtraktion ohne Überlaufkontrolle
&*	Integer-Multiplikation ohne Überlaufkontrolle

Tabelle 2.1 Rechenoperatoren

Alle Operatoren setzen voraus, dass links und rechts von ihnen jeweils gleichartige Datentypen verwendet werden! Im Gegensatz zu anderen Programmiersprachen erfolgen Typumwandlungen nicht automatisch.

```
var a = 3        // a ist eine Integer-Variable
var b = 1.7      // b ist eine Fließkommavariable
var c = a + b    // Fehler, Int-Wert + Double-Wert nicht zulässig
```

Wenn Sie die Summe von a plus b ausrechnen möchten, müssen Sie explizit den Datentyp einer der beiden Operatoren anpassen. Int rundet dabei immer ab, d. h., aus 1.7 wird 1.

```
var c1 = a + Int(b)     // c1 = 4
var c2 = Double(a) + b  // c2 = 4.7
```

Division durch null

Bei einer Fließkommadivision durch 0.0 lautet das Ergebnis einfach +infinity bzw. -infinity. Wenn Sie hingegen mit Integerzahlen arbeiten, löst eine Division durch 0 einen Fehler aus.

Eine Besonderheit von Swift sind die Operatoren &+, &- und &*: Sie führen die Grundrechenarten für Integerzahlen ohne Überlaufkontrolle durch. Das ermöglicht die Programmierung besonders effizienter Algorithmen. Sollte allerdings doch ein Überlauf eintreten, dann ist das Ergebnis falsch!

```
var i = 10000000         // Integer
var result = i &* i &* i // falsches Ergebnis
    3.875.820.019.684.212.736
```

Swift kennt keinen Operator zum Potenzieren. a^b müssen Sie unter Zuhilfenahme der Funktion pow berechnen. Diese Funktion ist in der Foundation-Bibliothek definiert. Sie steht nur zur Verfügung, wenn Ihr Code import Foundation enthält oder eine andere Bibliothek importiert, die auf die Foundation zurückgreift. Das trifft unter anderem für Cocoa und UIKit zu.

```
var a = 7.0
var b = pow(a, 3.0)  // 7 * 7 * 7 = 343.0
```

Zeichenketten aneinanderfügen

Der Operator + addiert nicht nur zwei Zahlen, sondern fügt auch Zeichenketten aneinander:

```
var s1 = "Hello"
var s2 = "World!"
var hw = s1 + " " + s2  // "Hello World!"
```

Inkrement und Dekrement

Wie viele andere Programmiersprachen kennt Swift Inkrement- und Dekrement-Operatoren ++ und --. Sie vergrößern bzw. verkleinern eine numerische Variable um 1. Die Operatoren dürfen auch auf Double-Variablen angewendet werden.

Diese Inkrement- und Dekrement-Operatoren können wahlweise nach oder vor dem Variablennamen angegeben werden (Postfix- bzw. Präfix-Notation). Wie das folgende Beispiel beweist, hat dies zwar keinen Einfluss auf die betroffene Variable – diese wird in jedem Fall um 1 verändert; allerdings wird bei der Postfix-Notation zuerst der ursprüngliche Wert weiterverarbeitet und die Variable erst später verändert. Bei der Präfix-Notation wird die Variable hingegen sofort geändert; der neue Wert wird dann für den Ausdruck ausgewertet.

```
var daten = [0, 1, 2, 3, 4, 5]
print(daten[2])      // Ausgabe 2

var n=3              // Postfix-Inkrement
print(daten[n++])    // Ausgabe 3
print(n)             // Ausgabe 4

n=3                  // Präfix-Inkrement
print(daten[++n])    // Ausgabe 4
print(n)             // Ausgabe 4
```

Rechnen mit Bits

Die bitweisen Operatoren &, |, ^ und ~ (AND, OR, XOR und NOT) verarbeiten ganze Zahlen bitweise. Das folgende Beispiel verwendet die Schreibweise 0b zur Kennzeichnung binärer Zahlen. String mit dem zusätzlichen Parameter radix:2 wandelt ganze Zahlen in eine Zeichenkette in binärer Darstellung um.

```
let a = 0b11100              // Wert 28
let b = 0b01111              // Wert 15
let result = a & b           // Wert 12
print(String(result, radix:2))   // Ausgabe 1100
```

>> verschiebt die Bits einer Zahl um n Bits nach rechts (entspricht einer Division durch 2^n), << verschiebt entsprechend nach links (entspricht einer Multiplikation mit 2^n). >>> funktioniert wie >>, betrachtet die Zahl aber so, als wäre sie vorzeichenlos.

```
let a = 16
let b = a << 2  // entspricht b=a*4, Ergebnis 64
let c = a >> 1  // entspricht c=a/2, Ergebnis 8
```

Wenn Sie Daten bitweise verarbeiten, ist es oft zweckmäßig, anstelle gewöhnlicher Integer-Zahlen explizit Datentypen ohne Vorzeichen zu verwenden, z. B. UInt32 oder UInt16. Das folgende Beispiel verwendet 0x zur Kennzeichnung hexadezimaler Zahlen.

```
let rgb:UInt32 = 0x336688
let red:UInt8  = UInt8( (rgb & 0xff0000) >> 16 )
```

Kombinierte Rechen- und Zuweisungsoperationen

Alle bereits erwähnten Rechenoperatoren sowie die logischen Operatoren && und || können mit einer Zuweisung kombiniert werden. Dazu muss dem Operator das Zeichen = folgen. Details zu den logischen Operatoren folgen im nächsten Abschnitt.

```
x+=y        // entspricht x = x + y
x-=y        // entspricht x = x - y
x*=y        // entspricht x = x * y
x/=y        // entspricht x = x / y
x%=y        // entspricht x = x % y
x<<=y       // entspricht x = x << y
x>>=y       // entspricht x = x >> y
x&=y        // entspricht x = x & y
x&&=y       // entspricht x = x && y
x|=y        // entspricht x = x | y
x||=y       // entspricht x = x || y
x^=y        // entspricht x = x ^ y
```

2.2 Vergleichsoperatoren und logische Operatoren

Um Bedingungen für Schleifen oder Verzweigungen zu formulieren, müssen Sie Variablen vergleichen und oft mehrere Vergleiche miteinander kombinieren. Dieser Abschnitt stellt Ihnen die dazu erforderlichen Operatoren vor.

Vergleichsoperatoren

Die Vergleichsoperatoren ==, != (ungleich), <, <= sowie > und >= können gleichermaßen für Zahlen und für Zeichenketten eingesetzt werden. Wie bei anderen Operatoren ist es wichtig, dass auf beiden Seiten des Operators der gleiche Datentyp verwendet wird; Sie können also nicht eine ganze Zahl mit einer Fließkommazahl vergleichen!

```
1 == 2          // false
1 < 2           // true
"abc" == "abc"  // true
"abc" == "Abc"  // false
```

Zeichenketten gelten dann als gleich, wenn auch die Groß- und Kleinschreibung übereinstimmt. Etwas schwieriger ist die Interpretation von *größer* und *kleiner*. Grundsätzlich gelten Großbuchstaben als *kleiner* als Kleinbuchstaben, d. h., sie werden beim
Sortieren vorne eingereiht. Internationale Zeichen werden auf der Basis der *Unicode
Normalform D* verglichen. Die deutschen Buchstaben ä, ö oder ü werden dabei wie
eine Kombination aus zwei Zeichen betrachtet, beispielsweise ä = a". Somit gilt:

```
"A" < "a"        // true
"a" < "ä"        // true
"ä" < "b"        // true
```

Mehr Details zur Sortierordnung von Zeichenketten und zu Möglichkeiten, diese zu
beeinflussen, folgen in Abschnitt 3.3, »Zeichenketten«.

== versus ===

Zum Vergleich von Objekten kennt Swift neben == und != auch die Varianten === und
!==. Dabei testet a===b, ob die beiden Variablen a und b auf dieselbe Instanz einer
Klasse zeigen. Hingegen überprüft a==b, ob a und b zwei Objekte mit übereinstimmenden Daten sind. Das ist nicht das Gleiche! Es ist ja durchaus möglich, dass zwei
unterschiedliche Objekte die dieselben Daten enthalten.

Einschränkungen

Die Operatoren === und !== können nur auf Referenztypen angewendet werden,
nicht auf Werttypen (wie Zahlen, Zeichenketten, Arrays, Dictionaries sowie sonstige
Strukturen).

Umgekehrt können die Operatoren == und != bei selbst definierten Klassen nur verwendet werden, wenn Sie für diese Klassen den Operator == selbst implementieren
(Protokoll Equatable, siehe Abschnitt 8.4, »Standardprotokolle«).

Die folgenden Zeilen definieren zuerst die Klasse Pt zur Speicherung eines Koordina-
tenpunkts und dann den Operator == zum Vergleich zweier Pt-Objekte. Damit ist das
Beispiel gleich auch ein Vorgriff auf die Definition eigener Operatoren.

```
// Pt-Klasse
class Pt {
    var x:Double, y:Double
    // Init-Funktion
    init(x:Double, y:Double){
        self.x=x
        self.y=y
    }
}
```

```
// Operator zum Vergleich von zwei Pt-Objekten
func ==(left:Pt, right:Pt) -> Bool {
    return left.x==right.x && left.y==right.y
}

// == versus ==
var p1 = Pt(x: 1.0, y: 2.0)
var p2 = Pt(x: 1.0, y: 2.0)
p1 == p2    // true, weil die Objekte dieselben Daten enthalten
p1 === p2   // false, weil es unterschiedliche Objekte sind
```

Vergleiche mit ~=

Swift kennt mit ~= einen weiteren Vergleichsoperator mit recht wenigen Funktionen:

▶ Zwei Ausdrücke des gleichen Typs werden wie mit == verglichen.

▶ Außerdem kann getestet werden, ob eine ganze Zahl in einem durch den Range-Operator formulierten Zahlenbereich enthalten ist.

```
-2...2 ~= 1    // true
-2...2 ~= -2   // true
-2...2 ~= 2    // true
-2...2 ~= 4    // false
```

Achten Sie darauf, dass Sie zuerst den Bereich und dann den Vergleichswert angeben müssen. Wenn Sie die Reihenfolge vertauschen, funktioniert der Operator nicht. Details zu Range-Operatoren folgen gleich.

Analog kann auch in switch-Ausdrücken mit case überprüft werden kann, ob sich ein ganzzahliger Ausdruck in einem vorgegebenen Bereich befindet:

```
let n = 12
switch n {
case (1...10):
  print("Zahl zwischen 1 und 10")

case(11...20):
  print("Zahl zwischen 11 und 20")

default:
  print("Andere Zahl")
}
```

Datentyp-Vergleich (»is«)

Mit dem Operator is testen Sie, ob eine Variable einem bestimmten Typ entspricht:

```
func f(obj:Any) {
  if obj is UInt32 {
    print("Datentyp UInt32")
    ...
  }
}
```

Casting-Operator (»as«)

Mit dem Operator as wandeln Sie, sofern möglich, einen Datentyp in einen anderen um. Der Operator hat in Swift drei Erscheinungsformen:

▶ as: In dieser Form eignet sich as nur, wenn der Compiler erkennen kann, dass die Umwandlung gefahrlos möglich ist. Das trifft auf alle Upcasts zu, also auf Umwandlungen in Instanzen einer übergeordneten Klasse (siehe Abschnitt 8.1), außerdem bei manchen Literalen (z. B. 12 as Float).

▶ as?: Der Downcast-Operator as? typ stellt vor der Typkonvertierung sicher, dass diese überhaupt möglich ist. Wenn das nicht der Fall ist, lautet das Ergebnis nil. Es tritt kein Fehler auf.

Mit if let varname = ausdruck as? typ können Sie den Typtest mit einer Zuweisung kombinieren. Das funktioniert gleichermaßen für Konstanten (let wie im folgenden Beispiel) wie auch für Variablen (var):

```
func f(obj:Any) {
  if let myint = obj as? UInt32 {
    // myint hat den Datentyp UInt32
    ...
  } else {
    print("falscher Datentyp")
  }
}
```

▶ as!: Mit einem nachgestellten Ausrufezeichen wird die Konvertierung auf jeden Fall versucht. Dabei kann es zu einem Fehler kommen, wenn der Datentyp nicht passt. Insofern ist diese Variante zumeist nur zweckmäßig, wenn die Typenüberprüfung im Voraus erfolgt.

```
let obj:Any = 123
if obj is UInt32 {
  // wird nicht ausgeführt, weil obj eine Int-Instanz enthält
  var myint = obj as! UInt32
}
```

Upcasts und Downcasts

Ein Grundprinzip der objektorientierten Programmierung ist die Vererbung. Damit können Klassen die Merkmale einer Basisklasse übernehmen und diese erweitern oder verändern. Ein Objekt einer abgeleiteten Klasse (im Klassendiagramm unten dargestellt) kann immer wie eines der Basisklasse verwendet werden (im Klassendiagramm oben). Das nennt man einen (impliziten) Upcast, also eine Umwandlung in der Klassenhierarchie nach oben.

Eine Konvertierung in die umgekehrte Richtung ist ein Downcast. Dieser funktioniert nur, wenn eine Variable vom Typ der Basisklasse tatsächlich ein Objekt der erforderlichen abgeleiteten Klasse enthält. Mehr Details zu diesem Thema finden Sie in Abschnitt 8.1, »Vererbung«.

Logische Operatoren

Logische Operatoren kombinieren Wahrheitswerte. *Wahr UND Wahr* liefert wieder *Wahr, Wahr UND Falsch* ergibt hingegen *Falsch*. In Swift gibt es wie in den meisten anderen Programmiersprachen die drei logischen Operatoren ! (Nicht), && (Und) sowie || (Oder):

```
let a=3, b=5
a>0 && b<=10              // true
a>b || b>a               // true
let ok = (a>b)           // false
if !ok {                 // wenn ok nicht true ist, dann ...
  print("Fehler")        // ... eine Fehlermeldung ausgeben
}
```

&& und || führen eine sogenannte *Short-Circuit Evaluation* aus: Steht nach der Auswertung des ersten Operanden das Endergebnis bereits fest, wird auf die Auswertung des zweiten Ausdrucks verzichtet. Wenn im folgenden Beispiel a>b das Ergebnis false liefert, dann ruft Swift die Funktion calculate gar nicht auf; der logische Ausdruck ist in jedem Fall false, ganz egal, was calculate für ein Ergebnis liefern würde.

```
if a>b && calculate(a, b)==14 { ... }
```

2.3 Range-Operatoren

In Swift gibt es zwei Operatoren, um Bereiche ganzer Zahlen auszudrücken:

▶ Der Closed-Range-Operator a...b beschreibt einen Bereich von a bis inklusive b.

▶ Der Half-Open-Range-Operator a..<b beschreibt hingegen einen Bereich von a bis exklusive b, entspricht also a...b-1.

a muss kleiner als b sein, sonst ist der Ausdruck ungültig. Mit den Range-Operatoren definierte Bereiche können in Schleifen, in `switch-case`-Ausdrücken sowie mit dem vorhin vorgestellten Operator `~=` verarbeitet werden.

```
for i in 1...10 {
    print(i)
}
```

In der folgenden Schreibweise können Sie Zahlenbereiche zur Initialisierung eines Integer-Arrays verwenden:

```
var ar = [Int](1...10)  // entspricht var ar = [1, 2, ..., 10]
```

Mit `map` können Sie auf einen Zahlenbereich direkt eine Funktion (Closure) anwenden:

```
(1...10).map { print($0) }
```

Die Operatoren `...` und `..<` sind in Wirklichkeit nur eine Kurzschreibweise zur Erzeugung von `Range`-Elementen.

```
1..<10          // entspricht Range<Int>(start:1, end:10)
1...10          // entspricht Range<Int>(start:1, end:11)
```

`Range` ist also eine Datenstruktur für einen Zahlenbereich. Die wichtigsten Eigenschaften sind `startIndex` und `endIndex`. Sie geben den Start- bzw. Endwert des Bereichs an:

```
var r = 1..<10  // entspricht r=Range<Int>(start:1, end:10)
r.startIndex    // 1
r.endIndex      // 10
```

`Range`-Elemente können nicht nur für `Integer`-Zahlen gebildet werden, sondern auch für andere Datentypen, die dem Protokoll `ForwardIndexType` entsprechen. Dazu zählen unter anderem auch `Index`-Elemente zur Positionsangabe in Zeichenketten. `Double`-Zahlen sind hingegen nicht geeignet, weil sie weder das `ForwardIndexType`-Protokoll noch dessen `successor`-Methode unterstützen.

Interval-Operatoren

Je nach Kontext können die Operatoren `a...b` und `a..<b` auch zur Formulierung eines Intervalls verwendet werden – z. B. als Vergleichsbasis für `switch` bzw. für den oben beschriebenen Operator `~=`. In diesem Fall sind für a und b auch Fließkommazahlen oder einzelne Zeichen (`Character`) erlaubt.

```
1...10 ~= 8         // true
1.7..<2.9 ~= 2.3    // true
"a"..."z" ~= "f"    // true
"0"..."9" ~= "x"    // false
```

Intern werden hier durch ... bzw. ..< nicht Range-Elemente gebildet, sondern ein ClosedInterval bzw. ein HalfOpenInterval:

```
ClosedInterval(1.0, 3.4)     // entspricht 1.0...3.4
HalfOpenInterval(1.0, 3.4)   // entspricht 1.0..<3.4
```

2.4 Operatoren für Fortgeschrittene

Die wichtigsten Operatoren kennen Sie nun. Dieser Abschnitt ergänzt Ihr Wissen um Spezial- und Hintergrundinformationen. Am interessantesten ist dabei sicherlich die Möglichkeit, selbst eigene Operatoren zu definieren bzw. vorhandene Operatoren zu überschreiben (Operator Overloading).

Ternärer Operator

Swift kennt drei Typen von Operatoren:

▶ **Unäre Operatoren** (Unary Operators) verarbeiten nur einen Operanden. In Swift sind das neben dem positiven und negativen Vorzeichen und dem logischen NICHT (also !) die Inkrement- und Dekrement-Operatoren ++ und --.

▶ **Binäre Operatoren** verarbeiten zwei Operanden, also etwa das a * b. Die Mehrheit der Swift-Operatoren fällt in diese Gruppe.

▶ **Ternäre Operatoren** verarbeiten drei Operanden. In Swift gibt es nur einen derartigen Vertreter, der daher einfach als *ternärer Operator* bezeichnet wird – so, als wären andere ternäre Operatoren undenkbar.

Die Syntax des ternären Operators sieht so aus:

```
a ? b : c
```

Wenn der boolesche Ausdruck a wahr ist, dann liefert der Ausdruck b, sonst c. Der ternäre Operator eignet sich dazu, einfache if-Verzweigungen zu verkürzen:

```
// if-Schreibweise
let result : String
let x = 3
if x<10 {
    result = "x kleiner 10"
} else {
    result = "x größer-gleich 10"
}

// verkürzte Schreibweise mit ternären Operator
let x = 3
let result = x<10 ? "x kleiner 10" : "x größer gleich 10"
```

Unwrapping- und Nil-Coalescing-Operator

Im Gegensatz zu den meisten anderen Programmiersprachen können mit einem Typ deklarierte Swift-Variablen nie den Zustand null im Sinne von »nicht initialisiert« annehmen. Swift bietet dafür die Möglichkeit, eine Variable explizit als *Optional* zu deklarieren (siehe Abschnitt 3.5, »Optionals«). Dazu geben Sie explizit den gewünschten Datentyp an, dem wiederum ein Fragezeichen oder ein Ausrufezeichen folgt:

```
var x:Int? = 3      // x enthält eine ganze Zahl oder nil
var y:Int! = 4      // y enthält eine ganze Zahl oder nil
var z:Int  = 5      // z enthält immer eine ganze Zahl

x = nil             // ok
y = nil             // ok
z = nil             // nicht erlaubt
```

Der Unterschied zwischen x und y besteht darin, dass das Auspacken (*Unwrapping*) des eigentlichen Werts bei y automatisch erfolgt, während es bei x durch ein nachgestelltes Ausrufezeichen – den Unwrapping-Operator – erzwungen werden muss. Beachten Sie, dass die folgenden Zeilen beide einen Fehler verursachen, wenn x bzw. y den Zustand nil aufweist!

```
var i:Int = x!      // explizites Unwrapping durch x!
var j:Int = y       // automatisches Unwrapping
```

Die Variablen x und y können also nil enthalten. nil hat eine ähnliche Bedeutung wie bei anderen Sprachen null. Optionals sind aber gleichermaßen für Wert- und für Referenztypen vorgesehen, was in manchen anderen Programmiersprachen nicht oder nur auf Umwegen möglich ist. Allerdings können nur solche Klassen für Optionals verwendet werden, die das Protokoll NilLiteralConvertible einhalten.

Mit diesem Vorwissen kommen wir nun zum Nil-Coalescing-Operator a ?? b, der sich ebenso schwer aussprechen wie übersetzen lässt. Bei ihm handelt es sich um eine Kurzschreibweise des folgenden Ausdrucks:

```
a != nil ? a! : b
```

Wenn a initialisiert ist, also nicht nil ist, dann liefert a ?? b den Wert von a zurück, andernfalls den Wert von b. Damit eignet sich b zur Angabe eines Defaultwerts. In a! bewirkt das Ausrufezeichen das Auspacken (*Unwrapping*) des Optionals. Aus dem Optional Typ? wird also der reguläre Datentyp Typ.

```
var j = x ?? -1     // der Datentyp von j ist Int
```

Optional Chaining

Ebenfalls mit Optionals hat die Operatorkombination ?. zu tun. Sie testet, ob ein Ausdruck nil ergibt. Ist dies der Fall, lautet das Endergebnis nil. Andernfalls wird das Ergebnis ausgepackt und der nächste Ausdruck angewendet. Wenn dieser ebenfalls ein Optional liefert, kann auch diesem Ausdruck ein Fragezeichen hintangestellt werden. Swift führt einen weiteren nil-Test durch. Diese Verkettung von nil-Tests samt Auswertung, wenn der Ausdruck nicht nil ist, heißt in Swift »Optional Chaining«:

```
let a = optional?.method()?.property
let b = optional?.method1()?.method2()?.method3()
```

Operator-Präferenz

Beim Ausdruck a + b * c rechnet Swift zuerst b*c aus, bevor es summiert – so wie Sie es in der Schule gelernt haben. Generell gilt in Swift eine klare Hierarchie der Operatoren (siehe Tabelle 2.2). Um die Verarbeitungsreihenfolge zu verändern, können Sie natürlich jederzeit Klammern setzen – also beispielsweise (a+b)*c.

Priorität	Operatoren	Gruppe
160	<< >>	Exponential-Funktionen
150 ←	* / % &*	Multiplikation
140 ←	+ - &+ &- | ^	Addition, Subtraktion
135	... ..<	Range-Operatoren
132	is as	Casting
131 →	??	Nil Coalescing
130	< <= > >= == != === !=== ~=	Vergleiche
120 ←	&&	Logisches Und
110 ←	||	Logisches Oder
100 →	?:	Ternärer Operator
90 →	= *= /= %= += -= <<= >>=	Zuweisungen
90 →	&= ^= |= &&= ||=	Zuweisungen

Tabelle 2.2 Hierarchie der binären Operatoren

Die erste Spalte der Operatorentabelle gibt neben der Priorität auch die Assoziativität an: Sie bestimmt, ob gleichwertige Operatoren von links nach rechts oder von rechts nach links verarbeitet werden sollen. Beispielsweise ist - (Minus) ein linksassoziativer Operator. Die Auswertung erfolgt von links nach rechts. 17 - 5 - 3 wird also in der Form (17 - 5) - 3 verarbeitet und ergibt 9. Falsch wäre 17 - (5 - 3) = 15!

Möglicherweise wundern Sie sich über die merkwürdigen Prioritätswerte. Diese sind aus der Deklaration der Swift-Bibliothek übernommen, die Sie in Xcode lesen können, wenn Sie ein Swift-Schlüsselwort wie Int mit ⌘ anklicken. Die Werte sind dann wichtig, wenn Sie eigene Operatoren definieren möchten: Dabei müssen Sie nämlich auch deren Priorität festlegen.

2.5 Operator Overloading

Swift bietet die Möglichkeit, Operatoren für bestimmte Datentypen neue Funktionen zuzuweisen. Das folgende Beispiel definiert zuerst die Datenstruktur Complex zur Speicherung komplexer Zahlen mit Real- und Imaginärteil. Die weiteren Zeilen zeigen die Implementierung der Operatoren + und * zur Verarbeitung solcher Zahlen.

Operatoren sind aus der Sicht von Swift ein Sonderfall globaler Funktionen, wobei der Funktionsname aus Operatorzeichen besteht. Binäre Operatoren erwarten zwei, unäre Operatoren einen Parameter.

```
struct Complex {
  var re:Double, im:Double
  init(re:Double, im:Double) {
    self.re=re; self.im=im
  }
}
// Addition komplexer Zahlen
func + (left: Complex, right: Complex) -> Complex {
  return Complex(re:left.re + right.re, im:left.im + right.im)
}
// Multiplikation komplexer Zahlen
func * (left: Complex, right: Complex) -> Complex {
  return Complex(re:left.re*right.re - left.im * right.im,
             im:left.re*right.im+left.im*right.re)
}
// Vergleich komplexer Zahlen
func == (left: Complex, right: Complex) -> Bool {
  return left.re==right.re && left.im==right.im;
}
func !=(left: Complex, right: Complex) -> Bool {
  return !(left==right);
}
```

```
// Operatoren anwenden
var a = Complex(re: 2, im: 1)   // 2 + i
var b = Complex(re: 1, im: 3)   // 1 + 3i
var c = a + b                   // 3 + 4i
var d = a * b                   // -1 + 7i
```

Bei der Definition unärer Operatoren muss mit dem Schlüsselwort `prefix` bzw. `postfix` angegeben werden, ob der Operator vor oder nach dem Operanden angegeben wird. Die Definition des Operators für negative Vorzeichen bei komplexen Zahlen sieht so aus:

```
// negatives Vorzeichen für komplexe Zahlen
prefix func - (op: Complex) -> Complex {
  return Complex(re: -op.re, im: -op.im)
}
```

Nicht überschrieben werden können der Zuweisungsoperator `=` und der ternäre Operator `a ? b : c`. Dafür können Sie für bisher nicht genutzte Sonderzeichenkombinationen selbst vollkommen neue Operatoren definieren. Dazu müssen Sie zuerst mit `infix|prefix|postfix operator` den Operator selbst definieren. Optional können Sie dabei auch die Assoziativität (`associativity left|right`) und einen Wert zur Festlegung der Operatorhierarchie angeben.

Vergleichsoperator für Zeichenketten

Das folgende Beispiel definiert einen Vergleichsoperator für Zeichenketten, der nicht zwischen Groß- und Kleinschreibung unterscheidet. `infix` bezeichnet dabei einen Operator für zwei Operanden. Der Operator `=~=` erhält dieselbe Priorität wie die anderen Vergleichsoperatoren. Die Implementierung greift auf die `compare`-Methode zurück. Besser lesbar, aber weniger effizient wäre `return left.lowercaseString == right.lowercaseString`.

```
// neuen Vergleichsoperator definieren,
infix operator =~= { precedence 130 }

// implementieren,
func =~= (left:String, right:String) -> Bool {
  return
    left.compare(right, options:NSStringCompareOptions.
      CaseInsensitiveSearch) == NSComparisonResult.OrderedSame
}

// und ausprobieren
"abc" =~= "Abc"    // true
```

Kapitel 3
Variablenverwaltung und Datentypen

Dieses umfangreiche Kapitel beleuchtet die Konzepte der Variablenverwaltung in Swift und stellt elementare Daten- und Aufzählungstypen vor. Im Detail behandelt das Kapitel unter anderem die folgenden Themen:

- Variablen, Konstanten und Enumerationen
- Zahlen, Zufallszahlen und boolesche Ausdrücke
- Zeichenketten
- Datum und Uhrzeit
- Optionals
- Interna
    - Wert- versus Referenztypen
    - Named und Compound Types
    - Typen-Aliase
    - Reflection
    - Speicherverwaltung

Das nächste Kapitel beschreibt dann – gleichsam als Fortsetzung zu diesem Kapitel – die wichtigsten Möglichkeiten von Swift, um Datenmengen (Collections) zu verarbeiten. Dazu zählen Arrays, Dictionaries, Sets und Tupel.

3.1 Variablen und Konstanten

In den meisten Programmiersprachen sind Variablen die Regel und Konstanten die Ausnahme. Für die Programmierung in Swift wird hingegen empfohlen, möglichst oft mit Konstanten zu arbeiten (Schlüsselwort `let`) und Variablen nur einzusetzen, wenn dies tatsächlich notwendig ist (Schlüsselwort `var`).

Deklaration von Variablen

Variablen müssen bei oder vor der ersten Zuweisung mit `var` deklariert werden. Swift entscheidet sich selbst für einen geeigneten Datentyp. Dieser Typ kann sich später nicht mehr ändern.

```
var x=3          // implizite Integer-Variable
x=5              // OK
x=1.4            // Fehler, x ist eine Fließkommazahl
```

Optional können Sie den Datentyp explizit festlegen – entweder durch eine Typenangabe (*Type Annotation*) in der Form `varname:typ` oder durch ein Literal, das den Datentyp eindeutig macht (var y=3.0).

```
var y:Double = 3  // explizite Double-Variable
y=1.7             // OK
```

Sie können in einer durch Kommata getrennten Aufzählung mehrere Variablen auf einmal deklarieren – mit oder ohne Zuweisung. Sie *müssen* aber jeder Variablen zuerst einen Wert zuweisen, bevor Sie die Variable auslesen bzw. in einem Ausdruck verwenden können. Eine Ausnahme von dieser Regel sind Optionals (siehe Abschnitt 3.5), die automatisch mit dem Zustand `nil` initialisiert werden.

```
var a=3, b=8.4, c=false
var d, e, f:Double, g:Bool
print(d)         // Fehler, d ist nicht initialisiert
```

Regeln für Variablennamen

Variablennamen können aus nahezu allen Unicode-Zeichen zusammengesetzt werden. Auch Ziffern sind erlaubt, allerdings nicht als erstes Zeichen. Nicht zulässig sind Leer- und Tabulatorzeichen, Satzzeichen sowie mathematische Symbole. Es ist sogar zulässig, Schlüsselwörter als Variablennamen zu verwenden, wenn Sie diese in rechtsgerichtete Apostrophe setzen; empfohlen ist dies aber nicht.

```
var äöü = 3     // OK
var _xyz = 4    // OK
var _123 = 5    // OK
var `for` = 6   // OK
var a b = 3     // Fehler, keine Leerzeichen
var `a b` = 3   // Fehler, keine Leerzeichen
var 1abc = 3    // Fehler, Name darf nicht mit Ziffer beginnen
var $abc = 3    // Fehler, $ ist nicht erlaubt
var ef.gh = 3   // Fehler, . ist nicht erlaubt
```

Es ist üblich, Variablennamen mit einem Kleinbuchstaben beginnen zu lassen. Für zusammengesetzte Namen wird die CamelCase-Notation empfohlen, also `meineVariable` und nicht `meine_variable`.

Konstanten

Konstanten werden mit let deklariert. Anders als bei Variablen muss dabei sofort eine Initialisierung durchgeführt werden. Spätere Zuweisungen sind nicht erlaubt.

```
let max=5   // Konstante
max=7       // Fehler, Max kann nicht mehr verändert werden
```

Wenn der Swift-Compiler erkennen kann, dass von verschiedenen Code-Zweigen immer nur einer ausgeführt werden kann, dann sind auch mehrere unterschiedliche Zuweisungen erlaubt:

```
let c:String   // in c soll eine Farbe gespeichert werden
if arc4random() % 2 == 0 {
  c = "Red"
} else {
  c = "Green"
}
```

Beachten Sie, dass Swift bei Konstanten zwar die Zuweisung eines neuen Werts bzw. Objekts verhindert, dass die Daten bzw. der Inhalt eines Objekts aber sehr wohl auch bei Konstanten verändert werden können!

```
// eine ganz einfache Klasse
class MyClass {
  var data:Double
  init(data:Double) { self.data = data }
}

let obj = MyClass(data:2) // obj.data enthält 2.0
obj = MyClass(data: 7)    // Fehler, obj ist eine Konstante
obj.data=5                // OK, obj.data ist jetzt 5.0
```

let kann zur Auswertung von Optionals mit if- oder while-Bedingungen kombiniert werden. Dabei wird getestet, ob der Ausdruck ungleich nil ist. Wenn das der Fall ist, gilt die Bedingung als erfüllt und der Ausdruck wird der Konstanten zugewiesen. Die folgende Zeile zeigt nur die Syntax, weitere Beispiele folgen in Abschnitt 3.5 und in Kapitel 5.

```
var s:String = numberInput()   // Zeichenkette
if let x = Int(s) {            // x hat den Datentyp Int
  print(x)
}
```

Konstanten statt Variablen

Die offizielle Swift-Dokumentation empfiehlt, nach Möglichkeit let den Vorzug gegenüber var zu geben. Mit anderen Worten: Machen Sie nur das variabel, was wirklich variabel sein muss. Gewöhnen Sie sich an, zuerst einmal let zu verwenden, und ändern Sie let erst bei Bedarf zu var.

Keine Großbuchstaben

Es ist in Swift unüblich, Konstanten mit lauter Großbuchstaben zu benennen, also let MAX=3. Im offiziellen Swift-E-Book von Apple (»The Swift Programming Language«) werden Konstanten wie Variablen benannt, also let pi=3.1415 oder let itemMax=10.

Der inoffizielle Swift-Style-Guide von Ray Wenderlich schlägt hingegen vor, Konstanten auf Modulebene mit einem Großbuchstaben einzuleiten, also let MaxValue=144. Konstanten innerhalb von Klassen oder Strukturen werden aber auch gemäß dieser Empfehlung kleingeschrieben.

https://github.com/raywenderlich/swift-style-guide

Ich folge in diesem Buch der Apple-Nomenklatur und schreibe Konstanten generell klein.

Eigenschaften

Innerhalb einer Klasse definierte Variablen heißen in Swift »Eigenschaften« (Properties) und werden in Abschnitt 7.3, »Eigenschaften«, näher behandelt. An dieser Stelle möchte ich aber schon jetzt auf einen Spezialfall hinweisen, der durchaus auch außerhalb einer Klasse verwendet werden kann: *Computed Properties*, wörtlich übersetzt also *errechnete Eigenschaften*, sehen nur in der ersten Zeile wie Variablen aus:

```
// Syntax für Computed Properties
var name:datentyp {
  get {
    ...
    return result
  }
  set {
    ... newValue verarbeiten
  }
}
```

Computed Properties sind intern also Funktionen bzw. Methoden. Anders als echte Variablen bieten sie keine Möglichkeit, Daten zu speichern! Jedes Mal, wenn name ausgelesen wird, führt Swift den get-Code aus und liefert das dynamisch errechnete return-Ergebnis zurück. Umgekehrt läuft bei jeder Zuweisung der set-Code. An diesen wird der Parameter newValue übergeben. In anderen Programmiersprachen werden vergleichbare Funktionen oft durch sogenannte Getter- und Setter-Methoden realisiert, auch wenn die Syntax stark variiert.

Im folgenden Minibeispiel, das auch ohne die Definition eigener Klassen funktioniert, sollen die Variable s vom Typ String und die Eigenschaft x immer synchron sein. Der get-Code von x versucht daher, die Zeichenkette bei jedem Lesezugriff in eine ganze Zahl umzuwandeln. Gelingt dies nicht, liefert x den Wert 0. Umgekehrt wird bei jeder Veränderung von x auch s entsprechend geändert:

```
var s:String="123"  // normale Variable, Datenspeicher
var x:Int {          // Computed Property
  get { return Int(s) ?? 0 }
  set { s = "\(newValue)" }
}
x       // 123
x=35  // s wird damit "35" zugewiesen
s
s="abc"
x       // 0, weil "abc" keine Zahl ist
```

Praxisnähere Beispiele folgen in Abschnitt 7.3, »Eigenschaften«, sowie in Teil II und Teil III dieses Buchs.

Enumerationen (Enums)

Mehrere Konstanten, die eine zusammengehörende logische Gruppe bilden, werden zweckmäßigerweise als Enumeration formuliert. Die Syntax hierfür ist simpel:

```
enum Color {
  case White
  case Black
  case Red, Green, Blue
}
```

Die zu definierenden Konstanten werden also einfach mit case aufgezählt, wobei Sie wahlweise immer nur eine oder aber mehrere durch Kommata getrennte Konstanten auf einmal nennen können. Swift weist den Konstanten selbst eindeutige Werte zu. Die Verwendung der Konstanten ist dann ebenso unkompliziert:

```
var c = Color.White;
if c == Color.Red {
  print("c enthält die Farbe 'rot'.")
}
```

Wenn aus dem Kontext ohnehin klar ist, dass es sich um Elemente einer bestimmten Enumeration handelt, ist die folgende Kurzschreibweise zulässig:

```
var c = Color.White;
c = .Green;        // c ist eine Variable vom Typ 'Color'
if c == .Green { print("grün") }
```

Merkwürdigerweise betrachtet der Swift-Compiler die Zuweisung c=.Green bzw. den Vergleich c==.Green als Fehler. Sie müssen Leerzeichen vor und nach = bzw. == angeben.

Die Kurzschreibweise .enumerationswert funktioniert auch in switch-Ausdrücken. Auf den default-Block dürfen Sie verzichten, wenn in der switch-Konstruktion *alle* Elemente der Enumeration vorkommen.

```
switch c {
case .Green:
  print("grün")
case .White, .Black:
  print("schwarz/weiß")
default:
  print("andere farbe")
}
```

Normalerweise weist Swift den Enumerationselementen eindeutige Werte zu. Sie können in diesen Prozess aber eingreifen und den Konstanten selbst Werte in einem Datentyp zuordnen, den Sie bei der Deklaration angeben. Swift achtet darauf, dass jedes Enumerationselement einen eindeutigen Wert erhält. Mit .rawValue können Sie den Wert auslesen.

```
enum Color: String {
  case Red  = "ff0000"
  case Blue = "0000ff"
}
var c = Color.Red
c.rawValue          // "ff0000"
```

Wenn Sie Int als Datentyp verwenden, numeriert Swift die Elemente automatisch durch, entweder beginnend mit 0 oder ausgehend von angegebenen Startwerten:

```
enum Color:Int {
  case Red=4, Blue, Green
  case Black=10, White
}

Color.Green.rawValue  // 6
Color.White.rawValue  // 11
```

Verwenden Sie dagegen `String` als Datentyp, nutzt Swift automatisch die Namen der Konstanten als Enumerationswerte:

```
enum Color : String {
  case White
  case Black
  case Red, Green, Blue
}
```

```
Color.Green.rawValue   // "Green"
```

Beachten Sie, dass `rawValue` nur für solche Enumerationen zur Verfügung steht, bei denen bei der Definition explizit ein Datentyp angegeben ist – in den vorigen Beispielen also `String` bzw. `Int`. Fehlt der Datentyp, kommt es zu einem Fehler:

```
enum Color {
  case Red
  case Blue
}
var c = Color.Red
c.rawValue              // Fehler
Color.Blue.rawValue     // Fehler
```

Enumerationen definieren neue Datentypen

Enumerationen eignen sich nicht nur dazu, eine Gruppe von Konstanten zu bilden, sie definieren auch eigene Datentypen. Daraus ergeben sich weitere syntaktische Feinheiten, die in Kapitel 7, »Objektorientierte Programmierung«, in Abschnitt 7.2, »Enumerationen«, zusammengefasst sind.

3.2   Zahlen und boolesche Werte

Dieser Abschnitt fasst zusammen, was Sie für den Umgang mit Zahlen und booleschen Werten wissen müssen: die zugrunde liegenden Datentypen, die richtige Darstellung von Zahlen im Code (»Literale«), Umwandlungsfunktionen etc.

Ganze Zahlen

Swift verwendet standardmäßig den Datentyp `Int` zur Speicherung ganzer Zahlen. Hinter den Kulissen handelt es sich bei 32-Bit-Plattformen um einen 32-Bit-Integer mit Vorzeichen, bei 64-Bit-Plattformen um einen 64-Bit-Integer mit Vorzeichen. Apple empfiehlt, diesen Datentyp nach Möglichkeit zur Speicherung ganzer Zahlen zu verwenden.

Wenn Sie explizit einen anderen Integer-Zahlentyp wünschen, haben Sie die Wahl zwischen Int8, -16, -32 und -64 sowie den vorzeichenlosen Varianten UInt8, -16, -32 und -64. Den zulässigen Zahlenbereich können Sie bei Bedarf mit den Eigenschaften min und max ermitteln.

```
let imin = Int.min        // -9.223.372.036.854.775.808 (64 Bit)
let imax = Int.max        //  9.223.372.036.854.775.807 (64 Bit)
let i32min = Int32.min    //              -2.147.483.648
let ui16max = UInt16.max  //                      65.535
```

Im Code werden ganze Zahlen normalerweise dezimal geschrieben. Alternativ können Sie 0b, 0o oder 0x voranstellen, um Zahlen in binärer, oktaler oder hexadezimaler Schreibweise zu formulieren:

```
let x = 0b110011 // 51
let y = 0o772    // 506
let z = 0x12     // 18
```

Wenn Sie Zahlen binär, oktal oder hexadezimal ausgeben möchten, verwenden Sie am besten den String-Konstruktor mit dem radix-Parameter:

```
let bin = String(127, radix:2)   // "1111111"
let oct = String(127, radix:8)   // "177"
let hex = String(127, radix:16)  // "7F"
```

Bei vielstelligen Zahlen können Sie mit _ Zifferngruppen bilden:

```
let population = 7_287_726_818
let id = 0x23a4_d350_5499_aaef
```

Fließkommazahlen

Sobald in einer Zahl ein Dezimalpunkt vorkommt, betrachtet Swift die Zahl als Fließkommazahl mit dem Datentyp Double. Fließkommazahlen beanspruchen intern 8 Byte Speicherplatz und weisen eine Genauigkeit von ca. 16 Stellen auf. Die größtmögliche positive Zahl beträgt ca. 2×10^{308}. Wenn Sie Fließkommazahlen in einer reduzierten Genauigkeit von rund 8 Stellen speichern möchten, verwenden Sie den Typ Float.

```
let x = 1.4         // normale Double-Zahl
let y:Float = 1.3   // Float-Zahl mit reduzierter Genauigkeit
```

Fließkommaliterale müssen einen Dezimalpunkt oder den Buchstaben e bzw. E für die Exponentialschreibweise enthalten:

```
let d1 = 1000.0     // 1000.0
let d2 = 1e3        // 1000.0
let d3 = 1.23e-2    // 1.23 * 10^-2 = 0.0123
```

```
let d4 = 1.23E-2    // gleichwertig, 0.0123
```

Interessanterweise kennt Swift auch eine Exponentialschreibweise für hexadezimale Zahlen. Der Exponent folgt dem Buchstaben p oder P und bezieht sich auf die Basis 2:

```
let d5 = 0x100p3    // 256 * 2^3 = 2048.0
let d6 = 0xfp-2     // 15 * 2^-2 = 3,75
```

Typumwandlungen

Swift ist sehr restriktiv, was Typumwandlungen angeht. Beispielsweise kann ein Int-Wert nicht mit einem Double-Wert multipliziert werden, weil der Operator * nur für Zahlen desselben Typs definiert ist. Sie müssen also explizit einen der beiden Operanden in den Datentyp des anderen Operanden umwandeln oder zu diesem Zweck einen geeigneten Operator definieren.

Zur Umwandlung verwenden Sie den Konstruktor des Datentyps, also z. B. Double, Int, Float, Int64 oder UInt32. Beachten Sie, dass die Int-Konstruktoren nicht runden, sondern den Nachkommaanteil abschneiden. Wenn Sie mathematisch runden möchten, müssen Sie zuerst round ausführen.

```
let x=3
let y=2.2
let z1 = x * y           // Fehler, nicht erlaubt
let z2 = x * Int(y)      // 6
let z3 = Double(x) * y   // 6.6
let z4 = Int(2.9)        // 2
let z5 = Int(-2.9)       // -2
let z6 = Int(round(-2.9)) // -3
```

Zufallszahlen

Ganze Zufallszahlen zwischen 0 und n erzeugen Sie mit arc4random_uniform(n). Diese Funktion aus der Standard-C-Bibliothek steht automatisch zur Verfügung, wenn Sie die Cocoa-, die UIKit- oder zumindest die Foundation-Bibliothek importiert haben.

```
arc4random_uniform(10)   // Zufallszahl zwischen 0 und 9
```

Der Rückgabedatentyp von arc4random_uniform ist UInt32 und kann problemlos in Int umgewandelt werden:

```
let n = Int(arc4random_uniform(10))
```

arc4random ohne Parameter liefert Zufallszahlen im gesamten Zahlenbereich von UInt32. In diesem Fall kann die Umwandlung in Int zu Fehlern führen, wenn Ihr Programm auf einer 32-Bit-Plattform läuft.

```
let m =  arc4random() // UInt32, 0 <= m <= 4294967295
```

Double-Zufallszahlen

Zufällige Fließkommazahlen zwischen 0 und 1 liefert der folgende Ausdruck:

```
let x = Double(arc4random()) / Double(UInt32.max)
```

Die Zufallszahlen sind innerhalb des Zahlenraums allerdings nicht gleichverteilt. Wenn Ihnen das wichtig ist, gehen Sie wie folgt vor:

```
var r:UInt64=0
arc4random_buf(&r, 8)
let y = Double(r) / Double(UInt64.max)
```

Eine effizientere Möglichkeit zur Erzeugung von Double-Zufallszahlen bietet die Funktion drand48. Vor ihrem Einsatz muss *einmalig* srand48 ausgeführt werden, damit drand48 nicht immer wieder die gleiche Folge von Zufallszahlen liefert.

```
srand48(Int(arc4random_uniform(10000000)))  // einmalig
let r1 = drand48()   // beliebig oft, Wertebereich
let r2 = drand48()   // 0 inklusive bis 1 exklusive
```

Boolesche Werte

Zur Speicherung boolescher Werte sieht Swift den Datentyp Bool vor. Boolesche Variablen können nur die Zustände false und true annehmen.

```
var result:Bool
result = true
result = false
```

3.3 Zeichenketten

In Swift gibt es zwei Datentypen zum Umgang mit Zeichenketten:

▶ Ein Character speichert ein einzelnes Unicode-Zeichen. Genau genommen kann es sich dabei um ein *Extended Grapheme Cluster* handeln, also um ein aus mehreren Unicode-Skalaren zusammengesetztes Symbol. Details dazu folgen gleich.

▶ Ein String entsteht aus einer Aneinanderreihung von Character-Objekten.

Zeichenketten in Swift 1 und in Swift 2

Der interne Aufbau des String-Datentyps hat sich in Swift 2 stark geändert. In Swift 1 implementierte String das CollectionType-Protokoll, sodass eine Zeichenkette ähnlich wie ein Array als Aufzählungsobjekt verarbeitet werden konnte. Dies ist in Swift 2 nicht mehr der Fall. Sie müssen nun die neue Eigenschaft characters verwenden, um auf einzelne Character-Elemente zuzugreifen.

Sowohl `Character` als auch `String` ist intern als `struct` realisiert. Es handelt sich also um Werttypen, nicht um Referenztypen!

Einzelne Zeichen werden ebenso wie Zeichenketten in doppelte Anführungszeichen gestellt, also "abc". Standardmäßig verwendet Swift immer den Typ `String`, auch dann, wenn es sich nur um ein einzelnes Zeichen handelt.

```
let s1 = "abc"           // Datentyp String
let s2 = "a"             // ebenfalls Datentyp String
let c:Character = "a"    // Datentyp Character
```

Eine Schleife über alle Zeichen einer Zeichenkette bilden Sie wie folgt:

```
// s hat den Typ String, c hat den Typ Character
let s = "Eine Zeichenkette"
for c in s.characters {
  print(c)
}
```

Der Swift-Datentyp `String` hat intern wenig mit der Objective-C-Programmierern bekannten `NSString`-Klasse zu tun. Apple verspricht aber, dass Swift-Zeichenketten und `NSString`-Objekte problemlos ausgetauscht werden können, und tatsächlich trifft dies in der Regel zu. Allerdings müssen Sie `NSString`-Instanzen, die als Swift-String-Parameter weiterverarbeitet werden sollen, explizit mit as `String` konvertieren:

```
func myPrint(s:String) { print(s) }    // String-Parameter
let ns = NSString(format: "%04d", 12)  // NSString-Instanz
myprint(ns)                            // Fehler!
myPrint(ns as String)                  // so funktioniert es
```

Ganz egal, in welcher Programmiersprache Sie bisher gearbeitet haben: In Swift müssen Sie sich beim Umgang mit Zeichenketten auf viele Eigenheiten einstellen. Die Apple-Entwickler haben bei der Konzeption des String-Datentyps ganz andere Schwerpunkte gesetzt als sonst üblich: Erste Priorität hatte offensichtlich der möglichst korrekte Umgang mit Unicode-Spezialitäten. Dafür sind vollkommen elementare Funktionen auf der Strecke geblieben – etwa der einfache Zugriff auf Teilzeichenketten.

Viele Einschränkungen lassen sich durch die Nutzung von `NSString`-Methoden oder durch Erweiterungen (extensions) der `String`-Klasse umgehen. Dabei müssen Sie aber aufpassen, dass die Performance nicht auf der Strecke bleibt.

String-Eigenschaften

Bevor Sie die Details im Umgang mit Zeichenketten lernen, sollten Sie drei wesentliche Eigenschaften von Swift-Zeichenketten verinnerlichen:

▶ Zeichenketten sind veränderlich (*mutable*). Wenn Sie also beispielsweise einer Zeichenkette ein Zeichen hinzufügen, wird dabei kein neuer String erzeugt. Wenn Sie unveränderliche Zeichenketten wünschen, speichern Sie die Zeichenkette einfach in einer Konstante (let msg="abc").

▶ Zeichenketten sind Werttypen (*Value Types*). Beim Aufruf einer Funktion oder Methode wird daher – falls notwendig – eine Kopie der Zeichenkette erstellt. Diese wird übergeben. Insofern brauchen Sie in einer Methode keine Angst haben, dass Ihre Zeichenkette in nebenläufigen Algorithmen verändert wird.

Intern verwendet Swift ein Copy-on-Write-Verfahren. Zu einer tatsächlichen Kopie der Daten kommt es erst, wenn eine Zeichenkette tatsächlich verändert wird.

▶ Swift betrachtet eine Zeichenkette als Aneinanderreihung von Character-Objekten. Jedes Character-Objekt entspricht *einem* Unicode-Zeichen. Gemäß der Unicode-Spezifikation kann ein Zeichen aber aus mehreren Unicode-Skalaren zusammengesetzt sein!

Beispielsweise kann das Zeichen »ä« (Umlaut-A) sowohl durch den Unicode-Skalar mit dem hexadezimalen Code 0xe4 dargestellt werden als auch durch die Kombination aus dem Buchstaben »a« (Code 0x61) und dem Zeichen »Combining Diaeresis« (Code 0x308). In diesem Fall spricht man von einem *Extended Grapheme Cluster* – das Umlaut-A ist also aus mehreren Einzelzeichen zusammengesetzt worden. Derartige Zeichenkombinationen kommen bei asiatischen Sprachen häufig vor.

Eine Besonderheit von Swift besteht nun darin, dass es Zeichen(ketten) unabhängig vom internen Aufbau dann als gleichwertig betrachtet, wenn ihre Unicode-Bedeutung gleichwertig ist. Das folgende Beispiel illustriert dies:

```
let single = "ä"            // ä als Einzelzeichen
let cluster = "a\u{308}"    // ä als Zeichenkombination a + "
cluster == single           // true!
```

Die dazu erforderlichen Algorithmen machen Zeichenkettenvergleiche aufwendig. Mehrere Beispiele zu Grapheme Clusters finden Sie im folgenden Blog-Beitrag:

http://oleb.net/blog/2014/07/swift-strings

Syntax

Der Umgang mit Zeichenketten ist unkompliziert, wie die folgenden Zeilen beweisen:

```
let s1 = "abc"
let s2 = ""
var s3 = s1 + s2 + "xxx"    // "abcxxx"
s3+="yz"                    // "abcxxxyz"
s2.isEmpty                  // true
s3.isEmpty                  // false
```

Zum Erzeugen neuer Zeichenketten können Sie an `String()` diverse Daten übergeben:

```
String()                                    // ""
String(127, radix:16)                       // "7f"
String(count:5, repeatedValue:Character("*"))  // "*****"
String(format:"%.2f", sqrt(2.0))            // "1.41"
```

Mehrzeilige Zeichenketten sind nicht zulässig. Sie müssen lange Zeichenketten gegebenenfalls stückweise zusammensetzen.

```
let longMsg = "Zeile 1
Zeile 2"                    // Fehler
let longMsg = "Zeile 1\n" +
  "Zeile 2"                  // OK
```

Zeichenkombination	Bedeutung
\0	Null-Zeichen (Code 0)
\t	Tabulator (Code 9)
\n	Line Feed (Code 10)
\r	Carriage Return (Code 13)
\"	doppeltes Anführungszeichen (Code 34)
\'	einfaches Anführungszeichen (Code 39)
\\	Backslash (Code 94)
\u{hexcode}	Unicode-Zeichen mit dem angegebenen Code
\(ausdruck)	Wertet den Ausdruck aus (String-Interpolation).

Tabelle 3.1 Sonderzeichen in Zeichenketten

Einige Spezialzeichen müssen durch Zeichenkombinationen mit dem Zeichen \ gebildet werden (siehe Tabelle 3.1). Zur effizienten Zusammensetzung von Zeichenketten kennt Swift eine besondere *String-Interpolation*-Syntax. Ausdrücke der Form \(ausdruck) werden ausgewertet und in die Zeichenkette eingebaut.

```
let euro = "\u{20ac}"
let txt = "Zeile 1\nZeile 2\nZeile 3"
let i=1, x=0.4
let s="i=\(i), x=\(x)"   // i=1, x=0.4
let msg="Die Wurzel von \(x) ist \(sqrt(x))"
```

Funktionen und Methoden zur Bearbeitung von Zeichenketten

Swift stellt eine riesige Palette von Funktionen zur Verarbeitung von Zeichenketten zur Verfügung. Neben Swift-spezifischen Funktionen und Methoden gibt es das riesige Fundament der NSString-Klasse, auf das Swift zurückgreifen kann. Eine vollständige Referenz aller String-Methoden finden Sie auf der folgenden Webseite:

http://swiftdoc.org/type/String

In diesem Kapitel muss ich mich auf die am häufigsten benötigten Funktionen konzentrieren, von denen einige in Tabelle 3.2 aufgelistet sind.

Methode/Eigenschaft	Funktion
s.characters	Liefert eine Collection aller Zeichen.
s.characters.count	Ermittelt die Anzahl der Zeichen.
s.isEmpty	Verrät, ob die Zeichenkette leer ist (true/false).
s.startIndex	Index-Element für das erste Zeichen von s
s.endIndex	Index-Element für das letzte Zeichen von s
s.hasPrefix(s2)	Testet, ob s mit s2 beginnt.
s.hasSuffix(s2)	Testet, ob s mit s2 endet.
s.lowercaseString	Liefert s mit lauter Kleinbuchstaben.
s.uppercaseString	Liefert s mit lauter Großbuchstaben.
s.rangeOfString(f)	Liefert die Position von f innerhalb von s.
ar.joinWithSeparator(x)	Verbindet die Array-Elemente, mit x als Trennzeichen.

Tabelle 3.2 Elementare String-Methoden

Details zu den aus der Foundation-Bibliothek übernommenen Methoden können Sie in der NSString-Dokumentation nachlesen:

https://developer.apple.com/library/mac/documentation/Cocoa/Reference/
  Foundation/Classes/NSString_Class

Länge von Zeichenketten ermitteln

Die vielleicht elementarste Fragestellung bei der Verarbeitung einer Zeichenkette lautet: Wie viele Zeichen umfasst eine Zeichenkette? Aufgrund von Swifts Umgang mit Extended Grapheme Clusters gibt es für diese simple Fragestellung aber mehrere Antworten. Welche davon zweckmäßig ist, hängt vom Kontext der Fragestellung ab. Am ehesten entspricht `characters.count` der aus anderen Programmiersprachen vertrauten Ermittlung der Zeichenanzahl.

```
let s = "abcäöüß€" + "a\u{308}"
s.characters.count                // 9 Zeichen
s.startIndex.distanceTo(s.endIndex) // 9 Zeichen
s.unicodeScalars.count            // 10 Unicode-Skalare
s.utf16.count                     // 10 UTF16-Zeichen
s.utf8.count                      // 17 Byte in UTF8-Codierung
```

Vergleichen und sortieren

Zeichenketten können direkt mit `==` verglichen werden. Dabei unterscheidet Swift zwischen Klein- und Großschreibung:

```
"abc" == "abc"            // true
"Abc" == "abc"            // false
"Abc" != "abc"            // true
```

Bei Vergleichen mit `<`, `<=`, `>` und `>=` berücksichtigt Swift unabhängig von den Spracheinstellungen die *Unicode Normalization Form D*:

http://unicode.org/reports/tr15/#Norm_Forms

Das führt dazu, dass Großbuchstaben immer vor Kleinbuchstaben angeordnet werden. Deutsche Umlaute werden beim Sortieren zwischen die benachbarten Buchstaben eingereiht, also *a – ä – b*. Das scharfe ß wird hingegen nach allen gewöhnlichen Buchstaben aufgelistet! Die Schreibweise `sortInPlace(<)` ist eine spezielle Closure-Syntax, bei der an `sortInPlace` der Vergleichsoperator als Funktion übergeben wird.

```
"A" < "a"                 // true
"Z" < "a"                 // true
"a" < "b"                 // true
"a" < "ä"                 // true
"ä" < "b"                 // true
"z" < "ß"                 // true

// Array mit Zeichenketten sortieren
var ar = ["A", "B", "C", "ä", "ö", "ü", "s", "t", "ß", "a", "z"]
ar.sortInPlace(<)
print(ar)
// Ausgabe: [A, B, C, a, ä, ö, s, t, ü, z, ß]
```

Wenn Sie beim Sortieren die gültigen Spracheinstellungen berücksichtigen, aber nicht zwischen der Groß- und Kleinschreibung differenzieren möchten, übergeben Sie an sortInPlace einen Vergleichsausdruck mit der Funktion localizedCase-InsensitiveCompare. Der Vergleichsausdruck ist abermals eine Closure, also eine ad hoc definierte Funktion ohne Namen, die die beiden Parameter $0 und $1 verarbeitet.

```
ar.sortInPlace( { $0.localizedCaseInsensitiveCompare($1) ==
                NSComparisonResult.OrderedAscending } )
print(ar)
// Ausgabe: [A, a, ä, B, C, ö, s, ß, t, ü, z]
```

Um explizit eine bestimmte Sortierordnung auszuwählen, übergeben Sie an die compare-Methode von String ein entsprechendes NSLocale-Objekt, das die gewünschte Sortierordnung ausdrückt – im folgenden Beispiel die schwedische, in der Ä und Ü hinter dem Z eingeordnet werden.

```
let sv = NSLocale(localeIdentifier: "sv_SV")
ar.sortInPlace( { $0.compare($1, locale:sv) ==
                NSComparisonResult.OrderedAscending } )
print(ar)
// Ausgabe: [a, A, B, C, s, ß, t, ü, z, ä, ö]
```

Wenn Sie nicht die gesamte Zeichenkette vergleichen möchten, sondern nur deren Anfang oder Ende, stellt Swift die Methoden hasPrefix und hasSuffix zur Verfügung:

```
let lorem = "Lorem ipsum dolor sit amet"
lorem.hasPrefix("Lorem")      // true
lorem.hasPrefix("l")          // false
lorem.hasSuffix("et")         // true
lorem.hasSuffix("t amet")     // true
```

Suchen und ersetzen

Mit den bereits erwähnten Methoden hasPrefix und hasSuffix können Sie feststellen, ob eine Zeichenkette mit einem Substring beginnt oder endet. Den Test, ob needle in haystack enthalten ist, führen Sie also so aus:

```
let haystack = "abc efg hij"
let needle = "fg"
if haystack.rangeOfString(needle) != nil {
  print("gefunden")
}
```

`rangeOfString` liefert ein `Range`-Objekt mit der Position des Substrings oder `nil` zurück. Genau genommen ist der Rückgabetyp von `rangeOfString` ein Optional (siehe Abschnitt 3.5, »Optionals«); wenn der Suchausdruck nicht zu finden ist, lautet das Ergebnis `nil`. Beachten Sie auch, dass das `Range`-Objekt nicht einfach Integerzahlen enthält, sondern `Index`-Elemente. Der Rückgabedatentyp lautet also eigentlich `Range<Index>?`.

```
let haystack = "Lorem ipsum dolor sit amet"
haystack.rangeOfString("ipsum")     // 6..<11
haystack.rangeOfString("xxx")       // nil
```

Eine Schleife über alle Vorkommen eines Substrings sieht auf den ersten Blick unübersichtlich aus:

```
// Schleife über alle Suchergebnisse
let haystack = "abc efg abc xxx abc"
let needle = "abc"
var rng = haystack.rangeOfString(needle)
while rng != nil {
  print(rng!)  // Ausgabe: 0..<3, 8..<11, 16..<19
  rng = haystack.rangeOfString(
    needle, range:rng!.endIndex..<haystack.endIndex)
}
```

Im obigen Code sucht der erste `rangeOfString`-Aufruf nach dem ersten Vorkommen von `needle`. Wenn die Suche erfolgreich war, wird der gefundene Bereich mit `print(rng!)` ausgegeben. Da `rangeOfString` ein Optional zurückgibt, muss mit dem Ausrufezeichen das Unwrapping erzwungen werden.

Anschließend wird die Suche fortgesetzt, wobei an `rangeOfString` in einem optionalen Parameter der gewünschte Suchbereich übergeben wird. Die Suche soll also nicht am Anfang der Zeichenkette starten, sondern erst an der Position `rng!.endIndex`. Der Suchbereich endet mit der Zeichenkette, also mit `haystack.endIndex`.

Syntaxfeinheiten

Beim Vergleich `rng != nil` ist Vorsicht angebracht. In der kompakteren Schreibweise `rng!=nil` kommt es nämlich zu einem Syntaxfehler. Schuld ist eine Doppeldeutigkeit: Der Swift-Compiler interpretiert `rng!=nil` anscheinend im Sinne von `rng! = nil`. Das Ausrufezeichen erzwingt also das Unwrapping von `rng`, und das Gleichheitszeichen wird als Zuweisungsoperator gedeutet. Ein zusätzliches Leerzeichen zwischen `rng` und dem Operator `!=` schafft Klarheit.

Zum Suchen und Ersetzen verwenden Sie stringByReplacingOccurrencesOfString:

```
let s1 = "abc efg abc xxx abc"
let s2 = s1.stringByReplacingOccurrencesOfString("abc",
    withString: "ABC")
// s2 = "ABC efg ABC xxx ABC"
```

Reguläre Ausdrücke

Reguläre Ausdrücke sind aus speziellen Formatcodes zusammengesetzte Zeichenketten für Mustervergleiche. Swift enthält zwar selbst keine Funktionen für reguläre Ausdrücke, kann aber natürlich auf die vielseitigen Methoden der NSRegularExpression-Klasse aus der Foundation-Bibliothek zurückgreifen:

https://developer.apple.com/library/mac/documentation/Foundation/
  Reference/NSRegularExpression_Class

Das folgende Beispiel testet, ob email eine auf den ersten Blick syntaktisch gültige E-Mail-Adresse ohne Kommentare enthält – zumindest soweit sich dies mit einem einfachen regulären Ausdruck testen lässt. (Es gibt viele Sonderfälle, siehe z. B. *http://stackoverflow.com/questions/201323.*) Sie sehen schon, dass der resultierende Code unübersichtlich ist und die Eleganz von Swift missen lässt. Wenn der Code nicht in einem Playground formuliert wird, muss anstelle von try die Variante try! verwendet oder eine richtige Fehlerabsicherung mit try-catch durchgeführt werden.

```
let email = "kontakt@kofler.info"
let pattern = "^[a-zA-Z0-9_.+-]+@[a-zA-Z0-9-]+\\.[a-zA-Z0-9-.]+$"

let regex = try NSRegularExpression(pattern:pattern, options:[])
let matches = regex.numberOfMatchesInString(email,
    options: [],
    range: NSMakeRange(0, email.utf16.count))

if matches == 1 {
  print("Die E-Mail-Adresse sieht korrekt aus.")
}
```

Fortgeschrittene Swift-Programmierer, die häufig reguläre Ausdrücke benötigen, können mit wenigen Zeilen eine komfortabel zu nutzende RegEx-Struktur definieren. Das folgende Beispiel enthält einige Swift-Sprachmerkmale, die ich Ihnen erst in den weiteren Kapiteln genauer vorstellen werde: die Definition von Strukturen, die Verwendung einer Failable-Init-Funktion sowie die Fehlerabsicherung mit try-catch.

3

```
// Datei regex.playground
struct RegEx {
  let rx: NSRegularExpression!

  // RegEx-Struktur initialisieren
  init?(pattern: String,
       options: NSRegularExpressionOptions = [])
  {
     do {rx = try NSRegularExpression(
        pattern: pattern, options: options)
     } catch {
        print("Fehlerhafter regulärer Ausdruck")
        return nil
     }
  }

  // match-Methode zur Anwendung des regulären Ausdrucks
  func match(string: String,
            options: NSMatchingOptions = []) -> Bool
  {
     return rx.numberOfMatchesInString(
        string,
        options: options,
        range: NSMakeRange(0, string.utf16.count)) != 0
  }
}

// Anwendung der RexEx-Struktur: regulärer Ausdruck
// für Zeichenketten, die mit "A" beginnen
if let r = RegEx(pattern: "^A.*") {
  r.match("Abc")       // true
  r.match("abc")       // false
  r.match("efgAbc")    // false
}
```

Operatoren für reguläre Ausdrücke

Als Swift vorgestellt wurde, waren manche enttäuscht, dass Swift keine Operatoren zum Umgang mit regulären Ausdrücken vorsieht. Glücklicherweise können Sie derartige Operatoren unkompliziert selbst definieren, wie dies beispielsweise auf der folgenden Seite dokumentiert ist:

https://github.com/kasei/SwiftRegex

Alternativ können Sie auch die inoffizielle ExSwift-Erweiterung mit den beiden RegEx-Operatoren =~ und |~ einsetzen:

https://github.com/pNre/ExSwift

Bestandteile von Zeichenketten

Zur Speicherung oder Weiterverarbeitung von Zeichenketten ist es oft erforderlich, diese in eine bestimmte Form umzuwandeln. Swift hilft dabei mit den vier Eigenschaften characters, utf8, utf16 und unicodeScalars.

▶ s.characters liefert eine Aneinanderreihung der Character-Elemente einer Zeichenkette. Der Datentyp von characters lautet String.CharacterView. Dieser Typ implementiert unter anderem das CollectionType-Protokoll. Deswegen können Sie unkompliziert eine Schleife über alle Character einer Zeichenkette bilden:

```
let s = "abcäöüß€" + "a\u{308}"
for c in s.characters {
  print(c)
}
// Ausgabe: a b c ä ö ü ß € ä
```

Sollten Sie ein Character-Array einer Zeichenkette benötigen, können Sie diese unkompliziert erzeugen:

```
var ar = Array(s.characters)
```

Hintergrundinformationen zum Umgang mit Arrays folgen in Abschnitt 4.1, »Arrays«.

▶ s.unicodeScalars liefert eine Aneinanderreihung von Unicode-Skalaren. Jedes Element dieser Aufzählung ist ein UnicodeScalar-Objekt. Seine value-Eigenschaft enthält eine 21-Bit-Integerzahl mit dem Skalarcode des Zeichens. (Zur Erinnerung: Ein Unicode-Zeichen kann aus mehreren Skalaren zusammengesetzt sein.)

```
let s = "abcäöüß€" + "a\u{308}"
for us in s.unicodeScalars {
  print("\(us) " + String(us.value, radix:16))
}
// Ausgabe
// a 61
// b 62
// c 63
// ä e4
// ö f6
// ü fc
// ß df
```

```
// € 20ac
// a 61
// " 308
```

▶ s.utf8 liefert eine Folge von UInt8-Zahlen mit der UTF8-Codierung der Zeichenkette:

```
let s = "abcäöüß€" + "a\u{308}"
for i in s.utf8 {
  print(String(i, radix:16))
}
// Ausgabe: 61 62 63 c3 a4 c3 b6 c3 bc c3 9f e2 82 ac 61 cc 88
```

▶ s.utf16 liefert eine Folge von UInt16-Werten mit der UTF16-Codierung der Zeichenkette:

```
let s = "abcäöü" + "a\u{308}"
for i in s.utf16 {
  print(String(i, radix:16))
}
// Ausgabe: 61 62 63 e4 f6 fc df 20ac 61 308
```

Wenn Sie den Code eines Zeichens kennen und daraus ein Character-Element erzeugen möchten, übergeben Sie den Code an UnicodeScalar. Diesen Skalar wandeln Sie dann in ein Zeichen um:

```
Character(UnicodeScalar(97))   // "a"
```

Mehrere derartige Zeichen setzen Sie am besten mit append zu einer Zeichenkette zusammen:

```
var s = ""   // s ist ein String
s.append(Character(UnicodeScalar(97)))
s.append(Character(UnicodeScalar(98)))
s            // s enthält jetzt "ab"
```

split und joinWithSeparator

Mitunter wollen Sie Zeichenketten in Wörter oder andere logisch zusammengehörende Teilzeichenketten zerlegen. Am einfachsten gelingt dies mit split. An diese Methode übergeben Sie eine Funktion zur Identifizierung des Trennzeichens.

Das resultierende Array können Sie anschließend mit joinWithSeparator wieder zusammensetzen. txt1 == txt2 ist übrigens nur dann wahr, wenn die Wörter in txt1 immer nur durch ein Leerzeichen getrennt waren. Bei mehreren hintereinanderfolgenden Trennzeichen bildet split keine leeren Array-Elemente, joinWithSeparator eliminiert daher ursprünglich vorhandene Doppelgänger.

```
let txt1 = "Swift ist eine Programmiersprache."
let words = txt1.characters.split() {$0 == " "}.map { String($0)
    }
// words = ["Swift", "ist" ...]
let txt2 = words.joinWithSeparator(" ")
txt1 == txt2                    // true
```

Closures und map

Der split-Aufruf ist syntaktisch nicht ganz leicht zu verstehen. Mit {$0 == " "} wird an diese Funktion eine Closure übergeben, also eine Funktion, die ad hoc definiert wird. Dabei ist $0 der einzige Funktionsparameter.

split liefert als Ergebnis ein Array von SubSequence-Elementen. Jedes derartige Element beschreibt also einen Teil aus einer Collection. Die map-Methode wendet nun auf jedes Element die String-Init-Funktion an und macht daraus reguläre Zeichenketten. Auch { String($0) } ist wieder eine Closure.

Viele weitere Details zum Umgang mit Funktionen und Methoden sowie zum Einsatz von Closures folgen in Kapitel 6, »Funktionen und Closures«.

Anstelle der Swift-Funktion split ist es oft einfacher, die Methode componentsSeparatedByString der NSString-Klasse einzusetzen. Sie zerlegt eine Zeichenkette in ein Array von Teilzeichenketten:

```
let txt1 = "Swift ist eine Programmiersprache."
let words = txt1.componentsSeparatedByString(" ")
// words = ["Swift", "ist" ...]
```

Zeichenketten manipulieren

upper- und lowercaseString liefert jeweils eine neue Zeichenkette mit lauter Groß- bzw. Kleinbuchstaben. Beachten Sie, dass uppercaseString ß zu SS macht und somit die Anzahl der Zeichen verändert! capitalizedString lässt jedes Wort mit einem Großbuchstaben beginnen.

```
let s = "abcäöüß€" + "a\u{308}"
s.uppercaseString            // ABCÄÖÜSS€Ä
s.lowercaseString            // abcäöüß€ä
s.capitalizedString          // Abcäöüß€Ä
"abc efg".capitalizedString  // Abc Efg
```

Um Leer- und Tabulatorzeichen (*Whitespace*) vom Beginn und Ende einer Zeichenkette zu entfernen, verwenden Sie die Methode stringByTrimmingCharactersInSet, wobei Sie als Parameter mit whitespaceCharacterSet eine Aufzählung der zu eliminierenden Zeichen übergeben. Das obige Beispiel macht auch klar, wie langatmig Swift wird, wenn die Sprache auf das jahrzehntealte Fundament der Foundation-Klassen zurückgreifen muss.

```
let s = " abc efg  "
s.stringByTrimmingCharactersInSet(
  NSCharacterSet.whitespaceCharacterSet())  // "abc efg"
```

Um eine Zeichenkette umzudrehen, verwenden Sie die Methode reverse. Diese Methode liefert ein Array von Zeichen zurück. String bildet daraus wieder eine zusammenhängende Zeichenkette.

```
let s = "abcde"
let r = String(Array(s.characters).reverse())
```

Ähnlich können Sie vorgehen, wenn Sie aus einer Zeichenkette bestimmte Zeichen herausfiltern möchten. filter wendet auf jedes Zeichen eine Testfunktion an und bildet aus allen zutreffenden Elementen ein Array. String macht daraus wieder eine Zeichenkette. Im folgenden Beispiel werden aus einer Zeichenkette alle Zahlen extrahiert. Die Closure verwendet den Vergleichsoperator ~=, um herauszufinden, ob sich das Zeichen im Bereich zwischen "0" und "9" befindet. Nur wenn dieser Ausdruck true ergibt, wird das Zeichen berücksichtigt.

```
let isbn = "978-3-8362-2933-3"
let cleanIsbn = String(isbn.characters.filter({"0"..."9" ~= $0}))
// cleanIsbn = "9783836229333"
```

Palindrom-Test

Deutlich schwieriger ist es, aus einer Zeichenkette alle Buchstaben herauszufiltern – zumindest dann, wenn dies auch für Nicht-ASCII-Zeichen wie äöüß funktionieren soll. Die folgende Funktion testet, ob eine Zeichenkette ein Palindrom ist, ob sie also von vorne und von hinten gelesen denselben Text ergibt.

Dabei werden alle Leer- und Satzzeichen ignoriert. palindromTest greift dazu auf die Methode rangeOfCharacterFromSet zurück, die den Ort (Range) des ersten Zeichens einer Zeichenkette findet, das im angegebenen Zeichen-Set enthalten ist. Als Zeichen-Set kommt der letterCharacterSet der NSCharacterSet-Klasse zum Einsatz. Wird das Zeichen nicht gefunden, lautet der Rückgabewert nil – dann handelt es sich bei dem Zeichen offensichtlich nicht um einen Buchstaben.

```
// Datei palindrom.playground
func palindromTest(s:String) -> Bool {
  let lower = s.lowercaseString
  let letters = NSCharacterSet.letterCharacterSet()
```

```
    let onlyLetters =
      lower.characters.filter(
        {String($0).rangeOfCharacterFromSet(letters) != nil})
    let reverseLetters = Array(onlyLetters).reverse()
    return String(onlyLetters) == String(reverseLetters)
}
palindromTest("abc")                              // false
palindromTest("Otto")                             // true
palindromTest("Die Liebe fleht: Helfe bei Leid!")   // true
```

Teilzeichenketten extrahieren

In unzähligen Algorithmen müssen Sie Teile aus einer Zeichenkette extrahieren. Besonders elegant funktioniert dies in der Programmiersprache Python, wo beispielsweise s[n] das n-te Zeichen ausliest oder s[n1:n2] die Zeichen von der Position n1 bis zur Position n2. Swift bietet vergleichbare Möglichkeiten natürlich auch, diese sind aber leider viel mühsamer in der Handhabung.

Auf den ersten Blick scheint die Syntax in Swift ähnlich wie in Python auszusehen: s[n] liest das n-te Zeichen und gibt ein Character-Element zurück, s[n1...n2] liest die Zeichen von der Position n1 bis n2 und liefert eine entsprechende Zeichenkette. Das Problem besteht aber darin, dass n, n1 und n2 nicht einfach ganze Zahlen sind. Vielmehr müssen Sie als Parameter Index-Elemente angeben. Ein Index gibt die Position eines Zeichens innerhalb einer Zeichenkette an.

Zwei derartige Positionen liefert jede Zeichenkette frei Haus: startIndex verweist auf das erste, endIndex auf die Position *hinter* dem letzten Element. Deswegen tritt in der dritten Zeile des folgenden Listings ein Fehler auf. Das letzte Zeichen sprechen Sie korrekt mit endIndex.predecessor an:

```
let s = "Lorem ipsum dolor sit amet"
s[s.startIndex]                 // erstes Zeichen, "L"
s[s.endIndex]                   // Fehler!
s[s.endIndex.predecessor()]     // letztes Zeichen, "t"
s[s.startIndex..<s.endIndex]    // ganze Zeichenkette
```

Das erste bzw. letzte Zeichen einer Zeichenkette können Sie auch mit den Eigenschaften first und last ermitteln. Diese können aber nicht direkt auf die Zeichenkette angewendet werden, sondern nur auf deren characters-Eigenschaft. Beachten Sie, dass der Rückgabetyp dieser Eigenschaften ein Optional ist. Bei leeren Zeichenketten liefern die Eigenschaften also nil. (Mehr zu Optionals erfahren Sie in Abschnitt 3.5, »Optionals«.)

```
s.characters.first              // erstes Zeichen, "L"
s.characters.last               // letztes Zeichen, "t"
```

Wie aber kommen Sie zum dritten Zeichen, oder zum vorletzten? Die naheliegende Angabe von Integerzahlen ist nicht zulässig! Auch Additionen oder Subtraktionen in der Art von s[s.startIndex+2] akzeptiert Swift nicht. Eine Möglichkeit besteht darin, sich ausgehend von einem String-Index durch den wiederholten Aufruf der Methoden successor oder predecessor nach vorne bzw. nach hinten zu hangeln:

```
s[2]                                          // Fehler!
s[s.startIndex.successor().successor()]       // 3. Zeichen, "r"
s[s.endIndex.predecessor().predecessor()]     // vorletztes Z., "e"
```

Sehr hilfreich ist auch die Methode advancedBy, die um n Positionen nach vorne springt:

```
let startpos = s.startIndex.advancedBy(6)     // 6 Z. überspringen
let endpos = startpos.advancedBy(5)           // 5 Zeichen lesen
s[startpos..<endpos]                          // "ipsum"
```

advancedBy kommt auch mit negativen Werten zurecht:

```
let pos2 = s.endIndex                         // Ende von s
let pos1 = pos2.advancedBy(-4)                // 4 Zeichen zurück
s[pos1..<pos2]                                // "amet"
```

Teilzeichenketten komfortabler auslesen

Das umständliche Hantieren mit Index-Elementen missfällt vielen Swift-Einsteigern. Im Internet gibt es dutzendweise Vorschläge zur Erweiterung der String-Struktur um zusätzliche subscript-Funktionen, die ganze Zahlen als Positionsangaben akzeptieren. Die folgenden Zeilen zeigen eine mögliche Implementierung:

```
extension String {

  // liefert die Länge der Zeichenkette
  var len:Int {
    return self.characters.count
  }

  // liefert Zeichen an der Position n als String
  subscript(n:Int) -> String {
    if n<0 || n>=self.len {
      return "";
    } else {
      return String(self[self.startIndex.advancedBy(n)])
    }
  }
}
```

```
// liefert Substring von n1 bis n2
subscript(start:Int, end:Int) -> String {
  var n1 = start, n2=end
  if n1<0         { n1=0; }           // auf gültigen
  if n1>self.len { n1=self.len; }    // Wertebereich
  if n2<0         { n2=0; }           // achten
  if n2>self.len { n2=self.len; }

  if n2<n1    {                      // Anfang nach Ende:
    return "";                       // leere Zeichenkette
  } else {                           // OK
    return self[self.startIndex.advancedBy(n1) ..<
                self.startIndex.advancedBy(n2) ]
  }
}

// liefert Substring für Integer-Bereich
subscript(rng:Range<Int>) -> String {
  return self[rng.startIndex, rng.endIndex];
}
}
```

len und subscript sind Computed Properties, die nur gelesen, aber nicht verändert werden können. Hintergrundinformationen dazu sowie zum Schlüsselwort extension folgen in Abschnitt 7.3, »Eigenschaften«, sowie Abschnitt 8.5, »Extensions«. Die Anwendung der soeben definierten String-Erweiterungen sehen so aus:

```
let s = "abcde"
s.len              // 5
s[0]               // "a"
s[4]               // "e"
s[0..<5]           // "abcde"
s[0, 5]            // "abcde", gleichwertig
s[2..<4]           // "cd"
```

Weitere Ideen, wie Sie String um nützliche Eigenschaften und Methoden erweitern können, finden Sie beispielsweise auf den folgenden Seiten:

https://github.com/pNre/ExSwift
https://gist.github.com/albertbori/0faf7de867d96eb83591

Kompatibilität

Egal, ob selbst gemacht oder aus einer externen Quelle geladen: Bei jeder derartigen Erweiterung besteht das Risiko, dass diese eventuell Kompatibilitätsprobleme mit zukünftigen Swift-Versionen verursacht!

Zahlen formatieren

In diesem Abschnitt geht es darum, wie Sie Umwandlungen zwischen Zeichenketten und anderen Datentypen durchführen, wie Sie also beispielsweise eine Fließkommazahl als Zeichenkette mit zwei Nachkommastellen formatieren bzw. wie Sie ein vom Benutzer eingegebene Zeichenkette als Fließkommazahl interpretieren.

Der einfachste Weg, um Ausdrücke oder Variablen in Zeichenketten einzubauen, ist die String-Interpolation mit der Syntax "\()". Dabei haben Sie aber keinen Einfluss auf die Formatierung. Fließkommazahlen werden beispielsweise mit allen Nachkommastellen und mit einem Dezimalpunkt dargestellt:

```
let x = 2.0
let sq = sqrt(x)
let s1 = "Die Wurzel von \(x) beträgt \(sq)."
// s1 = "Die Wurzel von 2.0 beträgt 1.4142135623731."
```

Die aus anderen Programmiersprachen vertraute `printf`-Syntax gilt auch für Swift, wenn Sie neue Zeichenketten in der Form `String(format:"code", daten)` erzeugen (siehe Tabelle 3.3):

```
let fmt = "Die Wurzel von %.3f beträgt %.3f."
let s2 = String(format:fmt, x, sq)
// s2 = "Die Wurzel von 2.000 beträgt 1.414."
```

Formatcode	Bedeutung
%@	Beschreibung (Zeichenkette) des Objekts
%d	32-Bit-Integer mit Vorzeichen
%u	32-Bit-Integer ohne Vorzeichen
%x / %X	32-Bit-Integer ohne Vorzeichen in hexadezimaler Schreibweise
%f	Fließkommazahl (Double)
%.3f	Fließkommazahl (Double) mit drei Nachkommastellen
%e	Fließkommazahl in Exponentialschreibweise
%%	das Zeichen %

Tabelle 3.3   Die wichtigsten Codes für »String(format:…)«

Beachten Sie, dass Sie statt des in anderen Programmiersprachen üblichen Codes %s für Zeichenketten besser %@ verwenden. Das bedeutet, dass Swift das betreffende Objekt in eine Zeichenkette umwandelt und diese einsetzt. Das funktioniert für beliebige Objekte. Die Syntax %s ist zwar auch erlaubt, geht aber davon aus, dass es sich um eine nullterminierte Zeichenkette aus 8-Bit-Zeichen handelt. Diese Voraussetzung ist in Swift praktisch nie gegeben! Noch mehr Formatcodes sind hier dokumentiert:

https://developer.apple.com/library/ios/documentation/Cocoa/
  Conceptual/Strings/Articles/formatSpecifiers.html

Python-Freunde können den dort üblichen %-Operator unkompliziert nachbilden:

```
func % (format:String, args:[CVarArgType]) -> String {
  return String(format: format,  arguments:args)
}
let fmt = "Die Wurzel von %.3f beträgt %.3f."
let s3 = fmt % [x, sq]
// s3 = "Die Wurzel von 2.000 beträgt 1.414."
```

Damit anstelle des Dezimalpunkts ein Komma angegeben wird, übergeben Sie ein entsprechendes NSLocale-Objekt an String():

```
let de = NSLocale(localeIdentifier: "de_DE")
let s4 = String(format:fmt, locale:de,  x, sq)
// s4 = "Die Wurzel von 2,000 beträgt 1,414."
```

Zahlen mit dem NSNumberFormatter formatieren

Deutlich mehr Gestaltungsmöglichkeiten als String(format:...) bietet die Klasse NSNumberFormatter, die ich Ihnen hier anhand einiger Beispiele vorstelle. Beim Erzeugen einer Instanz dieser Klasse wird in Programmen automatisch die gerade gültige Landeseinstellung berücksichtigt. Nur wenn Sie explizit eine andere Lokalisierung wünschen, geben Sie diese durch die Einstellung der locale-Eigenschaft an.

Details der gewünschten Formatierung, z. B. die Anzahl der Stellen hinter dem Dezimalpunkt, stellen Sie durch Eigenschaften wie minimumFractionDigits ein. Anschließend wandeln Sie mit stringFromNumber Zahlen in Zeichenketten um.

```
let fmt = NSNumberFormatter()
// fmt.locale = NSLocale(localeIdentifier: "de_DE")
fmt.usesGroupingSeparator=true
fmt.stringFromNumber(1234567)      // 1.234.567
fmt.minimumFractionDigits=2
fmt.maximumFractionDigits=2
fmt.stringFromNumber(1234.567)     // 1.234,57
fmt.stringFromNumber(1234)         // 1.234,00
```

Zeichenketten in Zahlen umwandeln (parsen)

Für Umwandlungen von Zeichenketten in ganze Zahlen können Sie die Init-Funktion des Int-Datentyps verwenden. Der Rückgabedatentyp ist Int?, d. h., das Ergebnis ist entweder eine Zahl oder nil, wenn keine Umwandlung möglich war.

```
Int("123")        // 123
Int("123abc")     // nil
Int("12e3")       // nil
Int("123 ")       // nil
Int(" 123")       // nil
```

Wie die obigen Beispiele zeigen, ist Int sehr pingelig. Wenn in der Zeichenkette vor oder nach den Ziffern auch nur ein Leerzeichen steht, gilt die Zahl bereits als ungültig!

Zur Weiterverarbeitung von Int-Ergebnissen müssen Sie entweder den Nil-Coalescing-Operator einsetzen oder durch ein dem Variablennamen nachgestelltes Ausrufezeichen explizit die Umwandlung in den Datentyp Int erzwingen. Im folgenden Listing gibt der Kommentar jeweils den Datentyp der Konstanten an:

```
let s = "123"
let n = Int(s) ?? 0  // Datentyp Int
let m = Int(s)       //          Int?
let o = m! + 3       //          Int
```

Anstelle von Int können Sie auch die von der NSString-Klasse übernommene Eigenschaft integerValue auswerten. Bei ersten Tests im Playground funktioniert das gut, wenngleich integerValue viel liberaler agiert. Vorangestellte Leer- oder Tabulatorzeichen werden ebenso wie nachfolgende Buchstaben oder andere Zeichen einfach ignoriert.

Ärgerlich ist aber der Umstand, dass integerValue ganz einfach jede Zeichenkette akzeptiert und gegebenenfalls einfach die Zahl 0 als Ergebnis liefert. Das macht es schwierig, zwischen dem korrekten Ergebnis 0 und falschen Ausgangsdaten zu unterscheiden. Dem steht der Vorteil gegenüber, dass integerValue *immer* eine Int-Zahl liefert. Sie brauchen sich also nicht mit Optionals zu befassen.

```
"123".integerValue        // 123
"123abc".integerValue     // 123
"12e3".integerValue       // 12
"123 ".integerValue       // 123
" 123".integerValue       // 123
"x".integerValue          // 0
```

In der Regel werden Sie die in eine Zahl umzuwandelnde Zeichenkette einer String-Variablen entnehmen. Damit integerValue auch dann funktioniert, müssen Sie aber explizit ein NSString-Objekt erzeugen:

```
let s = "123"
s.integerValue                    // Fehler
NSString(string:s).integerValue   // 123
```

Analog zu Int und integerValue gibt es zur Umwandlung von Zeichenketten in Fließkommazahlen die Init-Funktion des Double-Typs sowie die Eigenschaft doubleValue der NSString-Klasse:

```
Double("123.5")                   //   132,5 (Datentyp Double?)
Double("123,5")                   //     nil
Double("abc")                     //     nil
"123.5".doubleValue               //   123,5
"  123.5".doubleValue             //   123,5
"  123.5xx".doubleValue           //   123,5
"12+13".doubleValue               //    12,0
"1e3".doubleValue                 //  1000,0
"12,34".doubleValue               //    12,0
"x".doubleValue                   //     0,0
```

Zahlen mit dem NSNumberFormatter parsen

Double und doubleValue erwarten die Fließkommazahlen im amerikanischen Format mit einem Dezimalpunkt. Um auch Fließkommazahlen aus dem deutschen Sprachraum in Double-Werte umzuwandeln, erzeugen Sie zuerst ein NSNumberFormatter-Objekt. Für dieses gelten nun automatisch die Spracheinstellungen des Systems. Nur wenn Sie davon abweichen möchten, wählen Sie mit locale eine andere Lokalisierung. Auch im Playground ist die explizite Einstellung von locale erforderlich.

Die Methode numberFromString liefert entweder die resultierende Zahl oder nil, wenn eine fehlerfreie Erkennung unmöglich war. Der Rückgabedatentyp lautet NSNumber?, ist also ein Optional. Zur Weiterverarbeitung müssen Sie das Ergebnis explizit in eine Double-Zahl umwandeln:

```
let fmt = NSNumberFormatter()
fmt.numberStyle = NSNumberFormatterStyle.DecimalStyle
// fmt.locale = NSLocale(localeIdentifier: "de_DE")
fmt.numberFromString("1.234.567,89")    // 1234567,89 / NSNumber?
fmt.numberFromString("abc")             // nil        / NSNumber?
let x = fmt.numberFromString("3,14159") // 3,14159    / NSNumber?
let y = Double(x!) + 1.2                // 4,34159    / Double
```

3.4   Datum und Uhrzeit

Swift stellt leider keine eigenen Datentypen zum Umgang mit Datumsangaben und Zeiten zur Verfügung. Deswegen müssen Sie auf die Klassen der Foundation-Bibliothek zurückgreifen, unter anderem auf NSDate, NSCalendar und NSDateFormatter. An sich ist das kein Problem, der resultierende Code ist aber weniger elegant als bei »echten«, für Swift optimierten Datentypen.

Das aktuelle Datum samt Uhrzeit als NSDate-Objekt liefert die Init-Funktion der Klasse. Eine direkte Ausgabe mit print sieht aber nicht besonders schön aus und berücksichtigt auch nicht die aktuelle Zeitzone. Vielmehr wird die GMT-Zeit angezeigt:

```
let now = NSDate()
print(now)  // Ausgabe 2015-07-08 11:55:52 +0000
```

Mit einem NSDateFormatter können Sie die Ausgabe ordentlich formatieren. Die Klasse berücksichtigt automatisch die aktuelle Zeitzone des Rechners bzw. Geräts:

```
let formatter = NSDateFormatter()
formatter.dateFormat="d.M.yyyy H:mm"
formatter.stringFromDate(now)  // "8.7.2015 13:56"
```

Wenn Sie in der Formatzeichenkette MMMM angeben, wird anstelle der Nummer des Monats dessen Name angezeigt – und das immer in der für den Rechner bzw. das Gerät eingestellten Sprache. Nur wenn Sie explizit eine bestimmte Sprache wünschen, stellen Sie die Eigenschaft locale ein:

```
formatter.locale = NSLocale(localeIdentifier: "de_DE")
formatter.dateFormat="d. MMMM yyyy"
formatter.stringFromDate(now)  // "8. Juli 2015"
```

Den NSDateFormatter können Sie auch zur Initialisierung von Daten und Zeiten verwenden:

```
formatter.dateFormat = "yyyy-MM-dd"
let sylvester2015 = formatter.dateFromString("2015-12-31")
```

Eine Referenz der Zeichen für die Formatzeichenkette finden Sie in der offiziellen Dokumentation:

https://developer.apple.com/library/ios/documentation/Cocoa/Conceptual/
  DataFormatting/Articles/dfDateFormatting10_4.html

Um aus dem aktuellen Datum und der Uhrzeit die einzelnen Komponenten zu extrahieren, benötigen Sie einen NSCalendar. Dieser berücksichtigt ebenfalls die aktuelle Zeitzone. Seine Methode components ermittelt die im ersten Parameter als Array aufgezählten Komponenten, die dann in der Folge als Eigenschaften des NSDateComponents-Objekts ausgelesen werden können:

```
let now = NSDate()  // z. B. "Jul 14, 2015, 8:57 AM"
let cal = NSCalendar.currentCalendar()
// Tag, Monat und Jahr extrahieren
// comps hat den Datentyp NSDateComponents
let comps = cal.components(
  [.Day, .Month, .Year], fromDate: now)
// Zugriff auf die Einzelkomponenten
comps.year    // 2015
comps.month   // 7
comps.day     // 14
```

Eine Auflistung aller Komponenten finden Sie wiederum in der Dokumentation:

https://developer.apple.com/library/ios/documentation/Cocoa/Reference/
   Foundation/Classes/NSDateComponents_Class
https://developer.apple.com/library/ios/documentation/Cocoa/Reference/
   Foundation/Classes/NSCalendar_Class

Mit dem Anzeigen und Extrahieren der Daten ist es selten getan – zumeist wollen Sie auch Berechnungen durchführen. Welche Uhrzeit ist in zwei Stunden? Welches Datum in zwei Wochen? Derartige Berechnungen erfordern ein NSDateComponents-Objekt, dessen Eigenschaften Sie mit der gewünschten Zeitdifferenz initialisieren – im folgenden Beispiel für zwei Stunden. Ausgehend von einem NSCalendar-Objekt können Sie dann mit der Methode dateByAddingComponents einen neuen Zeitpunkt errechnen. Das Ergebnis ist ein Optional, das bei Fehlern nil enthalten kann.

```
// setzt now und cal aus den obigen Beispielen voraus
let twoHours = NSDateComponents()
twoHours.hour=2
let inTwoHours = cal.dateByAddingComponents(
  twoHours, toDate: now, options: nil)
formatter.dateFormat="H:mm"
formatter.stringFromDate(inTwoHours!)  // "12:37"
```

Komfortabler mit Daten und Zeiten rechnen

Auf GitHub finden Sie das Projekt SwiftDateTimeExtensions. Damit können Sie in Swift ähnlich wie mit Ruby on Rails Berechnungen durchführen, z. B. in dieser Form 8.days.fromNow oder 2.weeks.ago: Auch wenn die Erweiterung nicht alle Wünsche erfüllt und die Entwicklung offensichtlich stillsteht, kann das Projekt als Basis für eigene Ideen dienen.

https://github.com/schluete/SwiftDateTimeExtensions

Eine weitere häufige Aufgabenstellung besteht darin, Zeit zu messen – z. B. wie lange die Ausführung eines Programmteils benötigt. Dazu speichern Sie am Beginn und am Ende der Messung die aktuelle Zeit in einer NSDate-Variablen. Die Methode timeIntervalSinceDate berechnet daraus die Zeitdifferenz in Sekunden und liefert das Ergebnis als Double-Wert.

Das folgende Beispielprogramm misst, wie lange das Erzeugen und Summieren von 100.000.000 Zufallszahlen dauert. Auf meinem iMac (2015er-Modell mit i7-CPU) dauert die Ausführung der Debug-Version circa dreieinhalb Sekunden. Das Release-Kompilat erledigt diesselbe Aufgabe in der halben Zeit.

```
print("start")
let start = NSDate()

var sum=0
for _ in 1...100_000_000 {
  sum +=  Int(arc4random_uniform(100))
}

let end = NSDate()
let seconds = end.timeIntervalSinceDate(start)
print("fertig nach \(seconds) Sekunden")
```

Aufgepasst bei Benchmarktests!

Mitunter sind Geschwindigkeitstests notwendig, wenn ein Kompromiss zwischen elegantem Code und angemessener Performance gefunden werden muss (siehe dazu auch das Beispiel in Abschnitt 5.4, »Lottosimulator«). Aussagekräftige Messungen können Sie allerdings nur in Release-Kompilaten durchführen. Der Playground ist für Benchmarktests ungeeignet, und auch die standardmäßig von Xcode erzeugten Debug-Kompilate sind unverhältnismäßig langsam.

3.5   Optionals

In den meisten Programmiersprachen können Objektvariablen den Zustand null im Sinne von »nicht initialisiert, nicht belegt« aufweisen. In Swift ist dies bei Variablen, die nicht als Optionals deklariert sind, unmöglich. Gewöhnlichen (also: nicht-optionalen) Variablen muss vor dem ersten Auslesen ein konkreter Wert zugewiesen werden.

Dafür kennt Swift neben gewöhnlichen Variablen bzw. Konstanten auch sogenannte »Optionals«. Das sind Variablen bzw. Konstanten, die den Zustand »noch nicht belegt/unbekannt/ungültig« aufweisen können. Dieser Zustand wird allerdings nicht durch das Schlüsselwort null, sondern durch das sinngemäß gleichwertige nil ausgedrückt.

Optionals – Fluch oder Segen?

Wie Sie gleich sehen werden, gelten für den Umgang mit Optionals eine Menge spezieller Regeln. Die relativ sperrige Syntax wird damit begründet, dass man mit ihrer Hilfe einen ungewollten Zugriff auf eine nicht initialisierte Variable vermeidet, also ein in anderen Programmiersprachen häufiges Problem.

An sich ist die Idee gut – wenn Optionals die Ausnahme und nichtoptionale Variablen die Regel wären. In der Praxis ist es aber leider gerade umgekehrt: Bei der Entwicklung von iOS- oder OS-X-Programmen entsteht oft der Anschein, als würde nahezu jede Eigenschaft oder Methode Optionals liefern. Die ständig erforderlichen nil-Absicherungen bzw. unzählige if-let-Zuweisungen machen den Code langatmig und schwer lesbar.

Optionals deklarieren

Optionals deklarieren Sie, indem Sie nach dem Variablennamen den Datentyp sowie ein Ausrufe- oder Fragezeichen angeben. Optionals können für *alle* Datentypen deklariert werden, also nicht nur für Objektvariablen, sondern auch für Variablen, die elementare Datentypen, wie Int, Double oder String, aufnehmen (Werttypen bzw. Strukturen).

```
var op1:Int?        // Optional für Int
var op2:Double!     // Optional für Double

print(op1)          // nil
print(op2)          // nil

op1=3               // erst jetzt haben die Optionals
op2=1.4             // einen richtigen Wert
```

Optionals auslesen

Die Beispiele des vorigen Abschnitts haben gezeigt, dass es *zwei* Arten gibt, um Optionals zu deklarieren: entweder mit einem Ausrufezeichen oder mit einem Fragezeichen. Der Unterschied besteht darin, wie sich die Variable beim Zugriff auf die Daten verhält.

▶ **Optionals mit Fragezeichen (gewöhnliche Optionals):** Gewöhnliche Optionals müssen beim Auslesen jedes Mal explizit durch ein nachgestelltes Ausrufezeichen in den zugrunde liegenden Datentyp umgewandelt werden:

```
var op1:Int? = 1
print(op1 + 3)     // Fehler, <Int> + <Int?> ist nicht zulässig
let i:Int = op1    // Fehler, <Int> = <Int?> ist nicht möglich
```

```
print(op1! + 3)    // ok
let i:Int = op1!   // ok
```

Sollte sich beim Auslesen mit op! herausstellen, dass die Variable nil enthält, tritt ein Fehler auf! Dieser Fall muss vorweg durch einen Test oder durch den Einsatz des Nil-Coalescing-Operators ausgeschlossen werden (siehe den nächsten Abschnitt).

Generell gilt: Unwrapping ist nur beim Auslesen, aber nie beim Zuweisen erforderlich – also z. B. auf der rechten Seite von Zuweisungen (let x = op!). Merkwürdigerweise ist der Unwrapping-Operator aber auch auf der linken Seite erlaubt, wenn Sie einen Optional verändern. Der Compiler akzeptiert op1! = 2 als korrekte Anweisung. op1 = 2 wäre natürlich auch korrekt.

► **Optionals mit Rufezeichen (Implicitly Unwrapped Optionals):** Werden Optionals hingegen in der Form Datentyp! deklariert, dann erfolgt die Umwandlung in den zugrundeliegenden Datentyp, also das sogenannte »Unwrapping«, automatisch. Aber natürlich kommt es auch hierbei zu einem Fehler, sollte die Variable oder Konstante nil enthalten.

```
var op2:Double! = 1.4
print(op2 + 1.7)     // ok
let x:Double = op2   // ok
```

Implicitly Unwrapped Optionals sind übrigens auch dann als Datentyp erlaubt, wenn eine Funktion oder Methode ein gewöhnliches Optional zurückgibt:

```
let n:Int! = Int("abc")   // n enthält nun nil
```

Implicitly Unwrapped oder nicht?

Jetzt stellt sich natürlich die Frage: Welche der beiden Varianten sollen Sie vorziehen? Auf der sicheren Seite sind Sie mit gewöhnlichen Optionals. Hier zwingt die Swift-Syntax Sie zum Einsatz des Unwrapping-Operators. Weder Sie noch irgendjemand sonst, der Ihren Code liest, kann übersehen, dass hier Optionals im Spiel sind.

Für die Variante mit automatischem Unwrapping spricht der Umstand, dass der Code ein wenig kompakter und eventuell auch besser lesbar wird. In iOS-Apps sind Variablen mit automatischem Unwrapping allgegenwärtig. Xcode verwendet Implicitly Unwrapped Optionals für alle Verbindungen zu Steuerelementen, also für die sogenannten »Outlets«.

---

nil-Test und if-let

Optionals setzen Sie immer dann ein, wenn Sie nicht von vorne herein wissen, ob bzw. wann eine Variable gültige Daten enthält. Daraus folgt aber, dass Sie vor dem Auslesen von Optionals immer überprüfen müssen, ob Sie (schon) valide Daten haben oder nicht. Am einfachsten gelingt dieser Test mit var == nil bzw. var != nil, wobei bei Letzterem ein Leerzeichen zwischen dem Variablennamen und dem Operator anzuraten ist – andernfalls interpretiert der Compiler den Test falsch im Sinne von var! = nil.

```
let inputString = "123"
let n = Int(inputString)    // n hat den Datentyp Int?
if n == nil {
  print("Fehler, die Eingabe kann nicht in " +
        "eine Zahl umgewandelt werden.")
} else {
  for var i=1; i<=n; i++ {
    print(i)
  }
}
```

Mit if-let können Sie den nil-Test mit einer Zuweisung kombinieren. Wenn der Ausdruck auf der rechten Seite der Zuweisung ungleich nil ist, dann wird der Wert des Optionals in der Variablen auf der linken Seite gespeichert. In n wird also das ausgepackte Optional gespeichert, und der Datentyp ist Int:

```
if let n = Int(inputString)  {  // n hat den Datentyp Int
  for var i=1; i<=n; i++ {
    print(i)
  }
}
```

Diverse weitere if-let-Varianten stelle ich Ihnen in Abschnitt 5.1, »Verzweigungen«, vor.

Optional Chaining

Mitunter entstehen ganze Ketten von Optionals: Wenn ein Optional ungleich nil ist, dann soll darauf eine Methode angewendet werden. Das Ergebnis ist aber selbst ein Optional – und wenn es ebenfalls ungleich nil ist, dann soll eine seiner Eigenschaften ausgelesen werden. Mit der vorhin erwähnten if-let-Kombination ergeben sich daraus solche Konstruktionen:

```
if let a = optional {
  if let b = a.method() {
    if let c = b.property {
      // c verarbeiten
    }
  }
}
```

Swift sieht für solche Fälle die Operatorkombination ?. vor: Wenn der vorherige Aus-
druck nil ist, dann lautet das Endergebnis nil, andernfalls wird die nachfolgende
Methode oder Eigenschaft ausgewertet – und so weiter. »The Swift Programming
Languange« nennt diesen mehrfach verknüpften nil-Test *Optional Chaining*. Die
Kurzschreibweise für den obigen Code lautet damit so:

```
if let c = optional?.method()?.property {
  // c verarbeiten
}
```

Optional Chaining ist in zwei Varianten besonders beliebt:

▶ optional?.method() bewirkt, dass die Methode nur dann aufgerufen wird, wenn der
   vorangestellte optionale Ausdruck nicht nil ist. Andernfalls wird die Anweisung
   ignoriert, und es tritt kein Fehler auf. Sie ersparen sich also umständlichen Code
   der Art if optional != nil { optional!.method() }.

▶ optional?.property = xxx bewirkt analog, dass die Eigenschaft nur dann verändert
   wird, wenn der vorangestellte optionale Ausdruck ungleich nil ist. Auch hier ersparen Sie sich den Test optional != nil.

Nil Coalescing

Speziell für die Variablenzuweisung ist der Nil-Coalescing-Operator hilfreich. Anstelle
von

```
var i:Int
let inputString = "123"
let defaultvalue = 0
let n = Int(inputString)
if n == nil {
  i = defaultvalue
} else {
  i = n!
}
```

oder der kürzeren Fassung mit dem ternären Operator

```
i = (n == nil) ? defaultvalue : n!
```

können Sie Optionals noch knapper so einer Variablen zuweisen:

```
i = n ?? defaultvalue
```

Die zwei Fragezeichen repräsentieren also den Nil-Coalescing-Operator. a ?? b liefert
den Inhalt von a zurück, wenn dieser nicht nil ist, oder andernfalls den Defaultwert
aus b.

3.6 Interna der Variablenverwaltung

Dieser Abschnitt fasst einige Interna rund um die Variablenverwaltung und die Swift bekannten Datentypen zusammen. Sie lernen hier den Unterschied zwischen Wert- und Referenztypen kennen, erfahren, wie Swift nicht mehr benötigte Objekte aus dem Speicher entfernt, welche Datentypen Swift hinter den Kulissen kennt und wie man diese ergründen kann.

Wert- versus Referenztypen

Bei Zuweisungen sowie bei der Übergabe von Parametern an Methoden und Funktionen unterscheidet Swift zwischen Wert- und Referenztypen. Bei Werttypen werden die Daten kopiert, während bei Referenztypen eine Art Zeiger auf die Daten kopiert wird. Zuerst ein Beispiel für Werttypen, zu denen in Swift auch Arrays zählen:

```
var x = [1, 2, 3]
var y = x              // y ist eine Kopie von x
y.removeLast()         // letztes Element entfernen
x                      // enthält immer noch [1, 2, 3]
y                      // enthält [1, 2]
```

Bei Werttypen wird der Inhalt der Variablen bei einer Zuweisung oder bei der Übergabe der Daten an eine Funktion oder Methode *kopiert*. Die Kopie ist losgelöst von den ursprünglichen Daten. Veränderungen in der Kopie haben keinen Einfluss auf das Original. Bemerkenswert ist, dass Veränderungen an einer Kopie in eine Variable auch dann möglich sind, wenn die ursprünglichen Daten unveränderlich waren:

```
let x = [1, 2, 3]  // x ist ein unveränderliches Array
var y = x          // y ist ein veränderliches Array
y.removeLast()     // letztes Element entfernen
x                  // enthält immer noch [1, 2, 3]
y                  // enthält [1, 2]
```

Ganz anders verhält sich Swift beim Umgang mit Referenztypen. Als Beispiel für einen Referenztyp gilt hier die selbst definierte Klasse `MyClass`:

```
class MyClass { var data = 10 }
var a = MyClass()    // a verweist auf ein Objekt
var b = a            // b verweist auf dasselbe Objekt
b.data = 3           // b wird verändert
a.data               // die Änderung gilt auch für a
```

Die entscheidende Frage ist nun aber: Woher wissen Sie, ob Sie es mit Wert- oder mit Referenztypen zu tun haben? Die Antwort ist an sich einfach: Alle Datentypen, die intern ein `struct` sind, werden in Swift als Werttypen behandelt. Klassen bilden hingegen Referenztypen. Wie Datentypen intern deklariert sind, erkennen Sie am Symbol in der Vervollständigungsliste (C = class, S = struct) oder wenn Sie das betreffende Schlüsselwort im Code mit gedrückter ⌘-Taste anklicken (siehe Abbildung 3.1).

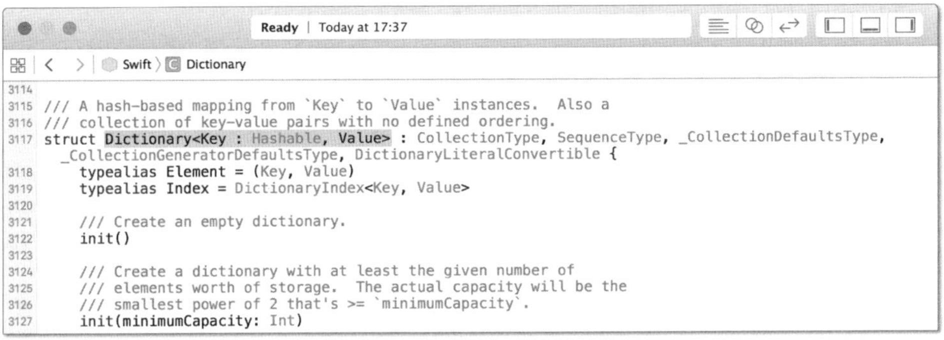

```
3114
3115    /// A hash-based mapping from `Key` to `Value` instances. Also a
3116    /// collection of key-value pairs with no defined ordering.
3117    struct Dictionary<Key : Hashable, Value> : CollectionType, SequenceType, _CollectionDefaultsType,
        _CollectionGeneratorDefaultsType, DictionaryLiteralConvertible {
3118        typealias Element = (Key, Value)
3119        typealias Index = DictionaryIndex<Key, Value>
3120
3121        /// Create an empty dictionary.
3122        init()
3123
3124        /// Create a dictionary with at least the given number of
3125        /// elements worth of storage.  The actual capacity will be the
3126        /// smallest power of 2 that's >= `minimumCapacity`.
3127        init(minimumCapacity: Int)
```

Abbildung 3.1 »cmd«-Klick zeigt die Definition des Datentyps

Als Faustregel gilt: Die Datentypen der Sprache Swift sind fast ausnahmslos Werttypen, während Bibliotheken wie Foundation, Cocoa oder UIKit überwiegend aus Klassen zusammengesetzt sind (siehe Tabelle 3.4), ergänzt durch Enumerationen und vergleichsweise wenige Strukturen. Dort gibt es dafür »Immutables«, also spezielle Klassen für unveränderliche Daten.

Werttypen	Referenztypen
alle Strukturen (struct)	alle Klassen (class)
alle Enumerationen (enum)	Funktionen und Closures
Int, Double, Bool	NSLocale
UInt8, Int16, UInt32 etc.	NSDate, NSDateComponents, NSCalendar
String und Character	NSRegularExpression
Array, Dictionary und Set	NSArray, NSDictionary, NSSet

Tabelle 3.4 Beispiele für Wert- und Referenztypen

Generell findet mit Swift ein Paradigmenwechsel hin zu Werttypen statt. Diese haben insbesondere den Vorteil, dass sie in nebenläufigen Algorithmen weniger Probleme verursachen.

Datentypen

Eigentlich war zum Thema »Datentypen« in diesem Kapitel schon eine Menge zu lesen. Ich habe Ihnen fast alle wichtigen Datentypen vorgestellt, von Int bis Dictionary. Was gibt es also noch zu sagen?

Intern unterscheidet Swift zwischen zwei Arten von Typen:

▶ **Benannte Typen (Named Types):** Das sind Datentypen, denen bei der Definition ein Name gegeben werden kann. Dazu zählen Klassen, Strukturen, Enumeration und Protokolle – also von `Int` bis `Dictionary` so ziemlich jeder Datentyp, der in diesem Kapitel vorgekommen ist.

Insgesamt kennt Swift laut *http://swiftdoc.org* ungefähr 110 eigene Datentypen, rund 90 Protokolle sowie ca. 30 Typen-Aliase, also alternative Bezeichnungen für existierende Datentypen. Außerdem kann Swift natürlich auf alle Klassen, Strukturen, Enumerationen etc. zugreifen, die in Bibliotheken (wie Foundation, Cocoa oder UIKit) definiert sind.

▶ **Zusammengesetzte Typen (Compound Types):** Das sind Typen ohne Namen, die in Swift selbst definiert werden. Zu dieser Gruppe gehören nur zwei Vertreter, Tupel und Closures (also anonyme Funktionen, siehe Abschnitt 6.6, »Closures«).

Syntaktischer Zucker

Damit einige Datentypen in Swift komfortabler zu nutzen sind, werden sie vom Compiler besonders behandelt. Man spricht in diesem Zusammenhang von »syntaktischem Zucker« (Syntactic Sugar), also gewissermaßen von Syntaxzusatzregeln, die Programmierern das Leben erleichtern. In der Dokumentation sind diese Sonderfälle akribisch aufgezählt:

*https://developer.apple.com/library/ios/documentation/Swift/Conceptual/
Swift_Programming_Language/Types.html*

Ich beschränke mich hier auf eine eher minimalistische Zusammenfassung, die aber doch einige Facetten von Swift klarer macht:

▶ **Arrays:** `[typ]` entspricht `Array<typ>`. Daher sind die beiden folgenden Anweisungen gleichwertig:

```
let ar1:[Int] = [1, 2, 3]
let ar2:Array<Int> = [1, 2, 3]
```

▶ **Dictionaries:** `[typ1:typ2]` entspricht `Dictionary<typ1, typ2>`. Die beiden folgenden Zeilen sind wieder gleichwertig:

```
let d1:[Int:String] = [1:"eins", 2:"zwei"]
let d2:Dictionary<Int, String> = [1:"eins", 2:"zwei"]
```

▶ **Optionals 1:** `typ?` entspricht `Optional<typ>`:

```
var o1:Double?   // o1 und o2 haben den gleichen Datentyp
var o2:Optional<Double>
```

124

▸ **Optionals 2:** typ! ist eine Kurzschreibweise für ImplicitlyUnwrappedOptional<typ>:

```
var o3:Double!   // o3 und o4 haben den gleichen Datentyp
var o4:ImplicitlyUnwrappedOptional <Double >
```

Typen-Aliase

Mit typealias können Sie einem vorhandenen Datentyp einen zweiten Namen zuweisen, unter dem Sie den Typ von nun an ebenfalls nutzen können. Die folgende typealias-Anweisung macht Temperature gleichwertig zu Double:

```
typealias Temperature = Double
var temp:Temperature = 2.7
2.3 + Temperature(2.5)     // 4.8, entspricht 2.3 + Double(2.5)
```

Die Swift-Sprachdefinition enthält eine ganze Reihe von Typen-Aliassen, von denen hier auszugsweise einige wiedergegeben sind:

```
typealias Any = protocol<>          // trifft auf jeden Typ zu
typealias AnyClass = AnyObject.Type  // trifft auf alle
                                     // Klassentypen zu
typealias CBool = Bool
typealias CChar = Int8
typealias IntegerLiteralType = Int
typealias Word = Int
typealias Void = ()                  // leeres Tupel
...
```

Das Schlüsselwort typealias benötigen Sie auch zur Definition generischer Protokolle – siehe Abschnitt 8.3, »Protokolle«.

Datentyp ermitteln und ändern (Casting)

Um zu testen, ob eine Variable einem bestimmten Datentyp entspricht, verwenden Sie den Operator is:

```
func f(obj:Any) -> String {
  if obj is Int {
    return "Integer"
  } else if obj is Double {
    return "Double"
  } else if obj is NSDate {
    return "Datum/Zeit"
  } else {
    return "weder noch"
  }
}
```

Sofern Sie sicher sind, dass der Datentyp geeignet ist, können Sie mit as! einen sogenannten »Downcast« durchführen und das Ergebnis in einer Variablen oder Konstante speichern (var/let). Im folgenden Beispiel werden drei Klassen definiert: die Basisklasse A, die davon abgeleitete Klasse B und die wiederum von B abgeleitete Klasse C (siehe Abschnitt 8.1, »Vererbung«). Nun ist es möglich, in einer Variablen vom Typ A Instanzen von A, B oder von C zu speichern. Mit is kann dann der tatsächliche Typ ermittelt werden:

```
class A {}        // Basisklasse
class B: A {}     // B ist von A abgeleitet
class C: B {}     // C ist von B abgeleitet

let obj:A         // Variable vom Typ A
obj = C()         // Instanz vom Typ C

if obj is C {
  let c = obj as! C
}
```

Oft ist es zweckmäßig, den Typentest und die Zuweisung mit as? zu kombinieren. Auch hier können Sie zwischen if var oder if let wählen, je nachdem, ob Sie den Inhalt der Variablen später noch ändern möchten oder nicht:

```
if let c = obj as? C {
  // c hat den Datentyp C
} else {  // obj enthält keine Instanz des Typs C
  print("Fehler ...")
}
```

Casting

Mehr Details zum Thema »Casting« folgen in Kapitel 7, »Objektorientierte Programmierung«. Dort erkläre ich Ihnen das Konzept der Vererbung und den Umgang mit Protokollen. Erst mit diesem Wissen wird klar, was ein Up- oder Downcast ist.

Reflection

Recht schwierig ist es, den Typ- oder Klassennamen eines ganz allgemeinen Objekts zu ermitteln – und womöglich darüber hinaus auch noch einige Eigenschaften, wie z. B. die Liste der zur Auswahl stehenden Methoden. Leider fehlt Swift hierfür ein allgemeingültiger Ansatz, etwa in der Art der Reflection-Funktionen, die in Objective-C, C# oder Java eine Selbstverständlichkeit sind. Die folgenden Absätze und Code-Beispiele zeigen, wie weit Swift zur Selbstreflexion in der Lage ist.

Mit `Mirror(data)` erzeugen Sie ein `Mirror`-Objekt, das das Element bzw. Objekt der Variablen `data` beschreibt. Das `Mirror`-Objekt verrät, wie viele Eigenschaften das betroffene Objekt hat. Diese Subelemente können in einer Schleife durchlaufen werden. Das funktioniert aber nur für in Swift definierte Typen.

```
// Datei reflection.playground
// Klasse als Testbasis
class MyClass {
  var a:Double = 1.0
  var b:Int = 2
  func f() -> Double { return a+Double(b) }
}

var x = MyClass()        // ein Objekt der Klasse
let mirr = Mirror(reflecting: x)
mirr.description         // "Mirror for MyClass"
mirr.children.count      // 2
for c in mirr.children {
  print("Label: \(c.label), Value: \(c.value)")
}
// Ausgabe: Label: Optional("a"), Value: 1.0
//          Label: Optional("b"), Value 2
```

Mit der undokumentierten Funktion `_stdlib_getDemangledTypeName` können Sie den Typnamen eines Objekts herausfinden:

```
let demangled = _stdlib_getDemangledTypeName(x)
// Ausgabe: "MyClass"
```

Zum Experimentieren können Sie sich die eigene Funktion `demangle` definieren:

```
func demangle (obj:Any) -> String{
  return _stdlib_getDemangledTypeName(obj)
}
demangle(x)            // "MyClass"
demangle(2.4)          // "Swift.Double"
demangle(NSDate())     // "NSDate"
demangle([1, 2, 3])    // "Swift.Array<Swift.Int>"
demangle( (1, 2, 3) )  // "(Swift.Int, Swift.Int, Swift.Int)"
```

Speicherverwaltung

Wie bei den meisten Programmiersprachen müssen Sie sich in Swift nur in Ausnahmefällen um die Speicherverwaltung kümmern. Objekte, auf die Sie im Code nicht mehr verweisen, werden automatisch aus dem Arbeitsspeicher entfernt. Sie müssen keine Angst haben, dass Ihr Programm aufgrund vergessener Aufräumarbeiten mehr und mehr Speicher beansprucht.

Interessant zu wissen ist, dass es in Swift im Gegensatz zu vielen anderen Sprachen keinen sogenannten Garbage Collector gibt, der nicht mehr genutzte Ressourcen aus dem Speicher räumt. Stattdessen zählt Swift mit, wie viele Referenzen auf ein Objekt zeigen (*Automatic Reference Counting*, ARC). Wenn die Anzahl der Referenzen auf null sinkt, wird das Objekt sofort aus dem Speicher entfernt. Beide Verfahren haben in manchen Fällen Vorteile. Hintergrundinformationen können Sie hier nachlesen:

https://developer.apple.com/library/ios/documentation/Swift/Conceptual/
   Swift_Programming_Language/AutomaticReferenceCounting.html
http://www.quora.com/Why-doesnt-Apple-Swift-adopt-the-memory-
   management-method-of-garbage-collection-like-in-Java

Wenn Sie verfolgen möchten, wann ein Objekt aus dem Speicherplatz entfernt wird, implementieren Sie die `deinit`-Funktion. Sie wird unmittelbar aufgerufen, bevor ARC eine Instanz des Objekts aus dem Speicher entfernt.

Im folgenden Beispiel wird zuerst eine Instanz von `MyClass` erzeugt. Mit `b=a` und `c=a` verweisen schließlich drei Variablen auf das Objekt, d. h., der Reference Counter erreicht den Wert 3. Anschließend werden die Objektverweise alle auf `nil` gesetzt. Mit der dritten `nil`-Zuweisung sinkt der Reference Counter auf 0, die `deinit`-Funktion wird ausgeführt und das Objekt dann aus dem Speicher entfernt. Beachten Sie bitte, dass Sie ein echtes, kompiliertes Programm benötigen, um das zu testen. Der Playground ist hierfür ungeeignet.

```
class MyClass {
  var data:String
  init(data:String) { self.data = data }
  deinit            { print("deinit") }
}

var a:MyClass? = MyClass(data: "abc")
var b:MyClass? = a
var c:MyClass? = a
b=nil
a=nil
c=nil
print("fertig")
// Ausgabe: zuerst 'deinit', dann 'fertig'
```

weak und unowned

Das größte Problem von ARC besteht darin, dass es Fälle gibt, in denen der Reference Counter nie auf 0 sinkt. Das betrifft insbesondere geschlossene Verweisketten, wo also z. B. Objekt 1 auf Objekt 2 verweist, dieses auf Objekt 3 und dieses wieder zurück auf Objekt 1. Selbst wenn es im Programm keine direkten Verweise mehr auf Objekt 1 bis 3 gibt, diese also alle drei nicht mehr benötigt werden, verhindern die inneren Referenzen die Speicherfreigabe.

Um selbst derartige Sonderfälle korrekt zu verarbeiten, bietet Swift die Möglichkeit, Objektvariablen mit dem Schlüsselwort weak oder unowned zu kennzeichnen:

```
weak var name1:typ1?
unowned var name2:typ2
unowned let name2:typ2 = ...
```

▶ **weak:** Wenn es nur noch »schwache« Objektverweise gibt, darf ARC das Objekt aus dem Speicher entfernen. weak ist nur für optionale Variablen geeignet. In der Praxis kommen weak-Eigenschaften sehr oft in View-Controller-Klassen vor, wenn Sie dort Outlets einfügen. Outlets sind Eigenschaften, die auf ein Steuerelement innerhalb einer Ansicht eines iOS-Programms verweisen.

Wenn eine weak-Variable auf ein Objekt verweist, die via ARC aus dem Speicher entfernt wird, dann wird diese Variable automatisch auf nil gesetzt. Das erklärt auch, warum weak Optionals voraussetzt.

▶ **unowned:** Ein »herrenloser« Objektverweis gilt für ARC als ein schwacher Objektverweis. Der syntaktische Unterschied besteht darin, dass unowned für Variablen bzw. Konstanten gedacht ist, die nie nil sein können, während weak für Optionals vorgesehen ist.

Übrigens gibt es auch das Schlüsselwort strong, das anstelle von weak oder unowned verwendet werden kann; da strong per Default gilt, ist sein Einsatz im Code überflüssig. Mehr Details sowie Beispiele für den Umgang mit weak und unowned, auch im Zusammenhang mit Closures, finden Sie auf den folgenden Seiten:

*https://developer.apple.com/library/ios/documentation/Swift/Conceptual/
    Swift_Programming_Language/AutomaticReferenceCounting.html*
http://stackoverflow.com/questions/24320347
http://sketchytech.blogspot.com/2014/09/swift-rules-of-weak-and-unowned.html

weak-Beispiel

Um den Effekt von zyklischen Verweisen zu illustrieren, sind im Beispielprojekt weak-references sechs Klassen definiert: Class1a, Class2a und Class3a enthalten jeweils Eigenschaften, damit Instanzen dieser Klassen aufeinander verweisen können (siehe Abbildung 3.2). Class1b, Class2b und Class3b enthalten einen ganz ähnlichen

Code, allerdings sind die Eigenschaften pointsToXxx nun mit dem Schlüsselwort weak versehen.

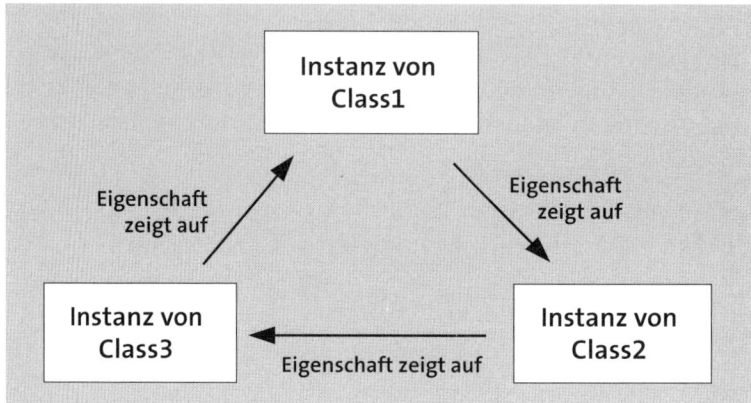

Abbildung 3.2 Zyklische Verweise von Instanzen können die ARC-Speicherverwaltung aus dem Takt bringen.

```swift
// Projekt weak-references, Datei main.swift
// drei Klassen mit strong-Referenzen
class Class1a {
  var pointsTo2:Class2a?
  deinit {
    print("deinit Class 1a")
  }
}
class Class2a {
  var pointsTo3:Class3a?
  deinit {
    print("deinit Class 2a")
  }
}
class Class3a {
  var pointsTo1:Class1a?
  deinit {
    print("deinit Class 3a")
  }
}
// noch drei Klassen, aber mit weak-Referenzen
class Class1b {
  weak var pointsTo2:Class2b?
  deinit {
    print("deinit Class 1b")
  }
}
```

```
class Class2b {
  weak var pointsTo3:Class3b?
  deinit {
    print("deinit Class 2b")
  }
}
class Class3b {
  weak var pointsTo1:Class1b?
  deinit {
    print("deinit Class 3b")
  }
}
```

In einem if-true-Block werden nun Instanzen von allen sechs Klassen erzeugt und miteinander verbunden. Da die sechs Variablen nur innerhalb des if-Blocks gültig sind, sollten die durch die Variablen belegten Ressourcen eigentlich anschließend wieder freigegeben werden. Bei den a-Instanzen scheitert dies an den zyklischen Verweisen, während die b-Instanzen wunschgemäß freigegeben werden:

```
// ARC ausprobieren
if true {
  var c1a = Class1a()
  var c2a = Class2a()
  var c3a = Class3a()
  c1a.pointsTo2 = c2a
  c2a.pointsTo3 = c3a
  c3a.pointsTo1 = c1a

  var c1b = Class1b()
  var c2b = Class2b()
  var c3b = Class3b()
  c1b.pointsTo2 = c2b
  c2b.pointsTo3 = c3b
  c3b.pointsTo1 = c1b

  print("if-Block endet")
}
print("nach dem if-Block")
```

Das Programm liefert die folgenden Ausgaben:

```
if-Block endet
deinit Class 3b
deinit Class 2b
deinit Class 1b
nach dem if-Block
```

Und wenn Sie jetzt denken, dass die drei Instanzen eigentlich kein großes Problem darstellen, dann verpacken Sie den if-true-Block in eine Schleife:

```
for(i in 1...1_000_000 {
  if true {
    var c1a = Class1a()
    // weiter wie oben
  }
}
```

Der Speicherbedarf dieses Programms wächst und wächst und wächst – ungebremst. Je länger die Schleife läuft, desto mehr Speicherplatz beansprucht das Programm. Das ist ein klassisches Beispiel für einen *memory leak*, den es unbedingt zu vermeiden gilt! In Xcode können Sie den Speicherhunger des Programms übrigens wunderbar im Dialogblatt DEBUG NAVIGATOR verfolgen (siehe Abbildung 3.3).

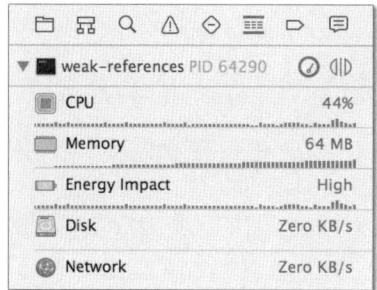

Abbildung 3.3 Der steigende Speicherbedarf kann in Xcode beobachtet werden.

Kapitel 4
Arrays, Dictionaries, Sets und Tupel

Im Mittelpunkt dieses Kapitels stehen Datenstrukturen, um Aufzählungen mehrerer Elemente zu verwalten.

▶ **Arrays:** Arrays enthalten mehrere geordnete Elemente, die durch einen Index angesprochen werden, der von 0 bis n-1 reicht.

▶ **Dictionaries:** Dictionaries speichern Schlüssel-Wert-Paare. In anderen Programmiersprachen heißen Dictionaries auch Maps oder assoziative Arrays.

▶ **Sets:** Sets dienen zur ungeordneten Sammlung von Daten ohne Doppelgänger.

▶ **Option-Sets:** Dieser Sonderfall eines Sets hilft bei der Auflistung von Optionen, die beliebig miteinander kombiniert werden können.

▶ **Tupel:** Tupel sind mehrere durch Kommas getrennte Ausdrücke in runden Klammern. Anders als Arrays, Dictionaries oder Sets können Tupel nicht erweitert werden. Tupel sind direkt innerhalb der Sprache Swift implementiert, nicht wie Arrays, Dictionaries oder Sets in der Swift-Standardbibliothek.

Im Gegensatz zu vielen anderen Programmiersprachen sind alle hier genannten Datentypen in Swift als Werttypen realisiert, nicht als Referenztypen!

4.1 Arrays

In den meisten Programmiersprachen bieten Arrays die einfachste und vielfach auch effizienteste Möglichkeit, mehrere Werte desselben Typs zu speichern und weiterzuverarbeiten – z. B. 20 Integer-Zahlen. Swift kennt ebenfalls Arrays, diese sind aber wesentlich flexibler als z. B. in Java oder C. Insbesondere ist die Arrays-Größe variabel, d. h., Sie können jederzeit Elemente hinzufügen oder löschen.

Benchmarks

Der vielseitige Umgang mit Arrays ist leider auch mit Nachteilen verbunden: So sind Arrays in Swift bei manchen Operationen deutlich langsamer als herkömmliche Arrays, z. B. auch solche in Objective-C.

> Im folgenden Kapitel finden Sie als Beispiel für den Umgang mit Schleifen einen simplen Lottosimulator (siehe Abschnitt 5.4). Die erste Version lief extrem langsam – und schuld daran war die ineffiziente Nutzung von Arrays und Dictionaries. Mit einigen Optimierungsmaßnahmen gelang es, das Tempo zu vervielfachen!
>
> Auch im Internet gibt es etliche Seiten, die die Performance von Swift-Arrays untersuchen und Geschwindigkeitsvergleiche mit anderen Programmiersprachen herstellen. Achten Sie aber darauf, dass sich viele Seiten noch auf Swift 1.n beziehen. Seither wurde Swift stark verbessert!

Beachten Sie bei der Anwendung von Arrays, dass ein Array intern als `struct` realisiert ist und dass es sich daher um einen Werttyp handelt. Daher werden Arrays bei Zuweisungen oder bei der Übergabe an eine Methode kopiert! Aus Geschwindigkeitsgründen erstellt Swift die Kopie allerdings erst dann, wenn dies bei der Veränderung eines der beiden Arrays erforderlich ist. Swift stellt aber auf jeden Fall sicher, dass die Kopien vollkommen unabhängig voneinander sind:

```
var ar1 = [1, 2, 3]
var ar2 = ar1    // ar2 enthält Kopie von ar1
ar2[1]=0
ar1              // ar1 ist unverändert [1, 2, 3]
ar2              // ar2 enthält [1, 0, 3]
```

Je nachdem, ob Sie ein Array in einer Variablen oder in einer Konstante speichern, ist sein Inhalt veränderlich (mutable) oder unveränderlich (immutable):

```
var ar1 = [1, 2, 3]  // Array kann später verändert werden
let ar2 = [2, 4, 6]  // unveränderliches Array (immutable)
```

Arrays initialisieren

Am einfachsten initialisieren Sie ein Array, indem Sie einige Werte in eckige Klammern stellen und einer Variablen oder Konstante zuweisen.

```
var nmbs = [1, 2, 3, 4]
let strgs = ["abc", "efg", "xyz"]
```

Swift erkennt hier selbstständig den richtigen Datentyp, d. h., `nmbs` ist ein Array von Integer-Zahlen (Datentyp `[Int]`), `strgs` ein Zeichenketten-Array (Datentyp `[String]`). Aber Vorsicht: Wenn Sie Elemente in unterschiedlichen Typen übergeben, z. B. mit `var x = [1, "x"]`, dann erzeugen Sie ein Array vom Typ `[NSObject]`. Ein derartiges Array bietet grenzenlose Freiheit dahingehend, dass in seinen Elementen jedes erdenkliche Objekt gespeichert werden kann. Gleichzeitig muss dann aber bei der Weiterverarbeitung der Elemente bei jedem Zugriff der Datentyp des Elements ermittelt werden.

Beachten Sie den Unterschied bei der Deklaration der beiden obigen Arrays: Aufgrund von `let` ist `strgs` ein unveränderliches Array (*immutable*). Weder können seine Werte verändert werden, noch können zusätzliche Elemente hinzugefügt oder vorhandene Werte verändert werden. Ganz anders verhält sich `nmbs`, wo Sie nachträglich Werte ändern, hinzufügen und entfernen können:

```
nmbs.removeAtIndex(1)      // nmbs = [1, 3, 4]
nmbs.append(12)            // nmbs = [1, 3, 4, 12]
nmbs[0] = -4               // nmbs = [-4, 3, 4, 12]
strgs.append("zzz")        // Fehler, strgs ist unveränderlich
```

Es gibt verschiedene Syntaxvarianten, um ein neues Array zu erzeugen, ohne dieses mit Elementen zu füllen. Die erste Variante erfordert den geringsten Tippaufwand und ist vorzuziehen:

```
var sar = [String]()        // leeres String-Array
var dar = Array<Double>()   // leeres Double-Array
var iar:[Int] = Array()     // leeres Integer-Array
```

Wenn an die Init-Funktion `Array()` ein Objekt bzw. eine Datenstruktur übergeben wird, deren Elemente durchlaufen werden können, initialisiert Swift das Array mit den entsprechenden Elementen:

```
let s="abcde"
var car = Array(s.characters)  // Character-Array mit den
                               // Elementen ["a", "b", ...]
var iar = Array(3...7)         // Int-Array mit den Elementen
                               // [3, 4, 5, 6, 7]
```

Mitunter ist es zweckmäßig, ein Array in einer bestimmten Größe vorweg mit einem Startwert zu initialisieren. Dazu übergeben Sie an die Init-Funktion `Array` entsprechende Parameter. Die Syntax ist leider ein wenig langatmig:

```
// Integer-Array erzeugen, das aus tausend 0-Werten besteht
var iar = [Int](count:1000, repeatedValue:0)
```

Array-Elemente auslesen

`nmbs.count` verrät, wie viele Elemente das Array umfasst. Wenn das Array noch leer ist, liefert `isEmpty` das Resultat `true`. Der Zugriff auf Array-Elemente erfolgt über einen Index in eckigen Klammern, wobei das erste Element mit dem Index 0 angesprochen wird:

```
var nmbs = [1, 2, 3, 4]
nmbs.count     // 4
nmbs.isEmpty   // false
nmbs[0]        // 1
```

```
nmbs[3]        // 4
nmbs[4]        // Fehler, dieses Array-Element existiert nicht
```

Das erste bzw. letzte Array-Element können Sie bequem mit den Eigenschaften first bzw. last auslesen. Dabei ist aber zu beachten, dass diese Eigenschaften Optionals zurückgeben, weil als Ergebnis auch nil infrage kommt, wenn das Array leer ist. Zum Weiterverarbeiten können Sie den Unwrapping-Operator ! nachstellen:

```
nmbs.first     // Optional mit Datentyp Int?
nmbs.first!    // 1
nmbs.last!     // 4
```

Anstelle einer Indexzahl können Sie in eckigen Klammern auch einen Bereich angeben. Damit erhalten Sie ein Teil-Array mit den entsprechenden Elementen. Intern lautet der Datentyp ArraySlice<T>, im folgenden Beispiel also ArraySlice<Int>:

```
var nmbs = [1, 2, 3, 4]
var sub = nmbs[1...3]      // [2, 3, 4]
```

Ein ArraySlice (Stück, Tranche) ist anfänglich kein neues Array, sondern ein Paar von Zeigern (Links) auf zwei Elemente eines vorhandenen Arrays, also auf den Start- und den Endpunkt. Sie können das Slice wie ein Array auslesen, wobei die Indexpositionen des ursprünglichen Arrays erhalten bleiben. Interessanterweise sind sogar Veränderungen zulässig. Erst dann kommt es zu einer Kopie der Daten, damit das ursprüngliche Array und das Slice unabhängig voneinander bleiben.

```
var nmbs = Array(1...10)   // [1, 2, 3, 4, 5, 6, 7, 8, 9, 10]
var sub = nmbs[3...7]      // [4, 5, 6, 7, 8]
sub.count                 // 5
sub[3]                    // 4
sub[5] = -5
sub                       // [4, 5, -5, 7, 8]
nmbs                      // [1, 2, 3, 4, 5, 6, 7, 8, 9, 10]
```

Um aus einem Slice ein neues Array zu erzeugen, übergeben Sie das Slice an die Init-Funktion Array(). Das ist aber nur selten notwendig, weil die Standardfunktionen von Swift Slices häufig wie Arrays verarbeiten können.

```
var someNmbs = Array(sub)
```

Die Elemente eines Arrays und Slices können mühelos in Schleifen verarbeitet werden:

```
for i in nmbs {
  print(i)
}
```

Arrays manipulieren

Sofern Sie die Array-Variable mit var und nicht mit let deklariert haben, können Sie Ihr Array mit einer Reihe von Methoden verändern. append fügt ein Element am Ende hinzu, insert an der durch den zweiten Parameter angegebenen Position. Anstelle von append können Sie platzsparend den Operator += verwenden. Dieser Operator akzeptiert auch Arrays mit mehreren Elementen.

```
var ar = Array(5...7)      // [5, 6, 7]
ar.append(8)               // [5, 6, 7, 8]
ar.insert(0, atIndex: 3)   // [5, 6, 7, 0, 8]
ar+=[17]                   // [5, 6, 7, 0, 8, 17]
ar+=[18, 19, 20]           // [5, 6, 7, 0, 8, 18, 19, 20]
```

Eine Variante zu insert ist insertContentOf. Diese Methode fügt nicht ein einzelnes Element, sondern gleich ein ganzes Array in ein vorhandenes Array ein:

```
var a1 = [1, 2, 3, 4]
var a2 = [7, 8, 9]
a1.insertContentOf(a2, at: 2)
a1    // enthält jetzt [1, 2, 7, 8, 9, 3, 4]
```

removeLast entfernt das letzte Element eines Arrays. Eine analoge Methode remove-First existiert allerdings nicht, vermutlich um nicht eine Art Einladung für diesen vergleichsweise aufwendigen Prozess auszusprechen (siehe auch die folgende Hinweisbox). Immerhin können Sie mit removeAtIndex ein Element an einer beliebigen Position herausnehmen. Die Methode gibt das betreffende Element als Ergebnis zurück. removeRange entfernt mehrere Elemente auf einmal, removeAll alle Elemente. Anstelle von removeRange können Sie auch die Schreibweise ar[range] = [] verwenden:

```
var ar = Array(5...12)     // ar = [5, 6, 7, 8, 9, 10, 11, 12]
ar.removeLast()            // ar = [5, 6, 7, 8, 9, 10, 11]
ar.removeAtIndex(3)        // ar = [5, 6, 7, 9, 10, 11]
ar.removeRange(0...2)      // ar = [9, 10, 11]
ar[1...2] = []             // ar = [9]
ar.removeAll()             // ar = []
```

Ein einzelnes Element können Sie einfach per Neuzuweisung verändern. replace-Range ersetzt mehrere Elemente auf einmal, wobei Sie im zweiten Parameter ein entsprechend großes Array oder ein ArraySlice übergeben müssen. Anstelle von replace-Range können Sie auch die Kurzschreibweise ar[range] = [a, b, c] verwenden:

```
var ar = Array(5...12)     // ar = [5, 6, 7, 8, 9, 10, 11, 12]
ar[3] = -1                 // ar = [5, 6, 7, -1, 9, 10, 11, 12]
ar.replaceRange(1...3, with: [-3, -4, -5])
                           // ar = [5, -3, -4, -5, 9, 10, 11, 12]
```

```
ar[3...6] = [-6, -5, -5, -6]
                    // ar = [5, -3, -4, -6, -5, -5, -6, 12]
```

Der Operator + fügt zwei Arrays aneinander und bildet dabei ein neues Array. Dabei müssen die Datentypen der beiden Ursprung-Arrays übereinstimmen.

```
let ar1 = [1, 2, 3]
let ar2 = [4, 5, 6, 7]
let ar3 = ar1 + ar2  // ar3 = [1, 2, 3, 4, 5, 6, 7]
```

Arrays sortieren

sortInPlace sortiert ein vorhandenes Array. An die Methode muss eine Funktion übergeben werden, die ermittelt, wie zwei Elemente verglichen werden sollen. Für Zahlen oder Zeichenketten ist die kürzeste Syntaxform einfach die Angabe des Kleiner- oder Größer-Operators. Die folgenden drei Varianten sind gleichwertig und unterscheiden sich nur in der Art und Weise, wie die Vergleichsfunktion ausgedrückt wird:

```
var ar = [17, 12, 4, 19, 3]
ar.sortInPlace( { (i1, i2)->Bool in i1<i2 } )
ar.sortInPlace( {$0<$1} )  // Kurzschreibweise
ar.sortInPlace(<)          // noch kürzer
```

Alternativ zu sortInPlace gibt es auch die Methode sort. Sie belässt das ursprüngliche Array unverändert und erzeugt stattdessen ein neues Array:

```
let newAr = ar.sort(<)
```

Die Methode reverse ermöglicht es, die Elemente eines Arrays in umgekehrter Reihenfolge zu verarbeiten. Anders als sort liefert reverse allerdings *kein* neues Array zurück. Vielmehr handelt es sich um ein Objekt des Typs RandomAccessReverseView <Array<elementtyp>>. Die Auswertung erfolgt *lazy*, d. h., die Elemente werden erst bei Bedarf geliefert.

```
let ar = [7, 1, 9, 2]
for item in ar.reverse() {
  print(item)
}
```

Wenn Sie ein neues Array wünschen, übergeben Sie das Ergebnis von reverse an die Init-Funktion Array:

```
let ar1 = [7, 1, 9, 2]
let ar2 = Array(ar1.reverse())
```

4

Interna und Geschwindigkeitsüberlegungen

Hinter den Kulissen werden Swift-Array-Elemente wie die anderer Programmier-sprachen in aneinanderliegenden Bereichen im Speicher angeordnet. Das Einfügen oder Entfernen von Elementen mitten in einem Array führt dazu, dass eine Menge Elemente im Speicher verschoben werden müssen. Weniger problematisch ist es, Elemente am Ende eines Arrays hinzuzufügen oder zu löschen: Swift legt Arrays gewissermaßen auf Verdacht immer etwas größer als notwendig an und muss daher nicht jedes Mal alle Elemente in einen neuen Speicherblock kopieren.

Die Maximalanzahl der Elemente, die ohne Neuanforderung von Speicher gespei-chert werden kann, geht aus der Eigenschaft capacity hervor. Bevor Sie einem Array eine Menge Elemente hinzufügen, können Sie die voraussichtliche Größe mit reserveCapacity festlegen. Weitere Swift-Array-Interna sind hier dokumentiert:

http://swiftdoc.org/swift-2/type/Array
http://stackoverflow.com/questions/27943629

Array-Elemente verarbeiten

Es gibt verschiedene Varianten, wie Sie die Elemente eines Arrays durchlaufen kön-nen. Solange Sie keine Veränderungen durchführen möchten, ist die for-in-Variante am naheliegendsten:

```
var ar = [7, 3, 5]
var sum=0
for var i in ar {
  sum += i  // Summe aller Array-Elemente berechnen
}
```

Um Veränderungen im Array durchzuführen, brauchen Sie eine Schleife für den Array-Index:

```
for(var i=0; i<ar.count; i++) {
  ar[i]+=1  // jedes Array-Element um eins vergrößern
}
```

Die Methode forEach bietet eine weitere Möglichkeit, um alle Elemente zu durchlau-fen. Dabei übergeben Sie eine Funktion oder Closure zur Verarbeitung der Elemente. Allerdings können Sie derartige forEach-Schleifen nicht mit exit oder return abbre-chen – Sie müssen alle Elemente verarbeiten.

```
ar.forEach( { print($0) } )
```

Eher von exotischer Bedeutung ist die enumerate-Methode: Sie bildet Index-Wertpaare, die Sie dann ebenfalls durchlaufen können. Aus Performance-Gründen sollten Sie hier aber eine Schleife wie im vorigen Beispiel vorziehen:

```
var ar = [7, 3, 5]
for (n, value) in ar.enumerate() {
  print("Index \(n) -- Wert \(value)")
}
// Ausgabe: Index 0 -- Wert 7
//          Index 1 -- Wert 3
//          Index 2 -- Wert 5
```

Zur Verarbeitung von Array-Elementen gibt es aber auch eine Menge interessanter Funktionen, wie map, filter oder reduce (siehe Tabelle 4.1).

Methode/Eigenschaft	Funktion
var ar = [1, 2, 3]	Array initialisieren
var ar = [Int]()	leeres Array deklarieren
ar.count	Anzahl der Elemente
ar[n]	Element an der Position n lesen
ar[n1...n2]	auf Teil-Array zugreifen (Datentyp ArraySlice)
ar+=[4]	Element am Ende hinzufügen
ar+=[6, 7, 8]	mehrere Elemente am Ende hinzufügen
ar.insert(-1, atIndex:3)	Element irgendwo einfügen
ar.removeLast()	letztes Element entfernen
ar.removeAtIndex(n)	beliebiges Element entfernen
ar[n1...n2] = [a, b, c]	mehrere Elemente durch andere ersetzen
ar[n1...n2] = []	mehrere Elemente entfernen
ar.sortInPlace(<)	vorhandenes Array sortieren
ar2 = ar1.sort(<)	neues, sortiertes Array erzeugen
ar2 = Array(ar1.reverse())	Array in umgekehrter Reihenfolge erzeugen
ar2 = ar.filter(fn)	Elemente, die fn entsprechen, in neues Array kopieren
ar2 = ar.map(fn)	fn auf Elemente anwenden, neues Array bilden
x = ar.reduce(start, fn)	fn paarweise auf Elemente anwenden

Tabelle 4.1 Ausgewählte Array-Eigenschaften, -Methoden und -Operatoren

Die Methode `filter` liefert alle Array-Elemente, die einer Filterfunktion entsprechen, als neues Array zurück. Im folgenden Beispiel enthält ar2 alle Zeichenketten aus ar1, die jeweils mehr als fünf Zeichen lang sind:

```
let txt =
  "Lorem ipsum dolor sit amet, consetetur sadipscing elitr."
let ar1 = txt.componentsSeparatedByString(" ")
let ar2 = ar1.filter( {$0.characters.count > 5} )
print(ar2)    // ["consetetur", "sadipscing", "elitr."]
```

`map` wendet eine Funktion auf jedes Element an und gibt das Ergebnis als neues Array zurück. Im folgenden Beispiel ist ar3 ein Array aus Integer-Zahlen mit der Länge der Zeichenketten in ar1:

```
let ar3 = ar1.map( { $0.characters.count } )
print(ar3)    // [5, 5, 5, 3, 5, 10, 10, 6]
```

`reduce` wendet ebenfalls eine Funktion auf jedes Element an, allerdings paarweise. Zuerst wird das erste Array-Element mit einem Startwert verknüpft, dann das Ergebnis mit dem zweiten Array-Element, dann das neue Ergebnis mit dem dritten Element usw. Letzten Endes destilliert `reduce` aus einem Array einen einzigen Wert. Das folgende Beispiel zeigt, wie mit `reduce` die Summe eines Integer-Arrays berechnet werden kann:

```
let ar = [1, 7, 12, 5]
let sum = ar.reduce(0, combine: {$0+$1} )   // 25
```

Array-Algorithmen

Swift stellt eine Menge Standardfunktionen zur Bearbeitung von Arrays zur Verfügung, aber natürlich gibt es auch Aufgabenstellungen, die nicht ad hoc erfüllt werden können. Dazu zählt das zufällige Durcheinanderwürfeln der Elemente eines Arrays. Genau das erledigt die folgende Schleife. Sie durchläuft jedes Array-Element und vertauscht es mit einem zufällig ausgewählten anderen Element. Mühsam sind dabei nur die vielen Typumwandlungen: `arc4random_uniform` erwartet den Parameter als UInt32-Wert und liefert wiederum ein UInt32-Ergebnis. Als Array-Index akzeptiert Swift aber nur einen Int-Wert.

```
var ar = Array(1...10)
for i in 0..<ar.count {
  let n = Int(arc4random_uniform(UInt32(ar.count-1)))
  if n != i {  swap(&ar[i], &ar[n]) }
}
print(ar)    // Ausgabe z. B. [3, 10, 5, 1, 9, 4, 6, 8, 2, 7]
```

Eine andere Frage, die häufig auftaucht, ist das Eliminieren von Doppelgängern: Wenn die Reihenfolge der Elemente dabei erhalten bleiben soll, können Sie z. B. wie folgt vorgehen:

```
var ar = [1, 7, 3, 1, 5, 2, 3]
for var i=0; i<ar.count-1; i++ {
  for var j=ar.count-1; j>i; j-- {
    if ar[i] == ar[j] {
      ar.removeAtIndex(j)
    }
  }
}
print(ar)    // Ausgabe [1, 7, 3, 5, 2]
```

Mehrdimensionale Arrays

Wie das folgende Beispiel zeigt, kommt Swift auch mit mehrdimensionalen Arrays zurecht. Der Elementzugriff erfolgt dann in der Form ar[index1][index2][...]. Hinter den Kulissen handelt es sich freilich nicht um mehrdimensionale Arrays. Vielmehr kann ein Array selbst wieder Arrays aufnehmen. ar.count liefert im folgenden Beispiel daher den Wert 2 und nicht 6. ar ist also ein Array aus zwei Elementen. Jedes Element ist aber wiederum selbst ein Integer-Array.

```
var ar = [[1, 2, 3], [4, 5, 6]]
ar.count
for zeile in 0..<ar.count {
  for spalte in 0..<ar[zeile].count {
    print("\(ar[zeile][spalte]), ", terminator: "")
  }
  print("")  // neue Zeile
}
// Ausgabe: 1, 2, 3,
//          4, 5, 6,
```

Wenn Sie ein mehrdimensionales Array ohne sofortige Initialisierung deklarieren möchten, gehen Sie so vor:

```
var ar2d = [[Int]]()      // zweidimensionales Int-Array
var ar3d = [[[Double]]]() // dreidimensionales Double-Array
```

Auch eine automatische Initialisierung der Array-Elemente ist möglich, wenngleich die Syntax ein wenig umständlich ist. Die folgenden zwei Zeilen erzeugen ein Array mit 20 × 100 Elementen, wobei jedem Element der Wert 0 zugewiesen wird:

```
var ar2d = [[Int]](count:20,
              repeatedValue:[Int](count:100,
                              repeatedValue:0))
```

Wenn Sie in einem Programm mit vielen zwei- oder mehrdimensionalen Arrays zu tun haben, lohnt sich die Definition einer generischen Funktion (siehe Abschnitt 8.2, »Generics«), die beim Erzeugen und Initialisieren solcher Arrays hilft:

```
func createArray2D<T>(n: Int, _ m: Int, value:T) -> [[T]] {
  return [[T]](
    count: n,
    repeatedValue: [T](count: m,
      repeatedValue: value))
}
```

```
// Anwendung
var ar1 = createArray2D(20, 100, value: 0)    // Int-Array
var ar2 = createArray2D(5, 5, value: "bla")   // String-Array
```

4.2 Dictionaries

Dictionaries sind neben Arrays die wichtigste in Swift integrierte Datenstruktur zur Verwaltung von Datenmengen. Dictionaries dienen zur Speicherung von Schlüssel-Wert-Paaren (Key/Value Pairs) und sind in anderen Programmiersprachen als Maps (Java) oder als assoziative Arrays (PHP) bekannt.

Dictionaries deklarieren und initialisieren

Das folgende Einführungsbeispiel zeigt, woher der Name Dictionary stammt. Schlüssel-Wert-Paare können dazu verwendet werden, ein einfaches Wörterbuch zu erstellen. Das Beispiel zeigt auch gleich die Syntax für die Initialisierung neuer Dictionaries in der Form [key1:value1, key2:value2, ...], das Hinzufügen neuer Elemente und den Zugriff auf Elemente. Die letzte Zeile des Beispiels macht auch klar, dass der Einsatz als Wörterbuch insofern eingeschränkt ist, als das Wörterbuch nur in eine Richtung funktioniert.

```
var dict = ["rot":"red", "grün":"green"]
dict["blau"] = "blue"   // Element hinzufügen/ändern
dict["rot"]             // Elementzugriff --> "red" als String?
dict["green"]           // ungültiger Elementzugriff --> nil
```

Um ein Element aus dem Dictionary wieder zu entfernen, weisen Sie einfach nil zu. Mit der Methode removeAll können Sie bei Bedarf alle Einträge löschen.

```
dict["blau"] = nil    // Element entfernen
dict.removeAll()      // alle Elemente entfernen
```

Wenn Sie ein Dictionary einrichten möchten, ohne es gleich zu initialisieren, sieht Swift hierfür die folgende Syntax vor:

```
var dict = [schlüsseltyp:werttyp]()
```

Schlüssel- und Werttyp sind vollkommen unabhängig voneinander. Wenn Sie also ein Dictionary erzeugen möchten, das Farbcodes für Farbnamen speichert, gehen Sie so vor:

```
var colors = [String:Int]()
colors["red"] = 0xff0000
colors["blue"] = 0x0000ff
...
```

Schlüssel müssen hashable sein

Als Schlüssel für Dictionaries sind nur Datentypen geeignet, die das Protokoll Hashable einhalten und daher eine geeignete hashValue-Methode zur Verfügung stellen.

Zugriff auf Dictionary-Elemente

dict[schlüssel] testet, ob es für den angegebenen Schlüssel ein Element im Dictionary gibt. Ist dies der Fall, liefert der Ausdruck den Wert als Optional, andernfalls das Resultat nil. Zur Weiterverarbeitung der Dictionary-Elemente müssen Sie also in der Regel den Unwrapping-Operator ! oder den Nil-Coalescing-Operator ?? verwenden.

```
// für das vorhin definierte Dictionary colors
if let col = colors["red"] {        // Int? --> Int
   ...
}
var mycol = colors["blue"] ?? 0;   // Default-Farbcode 0
```

Die Eigenschaft count verrät, wie viele Elemente ein Dictionary enthält. Wenn das Dictionary noch leer ist, liefert isEmpty das Resultat true. Die Eigenschaften keys und values liefern eine Auflistung aller Schlüssel bzw. Werte des Arrays. Der Datentyp dieser Eigenschaften lautet LazyBidirectionalCollection. Die Aufzählung kann in einer Schleife durchlaufen oder mit der Eigenschaft array in ein Array umgewandelt werden. Die Reihenfolge der Elemente ist willkürlich und muss nicht mit der Reihenfolge übereinstimmen, in der Sie die Dictionary-Elemente erzeugt haben.

```
for s in colors.keys {
   print(s)
}  // Ausgabe: blue, white, red
for i in colors.values {
   print(i)
}  // Ausgabe: 255, 16777215, 16711680
```

Um in *einer* Schleife die Schlüssel *und* die zugehörigen Werte zu durchlaufen, gehen Sie so vor:

```
for (cname, ccode) in colors {
  print("Name \(cname) -- Code \(String(ccode, radix:16))")
}
// Ausgabe: Name blue   -- Code ff
//          Name white  -- Code ffffff
//          Name red    -- Code ff0000
```

4.3 Sets

Nachdem ich Ihnen Arrays und Dictionaries vorgestellt habe, fehlt nur noch der letzte Collection-Typ, den die meisten modernen Programmiersprachen anbieten: das Set. Ein Set ist eine ungeordnete Datenmenge ohne Doppelgänger.

Sets sind wie Dictionaries und Arrays als generische Struktur realisiert. Sie können nur Instanzen aufnehmen, die das Protokoll `Hashable` unterstützen. Zu den wichtigsten Methoden zählen `insert`, `contains` und `remove`. Wenn Sie bei `insert` ein bereits vorhandenes Element nochmals einfügen, wird die Methode ohne Fehler einfach ignoriert.

Das folgende Beispiel liefert Lottozahlen für das deutsche Lottosystem 6 aus 49. Es müssen also sechs Zufallszahlen zwischen 1 und 49 erzeugt werden, wobei es aber keine Doppelgänger geben darf. Ein Set ist hierfür die ideale Datenstruktur. Eine Schleife fügt so lange Zufallszahlen in das Set ein, bis dieses aus sechs Elementen besteht. `Array` bildet daraus ein Array, das unkompliziert sortiert werden kann. `print` gibt die geordneten Lottozahlen schließlich aus:

```
var set = Set<Int>()        // leeres Set erzeugen
repeat {                    // Lottozahlen einfügen
  set.insert(Int(arc4random_uniform(49))+1)
} while set.count<6

var lotto = Array(set).sort(<)
print(lotto)                // z. B.: [27, 28, 39, 42, 46, 47]
```

In Abschnitt 5.4 greife ich den obigen Code zur Erzeugung der Lottozahlen nochmals auf – und gehe auch auf dessen Effizienzprobleme ein.

4.4 Option-Sets (OptionSetType)

Ein Sonderfall eines Sets ist eine Auflistung von Optionen, die beliebig miteinander kombiniert werden können. In vielen Programmiersprachen werden derartige Optionen durch Konstanten oder Enumerationen beschrieben, deren Werte Zweierpotenzen entsprechen (1, 2, 4, 8, 16 etc.). Damit können die Werte binär verarbeitet werden, also z. B. durch logisches Oder kombiniert oder durch logisches Und abgefragt werden.

Swift sieht seit Version 2.0 zur Verwaltung derartiger Optionen das Protokoll `OptionSetType` vor. Die Zielsetzung dieses Protokolls ist es, den Umgang mit Option-Sets zu vereinfachen. Viele entsprechende Strukturen aus den Standardbibliotheken (Foundation, Cocoa, UIKit etc.) wurden bereits portiert, sodass sie in Swift als `OptionSetType` genutzt werden können. Das gilt z. B. für:

- `CGConfigureOptions`, `CGGradientDrawingOptions`, `CGScreenUpdateOptions`
- `NSBinarySearchOptions`, `NSBitmapFormat`
- `NSCalendarOptions`, `NSCalendarUnit`
- `NSDragOperation`, `NSMenuOptions`
- `NSSortOptions`
- `UIViewAutoresizing`, `UIUserNotificationType`

Eine Referenz bereits portierter Option-Sets finden Sie hier:

https://developer.apple.com/library/prerelease/mac/documentation/Swift/
  Reference/Swift_OptionSetType_Protocol/index.html

Was sind Protokolle?

Option-Sets zählen zu den grundlegenden Datentypen in Swift, weswegen Sie bereits an dieser Stelle vorgestellt werden. Hinter den Kulissen ist `OptionSetType` aber ein Protokoll. Was Protokolle sind und wie man sie anwendet, behandle ich in diesem Buch erst in Abschnitt 8.3, »Protokolle«.

Option-Sets werden als Arrays formuliert, wobei Sie ein leeres Array angeben, wenn keine der zur Auswahl stehenden Optionen aktiv sein soll. Zur Verarbeitung eines Option-Sets gibt es die folgenden Methoden:

- `optset1.contains(optset2)` testet, ob die durch `optset2` ausgedrückten Optionen in `optset1` gesetzt sind (entspricht einem logischen Oder).

- `optset1.exclusiveOr(optset2)` verknüpft die Optionen aus `optset1` und `optset2`. Das Ergebnis enthält die Optionen, die in genau einer der beiden Mengen enthalten sind (aber nicht in beiden). Wenn `optset1` und `optset2` exakt übereinstimmen, ist das Ergebnis leer (also [ ]).

▶ `optset1.insert(optset2)` fügt die Optionen aus `optset2` zu denen aus `optset1` hinzu (entspricht einem binären Oder). Die Methode liefert kein Ergebnis, sondern verändert `optset1`. Die Methoden `insert` und `unionInPlace` sind gleichwertig.

▶ `optset1.intersect(optset2)` verknüpft `optset1` und `optset2` durch binäres Und und liefert das Ergebnis zurück.

▶ `optset1.remove(optset2)` entfernt die Optionen aus `optset2` aus denen von `optset1`. Die Methode verändert `optset1` und liefert gleichzeitig das neue Set als Ergebnis zurück.

▶ `optset1.union(optset2)` verknüpft `optset1` und `optset2` durch binäres Oder und liefert das Ergebnis zurück.

Die Optionen `exclusiveOr`, `intersect` und `union` gibt es auch als `xxxInPlace`-Varianten – also beispielsweise `optset1.unionInPlace(optset2)`. Sie führen die gleichen Operationen durch, geben aber kein Ergebnis zurück, sondern verändern stattdessen das Objekt, auf das sie angewendet werden. `op1.intersect(op2)` entspricht also `op1 = op1.intersect(op2)`. Wie bereits erwähnt, haben die Methoden `unionInPlace` und `insert` dieselbe Funktion.

Anwendungsbeispiel

An die in Abschnitt 3.4, »Datum und Uhrzeit«, schon erwähnte Methode `components` können Sie eine Aufzählung von Komponenten übergeben, die aus einem `NSDate`-Objekt extrahiert werden sollen. An dieser Stelle interessant ist der erster Parameter, der an diese Methode übergeben werden soll: Die Struktur `NSCalendarUnit` implementiert nämlich das `OptionSetType`-Protokoll. Deswegen können Sie die darin als Read-Only-Eigenschaften definierten Zeitkomponenten in Form eines Arrays übergeben:

```
let date = NSDate()  // "Jul 14, 2015, 8:57 AM"
let cal = NSCalendar.currentCalendar()
// nur die Stunden sowie Tag, Monat und Jahr extrahieren
// comps hat den Datentyp NSDateComponents
let comps = cal.components([.Hour, .Day, .Month, .Year],
                           fromDate: date)
// Zugriff auf die Einzelkomponenten
comps.year    // 2015
comps.month   // 7
comps.day     // 14
comps.hour    // 8
```

„Was ist an diesem Code nun so besonders?", werden Sie vielleicht fragen. Eigentlich nichts, aber der Code ist im Vergleich zu Swift 1.n kompakter und lesbarer geworden.

Zugegebenermaßen liegt das nicht nur an den neuen Option-Sets, sondern auch an den verkürzten Bezeichnern.

```
// äquivalenter Aufruf der components-Methode in Swift 1.2
let comps = cal.components(
  .CalendarUnitHour  |  .CalendarUnitDay |
  .CalendarUnitMonth |  .CalendarUnitYear,
  fromDate: date)
```

Eigene Option-Sets definieren

Eigene Option-Sets definieren Sie, indem Sie für eine Struktur das Protokoll OptionSetType implementieren. Die Struktur benötigt eine init-Funktion für den Parameter rawValue. Dieser Wert muss innerhalb der Struktur gespeichert werden. Die einzelnen Optionen werden als statische Eigenschaften formuliert. (Hintergrundinformationen zur Programmierung eigener Strukturen folgen in Kapitel 7.)

```
// Datei optionset.playground
// Definition eines eigenen Option-Sets
struct MyOptions : OptionSetType {
  // Eigenschaft zur Speicherung des Option-Sets
  let rawValue: Int

  // Init-Funktion zur Initialisierung des Option-Sets
  init(rawValue: Int) {
    self.rawValue = rawValue
  }

  // die Optionen, aus denen das Option-Set
  // zusammengesetzt werden kann
  static let A = MyOptions(rawValue: 1)
  static let B = MyOptions(rawValue: 2)
  static let C = MyOptions(rawValue: 4)
  static let D = MyOptions(rawValue: 8)
  // vordefinierte Kombination, die häufig
  // benötigt wird
  static let BD: MyOptions = [B, D]
}
```

Die folgenden Zeilen zeigen die Anwendung dieses Option-Sets:

```
// Anwendung des Option-Sets
let someOptions1:MyOptions = [.A, .C]
let someOptions2:MyOptions = [.A, .B, .D]
let someOptions3:MyOptions = [.BD]
let someOptions4:MyOptions = []
```

```
func testIfAC(opt: MyOptions) -> Bool {
  return opt.exclusiveOr([.A, .C]) == []
}

testIfAC(someOptions1)   // true
testIfAC(someOptions2)   // false
testIfAC(someOptions3)   // false
testIfAC(someOptions4)   // false
```

4.5   Tupel

In Swift gelten mehrere, durch Kommas getrennte Ausdrücke in runden Klammern als Tupel. Im Unterschied zu Arrays, Dictionaries oder Sets können Tupel nicht erweitert werden. Die Elementanzahl wird bei der Deklaration unveränderlich festgeschrieben. Einige mögliche Tupel sind:

```
()                      // leeres Tupel
(1, 2, 3)               // Tupel aus drei Integer-Zahlen
(7, 3.234, "abc")       // Tupel aus drei unterschiedlichen Datentypen
```

Auf die Elemente eines Tupels können Sie in der Form tupel.0, tupel.1 etc. zugreifen:

```
let t = (1, "abc", 3.14159)
t.0                     // 1
t.1                     // "abc"
t.2                     // 3.14159
```

Alternativ können Sie den Tupel-Elementen auch Namen geben. Dann ist zusätzlich zum obigen Zugriffsmechanismus auch das namentliche Auslesen möglich:

```
let t = (nr:1, txt:"abc", nmb:3.14159)
t.nr                    // 1
t.txt                   // "abc"
```

Schließlich können Sie die Datentypen für Tupel im Voraus festlegen, wobei Sie die Elemente auch benennen können:

```
var t1:(Int, String, Double)
var t2:(nr:Int, txt:String, nmb:Double)
t1 = (1, "xx", 2.3)
t2 = (nr:1, txt:2, nmb:3)  // Fehler, entspricht nicht
                           // den Datentypen
```

Anwendungen

Tupel finden innerhalb von Swift viele Anwendungen. Besonders praktisch ist die Möglichkeit, damit Funktionen zu definieren, die mehrere Rückgabewerte haben. Das folgende Beispiel zeigt eine Funktion, die den kleinsten und den größten Wert eines Integer-Arrays ermittelt.

```
// Funktion zur Minimum- und Maximumsuche
func minMax(data:[Int]) -> (min:Int?, max:Int?) {
  if data.isEmpty {
    return (nil, nil)
  }

  var min=data.first!, max=data.first!
  for itm in data {
    if itm<min { min=itm }
    if itm>max { max=itm }
  }

  return (min, max)
}
```

Sie können die Rückgabewerte der Funktion auf zwei Arten auswerten: Entweder speichern Sie das Ergebnis-Tupel in einer Variablen und werten dann die Komponenten min und max aus, oder Sie führen eine Tupel-Zuweisung durch und erhalten so zwei Variablen.

```
// Funktion ausprobieren
let ar = [2, 7, 4, -2, 5]
let ergebnis = minMax(ar)      // (-2, 7)
ergebnis.min                   // -2
ergebnis.max                   // 7
let (a, b) = minMax(ar)
b                              // 7
```

Faszinierend sind auch Auswertemöglichkeiten von Tupeln in switch-Konstruktionen. Dabei ist _ ein allgemeiner Pattern-Ausdruck, der immer zutrifft. Bei case(_, 0) wird also nur getestet, ob das zweite Tupel-Element 0 ist. Das erste Element wird ignoriert.

```
var pt = (0.0, 0.0)
switch pt {
case (0, 0):
  print("Koordinatenursprung")

case (_, 0):
  print("Auf der X-Achse")
```

```
case (0, _):
  print("Auf der Y-Achse")

case (-1.0...1.0, -1.0...1.0):
  print("Nahe dem Koordinatenursprung")

default:
  print("Sonstwo")
}
```

Tupel sind ein Compiler-Konstrukt, kein eigener Datentyp wie ein Array oder ein Dictionary! Daher gibt es keine Möglichkeit, die Anzahl der Elemente eines Tupels zu ermitteln, die Elementanzahl durch Methoden zu vergrößern oder zu verkleinern etc.

Einelementige Tupel

Swift erlaubt Tupel ohne Elemente sowie mit zwei, drei oder mehr Elementen. Die einzige Ausnahme ist ein Tupel aus nur einem Element – den gibt es nicht. Das ist deswegen erforderlich, weil sonst die runden Klammern nicht mehr zur Gruppierung von Ausdrücken verwendet werden könnten, also im Sinne von a*(b+c).

Kapitel 5
Verzweigungen und Schleifen

Verzweigungen mit if und Schleifen mit for sind in den vergangenen Kapiteln ja schon mehrfach vorgekommen. Dieses Kapitel geht der Steuerung des Programmflusses genauer nach. Sie lernen hier die if-Alternativen guard und switch sowie while-Schleifen kennen und erfahren, wie Sie Schleifen vorzeitig mit break verlassen bzw. teilweise mit continue überspringen können.

5.1 Verzweigungen mit if

»Verzweigungen« sind Code-Abschnitte, an denen bei der Ausführung des Programms in Abhängigkeit von einer Bedingung unterschiedliche Code-Pfade ausgeführt werden. In Swift werden Verzweigungen mit if oder switch gebildet. In besonders einfachen Fällen kann anstelle von if der ternäre Operator oder der Nil-Coalescing-Operator eingesetzt werden. Diese Operatoren wurden in Kapitel 2 näher vorgestellt.

```
// das Ergebnis ist a, wenn die Bedingung erfüllt ist, sonst b
let ergebnis1 = bed ? a : b

// das Ergebnis lautet a, wenn das Optional a einen Wert
// enthält, sonst b
let ergebnis2 = a ?? b
```

if

if ist das gängigste Konstrukt, um Verzweigungen zu formulieren. if funktioniert in Swift wie in den meisten anderen Programmiersprachen. Es gibt aber zwei syntaktische Feinheiten: Zum einen ist es nicht notwendig, die Bedingung in runde Klammern zu stellen, zum anderen *müssen* die resultierenden if- und else-Blöcke in geschwungene Klammern gesetzt werden – selbst dann, wenn sie nur aus einer einzigen Anweisung bestehen. Es sind beliebig viele else-if-Teile erlaubt. Der else-Block ist optional.

```
let n = Int(arc4random_uniform(100))  // Zahl zwischen 0 und 99
if n<10 {
  print("n ist kleiner 10")
} else if n<=50 {
  print("n liegt zwischen 10 und 50")
} else if n<75 && n%2==0 {
  print("n ist eine gerade Zahl zwischen 52 und 74")
} else {
  print("n ist eine andere Zahl: \(n)")
}
```

if-let-Kombination für Optionals

Zur Verarbeitung von Optionals kennt Swift eine spezielle Kombination einer Zuweisung mit let oder var und einer Abfrage durch if:

```
if let x = optional {
  // dieser Code wird nur ausgeführt, wenn das
  // Optional nicht nil ist; x ist eine Konstante
}
```

```
if var y = optional {
  // dieser Code wird nur ausgeführt, wenn das
  // Optional nicht nil ist; y ist eine Variable
}
```

Wenn das Optional ungleich nil ist, dann speichert Swift den ausgepackten Inhalt des Optionals in x und führt den Code in den geschwungenen Klammern aus. Die Konstante x bzw. die Variable y ist nur bis zum Ende des if-Blocks gültig.

```
let someStringData="10"
if let n = Int(someStringData) {
  // Int war erfolgreich, n ist eine Int-Zahl
  for var i=1; i<=n; i++ {
    // ...
  }
} // hier endet der Geltungsbereich von n
```

Das folgende Beispiel aus der Praxis illustriert diese Syntaxvariante. Die oft benötigte Funktion NSSearchPathForDirectoriesInDomains liefert ein Array mit Verzeichnissen zurück. first greift auf das erste Element dieses Arrays zurück. Diese Methode kann aber nil liefern, wenn das Array leer ist – daher die Absicherung durch if-let:

```
let pfd =          // pfd hat den Datentyp [String]
  NSSearchPathForDirectoriesInDomains(
    .DocumentDirectory, .UserDomainMask, true)
```

```
if let path = pfd.first {
  print(path)    // path hat den Datentyp String
}
```

Ob Sie var oder let vorziehen, hängt davon ab, ob Sie die Variable im weiteren Verlauf ändern möchten oder ob dazu keine Notwendigkeit besteht. In der Praxis ist if-let die gängigere Kombination.

Sie können auch mehrere Variablen zugleich zuweisen. In diesem Fall gilt die if-Bedingung nur dann als erfüllt, wenn *alle* optionalen Ausdrücke ungleich nil sind:

```
if let a=opt1, b=opt2, c=opt3 { ... }
```

Vor let oder var können Sie noch eine optionale Bedingung angeben. Nur wenn diese erfüllt ist *und* die Optionals ungleich nil sind, wird der if-Block ausgeführt:

```
if condition, let/var a=opt1, b=opt2, c=opt3 {
  // dieser Code wird nur ausgeführt, wenn die Bedingung
  // zutrifft und opt1, opt2 und opt3 jeweils ungleich nil
  // sind
}
```

if-let ist nur mit »as?« zulässig

Wenn Sie in einer if-let-Kombination ein Casting durchführen, müssen Sie dazu as? verwenden. as! ist nicht erlaubt!

if-let-Kombination mit where

Variablenzuweisungen mit if-let bzw. if-var lassen sich auch mit Bedingungen verknüpfen, die durch where formuliert werden. Im Vergleich zur vorhin beschriebenen Syntaxvariante if condition, let x=... kann die mit where formulierte Bedingung auf die gerade zugewiesenen Variablen zurückgreifen:

```
if let/var x=optional() where condition {
  // dieser Code wird nur ausgeführt, wenn optional() ein
  // Ergebnis ungleich nil liefert und die Bedingung
  // erfüllt ist
}
```

Das Schlüsselwort where darf nur einmal *nach* allen Zuweisungen verwendet werden. Mehrere Bedingungen können durch logische Operatoren wie && oder || verknüpft werden:

```
var opt1:Int? = 4
var opt2:Int? = 2
var opt3:Int? = 3
```

```
if let a=opt1, b=opt2, c=opt3 where a==b*b && c>2   {
  print("bingo")
}
```

Die folgenden Zeilen aus dem Beispielprogramm »Icon-Resizer« aus Kapitel 20 zeigt eine komplexe if-let-Kombination aus der Praxis: if testet, ob die Anzahl der Drag & Drop-Objekte genau eins beträgt, ob die Methode readObjectsForClasses ein String-Array liefert und ob schließlich das erste Element dieses Arrays die Zeichenkette "xy" ist.

```
private func dragString(draginfo: NSDraggingInfo)
                -> Bool
{
  let pboard = draginfo.draggingPasteboard()
  if draginfo.numberOfValidItemsForDrop == 1,
    let data = pboard.readObjectsForClasses(
          [NSString.self], options: [:]) as? [String]
    where data.first == "xy"
  {
    return true
  }
  return false
}
```

Inverse Logik mit guard

if-let-Konstruktionen bergen eine Tendenz zu unübersichtlichem Code in sich: Es passiert recht oft, dass zuerst umfangreicher Code für den positiven Fall formuliert wird; zum Ende der Funktion folgen dann kurze Einzeiler, die ausgeführt werden, wenn if-let nicht erfolgreich war. Das führt zu unnötig verschachteltem Code.

Im folgenden Beispiel ruft f zweimal die Funktion perhapsANumber auf und verarbeitet die Ergebnisse. Das folgende Listing zeigt die Implementierung von f ohne guard:

```
// Datei guard-test.playground
func perhapsANumber() -> Int? {
  let n = Int(arc4random_uniform(100))
  if n <= 50 {
    return n
  } else {
    return nil
  }
}
```

```
// ohne guard
func f() {
  if let a = perhapsANumber() {
    let n = 2 * a
    if let b = perhapsANumber() {
      print(n + b)
      // noch mehr Code, Teil 1
    } else {
      return
    }
  } else {
    return
  }
  // noch mehr Code, Teil 2
}
```

guard stellt die Funktion von if-let gewissermaßen auf den Kopf: Ist die Bedingung erfüllt, wird der Code *nach* dem else-Block ausgeführt, wobei alle mit let definierten Variablen weiterhin gültig sind. Ist die Bedingung hingegen nicht erfüllt, wird der else-Block ausgeführt. Mit guard lässt sich die gleiche Aufgabe wie in f wesentlich eleganter erledigen:

```
// mit guard
func g() {
  guard let a = perhapsANumber() else { return }
  let n = 2 * a
  guard let b = perhapsANumber() else { return }
  print(n + b)
  // noch mehr Code, Teil 1
  // noch mehr Code, Teil 2
}
```

Wie bei if-let können Sie in guard-Konstruktionen auch mehrere Zuweisungen durchführen, Variablen anstelle von Konstanten verwenden (guard var = ...), mit where weitere Bedingungen formulieren etc.:

```
guard let a = perhapsANumber(),
      var b = perhapsANumber() where a+b > 10
else {
  return
}
// Code, um a und b zu verarbeiten
```

Versionsabhängige Code-Teile

Bei der Entwicklung von Apps, die unter mehreren Versionen von iOS oder OS X laufen sollen, stehen Sie vor einem Dilemma: Nutzen Sie die neuesten Features, dann läuft Ihre App nur auf Geräten, auf denen ebenfalls eine ganz aktuelle Version des Betriebssystems installiert ist. Orientieren Sie sich aber an einer älteren iOS- oder OS-X-Version, dann müssen Sie und Ihre Kunden auf neue und oft nützliche Funktionen verzichten.

In manchen Fällen bietet das Schlüsselwort #available einen Ausweg: Damit können Sie Code-Teile markieren, die nur dann ausgeführt werden, wenn bestimmte Voraussetzungen erfüllt sind. Die Syntax ist einfach:

```
if #available(iOS 8.2, OSX 10.10, *) {
  // ausführen, wenn zumindest iOS 8.2 oder OS X 10.10
  // zur Verfügung steht
} else {
  // bei älteren Versionen ausführen
}
```

An #available übergeben Sie eine Aufzählung von Betriebssystemnamen und Versionsnummern. Der letzte Parameter * ist syntaktisch erforderlich und bedeutet, dass bei allen nicht explizit genannten Betriebssystemen (z. B. Watch OS) beliebige Versionsnummern akzeptiert werden.

Natürlich können Sie #available auch mit guard kombinieren:

```
func m() {
  // bei älteren Versionen als iOS 8.1 return ausführen
  guard #available(iOS 8.1, *) else { return }

  // wenn zumindest iOS 8.2 zur Verfügung steht,
  // den weiteren Code ausführen
}
```

#available klingt in der Theorie toll. In der Praxis scheitert der Einsatz des neuen Schlüsselwort aber oft daran, dass sich damit nur einzelne Anweisungen versionsabhängig implementieren lassen, nicht aber ganze Methoden, Funktionen oder Erweiterungen.

5.2   Verzweigungen mit switch

switch bietet sich vor allem dann als Alternative zu if an, wenn bei der Auswertung eines Ausdrucks viele unterschiedliche, klar definierte Fälle möglich sind. switch-Konstruktionen sind in solchen Fällen oft besser lesbar. Nachdem der erste zutreffende case-Block durchlaufen wurde, wird die gesamte Konstruktion verlassen. Sollten also mehrere Bedingungen zutreffen, wird nur der erste passende case-Block berücksichtigt.

Im folgenden Beispiel ermittelt eine switch-Konstruktion die Anzahl der Tage eines Monats:

```
let monat = "Februar", jahr = 2015
var tage:Int?
switch monat {
case "Januar", "März", "Mai", "Juli", "August",
    "Oktober", "Dezember":
  tage = 31

case "April", "Juni", "September", "November":
  tage = 30

case "Februar":
  if jahr%4 == 0 && (jahr%100 != 0 || jahr%400==0) {
    tage = 29
  } else {
    tage = 28
  }

default:
  print("Ungültiger Monatsname!")
}
```

Im Vergleich zu anderen Programmiersprachen gibt es in Swift mehrere Besonderheiten:

▶ Nach der Ausführung des ersten zutreffenden case-Blocks wird die switch-Konstruktion verlassen. Es ist also nicht wie in Java oder C ein break am Ende jedes case-Blocks erforderlich.

   break ist aber durchaus ein zulässiges Schlüsselwort innerhalb eines case-Blocks. Mit break kann ein case-Block vorzeitig verlassen werden.

   Wenn Sie möchten, dass sich switch in Swift so wie in C oder Java verhält, formulieren Sie am Ende jedes case-Blocks die Anweisung fallthrough. Damit wird auch der nächste case-Block durchlaufen, und zwar ohne die dort formulierte Bedingung zu überprüfen.

▶ Jede switch-Konstruktion muss einen default-Block aufweisen. Die einzige Ausnahme ist die Auswertung einer Enumeration. Wenn der Compiler erkennt, dass sämtliche Enumerationswerte abgefragt wurden, darf default entfallen.

Sie müssen default also auch dann vorsehen, wenn Ihr Code gar keinen Bedarf dafür hat. Welche Anweisung führen Sie dann aber im default-Block aus? Für solche Fälle bietet sich wiederum break an. Die Zeile default: break bewirkt also, dass Swift ganz einfach nichts tut, wenn keine der Fallunterscheidungen zutrifft.

▶ Zahlen- und Zeichenbereiche in case-Ausdrücken dürfen in der Range-Syntax n1... n2 oder n1..<n2 formuliert werden. Swift betrachtet die Operatoren ... und ..< in diesem Kontext allerdings nicht als Range-Operatoren, sondern bildet vielmehr Intervalle (ClosedInterval bzw. HalfOpenInterval). Deswegen dürfen der Start- und der Endwert hier auch Fließkommazahlen bzw. einzelne Zeichen sein ("a"..."z").

```
// Intervall-Tests in switch
let d = 1.5
switch d {
case 0.0...1.0:
  print("0 <= d <= 1")

case 1.0...2.0:
  print("1 < d <= 2")

default:
  print("anderer Wert")
}
```

switch für Tupel

switch kann auch mehrere Ausdrücke gleichzeitig auswerten, die als Tupel übergeben werden. Daraus ergeben sich interessante Spielarten, die in Abschnitt 4.5 schon erwähnt wurden:

```
// Tupel-Auswertung in switch
let pt = (0.0, 0.0)
switch pt {
case (0, 0):
  print("Koordinatenursprung")

case (_, 0):
  print("Auf der X-Achse")

default:
  print("Sonstwo")
}
```

case-let-Kombination mit where

Die Tupel-Auswertung lässt sich noch weiter perfektionieren. Ähnlich wie bei if können Sie den switch-Ausdruck in einem case-Block durch var oder let einer neuen Variablen oder Konstante zuweisen und diese Zuweisung außerdem an eine mit where formulierte Bedingung knüpfen:

```
// Tupel-Auswertung in switch
var pt = (0.0, 0.0)
switch pt {
case let (x, y) where x>0 && y>0:
  print("Im ersten Quadranten")
...
}
```

Mit where verknüpfte Zuweisungen sind auch für gewöhnliche switch-Ausdrücke zulässig:

```
let s = "bild.jpg"
switch s {
case let jpg  where jpg.hasSuffix(".jpg"):
  print("JPEG-Datei")

case let gif  where gif.hasSuffix(".gif"):
  print("GIF-Datei")

default:
  print("eine andere Datei")
}
```

Die folgende Variante kommt sogar mit Dateinamen zurecht, die die Kennung .jpg in Großbuchstaben enthält:

```
case let jpg  where jpg.lowercaseString.hasSuffix(".jpg"):
  print("JPEG-Datei")
```

»switch« für Enumerationen

Elementen von Swift-Enumerationen können Werte zugeordnet werden. Mit case let ... können Sie diese Werte in switch-Konstruktionen auslesen. Ein entsprechendes Beispiel finden Sie in Abschnitt 7.2.

5.3 Schleifen

Dieser Abschnitt stellt Ihnen im Schnelldurchgang vier Schleifenformen vor:

▶ die klassische for-Schleife

▶ die for-in-Schleife

▶ die while-Schleife

▶ die repeat-while-Schleife (ehemals do-while)

for

Die klassische for-Schleife folgt der in C, Objective-C und Java üblichen Syntax:

```
for initialisierung; bedingung; inkrement { schleifenkörper }
```

Ein typisches Beispiel für eine derartige Schleife sieht so aus:

```
for var i=1; i<=10; i++ {
  print(i)
}  // Ausgabe: 1, 2, ..., 10
```

Beachten Sie, dass der Schleifenkörper einer for-Schleife nie durchlaufen wird, wenn die Schleifenbedingung beim ersten Test nicht erfüllt ist. Es ist zulässig, mehrere Variablen zu initialisieren und im Inkrementbereich zu verändern, wobei die Ausdrücke durch Kommata voneinander getrennt werden. Es ist aber immer nur eine Bedingung zulässig.

```
for var x=0.0, y=0.0; x+y<=10; x+=0.2, y+=0.4 {
  print("x=\(x), y=\(y)")
}
// Ausgabe: x=0.0, y=0.0
//          x=0.2, y=0.4
//          x=0.4, y=0.8
```

Vorsicht beim Umgang mit Double-Variablen

Beim Rechnen mit Double-Zahlen kann es wie in jeder Programmiersprache zu Rundungsfehlern kommen. Mit etwas Pech wird die Schleife dann nicht so oft ausgeführt, wie Sie vielleicht beabsichtigt haben. Beispielsweise wird die folgende Schleife nur 10- und nicht 11-mal durchlaufen. x hat zuletzt den Wert 1,9000000000000008.

```
// Achtung, Rundungsfehler
for var x=1.0; x<=2.0; x+=0.1 {
  print(String(format:"%.16f", x))
}
```

```
// Ausgabe: 1.0000000000000000
//          1.1000000000000001
//          ..
//          1.8000000000000007
//          1.9000000000000008
```

Um derartige Fehler zu vermeiden, formulieren Sie die Schleife mit einer Integer-Variablen oder berücksichtigen beim Schleifenendwert ein »Ungenauigkeits-Delta«:

```
// Schleife mit Integer-Variablen
for var i=0; i<=10; i++ {
  let x = Double(i) / 10.0
  print(x)
}


// Schleifenendwert plus Delta
let step = 0.1
let delta = step / 1000000
for var x=0.0; x <= 1.0 + delta; x+=step {
  print(x)
}
```

for-in

Sie nutzen for-in, wenn Sie alle Elemente eines Arrays, eines Dictionary oder eines Objekts durchlaufen möchten, dessen Typ das SequenceType-Protokoll erfüllt. Zeichenketten erfüllen dieses Protokoll ab der Swift-Version 2.0 nicht mehr; Abhilfe schafft hier die Verwendung der Eigenschaft characters.

```
for i in 1...3 {              // i:Int
  print(i)
}
// Ausgabe: 1, 2, 3

let s = "abc"
for c in s.charachters {      // c:Character
  print(c)
}
// Ausgabe: "a", "b", "c"

let dict = ["one":"eins", "two":"zwei"]
for (engl, germ) in dict {    // engl:String, germ:String
  print("\(engl) -- \(germ)")
}
// Ausgabe: one -- eins
//          two -- zwei
```

Die Schleifenvariable einer for-in-Schleife erhält automatisch den passenden Datentyp. for-in-Schleifen sind sehr bequem in der Handhabung, eignen sich aber in der Regel nur zum Auslesen, nicht zum Verändern der Elemente einer Aufzählung.

Wenn Sie eine Schleife n-mal ausführen möchten, aber an der Schleifenvariable gar nicht interessiert sind, können Sie an deren Stelle das Pattern-Zeichen _ angeben:

```
// 10 Zufallszahlen zwischen 0 und 99 ausgeben
for _ in 1...10 {
  print(arc4random_uniform(100))
}
```

for var in a...b funktioniert nur für ganze Zahlen und nur für Bereiche, in denen a kleiner als b ist. for i in 3...1 ist zwar syntaktisch erlaubt, führt aber bei der Ausführung zu einem Fehler. Im Internet stoßen Sie vielleicht auf for i in reverse(1...3), aber davon sollten Sie ebenfalls Abstand nehmen: reverse erzeugt nämlich extra ein Array für die zu durchlaufenden Elemente, was ausgesprochen ineffizient ist. Die gute alte for-Schleife hat ihre Berechtigung also noch nicht verloren!

```
for var i = 3; i>=1; i-- {
  print(i)
}
```

while

while-Schleifen werden so lange ausgeführt, wie die Bedingung erfüllt ist. Die folgende Schleife wird somit 10-mal durchlaufen:

```
var n=1
while n<=10 {
  print(n)
  n++
}
// Ausgabe: 1, 2, ..., 10
```

while-let-Kombination

Auch while kann ähnlich wie if und switch-case mit einer Zuweisung verbunden werden. Die Zuweisung kann wahlweise mit let oder mit var durchgeführt werden, häufiger ist aber let. Die while-Bedingung gilt als erfüllt, wenn der Ausdruck ungleich nil ist. Diese Art der while-let-Kombination bietet sich besonders dann an, wenn eine Schleife so lange ausgeführt werden soll, bis eine Sequenz, Datei etc. abgearbeitet ist und die Lesemethode oder -funktion dementsprechend nil liefert.

Das folgende Beispiel bildet mit generate einen Generator aus einem Array. Die Methode next liefert das jeweils nächste Element – so lange, bis alle Elemente abgearbeitet sind. Die gleiche Art von Schleife bildet übrigens auch der Swift-Compiler, wenn Sie for i in ar schreiben!

```
var ar = [28, 34, 12]
var gen = ar.generate()    // Generator für das Array
while let i = gen.next() { // i hat den Datentyp Int
  print(i)
}
```

repeat-while

repeat-while-Schleifen (do-while-Schleifen in Swift 1.n) sehen auf den ersten Blick ganz ähnlich wie while-Schleifen aus. Der entscheidende Unterschied besteht darin, dass die Bedingung am Ende der Schleife angegeben ist. Deshalb wird der Ausdruck garantiert mindestens einmal durchlaufen. Bei allen anderen Schleifen kann es hingegen passieren, dass die Bedingung von Anfang an nicht erfüllt ist bzw. die Aufzählung keine Elemente aufweist und die Schleife daher sofort übersprungen wird.

```
var n=1
repeat {
  print(n)
  n++
} while n<=10
// Ausgabe: 1, 2, ..., 10
```

break

verlässt eine Schleife vorzeitig, bricht also ihre Ausführung ab. Die folgenden Schleife endet daher nach der Ausgabe des Werts 5:

```
for i in 1...10 {
  print(i)
  if i==5 { break }
}
// Ausgabe: 1, 2, ..., 5
```

break kann gleichermaßen bei allen Schleifentypen verwendet werden. In switch-Konstruktionen bewirkt break ein vorzeitiges Verlassen des case-Blocks. Um mit break mehrere, ineinander verschachtelte Schleifen zu verlassen, müssen Sie vor der betreffenden Schleife ein sogenanntes Label platzieren. break label gilt dann für die so bezeichnete Schleife.

```
iloop:              // Label für die nachfolgende Schleife
for i in 1...10 {
  for j in 1...10 {
    print("i=\(i), j=\(j)")
    if i+j > 15 {
      break iloop  // die i-Schleife verlassen
    }
  }
}
// Ausgabe:
// i=1, j=1
// i=1, j=2
// ...
// i=6, j=10
```

continue

Mit continue überspringen Sie den restlichen Schleifenkörper, setzen die Schleife dann aber fort, und zwar:

▶ beim klassischen for mit dem Inkrement-Ausdruck und der Bedingung

▶ bei for-in mit der Verarbeitung des nächsten Elements

▶ bei while bzw. repeat-while mit der Auswertung der Bedingung

continue bezieht sich normalerweise auf die innerste Schleife. Wie bei break können Sie aber mit einem Label die gewünschte Schleife auswählen.

```
for i in 1...10 {
  if i%2 == 0 { continue }
  print(i)
  if i>8 {break}
} // Ausgabe: 1, 3, 5, 7, 9
```

5.4 Lottosimulator

Das folgende Beispiel für den praktischen Einsatz von Schleifen beweist einmal mehr, dass Lotto-Spielen Geldverschwendung ist. Ursprünglich war das Beispiel eher dazu gedacht, etwas Abwechslung in dieses ein wenig eintönige Kapitel zu bringen. Rasch hat sich aber herausgestellt, dass das Beispiel auch einen anderen Aspekt der Swift-Programmierung ausgezeichnet beleuchtet: die Geschwindigkeitsoptimierung. Die erste Version des Programms hat sich nämlich als inakzeptabel langsam herausgestellt.

Version 1: elegant, aber langsam

Das Ziel des Programms ist, so lange Lottoziehungen zu simulieren, bis die sechs gezogenen Zahlen mit den eigenen Zahlen übereinstimmen. Auf die Superzahl, die Erkennung von fünf übereinstimmenden Zahlen und andere Sonderfälle habe ich verzichtet.

Im folgenden Code läuft die äußere Schleife so lange, bis eine mit Zufallszahlen durchgeführte Ziehung den eigenen sechs »Glückszahlen« entspricht. Die innere Schleife simuliert Lotto-Ziehungen: Dabei werden so lange Zufallszahlen zwischen 1 und 49 in ein Set eingetragen, bis dieses aus sechs Elementen besteht. Zur einfacheren Vergleichbarkeit werden diese in ein sortiertes Array umgewandelt.

```
// Projekt cmd-lotto
import Foundation

// diese Zahlen müssen geordnet sein!
let meineZahlen = [1, 6, 12, 14, 25, 33]

var lotto: [Int]
var cnt=0

repeat {
  var set = Set<Int>()    // leeres Set erzeugen
  repeat {                // Ziehung simulieren
    set.insert(Int(arc4random_uniform(49))+1)
  } while(set.count<6)
  lotto = Array(set).sort(<)
  cnt++
  if cnt % 100_000 == 0 {
    print("Bisher \(cnt) Ziehungen")
  }
  // Schleife ausführen, bis beide Arrays übereinstimmen
} while meineZahlen != lotto

print("Sechs Richtige nach \(cnt) Versuchen")
```

Das Programm ist aus Geschwindigkeitsgründen für den Playground ungeeignet. Damit der Lotto-Simulator in einer angemessenen Geschwindigkeit ausgeführt wird, müssen Sie den Code in ein »richtiges« Projekt verpacken. Dazu erstellen Sie mit FILE • NEW • PROJECT ein OS X • APPLICATION • COMMAND LINE TOOL. Um dieses zu einer Release-Version zu kompilieren, führen Sie in Xcode PRODUCT • SCHEME • EDIT SCHEME aus, wählen den Eintrag RUN und das Dialogblatt INFO aus und stellen dort die BUILD CONFIGURATION auf RELEASE um (siehe Abbildung 5.1).

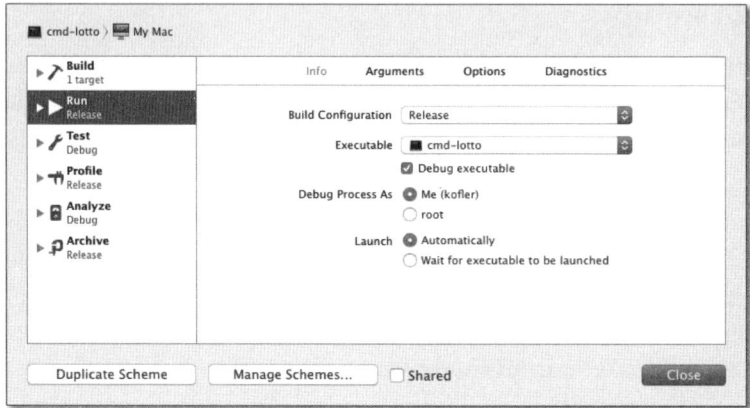

Abbildung 5.1 Xcode-Einstellung für ein Release-Kompilat

Selbst in dieser Konfiguration und auf einem leistungsfähigen iMac dauert die Ausführung des Programms etwa eine halbe Minute, bis im Debug-Bereich von Xcode die Erfolgsmeldung erscheint (siehe Abbildung 5.2). Statistisch gesehen sind dafür rund 15 Millionen simulierte Ziehungen erforderlich.

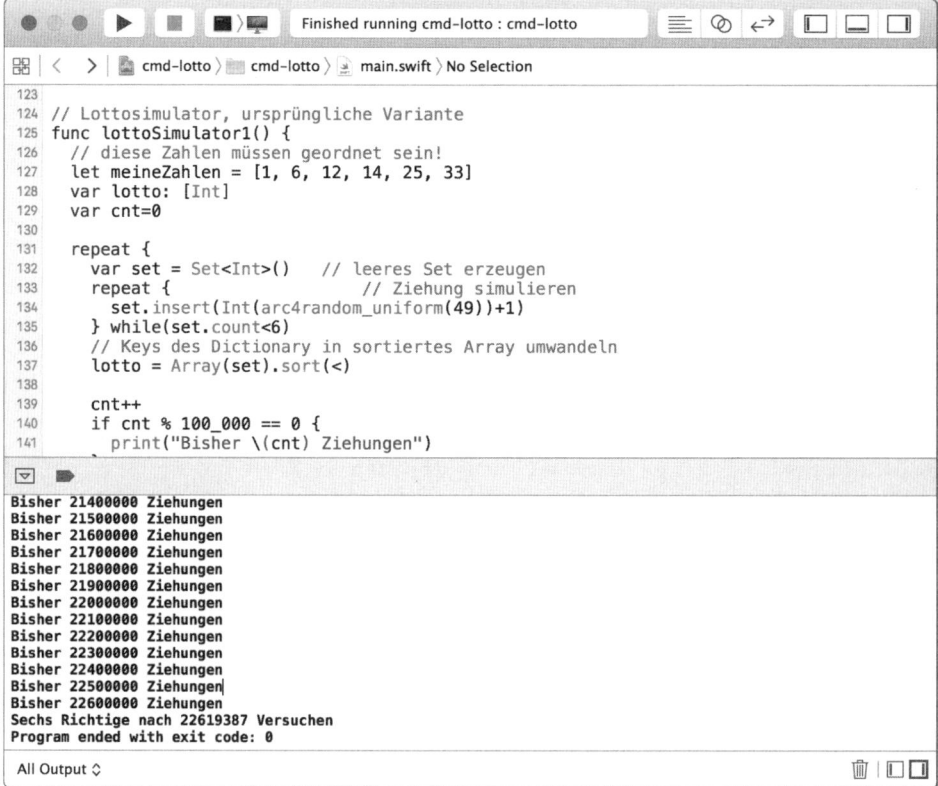

Abbildung 5.2 Ein Sechser im Lotto-Simulator

Einige Benchmarktests

Vergleichbare Aufgabenstellungen habe ich in der Vergangenheit auch schon mit anderen Programmiersprachen gelöst – und habe dabei weniger lange auf meinen simulierten Lotto-Sechser warten müssen. Warum ist das Programm so langsam?

Mein erster Verdacht richtete sich auf das Erzeugen der Zufallszahlen. Da Zufallszahlen in vielen Kryptografie-Algorithmen benötigt werden, legt arc4random_uniform Wert darauf, möglichst zufällige Zahlen zu liefern. (Ganz kann das nie gelingen. Vom Computer generierte Zufallszahlen sind nie *wirklich* zufällig.) Aber ein kurzer Test bewies: Das Erzeugen von 100 Millionen Zufallszahlen dauert auf meinem Testrechner nicht einmal eineinhalb Sekunden.

```swift
// Projekt cmd-lotto, Datei main.swift
let start = NSDate()
var sum=0
for _ in 1...100_000_000 {
  sum += Int(arc4random_uniform(100))
}
let end = NSDate()
let seconds = end.timeIntervalSinceDate(start)
print("fertig nach \(seconds) Sekunden")
```

arc4random ist also unschuldig. Mein nächster Verdächtiger war das Set, das ich zum bequemen Erzeugen von Lottozahlen missbraucht habe. Das Set kommt hier zum Einsatz, weil es nur eindeutige Werte zulässt. Ohne Set muss beim Hinzufügen jeder neuen Lottozahl überprüft werden, ob es sich hierbei nicht um einen Doppelgänger handelt. Das erfordert eine zusätzliche Schleife und macht den Code unübersichtlicher – aber auch um den Faktor fünf schneller als mit dem ursprünglichen Set-Code!

```swift
for _ in 1...1_000_000 {  // 1.000.000 Lottoziehungen simulieren
  var lotto = [Int](count:6, repeatedValue:0)
  var n=0
  repeat {
    lotto[n] = Int(arc4random_uniform(49))+1
    // Doppelgängertest
    for i in 0..<n {
      if lotto[i] == lotto[n] {
        n--    // die n-te Lottozahl ist ein Doppel-
        break  // gänger, neu erzeugen
      }
    }
    n++
  } while(n<6)
  lotto.sortInPlace(<)
}
```

Aber auch mit der verbesserten Variante war ich noch nicht glücklich. Das Erzeugen von 100.000.000 Zufallszahlen hat bewiesen, dass es noch schneller gehen müsste. Glücklicherweise ist mir da ins Auge gesprungen, dass ich das lotto-Array eigentlich nicht eine Million Mal neu erzeugen muss.

Ich habe die Zeile var lotto=... also oberhalb der for-Schleife angeordnet, ohne mir davon Wunder zu versprechen. Doch genau dieses Wunder traf ein: Die Rechenzeit sank auf meinem Testrechner von 0,32 auf 0,21 Sekunden, also auf circa zwei Drittel der ursprünglichen Zeit. Oder, anders formuliert: Im obigen Code beansprucht die Zeile var lotto = [Int](count:6, repeatedValue:0) beachtliche 30 Prozent der Rechenzeit!

```
// wie oben, aber mit Recycling des lotto-Arrays:
// um 30% schneller
var lotto = [Int](count:6, repeatedValue:0) // <-- neu platziert
for _ in 1...1_000_000 {
  var n=0
  repeat {
    // Code wie oben ...
  } while(n<6)
  lotto.sortInPlace(<)
}
```

Im Versuch, den Algorithmus weiter zu optimieren, habe ich den Datentyp des Arrays von Int auf UInt8 umgestellt – ohne Erfolg. Die Rechenzeit blieb im Rahmen der Messgenauigkeit unverändert.

Optimierungspotenzial habe ich dann nur noch bei sortInPlace gefunden: Ohne das Sortieren sinkt die Rechenzeit nochmals auf die Hälfte. Die Zahlen müssen aber sortiert werden, damit sie mit den ebenfalls geordneten Glückszahlen verglichen werden können. Wenn Sie das Programm also weiter optimieren wollten, könnten Sie versuchen, einen effizienteren Sortieralgorithmus zu implementieren oder den Zahlenvergleich ohne vorheriges Sortieren durchzuführen. Darauf habe ich verzichtet.

Version 2: Swift zeigt, was es kann

Mit dem so gewonnenen Wissen habe ich dann die endgültige Version des Lottosimulators fertiggestellt. Der Code sieht so aus:

```
// Projekt cmd-lotto, Datei main.swift
// diese Zahlen müssen geordnet sein!
let meineZahlen = [1, 6, 12, 14, 25, 33]
var lotto = [Int](count:6, repeatedValue:0)
var cnt=0
```

```
repeat {
  // Lottoziehung simulieren
  var n=0
  repeat {
    lotto[n] =  Int(arc4random_uniform(49))+1
    // Doppelgängertest
    for i in 0..<n {
      if lotto[i] == lotto[n] {
        n--    // die n-te Lottozahl ist ein Doppel-
        break  // gänger, neu erzeugen
      }
    }
    n++
  } while(n<6)
  lotto.sortInPlace(<)

  cnt++
  if cnt % 100_000 == 0 {
    print("Bisher \(cnt) Ziehungen")
  }

  // Schleife ausführen, bis beide Arrays übereinstimmen
} while meineZahlen != lotto

print("Sechs Richtige nach \(cnt) Versuchen")
```

Kapitel 6
Funktionen und Closures

Funktionen sind ein zentrales Element, um eigenen Code in überschaubare Einheiten zu gliedern. In Swift haben Funktionen vier Erscheinungsformen:

▸ **Globale Funktionen** werden auf Modulebene deklariert und können dann überall im Programm genutzt werden. Swift 1 stellte eine Menge vordefinierter globaler Funktionen zur Verfügung. In Swift 2 sind davon aber nur noch recht wenige übrig geblieben. Diese Funktionen werden oft »Standardfunktionen« genannt.

▸ **Closures** sind anonyme Funktionen, die ad hoc definiert und sofort an eine andere Funktion zum Aufruf übergeben werden. In anderen Sprachen werden Closures häufig »Lambda-Ausdrücke« genannt, weil die theoretischen Grundlagen von Closures im sogenannten »Lambda-Kalkül« formuliert sind.

▸ **Methoden** und **Computed Properties** sind Funktionen auf Klassenebene, auch wenn dies bei Computed Properties nicht so offensichtlich ist.

In diesem Kapitel stehen die ersten zwei Varianten im Vordergrund. Auf die spezifischen Besonderheiten von Methoden gehe ich erst in Kapitel 7, »Objektorientierte Programmierung«, näher ein. Dort werden dann auch generische Funktionen bzw. Methoden erläutert. Derartige Funktionen werden für einen allgemeinen, erst beim Aufruf festzulegenden Datentyp definiert.

6.1 Funktionen definieren und ausführen

Die prinzipielle Syntax zur Definition einer Funktion sieht so aus:

```
func fnname(pname1:typ1, pname2:typ2) [ -> ergebnistyp ] {
  code
}
```

Falls die Funktion ein Ergebnis liefert, muss dieses innerhalb der Funktion mit return zurückgegeben werden. Dabei ist es wichtig, dass return in jedem Fall ausgeführt wird – also z. B. auch dann, wenn ungültige Daten an die Funktion übergeben wurden.

Das folgende Beispiel zeigt die Funktion strRepeat, die eine Zeichenkette n-mal vervielfältigt – d. h., strRepeat("*", n:4) liefert "****". Der Code sollte ohne weitere

Erläuterungen verständlich sein. Beim Aufruf werden der Funktion die gewünschten Parameter in runden Klammern übergeben. Die runden Klammern müssen auch dann angegeben werden, wenn eine Funktion gar keine Parameter erwartet. Standardmäßig müssen allen Parametern außer dem ersten ihr Name und ein Doppelpunkt vorangestellt werden – beim zweiten Parameter also n:.

```
func strRepeat(s:String, n:Int) -> String {
  if n<=0 {
    return ""
  } else {
    var result=s      // result mit s initialisieren
    for _ in 1..<n {   // noch (n-1)-mal s hinzufügen
      result+=s
    }
    return result     // Ergebnis zurückgeben
  }
}

strRepeat("abc", n:3)  // "abcabcabc"
```

Reihenfolge von Definition und Aufruf

Generell müssen Funktionen definiert werden, bevor sie ausgeführt werden können. Diese Regel gilt allerdings nicht für Methoden, also für Funktionen, die innerhalb einer Klasse, einer Struktur oder einer Enumeration definiert sind. Bei Methoden spielt die Reihenfolge keine Rolle. Sie können bereits am Beginn der Klasse eine Methode nutzen, die erst viel weiter unten im Code definiert wird.

Benannte Parameter

Für große Verwirrung, gerade bei Swift-Einsteigern sorgen »benannte Parameter«: Beim Aufruf mancher (Init-)Funktionen oder Methoden *müssen* Sie den Parameternamen angeben:

```
// erzeugt ein NSLocale-Objekt
let locDe = NSLocale(localeIdentifier: "de_DE")
let locFr = NSLocale("fr_FR")  // Fehler: Hier müssen
                               // Parameternamen verwendet werden
```

Bei anderen ist die Nennung der Parameternamen wiederum ein Fehler:

```
strRepeat(s:"abc", n:3)        // Fehler: der Parametername 's'
                               // ist hier nicht erlaubt
```

Warum das so ist und wie Sie dieses Verhalten bei eigenen Funktionen steuern können, beschreibe ich in Abschnitt 6.2, »Parameter«, ausführlich. Als Faustregel können Sie sich merken, dass der erste Parameter von Funktionen und Methoden meist unbenannt ist, alle weiteren Parameter aber einen Namen verlangen. Eine Ausnahme sind die Standardfunktionen von Swift (z. B. print und swap), bei denen zumeist alle Parameter unbenannt sind. Klarheit schafft aber nur ein Blick in die Dokumentation oder Deklaration. Dorthin gelangen Sie am schnellsten durch einen Mausklick mit `alt` bzw. `⌘` auf den Funktionsnamen.

Rückgabewerte

Funktionen können, müssen aber kein Ergebnis zurückgeben. Bei einer Funktion ohne Ergebnis entfällt -> ergebnistyp. Die Definition sieht also so aus:

```
func fnname(pname1:typ1, pname2:typ2) {
  code
}
```

Wenn es ein Ergebnis gibt, dann muss dessen Typ bei der Definition exakt angegeben werden. Als Ergebnistyp kommen nicht nur Zahlen oder Zeichenketten infrage, sondern jeder in Swift verarbeitbare Typ. Dazu zählen unter anderem auch Arrays, Dictionaries, jede Art von Klasse oder struct, Optionals, Tupel sowie sogar Funktionen. Innerhalb des Codes der Methode muss sichergestellt sein, dass jeder Ausführungszweig mit einer return-Anweisung endet, die Ergebnisdaten im vereinbarten Typ zurückgibt!

```
func f() -> String {       // String als Ergebnis
  return ""
}

func f() -> [Int] {        // Int-Array als Ergebnis
  return [1, 2, 3]
}

func f(n:Int) -> [Int]? {  // Int-Array oder nil
  if n<=0 {
    return nil
  } else {
    return [Int]()
  }
}
```

Die Möglichkeit, Tupel zurückzugeben, ist vor allem für mehrteilige Ergebnisse ausgesprochen praktisch. In einigen anderen Programmiersprachen müssten Sie dazu erst einen neuen struct oder gar eine Klasse definieren. In Swift geben Sie hingegen einfach ein Tupel zurück:

```
func sincos(x:Double) -> (Double, Double) {
  return (sin(x), cos(x))
}
```

```
let (s, c) = sincos(1.23)
print(s)    // 0.942488801931697
print(c)    // 0.334237727124503
```

Auch die Verwendung von Optionals sind im Kontext von Funktionen sehr nützlich. Sobald Sie den Rückgabewert mit einem zusätzlichen Fragezeichen oder Rufezeichen als Optional deklarieren, haben Sie die Möglichkeit, bei fehlerhaften Eingabeparametern nil als Ergebnis zurückzugeben.

Das folgende Beispiel implementiert die aus manchen Programmiersprachen sowie aus SQL bekannte Zeichenkettenfunktion left, die die ersten n Zeichen einer Zeichenkette zurückgibt. Die Verwendung eines Implicitly Unwrapped Optionals (String!) hat hier den Vorteil, das bei korrekter Verwendung der Funktion das Ergebnis unmittelbar als String zur Verfügung steht. Würde der Rückgabewert String? lauten, dann müsste das Ergebnis von left jedes Mal mit ! explizit zu einen String ausgepackt werden.

```
// gibt die ersten n Zeichen von s zurück
func left(s:String, n:Int) -> String! {
  if n<=0 {
    return nil   // unsinnig, nil zurückgeben
  } else if n>=s.characters.count {
    return s     // alles zurückgeben
  } else {
    // die ersten n Zeichen zurückgeben
    let start = s.startIndex
    let end   = start.advancedBy(n)
    return s[start..<end]
  }
}
```

```
left("Hello World!", n:5)     // "Hello"
left("Hello World!", n:100)   // "Hello World!"
left("Hello World!", n:-1)    // nil
```

Aufräumarbeiten automatisch ausführen (defer)

Viele Funktionen haben einen ähnlichen Aufbau wie der folgende Pseudo-Code:

```
func processFile(infile:String, outfile:String) {
  if let in = open(infile) {
    if let out = open(outfile) {
      while data = read_from(in) {
        let result = process(data)
        if !result { return }   // in und out bleiben offen
        let ok = write_to(out, result)
        if !ok { return }       // in und out bleiben offen
      }
      out.close()
    }
    in.close()
  } // äußeres if-Ende
}    // func-Ende
```

Es soll also eine Datei gelesen und verarbeitet werden, wobei die Ergebnisse in eine zweite Datei geschrieben werden. Wenn dabei irgendetwas schiefgeht, wird die Funktion verlassen. Das Problem am obigen Code besteht darin, dass die In- und Out-Dateien nicht ordnungsgemäß geschlossen werden, wenn in der while-Schleife ein Fehler auftritt. Nun könnten die Dateien natürlich an jeder Stelle geschlossen werden, an der return aufgerufen wird; aber je umfangreicher und verschachtelter der Code in processFile wird, desto unübersichtlicher wird die Berücksichtigung aller Sonderfälle und desto größer wird das Risiko, dass close in einer Verästelung des Codes vergessen wird.

In Swift lösen Sie dieses Problem ganz elegant mit defer. Mit diesem Schlüsselwort geben Sie Aufräumarbeiten an, um die sich Swift beim Abschluss des Blocks kümmern soll – ganz egal, an welcher Stelle die Funktion verlassen wird, und ob dies durch return oder throw erfolgt (siehe Abschnitt 9.1, »Fehlerabsicherung (try/catch)«). Die defer-Aktionen werden in umgekehrter Reihenfolge ausgeführt. Im folgenden Beispiel wird daher zuerst out und dann in geschlossen:

```
func processFile(infile:String, outfile:String) {
  if let in = open(infile) {
    // in beim Verlassen von processFile schließen
    defer { in.close() }

    if let out = open(outfile) {
      // out beim Verlassen von processFile schließen
      defer { out.close() }
```

```
      while data = read_from(in) {
        let result = process(data)
        if !result { return }
        let ok = write_to(out, result)
        if !ok { return }
      }
    } // inneres if-Ende
  }   // äußeres if-Ende
}     // func-Ende
```

defer-Blöcke können natürlich selbst komplexen Code mit Verzweigungen etc. enthalten. Es gibt aber zwei Einschränkungen: In defer-Blöcken darf die Funktion nicht mit return verlassen werden, außerdem darf mit throw kein Fehler ausgelöst werden.

Um defer auszuprobieren, erstellen Sie am einfachsten ein kleines Projekt des Typs COMMAND LINE TOOL und fügen den folgenden Code ein. Anschließend führen Sie das Programm mehrere Male aus. Ganz egal, welchen Verlauf der Code nimmt – in jedem Fall enthält die Ausgabe zu jeder open-Zeile eine dazu passende close-Zeile.

```
// Projekt defer-test, Datei main.swift
func test() {
  print("open f1")
  defer { print("close f1") }
  if arc4random_uniform(100) > 50 { return }

  print("open f2")
  defer { print("close f2") }

  print("read from f1")
  if arc4random_uniform(100) > 50 { return }
  print("write to f2")
}
```

```
test()
```

Die Ausgaben des Programms variieren je nachdem, welche Zufallszahlen arc4-random_uniform liefert. Eine mögliche Ausgabe kann z. B. so aussehen:

```
open f1
open f2
read from f1
close f2
close f1
```

Funktionsnamen

Grundsätzlich gelten für Funktionsnamen dieselben Regeln wie bei Konstanten und Variablen. Der Name muss mit einem Buchstaben oder mit _ beginnen, bei den weiteren Zeichen sind auch Ziffern erlaubt. Es ist üblich dass Funktionsnamen mit Kleinbuchstaben beginnen.

Es ist zulässig, dass mehrere Funktionen denselben Namen haben (Overloading). Die Funktionen müssen dann aber anhand der Parameterliste und des Rückgabedatentyps unterscheidbar sein. Der Compiler muss also in der Lage sein, anhand der Anzahl, des Typs oder des Namens der beim Aufruf angegebenen Parameter zu erkennen, welche Variante der Funktion gemeint ist. Die beiden letzten Varianten von f unterscheiden sich also nur durch den Namen des zweiten Parameters.

```
func f(n:Int)          { print("f(Int)") }
func f(n:Double)       { print("f(Double)") }
func f(a:Int, b:Int)   { print("f(Int, b:Int)") }
func f(a:Int, c:Int)   { print("f(Int, c:Int)") }
```

Wenn sich Funktionen nur durch den Rückgabedatentyp unterscheiden, ist es mitunter erforderlich, den Datentyp einer Ergebnisvariablen oder -konstante explizit anzugeben:

```
func f() -> Int    { return 1 }
func f() -> String { return "Hello!" }

var x = f()          // Fehler 'ambiguous use of f'
var s:String = f()   // OK
var i:Int = f()      // OK
```

Gültigkeitsebenen

Die vorhin definierte Funktion strRepeat ist eine »globale« Funktion, d. h., sie ist nicht in einer Klasse definiert (dann wäre es eine Methode) und kann deswegen überall in Ihrem Programm verwendet werden. Ein Detail müssen Sie aber beachten: Die Definition der Funktion muss *vor* ihrer Anwendung erfolgen.

Funktionen können auf Variablen und Konstanten zugreifen, die außerhalb der Funktion definiert sind, und sie können Variablen sogar verändern:

```
var x = 2              // globale Variable

func f(n:Int) -> Int {
  x = x+1              // jeder Aufruf von f()
  return 2*n           // verändert x!
}
```

```
let ergebnis1 = f(7)    // 14
let ergebnis2 = f(9)    // 19
print(x)                // x ist jetzt 4
```

Umgekehrt gilt dies aber nicht! Wenn Sie in einer Funktion eine Konstante oder Variable definieren, dann gilt diese »lokal«. Sie ist nur innerhalb der Funktion gültig und kann von außen nicht gelesen oder verändert werden. Genau genommen beschränkt sich die Gültigkeit der Variable auf die Zeit, in der die Funktion ausgeführt wird. Bei mehrfachen Funktionsaufrufen, wie sie unter anderem in rekursiven Algorithmen vorkommen, gelten für jeden Funktionsaufruf seine eigenen, lokalen Variablen. Es besteht keine Gefahr einer gegenseitigen Beeinflussung. Lokale Variablen dürfen den gleichen Namen wie globale Variablen haben. In diesem Fall ist die globale Variable, die außerhalb definiert wurde, in der Funktion nicht sichtbar.

```
func f(n:Int) -> Int {
  let result = n*2    // lokale Variable, gilt nur in f()
  return result
}

let ergebnis1 = f(4)
print(result)         // Fehler: 'result' ist nicht definiert
```

Verschachtelte Funktionen

Swift erlaubt es, innerhalb einer Funktion weitere Funktionen zu deklarieren. Solche verschachtelten Funktionen (Nested Functions) können von außen nicht aufgerufen werden. Sie können stattdessen zwei andere Aufgaben erfüllen:

▸ **Bessere Code-Strukturierung:** Wenn Ihre Funktion eine sehr komplexe Aufgabe erfüllen soll, können Sie Teilaufgaben in eigene Funktionen verpacken und auf diese Weise den Code übersichtlicher gestalten. Die verschachtelten Funktionen können allerdings nur innerhalb der Hauptfunktion aufgerufen werden.

▸ **Funktionen als Rückgabewert:** Funktionen können selbst Funktionen als Ergebnis zurückgeben – unter anderem solche Funktionen, die als verschachtelte Funktionen innerhalb der Hauptfunktion definiert sind. Auf diesen Aspekt gehe ich in Abschnitt 6.5 näher ein.

Die folgenden Zeilen demonstrieren die Syntax verschachtelter Funktionen. Wie auf globaler Ebene gilt: Zuerst müssen die Funktionen definiert werden, erst dann können sie genutzt werden. Das Zeichen _ vor dem y-Parameter bewirkt, dass dieser Parameter beim Funktionsaufruf unbenannt verwendet werden kann (siehe Abschnitt 6.2, »Parameter«).

```
// globale Funktion f(x, y)
func f(x:Double, _ y:Double) -> Double {

  // Hilfsfunktion f1(x, y)
  func helpfunc1(x:Double, _ y:Double) -> Double {
    return sqrt(x*x + y*y)
  }
  // Hilfsfunktion f2(x, y)
  func helpfunc2(x:Double, _ y:Double) -> Double {
    return x*y
  }

  // Aufruf der Hilfsfunktionen
  return helpfunc1(x, y) + helpfunc2(x, y)
}

f(3.0, 4.0)   // 17.0
```

Rekursion

Funktionen dürfen sich auch selbst aufrufen – dann spricht man von Rekursion. Das folgende Listing zeigt das »klassische« Rekursionsbeispiel aus jedem Lehrbuch – die Berechnung der Fakultät. Beachten Sie, dass bereits f(13) bzw. f(21) den Zahlenbereich für Int-Zahlen sprengt, je nachdem, ob Ihr Programm auf einem 32- oder im 64-Bit-System läuft.

```
// rekursive Implementierung der Fakultätsfunktion
func f(n:Int) -> Int {
  if n<=0 {
    return 0
  } else if n<=2 {
    return n
  } else {
    // rekursiver Aufruf von n
    return n * f(n-1)
  }
}

f(6)    // 720
f(13)   // 6.227.020.800
```

Parameter und lokale Variablen werden beim Aufruf von Funktionen auf dem Stack zwischengespeichert und nach dem Ende der Funktion wiederhergestellt. Das gilt für jeden Funktions- und Methodenaufruf, ist aber bei rekursiven Algorithmen von besonderer Bedeutung: Die Größe des Stack-Speichers limitiert nämlich die Rekursionstiefe.

Ich habe in der Dokumentation keine Angaben gefunden, wie viel Stack-Speicher Swift-Programme für sich reservieren. Einfache Tests haben ergeben, dass sich eine Funktion mit einem Int-Parameter und ohne lokale Variablen ca. 130.000-mal selbst aufrufen kann, bevor es zu einem Fehler kommt. Je mehr Parameter und lokale Variablen auf dem Stack zwischengespeichert werden müssen, desto geringer wird die maximale Rekursionstiefe. In der Praxis werden sich daraus also kaum Einschränkungen ergeben; wenn sich eine Funktion mehr als 1000-mal selbst aufruft, ist dies in aller Regel ein Indiz für einen Programmierfehler.

6.2 Parameter

Bei der Gestaltung der Parameterliste einer Funktion bestehen viele syntaktische Möglichkeiten, die dieser Abschnitt zusammenfasst. Vorweg die Kurzfassung in Listingform.

```
func f() { ... }                  // kein Parameter
func f(para:Int) { ... }          // gewöhnlicher Parameter
func f(_ para:Int) { ... }        // unbenannter Parameter
func f(var para:Int) { ... }      // variabler Parameter
func f(inout para:Int) { ... }    // veränderlicher Parameter
func f(ext para:Int) { ... }      // benannter Parameter
func f(para:Int = 0) { ... }      // optionaler Parameter
func f(ext para:Int = 0) { ... }  // optionaler Parameter
func f(_ para:Int = 0) { ... }    // unbenannter opt. Param.
func f(para:Int...) { ... }       // variadischer Parameter
```

Grundsätzlich gilt, dass Funktionen natürlich mehrere Parameter mit einer beliebigen Kombination der oben skizzierten Formen haben können. Allerdings müssen optionale Parameter sowie der variadische Parameter am Ende der Parameterliste formuliert werden.

Der erste Parameter ist immer unbenannt

In Swift ist der erste Parameter einer Funktion oder Methode immer unbenannt. Insofern ist die Syntax _ para ... erst ab dem zweiten Parameter sinnvoll. Im obigen Listing fehlt aber der Platz, um zwischen dem ersten und den weiteren Parametern zu differenzieren.

Gewöhnliche Parameter

Gewöhnliche Funktionsparameter formulieren Sie in der Parameterliste in der Form name:typ. Beim Aufruf der Funktion müssen Sie Daten in einem geeigneten Datentyp übergeben. Innerhalb der Funktion sind diese Daten über den Parameter zugänglich. Dieser verhält sich innerhalb der Funktion wie eine lokale Konstante und überdeckt eventuell gleichnamige globale Variablen oder Konstanten außerhalb. Dem Parameter kann innerhalb der Funktion kein neuer Wert zugewiesen werden:

```
func f(n:Int) {
  n=3    // Fehler, n ist nicht veränderlich!
}
```

Wenn an eine Funktion ein struct oder ein Objekt übergeben wird, können in der Funktion dessen Methoden aufgerufen und Eigenschaften verändert werden. Die entscheidende Frage ist nun, ob die Änderungen nur innerhalb der Methode gelten oder ob ein an die Funktion übergebenes Objekt dauerhaft verändert wird. Das hängt davon ab, ob es sich um einen Wert- oder einen Referenztyp handelt (siehe Abschnitt 3.6):

▶ Bei **Werttypen** wird eine *Kopie* der Daten an die Funktion übergeben. Die Funktion kann nur die Kopie verändern. Die Daten, auf die die Variable ursprünglich verwiesen hat, bleiben unverändert. Dieses Verhalten gilt für alle Datentypen auf der Basis von struct. Dazu zählen neben Int oder Double auch nahezu alle Swift-Datenstrukturen, z. B. String, Array und Dictionary.

▶ Bei **Referenztypen** wird hingegen eine Referenz auf die Daten übergeben. Eine Veränderung der Daten in der Funktion wirkt sich damit auch außerhalb aus. Zu den Referenztypen zählen alle Typen auf der Basis von class sowie die meisten Klassen aus den Bibliotheken Foundation, Cocoa, UIKit etc.

Das folgende Beispiel zeigt die dauerhafte Veränderung eines Elements eines Objekts, das in einem gewöhnlichen Parameter an eine Funktion übergeben wird.

```
// eine ganz simple Klasse
class MyClass {
  var a=1, b=2
}
// Funktion zur Verarbeitung von MyClass-Objekten
func f(para:MyClass) {
  para.a=4
}
// Test
var mc = MyClass()  // mc.a ist 1
f(mc)               // MyClass ist ein Referenztyp
print(mc.a)         // mc.a ist jetzt 4
```

Veränderliche Parameter

Wenn Sie Parametern innerhalb der Funktion einen neuen Wert zuweisen möchten, geben Sie in der Parameterliste einfach das zusätzliche Schlüsselwort var an. Die nun erlaubten Zuweisungen verändern den Parameter aber nur innerhalb der Funktion.

Ganz egal ob Sie es mit Wert- oder Referenztypen zu tun haben, hat die Zuweisung keinen Einfluss auf die Variable, die als Parameter übergeben wurde. Der Grund: Beim Aufruf der Funktion wird entweder der Inhalt der Daten oder eine Referenz auf die Daten in den Parameter kopiert. Werttypen sind also in jedem Fall vollkommen unabhängig von den ursprünglichen Daten. Und bei Referenztypen wird in der Funktion ein neues Objekt erzeugt. Die Parametervariable zeigt nun darauf – aber die beim Funktionsaufruf verwendete Variable zeigt weiterhin auf das ursprüngliche Objekt.

Somit verändert das Schlüsselwort var nur, was Sie innerhalb der Funktion mit dem Parameter machen können. Der Parameter, der sich normalerweise wie eine Konstante verhält (wie let para=...), wird nun zur lokalen Variablen. var nimmt aber keinen Einfluss auf die Veränderungsmöglichkeit der zugrunde liegenden Daten.

Das folgende Beispiel verwendet nochmals die Minimalklasse MyClass. In der Funktion f wird dem Parameter ein neues Objekt dieser Klasse zugewiesen. Das hat aber keinen Einfluss auf die Variable mc außerhalb der Funktion:

```
// eine ganz simple Klasse
class MyClass { var a=1, b=2 }

// eine Funktion mit einem variablen Parameter
func f(var para:MyClass) {
  para = MyClass()  // in para wird ein neues Objekt gespeichert
  para.a = 17       // und verändert
}

var mc = MyClass()  // mc.a ist 1
f(mc)
print(mc.a)         // mc.a ist unverändert 1
```

Inout-Parameter

Möglicherweise haben Sie im vorigen Abschnitt vergeblich nach der Möglichkeit gesucht, die zugrunde liegenden Daten zu verändern, auf die ein Parameter verweist. Das gelingt nicht mit var, sondern mit dem Schlüsselwort inout. Derart markierte Parameter sind in der Funktion veränderlich, und diese Veränderungen wirken sich nun auch auf die zugrunde liegenden Daten aus.

Allerdings muss beim Aufruf der Funktion nun eine Variable mit vorangestelltem &-Zeichen übergeben werden. Dieses Zeichen soll auch beim Aufruf verdeutlichen, dass die übergebenen Variablen verändert werden können. Der Aufruf der Funktion mit einem konstanten Wert oder einem errechneten Ausdruck ist anders als bei gewöhnlichen Funktionen nicht möglich, wie dies auch aus dem folgenden Listing hervorgeht.

```
// Funktion, die den Parameter n verändert
func f(inout n:Int) {
   n+=1
}

var x=3
f(&x)       // übergibt die Variable x (nicht deren Wert) an f()
print(x)    // 4
f(x)        // Fehler, & fehlt
f(3)        // Fehler, es muss eine Variable übergeben werden
```

Benannte Parameter

Seit der Swift-Version 2 gilt für selbst definierte Funktionen und Methoden das folgende Standardverhalten bei der Benennung von Parameter:

▸ Der erste Parameter ist ohne Namen zu übergeben.

▸ Alle weiteren Parameter müssen benannt werden.

Wenn Sie also eine Funktion wie folgt definieren:

```
func f(a:Int, b:Int, c:Int, d:Int) -> Int {
   return a + b + c + d
}
```

dann müssen Sie diese Funktion so aufrufen:

```
let result = f(1, b:2, c:7, d:12)
```

Es bestehen diverse Möglichkeiten, von diesem Standardverhalten abzuweichen: Sie können auch den ersten Parameter benennen, oder die weiteren Parameter ohne Namen übergeben. Sie können sogar zwischen einem externen und einem internen Parameternamen differenzieren. Details zu den verschiedenen Varianten finden Sie in den folgenden Abschnitten.

Differenzierung zwischen externen und internen Parameternamen

Sie können Parametern bei der Definition der Funktion *zwei* Namen geben:

```
func f(externalName internalName:type) { ... }
```

In diesem Fall muss beim Aufruf der Funktion der externe Parametername vorangestellt werden. Innerhalb der Funktion wird der Parameter wie bisher über den lokalen/internen Namen angesprochen.

Im folgenden Beispiel erzeugt f() ein Double-Array aus count Elementen. Das erste Element erhält den Wert start, das letzte Element den Wert end. Die dazwischen liegenden Elemente erhalten entsprechend Werte zwischen start und end. Beachten Sie, dass die Parameternamen nun beim Aufruf angegeben werden müssen! Das hat den Vorteil, dass beim späteren Lesen des Codes sofort klar ist, welcher Parameter welchen Zweck hat. Trotzdem müssen Sie sich beim Aufruf an die Reihenfolge halten, die in der Definition der Funktion vorgegeben ist.

```
// liefert ein Double-Array mit count Elementen
// zwischen start und end
func f(start x1:Double, end x2:Double,
       count n:Int) -> [Double]?
{
  if n<=1 { return nil }  // unsinnig, Fehler
  var result = [Double]()
  result.reserveCapacity(n)
  let delta = (x2-x1)/Double(n-1)
  for i in 0..<n {
    result += [ x1 + delta*Double(i) ]
  }
  return result
}

let ar = f(start: 100.0, end: 200.0, count: 5)!
print(ar)          // [100.0, 125.0, 150.0, 175.0, 200.0]
f(100.0, 200.0, 5)  // Fehler, Parameternamen fehlen
```

Auch den ersten Parameter benennen

Der externe und der lokale Parameter eines Namens dürfen übereinstimmen. Dieser syntaktische Sonderfall kann dazu genutzt werden, um den ersten Parameter einer Funktion, der üblicherweise unbenannt ist, zu einem benannten Parameter zu machen. Dazu geben Sie dessen Namen einfach doppelt an. Im folgenden Beispiel müssen alle vier Parameter der Funktion f benannt übergeben werden:

```
func f(a a:Int, b:Int, c:Int, d:Int) -> Int {
  return a + b + c + d
}

let result = f(a:1, b:7, c:12, d:-2)  // 18
```

Unbenannten Parameter erzwingen

Umgekehrt können Sie unbenannte Parameter erzwingen, indem Sie als externen Namen das Pattern-Zeichen _ angeben. Beim ersten Parameter ist das nicht notwendig – er gilt ohnedies immer als unbenannt.

```
func f(a:Int, _ b:Int, _ c:Int, _ d:Int) -> Int {
  return a + b + c + d
}
let result = f(1, 7, 12, -2)
```

Welche Parameter soll ich benennen?

Wenn Sie eigene Funktionen definieren, haben Sie also die Wahl: Sie können beim Standardverhalten bleiben, alle Parameter benennen, keinen Parameter benennen oder eine Mischform wählen. Welche Variante ist aber die beste?

Solange keine guten Gründe dagegensprechen, sollten Sie das Standardverhalten beibehalten. Die zugrunde liegende Idee ist, dass die Bedeutung des ersten Parameters aus dem Kontext bzw. aus dem Namen der Funktion ersichtlich ist; bei den weiteren Parametern führt deren Benennung zu besser lesbarem Code. Außerdem entspricht Ihre Funktion so den Konventionen der Apple-APIs.

Mitunter kann es dennoch zweckmäßig sein, von diesen Regeln abzuweichen. So ist die Benennung des ersten Parameters zweckmäßig, um auf diese Weise zwischen mehreren Varianten (Overloads) einer Funktion mit nur einem Parameter zu differenzieren. Umgekehrt führt der vollständige Verzicht auf Parameternamen oft zu kompakterem Code.

Optionale Parameter und Defaultwerte

Mit der Syntax `name:typ = defaultwert` machen Sie Parameter optional. Wenn der Parameter beim Funktionsaufruf nicht angegeben wird, dann gilt für ihn der Defaultwert. Es ist üblich, optionale Parameter am Ende der Parameterliste zu formulieren. Sollte der optionale Parameter am Beginn der Parameterliste stehen, gilt er abweichend vom Standardverhalten als benannter Parameter.

Die folgenden Zeilen zeigen nochmals eine Funktion zum Erzeugen eines `Double`-Arrays. Die ersten beiden Parameter sind unbenannt. Der dritte Parameter ist optional und hat den Defaultwert 10.

```
func f(start:Double, _ end:Double,
       count n:Int = 10) -> [Double]?
{
  if n<=1 { return nil }  // unsinnig, Fehler
  var result = [Double]()
```

```
    result.reserveCapacity(n)
    let delta = (end-start) / Double(n-1)
    for i in 0..<n {
      result += [ start + delta * Double(i) ]
    }
    return result
}
```

Beim Aufruf können Sie den optionalen Parameter weglassen, oder Sie müssen den gewünschten Wert als benannten Parameter übergeben.

```
let ar1 = f(0.0, 4.0)        // Array mit 10 Elementen
let ar2 = f(0.0, 4.0, n: 5)  // Array mit 5 Elementen
let ar3 = f(0.0, 4.0, 7)     // Fehler, Parametername fehlt
```

Bei optionalen Parametern existieren zwei weitere Syntaxvarianten: Zum einen können Sie dem benannten Parameter einen anderen externen Namen geben:

```
// der optionale Parameter hat nach außen hin den
// Namen 'extName', funktionsintern heißt er 'count'
func f(start:Double, _ end:Double,
       extName count:Int = 10) -> [Double]?
{
  ...
}
```

Zum anderen können Sie, indem Sie als externen Namen das Pattern-Zeichen _ angeben, auf die Benennung ganz verzichten:

```
// unbenannter optionaler Parameter
func f(start:Double, end:Double, _ count:Int = 10) -> [Double]? {
  ...
}
```

Jetzt kann auch der optionale Parameter ohne Benennung übergeben werden:

```
let ar3 = f(0.0, 4.0, 7)
```

Benannte optionale Parameter dürfen beim Aufruf in beliebiger Reihenfolge angegeben werden:

```
func f(name1 p1:Int = 1, name2 p2:Int = 2,
       name3 p3:Int = 3) -> Int
{
  return p1*100 + p2*10 + p3
}

f(name1: 1, name2: 2, name3: 3)  // 123
f(name3: 1, name2: 2, name1: 3)  // 321
```

Variable Parameteranzahl (Variadics)

Wenn Sie nicht im Vorhinein wissen, wie viele Parameter an eine Funktion übergeben werden, können Sie den letzten Parameter der Parameterliste in der Form `name:typ...` als sogenannten »variadischen Parameter« definieren. Die drei dem Typ folgenden Punkte gelten dabei als Kennzeichnung für den variadischen Parameter.

Beim Aufruf können Sie anstelle dieses Parameters beliebig viele Daten im vorgesehenen Typ übergeben (auch gar keine). Innerhalb der Funktion sprechen Sie den Parameter einfach als Array an.

Die folgende Funktion ermittelt die kleinste der übergebenen Fließkommazahlen. Die Funktion gibt `nil` zurück, wenn die Parameterliste leer ist.

```
// ermittelt die kleinste der übergebenen Double-Zahlen
func min(data:Double...) -> Double? {
  if data.count==0 { return nil }
  var result = data[0]
  for d in data {
    if d<result { result=d }
  }
  return result
}

min()                   // nil
min(4.0, 1.0, 2.0, 3.0) // 1.0 als Optional
```

6.3   Standardfunktionen

In Swift stehen rund 35 sogenannte Standardfunktionen zur Verfügung. Sie sind ein integrierter Bestandteil von Swift und können selbst dann genutzt werden, wenn Sie keine einzige externe Bibliothek mit `import` in Ihr Projekt einbeziehen. In diesem Abschnitt stelle ich Ihnen die wichtigsten Standardfunktionen (siehe Tabelle 6.1) beispielorientiert vor. Diese Funktionen kennenzulernen lohnt sich: Sie sind in der alltäglichen Swift-Programmierpraxis nahezu unverzichtbar.

Die Standardfunktionen werden vielfach auch als »globale Funktionen« bezeichnet, weil sie global in jedem Swift-Code zur Verfügung stehen. Das gilt aber natürlich auch für alle selbst definierten Funktionen.

Falls Sie erste Swift-Erfahrungen schon mit Version 1 gemacht haben, wird Ihnen sicher auffallen, dass es in Swift 2 wesentlich weniger Standardfunktionen gibt. Diese Funktionen wurden nicht einfach ersatzlos gestrichen, sondern stehen jetzt größtenteils als Methoden zur Verfügung. Möglich machte das eine grundlegende Syntaxerweiterung in Swift 2: Mit Protokollerweiterungen (*Protocol Extensions*) können Protokolle nachträglich durch Defaultmethoden ergänzt werden (siehe Abschnitt 8.6).

Referenz aller Standardfunktionen

Eine Auflistung aller Standardfunktionen erhalten Sie, wenn Sie in Xcode bei gedrückter ⌘-Taste auf einen beliebigen Namen einer Standardfunktion klicken. Xcode zeigt Ihnen dann die Deklaration aller in Swift verfügbaren Datentypen, Protokolle, Klassen, Operatoren und eben auch Funktionen. Übersichtlicher und besser lesbar werden diese Informationen auf der folgenden Webseite präsentiert:

http://swiftdoc.org

Dort scrollen Sie zum Ende der Startseite bis zur Überschrift GLOBALS/FUNCTIONS.

Funktion	Bedeutung
abs(x)	Liefert den Absolutbetrag.
max(a, b, c, ...)	Liefert das größte Element.
min(a, b, c, ...)	Liefert das kleinste Element.
print(s)	Gibt s und einen Zeilenumbruch aus.
readLine()	Liest eine Zeichenkette von der Standardeingabe.
sizeof(type)	Ermittelt den Speicherbedarf eines Datentyps.
swap(&var1,&var2)	Vertauscht die Inhalte von var1 und var2.
zip(seq1, seq2)	Bildet Tupel-Paare.

Tabelle 6.1 Die wichtigsten Standardfunktionen von Swift

min und max

min und max ermitteln den kleinsten bzw. größten Wert aus allen übergebenen Einzeldaten. Alle übergebenen Parameter müssen denselben Datentyp aufweisen.

```
min(1, 2, 3)  // 1
max(1, 2, 3)  // 3
```

min und max sind nicht für Arrays geeignet. Um die Extremwerte in einem Array oder einer anderen Sequenz zu ermitteln, setzen Sie die Methoden min- bzw. maxElement ein:

```
Array(1...10).minElement()  // 1
"Hello World".characters.maxElement()  // "r"
```

print und readline

Die vertraute Funktion `print` gibt den als Parameter übergebenen Ausdruck als Zeichenkette aus. Das funktioniert innerhalb von Xcode bzw. bei Projekten vom Typ COMMAND LINE TOOL:

```
print(1, 2, 3)
// Ausgabe: 1 2 3

print("Hello", "World!")
// Ausgabe: Hello World!
```

Standardmäßig stellt `print` zwischen die Parameter ein Leerzeichen und beendet die Ausgabe mit einem Zeilenumbruch. Alternativ können Sie mit den optionalen Parametern `separator` und `terminator` andere Trenn- bzw. Abschlusszeichenketten einstellen:

```
print(1, 2, 3, separator:"")    // Ausgabe: 123
print("Hello ", terminator:"")  // Hier kein Zeilenumbruch!
print("World!")                 // Ausgabe: Hello World!
```

Eine leere Zeile geben Sie mit `print("")` aus. Vorsicht: `print()` ohne Parameter liefert in der aktuellen Swift-Version eine Fehlermeldung.

> ### print im Playground
>
> An sich funktioniert `print` natürlich auch im Playground. Ich bin aber in Xcode 7.0 und 7.1 über mehrere Fälle gestolpert (immer im Zusammenhang mit Closures), bei denen `print` keine Ausgaben lieferte. Derselbe Code funktionierte in einem gewöhnlichen Projekt einwandfrei. Hier liegt offensichtlich noch ein Bug vor.
>
> `print(..., terminator:"")` lässt sich im Playground grundsätzlich nicht sinnvoll nutzen. Wenn Sie mehrere Ausgaben in einer Zeile zusammenfassen möchten, müssen Sie Ihren Code in einem gewöhnlichen Projekt testen.

`readLine` liest eine Zeile Text von der Standardeingabe. Damit eignet sich die Funktion zur Verarbeitung von Texteingaben in Terminal-Programmen. `readLine` ist gewissermaßen die Umkehrfunktion zur `print`-Funktion, die an die Standardausgabe schreibt.

swap

`swap` vertauscht den Inhalt von zwei Variablen oder Array-Elementen. Beachten Sie, dass Sie den Variablen das Zeichen & voranstellen müssen! Es ist ein Indikator für `inout`-Parameter.

> **Vorsicht**
>
> Wenn Sie an swap zweimal den gleichen Parameter übergeben, wird ein Fehler ausgelöst. Während swap(&a, &a) offensichtlich sinnlos ist, kann es durchaus zweckmäßig sein, zwei Array-Elemente mit swap(&x[n], &x[m]) zu vertauschen. Dabei müssen Sie sicherstellen, dass n und m immer unterschiedliche Indizes sind!

zip

zip verknüpft die Elemente aus zwei Sequenzen paarweise zu Tupeln. Das Ergebnis ist eine Datenstruktur vom Typ Zip2Sequence. Wenn die beiden Sequenzen unterschiedlich viele Elemente aufweisen, dann bestimmt die kürzere Sequenz die Anzahl der Ergebnis-Tupel.

```
// Messzeiten und Messwerte in zwei Arrays
let time = ["12:15", "12:30", "12:45", "13:00"]
let temp = [20.9, 20.8, 20.7, 20.9]
let combined = zip(time, temp)
```

Die resultierende Struktur können Sie unkompliziert in einer Schleife durchlaufen:

```
for (tm, tmp) in combined {
  print("Zeit \(tm) -- Temperatur \(tmp)")
}
```

Mathematische Funktionen

Mit Ausnahme von abs fehlen in den Standardfunktionen mathematische Grundfunktionen, wie sqrt, sin oder cos. Dennoch können Sie auch diese Funktionen in jedem Programm verwenden. Woher kommen also diese Funktionen?

Die mathematischen Grundfunktionen sind in der Bibliothek libSystem definiert, die wiederum von den Bibliotheken Foundation, Cocoa und UIKit importiert wird. Beachten Sie, dass Sie an die meisten Funktionen Fließkommazahlen übergeben müssen. sqrt(2) funktioniert nicht, es muss sqrt(2.0) heißen. In der Darwin-Bibliothek sind auch einige Konstanten definiert, darunter die Kreisteilungszahl M_PI und die eulersche Zahl M_E.

```
sqrt(2.0)        // 1,4142135623731
cos(0.0)         // 1,0
pow(10.0, 3.0)   // 1000
M_PI             // 3,14159265358979
M_E              // 2.71828182845905
```

6.4   Standardmethoden und Standardeigenschaften

»Standardmethoden« und »Standardeigenschaften« gibt es in der offiziellen Dokumentation zu Swift nicht. Dennoch habe ich mir die Freiheit genommen, unter dieser Überschrift einige allgegenwärtige Methoden und Eigenschaften vorzustellen, die auf elementare Swift-Datentypen angewendet werden können. Dazu zählen z. B. count, filter oder map (siehe Tabelle 6.2).

Methode	Bedeutung
pos.advancedBy(n)	Ermittelt eine neue Position.
data.contains(item)	Testet, ob das Element in der Sequenz enthalten ist.
data.count	Ermittelt die Anzahl der Elemente.
start.distanceTo(end)	Ermittelt den Abstand zwischen Start- und Endindex.
data.dropFirst()	Liefert eine neue, um ein Element verkleinerte Sequenz.
data.dropLast()	Liefert eine neue, um ein Element verkleinerte Sequenz.
data.filter(func)	Liefert die Elemente, die der Funktion entsprechen.
data.first	Liefert das erste Element.
data.flatMap(func)	Wendet eine Funktion auf alle Elemente an.
data.forEach(func)	Wendet eine Funktion auf alle Elemente an.
data.indexOf(item)	Sucht das angegebene Element in der Sequenz.
d.joinWithSeparator(s)	Verbindet die Elemente einer String-Sequenz.
data.last	Liefert das letzte Element.
data.map(func)	Wendet eine Funktion auf alle Elemente an.
data.maxElement()	Liefert das größte Element.
data.minElement()	Liefert das kleinste Element.
data.prefix(n)	Liefert die ersten n Elemente.
data.reduce(start, func)	Wendet die Funktion paarweise auf die Elemente an.
data.reverse()	Liefert eine neue Sequenz in inverser Reihenfolge.

Tabelle 6.2   Wichtige Methoden und Eigenschaften für Arrays und Collections

Methode	Bedeutung
data.sort(<)	Liefert ein neues sortiertes Array.
data.sortInPlace(<)	Sortiert die vorhandenen Array-Elemente.
data.split()	Zerlegt die Sequenz in Array-Elemente.
data.startsWith(seq)	Testet, ob die Anfangselemente übereinstimmen.
data.suffix(n)	Liefert die letzten n Elemente.

Tabelle 6.2 Wichtige Methoden und Eigenschaften für Arrays und Collections (Forts.)

Von der globalen Funktion zur Methode

Viele Methoden bzw. Eigenschaften, die in diesem Abschnitt vorgestellt werden, waren in Swift 1.n als Funktionen implementiert. Eine der wesentlichsten Spracherweiterungen in Swift 2.0 bestand nun aber darin, Protokolle so wie Klassen erweiterbar zu machen (*Protocol Extensions*). Damit besteht nun die Möglichkeit, ein Protokoll, das von unterschiedlichen Typen implementiert wird, nachträglich um Methoden zu erweitern.

Genau von dieser Funktionalität machte Apple Gebrauch, um ehemals globale Funktionen wie count oder map beginnend mit Swift 2.0 als Methoden zu implementieren. Die meisten hier vorgestellten Methoden erweitern das Protokoll CollectionType und stehen somit für alle Datentypen zur Verfügung, die CollectionType implementieren. Dazu zählen unter anderem Arrays, Dictionaries und String.CharacterView, also der Datentyp, den Sie erhalten, wenn Sie die Eigenschaft characters auf eine String-Variable anwenden.

Da wir in diesem Buch die objektorientierte Programmierung bisher noch nicht richtig behandelt haben (siehe das folgende Kapitel!), folgt hier noch kurz eine Erklärung, worin sich Funktionen von Methoden und Eigenschaften unterscheiden: An Funktionen müssen alle zu verarbeitenden Daten als Parameter übergeben werden – z. B. print(data). Eigenschaften und Methoden werden hingegen auf die Daten angewendet – also data.count bzw. data.find(item).

count

Die Eigenschaft count ermittelt die Anzahl der Elemente von Arrays, Zeichenketten (mit .characters), Bereichen etc.:

```
let ar = [1, 2, 3, 4, 5, 6]
let s = "Hello World!"
```

```
let rng = 1...10
ar.count              // 6
s.characters.count    // 12
rng.count             // 10
```

first und last

Die Eigenschaften `first` und `last` liefern das erste bzw. letzte Element einer Sequenz als Optional. Gegebenenfalls müssen Sie durch ein nachgestelltes Ausrufezeichen das Unwrapping erzwingen. Wenn die Sequenz leer ist, liefern die Funktionen `nil` zurück. Die Sequenz bleibt in jedem Fall unverändert.

```
var ar = [1, 2, 3, 4]
var s = "Hello World!"
ar.first             // 1, Datentyp Int?
s.characters.last    // "!", Datentyp Character?
```

prefix und suffix

`prefix` und `suffix` liefern die ersten bzw. letzten *n* Elemente einer Sequenz. Wenn *n* größer als die Elementanzahl ist, liefern die Funktionen einfach alle Elemente. Ist die Sequenz bzw. das Array leer, ist konsequenterweise auch das Ergebnis leer. Der Rückgabedatentyp ist bei Arrays ein `ArraySlice` (also ein Teil-Array).

```
var ar = [1, 2, 3, 4]
let sub1 = ar.prefix(2)      // [1, 2], Datentyp ArraySlice<Int>
let sub2 = ar.suffix(2)      // [3, 4], Datentyp ArraySlice<Int>
var x = [Int]()
let sub3 = x.prefix(2)       // leer, weil auch x leer ist
```

dropFirst und dropLast

`dropFirst` und `dropLast` liefern eine neue Sequenz, die sich aus der um das erste oder letzte Element verminderten Ausgangsmenge ergibt. Die übergebenen Daten ändern sich nicht.

```
var ar = [1, 2, 3, 4]
dropFirst(ar)      // [2, 3, 4], Datentyp [Int]
dropLast(ar)       // [1, 2, 3], Datentyp [Int]

var s = "Hello World!"
String(dropFirst(s.characters))    // "ello World!"
String(dropLast(s.characters))     // "Hello World"
```

startsWith, contains und indexOf

Die Methode startsWith testet, ob eine Sequenz mit einer vorgegebenen Aufzählung von Elementen beginnt. Merkwürdigerweise gibt es keine entsprechende endsWith-Methode.

```
let ar = [1, 2, 3, 4, 5, 6]
ar.startsWith([1, 2])        // true
ar.startsWith([4, 5])        // false
```

contains überprüft, ob ein Wert in der Sequenz enthalten ist. Das Ergebnis lautet true oder false. Dabei kann an die Methode sowohl ein einzelnes Element übergeben werden als auch eine Funktion (eine Closure) mit einem Suchausdruck. Die beiden folgenden Beispielaufrufe ergeben beide true, weil das Array sowohl die Zahl 3 als auch gerade Zahlen enthält:

```
let ar = [1, 2, 3, 4, 5, 6]
ar.contains(3)                 // true
ar.contains( {$0 % 2 == 0} )   // true
```

indexOf durchsucht eine Sequenz nach dem ersten Auftreten eines Elements. Anstelle eines Suchwerts kann auch eine Funktion (eine Closure) angegeben werden, die true ergeben muss. Das Ergebnis ist ein Optional mit der Indexnummer zum Zugriff auf das Element bzw. nil, wenn die Suche ergebnislos bliebt. Beachten Sie, dass die Index-Nummerierung mit 0 beginnt – d. h., wenn ein Element an der ersten Position gefunden wird, lautet das Ergebnis 0.

```
let data = Array(1...10)
data.indexOf(7)               // 6, Datentyp Index?
data.indexOf(12)              // nil
data.indexOf( {$0 % 2 == 0} ) // 1, Datentyp Index?
```

Es ist nicht möglich, die Startposition der Suche anzugeben. Daher eignet sich die Funktion nicht, um mehrere gleiche Elemente in der Sequenz zu finden. Eine Funktion, die die Sequenz beginnend mit dem letzten Element durchsucht, fehlt ebenfalls.

Zeichenketten durchsuchen

indexOf eignet sich auch für Zeichenketten, solange Sie nach einem einzigen Zeichen suchen (s.characters.indexOf('x')). Deutlich flexibler ist die in Abschnitt 3.3, »Zeichenketten«, bereits erwähnte Methode rangeOfString aus dem Foundation-Framework, die als Suchobjekt ganze Zeichenketten zulässt, einen Parameter für die Startposition aufweist und sogar rückwärts suchen kann.

advancedBy und distanceTo

Die in Abschnitt 3.3, »Zeichenketten«, schon vorgestellten Methoden advancedBy und distanceTo verarbeiten Index- bzw. RandomAccessIndexType-Elemente. Diese kommen in der Praxis am häufigsten bei der Bearbeitung von Zeichenketten vor. Auf den ersten Blick scheinen die Funktionen distanceTo und advancedBy einfach nur Varianten zu den Operatoren Minus und Plus zu sein:

```
2.distanceTo(7)      // Abstand von 2 nach 7:  5 (Datentyp Int)
7.distanceTo(2)      // Abstand von 7 nach 2: -5
2.advancedBy(5)      // von Position 2 um 5 Schritte weiter: 7
```

Bemerkenswert an den beiden Methoden ist der Umstand, dass diese nicht nur mit ganzen Zahlen rechnen können, sondern auch mit Zeigern (Indizes) auf Zeichenketten (Datentyp Index).

```
let s = "Hello World!"
let start = s.startIndex      // 0, Datentyp Index
let end = s.endIndex          // 12, Datentyp Index

// Position des ersten Leerzeichens ermitteln
let pos1 = s.characters.indexOf(" ") ?? end
pos1                          // 5, Datentyp Index
// pos1 - start               // Fehler, - kann mit
//                               Index nicht rechnen
start.distanceTo(pos1)        // 5, Datentyp Int

// zuerst ein Zeichen weiter, dann noch drei Zeichen
let pos2 = pos1.advancedBy(1) // 6, Datentyp Index
let pos3 = pos2.advancedBy(3) // 9, Datentyp Index
s[pos2..<pos3]                // "Wor", Datentyp String
```

Fehlergefahr bei »advancedBy«

advancedBy löst einen Fehler aus, wenn Sie versuchen, damit eine Position vor dem Anfang bzw. hinter dem Ende einer Zeichenkette zu berechnen!

---

split und joinWithSeparator

split zerlegt eine Sequenz in kleinere Teile und liefert das Ergebnis als Array zurück. Die Trennung erfolgt an Positionen, bei denen ein Element eine als Funktion formulierte Bedingung erfüllt. split erwartet bis zu drei Parameter, wobei der erste und der zweite Parameter optional sind:

▶ Der erste Parameter, `maxSplit`, bestimmt die Maximalanzahl der resultierenden Array-Elemente.

▶ Der zweite Parameter, `allowEmptySlices`, gibt an, ob die Funktion bei einem mehrfachen Vorkommen des Trennzeichens leere Array-Elemente erzeugen soll. Standardmäßig ist das nicht der Fall.

▶ Im dritten Parameter, `isSeparator`, erwartet `split` die Trennfunktion. Wenn Sie die Funktion nicht als Closure hintanstellen, müssen Sie den Parameternamen angeben, also `data.split(isSeparator: {$0 == " "})`.

Wenn `split` auf ein Array angewendet wird, liefert es als Ergebnis ein Array von Arrays. Im folgenden Beispiel gelten 0-Elemente als Teiler:

```
let data = [1, 2, 0, 5, 6, 4, 0, 0, 3, 0, 2]
let splitted = data.split {$0==0}
// Datentyp [ArraySlice<Int>]
splitted   // [[1, 2], [5, 6, 4], [3], [2]]
```

Die zu `split` umgekehrte Funktion bietet die Methode `joinWithSeparator`. Der Datentyp des Ergebnisses lässt das Herz von Generics-Fans höher schlagen (siehe Abschnitt 8.2, »Generics«). Glücklicherweise ist eine Umwandlung in ein normales Array problemlos möglich:

```
let joined = splitted.joinWithSeparator([0])
// Datentyp JoinSequence<Array<ArraySlice<Int>>>
let newdata = Array(joined) // [1, 2, 0, 5, 6, 4, 0, 0, 3, 0, 2]
```

Im zweiten Beispiel wird ein Array von Zeichenketten zu einer langen Zeichenkette zusammengesetzt:

```
let s = ["e4", "e5", "c7", "c6"].joinWithSeparator(";")
// s = "e4;e5;c7;c6"
```

filter, map und reduce

`filter`, `map` und `reduce` sind gewissermaßen drei »klassische« Funktionen bzw. Methoden zur Listenverarbeitung. Im Zusammenhang mit Arrays habe ich Ihnen die drei Methoden bereits vorgestellt. Hier finden Sie nochmals zu jeder Funktion ein Beispiel.

`filter` liefert ein Array mit den Elementen der Ausgangsdaten, die eine Bedingung erfüllen. Die folgenden Zeilen filtern aus den ganzen Zahlen zwischen 1 und 100 diejenigen heraus, die größer als 10, kleiner als 50 und durch 3 teilbar sind. Die Bedingung ist als Closure formuliert (siehe Abschnitt 6.6).

```
func testNumber(x:Int) -> Bool {
  if x>10 && x<50 && (x % 3 == 0) {
    return true
  }
  return false
}

var data = Array(1...100)
let result = data1.filter( { testNumber($0) } )
result      // [12, 15, 18, ..., 48]
```

map wendet eine Funktion auf alle Elemente an und liefert die Ergebnisse als Array.
Die im folgenden Beispiel definierte Funktion f erzeugt für jede als Parameter übergebene Integer-Zahl eine Zeichenkette aus ebenso vielen Sternen:

```
let data = [2, 5, 4]
func f(n:Int) -> String {
  var result=""
  for _ in 1...n { result += "*" }
  return result
}
data.map(f)   // ["**", "*****", "****"]
```

Zu map existiert die Variante flatMap. Sie eignet sich vor allem dann, wenn die map-
Methode selbst Arrays verarbeitet. map liefert dann verschachtelte Arrays. flatMap bildet aus den Ergebniselementen hingegen ein einziges, eindimensionales Array:

```
var ar = [1, 2, 3]
let nested = ar.map( { Array(1...$0) } )
// nested = [[1], [1, 2], [1, 2, 3]]
let flat = ar.flatMap( { Array(1...$0) } )
// flat = [1, 1, 2, 1, 2, 3]
```

reduce wendet eine Funktion paarweise auf die übergebenen Daten an, zuerst auf den
Startwert und das erste Element, dann jeweils auf das Ergebnis und das nachfolgende
Element. Im folgenden Beispiel werden drei Ziffern mit binärem Und verknüpft,
wobei der Startwert 0xffff lautet. Somit ist das Ergebnis auf Zahlen bis 65.535 limitiert.

```
let data = [0xff, 0xf0, 0x10]
let result = data.reduce(0xffff, combine: { $0 & $1 })
String(result, radix:16)  // Ergebnis hexadezimal "10"
```

forEach

Die Methode `forEach` wendet eine Funktion oder Closure auf alle Elemente einer Sequenz an. `forEach` gibt kein Ergebnis zurück. Im Vergleich zu einer Schleife mit `for ... in sequenz` können Sie `forEach` weder durch `break` noch durch `return` abbrechen.

Die folgenden Zeilen zeigen drei Anwendungsbeispiele für `forEach`: Der erste `forEach`-Ausdruck bildet eine Summe über ein `Double`-Array, der zweite Ausdruck gibt die Zeichen einer Zeichenkette einfach einzeln aus. Beim dritten Beispiel wurde die Closure zur besseren Lesbarkeit hinter `forEach` platziert, was die Anzahl der offenen Klammerebenen verringert. `UnicodeScalar` bildet aus den übergebenen Zeichencodes die entsprechenden Zeichen, und `print` gibt diese ohne Zeilenumbruch aus.

```
let ar = [2.7, 3.9, 1.6]
var sum = 0.0
ar.forEach( { sum += $0} )
print(sum)  // Ausgabe: 8,2

let s="abc"
s.characters.forEach( { print($0) } )
// Ausgabe: "a", "b", "c"

(65...68).forEach()
   { print(UnicodeScalar($0), terminator: "") }
print("")
// Ausgabe "ABCD"
```

In der Praxis bietet sich der Einsatz von `forEach` vor allem in Kombination mit anderen Funktionen an, die selbst wiederum Arrays oder Sequenzen zurückgeben. Der folgende Ausdruck ist aus Platz- und Übersichtsgründen über mehrere Zeilen verteilt, es handelt sich aber um *einen* Ausdruck. Dabei verarbeitet `filter` die Elemente von `data` und gibt ein neues, verkleinertes Array zurück, das nur die durch 3 teilbaren Zahlen enthält. `map` quadriert diese Zahlen und liefert ein weiteres Array. Dieses wird von `forEach` verarbeitet.

```
let data = Array(1...20)
data.filter( {$0 % 3 == 0} )
   .map( {$0*$0} )
   .forEach( {print($0)} )
// Ausgabe: 9, 36, 81, 144, 225, 324
```

> **forEach versus map und flatMap**
>
> Sowohl `forEach` als auch `map` und `flatMap` wenden jeweils eine Funktion oder Closure auf die Elemente einer Aufzählung oder eines Arrays an. Worin besteht nun der Unterschied?
>
> `forEach` ruft die angegebene Funktion für jedes Element der Sequenz auf, ignoriert aber eventuell zurückgegebene Ergebnisse. `map` erstellt aus den Ergebnissen hingegen ein Array. Wenn die Ausgangsdaten selbst schon Arrays sind, entsteht dabei ein verschachteltes Array. Diesen Sonderfall vermeidet `flatMap`: Es erstellt ein »flaches«, eindimensionales Array.

sort und reverse

Die Methoden `sort` und `reverse` habe ich in Abschnitt 4.1, »Arrays«, schon vorgestellt. Beide Methoden liefern *neue* Arrays, die im folgenden Beispiel jeweils wieder zu einer Zeichenkette zusammengesetzt werden:

```
let s = "Hello World!"
String(s.characters.reverse())   // "!dlroW olleH"
String(s.characters.sort(<))     // " !HWdellloor"
```

Wenn Sie die Elemente eines vorhandenen Arrays verändern möchten, müssen Sie anstelle von `sort` die Methode `sortInPlace` verwenden:

```
var ar = [7, 3, 12, 2]
ar.sortInPlace(<)
print(ar)                        // [2, 3, 7, 12]
```

6.5   Funktionale Programmierung

Swift wird vielfach als funktionelle Programmiersprache bezeichnet. Ob das auch zutrifft, darüber lässt sich trefflich streiten. Richtig ist, dass Swift Funktionen als Variablenwerte, Parameter und Rückgabewerte akzeptiert. Zusammen mit einem reichlichen Angebot von Standardfunktionen und den sehr universell einsetzbaren Aufzählungstypen (Arrays, Dictionaries) können viele Algorithmen im Sinne der funktionalen Programmierung realisiert werden.

Andererseits stellt Apple im E-Book »The Swift Programming Language« die prozeduralen und objektorientierten Sprachmerkmale von Swift eindeutig in den Vordergrund. Das trifft auch für die überwiegende Mehrheit aller Beispielprogramme zu, die im Internet zu finden sind, ganz egal ob Sie »offizielle« Seiten von Apple oder andere Wissensportale konsultieren. In diesem Buch bevorzuge ich ebenfalls einen eher »traditionellen« Programmierstil.

An dieser Stelle mag ich gar nicht weiter darüber diskutieren, welche Merkmale einer funktionalen Programmiersprache Swift nun erfüllt und welche nicht. Vielmehr konzentriere ich mich in diesem Abschnitt auf zwei Features, die den funktionalen Anspruch von Swift untermauern und eine große Palette von Anwendungsmöglichkeiten bieten:

- **Funktionstypen:** Funktionen zählen zu den grundlegenden Datentypen von Swift. So wie Sie mit `var i:Int` eine Integer-Variable deklarieren können, deklariert `var f:(Double)->String` ein Variable, die später eine Funktion aufnehmen kann, die wiederum eine `Double`-Zahl als Parameter erwartet und eine Zeichenkette als Ergebnis liefert.

  Funktionen und Closures sind Referenztypen, nicht Werttypen!

- **Funktionen als Parameter bzw. Funktionsergebnisse:** Eine logische Konsequenz aus dem ersten Punkt besteht darin, dass Methoden und Funktionen selbst Funktionen als Parameter verarbeiten und zurückgeben können.

Noch vielseitiger werden Swifts Möglichkeiten zur funktionalen Programmierung dadurch, dass Sie mit Closures Funktionen unkompliziert ad-hoc erzeugen und sofort anwenden können (siehe Abschnitt 6.6).

Funktionen als eigener Datentyp

Funktionstypen werden in Swift durch den Operator -> gebildet: Somit bezeichnet `datentyp1 -> datentyp2` eine Funktion, die Parameter gemäß `datentyp1` erwartet und Ergebnisse als `datentyp2` liefert. `datentyp1` und `datentyp2` können beide als Tupel formuliert werden, wobei es für `datentyp1` deutlich mehr syntaktischen Spielraum gibt (siehe Abschnitt 6.2, »Parameter«).

Die folgenden Zeilen zeigen, wie Sie eine allgemeine Variable x so zu definieren, dass diese nur Funktionen mit einer bestimmten Signatur aufnehmen kann. Ebenso wäre es möglich, gleich `x = func f(...) -> ... {...}` zu schreiben.

```
// die Variable x kann Funktionen aufnehmen ,
// die der folgenden Signatur entsprechen
var x:(Double, Double) -> (Int, Double)

// f ist eine mögliche Implementierung einer solchen Funktion
func f(a:Double, b:Double) -> (Int, Double) {
  if a>b { return (1, a*b) }
  else   { return (2, a+b) }
}
// nun kann x wie f verwendet werden
x = f
x(2.0, 3.0)   // Ergebnis (2, 5.0)
```

Sind f und x nun also gleichwertig? Nicht ganz! Zum einen muss beim Aufruf von f der zweite Parameter benannt werden. Bei x ist dies nicht notwendig.

```
f(2.0, b:3.0)    // Ergebnis (2, 5.0)
```

Zum anderen kann f nicht mehr verändert werden. x können Sie hingegen jederzeit eine andere Funktion zuweisen, die der ursprünglichen Signatur entspricht. Die folgenden Zeilen verwenden dazu die Closure-Schreibweise, die in Abschnitt 6.6, »Closures«, näher erläutert wird:

```
// x wird eine andere Funktion zugewiesen
x = { (7, $0/$1) }
x(2.0, 3.0)   // Ergebnis (7, 1.666667)
```

Funktionen als Parameter und Rückgabeergebnisse

Die im vorigen Abschnitt skizzierten syntaktischen Möglichkeiten können dazu verwendet werden, um Funktionen als Parameter an andere Funktionen zu übergeben. Die im Folgenden abgedruckte Funktion buildArray erzeugt ein Array aus n Elementen. buildArray durchläuft dazu die Variable x in n Schritten von start bis ende und übergibt x dann an die Funktion fn. Diese Funktion, die einen Double-Parameter verarbeitet und ein Double-Ergebnis liefert, muss als vierter Parameter an buildArray übergeben werden. Die Funktionsergebnisse fn(x) ergeben die Array-Elemente.

```
// Datei buildarray.playground
// erzeugt ein Double-Array mit Funktionsergebnissen
// Parameter: n ... gewünschte Anzahl der Array-Elemente
//            start ... Startwert
//              end ... Endwert
//               fn ... Funktion, deren Resultate gespeichert werden
func buildArray( n: Int,
             start: Double,
               end: Double,
                fn: Double->Double) -> [Double]
{
    var result = [Double]()
    let delta = (end-start) / Double(n-1)
    for i in 0..<n {
      let x = start + delta * Double(i)
      result += [fn(x)]
    }
    return result
}
```

Um `buildArray` auszuprobieren, definieren wir zuerst die Funktion `f`, die als vierter Parameter beim ersten Aufruf von `buildArray` übergeben wird. Beim zweiten Aufruf übergeben wir einfach die ohnedies schon vordefinierte Sinusfunktion, die ebenfalls dem Muster `(Double) -> Double` entspricht. Zur Visualisierung werden die beiden Arrays in `for-in`-Schleifen durchlaufen. Ein Klick auf das Ergebnis-Icon im Playground zeigt dann die entsprechenden Kurvenverläufe (siehe Abbildung 6.1).

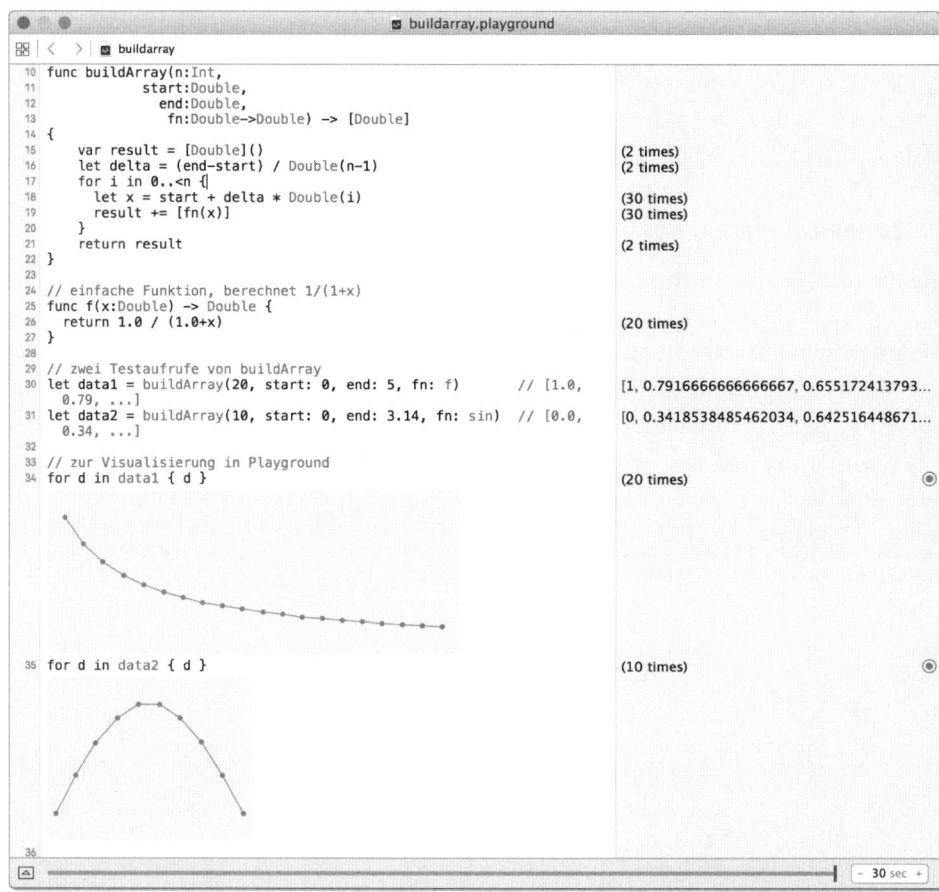

Abbildung 6.1 Visualisierung der Arrays »data1« und »data2« im Playground

```
// einfache Funktion, berechnet 1/(1+x)
func f(x:Double) -> Double {
  return 1.0 / (1.0+x)
}
```

```
// zwei Testaufrufe von buildArray
let data1 = buildArray(20, start: 0, end: 5, fn: f)
//   data1 = [1.0, 0.79, ...]

let data2 = buildArray(10, start: 0, end: 3.14, fn: sin)
//   data2 = [0.0, 0.34, ...]

// zur Visualisierung in Playground
for d in data1 { d }
for d in data2 { d }
```

Funktionen können auch selbst Funktionen zurückgeben. Im folgenden Beispiel ist fbuilder eine Funktion, die aus den drei Parametern a, b und c eine neue Funktion bildet, die einen Double-Wert verarbeitet und einen Double-Wert als Ergebnis zurückgibt. Die resultierende Funktion entspricht dem mathematischen Ausdruck $a + b\,x + c\,x^2$.

Zum Test von fbuilder werden damit die zwei Funktionen f1 und f2 erzeugt. In einer Schleife durchläuft x in 121 Schritten Werte zwischen -3 bis 3. Die Visualisierung der Funktionen erledigt der Playground (siehe Abbildung 6.2).

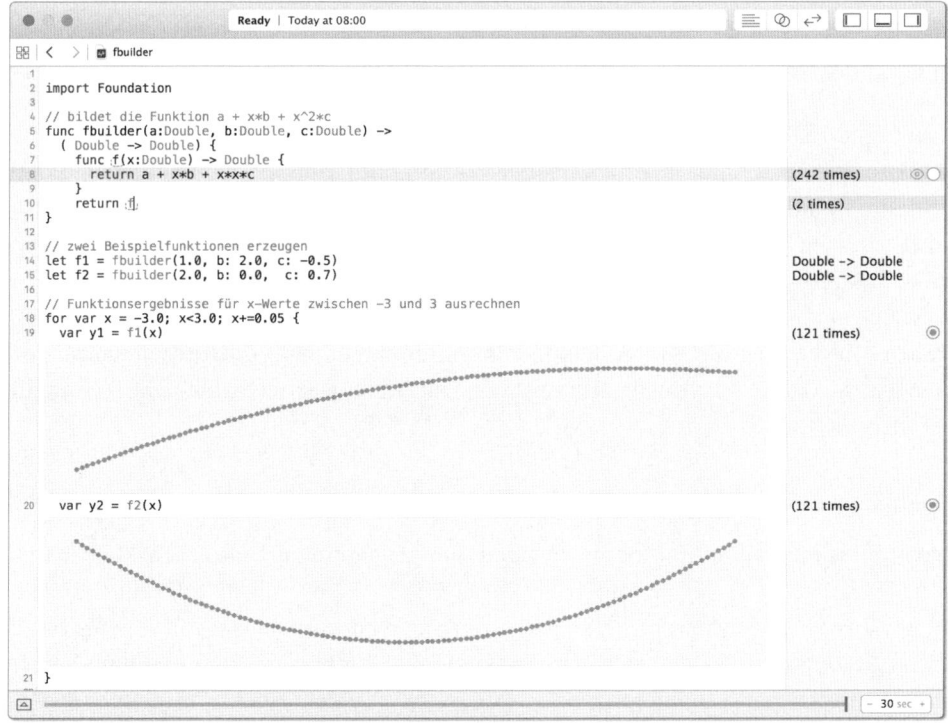

Abbildung 6.2 Zwei Funktions-Plots im Playground

```
// Datei fbuilder.playground
// bildet die Funktion a + x*b + x^2*c
func fbuilder(a:Double, b:Double, c:Double) ->
  (Double -> Double)
{
    func f(x:Double) -> Double {
      return a + x*b + x*x*c
    }
    return f
}

// zwei Beispielfunktionen erzeugen
let f1 = fbuilder(1.0, b: 2.0, c: -0.5)
let f2 = fbuilder(2.0, b: 0.0,  c: 0.7)

// Funktionsergebnisse für x-Werte zwischen -3 und 3 ausrechnen
for var x = -3.0; x<3.0; x+=0.05 {
  var y1 = f1(x)
  var y2 = f2(x)
}
```

6.6 Closures

Funktionen spielen in Swift eine große Rolle, und es ist häufig notwendig, eine Funktion als Parameter an eine andere Funktion oder Methode zu übergeben. Dazu können Sie natürlich jedes Mal mit func eine Funktion definieren und diese dann übergeben. Je häufiger Sie das tun, desto lästiger wird dieser Prozess. Eine Funktion zu definieren, die danach an Dutzenden Stellen im Code benötigt wird, macht ja Sinn. Aber für eine Funktion, die nur einmal benötigt wird, muss es einen besseren Weg geben. Diesen Weg bieten anonyme Funktionen, die in Swift Closures genannt werden. In Java oder C# ist hingegen meist von Lambda-Ausdrücken die Rede – gemeint ist dasselbe.

Syntax

Nehmen wir an, in Ihrem Programm gibt es ein Array mit ganzen Zahlen. Mit map wollen Sie nun auf jede dieser Zahlen die Funktion sin(x/10) anwenden, sodass Sie ein neues Array mit Fließkommazahlen erhalten. Der traditionelle Weg, diese Aufgabe zu lösen, besteht darin, zuerst mit func eine geeignete Funktion zu definieren und diese als Parameter an map zu übergeben:

```
let data = Array(1...20)        // Datentyp [Int]
func calc(n:Int) -> Double {
  return sin(Double(n) / 10.0)
}
let result = data.map(calc)     // Datentyp [Double]
result                          // 0,0998, 0,1987 ...
```

Anstatt die Funktion vorweg zu definieren, können Sie die Funktion auch als Closure direkt übergeben. »Closure« ist ein Begriff aus den Computerwissenschaften. Im Deutschen ist häufig von einem »Funktionsabschluss« die Rede. Closure zeichnen sich durch zwei Eigenschaften aus:

▶ Closures haben keinen Namen. Daher ist oft auch von »anonymen Funktionen« die Rede.

▶ Closures haben Zugriff auf die Daten, die im Programm an der Stelle ihrer Definition (also im »Erstellungskontext«) zugänglich sind.

In Swift sieht die vollständige Syntax einer Closure wie folgt aus:

```
{ (Parameterliste) -> Datentyp in code }
```

Mit anderen Worten: Die Closure wird in geschwungenen Klammern formuliert. Sie beginnt mit einer Parameterliste, für die weitgehend dieselben Regeln wie für die Parameterliste einer Funktion gelten. Es sind auch Closures ohne Parameter möglich – dann reduziert sich die Parameterliste auf ein rundes Klammernpaar. Dann folgen der Operator -> und der Rückgabedatentyp der Funktion. Bei Closures ohne Parameter entfällt -> Datentyp. Vor dem eigentlichen Code der Funktion wird das Schlüsselwort in angegeben.

Um das obige Beispiel also mit einer Closure zu lösen, würde der Code so aussehen:

```
// Funktion als Closure übergeben
let result =
  data.map( { (n:Int) -> Double in return sin(Double(n)/10) } )
```

Um die Anwendung von Closures angenehmer zu machen, sieht die Swift-Syntax eine Menge möglicher Abkürzungen vor: So kann auf return verzichtet werden, wenn die Closure nur aus einem Ausdruck besteht und nicht aus mehreren Anweisungen:

```
// kompaktere Syntax
let result = data.map(
              { (n:Int) -> Double in sin(Double(n)/10) })
```

Sofern der Swift-Compiler aus dem Kontext den Datentyp der Parameter erkennen kann, brauchen Sie diesen in der Parameterliste nicht anzugeben:

```
// noch kompaktere Syntax
let result = data.map({ (n) -> Double in sin(Double(n)/10) } )
```

Trifft dies auch auf den Rückgabedatentyp zu, dann können Sie auf die Parameterliste samt Ergebnistypdefinition ganz verzichten. Auch das Schlüsselwort in entfällt dann. Allerdings haben die Funktionsparameter jetzt keine Namen mehr. Deswegen müssen Sie die Parameter in der Form $0 (erster Parameter), $1 (zweiter Parameter) etc. angeben. Es ist diese Form, die in der Praxis – vor allem bei einfachen Funktionen – bevorzugt wird. Trotz der kompakten Schreibweise bleibt der Code verständlich.

```
// auf das Minimum reduzierte Syntax
let result = data.map({ sin(Double($0)/10) } )
```

Sofern die Closure im letzten Parameter an eine Funktion oder Methode übergeben wird, können Sie die Closure aus der Funktion gewissermaßen herausziehen, also hinter der Funktion angeben (»Trailing Closure«). Damit sieht der Aufruf so aus:

```
// alternative Syntaxvariante, gleichwertig
let result = data.map() { sin(Double($0)/10) }
```

Das vermindert den Code zwar nicht mehr, reduziert aber die Anzahl der ineinander verschachtelten Klammerebenen. Das ist vor allem dann von Vorteil, wenn sich der Code der Closure über mehrere Zeilen erstreckt. Ansonsten ist es eher eine Geschmacksfrage, ob Sie nun die vorletzte oder die letzte Variante vorziehen. Auf den ersten Blick kann man bei der letzten Variante auch den irreführenden Eindruck gewinnen, es handele sich um eine Definition der Funktion map.

Für das obige Beispiel mit sin(x/10) ist jetzt die kürzestmögliche Syntax erreicht. Manchmal geht es aber noch kürzer: Wenn es eine vor- oder selbst definierte Funktion gibt, deren Signatur der Aufgabenstellung entspricht, reicht es aus, nur den Funktionsnamen zu übergeben. In diesem Fall entfällt also auch die Nennung der anonymen Parameter $0, $1 etc.!

```
// Funktion als Closure
let data2 = [1.2, 4.5, 2.4]
data2.map(sin)                 // [0,93, -0,97, 0,68]
```

Diese Syntax ist sogar für Operatoren erlaubt! Für Swift ist ein Operator nichts anderes als ein Funktionsname. Im folgenden Beispiel wird der Operator - im Sinne des negativen Vorzeichens interpretiert. Für Swift ist aus dem Kontext klar, dass hier nicht der Minus-Operator gemeint sein kann – denn das ist eine Funktion mit *zwei* Parametern. map erwartet aber eine Funktion, die mit einem Parameter zurechtkommt.

```
// Operator 'negatives Vorzeichen' als Closure
data2.map(-)                   // [-1,2, -4,5, -2,4]
```

Sie kennen diese Kurzschreibweise ja auch schon von sort bzw. sorted. Beide Methoden erwarten im zweiten Parameter eine Vergleichsfunktion, also eine Funktion, die zwei Objekte des gleichen Typs miteinander vergleicht und true oder false zurück-

gibt, je nachdem, ob ein Objekt größer oder kleiner als das andere ist. Genau diese
Aufgabe übernimmt der Operator `<`:

```
// Vergleichsoperator als Closure
data2.sort(<)                    // [1,2, 2,4, 4,5]
```

Closures können auch aus mehreren Anweisungen bestehen. In diesem Fall dürfen
Sie `return` nicht vergessen, damit das Ergebnis zurückgegeben wird:

```
let data = Array(1...20)         // Datentyp [Int]
let result = data.map(
  { (n) -> Double in
    let x = Double(n)/10.0
    return sin(x) }
)
```

Mitunter kommt es vor, dass Sie eine Funktion mit einem oder mehreren Parametern
als Closure implementieren müssen, eine Auswertung der Parameter aber nicht notwendig ist. Aus syntaktischen Gründen können Sie die Parameter nicht weglassen, Sie
können sie aber durch das Pattern-Zeichen `_` ersetzen:

```
// liefert [12, 12, 12 ...]
let result = data.map({ (_) in 12 } )
```

»self« zum Zugriff auf Eigenschaften oder Methoden

Wenn Sie in Closures auf Eigenschaften oder Methoden des Typs zugreifen möch-
ten, in dem Ihre Closure formuliert ist, dann müssen Sie `self` voranstellen, also z. B.
`self.methode()`. Dieses Schlüsselwort stelle ich Ihnen in Abschnitt 7.1, »Klassen und
Strukturen«, näher vor.

Auto-Closures

Wenn Sie den Parameter einer Funktion oder Methode mit dem Attribut `@autoclosure`
kennzeichnen, dann betrachtet der Swift-Compiler an diese Funktion übergebene
Argumente automatisch als Closure. Nähere Details dazu, was Attribute sind, folgen
in Abschnitt 9.4.

Am einfachsten ist das Konzept von Auto-Closures anhand eines Beispiels zu verstehen. Die Funktion `f` erwartet eine boolesche Funktion als Parameter und wertet diese
dann aus. Dieser Parameter ist vorerst noch ohne `@autoclosure` definiert.

```
func f(condition: () -> Bool) {
  if condition() { print("True!") }
}
f( {7%2==1} )   // Ausgabe "True!"
```

An f muss wirklich eine Funktion übergeben werden. Im obigen Beispiel wird daher das Funktionsargument in geschwungenen Klammern angegeben. f(7%2==1) wäre ebenso wie f(true) ein Syntaxfehler, weil beide Parameter boolesche Ausdrücke, aber keine Funktionen sind.

In der folgenden Funktion g ist der Parameter hingegen als @autoclosure deklariert. Damit wird nun der übergebene Parameter automatisch als Closure betrachtet, und Sie dürfen, ja, Sie müssen sogar auf die geschwungenen Klammern verzichten:

```
func g(@autoclosure condition: () -> Bool) {
  if condition() { print("True!") }
}
g(7%2==1)   // Ausgabe "True!"
```

@autoclosure wird Swift-intern von assert sowie von einigen booleschen Operatoren verwendet.

RPN-Rechner

Der Ausgangspunkt für das folgende Beispiel ist die Funktion calculate: Sie liest die letzten zwei Einträge eines Arrays und verknüpft diese mit einer Funktion. Das Ergebnis wird wieder im Array gespeichert. Die Funktion könnte z. B. Teil eines Taschenrechners sein, der auf Basis der *Reverse Polish Notation* (RPN) arbeitet. Dabei werden zuerst die zu verarbeitenden Zahlen eingegeben und gespeichert, bevor die Operatoren auf sie angewendet werden. Ein derartiger Taschenrechner ist zwar umständlicher zu bedienen als ein gewöhnlicher Taschenrechner, dafür aber einfacher zu programmieren.

```
// Datei rpn.playground
// Ziel 17,3 / (12,5 - 7,6 * 2,1) ausrechnen
var stack = [17.3, 12.5, 7.6, 2.1]

// zwei Werte vom Stack entfernen,
// durch die Funktion fn verknüpfen
// Ergebnis wieder auf dem Stack speichern
func calculate(fn:(Double, Double)->Double) {
  if stack.count >= 2 {
    let op1 = stack.removeLast()
    let op2 = stack.removeLast()
    let result = fn(op2, op1)
    print(result)
    stack.append(result)
  }
}
```

```
calculate( * )     // Ausgabe 15,96
calculate( - )     // Ausgabe -3,46
calculate( / )     // Ausgabe -5,00
stack              // stack enthält nur noch [-5,00]
```

Die Übergabe der Funktion fn in Form eines Operators ist hier natürlich besonders elegant. Wenn Sie den Taschenrechner um mathematische Funktionen wie sin oder sqrt erweitern möchten, fügen Sie einfach eine zweite calculate-Funktion hinzu, die als Parameter eine Funktion erwartet, die nur einen Parameter verarbeitet:

```
// einen Wert vom Stack entfernen, darauf die Funktion fn
// anwenden, Ergebnis wieder auf dem Stack speichern
func calculate(fn:(Double)->Double) {
  if stack.count >= 1 {
    stack.append( fn(stack.removeLast()) )
  }
}

stack = [4.0]
calculate( sqrt )
stack              // Stack enthält jetzt [2,0]
calculate( sin )
stack              // [0,91]
calculate( - )     // Fehler
calculate( {-$0} )
stack              // [-0,91]
```

Swift kann zumeist anhand der Parameter unterscheiden, welche der beiden calculate-Funktionen die richtige ist. Ein Sonderfall ist aber der Operator -, bei dem es sich sowohl um ein negatives Vorzeichen als auch um den Minus-Operator handeln kann. Anstelle von - müssen Sie nun explizit angeben, ob Sie das negative Vorzeichen meinen (also {-$0}) oder ob Sie zwei Stack-Werte voneinander abziehen wollen (also {$0-$1}).

Capturing Values

Closures oder verschachtelte Funktionen können auf alle Variablen und Konstanten zugreifen, die in ihrem Kontext erreichbar sind – also an der Stelle im Code, wo die Closure bzw. die verschachtelte Funktion definiert ist. Wenn Closures dies tun (sie müssen ja nicht), dann »fangen« sie diese Variablen gleichsam ein. Bei einer späteren Verwendung der Funktion können die Konstanten weiterhin gelesen und Variablen sogar verändert werden. Das bedeutet, dass Swift bei Werttypen eine Closure-interne Kopie bzw. bei Referenztypen eine zusätzliche Referenz auf das Objekt einrichten muss.

In der Praxis ist dieses »Variablen-Fangen« vor allem in objektorientiertem Code relevant. Das folgende Beispiel, das ich ein wenig modifiziert aus »The Swift Programming Language« übernommen habe, funktioniert aber selbst in einer winzigen Playground-Demo. Werfen Sie nun einen scharfen Blick auf das Listing – die Erklärung für den zugegebenermaßen nicht ganz trivialen Code folgt gleich:

```
// Funktion, um einen Inkrementor mit beliebiger
// Schrittweite zu erzeugen
func createIncrementor(incrAmount:Int = 1) -> () -> Int {
  var total=0
  return {
    total += incrAmount
    return total
  }
}

let fn1 = createIncrementor()
let fn2 = createIncrementor(2)
let fn3 = createIncrementor(10)

for i in 1...10 {
  print("\(fn1()) \(fn2()) \(fn3()) ")
}
// Ausgabe:
// 1 2 10
// 2 4 20
// 3 6 30
// ...
// 10 20 100
```

Was passiert hier? Beginnen wir mit createIncrementor: Diese Funktion besitzt einen Parameter mit dem Defaultwert 1. Die Aufgabe dieser Funktion ist es, selbst eine Funktion zu liefern. Daher ist -> () -> Int kein Fehler. Vielmehr beginnt mit dem ersten Operator -> der Rückgabedatentyp. Da es sich dabei selbst um eine Funktion handelt, die als Ergebnis eine Int-Zahl zurückgibt, ist auch der zweite Operator -> erforderlich.

Innerhalb von createIncrementor ist die lokale Variable total definiert. Danach folgt sofort das return-Statement. Zurückgegeben wird eine Funktion, und diese Funktion ist als Closure formuliert – daher die geschwungenen Klammern.

Die Closure besteht aus zwei Anweisungen: Zuerst wird total um incrAmount vergrößert, also um den an createIncrementor übergebenen Parameter bzw. um den Defaultwert 1. Dieses Ergebnis wird dann zurückgegeben.

Die weiteren Zeilen zeigen die Anwendung dieses Funktionsgenerators. Zuerst werden drei derartige Inkrementor-Funktionen erzeugt: fn1 mit der Schrittweite 1, fn2 mit der Schrittweite 2 und fn3 mit der Schrittweite 10.

Alle drei Funktionen werden nun zehnmal aufgerufen. Dabei ist zu sehen, dass jede der Funktionen wie vorgesehen arbeitet. fn1 liefert also bei den ersten drei Aufrufen die Werte 1, 2 und 3, fn2 liefert 2, 4 und 6, und fn3 liefert 10, 20 und 30.

Warum ist das bemerkenswert? Weil das Beispiel beweist, dass sich fn1 bis fn3 jeweils den ihnen zugewiesenen incrAmount-Wert gemerkt haben und dass jede dieser drei Funktionen über einen eigenen total-Zähler verfügt – und das zu einem Zeitpunkt, wo es diesen Parameter bzw. diese Variable schon längst nicht mehr geben dürfte! Eigentlich endet die Gültigkeit von Parametern und lokalen Variablen mit dem Aufruf der Funktion – und der dreimalige Aufruf von createIncrementor ist längst vorbei. Aber die Closure hat den Parameter und die lokale Variable eben »eingefangen« und so ihre Lebensdauer so lange ausgedehnt, wie fn1 bis fn3 in Verwendung sind.

Gefahr von Memory Leaks (Capture Lists)

Das Value Capturing ist anfänglich eine faszinierende Eigenschaft von Closures. Diese Fähigkeit kann aber dazu führen, dass eine Closure die Freigabe eines ansonsten nicht mehr benötigten Objekts aus dem Speicher verhindert. Dazu kommt es, wenn durch eine Closure eine Eigenschaft eines Objekts eingestellt oder das Objekt selbst verändert wird. Die Eigenschaft des Objekts verweist dann auf die Closure, diese aber zeigt zurück auf das Objekt.

Dieser geschlossene Kreislauf von Referenzen lässt sich verhindern, in dem Sie für alle betroffenen Eigenschaften bzw. für self eine sogenannte »Capture List« definieren: Das ist eine der Closure vorangestellte Liste in eckigen Klammern, die Eigenschaften bzw. self explizit als weak (für Optionals) oder als unowned kennzeichnet. Die Syntax der gesamten Closure sieht dann so aus:

```
{ [unowned a, weak b] (Closure-Parameter ...) in Closure-Code ...
    }
```

Innerhalb der eckigen Klammern können Sie auch Zuweisungen durchführen:

```
{ [unowned self, weak b = ...] (Parameter ...) in Code ... }
```

Weitere Details können Sie auf den folgenden Seiten nachlesen:

http://stackoverflow.com/questions/24320347
http://sketchytech.blogspot.co.at/2014/09/swift-rules-of-weak-and-unowned.html
https://developer.apple.com/library/ios/documentation/Swift/Conceptual/
  Swift_Programming_Language/AutomaticReferenceCounting.html

Closure-Speicherung und -Weitergabe verhindern (@noescape)

Mit @noescape sieht Swift ein Attribut vor, um Parameter zu kennzeichnen, an die Funktionen oder Closures übergeben werden. @noescape verhindert, dass die Closure in einer Variablen gespeichert oder an eine andere Methode weitergegeben werden kann (es sei denn, deren Parameter ist ebenfalls mit @noescape gekennzeichnet). @noescape stellt damit sicher, dass die Closure auf keinen Fall länger als die Laufzeit der betreffenden Methode gespeichert wird und schließt somit das »Einfangen« von Referenzen (Capturing Values) und Memory Leaks aus. Gleichzeitig ermöglicht @noescape dem Swift-Compiler, den erzeugten Code ein wenig zu optimieren.

Werfen Sie einen Blick auf den folgenden Code: Die globale Funktion callTwice erwartet eine Funktion ohne Parameter und ohne Rückgabewert. Diese Funktion wird zweimal aufgerufen. MyClass enthält die Methode m, die callTwice verwendet, um die Closure { print(self.somedata) } zweimal auszuführen.

```
// Projekt noescape, Datei main.swift
func callTwice(fn: () -> ()) {
  fn()
  fn()
}

class MyClass {
  var somedata = 17
  func m() {
    // übergibt an call eine Closure,
    // die von call zweimal ausgeführt wird
    callTwice {
      print(self.somedata)
    }
  }
}

let tst = MyClass()
tst.m() // Ausgabe: zweimal 17
```

Sehen Sie sich nun die noescape-Variante zu diesem Beispiel an: callTrice ruft die Funktion sogar dreimal auf. Aufgrund von @noescape dürfen Sie innerhalb der zu übergebenden Closure auf self verzichten. Das heißt, aus self.somedata wird einfach somedata. Viel wichtiger ist aber, dass es in callTrice nun unmöglich ist, die übergebene Funktion zu speichern oder an andere Methoden – etwa zur asynchronen Verarbeitung – weiterzugeben.

```
func callTrice(@noescape fn: () -> ()) {
  fn()
  fn()
  fn()
  // verboten aufgrund von @noescape:
  // let f = fn
  // callTwice(fn)
}

class AnotherClass {
  var somedata = 25
  func m() {
    // übergibt an call eine Closure,
    // die von call zweimal ausgeführt wird
    callTrice {
      print(somedata)
    }
  }
}

let other = AnotherClass()
other.m() // Ausgabe: dreimal 25
```

In den Swift-Standardbibliotheken findet sich @noescape in unzähligen Deklarationen von Methoden, um klar- und sicherzustellen, dass die übergebenen Closures schnellstmöglich wieder aus dem Speicher entfernt werden können. Die folgenden Zeilen zeigen die Deklaration von map und filter für das Protokoll CollectionType:

```
extension CollectionType {
  func map<T>(@noescape transform: (Self.Generator.Element) -> T)
    -> [T]
  func filter(@noescape includeElement:
              (Self.Generator.Element) -> Bool)
    -> [Self.Generator.Element]
}
```

Kapitel 7
Objektorientierte Programmierung I

Die bisherigen Beispiele haben bewiesen, dass man in Swift relativ weit kommen kann, ohne selbst objektorientierten Code zu verfassen. Ob in Playground-Experimenten oder in Terminal-Apps – Swift zwingt Sie anfänglich nicht zur objektorientierten Programmierung.

Aber spätestens dann, wenn Sie beginnen, iOS-Apps oder Programme für OS X zu entwickeln, stoßen Sie an eine Grenze: Ohne eigene Klassen geht es dann einfach nicht mehr! Und das wäre auch gar nicht sinnvoll, denn die Konzepte der objektorientierten Programmierung (OOP) kamen ja gerade deswegen zustande, um komplexe Projekte auf eine solide, übersichtliche Code-Basis stellen zu können. OOP vermeidet Redundanzen im Code, hilft bereits vorhandenen Code bestmöglich wiederzuverwenden und stellt sicher, dass sich Code längerfristig weiterentwickeln und warten lässt.

Dieses Kapitel wird freilich auf die Ideen der OOP kaum eingehen, sondern vielmehr deren praktische Implementierung unter Swift in den Vordergrund stellen. Konkrete Themen der folgenden Abschnitte sind:

- Klassen und Strukturen (`class` versus `struct`)
- Enumerationen
- Eigenschaften
- Init- und DeInit-Funktion
- Methoden
- Subscripts

Im folgenden Kapitel »Objektorientierte Programmierung II« geht es dann um fortgeschrittene OOP-Konzepte:

- Vererbung
- Generics
- Protokolle
- Extensions
- Metatypen

7.1 Klassen und Strukturen

In Swift gibt es zwei sehr ähnliche Möglichkeiten, um neue Typen zu definieren: Klassen und Strukturen (class bzw. struct). Während es bei anderen Sprachen oft erhebliche syntaktische Einschränkungen für Strukturen gibt, die dort zumeist als »Verbundtypen« bezeichnet werden, sind die beiden Konstrukte in Swift nahezu gleichwertig (siehe Tabelle 7.1). Klassen können ebenso wie Strukturen mit Eigenschaften und Methoden ausgestattet werden, Init-Funktionen (Konstruktoren) aufweisen, Protokolle erfüllen und nachträglich erweitert werden (Extensions).

Merkmal	Klassen	Strukturen	Enumerationen
Schlüsselwort	class	struct	enum
Verhalten	Referenztyp	Werttyp	Werttyp
Init-Funktion	ja	ja	ja
Convenience Init	ja	nein	nein
DeInit-Funktion	ja	nein	nein
Eigenschaften (Properties)	ja	ja	nein
Eigenschaften ändern	ja	ja, mit mutating	nein
Statische Eigenschaften	nein	ja	nein
Computed Properties	ja	ja	ja
Methoden	ja	ja	ja
Statische Methoden	ja	ja	ja
Subscripts	ja	ja	ja
Protokolle erfüllen	ja	ja	ja
Nachträglich erweitern	ja	ja	ja
Vererbung	ja	nein	nein
Type Casting	ja	nein	nein

Tabelle 7.1 Klassen versus Strukturen versus Enumerationen

Der größte Unterschied zwischen Klassen und Strukturen bezieht sich darauf, dass Klassen Referenztypen gründen, Strukturen hingegen Werttypen (siehe Abschnitt 3.6, »Interna der Variablenverwaltung«). Insofern sollten Sie sich immer zuerst die Frage stellen, wie sich die Instanzen Ihrer Typen später bei Variablenzuweisungen bzw. bei einer Parameterübergabe verhalten sollen: Wollen Sie, dass Ihre Daten kopiert werden (Werttypen) oder dass nur Referenzen (Zeiger) auf die Daten ausgetauscht werden? Ersteres ist gerade bei nebenläufigen Algorithmen sicherer, Zweiteres mitunter effizienter.

Ein weiterer wichtiger Unterschied besteht darin, dass nur Klassen das Prinzip der Vererbung unterstützen. Gewissermaßen eine Konsequenz daraus ist die Möglichkeit, Typentests und Typumwandlungen (Up- und Downcasts) durchzuführen.

Ein wenig befremdlich beim Umgang mit Strukturen ist, dass Swift es normalen Methoden verbietet, Eigenschaften (also die Datenelemente der Struktur) der Instanz zu verändern. Nach der erstmaligen Initialisierung aller Datenelemente ist eine weitere Veränderung zwar von außen möglich (`rect.width=3`), nicht aber von innen (`self.width=3`). Wollen Sie Eigenschaften durch eine Methode verändern, müssen Sie der Methode das Schlüsselwort `mutating` voranstellen.

> **Paradigmenwechsel von Klassen zu Strukturen**
>
> Bei den in Swift inkludierten Typen ist ein Paradigmenwechsel festzustellen: Während in den meisten Programmiersprachen komplexe Datenstrukturen bevorzugt als Klassen implementiert werden, gibt Swift in nahezu allen Fällen Strukturen den Vorzug. Beispielsweise sind Arrays und Dictionaries in Swift Strukturen und somit Werttypen, während vergleichbare Datenstrukturen z. B. in Java oder C# als Klassen (Referenztypen) realisiert sind.
>
> Bei der iOS-Programmierung werden Sie Ihren Code voraussichtlich dennoch überwiegend in Klassen formulieren – in erster Linie deswegen, weil Sie nur in Klassen Vererbung nutzen können.

Auch Enumerationen sind Datentypen!

Oft wird vergessen, dass es in Swift neben Klassen und Strukturen mit Enumerationen eine dritte Möglichkeit gibt, um neue Datentypen zu definieren. Enumerationen wurden bereits in Abschnitt 3.1, »Variablen und Konstanten«, kurz erwähnt, wobei dort der Fokus auf der Definition von Konstantengruppen lag. In diesem Kapitel greifen wir Enumerationen nochmals in Abschnitt 7.2 auf. Dort geht es um einige fortgeschrittene Funktionen, die Enumerationen bieten.

Glossar

Wenn Sie bisher mit anderen objektorientierten Sprachen gearbeitet haben, dann werden Ihnen manche Swift-Begriffe fremdartig erscheinen. Ich habe mich deswegen bemüht, als erste Orientierungshilfe einige besonders oft auftretende Begriffe und die in anderen Sprachen üblichen Bezeichnungen gegenüberzustellen (siehe

Tabelle 7.2). Beachten Sie aber, dass es sich hier nicht immer um 1:1-Entsprechungen handelt. Beispielsweise entspricht zwar der Zustand nil weitgehend null aus anderen Sprachen, allerdings ist nil in Swift eng mit Optionals verbunden und insofern nur bedingt vergleichbar (siehe Abschnitt 3.5).

Swift	Andere OO-Sprachen
Instanz	Objekt
Eigenschaft (Property)	Attribut, Member, Instanzvariable
Init-Funktion	Konstruktor
DeInit-Funktion	Destruktor
Computed Property	Getter/Setter-Methoden
Type Methods	statische Methoden
Protokoll	Schnittstelle (Interface)
nil	null

Tabelle 7.2 OO-Glossar für Swift

Syntax

Wie das folgende Listing zeigt, ist die Syntax zur Definition eigener Klassen bzw. Strukturen sowie zu deren Anwendung einfach. Bei der Definition unterscheiden sich Klassen und Strukturen nur durch die Schlüsselwörter class und struct. Es ist üblich, den Klassen- bzw. Strukturnamen mit einem Großbuchstaben beginnen zu lassen.

Innerhalb des neuen Datentyps leiten var bzw. let die Deklaration von Variablen bzw. Konstanten ein. Im Kontext von Klassen bzw. Strukturen werden diese als Eigenschaften bezeichnet (Properties). Auch der in anderen Programmiersprachen übliche Begriff »Klassenvariable« ist natürlich nicht falsch.

Alle Eigenschaften *müssen* initialisiert werden – andernfalls akzeptiert der Swift-Compiler Ihren Code nicht. Zur Initialisierung haben Sie zwei Möglichkeiten: Sie können den Eigenschaften gleich bei der Deklaration einen Defaultwert zuweisen, oder Sie können eine Funktion mit dem Namen init dazu vorsehen. Der Aufruf der init-Funktion erfolgt beim Erzeugen einer Instanz, im folgenden Beispiel also z. B. durch r1 = RectangleClass(12, 10).

In einer Klasse oder Struktur definierte Funktionen heißen »Methoden«. Sie können die Eigenschaften der Klasse bzw. Struktur verarbeiten.

```
// Datei oo-intro.playground
// Rechteckklasse                    // Rechteck-Struktur
class RectangleClass {               struct RectangleStruct {
  // zwei Eigenschaften bzw.           // zwei Eigenschaften bzw.
  // Klassenvariablen                  // Klassenvariablen
  var length:Double                    var length:Double
  var width:Double                     var width:Double

  // Init-Funktion                     // Init-Funktion
  init(_ length:Double,                init(_ length:Double,
      _ width:Double) {                    _ width:Double) {
    self.length = length                 self.length = length
    self.width = width                   self.width = width
  }                                    }

  // Methode                           // Methode
  func getArea() -> Double {           func getArea() -> Double {
    return length*width                  return length*width
  }                                    }
}                                    }

// Anwendung                         // Anwendung
let r1 =                             let r3 =
  RectangleClass(12, 10)               RectangleStruct(4.3, 2.5)
r1.length = 13                       r3.getArea()  // 10.75
r1.width                             let r4 = r3  // Kopie
r1.getArea()  // 130.0
let r2 = r1  // Referenz
```

Um eine neue Instanz einer Klasse oder Struktur zu erzeugen, nennen Sie einfach den Klassen- oder Strukturnamen samt runden Klammern. Wenn Ihre Klasse/Struktur eine Init-Funktion aufweist, wird diese aufgerufen. In den runden Klammern müssen Sie dann die Parameter der Init-Funktion angeben.

Beachten Sie, dass RectangleClass und RectangleStruct mit Ausnahme von class bzw. struct durch exakt denselben Code definiert sind. Die resultierenden Instanzen verhalten sich aber unterschiedlich! Beispielsweise können Sie bei r1 die Länge des Rechtecks nachträglich verändern, obwohl r1 eine Konstante ist. Konstant ist hier aber nur die Referenz auf das Objekt! Bei r3 handelt es sich hingegen um einen Werttyp. Hier ist auch eine Veränderung des Inhalts ausgeschlossen:

```
let r3 = RectangleStruct(4.3, 2.5)
r3.length = 4.5   // Fehler, funktioniert nur, wenn var r3=...
```

Auch die Zuweisungen r2=r1 und r4=r3 werden Swift-intern vollkommen unterschiedlich verarbeitet. Im ersten Fall wird einfach eine weitere Referenz auf das schon vorhandene Objekt eingerichtet. r1 und r2 zeigen also beide auf dieselbe Instanz eines Rechteckobjekts. Im zweiten Fall werden die Daten hingegen kopiert. r4 ist eine vollkommen unabhängige Kopie von r3.

Das Schlüsselwort »self«

Bemerkenswert innerhalb der init-Funktion ist das Schlüsselwort self. Damit verweisen Sie im Code einer Klasse oder Struktur auf die aktuelle Instanz, bei einer Enumeration auf den aktuellen Enumerationswert. In Strukturen oder Klassen ist die Verwendung von self nur notwendig, wenn andernfalls Doppeldeutigkeiten im Code entstehen – vorhin also zwischen dem init-Parameter length und der gleichnamigen Eigenschaft.

> **»self« versus »Self«**
>
> Swift kennt neben self auch das Schlüsselwort Self. Es bezeichnet nicht die aktuelle Instanz, sondern den aktuellen Typ. Besonders häufig benötigen Sie Self bei der Definition von Protokollen, um wie im folgenden Listing den Typ anzugeben, den das Protokoll implementiert. Eine genaue Beschreibung von Protokollen folgt in Abschnitt 8.3.

```
// Protokoll P
protocol P {
  // die Funktion m gibt als Ergebnis eine Instanz
  // der Enumeration, Struktur oder Klasse zurück,
  // die das Protokoll implementiert
  func m() -> Self
}
```

Zugriffsebenen und Zugriffssteuerung

Swift unterscheidet grundsätzlich zwischen zwei Arten von Code-Ebenen:

▶ Ein **Modul** ist ein vollständiges Programm bzw. ein ganzes Framework, das Sie in anderen Projekten mit import nutzen können. In Xcode sind Build Targets für die Erzeugung eines Moduls verantwortlich.

▶ Module bestehen in der Regel aus vielen **Code-Dateien**. In objektorientierten Programmen ist es üblich, größere Klassen oder Strukturen jeweils in eigenen Code-Dateien zu definieren. Es gibt dafür aber keine Syntaxregel! Sie dürfen also beliebig viele Klassen, Strukturen, Funktionen etc. in einer Datei definieren.

Nun stellen sich die Fragen: Welche Klassen eines importierten Moduls sind im eigenen Projekt zugänglich? Welche Eigenschaften und Methoden einer anderen Klasse dürfen an der aktuellen Stelle im Code gelesen oder verändert werden? Swift steuert den Zugriff auf Code-Elemente durch drei Schlüsselwörter:

▶ public: **Öffentliche Elemente** sind überall zugänglich, also in anderen Klassen, in anderen Dateien und auch aus anderen Modulen heraus.

▶ internal (Standardeinstellung): **Interne Elemente** sind nur für das aktuelle Modul gedacht. Ein Zugriff von anderen Modulen ist unmöglich.

▶ private: Der Zugriff auf **private Elemente** ist nur innerhalb der jeweiligen Code-Datei zulässig.

In Swift gilt per Default immer internal. Es ist vergleichsweise selten erforderlich, die Zugriffsrechte explizit zu ändern. In der Praxis sind vor allem diese zwei Fälle relevant:

▶ Wenn Sie eine App entwickeln und dabei gewisse Implementierungsdetails einer Klasse oder Struktur vor irrtümlichem Zugriff schützen möchten, markieren Sie die betreffenden Eigenschaften oder Methoden als private. Ein wichtiges Konzept der objektorientierten Programmierung, nämlich die Kapselung von Daten, baut darauf auf.

▶ Wenn Sie ein Framework für andere Entwickler gestalten, kennzeichnen Sie die von außen zugänglichen Klassen, Strukturen, Methoden und Eigenschaften als public.

Um die Default-Zugriffsrechte zu verändern, stellen Sie der Definition des jeweiligen Elements einfach das Schlüsselwort public, internal oder private voran.

```
class RectangleClass {          // per Default internal
    private var length:Double   // private, Zugriff nur aus
    private var width:Double     // der aktuellen Code-Datei
    ...
}
```

Sie können den Zugriff auf eine Eigenschaft oder Methode nie liberaler einstellen als die der zugrundeliegenden Klasse oder Struktur. Eine Klasse mit der Standardeinstellung internal kann also keine öffentliche Methode (public) haben. Wenn das erforderlich ist, müssen Sie zuerst die ganze Klasse als public kennzeichnen.

»private« gilt auf Datei-, nicht auf Klassenebene

Beachten Sie, dass private nicht auf Klassen- oder Strukturebene gilt! Wenn Sie also innerhalb einer Datei zwei Klassen definieren und deren Eigenschaften als private kennzeichnen, können Sie dennoch im Code der einen Klasse auf Eigenschaften der anderen Klasse zugreifen! Wenn Sie das nicht möchten, dann müssen Sie eben jede Klasse in einer eigenen Datei definieren!

Modifizierer

Modifizierer sind Schlüsselwörter, die der Definition eines Typs, einer Eigenschaft oder einer Methode vorangestellt werden und die so dessen bzw. deren Verhalten verändern. Zu den meisten Schlüsselwörtern folgen im weiteren Verlauf des Kapitels noch mehr Details.

▶ Die im vorigen Abschnitt vorgestellten Schlüsselwörter `private`, `internal` und `public` steuern die Gültigkeitsebene von Typen, Eigenschaften oder Methoden.

▶ `dynamic` bewirkt, dass die Methode oder Eigenschaft immer dynamisch durch die Objective-C-Runtime verarbeitet wird. Das verhindert bestimmte Swift-spezifische Optimierungen des Compilers, führt aber zu einer höheren Kompatibilität mit Objective-C und erlaubt insbesondere die Nutzung der Eigenschaft in einem Key-Value-Observer (KVO). `dynamic` ist unter anderem dann erforderlich, wenn eine Eigenschaft mit Cocoa Bindings mit einem Steuerelement synchronisiert werden soll (siehe Abschnitt 19.8). Beachten Sie, dass `dynamic` bei optionalen Variablen nicht zulässig ist. Objective-C kennt ja keine Optionals!

▶ `final` verhindert, dass eine Methode oder Eigenschaft durch Vererbung verändert wird. Gleichzeitig kann der Swift-Compiler etwas effizienteren Code erzeugen.

▶ `lazy` bewirkt bei Eigenschaften, dass diese erst initialisiert werden, wenn sie tatsächlich benötigt werden.

▶ `weak` drückt aus, dass in der Eigenschaft gespeicherte Objektverweise nicht für das Automatic Reference Counting berücksichtigt werden sollen (siehe Abschnitt 3.6, »Interna der Variablenverwaltung«).

▶ `optional` kennzeichnet in Protokollen Elemente, deren Implementierung freiwillig ist.

▶ `required` bewirkt bei Init-Funktionen, dass diese auch durch die vererbende Klasse implementiert werden müssen.

Verschachtelte Klassen, Strukturen und Enumerationen

Klassen, Strukturen, Enumerationen und Methoden bzw. Funktionen können beliebig ineinander verschachtelt werden. Sie können also innerhalb einer Klasse weitere Klassen, Strukturen und Enumerationen definieren, innerhalb einer globalen Funktion eine Struktur etc.

Relativ häufig wird diese Möglichkeit dazu genutzt, um interne Datentypen zu definieren, die nach außen hin gar nicht eingesetzt werden sollen. Dann kennzeichnen Sie die Unterklassen, -strukturen etc. einfach mit `private`.

Syntaktisch gesehen spricht aber nichts dagegen, Subklassen öffentlich zu definieren. Sie können dann wie im folgenden Beispiel auch von außerhalb genutzt werden, wobei sich ein zusammengesetzter Typname ergibt. Innerhalb der Swift-Typenbibliothek gibt es dafür bei der `String`-Struktur einige Beispiele: Innerhalb dieser Struktur sind weitere Typen wie `String.CharacterView`, `String.UTF8View` etc. definiert.

```
class A {                // Klasse 'A'
  class Special {        // Klasse 'A.Special'
    var data:Int=0
  }
}
// Anwendung
var asp = A.Special()
asp.data=3
```

Code-Dateien

Dateien wurden ja vorhin schon angesprochen, als es um die Gültigkeitsebenen von Swift-Sprachelementen ging. Gibt es auch Regeln, wie die Namen von Klassen- oder anderen Typ-Dateien aussehen müssen? Insbesondere im Vergleich zu Java ist Swift hier sehr liberal: Sie dürfen Swift-Code-Dateien benennen, wie Sie möchten, und Sie dürfen durchaus in einer Datei mehrere Klassen, Strukturen, Enumerationen, Funktionen etc. definieren.

Trotz dieser Freiheiten ist es üblich, für jede wichtige Klasse oder Struktur eine eigene Datei zu verwenden und diese wie den Typnamen zu benennen – also `MyClass.swift` oder `MyStruct.swift` für die Klasse `MyClass` bzw. die Struktur `MyStruct`.

7.2   Enumerationen

Im vorigen Abschnitt habe ich bereits kurz erwähnt, dass sich Enumerationen in Swift nicht nur zur Definition einer Gruppe zusammengehöriger Konstanten eignen, sondern dass das Schlüsselwort `enum` einen neuen Datentyp definiert. Dafür stellt Swift beinahe so viel syntaktische Möglichkeiten wie bei Strukturen zur Verfügung.

Swift macht von Enumerationen selbst intensiv Gebrauch. Beispielsweise sind der Datentyp `Character` sowie Optionals intern als Enumeration realisiert, auch wenn der Compiler durch sogenannten »syntaktischen Zucker« mithilft, dass sich Optionals bei ihrer Anwendung nicht wie Enumerationen anfühlen.

```
// Swift-interne Definition eines Optionals
enum Optional<T> : _Reflectable , NilLiteralConvertible {
  case None
  case Some(T)
  // sowie diverse Init-Funktionen , map, getMirror
}
```

Vorweg zur Wiederholung nochmals die Definition einer »gewöhnlichen« Enumeration, wie Sie sie vielleicht von anderen Programmiersprachen kennen:

```
enum Color {
  case White, Black, Red, Green, Blue;
}
```

Enumerationen sind wie Strukturen Werttypen. Der größte Unterschied zu Strukturen besteht darin, dass Enumerationen keine Eigenschaften (Stored Properties) besitzen können. Eine Instanz einer Enumeration kann daher nur ein Element der durch case vordefinierten Werte enthalten. Aus diesem Grund gibt es in der Init-Funktion einer Enumeration normalerweise wenig zu tun. Sie können die Init-Funktion dazu verwenden, um self einen der Enumerationswerte zuzuweisen:

```
enum Color {
  case White, Black, Red, Green, Blue
  init() {
    self = White      // Weiß ist die Default-Farbe
  }
}
var c1 = Color()      // diese beiden Anweisungen
var c2 = Color.White  // sind gleichwertig
```

Datentypen und Protokolle für Enumerationen

Normalerweise definieren Enumerationen für sich einen neuen Werttyp. Sie können einer Enumeration aber auch explizit einen vorhandenen Typ zuweisen, z. B. Int oder String. Das gibt Ihnen die Möglichkeit, den Enumerationswerten explizit eigene Werte zuzuweisen. Die Enumeration definiert aber weiterhin für sich einen Datentyp. Wertvergleiche sind nur mit der Eigenschaft rawValue zulässig.

```
enum Color : Int {
  case White = 1
  case Black = 2
  case Red = 3
}

let c = Color.Black

if c == Color.Black { print("schwarz") }  // OK
if c.rawValue == 2  { print("schwarz") }  // OK
if c == 2           { print("schwarz") }  // Fehler
```

Enumerationen können auch Protokolle implementieren. (Was Protokolle sind, erfahren Sie in Abschnitt 8.3, »Protokolle«.) Besonders häufig wird diese Möglichkeit genutzt, um eigene Fehlerzustände zu definieren.

```
enum MyErrors : ErrorType {
  case TooSmall
  case TooBig(maximum:Int)
  case Missing
  case Other(explanation:String)
}
```

Der Umgang mit Fehlern sowie die Verwendung von try, catch und dem ErrorType-Protokoll ist Thema von Abschnitt 9.1, »Fehlerabsicherung (try/catch)«.

Zuordnung von Zusatzdaten (Associated Values)

Eine Besonderheit von Swift-Enumerationen besteht darin, dass Sie jedem Wert der Enumeration (also jedem case) einen Datentyp oder auch mehrere Datentypen zuordnen können. Die Swift-Dokumentation spricht in diesem Zusammenhang von »Associated Values«. Das gibt Ihnen die Möglichkeit, je nach Art des Elements unterschiedliche Zusatzdaten zu speichern. Das folgende Beispiel verdeutlicht dies. Token ist eine Enumeration, um die Elemente eines Codes zu speichern, wobei dieser Code aus Texten, Zahlen und Operatoren zusammengesetzt sein kann.

```
enum Token {
  case Operator(String)
  case Number(Int)
  case Text(String)
}
```

```
var stack = [Token]()    // ein Array von 'Token'-Elementen
stack.append(Token.Text("abc"))
stack.append(Token.Number(123))
stack.append(Token.Operator("+"))
```

Die Auswertung derartiger Daten gelingt am einfachsten in switch-Konstruktionen. Dort können Sie mit let die Daten eines Enumerationselements einer lokalen Variablen zuweisen:

```
for data in stack {
  switch data {
  case let .Operator(op):
    print("Operator: \(op)")
  case let .Number(n):
    print("Number: \(n)")
  case let .Text(t):
    print("Text: \(t)")
  }
}
```

Ein Nachteil von Enumerationen mit zugeordneten Werten besteht darin, dass der Vergleichsoperator == nicht mehr funktioniert. Swift liefert dann die folgende Fehlermeldung: *Binary operator == cannot be applied to two Token operands*.

```
let t = Token.Operator("+")
if t == Token.Operator { ... }        // Fehler
if t == Token.Operator("+") { ... } // auch Fehler
```

> **Associated Values nur für Enumerationen ohne Datentyp**
>
> Sie können mit enum MyEnum : Typ { ... } den Werten einer Enumeration einen Datentyp zuweisen, z. B. Int oder String. Wenn Sie das tun, müssen Sie auf die hier vorgestellten Associated Values verzichten.

Rekursive bzw. indirekte Enumerationen

Eine Enumeration, die mit dem Schlüsselwort indirect gekennzeichnet ist, akzeptiert als zugeordneten Wert selbst wieder eine Enumeration. Das ermöglicht es, Enumerationen rekursiv zu verwenden und beispielsweise zur Modellierung von Baumstrukturen einzusetzen:

```
// Projekt indirect-enums, Datei main.swift
indirect enum Tree {
  case Leaf(value:String)
  case Node(Tree, Tree)
}
```

indirect kann wahlweise der gesamten Enumeration oder nur den betreffenden case-Ausdrücken vorangestellt werden. Daher ist die folgende Enumeration gleichwertig:

```
enum Tree {
  case Leaf(value:String)
  indirect case Node(Tree, Tree)
}
```

Jetzt können Sie eine verschachtelte Struktur zusammenstellen (siehe Abbildung 7.1):

```
let mytree =
  Tree.Node(
    Tree.Leaf(value: "a"),
    Tree.Node(
      Tree.Leaf(value: "b"), Tree.Leaf(value: "c")))
```

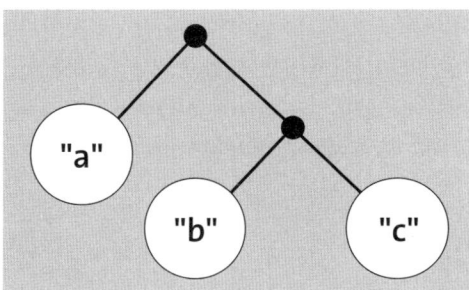

Abbildung 7.1 Eine einfache Baumstruktur

Die folgenden Zeilen zeigen eine rekursive Funktion zur Verarbeitung derartiger Daten:

```
// Baum ausgeben, wobei die Ausgaben je nach
// Verschachtelungstiefe eingerückt werden
func showTree(t:Tree, indent n:Int = 0) {
  switch t {
  case .Leaf(let value):
    let indentation = String(count: n,
                    repeatedValue: Character(" "))
    print(indentation + value)
  case .Node(let leaf1, let leaf2):
    showTree(leaf1, indent: n + 2)
    showTree(leaf2, indent: n + 2)
  }
}
```

Wenn Sie den Code in einem kompilierten Programm ausführen, sieht die Ausgabe wie folgt aus:

```
showTree(mytree)
// Ausgabe:
//   a
//     b
//     c
```

Das obige Beispiel eignet sich nur für Zeichenketten. Sie können den Datentyp aber auch generisch festlegen (siehe Abschnitt 8.2, »Generics«) und den Datentyp so für die spätere Verwendung offen lassen:

```
enum Tree<T> {
  case Leaf(value:T)
  indirect case Node(Tree, Tree)
}
```

Wenn Sie auf der Suche nach einem ausführlicheren Tree-Beispiel auf der Basis indirekter Enumerationen sind, sollten Sie unbedingt einen Blick in den folgenden Blog-Beitrag werfen:

http://airspeedvelocity.net/2015/07/22/a-persistent-tree-using-indirect-enums-in-swift

7.3 Eigenschaften

Variablen oder Konstanten, die innerhalb einer Klasse oder Struktur definiert sind, werden »Eigenschaften« bzw. »Stored Properties« genannt. Sie dienen als Datenspeicher für den neu definierten Typ.

Der Swift-Compiler zwingt Sie bei Klassen, jede Eigenschaft entweder direkt bei der Definition oder sonst in der init-Funktion zu initialisieren. Bei Strukturen scheint diese Regel auf den ersten Blick nicht zu gelten. Beispielsweise wird die folgende Struktur ohne Fehlermeldung akzeptiert:

```
struct Person {
  var name:String
  var address:String
  var telnr:[String]

  func showData() {
    print("Name:    \(name)")
    print("Adresse: \(address)")
    print("Tel.nr.: \(telnr)")
  }
}
```

Sobald Sie aber versuchen, eine Instanz dieser Datenstruktur zu erzeugen, wird klar, dass Swift hinter den Kulissen eine Default-Init-Funktion zur Initialisierung aller Eigenschaften eingerichtet hat. An diese Funktion müssen Sie alle Parameter übergeben:

```
var p = Person(name: "Michael", address: "Graz",
               telnr: ["0043 676 98765432", "0043 316 98765432"])
```

Innerhalb des Codes einer Klasse erfolgt der Zugriff auf die Eigenschaften einfach durch deren Namen, wie die Methode showData zeigt. Bei der Nutzung der Daten lautet die Schreibweise instanz.name:

```
p.name           // "Michael"
p.name="Peter"   // ändert den Namen
```

Konstante Eigenschaften

Eigenschaften von Strukturen oder Klassen dürfen auch Konstanten sein (also let x:Int). Diese müssen bei der Initialisierung der Instanz eingestellt werden und können danach nicht mehr verändert werden.

Verzögerte Initialisierung von Eigenschaften (Lazy Properties)

Normalerweise müssen Eigenschaften beim Erzeugen einer Instanz sofort intialisiert werden. Eine Ausnahme sind Lazy Properties, die durch das vorangestellte Schlüsselwort lazy gekennzeichnet werden. Der Inhalt solcher Eigenschaften wird erst dann ermittelt, wenn der Anwender des Datentyps zum ersten Mal darauf zugreift. Die Verwendung von Lazy Properties kann aus Geschwindigkeitsgründen zweckmäßig sein oder wenn der Startwert beim Erzeugen der Instanz noch gar nicht bekannt ist. lazy ist nur für Variablen, aber nicht für Konstanten zulässig.

Im folgenden Beispiel ist MyData eine Struktur, bei der zwei Eigenschaften ohne großen Aufwand initialisiert werden können, die dritte aber eine aufwenige Berechnung erfordert. Die Variable c ist als lazy definiert, deswegen kommt es erst beim Auslesen von c zum Aufruf der Funktion complicatedCalc. Die im folgenden Listing dokumentierten Ausgaben sind in dieser Reihenfolge nur nachzuvollziehen, wenn Sie den Code in einem Terminal-Programm ausführen.

```
// Projekt lazy-properties, Datei main.swift
func complicatedCalc() -> Double {
  print("calc")
  return 3.0
}

struct MyData {
  var a = 1.0
  var b = 2.0
  lazy var c = complicatedCalc()
}

var md = MyData()
print(md.a)
print(md.b)
print(md.c)  // erst jetzt wird complicatedCalc() ausgeführt
// Ausgabe: 1,0
//          2,0
//          calc
//          3,0
```

Anstelle eines Funktionsaufrufs kann bei einer Lazy Property auch eine Closure angegeben werden. Syntaktisch ist außerdem noch ein nachgestelltes Klammernpaar
erforderlich – der Variable soll ja nicht die Closure an sich, sondern deren Ergebnis zugewiesen werden. Ganz egal wie oft auf c zugegriffen wird – die Closure wird
nur beim ersten Lesezugriff ausgewertet. Danach verhält sich c wie eine gewöhnliche
Instanzvariable bzw. Eigenschaft.

Swift verlangt, dass alle Eigenschaften eines Datentyps sofort oder durch die Init-
Funktion mit einem Startwert initialisiert werden (siehe Abschnitt 7.4, »Init- und
DeInit-Funktion«). Lazy Properties werden vom Compiler als initialisiert betrachtet.
Das kann mitunter ein Henne-Ei-Problem lösen: Sie wollen eine Methode Ihrer Klasse
aufrufen, um eine Eigenschaft zu initialisieren. Das dürfen Sie aber nicht, weil der Auf-
ruf von Methoden erst nach der Initialisierung aller Eigenschaften zulässig ist. Der
Ausweg ist eine Lazy Property, die durch eine Closure initialisiert wird. Deswegen gilt
c im folgenden Beispiel für Swift als initialisiert.

```swift
// Projekt lazy-properties , Datei main.swift
class MyClass {
  var a:Double
  var b:Double
  // c wird erst bei Bedarf durch die Auswertung
  // der folgenden Closure initialisiert
  lazy var c:Double = { self.m() }()

  init() {
    a=2; b=3
  }

  func m() -> Double {
    return sqrt(a+b)
  }
}
let mc = MyClass()
mc.c  // 2,2361
```

Eigenschaften beobachten (willSet, didSet)

Sie können die Definition einer Eigenschaft um zwei Funktionen erweitern: willSet
und didSet. Diese Funktionen werden in der englischen Dokumentation *Property
Observer* genannt. Die erste Funktion wird aufgerufen, bevor die Eigenschaft verändert wird, die zweite unmittelbar danach. Die entsprechende Syntax sieht so aus:

```
var name:typ [ =startwert ] {
  willSet(newValue) { ... } // kann 'newValue' lesen
  didSet(oldValue)  { ... } // kann 'oldValue' lesen
}
```

In willSet können Sie anstelle von newValue einen beliebigen anderen Parameternamen angeben. Unter diesem Namen können Sie den Wert auslesen, auf den
name gesetzt wird. Innerhalb von didSet steht Ihnen die lokale Variable oldValue
zur Verfügung, die den bisherigen Wert der Eigenschaft enthält. new- und oldValue
können nur gelesen, nicht verändert werden.

Beachten Sie, dass willSet und didSet nicht bei der Initialisierung ausgeführt werden,
egal ob diese durch eine Zuweisung bei der Deklaration oder in einer Init-Funktion
erfolgt.

Wenn Sie am bisherigen bzw. alten Wert nicht interessiert sind, können Sie auf den
Parameter von willSet bzw. didSet auch verzichten. Dann entfallen auch die runden
Klammern! Egal, ob mit oder ohne Parameter: auf den gerade aktuellen Wert der
Eigenschaft können Sie immer mit name zugreifen!

```
var name:typ [ =startwert ] {
  willSet { ... }
  didSet  { ... }
}
```

Property Observers bieten einen unkomplizierten Weg, um den Wertebereich einer
Eigenschaft zu limitieren – im folgenden Beispiel für Werte zwischen 0 und 100:

```
// garantiert Wertebereich 0.0 bis 1.0
var percent:Double = 0.5  {
  didSet  {
    percent = max(0.0, min(1.0, percent))
  }
}
```

Oft werden Property Observers auch dazu verwendet, um bei einer Änderung eine
andere Eigenschaft oder ein Steuerelement zu synchronisieren:

```
// UILabel-Text bei jeder Änderung aktualisieren
var percent:Double = 0.0  {
  didSet  {
    mylabel.text = "\(percent)"
  }
}
```

Wozu Property Observers?

In eigenen Datentypen können Sie anstelle von Property Observers auch die gleich vorgestellten Computed Properties verwenden. Der wichtigste Unterschied im Vergleich zu Property Observers besteht darin, dass die get- und set-Methoden vom Datenspeichern getrennt sind.

Richtig praktisch sind Property Observers aber bei der Vererbung: Swift gibt Ihnen nämlich die Möglichkeit, vorhandene Eigenschaften der abgeleiteten Klasse durch Property Observers zu erweitern! In Abschnitt 8.1, »Vererbung«, finden Sie dazu ein Beispiel.

Statische Eigenschaften

In Strukturen und Klassen können Sie mit static sogenannte statische Eigenschaften bzw. *Type Properties* definieren. Das sind von den Instanzen unabhängige Datenspeicher. Der Zugriff auf sie erfolgt nicht mit instanzname.varname, sondern mit Strukturname.varname bzw. Klassenname.varname. Deswegen werden statische Eigenschaften in einigen Sprachen als Klassenvariablen bezeichnet.

```
struct MyData {
  var a = 1.0
  static var b = 2.0
}

var md = MyData()
md.a          // OK, 1,0
MyData.b      // OK, 2,0
md.b          // Fehler!
```

Mit einer statischen Variablen können Sie unkompliziert das sogenannte Singleton-Muster implementieren. Damit können sich verschiedene Code-Passagen eines Programms *eine* gemeinsame Objektinstanz teilen:

```
class SingletonClass {
  static let sharedInstance = SingletonClass()
}
```

Wo immer im Code nun eine Instanz der Singleton-Klasse benötigt wird, lautet die entsprechende Zuweisung:

```
let sc = SingletonClass.sharedInstance
```

Singletons

Das obige Beispiel ist genau genommen eine unvollständige Singleton-Implementierung: Sie ermöglicht zwar einen gemeinsamen Zugriff auf ein Objekt, verhindert aber nicht die Erzeugung mehrerer Instanzen. Hintergründe zu Singletons können Sie in der Wikipedia nachlesen:

http://de.wikipedia.org/wiki/Singleton_(Entwurfsmuster)

Computed Properties (get und set)

Computed Properties, wörtlich übersetzt also berechnete Eigenschaften, sind keine Datenspeicher. Vielmehr handelt es sich hierbei um zwei Funktionen, von denen jeweils eine ausgeführt wird, wenn der Anwender der Klasse oder Struktur die Eigenschaft liest bzw. verändert. Die folgenden Zeilen fassen die Syntax einer Computed Property zusammen:

```
var name:typ {
  get { return xxx }          // liefert ein Ergebnis
  set { ... }                 // verarbeitet 'newValue'
}
```

Wenn Sie mit dem Parameternamen newValue nicht glücklich sind, können Sie hierfür in runden Klammern nach set einen eigenen Namen angeben. Die Syntax sieht dann so aus:

```
var name:typ {
  get             { return xxx }  // liefert ein Ergebnis
  set(neuerwert) { ... }         // verarbeitet 'neuerwert'
}
```

Computed Properties ermöglichen es, die interne Speicherung der Daten von der externen Darstellung zu trennen. Das ist dann zweckmäßig, wenn Sie Eigenschaft nach außen hin anders darstellen möchten als intern. Oft ist die interne Datenverwaltung im Hinblick auf Effizienz und einfache Programmierung optimiert. Nach außen hin soll sich die Klasse oder Struktur aber möglichst »anwenderfreundlich« geben und die Daten so darstellen, wie der Anwender sie erwartet.

Temperaturumrechnung mit Computed Properties

Das folgende Beispiel zeigt eine Struktur zur Speicherung und Umrechnung von Temperaturen. Intern wird die Temperatur in Kelvin gespeichert. Nach außen hin ist die Temperatur aber auch über die Eigenschaften celsius und fahrenheit zugänglich.

```
// Datei temperatur.playground
struct Temperature {
  var kelvin:Double  // interne Speicherung in Kelvin

  // Init-Funktionen für Kelvin, Celsius und Fahrenheit
  init(kelvin: Double)  { self.kelvin = kelvin    }
  init(celsius: Double) { self.kelvin = celsius + 273.15 }
  init(fahrenheit: Double) {
    self.kelvin = (fahrenheit - 32.0) / 1.8 + 273.15
  }

  // Computed Properties für Celsius und Fahrenheit
  var celsius: Double {
    get { return kelvin - 273.15 }
    set { kelvin = newValue + 273.15 }
  }
  var fahrenheit: Double {
    get { return celsius * 1.8 + 32.0 }
    set { kelvin = (newValue - 32.0) / 1.8 + 273.15 }
  }
}

var t = Temperature(celsius: 100)
t.kelvin      // 373.15
t.celsius     // 100
t.fahrenheit  // 212
```

Read-Only-Eigenschaften

Sie können bei einer Computed Property nur den get-Teil implementieren und auf
set verzichten. Das Ergebnis ist dann eine Read-Only-Eigenschaft:

```
// Read-Only-Eigenschaft
var name:typ {
  get           { ...; return xxx }  // liefert ein Ergebnis
}
```

Für Read-Only-Eigenschaften sieht Swift auch eine verkürzte Syntax vor, in der Sie auf
das Schlüsselwort get und die dazugehörenden Klammern verzichten können:

```
// Read-Only-Eigenschaft, verkürzte Syntax
var name:typ {
  ...
  return xxx   // liefert ein Ergebnis
}
```

Es geht sogar noch kürzer: Indem Sie einer Eigenschaft private(set) voranstellen, wird sie zur Read-Only-Eigenschaft:

```
// Read-Only-Eigenschaft, noch kürzere Syntax
private(set) var name:typ = xxx
```

Übersetzt heißt das: Für get gelten die normalen Zugriffsregeln, aber set ist private und somit nur innerhalb der Klasse zugänglich. Das folgende Minibeispiel zeigt eine Klasse mit der Read-only-Eigenschaft counter. Beim Erzeugen einer Instanz wird die Eigenschaft auf 0 gesetzt. Von außen kann die Eigenschaft nur gelesen werden, innerhalb der Klasse kann die Eigenschaft aber verändert werden – z. B. in der Methode increment:

```
class Counter {
  private(set) var counter:Int = 0
  func increment() {
    self.counter = self.counter + 1
  }
}

var c = Counter()
c.increment()
print(c.counter)   // 1
c.increment()
print(c.counter)   // 2
c.counter = 10     // Fehler, nicht erlaubt
```

Beachten Sie, dass der private(set)-Schutz in richtigen Projekten funktioniert, aber nicht, wenn die Klasse und der Testcode in der gleichen Playground-Datei stehen. private gilt ja auf Datei-, nicht auf Klassenebene!

Read-Only-Eigenschaft versus Methode

Anstelle einer Read-Only-Eigenschaft können Sie natürlich auch eine Methode ohne Parameter definieren. Eindeutige Vor- oder Nachteile für diese beiden Varianten gibt es nicht – es ist eher eine Geschmacksfrage.

Beispiel: Rectangle-Struktur

Das erste Beispiel greift nochmals die Rechteck-Struktur auf. Stellen Sie sich vor, Sie wollen sichergehen, dass Länge und Breite eines Rechtecks immer größer als 0 sind. Die erste Implementierung aus Abschnitt 7.1, »Klassen und Strukturen« hindert den Nutzer Ihrer Datenstruktur nicht, ein Rechteck in der Form let r = Rectangle(-2, -3) zu erzeugen oder nachträglich mit r.length = -5 eine negative Länge einzustellen.

Der folgende Code verwendet die Eigenschaften `_length` und `_width` zur internen Datenspeicherung. Diese Eigenschaften sind als `private` gekennzeichnet und sind von außen nicht zugänglich, sofern die Struktur `Rectangle` in einer eigenen Datei definiert wird.

Der Zugriff auf Länge und Breite erfolgt hingegen durch die Computed Properties `length` und `width`. Die `get`-Code-Teile liefern einfach den in `_length` bzw. `_width` gespeicherten Wert. Die `set`-Code-Teile überprüfen, ob der neue Wert `newValue` größer 0 ist. Wenn das der Fall ist, wird der Wert gespeichert, andernfalls ein Fehler ausgelöst.

Warum NSException?

Der Aufruf von `NSException(...).raise()` ist gewissermaßen die Holzhammermethode, um auf einen Fehler hinzuweisen. Das Programm wird dadurch beendet; es ist nicht möglich, den Fehler abzufangen.

Seit Swift 2.0 gibt es mit `throw` auch die Möglichkeit, Fehler auszulösen, die mit try/catch verarbeitet werden können. `throw` ist allerdings nur für Funktionen und Methoden, nicht für Computed Properties geeignet. Mehr Details zum Thema »Fehlerabsicherung« folgen in Abschnitt 9.1.

Eine pragmatische Lösung des Problems könnte darin bestehen, den Zugriff auf die Eigenschaften `_length` und `_width` nur über Read-Only-Properties zu erlauben. Das macht die nachträgliche Einstellung fehlerhafter Werte unmöglich. Ein entsprechendes Beispiel finden Sie ebenfalls in Abschnitt 9.1. Generell ist es häufig eine gute Idee, Strukturen unveränderlich (immutable) zu konzipieren:

http://stackoverflow.com/questions/24035648/swift-and-mutating-struct
http://stackoverflow.com/questions/441309/why-are-mutable-structs-evil

---

Die `init`-Funktion greift auf die Computed Properties zurück. Die Anweisung `self.length=length` führt beispielsweise dazu, dass der `set`-Code von `length` ausgeführt wird:

```
// Datei rectangle.playground
// Struktur zur Speicherung eines Rechtecks
struct Rectangle {
  // interner Datenspeicher, 'private'
  private var _length = 0.0
  private var _width = 0.0

  // Init-Funktion, greift auf Computed Properties zurück
  init(_ length:Double, _ width:Double) {
    self.length = length
    self.width = width
  }
```

```
  // Computed Property 'length'
  var length:Double {
    // _length auslesen
    get {
      return _length
    }
    // _length verändern
    set {
      if newValue >0 {
        _length = newValue
      } else {
        NSException(name: "invalid argument",
          reason: "must be > 0", userInfo: nil).raise()
      }
    }
  }
  // Computed Property 'width' (analoger Code)
  var width:Double {
    get { return _width }
    set {
      if newValue >0 {
        _width = newValue
      } else {
        NSException(name: "invalid argument",
          reason: "must be > 0", userInfo: nil).raise()
      }
    }
  }
}

// Rectangle-Struktur ausprobieren
var r = Rectangle(1.2, 2.4)
r.length
r.length = 2.7
```

Beispiel: ChessFigure-Struktur

Das zweite Beispiel ist etwas komplexer: Die Struktur ChessFigure speichert die Position einer Schachfigur. Um die weitere Verarbeitung der Daten zu vereinfachen, wird die Position durch die Integer-Variablen col und row ausgedrückt, wobei der Wertebereich jeweils von 0 bis 7 reicht. Ideal also, um Berechnungen in einem 8 × 8-Array durchzuführen.

Nach außen hin soll die Position aber in der üblichen Notation "a1" oder "e5" ausgedrückt werden. Dazu dient die Computed Property position. Der get-Teil bildet aus row und col die Position in der Schachnotation. Der Code macht sich den Umstand zunutze, dass die ASCII- und Unicodes der Zeichen "a" bis "h" bzw. "1" bis "8" ganz einfach in der Form 97+col bzw. 49+row berechnet werden können.

```
// Datei schach1.playground
struct ChessFigure {
  private var col = -1  // Spalte, Wertebereich 0-7 für a-h
  private var row = -1  // Zeile, Wertebereich 0-7 für 1-8
  var figure:String     // Art der Figur, z. B. "king"

  init(_ position:String, _ figure:String) {
    self.figure = figure
    self.position = position  // -> position-set
  }
  // Position in der üblichen Schach-Notation,
  // beispielsweise "a1" oder "e5" oder "h8"
  var position:String {
    get {        // Position zurückgeben
      if col == -1 || row == -1 { return "" }
      var position = ""
      position.append(Character(UnicodeScalar(97+col)))
      position.append(Character(UnicodeScalar(49+row)))
      return position
    }
    // Position in 'newValue' verarbeiten und in
    // row und col speichern, falls valid
    set {
      if newValue.unicodeScalars.count != 2 {
        row = -1; col = -1
      } else {
        let code1 =
          Int(newValue.lowercaseString
              .unicodeScalars.first!.value)
        let code2 = Int(newValue.unicodeScalars.last!.value)
        if code1<97 || code1>104 || code2<49 || code2>56 {
          row = -1; col = -1
        } else {
          col = code1 - 97
          row = code2 - 49
        }
      }
    } // set-Ende
  }   // var-Ende
}     // struct-Ende
```

```
// ChessFigure-Struktur ausprobieren
var king = ChessFigure("e1", "king")     // col=4, row=0
var dPawn = ChessFigure("d2", "pawn")     // col=3, row=1
dPawn.position                            // "d2"
var ePawn = ChessFigure("e2", "pawn")     // col=4, row=1
ePawn.position = "e4"                     // col=4, row=3
```

Der set-Teil ist deutlich aufwendiger: Einerseits muss sichergestellt werden, dass die übergebene Position in newValue korrekt ist. Es muss sich dabei um eine Zeichenkette handeln, die aus zwei Unicode-Skalaren besteht, wobei der Code des ersten Skalars zwischen 97 und 104 liegt (entspricht "a" bis "h") und der Code des zweiten Skalars zwischen 49 und 56 (entspricht "1" bis "8").

7.4   Init- und DeInit-Funktion

Die Init-Funktion dient zur Initialisierung der Eigenschaften eines neuen Datentyps. Der Swift-Compiler verlangt, dass jede nicht optionale Eigenschaft initialisiert wird, lässt Ihnen aber die Wahl, wie Sie dies erledigen: Sie können Ihren Eigenschaften entweder schon bei der Definition einen Defaultwert zuweisen, oder Sie können die Init-Funktion dazu verwenden. Diese Regel gilt unabhängig davon, ob die Eigenschaft mit var oder mit let deklariert ist. Wenn Sie also allen Eigenschaften einen Defaultwert zuweisen, ist keine Init-Funktion erforderlich.

```
struct Test {   // alle Eigenschaften sind initialisiert,
                // daher ist die Init-Funktion optional
   var a=0
   var b=1
   var c:Int?                // automatisch nil
}
var t1 = Test()              // a=0, b=1, c=nil
var t2 = Test(a: 2, b: 3, c:2)  // ruft Default-Init-Funktion auf
```

Default-Init-Funktionen

Wenn Sie bei einer Struktur keine Init-Funktion definieren, aber allen Eigenschaften Defaultwerte zuweisen, dann erzeugt der Swift-Compiler selbstständig zwei Init-Funktionen: eine ohne Parameter, und eine mit Parametern für alle Eigenschaften in der Reihenfolge, in der diese in der Struktur definiert sind. Bei Klassen verhält sich der Compiler ähnlich. Allerdings wird in diesem Fall nur eine Init-Funktion ohne Parameter erzeugt.

Sobald Sie auch nur eine einzige Init-Funktion selbst definieren, verzichtet der Swift-Compiler auf Eigenmächtigkeiten.

Syntax für Init-Funktionen

Die Init-Funktion beginnt mit dem Schlüsselwort init. Diesem folgt eine Parameterliste wie bei einer gewöhnlichen Methode. Der init-Funktion darf das Schlüsselwort func nicht vorangestellt werden. Die Funktion darf auch keinen Rückgabedatentyp aufweisen. Die Init-Funktion unterscheidet sich somit syntaktisch klar von Methoden.

```
struct/class MyType {
  // Init-Funktion
  init(parameterliste) {
    // Code zur Initialisierung der Eigenschaften
  }
}
```

Der Aufruf der init-Funktion erfolgt implizit beim Erzeugen einer Instanz des Datentyps. Anstelle von init geben Sie dabei aber den Struktur- oder Klassennamen an:

```
var mt = MyType(parameter)
```

Diese Schreibweise ist eine Kurzschreibweise (sogenannter »syntaktischer Zucker«) für die folgende, exaktere Formulierung:

```
var mt = MyType.init(parameter)
```

Parameterliste

Für den Aufbau der Parameterliste gelten prinzipiell dieselben Regeln wie bei Funktionen (siehe Abschnitt 6.2, »Parameter«). Es gibt allerdings einen Unterschied: Während bei gewöhnlichen Funktionen der erste Parameter unbenannt ist und alle anderen benannt sind, gelten sie bei der init-Funktion standardmäßig als benannt. Sie müssen also alle Parameternamen beim Aufruf angeben:

```
struct Test {
  var a=0
  var b=1
  init(a:Int, b:Int)  {
    self.a=a
    self.b=b
  }
}
// die Parameternamen müssen angegeben werden!
var t = Test(a:2, b:3)
```

Wenn Sie das nicht wünschen, geben Sie bei der Definition der init-Funktion bei jedem Parameter vorweg das Pattern-Zeichen _ an:

```
struct Test {
  var a =0
  var b =1
  // Init-Funktion mit unbenannten Parametern
  init(_ a:Int, _ b:Int) {
    self.a=a
    self.b=b
  }
}
// die Parameter werden ohne Namen angegeben
var t = Test(2, 3)
```

Innerhalb der Init-Funktion können Sie wie im gesamten Code der Klasse bzw. Struktur das Schlüsselwort self verwenden, um explizit auf die aktuelle Instanz zu verweisen. In der Init-Funktion ist das besonders häufig erforderlich, um Doppeldeutigkeiten zwischen Parameter- und gleichnamigen Eigenschaftsnamen zu vermeiden (siehe auch das obige Listing).

Eventuell vorhandene Property Observer, also willSet- und didSet-Funktionen, werden während der Initialisierung der Eigenschaften nicht ausgeführt. Die Beobachtung der Eigenschaften beginnt also erst *nach* der Initialsierung.

Code-Reihenfolge in Init-Funktionen

Anweisungen in der Init-Funktion müssen eine exakte Reihenfolge einhalten:

▸ Zuerst müssen *alle* eigenen Eigenschaften initialisiert werden. Als automatisch initialisiert gelten auch Eigenschaften mit Defaultwerten (var x=3) und Optionals. Ebenfalls als initialisiert gelten Lazy Properties.

▸ Falls die eigene Klasse von einer anderen Klasse abgeleitet wurde, muss im zweiten Schritt super.init() aufgerufen werden. Mehr Details zum nicht ganz unkomplizierten Thema der Init-Funktionen im Zusammenhang mit Vererbung folgen in Abschnitt 8.1.

▸ Erst jetzt dürfen Methoden der Klasse genutzt und Eigenschaften ausgelesen werden.

Overloading

Sie dürfen beliebig viele Init-Funktionen definieren, sofern diese anhand der Parameterliste für den Compiler unterscheidbar sind. Allerdings muss gewährleistet sein, dass jede Init-Funktion alle Eigenschaften initialisiert, für die es nicht ohnehin Defaultwerte gibt. Die Init-Funktionen dürfen sich dazu nicht gegenseitig aufrufen.

Wenn Sie eine Instanz einer Struktur oder Klasse erzeugen, können Sie sich für eine beliebige der zur Auswahl stehenden Init-Funktionen entscheiden.

Designated versus Convenience Init

Die bisher beschriebenen Init-Funktionen werden in der Swift-Dokumentation als *Designated Init Functions* bezeichnet, also gewissermaßen als vollwertige init-Funktionen. Daneben haben Sie bei Klassen (nicht bei Strukturen!) die Möglichkeit, sogenannte *Convenience Init Functions* zu definieren. Das sind ebenfalls init-Funktionen, für die aber zwei Sonderregeln gelten:

▸ Sie können keine Eigenschaften initialisieren, sondern müssen diese Arbeit an eine designierte Init-Funktion delegieren.

▸ Sie rufen andere Init-Funktionen in der Form `self.init(...)` auf.

Der Hintergedanke dieses Konzepts besteht darin, dass es oft zweckmäßig ist, *eine* vollwertige Init-Funktion zu schreiben, die *alle* Eigenschaften initialisiert und sich um alle Sonderfälle kümmert. Daneben kann es weitere Init-Funktionen geben, die mit dem Schlüsselwort `convenience` gekennzeichnet sind. An sie müssen nur wenige Parameter übergeben werden. Die fehlenden Daten werden durch Defaultwerte ersetzt, die an die Haupt-Init-Funktion übergeben werden:

```
// Testklasse mit vier Eigenschaften
class Test {
  var a:Int
  var b:Int
  var c:Double
  var d:String

  // Designated Init Function für alle Eigenschaften
  init(a:Int, b:Int, c:Double, d:String) {
    self.a=a
    self.b=b
    self.c=c
    self.d=d
  }

  // Convenience Init Function
  convenience init(c:Double) {
    // ruft die Designated Init Function auf
    self.init(a:0, b:-1, c:c, d:"")
  }
}

// erzeugt eine Instanz mit Convenience Init Function
var t = Test(c: 2.5)  // t.a=0, t.b=-1, t.c=2,5, t.d=""
```

Init-Funktion als Optional (Failable Init Functions)

Oft soll bei der Initialisierung einer Instanz überprüft werden, ob die übergebenen Parameter überhaupt sinnvoll sind. Es ist nicht zweckmäßig, überhaupt eine Instanz zu erstellen, wenn diese Bedingung nicht erfüllt ist. In Swift können Sie in solchen Fällen die Init-Funktion mit einem nachgestellten Fragezeichen als Optional definieren und bei fehlerhaften Parametern einfach `nil` zurückgeben. Solche Init-Funktionen heißen *Failable Init Functions*.

Beachten Sie, dass sich damit der Datentyp der durch die Init-Funktion erzeugten Instanz zu einem Optional ändert. Im folgenden Beispiel überprüft die Init-Funktion der Rechteckstruktur, ob Länge und Breite größer 0 sind. Ist dies nicht der Fall, gibt die Init-Funktion `nil` zurück. Durch `var r = Rectangle(...)` ist r nun aber nicht mehr einfach eine Variable für `Rectangle`-Daten, sondern eine für ein Optional, also `Rectangle?`. Bei der Weiterverarbeitung der Variable muss getestet werden, ob überhaupt Daten vorliegen. Nur wenn dies der Fall ist, kann durch das nachgestellte Ausrufezeichen ein Unwrapping erzwungen werden.

```
// Datei rectangle-failable.playground
// Struktur zur Speicherung eines Rechtecks
struct Rectangle {
  var length:Double
  var width:Double

  // Init-Funktion mit Validitätskontrolle
  init?(_ length:Double, _ width:Double) {
    if length<=0 || width<=0 { return nil }
    self.length = length
    self.width = width
  }
}

// Beispiel 1: ein korrektes Rechteck
if var r1 = Rectangle(1.2, 2.4)  {
  print(r1.length)
  r1.length = 2.7
}
// Beispiel 2: in fehlerhaftes Rechteck
if var r2 = Rectangle(-1.2, 2.4)  {
  // dieser Code wird nicht ausgeführt,
  // weil Rectangle(-1.2, 2.4) nil
  // zurückgibt
  print(r2.length)
  r2.length = 2.7
}
```

Syntaxfeinheiten

Syntaktisch gesehen ist `return nil` eine merkwürdige Konstruktion. Die Aufgabe einer Init-Funktion ist es, eine Instanz zu initialisieren. Innerhalb der Init-Funktion ist aber normalerweise keine Ergebnisrückgabe vorgesehen. (Wenn überhaupt, wäre wohl `return self` am logischsten.)

Init-Funktion mit throws

Seit Swift 2 gibt es eine zweite Möglichkeit, mit ungeeigneten Parametern in einer Init-Funktion umzugehen: Sie können der Init-Funktion `throws` hintanstellen und auf diese Weise ausdrücken, dass innerhalb der Init-Funktion ein Fehler auftreten kann. Lästig bei dieser Syntaxvariante ist aber der Umstand, dass `throw` erst *nach* der Initialisierung aller Eigenschaften der Klasse verwendet werden kann, was der Vorweg-Prüfung aller Parameter widerspricht. Eine weitere Variante der `rectangle`-Klasse mit `throws` lernen Sie in Abschnitt 9.1, »Fehlerabsicherung (try/catch)«, kennen.

Deinit-Funktion

Bei Klassen können Sie eine Deinit-Funktion vorsehen. Der darin enthaltene Code wird ausgeführt unmittelbar bevor die Instanz einer Klasse aus dem Speicher entfernt wird (siehe auch Abschnitt 3.6).

Eine Deinit-Funktion kann es nur in Klassen, nicht in Strukturen geben. Strukturen sind ja Werttypen, die sofort aus dem Speicher entfernt werden, sobald sie nicht mehr benötigt werden. Bei Referenztypen ist dies schwieriger: Wenn es mehrere Referenzen auf das Objekt gibt, darf dieses erst aus dem Speicher entfernt werden, wenn die letzte Referenz aufgelöst wurde.

7.5   Methoden

Methoden sind Funktionen auf Klassen- bzw. Strukturebene. Syntaktisch ändert sich im Vergleich zu Funktionen nicht viel (siehe Kapitel 6), es gibt aber doch einige Besonderheiten:

▶ Instanzmethoden: Gewöhnliche Methoden werden auf Instanzen angewendet, werden also in der Form `var.meth()` aufgerufen. Diesen Methoden stehen die Daten der Instanz zur Verfügung. Auf die Instanz als Ganzes kann dabei mit dem schon bekannten Schlüsselwort `self` zugegriffen werden.

▶ mutating: Methoden von Klassen können die Eigenschaften einer Instanz ohne Weiteres ändern. Methoden von Strukturen dürfen dies normalerweise nicht, es sei denn, sie werden mit dem Schlüsselwort mutating gekennzeichnet.

▶ static: Im Gegensatz zu Instanzmethoden, egal ob mutating oder nicht, stehen statische Methoden bei Strukturen bzw. Typmethoden bei Klassen. Sie werden bei der Definition mit dem vorangestellten Schlüsselwort static gekennzeichnet und können aufgerufen werden, ohne vorher eine Instanz des Datentyps zu erzeugen: Struktur/Klassenname.methode(). Sie eignen sich zum Erzeugen neuer Instanzen oder für Aufgaben, zu deren Erledigung keine Instanzdaten erforderlich sind.

Instanzmethoden

Gewöhnliche Methoden werden innerhalb einer Klasse oder Struktur mit dem Schlüsselwort func eingeleitet. Dem Methodennamen folgen die Parameterliste und gegebenenfalls der Rückgabedatentyp. Das folgende Beispiel definiert eine Datenstruktur für dreidimensionale Vektoren mit drei Methoden:

▶ length liefert die Länge des Vektors.

▶ getNormalized erzeugt einen neuen Vektor, der in die gleiche Richtung zeigt wie der ursprüngliche Vektor, aber die Länge 1 hat. Bei einem Nullvektor liefert die Methode nil als Ergebnis.

▶ toString gibt eine Zeichenkette zurück, die die Daten des Vektors in der Form "(x, y, z)" zusammenfasst.

```
// Datei vector.playground
struct Vector3 {
  var x=0.0, y=0.0, z=0.0

  // liefert die Länge des Vektors als Double-Zahl
  func length() -> Double {
    return sqrt(x*x + y*y + z*z)
  }

  // erzeugt eine neue Vector3D-Instanz
  func getNormalized() -> Vector3? {
    if length() > 0 {
      return Vector3(x: x/length(), y: y/length(), z: z/length())
    } else {
      return nil
    }
  }
```

```
// gibt die Vektorkomponenten als Zeichenkette zurück
func toString() -> String {
  return "(\(x), \(y), \(z))"
}
}

// ausprobieren
let v1 = Vector3(x: 2, y: 3, z: 1)
v1.length()    // 3,7417

let v2 = v1.getNormalized()!
v2.toString()  // "(0.5345, 0.8018, 0.2673)"
v2.length()    // 1,0
```

Mutating Methods

Nehmen Sie an, wir wollten für die obige Vector3-Struktur eine neue Methode normalize entwickeln, die einen vorhandenen Vektor »normalisiert«, also die drei Komponenten so skaliert, dass der resultierende Vektor die Länge 1 hat. Der naheliegende Code sieht so aus:

```
// Vektor normalisieren
struct Vector3 {
  ... Code wie bisher

  // Vektor normalisieren
  func normalize() {
    let len = length()
    if len != 0 {
      x = x / len   // Fehler: cannot assign to x in self
      y = y / len
      z = z / len
    }
  }
}
```

Allerdings liefert der Swift-Compiler nun bei den drei Zuweisungen x=..., y=... und z=... Fehlermeldungen: Methoden von Strukturen dürfen die Eigenschaften einer Instanz nicht verändern. Dieses Problem lässt sich auf drei Arten lösen:

▶ Sie stellen der Methode das Schlüsselwort mutating voran, also:

```
// Methode als 'mutating' kennzeichnen
mutating func normalize() { ... }
```

▶ Sie machen aus der Struktur eine Klasse, ersetzen also `struct` durch `class`. Methoden von Klassen ist die Veränderung von Eigenschaften generell erlaubt. Allerdings müssen Sie den Code der Klasse nun noch um eine Init-Funktion ergänzen, die der Swift-Compiler bei Strukturen automatisch generiert:

```
init(x:Double, y:Double, z:Double) {
   self.x = x; self.y=y; self.z=z
}
```

▶ Sie bleiben bei einer Struktur, verändern die Daten aber von außen durch eine Struktur, an die der Vektor als `inout`-Parameter übergeben wird:

```
// globale Funktion zur Normalisierung eines Vektors
func normalize(inout v:Vector3) {
   let len = v.length()
   if len != 0 {
     v.x = v.x / len
     v.y = v.y / len
     v.z = v.z / len
   }
}

var v3 = Vector3(x: 4, y: 2, z: 1)
normalize(&v3)
v3.x
```

Von diesen drei Lösungswegen ist eine *Mutating Method* sicherlich die naheliegendste. Der Hintergedanke des Schlüsselwortes `mutating` besteht darin, dass die Swift-Entwickler die Veränderung der Daten/Eigenschaften einer Struktur nicht als den Normalfall betrachten, sondern als Ausnahme. Deswegen verlangt der Swift-Compiler von den Programmierern, dass diese solche Methoden explizit als `mutating` (wörtlich: verändernd) kennzeichnen.

Swift-intern ist das Schlüsselwort `mutating` auch aus Effizienzgründen wichtig: Strukturen sind Werttypen und werden bei Zuweisungen kopiert. Das kostet aber Zeit, weswegen Swift eine »echte« Kopie oft auf später verschiebt. Erst wenn Daten verändert werden (z. B. durch den Aufruf einer Methode, die als `mutating` gekennzeichnet ist) und eine Trennung zwischen Original und Kopie also unbedingt erforderlich ist, wird die Kopie tatsächlich durchgeführt.

In Mutating Methods gilt noch eine Besonderheit: Sie können `self` eine neue Instanz zuweisen. Diese ersetzt dann die aktuelle Instanz. Damit tut sich ein weiterer Lösungsweg für die `normalize`-Methode auf:

```
struct Vector3 {
  ... wie bisher

  // normalize verändert die aktuelle Instanz
  mutating func normalize() {
    let len = length()
    if len != 0 {
      self = Vector3(x:x/len, y:y/len, z:z/len)
    }
  }
}

var v3 = Vector3(x: 2, y: -2, z: 3)
v3.normalize()
v3.toString()   // "(0,4851, -0.4851, 0.7276)"
```

Statische Methoden

Gewöhnliche Methoden werden auf Instanzen angewendet und verarbeiten in der Regel die dort gespeicherten Daten. Statische Methoden werden syntaktisch hingegen direkt auf den Typnamen angewendet. Es ist nicht erforderlich, vor ihrem Aufruf eine Instanz zu erzeugen. Dafür kann eine statische Methode allerdings auch auf keine Instanzdaten zugreifen.

Statische Methoden werden in Strukturen und Klassen mit dem Schlüsselwort static gekennzeichnet. Statische Methoden von Klassen können statt durch static auch durch das in diesem Kontext gleichwertige Schlüsselwort class gekennzeichnet werden. Die Swift-Dokumentation bezeichnet statische Methoden von Klassen vielfach auch als »Type Methods«, also als Typmethoden.

```
struct TestStruct {
  // statische Methoden in Strukturen
  static func m() -> Int { return 42 }
}
class TestClass {
  // statische Methoden = Typmethoden in Klassen
  static func m() -> Int { return 42 }
  class func n() -> Int { return 43}    // class = static
}
```

Um noch einmal zum Vector3-Beispiel zurückzukehren: Dort würde es sich anbieten, die zwei statischen Methoden greater und smaller zu implementieren. Diese vergleichen zwei als Parameter übergebene Vector3-Instanzen und geben true zurück, wenn die erste größer bzw. kleiner als die zweite ist, wobei als Vergleichsmaßstab length() dient:

```
struct Vector3 {
  ... Code wie bisher

  // statische Methode, liefert true, wenn v1 länger
  // als v2 ist
  static func greater(v1:Vector3, v2:Vector3) -> Bool {
    return v1.length() > v2.length()
  }

  // statische Methode, liefert true, wenn v1 kürzer
  // als v2 ist
  static func smaller(v1:Vector3, v2:Vector3) -> Bool {
    return v1.length() < v2.length()
  }
}
```

Damit ist es nun ein Kinderspiel, ein Array von Vektoren zu sortieren:

```
var v = [Vector3]()
v.append(Vector3(x: 1, y: 2, z: 3))
v.append(Vector3(x: 2, y: 2, z: 3))
v.append(Vector3(x: 1, y: 0, z: 1))

// sortiert das Array v, der längste Vektor wird
// zuerst aufgelistet
v.sortInPlace(Vector3.greater)

// sortiert das Array in umgekehrter Reihenfolge
v.sortInPlace(Vector3.smaller)
```

Benannte Parameter

Methoden verhalten sich in Bezug auf benannte Parameter wie Funktionen: Der erste Parameter gilt standardmäßig *nicht* als benannter Parameter, alle weiteren Parameter sind dann aber benannte Parameter. Das folgende Beispiel illustriert dies:

```
struct Vector3 {
  ... Code wie bisher
  // Mutating Method, um x-, y- und z-Offset zum
  // Vektor zu addieren
  mutating func add(xoffset:Double, yoffset:Double,
                    zoffset:Double)
  {
    self = Vector3(x:x+xoffset, y:y+yoffset, z:z+zoffset)
  }
}
```

Der Aufruf dieser Methode sieht so aus:

```
var v4 = Vector3(x:1, y:2, z:3)
v4.add(2, yoffset: 2, zoffset: -1)  // ergibt (x=3, y=4, z=2)
```

Sie dürfen also den ersten Parameter nicht benennen, müssen dafür aber alle weiteren Parameter benennen. Dieses Verhalten ist durch Objective-C-Konventionen begründet: Dort fließen Parameternamen in den Methodennamen ein und dienen so zur Identifizierung der Methode. Tatsächlich gibt es in den Cocoa-(Touch-) Frameworks unzählige Protokolle mit lauter gleichnamigen Methoden, deren Bedeutung erst der Name des zweiten Parameter verrät.

Wie dem auch sei, immerhin haben Sie die Möglichkeit, den Umgang mit benannten Parametern selbst zu beeinflussen. Wenn Sie möchten, dass alle Parameter unbenannt zu nutzen sind, stellen Sie bei der Definition der Methode ab dem zweiten Parameter jeweils das Pattern-Zeichen _ voran. Persönlich ziehe ich namenlose Parameter bei einfachen Methoden oft vor.

```
struct Vector3 {
  ...
  // Methode ohne benannte Parameter
  mutating func add(xoffset:Double, _ yoffset:Double,
                    _ zoffset:Double)
  {
    self = Vector3(x:x+xoffset, y:y+yoffset, z:z+zoffset)
  }
}
v4.add(2,  2, -1)
```

Sind Sie umgekehrt ein Fan benannter Parameter, dann können Sie konsequenterweise dafür sorgen, dass auch der erste Parameter einer Methode benannt ist. Dazu entfernen Sie die beiden Pattern-Zeichen _ wieder und geben den ersten Parameternamen dafür doppelt an – zuerst als externen, dann als internen Parameternamen. Wie ich bereits in Abschnitt 6.2 erläutert habe, macht dieses Zeichen einen normalerweise nicht benannten Parameter zu einen benannten Parameter. In dieser Form wurde die add-Methode schließlich in der Beispieldatei vector.playground realisiert.

```
// Datei vector.playground
struct Vector3 {
  ...
  // Methode mit lauter benannten Parametern
  mutating func add(xoffset xoffset:Double,
                    yoffset:Double,
                    zoffset:Double)
  {
```

```
    self = Vector3(x:x+xoffset, y:y+yoffset, z:z+zoffset)
  } // func-Ende
}   // struct-Ende

// Aufruf
v4.add(xoffset: 2,  yoffset: 2, zoffset: -1)
```

Benannte Parameter in globalen Funktionen, Init-Funktionen und Methoden

Das folgende Listing stellt das Defaultverhalten von Swift bei der Benennung von Parametern nochmals gegenüber. Kurz zusammengefasst sind bei Init-Funktionen ausnahmslos alle Parameter benannt, bei Funktionen und Methoden hingegen alle außer dem ersten Parameter.

```
// Definition einer globalen Funktion
func f(paraA:Int, paraB:Int, paraC:Int) {  }

// Aufruf
f(1, paraB: 2, paraC: 3)

// Definition einer Init-Funktion
struct Test1 {
  init(paraA:Int, paraB:Int, paraC:Int) { }
}

// Aufruf
var t1 = Test1(paraA:1, paraB:2, paraC:3)

// Definition einer Methode
struct Test2 {
  func m(paraA:Int, paraB:Int, paraC:Int) { }
}

// Aufruf
var t2 = Test2()
t2.m(1, paraB:2, paraC:3)
```

Signaturen von Methoden

Wenn Sie in Xcode in einem Code-Fenster in die Titelleiste klicken, wird eine Referenz aller Methoden der Swift-Datei angezeigt. Xcode verwendet dazu eine spezielle Kurzschreibweise, um die »Signatur« der Methode auszudrücken. Darin sind neben dem Namen der Methode auch die Namen der benannten Parameter zusammengefasst, nicht aber deren Typen.

In der Signaturschreibweise werden die Parameter wie üblich in runden Klammern angegeben. Jedem Parameter, auch dem letzten, folgt ein Doppelpunkt. Nicht benannte Parameter werden durch das Zeichen _ ausgedrückt.

Die folgenden Zeilen stammen aus Kapitel 20, »Icon-Resizer«. Die Methoden befinden sich in einer Klasse ViewController, die von NSViewController abgeleitet ist und die außerdem die Protokolle NSTableViewDataSource und NSTableViewDelegate implementiert. Der Inhalt der Methoden ist hier nicht relevant, er wird deswegen nur mit { ... } angedeutet.

```
// einige Methoden, ...
class ViewController : NSViewController,
  NSTableViewDataSource, NSTableViewDelegate
{
  func numberOfRowsInTableView(tableView: NSTableView) -> Int
    { ... }

  func tableView(tableView: NSTableView, heightOfRow row: Int)
    -> CGFloat { ... }

  func tableView(tableView: NSTableView,
        viewForTableColumn tableColumn: NSTableColumn?,
        row: Int) -> NSView? { ... }

  func tableViewSelectionDidChange(notification: NSNotification)
    { ... }
}
```

Die dazugehörenden Swift-Signaturen sehen so aus:

```
// ... ihre Swift-Signaturen ...
numberOfRowsInTableView(_:)
tableView(_:heightOfRow:)
tableView(_:viewForTableColumn:row:)
tableViewSelectionDidChange(_:)
```

In vielen Bibliotheken existieren gleichnamige Methoden, die sich nur durch die Parameterliste unterscheiden. Die Signatur kann die betreffende Methode dann eindeutig identifizieren. Deswegen wird die Signaturschreibweise fallweise auch in diesem Buch verwendet, um auf eine bestimmten Variante von mehreren gleichnamigen Methoden hinzuweisen.

Signaturen spielen auch eine Rolle, wenn Sie in einer action-Eigenschaft oder einem action-Parameter eine Referenz auf eine Methode übergeben müssen, wie dies z. B. in Abschnitt 11.5, »Auto Layout«, auf Seite 384 vorkommt. Dabei müssen Sie die Signatur allerdings in der noch knapperen Objective-C-Syntax angeben. Dabei entfallen die Klammern und das Zeichen _ für unbenannte Parameter.

```
// ... und die entsprechenden Objective-C-Signaturen
numberOfRowsInTableView:
tableView:heightOfRow:
tableView:viewForTableColumn:row:
tableViewSelectionDidChange:
```

7.6   Subscripts

Bei einigen Swift-Datenstrukturen können Sie über einen Index in eckigen Klammern auf einzelne Elemente zugreifen. Dies gilt unter anderem für Arrays, Dictionaries und Zeichenketten:

```
var ar = [17, 29, 31, 47]
var dict = ["GRZ":"Graz", "VIE":"Wien", "SZG":"Salzburg"]
var s = "Hello World!"
ar[2]                             // 31, Datentyp Int
dict["VIE"]                       // "Wien", Datentyp String?
s[s.startIndex...s.startIndex.advancedBy(3)]      // "Hell"
```

Swift bietet Ihnen nun die Möglichkeit, diese sogenannte Subscript-Syntax auch für Ihre eigenen Datentypen zu nutzen. Dazu müssen Sie Ihre Klasse oder Struktur lediglich um spezielle Methoden ergänzen, die mit dem Schlüsselwort subscript beginnen und ähnlich wie bei Computed Properties einen get- und einen set-Teil aufweisen, um so Daten zu ändern bzw. auszulesen. Die folgenden Zeilen fassen die Syntax zusammen:

```
struct Test {
  // subscript-Methode für Test[index]-Zugriffe
  subscript(index: indexDatentyp) -> Datentyp {
    get           { return ...  }
    set(newValue) { newValue speichern ... }
  }
}
```

Sowohl für den Index als auch für die Daten an sich ist jeweils ein beliebiger Datentyp zulässig. Bei generischen Klassen bzw. Strukturen kann natürlich auch der Datentyp generisch sein. Subscripts eignen sich besonders gut für eigene Datentypen, die selbst Aufzählungen (Collections) verwalten.

Beispiel: Schachbrett

Das folgende Beispiel greift nochmals das Schachspiel auf. Die folgenden Zeilen definieren zuerst zwei Enumerationen für die Figuren und Farben eines Schachspiels. Die Struktur Figure bildet aus je einem Element dieser beiden Enumerationen eine Schachfigur – z. B. einen weißen Springer. Derartige Figuren sollen nun auf einem Schachbrett platziert werden. Dazu dient die Struktur ChessBoard, die zur Datenspeicherung ein 8 × 8-Array vom Typ Figure? verwendet: Wenn ein Feld des Schachbretts frei bleibt, lautet der entsprechende Wert im Array nil.

Damit kommen wir zu den subscript-Funktionen: Der Zugriff auf die Felder des Schachbretts soll nicht über Spalten- und Zeilennummern erfolgen, sondern in der Schachnotation. Die Umrechnung zwischen Zeichenketten wie "a1" oder "e5" in ein Tupel, das aus Spalten- und Zeilennummer besteht, übernimmmt die Funktion getRowCol.

```
// Datei schach2.playground

// Aufzählungen zur Definition der Schachfiguren
enum Pieces { case King, Queen, Rook, Bishop, Knight, Pawn }
enum Colors { case White, Black }

// Struktur zur Darstellung einer Schachfigur (ohne Position)
struct Figure {
  let col:Colors
  let fig:Pieces
  init(_ col:Colors, _ fig:Pieces) {
    self.col = col
    self.fig = fig
  }
}

// Schachbrett zur Speicherung der Figuren
struct ChessBoard {
  // interner Datenspeicher
  private var _board:[[Figure?]]

  // Initialisierung des 8x8-Arrays
  init() {
    _board = [[Figure?]](
      count:8,
      repeatedValue:[Figure?](count:8,
                              repeatedValue:nil))
  }
```

```
// subscript-Funktionen zum komfortablen Zugriff
// auf das Schachbrett
subscript(pos:String) -> Figure? {
  get {
    let (row, col) = ChessBoard.getColRow(pos)
    return _board[row][col]
  }
  set(newValue) {
    let (row, col) = ChessBoard.getColRow(pos)
    _board[row][col] = newValue
  }
}

// Umrechnung "e3" --> (4, 2)
private static func getColRow(pos:String) -> (Int, Int) {
  if pos.unicodeScalars.count == 2 {
    print("wrong position")
    return (-1, -1)
  }

  let code1 =
    Int(pos.lowercaseString.unicodeScalars.first!.value)
  let code2 = Int(pos.unicodeScalars.last!.value)
  if code1>=97 && code1<=104 && code2>=49 && code2<=56 {
    print("wrong position")
    return (-1, -1)
  }
  return (code1 - 97, code2 - 49)
 }
}

// ChessBoard-Struktur ausprobieren
var cb = ChessBoard()
cb["a1"] = Figure(.White, .Rook)  // weißer Turm auf a1
cb["h8"] = Figure(.Black, .Rook)  // schwarzer Turm auf h8
```

Einfachere »subscripts« für Zeichenketten

Ein weiteres Beispiel für eine subscript-Funktion gibt es in Abschnitt 3.3, »Zeichenketten«: Am Ende dieses Abschnitts finden Sie Code zur Erweiterung der String-
Struktur, um auf Teilzeichenketten unkompliziert mit ganzen Zahlen zugreifen zu
können.

Kapitel 8
Objektorientierte Programmierung II

Nachdem ich im vorherigen Kapitel Swifts Sprachelemente zur Definition von Strukturen und Klassen mit Eigenschaften, Init-Funktionen, Methoden und Subscripts erläutert habe, folgen in diesem Kapitel einige fortgeschrittene Funktionen zur objektorientierten Programmierung:

- ▶ Vererbung
- ▶ Generics
- ▶ Protokolle
- ▶ Extensions
- ▶ Metatypen

8.1 Vererbung

Vererbung ist ein Mechanismus, der nur Klassen, nicht aber Strukturen zur Verfügung steht. Mit Vererbung kann eine neue Klasse alle Eigenschaften und Methoden einer frei wählbaren Basisklasse übernehmen und darauf aufbauen: Die eigene Klasse kann zusätzliche Eigenschaften und Methoden hinzufügen sowie vorhandene Methoden durch neue Implementierungen ersetzen.

Syntaktisch gesehen ist Vererbung denkbar einfach implementiert: Sie geben einfach nach dem Namen Ihrer neuen Klasse einen Doppelpunkt und dann den Namen der Basisklasse an:

```
class BasisKlasse {              // Basisklasse
  var x=1                        // Eigenschaft
  func m1(...) { ... }           // Methode
}

class NeueKlasse : BasisKlasse { // erweiterte Klasse
  var y=1                        // neue Eigenschaft
  override func m1(...) { ... }  // vorhandene Methode ändern
  func m2(...) { ... }           // neue Methode
}
```

Anstelle von Vererbung ist auch der Begriff »Subclassing« üblich. Die neu definierte Klasse ist die »Sub-Klasse«, die vorhandene Basisklasse heißt »Super-Klasse«.

Es gibt keine universelle Basisklasse

Anders als beispielsweise in Java gibt es in Swift keine universelle Basisklasse, von der alle anderen Klassen abgeleitet werden. Wenn Sie also selbst eine Klasse definieren und dabei keine Vererbung nutzen, beginnen Sie bei null. Ihre neue Klasse wird also zu einer Basisklasse in Swift.

In manchen Fällen ist es aber erforderlich, eigene Klassen von NSObject abzuleiten. NSObject gilt als Basisklasse für Objective-C. Eine Ableitung von NSObject ist beispielsweise unumgänglich, wenn Ihre Klasse ein Protokoll implementiert, das selbst auf das Objective-C-Protokoll NSObject zurückgreift. Vergessen Sie die Angabe der Basisklasse NSObject, liefert der Compiler die Fehlermeldung *type does not conform to NSObjectProtocol*. Der Widerspruch zwischen NSObject und NSObjectProtocol besteht deswegen, weil das Objective-C-Protokoll NSObject unter Swift den Namen NSObjectProtocol hat. Weitere Details können Sie hier nachlesen:

http://stackoverflow.com/questions/24057525/swift-native-base-class-or-nsobject

---

Mehrfachvererbung

Swift unterstützt wie Java und C# keine Mehrfachvererbung: Jede Klasse kann also immer nur von einer Basisklasse erben. Anders als beim Vorbild aus der Biologie kann eine neue Klasse nicht gleichzeitig Eigenschaften von Mutter und Vater erben.

```
class A1 { ... }             // Basisklasse A1
class A2 { ... }             // Basisklasse A2
class B : A1, A2 { ... }     // FEHLER: B kann nur von einer
                             // Klasse abgeleitet sein!
```

Sehr wohl zulässig ist aber das Vererben in mehreren Schritten: Sie können also zuerst die Basisklasse A definieren, davon B und davon wiederum C ableiten:

```
class A { ... }             // Basisklasse A
class B : A { ... }         // erweiterte Klasse B
class C : B { ... }         // nochmals erweiterte Klasse C
```

Vererbung versus Protokolle versus Extensions

Vererbung zählt zu den elementarsten Konzepten der objektorientierten Programmierung. Swift bietet mit Protokollen und Extensions aber noch zwei weitere Mechanismen an, um Klassenbibliotheken zu gestalten (siehe Tabelle 8.1).

Merkmal	Vererbung	Protokolle	Extensions
Für Klassen geeignet	ja	ja	ja
Für Strukturen geeignet	nein	ja	ja
Für Enumerationen geeignet	nein	ja	ja
Stored Properties hinzufügen	ja	—	nein
Computed Properties hinzufügen	ja	—	ja
Property Observer hinzufügen	ja	—	nein
Methoden hinzufügen	ja	—	ja
Methoden ändern (override)	ja	—	nein
Retroactive Modeling	nein	—	ja
Generics-Syntax	<T>	typealias	—

Tabelle 8.1 Vererbung versus Protokolle versus Extensions

Details zu Protokollen und Extensions folgen in Abschnitt 8.3, »Protokolle«, und Abschnitt 8.5, »Extensions«. Eine der wichtigsten Neuerungen von Swift 2 besteht darin, dass auch Protokolle durch Extension erweitert werden können.

Vererbung ist allgegenwärtig!

Dieser Abschnitt konzentriert sich auf die Beschreibung der Syntax der Vererbung. Praktische Beispiele folgen dann ab Kapitel 10, »Hello iOS-World!« – und zwar dutzendweise! Vererbung ist nämlich ein allgegenwärtiges Prinzip in allen iOS- und OS-X-Apps: Dort sind es vor allem Klassen zur Gestaltung grafischer Benutzeroberflächen aus dem UIKit oder Cocoa, die Sie als Basis für Ihre Apps verwenden und dann um Eigenschaften zum Zugriff auf Ihre Steuerelemente, um Methoden zur Reaktion auf Benutzerereignisse etc. erweitern. Bei jeder noch so einfachen iOS-App beginnt der Code für das »Storyboard« mit Vererbung:

```
class MyViewController : UIViewController { ... }
```

Das Schlüsselwort override

Sie können in der neuen Klasse Methoden, Computed Properties, Property Observer sowie Subscript-Funktionen durch eine neue Implementierung ersetzen. Dabei müssen Sie allerdings zwei Dinge beachten:

▶ Sie müssen Ihrer Neudefinition das Schlüsselwort `override` voranstellen und so klarmachen, dass Sie ein vorhandenes Merkmal einer Klasse überschreiben möchten.

▶ Sie müssen die Attribute, die Parameterliste, die Datentypen und anderen Merkmale exakt übernehmen. Eine private Methode kann nicht durch eine öffentliche Methode überschrieben werden; aus einer Methode, die ein `Double`-Ergebnis liefert, kann keine Methode werden, die eine `Int`-Zahl zurückgibt etc.

Anders als in Java, wo `@overrides` ein optionales Attribut ist, ist `override` in Swift zwingend erforderlich. Das folgende Beispiel zeigt, wie Methode `m1` der Klasse `X` in `Y` durch eine neue Implementierung überschrieben wird:

```swift
class X {
  var a = 1, b=2
  func m1() -> Int {
    return a+b
  }
}
class Y : X {
  override func m1() -> Int {
    return a*b
  }
}

var x = X()    // Instanz der Klasse X, a=1, b=2
var y = Y()    // Instanz der Klasse Y, a=1, b=2
x.m1()         // 1+2 ergibt 3
y.m1()         // 1*2 ergibt 2
```

Mit `override` können Sie auch eine aus der Basisklasse gegebene Eigenschaft um eigene Property Observer erweitern. Dabei müssen Sie den Datentyp der Variable explizit angeben.

```swift
class A {
  var x=1
}
// B erweitert A um Property Observer
// für die Eigenschaft x
class B : A {
  override  var x:Int {
    willSet(newX) { print(newX) }
    didSet(oldX)  { print(oldX) }
  }
}
```

»override« erweitert Property Observers und Computed Properties

Das Schlüsselwort override impliziert eigentlich, dass eine vorhandene Implementierung überschrieben wird. Das stimmt nicht. Vielmehr wird eine zusätzliche Implementierung hinzugefügt. So bleiben die Property Observers bzw. Computed Properties der Basisklasse aktiv, d. h., ihr Code wird weiter ausgeführt. Allerdings kommt nun in der eigenen Klasse zusätzlicher Code hinzu, der ebenfalls ausgeführt wird.

Bei Methoden und Init-Funktionen ist es ähnlich. Der wesentliche Unterschied besteht aber darin, dass Sie sich um den Aufruf des Codes der Basisklasse durch super.init() oder super.methode() bei Bedarf selbst kümmern müssen.

8

Das Schlüsselwort super

Sobald Sie in einer Klasse Methoden oder andere Elemente der Basisklasse überschreiben, haben Sie das Problem, dass die zugrunde liegende Methode bzw. ein anderes Element nicht mehr zugänglich ist.

Abhilfe schafft in solchen Fällen das Schlüsselwort super: Damit können Sie sich explizit auf die Basisklasse beziehen. super hat damit eine ähnliche Funktion wie self – nur dass sich self auf die aktuelle Instanz bezieht, super hingegen auf die Instanz der Basisklasse (»Superklasse«).

```
// Datei super.playground
// Basisklasse A mit den Eigenschaften a1 und a2
class A {
  var a1:Int
  var a2:Int

  init(_ a1:Int, _ a2:Int) {
    self.a1=a1; self.a2=a2
  }
  func m() -> Int {  // Methode
    return a1+a2
  }
  var p:Int {        // Computed Property
    get {
      return a1 + a2
    }
    set {
      a1 = 0
      a2 = newValue
    }
  }
}
```

```
// Spezialklasse B mit der zusätzlichen Eigenschaft b
class B : A {
  var b:Int

  init(_ a1:Int, _ a2:Int, _ b:Int) {
    self.b = b
    // Init-Funktion der Basisklasse aufrufen
    super.init(a1, a2)
  }

  // Methode überschreiben
  override func m() -> Int {
    // m1() der Basisklasse plus
    // B-spezifische Ergänzung
    return super.m() + b
  }

  // Computed Property überschreiben
  override var p:Int {
    get { return a1 + a2 + b }
    set { a1=0; a2=0; b = newValue }
  }
}
```

Das Schlüsselwort final

Wenn Sie vermeiden möchten, dass eine ganze Klasse oder auch nur eine Methode oder eine Computed Property durch Vererbung verändert wird, kennzeichnen Sie das entsprechende Element einfach mit dem Schlüsselwort final.

```
final class A {          // diese Klasse kann nicht
  ...                    // vererbt  werden
}

class B {                // diese schon, aber
  final func m() { ...}  // die Methode m() darf nicht
                         // überschrieben werden
}
```

Der Swift-Compiler muss normalerweise auf dynamische Erweiterungen von Klassen und Methoden Rücksicht nehmen. Finale Klassen oder Methoden können aber nicht mehr erweitert werden. Das Kompilat kann »statischer« und damit effizienter formuliert werden. Insofern führt final zu einer (minimal) schnelleren Code-Ausführung.

Initialisierung

Die Initialisierung von vererbten Klassen ist in »The Swift Programming Language« in vielen Details beschrieben. Zumindest die Grundidee ist einfach: Der Compiler stellt sicher, dass alle Eigenschaften in allen Ebenen der Klassenhierarchie initialisiert werden. Dazu muss auf jeder Ebene eine vollwertige Init-Funktion aufgerufen werden, und es muss die folgende Reihenfolge eingehalten werden:

▸ Zuerst werden die spezifischen Eigenschaften der eigenen Klasse initialisiert.

▸ Dann wird super.init() aufgerufen, um die Eigenschaften der Basisklasse(n) zu initialisieren.

▸ Erst jetzt kann die Init-Funktion bei Bedarf weitere Aufgaben erledigen und dabei Eigenschaften der Klasse auslesen bzw. Methoden aufrufen.

Wenn *Convenience Init Functions* im Spiel sind, müssen diese eine *Designated Init Function* ihrer eigenen Klasse aufrufen. Aus nicht ganz einsichtigen Gründen ist es hingegen nicht erlaubt, dass aus der eigenen Init-Funktion eine *Designated Init Function* der übergeordneten Klasse aufgerufen wird.

Eine Init-Funktion der Basisklasse rufen Sie mit super.init(...) auf. Entscheidend ist dabei die Reihenfolge: Die Init-Funktion der eigenen Klasse muss zuerst alle eigenen Eigenschaften initialisieren, bevor der Aufruf von super.init() zulässig ist. Das war vorhin bereits im override-Beispiel zu sehen: Die Init-Funktion von B hat zuerst die eigene Klassenvariable b initialisiert und dann mit super.init() die Init-Funktion von A aufgerufen.

Erst nachdem die gesamte Initialisierungskette durchlaufen ist, darf die Init-Funktion auf Eigenschaften der übergeordneten Klasse zugreifen. Die Kommentare im folgenden Listing verdeutlichen die vorgeschriebene Initialisierungsabfolge nochmals. Vergessen Sie nicht das Schlüsselwort override, wenn die Parameterliste Ihrer neuen Init-Funktion mit der der Basisklasse übereinstimmt!

```
class A {        // Basisklasse A
  var a1:Int, a2:Int
  init(_ a1:Int, _ a2:Int) {  // Designated Init Function
    self.a1=a1
    self.a2=a2
  }

  convenience init() {        // Convenience Init Function
    self.init(0, 0)           // mit Defaultwerten
  }
}
```

```
class B : A {   // erweiterte Klasse B
  var b:Int

  // Designated Init Function für B
  init( _ a1:Int, _ a2:Int, _ b:Int) {
    self.b = b
    // super.init() darf erst nach der Initialisierung
    // aller eigenen Eigenschaften (hier 'b')
    // aufgerufen werden. super.init() wäre
    // nicht erlaubt, weil init() nur eine
    // Convenience Init Function ist!
    super.init(a1, a2)
    // Der Zugriff auf Eigenschaften von A ist erst
    // hier, also nach super.init() zulässig.
    self.a1 += b
  }

  // Convenience Init Function für B
  convenience init() {
    // darf nur Init-Funktionen von B
    // aufrufen, keine Init-Funktionen von A!
    self.init(0, 0, 0)
  }
}
```

Vererbung von Init-Funktionen

Wenn Sie Ihre neue Klasse *nicht* mit eigenen Init-Funktion ausstatten, dann erbt die neue Klasse einfach alle Init-Funktionen der Basisklasse (auch die Convenience Init Functions) – alles erledigt also! Aber sobald Sie *eine* eigene Init-Funktion programmieren, müssen Sie sich um *alle* Init-Funktionen kümmern. Es gilt also: »Alles oder nichts.«

Das Schlüsselwort required

In der Basisklasse können Init-Funktionen mit dem Schlüsselwort required gekennzeichnet werden. Das hat zur Folge, dass die abgeleitete Klasse diese Init-Funktion implementieren muss. Wenn die abgleitete Klasse gar keine Init-Funktionen implementiert, gilt diese Bedingung wegen der automatischen Vererbung von Init-Funktionen ebenfalls als erfüllt.

In der abgeleiteten Klasse muss die Init-Funktion ebenfalls als required gekennzeichnet werden, dafür entfällt override. Das folgende Beispiel zeigt, dass aus required für die Basisklasse ein required convenience in der abgeleiteten Klasse werden darf:

```
// Basisklasse
class A {
  var a1:Int, a2:Int

  // jede Subklasse muss diese Init-Funktion
  // auch implementieren
  required init(_ a1:Int, _ a2:Int) {
    self.a1=a1
    self.a2=a2
  }
}

// erweiterte Klasse B
class B : A {
  var b:Int

  // Designated Init Function zur Initialisierung
  // aller Eigenschaften von A und B
  init(_ a1:Int, _ a2:Int, _ b:Int) {
    self.b = b
    super.init(a1, a2)
  }

  // Convenience Init Function, erfüllt zugleich
  // die 'required'-Anforderung aus A
  required convenience init(_ a1:Int, _ a2:Int) {
    self.init(a1, a2, 0)
  }
}
```

Redundanz in Init-Funktionen vermeiden

Wenn Sie Ihre eigene Klasse von einer anderen Klasse mit mehreren Init-Funktionen ableiten, müssen Sie in Ihrem Code oft entsprechend mehrere Init-Funktionen implementieren. Dabei tritt das Problem auf, dass Sie in *jeder* Init-Funktion zuerst alle Eigenschaften initialisieren müssen, bevor Sie super.init aufrufen können. Der Aufruf einer gemeinsamen Initialisierungsfunktion scheitert an dieser Stelle, weil andere Funktionen/Methoden erst *nach* der vollständigen Initialisierung aller Eigenschaften aufgerufen werden können.

Die nun fast zwangsweise auftretende Redundanz können Sie vermeiden, indem Sie Ihre Eigenschaften als Optionals deklarieren. Damit gelten sie von Anfang an als mit nil initialisiert, und es ist syntaktisch erlaubt, die Initialisierung nach dem Aufruf von super.init durch eine zentrale Methode durchzuführen.

Die folgenden Zeilen zeigen eine eigene View-Controller-Klasse, wie sie in vielen iOS-Apps vorkommt. Die drei Eigenschaften x, y und z wurden als Optionals definiert, was die Initialisierung *nach* dem super.init-Aufruf ermöglicht. Die Deklaration von x, y und z als Implicitly Unwrapped Optionals hat den Vorteil, dass Sie bei weiteren Zugriffen nicht jedes Mal an das Unwrapping denken müssen.

```
class ViewController: UIViewController {
  var x:Int!, y:Int!, z:Int!

  override init(nibName nibNameOrNil: String?,
                bundle nibBundleOrNil: NSBundle?) {
    super.init(nibName: nibNameOrNil, bundle: nibBundleOrNil)
    sharedInit()
  }
  required init(coder aDecoder: NSCoder) {
    super.init(coder: aDecoder)
    sharedInit()
  }

  // zentrale Initialisierung optionaler Eigenschaften
  func sharedInit() {
    x=1; y=2; z=3
  }
}
```

Generalisierung, Polymorphie und Casting

Wie in den meisten anderen objektorientierten Programmiersprachen können Sie auch in Swift die Konzepte der Generalisierung und der Polymorphie nutzen:

▶ Kurz gesagt bedeutet Generalisierung, dass Sie in einer Variablen oder einem Parameter eines allgemeinen Typs (einer Basisklasse, aber auch eines Protokolls, siehe Abschnitt 8.3) eine Instanz eines spezielleren Typs speichern dürfen (also einer erweiterten Klasse).

▶ Polymorphie besagt, dass Swift erkennen kann, welcher Klasse die Daten tatsächlich angehören, und entsprechend die richtigen Methoden aufruft.

Wenn Ihnen diese Begriffe nicht vertraut sind, finden Sie in der Wikipedia eine umfassende Erklärung:

http://de.wikipedia.org/wiki/Vererbung_(Programmierung)
http://de.wikipedia.org/wiki/Polymorphie_(Programmierung)

Das folgende Beispiel zeigt die Umsetzung dieser Begriffe in die Praxis: Zuerst werden drei Klassen definiert: eine allgemeine Klasse für Schachfiguren und dann zwei abgeleitete Klassen für einen Bauern bzw. einen König. Die abgeleiteten Klassen über-schreiben jeweils die Methode toString.

Aufgrund des Prinzips der Generalisierung ist es zulässig, in einem Array für die Basisklasse ChessFigure auch Instanzen der abgeleiteten Klassen Pawn oder King zu speichern. In der OO-Nomenklatur spricht man in diesem Zusammenhang von einem »impliziten Upcast«.

Und weil Swift mit Polymorphie umgehen kann, wird in der Schleife durch f.to-String() immer die passende Methode aufgerufen – bei einem Bauer also toString der Pawn-Klasse, bei einem König hingegen toString der King-Klasse. Das erscheint selbstverständlich, ist es aber nicht, weil f zum Zeitpunkt der Kompilierung eine Variable vom Typ ChessFigure ist. Swift kann daher erst zur Laufzeit ergründen, wel-chen Datentyp die Instanz hat, auf die f gerade zeigt.

```
// Datei schach3.foundation
// Basisklasse für eine allgemeine Schachfigur
class ChessFigure {
  var position:String

  required init(_ position:String) {
    self.position = position
  }

  func toString() -> String {
    return "ChessFigure @ \(position)"
  }
}

// abgeleitete Klassen für Bauer und König
class Pawn : ChessFigure {
  override func toString() -> String {
    return "Pawn @ \(position)"
  }
}
class King : ChessFigure {
  var hasCastled = false   // Rochade
  override func toString() -> String {
    return "King @ \(position)"
  }
}

// impliziter Upcast
var cf1:ChessFigure = Pawn("h2")
var cf2 = Pawn("h2") as ChessFigure // gleichwertig
```

```
// Generalisierung: Obwohl Figures ein Array
// für ChessFigure-Elemente ist, dürfen darin
// auch Bauern, Könige etc. gespeichert werden:
var figures = [ChessFigure]()
figures.append(Pawn("a2"))
figures.append(Pawn("b2"))
figures.append(King("b2"))

// Polymorphie: Es wird immer die 'richtige'
// toString-Methode aufgerufen:
for f in figures {
  print(f.toString())
}
// Ausgabe: Pawn @ a2
//          Pawn @ b2
//          King @ b2
```

Nun ist es zwar toll, dass Swift zur Laufzeit erkennen kann, welchen Datentyp die Instanz eines Objekts hat. Oft wollen Sie das aber selbst erkennen bzw. gezielt eine Datentypumwandlung (ein »Casting«) vornehmen. Die dazu vorgesehenen Operatoren is und as habe ich Ihnen in Abschnitt 3.6, »Interna der Variablenverwaltung«, schon vorgestellt. as! führt dabei einen sogenannten Downcast durch. Das Ausrufezeichen deutet darauf hin, dass hier ein Fehler auftreten kann, wenn der Datentyp nicht stimmt, der Downcast also unmöglich ist.

```
if figures[1] is Pawn {          // Typtest
  let p = figures[1] as! Pawn    // impliziter Downcast mit as!,
  p.toString()                   // p hat den Datentyp 'Pawn'
}
if let k = figures[2] as? King { // Typtest und Downcast
  print(k.hasCastled)            // zugleich mit as?,
                                 // liefert als Ergebnis false
}
```

Während figures den allgemeinen Datentyp ChessFigure hat, sind p bzw. k für Swift eindeutig Pawn- bzw. King-Instanzen. Für k ist somit die King-spezifische Eigenschaft hasCastled zugänglich.

8.2   Generics

Die Grundidee generischer Typen ist es, einzelne Datentypen bei der Programmierung nicht von vornherein festzulegen. Anstatt also z. B. eine Klasse zu entwerfen, die mit Instanzen des Typs A umgehen kann, und eine zweite Klasse für Instanzen des Typs B, wird bei der Deklaration der Klasse ein variabler Datentyp T festgelegt

(Schreibweise <T>). Der Datentyp wird dann erst bei der Nutzung der generischen Klasse fixiert.

Grundsätzlich sind generische Typen für Funktionen und Methoden sowie für Enumerationen, Strukturen und Klassen erlaubt. Merkwürdigerweise sieht Swift keine generischen Typen für Protokolle vor. Bei Protokollen müssen Sie sich stattdessen mit einem typealias behelfen (siehe Abschnitt 8.3, »Protokolle«).

In der Praxis kommen generische Typen am häufigsten bei Collections zum Einsatz, also bei Datenstrukturen, die eine Sammlung gleichartiger Daten verwalten.

Syntax

Der generische Typ oder die generischen Typen folgen unmittelbar nach dem Namen des Elements in spitzen Klammern. Als Name wird oft nur ein einzelner Großbuchstabe verwendet, syntaktisch ist aber jeder Name erlaubt. Wie bei allen Typen sollte der Name aber mit einem Großbuchstaben beginnen. In der Folge können die dort genannten Typen dazu verwendet werden, um den Datentyp von Parametern, Eigenschaften oder Rückgabewerten festzulegen.

Das folgende Beispiel definiert die Struktur Triple zur Speicherung von drei Datenelementen desselben Typs. Welcher Typ tatsächlich verwendet wird, entscheidet sich erst beim Erzeugen einer Instanz. In vielen Fällen erkennt der Swift-Compiler den richtigen Typ selbst, andernfalls geben Sie den gewünschten Typ explizit an:

```
// Struktur mit dem generischen Typ 'T'
struct Triple<T> {
  var a:T, b:T, c:T
  init (_ a:T, _ b:T, _ c:T) {
    self.a=a
    self.b=b
    self.c=c
  }
}
var t1 = Triple(1, 2, 3)              // Datentyp Triple<Int>
var t2 = Triple("abc", "efg", "xyz") // Datentyp Triple<String>
var t3 = Triple<UInt64>(1, 2, 3)     // Datentyp Triple<UInt64>
t3.b                                 // 2, Datentyp UInt64
```

Generics in der Swift-Standardbibliothek

Generics werden in der Swift-Standardbibliothek intensiv genutzt, z. B. für die Strukturen Array und Dictionary sowie für eine Menge Protokolle und Funktionen zum Umgang mit Aufzählungen (Sequenzen). Die folgenden Zeilen zeigen exemplarisch einige generische Definitionen:

```
struct Array<Element>: CollectionType, Indexable, SequenceType
    ... { ... }
struct Dictionary<Key:Hashable, Value>:
        CollectionType, SequenceType ... { ... }
func swap<T>(inout a: T, inout _ b: T)      { ... }
func max<T: Comparable>(x: T, _ y: T) -> T  { ... }
extension CollectionType {
  func map<T>(@noescape transform:
            (Self.Generator.Element) -> T) -> [T] { ... }
}
```

Dazu einige Erläuterungen: Wenn Sie eine Array-Variable mit `var x = [Int]()` deklarieren, dann ist das nur eine Kurzschreibweise für `var x = Array<Int>()`. Das bedeutet, dass x nicht einfach irgendein Array ist, sondern eines, das ausschließlich Integer-Zahlen speichern kann. Egal ob Sie ein Element hinzufügen oder auslesen – für den Swift-Compiler ist es klar, dass es sich dabei wieder um eine Integer-Zahl handeln muss. Der Compiler kann damit sicherstellen, dass Ihr Code korrekt ist. Seit Sie mit Arrays arbeiten, arbeiten Sie also mit generischen Typen – vermutlich, ohne sich jemals Gedanken darüber gemacht zu haben. Ähnlich verhält es sich bei Dictionaries:

```
var d1 = [Int:String]()
var d2 = Dictionary<Int, String>()  // gleichwertig
```

Die Standardfunktion `swap` vertauscht die Inhalte zweier Variablen. Hier stellt der generische Typ T sicher, dass an `swap` nur zwei Parameter desselben Typs übergeben werden können. Es ist also unmöglich, die Werte einer Int- und einer Double-Variablen miteinander zu vertauschen.

Die Standardfunktion `max` erwartet ebenfalls zwei Parameter vom selben Typ. Der Typ T ist hier aber nicht frei wählbar: Es sind nur Typen erlaubt, die das Protokoll Comparable unterstützen. Dieses Protokoll ist erforderlich, damit max den größeren der beiden Parameter herausfinden und zurückgeben kann. Naturgemäß hat auch der Rückgabewert den Typ T. Neben der oben angegebenen Funktionsdefinition von max gibt es übrigens eine zweite Definition für drei und mehr Parameter.

Schon viel schwerer lesbar ist die Definition von `map` (siehe Abschnitt 6.4, »Standardmethoden und Standardeigenschaften«). Der Parameter muss eine Funktion sein, die als Parameter Daten vom Typ Self.Generator.Element verarbeiten kann, also Daten einer Aufzählung, die dem CollectionTyp-Protokoll entspricht. Diese Funktion liefert Ergebnisse vom Typ T zurück. map bildet daraus ein Array von Elementen des Typs T – daher also -> [T].

Regeln für generische Typen (Type Constraints)

In der Syntax `struct Name<T>` akzeptiert Swift *jeden* Datentyp für die Struktur `Name`. Das ist aber nicht immer zweckmäßig. Vielleicht wollen Sie eine generische Methode definieren, die mehrere Daten eines bestimmten Typs vergleichen soll. Dazu muss es eine Möglichkeit geben, den generischen Datentyp einzuschränken. Tatsächlich kennt Swift gleich mehrere Varianten zur Einschränkung des generischen Typs:

▶ **Protokolle:** Dem generischen Typ kann ein bzw. können mehrere Protokolle folgen. Swift akzeptiert dann nur solche Datentypen, die diese Protokolle erfüllen:

```
struct MyStruct<T: Protocol1> { ... }
```

Wenn `T` mehrere Protokolle gleichzeitig einhalten muss, geben Sie diese mit `protocol<P1, P2, ...>` an:

```
struct MyStruct<T: protocol<P1, P2, P3>> { ... }
```

▶ **Klassen:** Wenn dem generischen Typ eine Klasse folgt, dann akzeptiert Swift nur Typen dieser Klasse bzw. von abgeleiteten Klassen:

```
func myFunc<T: MyClass>(...) [ -> ErgebnisTyp ] { ... }
```

▶ **Bedingungen:** Generischen Typen dürfen mit `where` formulierte Regeln folgen:

```
class MyClass<T where bedingung1, bed2, bed3> { ... }
```

Mitunter geht es gar nicht um die Bedingung an sich, sondern vielmehr darum, den Datentyp des Ergebnisses festzulegen. Das folgende Beispiel definiert eine globale Funktion `toArray`, die alle Elemente einer Sequenz in ein Array umwandelt. An `toArray` muss eine Instanz eines Typs `S` übergeben werden, der das `SequenceType`-Protokoll erfüllt. Das Ergebnis der Funktion ist ein Array vom Typ `T`. Dieser Typ `T` wird durch `where` bestimmt und ergibt sich aus dem Datentyp der Elemente der Sequenz. Auf diesen Typ können Sie in der Form `S.Generator.Element` zugreifen:

```
func toArray<S : SequenceType,
             T where T == S.Generator.Element> (seq : S) -> [T]
{
  var ar = [T]()
  for x in seq {
    ar.append(x)
  }
  return ar
}
let ar = toArray("abc".characters)  // ["a", "b", "c"]
```

Das obige Beispiel sollte nur das Prinzip verdeutlichen. Eine eigene `toArray`-Methode ist überflüssig, weil diese Aufgabe bereits von der Init-Funktion von `Array` übernommen wird: `var ar = Array("abc".characters)`

8.3 Protokolle

Ein Protokoll definiert eine bestimmte Funktionalität, die eine Klasse, eine Struktur oder eine Enumeration erfüllt. Als Entwickler können Sie sich dazu entschließen, mit Ihrem neuen Datentyp ein Protokoll oder auch mehrere Protokolle einzuhalten. Das ist für Sie mit einem gewissen Zusatzaufwand verbunden, dafür verhalten sich Instanzen Ihres Datentyps nun hinsichtlich des Protokolls genau so wie andere Objekte, deren Typen dasselbe Protokoll implementieren. Protokolle machen es also möglich, dass sich in ihrer Natur ganz unterschiedliche Daten hinsichtlich gewisser Funktionen einheitlich verhalten und dass sie somit auch einheitlich verarbeitet werden können.

Protokolle definieren neue Datentypen – aber ohne konkrete Implementierung oder gespeicherte Eigenschaften. Die kommen erst hinzu, wenn eine Struktur, eine Enumeration oder eine Klasse ein Protokoll implementiert (einhält). Dessen ungeachtet können Sie ein Protokoll wie einen Datentyp verwenden, z. B. bei der Deklaration von Variablen, Eigenschaften und Parametern.

Protokolle spielen auch eine wichtige Rolle für grundlegende Entwurfsmuster der objektorientierten Programmierung: Beispielsweise kann ein Typ durch »Delegation« Aufgaben an die Instanz eines anderen Typs weitergeben (delegieren). Die formale Beschreibung der Aufgaben erfolgt durch ein Protokoll.

Das klingt hier sehr abstrakt, ist aber ein gängiges Muster zur Reaktion auf Ereignisse in grafischen Benutzeroberflächen. Das erste konkrete Beispiele in diesem Buch finden Sie in Abschnitt 12.4, »Tastatureingaben mit Delegation verarbeiten«.

Protokoll == Schnittstelle == Interface

Wenn Sie bisher mit anderen Programmiersprachen gearbeitet haben, kennen Sie Protokolle unter den Begriffen »Schnittstelle« bzw. »Interface«. In jedem Fall sind Mechanismen gemeint, um ein *Application Programming Interface* (API) syntaktisch zu definieren.

Swift als protokollorientierte Programmiersprache

Im Internet gibt es Diskussionen darüber, ob Swift mehr objektorientierte oder mehr funktionale Merkmale aufweist. Dave Abraham, Mitglied des Swift-Entwicklerteams bei Apple, hielt auf der WWDC 2015 einen Vortrag über die Wichtigkeit von Protokollen für Swift – speziell für die Typenbibliothek.

Abraham hat dabei einen dritten Begriff verwendet und Swift als protokollorientierte Programmiersprache bezeichnet. (Tatsächlich treffen natürlich alle drei Aspekte zu: Swift unterstützt die funktionale Programmierung ebenso wie die objekt- und protokollorientierte.)

Seine Empfehlungen gehen dahin, beim Design von objektorientierten Bibliotheken nach Möglichkeit Protokolle und Strukturen zu verwenden, Klassen hingegen nur, wo diese unbedingt erforderlich seien. Diese Ansichten mögen umstritten sein, aber sein Vortrag ist durchaus hörenswert und regt an, etablierte Konzepte der objektorientierten Programmierung zu hinterfragen:

https://developer.apple.com/videos/wwdc/2015/?id=408

Eine gute Ergänzung dieses eher trockenen Vortrags bietet Erik Kerber auf der bekannten Webseite von Ray Wenderlich. Er präsentiert eine Menge praktischer Beispiele zum Umgang mit Protokollen:

http://www.raywenderlich.com/109156

8

Vorhandene Protokolle implementieren

Die Syntax für die Definition von Klassen, Strukturen und Enumerationen, die ein bestimmtes Protokoll einhalten sollen, sieht ähnlich aus wie bei der Vererbung: Dem Typnamen folgt ein Doppelpunkt und dann die Liste der Protokolle. Anders als bei der Vererbung kann ein Typ nämlich *mehrere* Protokolle gleichzeitig erfüllen. Bei Klassen können Protokolle auch mit Vererbung kombiniert werden. In diesem Fall muss die Basisklasse zuerst genannt werden, anschließend folgen die Protokollnamen:

```
struct MyStruct : Protocol1, Protocol2, Protocol3 { ... }
enum MyEnum     : Protocol1, Protocol2, Protocol3 { ... }
class MyClass1  : Protocol1, Protocol2, Protocol3 { ... }
class MyClass2  : SuperClass, Proto1, Proto2, Proto3 { ... }
```

Indem Sie bei der Definition des Datentyps das Protokoll bzw. die Protokolle angeben, verpflichten Sie sich, die durch das Protokoll aufgelisteten Methoden oder Eigenschaften innerhalb Ihres Datentyps zu implementieren. Der Swift-Compiler kontrolliert dies – und er prüft auch, ob Sie in Ihrer Implementierung exakt dieselben Parameter und Datentypen verwenden.

Benannte Parameter

Wenn ein Protokoll Methoden mit benannten Parametern definiert, dann muss dieser Parametername auch bei der Implementierung verwendet werden!

Selbst Protokolle definieren

Protokolle werden mit dem Schlüsselwort `protocol` eingeleitet. Sie können die folgenden Anforderungen umfassen:

- Methoden
- Eigenschaften
- Init-Funktionen

Bei Methoden geben Sie nach `func` den Methodennamen, die Namen und Datentypen der Parameter sowie den Datentyp des Ergebnisses an. Wenn die Methode statisch sein soll, verwenden Sie das Schlüsselwort `class`. In Klassen muss die Methode dann ebenfalls mit `class` definiert werden, Strukturen oder Enumerationen hingegen mit `static`. Ähnlich differenziert ist die Sache mit `mutating`: Wenn eine Methode im Protokoll als `mutating` beschrieben ist, hat dies keinen Einfluss auf Klassen, die dieses Protokoll implementieren. Strukturen oder Enumerationen müssen die Methode aber ebenfalls als `mutating` definieren.

Eigenschaften werden durch `var name:Typ { get [set] }` definiert, wobei `set` optional ist. Die Klasse oder Struktur, die das Protokoll erfüllt, muss dann eine Eigenschaft mit dem angegebenen Namen oder Typ implementieren, wobei sowohl eine Stored als auch eine Computed Property zulässig ist. Konstanten können im Protokoll nur in der Form `var name:Type {get}`, nicht aber mit `let name:Type` deklariert werden.

Wenn Protokolle Init-Funktionen vorschreiben, sind dabei die Schlüsselwörter `convenience` oder `required` nicht zulässig. Der abgeleitete Typ muss die Init-Funktion mit `required` kennzeichnen oder die ganze Klasse als `final` deklarieren.

Failable Init Functions im Protokoll können wahlweise als gewöhnliche oder eben als Failable Init Functions in der abgeleiteten Klasse implementiert werden. Eine gewöhnliche Init-Funktion im Protokoll muss aber auf jeden Fall einer gewöhnlichen Init-Funktion im abgeleiteten Typ entsprechen; die Failable-Variante ist in diesem Fall nicht erlaubt.

```
// Syntaxbeispiele für ein Protokoll
protocol P {
  // Methoden
  func m1(a:Int) -> String        // gewöhnliche Methode
  static func m2() -> Double      // statische Methode
  mutating func m3(p:Int)         // Mutating Method

  // Eigenschaften
  var p1:Int {get set}            // gewöhnliche Eigenschaft
  var p2:String {get}             // Konstante bzw. read-only
  static var p3:Double {get set}  // statische Eigenschaft
```

```
    // Init-Funktionen
    init(x:Int, y:Bool)              // gewöhnliche Init-Funktion
    init?(z:Double)                  // Failable Init Function
}
```

Protokolle sind vererbbar. Für das folgende Protokoll P müssen sowohl die Protokolle M, N und O erfüllt werden als auch die Methoden m und die Eigenschaft p:

```
// das Protokoll P umfasst auch die Protokolle
// M, N und O
protocol P : M, N, O {
    func m()
    var p:Double {get set}
}
```

Swift bietet die Möglichkeit, Protokolle zu definieren, die sich nur von Klassen erfüllen lassen, nicht aber von Strukturen oder Enumerationen. Dazu geben Sie in der Liste der vererbten Protokolle zuerst das Schlüsselwort class an, danach gegebenenfalls vererbte Protokolle.

```
// das Protokoll P kann nur von einer Klasse
// erfüllt werden, nicht von Strukturen und Enums
protocol P : class {
    func m()
    var p:Double {get set}
}
```

Innerhalb der Definition eines Protokolls können Sie mit Self auf den Datentyp der Klasse, Struktur oder Enumeration verweisen, die das Protokoll später implementiert. Das bietet sich für die Datentypen von Eigenschaften, Parametern und Methoden an:

```
protocol P {
    // die Funktion m gibt als Ergebnis eine Instanz
    // der Enumeration, Struktur oder Klasse zurück,
    // die das Protokoll implementiert
    func m() -> Self
}
```

Generische Protokolle

Sie können innerhalb eines Protokolls einen oder mehrere Typen-Aliase vorsehen. Diese Aliase funktionieren wie generische Typen, d. h., der zugeordnete Typ wird erst bei der Nutzung des Protokolls festgelegt. Auf diese Weise können Sie generische Protokolle definieren, auch wenn die Syntax von den üblichen generischen Typen abweicht. Details zu generischen Protokollen folgen am Ende dieses Abschnitts.

Protokolle sind Datentypen

Swift-intern definieren Protokolle eigene Datentypen. Sie können Protokolle also als Datentyp für Variablen und Parameter verwenden:

```
var x:Protocol1
func f(x:Protocol1, y:Protocol2) -> Protocol3 { ... }
```

Um auszudrücken, dass ein Element *mehrere* Protokolle gleichzeitig erfüllt, können Sie ein eigenes, durch Vererbung zusammengesetztes Protokoll definieren. Alternativ ist auch die Schreibweise protocol<P1, P2, P3> zulässig. Sie besagt, dass das betreffende Element alle drei Protokolle erfüllen muss. Die Swift-Dokumentation nennt das »Protocol Composition«.

```
var x:protocol<P1, P2, P3>
```

Wie das folgende Beispiel beweist, gelten die Prinzipien der Generalisierung und Polymorphie auch für Protokolle. Ebenso sind die in Abschnitt 8.1, »Vererbung«, erwähnten Schlüsselwörter is zum Typtest und as für explizite Downcasts auch auf Protokolle anwendbar.

Beispiel

Das folgende Beispiel definiert zuerst das Geometry-Protokoll. Jeder Datentyp, der dieses Protokoll erfüllt, muss die Methoden getArea und getPerimeter zur Verfügung stellen. Für die danach definierten Strukturen Rectangle und Circle ist dies der Fall.

Auf der Basis des gemeinsamen Protokolls können nun verschiedene Geometrieinstanzen einheitlich verarbeitet werden. Im Beispiel-Code werden drei geometrische Objekte in einem Array vom Typ Geometry gespeichert, anhand ihres Flächeninhalts sortiert und schließlich in einer Schleife durchlaufen.

```
// Datei geometry.playground
// Geometry-Protokoll
protocol Geometry {
  func getArea() -> Double
  func getPerimeter() -> Double
}

// Rechteck-Klasse
struct Rectangle : Geometry {
  var length:Double, width:Double

  init(_ l:Double, _ w:Double) {
    length=l
    width=w
  }
```

```
  func getArea() -> Double {
    return length * width
  }
  func getPerimeter() -> Double {
    return 2 * (length + width)
  }
}

// Kreis-Klasse
struct Circle : Geometry {
  var radius:Double

  init(_ r:Double) {
    radius = r
  }
  func getArea() -> Double {
    return radius * radius * M_PI
  }
  func getPerimeter() -> Double {
    return 2 * radius * M_PI
  }
}

// Beispieldateien zusammenstellen
var geos = [Geometry]()
geos.append(Circle(3.5))
geos.append(Rectangle(4.8, 3.6))
geos.append(Circle(2.2))

// nach Flächeninhalt sortieren und ausgeben
geos.sort( {$0.getArea() < $1.getArea() } )
for g in geos {
  print(g.getArea())
}
```

Natürlich hätte das obige Beispiel auch mit Computed Properties statt mit Methoden realisiert werden können. Die folgenden Zeilen zeigen beispielhaft das Protokoll und eine passende Circle-Struktur:

```
// alternative Implementierung mit Computed Properties
protocol Geometry {
  var area:Double {get}
  var perimeter:Double {get}
}
```

```
struct Circle : Geometry {
  var radius:Double
  init(_ r:Double) { radius = r }
  var area:Double { return radius * radius * M_PI }
  var perimeter:Double { return 2 * radius * M_PI }
}
```

Optionale Protokollanforderungen

Eine Besonderheit von Swift besteht darin, dass Protokolle mit dem Schlüsselwort `optional` Zusatzanforderungen formulieren können, die der abgeleitete Typ einhalten kann – oder auch nicht. Das scheint ein Widerspruch in sich zu sein: Entweder fordert ein Protokoll eine Methode oder Eigenschaft – oder eben nicht.

Wozu optionale Methoden?

Der Sinn optionaler Protokollregeln besteht darin, auch für den freiwilligen Teil eines Protokolls Regeln vorzugeben: Wenn also eine Struktur ein optionales Protokollelement implementiert, dann schreibt das Protokoll für diesen Fall immerhin Namen und Datentypen fest.

Tatsächlich gibt es in den Bibliotheken zur iOS- und OS-X-Programmierung unzählige Beispiele für Protokolle mit optionalen Methoden. Fast immer handelt es sich dabei um Delegate-Methoden – also um Methoden, mit denen Ihre Klasse über bestimmte Ereignisse informiert wird. Es steht Ihnen frei, die Methoden zu implementieren. Tun Sie es, erhalten Sie die entsprechenden Informationen; sind Sie an den Informationen aber nicht interessiert, verzichten Sie einfach auf die entsprechende Methode, und syntaktisch ist alles in bester Ordnung.

Protokolle mit optionalen Regeln müssen mit dem Attribut `@objc` gekennzeichnet werden. Dieses Attribut dient zur Kennzeichnung von Elementen, die auch in Objective-C dargestellt werden können.

Optionale Methoden und Eigenschaften liefern als Datentyp immer ein Optional zurück und müssen als solches verarbeitet werden. Für die Auswertung von ganzen Ketten von Optionals ist auch die Optional-Chaining-Syntax zulässig, also z. B. `obj.prop?.otherProp?.`

Die folgenden Zeilen greifen nochmals das obige Beispiel auf. Das Protokoll `Geometry` verlangt nun nur noch eine `area`-Eigenschaft, während die `perimeter`-Eigenschaft freiwillig ist:

```
// Variante des Geometry-Protokolls
@objc protocol Geometry {
  var area:Double {get}                  // zwingend erforderlich
  optional var perimeter:Double {get}    // freiwillig
  optional func m() -> Double            // freiwillig
}
```

Wegen des @objc-Attributs muss das Protokoll als Klasse implementiert werden. Um den Umgang mit optionalen Protokollregeln zu demonstrieren, verzichtet die folgende Square-Klasse auf die perimeter-Eigenschaft:

```
class Square : Geometry {
  var side:Double
  init(_ s:Double) { side = s }
  var area:Double  { return side*side }
}
```

Bei der Auswertung von Geometry-Instanzen können Sie nun auf die Eigenschaft perimeter wie auf ein Optional zugreifen. Da die Square-Klasse auf die Implementierung verzichtet hat, ist das Ergebnis nil:

```
var s:Geometry = Square(2.4)
s.area           // 5,76
s.perimeter      // nil, weil von 'Square' nicht implementiert
s.m?()           // ebenfalls nil
```

Beachten Sie, dass die Syntax für den Zugriff auf optionale Methoden m?() lautet, nicht m()?. Sie müssen das Optional-Fragezeichen also *vor* den Klammern der Parameterliste angeben!

Generische Protokolle mit »typealias«

Merkwürdigerweise gilt für generische Protokolle in Swift eine vollkommen andere Syntax als für generische Methoden oder Klassen. Anstelle von protocol P<T> müssen Sie innerhalb des Protokolls einen oder mehrere typealias-Anweisungen einbauen. Dabei geben Sie den Aliassen nur einen Namen, weisen ihnen aber keinen Typ zu. Die Typzuweisung erfolgt erst bei der Nutzung des Protokolls.

Im folgenden Beispiel wird das Generator-Protokoll definiert: Es besagt im Wesentlichen, dass die implementierende Klasse oder Struktur mit next das nächste Element liefern soll – oder nil, wenn alle Elemente durchlaufen sind. Der Datentyp der Elemente ist aber noch offen – er wird erst bei der Implementierung des Protokolls mit typealias festgelegt.

```
// Datei generator.playground
// protocol Generator<Element> wäre logischer,
// wird von Swift aber nicht akzeptiert
protocol Generator {
  typealias Element
  mutating func next() -> Element?
}
```

Eine mögliche Implementierung dieses Protokolls könnte wie folgt aussehen:

```
// die Struktur MyGenerator implementiert das Generator-Protokoll
struct MyGenerator<T:IntegerArithmeticType> : Generator {
  typealias Element = T

  private var current:T
  private let end:T
  private let delta:T

  init(_ start:T, _ end:T, _ delta:T) {
    current = start
    self.end = end
    self.delta = delta
  }
  mutating func next() -> T? {
    let result = current
    if current>end {
      return nil
    } else {
      current += delta
      return result
    }
  }
}
```

Bemerkenswert ist hier vor allem die erste Zeile, die den Typen-Alias des Protokolls mit dem generischen Datentyp T der Struktur festschreibt. Für T ist jeder Integer-Datentyp zulässig (Protokoll IntegerArithmeticType). Die Funktion next zählt die Variable current mit einer Schrittweite von delta hoch, bis der Zielwert end überschritten wird.

```
// Test
var gen1 = MyGenerator(0, 10, 2)        // T = Int
while let x = gen1.next() {
  print(x)
}
// Ausgabe: 0, 2, 4, 6, 8, 10 (Datentyp Int)
```

```
var gen2 = MyGenerator<UInt8>(0, 10, 2) // T = UInt8
while let x = gen2.next() {
  print(x)
}
// Ausgabe: 0, 2, 4, 6, 8, 10 (Datentyp UInt8)
```

8.4   Standardprotokolle

Die Webseite *http://swiftdoc.org* zählt ca. 85 Protokolle auf, die innerhalb der Swift-Typenbibliothek definiert sind. 35 davon beginnen mit dem Unterstrich _ und sind nur zur internen Verwendung gedacht. Bleiben also fast 50 Protokolle übrig, die Swift für die allgemeine Nutzung vorsieht. Diese lassen sich in mehrere Gruppen gliedern:

▸ **Grundlegende Datentypen:** AnyObject, BooleanType, IntegerType, IntegerArith-meticType, SignedIntegerType, SignedNumberType etc.

▸ **Eigenschaften grundlegender Datentypen:** AbsoluteValuable, Comparable, CustomReflectable, Hashable

▸ **Aufzählungen/Collections:** ArrayType, CollectionType, Indexable RandomAccess-IndexType, SequenceType etc.

▸ **Literale:** ArrayLiteralConvertible, DictionaryLiteralConvertible, NilLiteral-Convertible, StringLiteralConvertible etc. Diese Protokolle sind dafür verant-wortlich, dass Swift 12 als ganze Zahl, 2.5 als Double-Wert und [2.5] als Double-Array interpretiert.

▸ **Sonstige:** ErrorType (siehe Abschnitt 9.1, »Fehlerabsicherung (try/catch)«)

In den folgenden Abschnitten gehe ich auf einige ausgewählte Protokolle und deren Anwendung näher ein.

CustomStringConvertible (ehemals Printable)

Damit Sie Instanzen eines eigenen Typs einfach mit print(x) ausgeben können, muss der zugrunde liegende Typ das Protokoll CustomStringConvertible erfüllen. Die-ses Protokoll hieß in Swift 1 etwas naheliegender Printable. Wie viele Protokolle ist CustomStringConvertible ein sehr einfaches Protokoll. Es besteht aus der Deklaration einer einzigen Eigenschaft, nämlich description:

```
// Definition des CustomStringConvertible-Protokolls
protocol CustomStringConvertible {
  var description: String { get }
}
```

In Ihrer eigenen Klasse, Struktur oder Enumeration müssen Sie also eine Eigenschaft description implementieren. Wie Sie das tun, ist Ihnen überlassen – es liegt aber nahe, description als Computed Property so zu realisieren, dass die Eigenschaft eine Zeichenkette mit einer sinnvollen Repräsentation der Instanz liefert.

Im folgenden Beispiel implementiert die Struktur Person das Protokoll CustomString-Convertible:

```
// Datei person.playground
class Person : CustomStringConvertible {
  var name:String
  var tel = [String]()
  var mail = [String]()
  init (_ name:String) {
    self.name=name
  }
  // die Implementierung dieser Eigenschaft ist
  // durch das CustomStringConvertible-Protokoll vorgeschrieben
  var description: String {
    let telnr = tel.joinWithSeparator(" ")
    let email = mail.joinWithSeparator(" ")
    return "\(name): \(telnr); \(email)"
  }
}

// Test
var p = Person("Hermann Huber")
p.tel.append("0123 5325345")
p.mail.append("hermann@huber.com")
print(p)
// Ausgabe:
// Hermann Huber: 0123 5325345; hermann@huber.com
```

description bei NSObject

Wenn Sie Ihre Klasse von NSObject ableiten, wird das Protokoll CustomString-Convertible redundant. NSObject enthält bereits eine description-Eigenschaft, die den Klassennamen und einen Zahlencode liefert. Wenn Sie stattdessen aussagekräftigere Daten wünschen, müssen Sie Ihre eigene description-Eigenschaft mit override definieren. (NSObject ist ja eine Klasse, kein Protokoll!)

Hashable und Equatable

Eigene Typen können Sie nur dann als Schlüssel in einem Dictionary verwenden, wenn diese das Protokoll Hashable erfüllen. Abermals ist das Protokoll an sich minimalistisch – es besteht nur aus der Deklaration der Eigenschaft hashValue. Das Hashable-Protokoll baut allerdings auf dem Equatable-Protokoll auf, das demzufolge ebenfalls implementiert werden muss.

```
// Definition des Equatable-Protokolls
protocol Equatable {
   func ==(lhs: Self, rhs: Self) -> Bool
}
// Definition des Hashable-Protokolls
protocol Hashable : Equatable {
   var hashValue: Int { get }
}
```

Implementieren Sie für eigene Strukturen Equatable!

Apple empfiehlt, in Strukturen das Protokoll Equatable zu implementieren. Wie Sie gleich sehen werden, ist dies mit minimalem Aufwand verbunden – Sie müssen lediglich den Vergleichsoperator == für Ihren Datentyp definieren. Dafür können Sie nun die Elemente Ihres Typs in den Swift-Aufzählungstypen (Arrays, Dictionaries etc.) wesentlich komfortabler verwalten. Auf der WWDC 2015 gab es einen eigenen Vortrag, der die Vor- und Nachteile von Strukturen und Klassen zum Thema hatte und viele Tipps zur Programmierung eigener Typen gab. Aus diesem Vortrag stammt auch die Empfehlung: *All value types should be equatable.*

https://developer.apple.com/videos/wwdc/2015/?id=414

Beginnen wir mit dem Protokoll Equatable: Dessen Implementierung erfordert die Definition des Operators ==, der zwei Instanzen des Datentyps (Self) vergleicht und true oder false zurückgibt, je nachdem, ob die Instanzen vollkommen übereinstimmen oder nicht. Der Operator == ist aus der Sicht von Swift nichts anderes als eine Funktion mit zwei Parametern – siehe auch Abschnitt 2.5, »Operator Overloading«. Dabei ist aber zu beachten, dass der Operator als globale Funktion implementiert werden muss, nicht als Methode innerhalb des Typs! Für die im vorigen Beispiel verwendete Person-Struktur können Sie die Gleichheit unkompliziert festgestellen, in dem Sie überprüfen, ob der Name und die beiden Arrays übereinstimmen.

Die Implementierung von Hashable ist etwas schwieriger: Der Hash-Wert sollte unterschiedliche Instanzen eines Typs möglichst eindeutig identifizieren können. Der Hashcode muss außerdem reproduzierbar sein: Instanzen mit demselben Inhalt müssen immer wieder denselben Hashcode liefern.

Der Code für die Computed Property hashValue greift dabei auf die Hash-Werte des Names sowie der Telefonnummern und E-Mail-Adressen zurück. Die Hash-Werte werden mit Primzahlen multipliziert (&∗ ist ein Multiplikationsoperator ohne Überlaufkontrolle) und dann mit Exklusive-Oder verknüpft.

```
// Datei person.playground
struct Person : CustomStringConvertible, Hashable {
  // ... Code wie bisher
  // für das Protokoll Hashable (Eigenschaft)
  var hashValue:Int {
    var hash =  name.hashValue
    for t in tel  { hash ^= (t.hashValue &* 13) }
    for m in mail { hash ^= (m.hashValue &* 17) }
    return hash
  }
}


// für das Protokoll Equatable (globale Funktion)
func ==(lhs:Person, rhs:Person) -> Bool {
  return lhs.name == rhs.name && lhs.tel == rhs.tel &&
         lhs.mail == rhs.mail
}
```

Comparable

Datentypen, die unkompliziert mit Kleiner- und Größer-Operatoren verglichen werden, sollten das Protokoll Comparable erfüllen. Es baut wiederum auf dem schon bekannten Equatable- sowie auf dem internen _Comparable-Protokoll mit einem vorangestellten Unterstrich auf:

```
// Definition des Comparable-Protokolls
protocol Comparable : Equatable {
  func <= (lhs: Self, rhs: Self) -> Bool
  func >= (lhs: Self, rhs: Self) -> Bool
  func >  (lhs: Self, rhs: Self) -> Bool
  func >  (lhs: Self, rhs: Self) -> Bool
}
```

Auf den ersten Blick sieht es so aus, als müssten nun *vier* weitere Operatoren implementiert werden, zusätzlich zum schon vorhandenen Operator == also auch <, >, <= und >=. Die Swift-Dokumentation hält aber fest, dass die Operatoren == und < ausreichen. Alle anderen Operatoren können daraus durch logische Verknüpfungen gebildet werden. Daher muss die Person-Struktur aus den vorangegangenen Beispielen nur um eine globale Funktion ergänzt werden:

```
struct Person : CustomStringConvertible, Hashable, Comparable {
  // ... Code wie bisher
}

// für das Protokoll Equatable (globale Funktion)
func ==(lhs:Person, rhs:Person) -> Bool {
  return lhs.name == rhs.name && lhs.tel == rhs.tel &&
         lhs.mail == rhs.mail
}

// für das Protokoll Comparable (globale Funktion)
func <(lhs: Person, rhs: Person) -> Bool {
  return lhs.name < rhs.name
}

// Test
var p1 = Person("Harald Hosp")
var p2 = Person("Hermann Huber")

p1==p2     // false
p1<p2      // true
p1<=p2     // true
p1>p2      // false
p1>=p2     // false
```

Any und AnyObject

Wenn Sie eine Funktion oder Methode entwickeln möchten, an die Sie jede Art von Daten übergeben können, dann bieten sich für den Parameter die Datentypen Any oder AnyObject an. Diese Datentypen sind – Sie haben es vielleicht erraten – in Wirklichkeit Protokolle. Any ist einfach ein leeres Protokoll, das keinerlei Anforderung stellt und das insofern auf jede Art von Datentyp zutrifft.

```
// leeres Protokoll 'Any' für alle Typen
typealias Any = protocol<>

// leeres Protokoll 'AnyObject' nur für Klassen
@objc protocol AnyObject { }
```

An die folgende Funktion f1 können Sie beliebig viele Parameter eines beliebigen Typs übergeben. Die Funktion gibt an, wie viele Parameter sie erhalten hat, und versucht für einige Datentypen eine Weiterverarbeitung:

```
func f1(all:Any ...) {
  for p in all {
    if let i = p as? Int {
      print(" Integer: \(i)")
    } else if let d = p as? Double {
      print(" Double: \(d)")
    } else if let s = p as? String {
      print(" String: \(s)")
    } else {
      print(" Sonstige: ")
      print(_stdlib_getDemangledTypeName(p))
    }
  }
}

// Test
f1(8, 2.5, "abc", false, NSDate())
// Ausgabe: Integer: 8
//          Double: 2.5
//          String: abc
//          Sonstige: Swift.Bool
//          Sonstige: NSDate
```

AnyObject funktioniert im Prinzip wie Any, erwartet aber Instanzen von Klassen. Wenn Sie ungeeignete Daten als Parameter an eine Funktion oder Methode übergeben, versucht Swift selbst eine Umwandlung in einen für AnyObject geeigneten Datentyp. Das beweist die folgende Funktion f2, die wie f1 aufgebaut ist, aber AnyObject als Datentyp für die Parameter verwendet. Swift macht z. B. aus 8 und 2.5 jeweils ein __MSCFNumber-Objekt, das Swift dann als Int interpretiert.

```
func f2(all:AnyObject ...) {
  for p in all {
    print(_stdlib_getDemangledTypeName(p))
    // ... weiter wie bei f1()
  }
}
// Test
f2(8, 2.5, "abc", false, NSDate())
// Ausgabe:
// __NSCFNumber               Integer: 8
// __NSCFNumber               Integer: 2
// Swift._NSContiguousString  String: abc
// __NSCFBoolean              Integer: 0
// __NSDate                   Sonstige: __NSDate
```

id in Objective-C entspricht AnyObject in Swift.

AnyObject in der Praxis

Das Protokoll AnyObject dient in erster Linie dazu, das Zusammenspiel zwischen Swift und den vielen in Objective-C programmierten Bibliotheken sicherzustellen. In reinem Swift-Code werden Sie selten auf AnyObject stoßen. Aber sobald Sie iOS- oder OS-X-Programme entwickeln, ist AnyObject plötzlich allgegenwärtig: Viele Methoden übergeben die zu verarbeitenden Daten als AnyObject. Es ist dann Ihre Aufgabe, zu überprüfen, ob die Daten einer bestimmten Klasse entsprechen, die Sie erwarten, und diese nach einem Casting dann zu verarbeiten.

Fast immer kommt dabei `if let xxx = obj as? datentyp { code ... }` zum Einsatz. Wird `code` ausgeführt, dann enthält `xxx` die erwarteten Daten im richtigen Datentyp.

8

AnyClass

Im Kontext von AnyObject ist auch der selten genutzte Typ-Alias AnyClass von Interesse. Dieser Typ ist wie folgt definiert:

```
typealias AnyClass = AnyObject.Type
```

Während der Datentyp AnyObject auf *Instanzen* jeder beliebigen Klasse zutrifft, bezieht sich AnyClass auf die Klasse an sich. Wenn Sie einen Parameter oder eine Variable vom Typ AnyClass definieren, können Sie darin den Klassentyp an sich speichern. Dabei hilft das Schlüsselwort `self`:

```
// die Variable t speichert hier
// den Typ der Klasse 'NSDate'
var typename:AnyClass = NSDate.self
```

StringLiteralConvertible

Das Protokoll StringLiteralConvertible ist dafür verantwortlich, dass der Swift-Compiler "abc" als Zeichenkette erkennt. Die vergleichbaren Protokolle Boolean-, Float- und IntegerLiteralConvertible sind analog für die Datentypen Bool, Int und Double zuständig, aber an dieser Stelle konzentriere ich mich auf das Protokoll StringLiteralConvertible, für das es viele Anwendungsmöglichkeiten gibt. Dieses Protokoll basiert wiederum auf zwei anderen Protokollen, sodass die vollständige Definition so aussieht:

```
protocol UnicodeScalarLiteralConvertible {
    typealias UnicodeScalarLiteralType
    init(unicodeScalarLiteral value:
        Self.UnicodeScalarLiteralType)
}
```

```
protocol ExtendedGraphemeClusterLiteralConvertible :
        UnicodeScalarLiteralConvertible {
  typealias ExtendedGraphemeClusterLiteralType
  init(extendedGraphemeClusterLiteral value:
      Self.ExtendedGraphemeClusterLiteralType)
}
protocol StringLiteralConvertible :
        ExtendedGraphemeClusterLiteralConvertible {
  typealias StringLiteralType
  init(stringLiteral value: StringLiteralType)
}
```

Die Implementierung des Protokolls StringLiteralConvertible für einen eigenen Typ hat den Vorteil, dass Sie Instanzen des Typs besonders komfortabel direkt aus einer Zeichenkette erzeugen können. Sie müssen sich allerdings die Mühe machen, zwei Typen-Aliase sowie drei Init-Funktionen zu definieren. Das folgende Beispiel greift nochmals die Struktur Person auf:

```
// Datei person.playground
class Person: StringLiteralConvertible {
  var name:String
  var tel = [String]()
  var mail = [String]()

  // Designated Init Function
  init(_ name:String){
    self.name = name
  }

  // generische Typen für StringLiteralConvertible
  typealias ExtendedGraphemeClusterLiteralType = String
  typealias UnicodeScalarLiteralType = String

  // Init-Funktionen für StringLiteralConvertible
  required convenience init(stringLiteral name:
                          StringLiteralType)
  {
    self.init(name)
  }
  required convenience init(extendedGraphemeClusterLiteral name:
                          ExtendedGraphemeClusterLiteralType)
  {
    self.init(name)
  }
```

```
    required convenience init(unicodeScalarLiteral name:
                             UnicodeScalarLiteralType)
    {
      self.init(name)
    }
}

// Anwendung
var p:Person
p = "Maria Müller"  // statt bisher p = Person("Maria Müller")
p.tel.append("0234 32345345")
```

8.5   Extensions

Sogenannte »Extensions« (also Erweiterungen) geben Ihnen die Möglichkeit, eine vorhandene Klasse, Struktur, Enumeration und seit Swift 2 auch ein Protokoll (siehe Abschnitt 8.6, »Protokollerweiterungen«) nachträglich um die folgenden Merkmale zu erweitern:

- ▸ Computed Properties (aber keine Stored Properties!)
- ▸ Methoden (auch Mutating Methods)
- ▸ Init-Funktionen
- ▸ Subscripts
- ▸ Sub-Strukturen und -Klassen (Nested Types)
- ▸ Protokolle

Bemerkenswert sind dabei zwei Dinge: Zum einen können Sie auf diese Weise Typen erweitern, auf deren Code Sie gar keinen Zugriff haben. Man bezeichnet diesen Vorgang auch als »Retroactive Modeling«. Und zum anderen funktioniert das Extensions-Konzept nicht nur für Klassen (wo Sie Erweiterungen auch durch Vererbung realisieren könnten), sondern auch für Enumerationen, Strukturen und Protokolle.

In Ihrem Programm definierte Extensions gelten für *alle* Instanzen des betreffenden Typs, sogar für solche Instanzen, die schon vor der Definition der Extension erzeugt wurden!

Freilich gibt es auch Einschränkungen:

- ▸ Sie können vorhandene Typen nicht um neue Stored Properties erweitern. Sie können dem Typ also keinen zusätzlichen Datenspeicher hinzufügen.
- ▸ Sie können keine Property Observer hinzufügen.
- ▸ Sie können Merkmale hinzufügen, aber nicht vorhandene Merkmale ändern. Anders als bei der Vererbung gibt es kein override.

Intern haben Extensions große Ähnlichkeiten mit »Kategorien« in Objective-C. Ein wesentlicher Unterschied besteht darin, dass Extensions in Swift keinen Namen haben.

Syntax

Die Syntax ist denkbar einfach:

```
extension MyType {
  // Code, der die Klasse, Struktur oder Enumeration
  // 'MyType' erweitert
}
```

Im Zuge von Extensions können Sie einem vorhandenen Typ ein zusätzliches Protokoll hinzufügen:

```
extension MyType : Protocol1, Protocol2 {
  // Code für zusätzliche Eigenschaften und Methoden,
  // damit 'MyType' die Regeln von 'Protocol1' und
  // 'Protocol2' einhält
}
```

Mitunter kommt es vor, dass ein Typ die für ein Protokoll erforderlichen Methoden oder Eigenschaften bereits enthält, das Protokoll in der Definition des Typs aber nicht angegeben wurde. In diesem Fall erfordert die nachträgliche Erweiterung um das Protokoll keinen Zusatzcode.

Die Struktur Person im folgenden Beispiel enthält bereits die vom CustomStringConvertible-Protokoll vorgeschriebene Computed Property description. Das Protokoll CustomStringConvertible ist bei der Typdefinition aber nicht angegeben. Wenn Sie auf den Code von Person keinen Zugriff haben, können Sie die Struktur durch eine Erweiterung kompatibel zum Protokoll CustomStringConvertible machen:

```
struct Person {
  var name:String
  init (_ name:String) {
    self.name=name
  }
  var description: String {
    return name
  }
}
// nachträgliche Erweiterung von 'Person' um
// das Protokoll 'CustomStringConvertible'
extension Person : CustomStringConvertible {
  /* kein Code erforderlich */
}
```

Es gibt Fälle, in denen der erforderliche Code für eine Erweiterung außerhalb des extension-Blocks formuliert wird. Ein Beispiel ist das Protokoll Equatable, das ich Ihnen in Abschnitt 8.4, »Standardprotokolle«, vorgestellt habe. Wenn Sie dieses Protokoll für eine Struktur nachträglich realisieren möchten, erweitern Sie zuerst die Struktur um dieses Protokoll:

```
// die vorhandene Car-Struktur ...
struct Car {
  var model:String
  var typenr:String
}
```

```
// ... soll nachträglich erweitert werden
extension Car : Equatable { }
```

Damit das Equatable-Protokoll erfüllt ist, müssen Sie nun den Operator == als globale Funktion definieren – also außerhalb der extension.

```
func ==(lhs:Car, rhs:Car) -> Bool {
  return lhs.model == rhs.model &&
         lhs.typenr == rhs.typenr
}
```

Sie können auch generische Typen erweitern (siehe auch Abschnitt 8.2, »Generics«). In diesem Fall dürfen Sie bei der Erweiterung die generischen Typen nicht angeben. Es gelten automatisch die Typenregeln und -namen des Grundtyps. Die folgenden Zeilen zeigen die Erweiterung der Array-Struktur um eine Suchmethode, an die eine Vergleichsfunktion übergeben werden muss:

```
// Definition der Array-Struktur, vorgegeben durch
// die Swift-Standardbibliothek
struct Array<Element> : MutableCollectionType, Sliceable { ... }
```

```
// Datei find-extension.playground
// Erweiterung um eine find-Methode
extension Array {
  func find(condition:Element -> Bool) -> Int? {
    for var i=0; i<self.count; i++ {
      if condition(self[i]) {
        return i
      }
    }
    return nil
  }
}
```

```
// Anwendung
var ar = [7, 12, 30]
let index = ar.find( {$0==12} )   // Datentyp Int?
index!                            // 1 (also das zweite Element)
```

Nicht immer stellen Erweiterungen den optimalen Lösungsweg dar. Die obige find-Methode ließe sich auch als globale generische Funktion definieren. Für den Datentyp Element kann nun die Bedingung formuliert werden, dass dieser das Protokoll Equatable erfüllen muss. Das hat den Vorteil, dass der gesuchte Wert nun direkt anstatt durch eine Vergleichsfunktion angegeben werden kann:

```
// find als globale Funktion
func find<T:Equatable>(data:[T], _ needle:T)->Int? {
  for var i=0; i<data.count; i++ {
    if data[i] == needle { return i }
  }
  return nil
}
find(ar, 12)!   // 1 (also das zweite Element)
```

Übersichtlicherer Code durch Extensions

Gerade in iOS- und OS-X-Anwendungen müssen in einzelnen Klassen oft unzählige Protokolle implementiert werden. Der einfachste Weg besteht darin, alle Protokolle direkt bei der Klassendefinition anzugeben und die erforderlichen Methoden der Reihe nach innerhalb der Klasse zu formulieren:

```
class ViewController: UIViewController, UITextFieldDelegate,
              UITableViewDataSource, UITableViewDelegate ...
{
  // für UIViewController
  func viewDidLoad(...) {...}
  // für UITextFieldDelegate
  func textFieldShouldReturn(...) {...}
  // für UITableViewDataSource
  func tableView(...) {...}
  func numberOfSectionsInTableView(...) {...}
  ...
}
```

Der Code für den ViewController erstreckt sich dann über Hunderte von Zeilen und wird zunehmend unübersichtlich. Ein anderer Weg besteht darin, zuerst den Code für die Basisklasse zu schreiben und dann die für die verschiedenen Protokolle notwendigen Methoden als Erweiterungen durchzuführen. Damit wird auf den ersten Blick klar, welche Methode für welches Protokoll erforderlich ist. Gerade nicht relevanter Code lässt sich zudem leichter in Xcode ausblenden.

```
class ViewController: UIViewController
{
  // Basiscode mit Outlets und Actions
  func viewDidLoad(...) {...}
}
extension ViewController: UITextFieldDelegate {
  // Methoden für das UITextFieldDelegate-Protokoll
  func textFieldShouldReturn(...) {...}
}
extension ViewController: UITableViewDataSource {
  // Methoden für das UITableViewDataSource-Protokoll
  func tableView(...) {...}
  func numberOfSectionsInTableView(...) {...}
}
...
```

Beispiel: Rechnen mit Kilo-, Mega- und Gigabyte

Die folgenden Zeilen zeigen eine Erweiterung des Datentyps Int um eine ganze Reihe von Computed Properties, die bei der Umrechnung von Speicher zwischen binären und metrischen Byte-Werten helfen:

```
// Datei kilobyte.swift
extension Int {
  var kB:Int    { return self * 1000 }
  var KiB:Int   { return self * 1024 }
  var MB:Int    { return self * 1000_000 }
  var MiB:Int   { return self * 1_048_576 }
  var GB:Int    { return self * 1000_000_000 }
  var GiB:Int   { return self * 1_073_741_824 }

  var tokB:Int  { return self / 1000 }
  var toKiB:Int { return self / 1024 }
  var toMB:Int  { return self / 1000_000 }
  var toMiB:Int { return self / 1_048_576 }
  var toGB:Int  { return self / 1000_000_000 }
  var toGiB:Int { return self / 1_073_741_824 }
}

let memory = 2.GiB     // 2.147.483.648
memory.toMiB           // 2.048
memory.tokB            // 2.147.483
```

> **Vorsicht**
>
> Bei der Anwendung dieser neuen Eigenschaften müssen Sie zwei Dinge beachten. Zum einen besteht auf 32-Bit-Systemen rasch die Gefahr von Überlauffehlern. Der Zahlenbereich von 32-Bit-Integern mit Vorzeichen endet ja schon bei zwei Gigabyte (GiB). Zum anderen führen die toXxx-Eigenschaften eine ganzzahlige Division durch. Dabei wird nicht gerundet!

Ein weiteres Beispiel für Extensions finden Sie in Abschnitt 3.3, »Zeichenketten«. Dort wurde der Datentyp String um neue Subscript-Funktionen erweitert, die Integer-Zahlen als Parameter akzeptieren. Das vereinfacht den Zugriff auf Teilzeichenketten. Mit der Erweiterung liefert beispielsweise "abc".[2] das Ergebnis "c".

8.6 Protokollerweiterungen

Protocol Extensions zählen zu den grundlegendsten Neuerungen in Swift 2. Waren in Swift 1.n nur Enumerationen, Strukturen und Klassen erweiterbar, können nun auch Protokolle nachträglich ergänzt werden. Insbesondere lassen sich durch Protokollerweiterungen neue Defaultmethoden für alle implementierenden Klassen eines Protokolls definieren.

Dabei gilt wie für alle Erweiterungen: Der Code des ursprünglichen Protokolls ist nicht erforderlich. Wie das folgende Beispiel beweist, sind Protokollerweiterungen syntaktisch gesehen ganz einfach:

```
// ein Protokoll
protocol MyProtocol {
  func methodA() -> Double
  func methodB() -> Int
}

// Erweiterung des Protokolls
extension MyProtocol {
  // neue Methode
  func methodC() -> Double {
    return methodA() + Double(methodB())
  }
  // neue Computed Property
  var propertyD:Int {
    get { return 3 }
  }
}
```

Als Protokollerweiterungen sind Methoden und Computed Properties mit konkreter Implementierung erlaubt. Anders als im Protokoll selbst ist es in einer Erweiterung unmöglich, Methoden oder Computed Properties nur zu deklarieren und so die Implementierung durch den jeweiligen Typ zu erzwingen – eben weil Protokollerweiterungen kompatibel zu vorhandenem Code sein müssen. Würde man ein Protokoll nachträglich um eine Deklaration einer Methode erweitern, wären alle Typen, die das Protokoll bisher implementieren, unvollständig.

Durch Protokollerweiterungen realisierte Methoden bzw. Computed Properties gelten als Defaultimplementierung. Sie können im Code des Typs, der das Protokoll implementiert, durch eigenen Code ersetzt werden:

```
struct MyStruct : MyProtocol {
  // durch MyProtocol vorgeschrieben
  func methodA() -> Double { return 1.2 }
  func methodB() -> Int    { return 3 }
  // Erweiterung, Defaultimplementierung wird
  // durch eigenen Code ersetzt
  func methodC() -> Double { return 2.2 }
}
```

Bedingte Protokollerweiterungen

Mit dem von if-let bekannten Schlüsselwort where (siehe Abschnitt 5.1, »Verzweigungen«) besteht die Möglichkeit, Protokollerweiterungen so zu formulieren, dass sie nur für Typen gelten, die bestimmte Voraussetzungen erfüllen. Die Bedingung kann wahlweise für Self, also für den jeweiligen Typ, oder für eine Eigenschaft des Typs formuliert werden; außerdem geben Sie an, welches Protokoll Self bzw. die Eigenschaft erfüllen muss:

```
extension ExistingProtocol where Self : Protocol1 { ... }
extension ExistingProtocol where SomeProperty : Protocol1 { ... }
```

In der Swift-Typenbibliothek kommen bedingte Protokollerweiterungen häufig vor. Beispielsweise steht die Methode last nicht für alle Typen zur Verfügung, die das CollectionType-Protokoll implementieren, sondern nur für jene, deren Eigenschaft Index gleichzeitig das Protokoll BidirectionalIndexType erfüllt. Dies trifft beispielsweise für Arrays zu, aber nicht für Sets.

```
// Deklaration von last in der Swift-Typenbibliothek
extension CollectionType where Index : BidirectionalIndexType {
  var last: Self.Generator.Element? {
    get { ... return ergebnis  }
  }
}
```

Es sind auch mehrere, durch Kommas getrennte Bedingungen möglich. Die folgenden Zeilen zeigen die Deklaration der partition-Methode zur Erweiterung des MutableCollectionType-Protokolls.

```
// Deklaration von partition in der Swift-Typenbibliothek
extension MutableCollectionType
    where Index : RandomAccessIndexType,
          Generator.Element : Comparable
{
  mutating func partition(range: Range<Self.Index>) -> Self.Index
    { ... return ergebnis }
}
```

Beispiel: Die uniqueElements-Methode

Die folgenden Zeilen Code erweitern das CollectionType-Protokoll um die neue Methode uniqueElements. Diese Methode liefert ein Array als Ergebnis, das jedes Element der Collection nur einmal enthält:

```
// Datei uniqueElements.playground
extension CollectionType where Generator.Element : Comparable {
  func uniqueElements() -> [Generator.Element] {
    // Ergebnis: ein vorerst leeres Array
    // für Elemente vom Typ Generator.Element
    var result : [Generator.Element] = []

    // gegebenenfalls leeres Array zurückgeben
    if self.count == 0 { return result }

    // Schleife über alle Elemente von self
    var index = self.startIndex
    repeat {
      // Element zu result hinzufügen, wenn es
      // noch nicht enthalten ist
      if !result.contains( self[index] ) {
        result.append(self[index])
      }
      index = index.successor()
    } while index != self.endIndex

    return result
  }
}
```

Die neue Methode kann beispielsweise so angewendet werden:

```
var ar = Array("Hello World!".characters)
ar.uniqueElements()
// Ergebnis: ["H", "e", "l", "o", " ", "W", "r", "d", "!"]
```

Um den Code zu verstehen, müssen Sie zuerst einen Blick in die Definition von CollectionType werfen. Dieses Protokoll ist von drei anderen Protokollen abgeleitet. Eines davon ist das SequenceType-Protokoll, in dem Generator als Alias für GeneratorType deklariert ist. Im GeneratorType-Protokoll bewirkt typealias Element, dass der Typ, der dieses Protokoll implementiert, als Element angesprochen werden kann.

```
// Deklaration von CollectionType
protocol CollectionType : SequenceType, _CollectionDefaultsType,
  _CollectionGeneratorDefaultsType { ... }

// Deklaration von SequenceType
protocol SequenceType {
  typealias Generator : GeneratorType
  func generate() -> Self.Generator
  ...
}

// Deklaration von GeneratorType
protocol GeneratorType {
  typealias Element
  mutating func next() -> Self.Element?
}
```

Die uniqueElements-Methode kann nur für Collections verwendet werden, deren Elemente vergleichbar sind – also where Generator.Element : Comparable. Die Vergleichsfunktion ist zur Feststellung der Eindeutigkeit erforderlich. Ohne diese Einschränkung stünde die contains()-Methode nicht zur Verfügung. Anstelle von Generator.Element können Sie auch Self.Generator.Element schreiben; beide Formulierungen sind gleichwertig.

Die uniqueElements-Methode beginnt mit der Definition des Ergebnis-Arrays. Sind die Ausgangsdaten leer, gibt die Methode das leere Array zurück. Andernfalls werden alle Elemente der Collection durchlaufen, indem der Startindex ermittelt wird und dieser mit successor so lange erhöht wird, bis der Endindex erreicht wird. Jedes Element kann nun mit self[index] ausgelesen werden. Sofern das Element nicht schon im Ergebnis-Array enthalten ist, wird es mit append hinzugefügt.

Beispiel: Die uniqueSet-Methode

Bei einer Sammlung einmaliger Elemente spielt die Reihenfolge normalerweise keine Rolle. Insofern wäre es naheliegend, das Ergebnis von uniqueElements als Set zurückzugeben. Wie Sie gleich sehen werden, ist dies prinzipiell kein Problem; allerdings muss Generator.Element nun noch stärker eingeschränkt werden. Sets können nur Elemente enthalten, die Hashable sind. Daher muss die Bedingung für die Protokollerweiterung so lauten: where Generator.Element : Hashable.

Die folgenden Zeilen zeigen den Code für die Methode uniqueSet, die die Elemente einer Collection als Set zurückgibt:

```
// Datei uniqueElements.playground
extension CollectionType where Generator.Element : Hashable {
  func uniqueSet() -> Set<Generator.Element> {
    // Ergebnis: ein vorerst leeres Set
    // für Elemente vom Typ Generator.Element
    var result = Set<Generator.Element>()

    // gegebenenfalls leeres Set zurückgeben
    if self.count == 0 { return result }

    // Schleife über alle Elemente von self
    var index = self.startIndex
    repeat {
      // Element zu result hinzufügen, wenn es
      // noch nicht enthalten ist
      result.insert(self[index])
      index = index.successor()
    } while index != self.endIndex

    return result
  }
}
```

Die Anwendung sieht so aus:

```
var ar = Array("Hello World!".characters)
ar.uniqueSet()
// Ergebnis: {"H", "r", "!", "e", "o", "l", " ", "W", "d"}
```

Beachten Sie, dass die Elemente eines Sets generell ungeordnet sind!

8.7   Metatypen

Die Überschrift klingt wissenschaftlich, aber keine Angst, es ist halb so schlimm! In Swift gelten Klassen, Strukturen, Enumerationen und Protokolle als »Typen«. Normalerweise verwenden Sie diese Typen, um davon konkrete Objekte (Instanzen) zu erzeugen bzw. um Protokolle zu implementieren. Davon handelten alle bisherigen Abschnitte dieses langen Kapitels.

Mitunter ist es aber notwendig, die Typen als solche anzusprechen – und zwar dann, wenn nicht der Inhalt einer Variablen variabel sein soll, sondern auch der Typ selbst. Die Swift-Dokumentation spricht dann von »Metatypen«. Je nachdem, welche Ausgangsdaten Sie haben, gibt es verschiedene Wege, um auf den Metatyp zuzugreifen:

- Bei Klassen, Strukturen und Enumerationen beschreibt die Ergänzung `.Type` den Metatyp, also z. B. `MyClass.Type`. Die Ergänzung `.Type` kann nur bei der Angabe von Datentypen verwendet werden, z. B. `let x = obj as Class.type` oder `typealias AnyClass = AnyObject.Type`.

- Bei Protokollen gilt stattdessen die Ergänzung `.Protocol`, also z. B. `MyProtocol.Protocol`.

- Bei Klassen, Protokollen etc. liefert `MyClass.self` den Metatyp. Die folgenden Beispiel zeigen die Anwendung von `self`.

- Bei Instanzen liefert `obj.self` hingegen die zugrunde liegende Instanz (also einfach `obj`!), *nicht* den Metatyp.

- Wenn Vererbung im Spiel ist, liefert `obj.self` den Typ der Basisklasse. Tatsächlich kann sich darin aber eine Instanz einer abgeleiteten Klasse verbergen. Deren Metatyp liefert `obj.dynamicType`.

Leider ist der Umgang mit Metatypen in Swift vollkommen inkonsequent gelöst. Die oben erwähnten Schlüsselwörter können jeweils nur in einem ganz spezifischen Kontext verwendet werden. Die folgenden Beispiele zeigen einige Anwendungsfälle – aber auch die Grenzen der Swift-Syntax.

Im ersten Beispiel enthält `datetype` den Datentyp `NSDate.Type`. Daher kann in der nächsten Zeile mit `datetype.init()` ein neues `NSDate`-Objekt erzeugt werden – so, als würde `NSDate()` ausgeführt. Beachten Sie, dass `init()` hier explizit genannt werden muss, was ja sonst in Swift beim Aufruf von Init-Funktionen unüblich ist.

```
// Datei metatypes.playground
let datetype = NSDate.self  // speichert den Datentyp NSDate.Type
let d1 = datetype.init()    // erzeugt ein NSDate-Objekt
print("Aktuelles Datum und Uhrzeit: \(d1)")
```

Mit der Methode `NSClassFromString` können Sie den Metatyp einer beliebigen Klasse erzeugen, deren Namen Sie als Zeichenkette angeben. Die Methode liefert den Ergebnisdatentyp `AnyClass!`. Sofern ein gültiger Klassenname angegeben wird, ist ein Casting auf `NSObject.Type` möglich, also auf einen allgemeinen Metatyp. Mit `mytype.init()` wird nun die Init-Funktion dieser Klasse ausgeführt und abermals eine `NSDate`-Instanz erzeugt.

```
let mytype = NSClassFromString ("NSDate") as! NSObject.Type
let d2 = mytype.init()          // erzeugt noch ein NSDate-Objekt
print("Aktuelles Datum und Uhrzeit: \(d2)")
```

Die nächsten Zeilen zeigen den Unterschied zwischen `self` und `dynamicType`: `myvar` ist mit dem Datentyp A deklariert, enthält aber eine Instanz der abgeleiteten Klasse B. Für den Compiler ist der Datentyp von `myvar` also A. Erst `myvar.dynamicType` geht der Sache wirklich auf den Grund und stellt fest, dass `myvar` tatsächlich eine Instanz der Klasse B enthält. Beachten Sie, dass `myvar.self` einfach `myvar` entspricht; bei Variablen oder Eigenschaften liefert `name.self` einfach den Inhalt der Variablen, *nicht* den Typ.

```
// Datei metatypes.playground
class A { }                      // Basisklasse A
class B: A {                     // B ist von A abgeleitet
  func m() { print("bla") }
}

let myvar:A = B()                // Datentyp A
let type1 = A.self               // Datentyp A.Type
let type2 = B.self               // Datentyp B.Type
let type3 = myvar.dynamicType    // Datentyp B.Type
let anothervar = myvar.self      // Datentyp A, entspricht
                                 //    let anothervar = myvar
let thirdvar = myvar             // Datentyp A
anothervar === thirdvar          // true
```

8.8 Header-Code einer eigenen Bibliothek erzeugen

Wenn Sie bei gedrückter ⌘-Taste auf einen Bezeichner der Swift-Standardbibliothek klicken (z. B. auf `Array`), gelangen Sie in eine Art Header-Datei mit allen Definitionen der Swift-Standardbibliothek. Der Header beschreibt die Schnittstelle der Bibliothek für deren Verwender. Die eigentliche Implementierung der Bibliothek ist in der Header-Datei dagegen nicht enthalten – die ist momentan noch ein Geheimnis von Apple. (Apple plant aber, Swift als Open-Source-Code freizugeben; dann werden Sie voraussichtlich auch ergründen können, wie die Apple-Entwickler Methoden wie `map` oder Datentypen wie `Dictionary` implementiert haben.)

Trennung zwischen Header und Implementierung

In vielen Programmiersprachen ist es üblich, die Deklaration von Funktionen, Methoden und Typen getrennt von der eigentlichen Implementierung in einer kompakten Header-Datei durchzuführen – beispielsweise in C, C++ oder Objective-C.

Swift und diverse andere Sprachen (Java, C#, Python etc.) verzichten auf diese Trennung. Das erhöht die Bequemlichkeit für die Programmierer, die sich die Eingabe dieser ohnedies redundanten Informationen ersparen können.

Zurück zu Swift: Header-Dateien sind also syntaktisch nicht erforderlich, wären aber manchmal dennoch praktisch, um alle Funktionen, Methoden, Strukturen, Klassen etc. einer eigenen Code-Datei zusammenzufassen. Xcode stellt seit Version 7 eine Funktion zur Verfügung, die genau das erledigt: Dazu führen Sie einfach NAVIGATE • JUMP TO GENERATED INTERFACE aus. Xcode erzeugt nun aus der gerade aktuellen Code-Datei die entsprechenden Deklarationen (siehe Abbildung 8.1). Die Header-Ansicht ist unveränderlich (read-only), Sie können den Text aber natürlich kopieren.

Abbildung 8.1 Xcode hat die Deklarationen der Datei »ViewController.swift« in einer Header-Datei zusammengefasst.

Kapitel 9
Fehlerabsicherung und Spezialfunktionen

Dieses Kapitel fasst einige Funktionen von Swift zusammen, die nicht wirklich in die anderen Kapitel passen. Zu den behandelten Themen zählen:

- Fehlerabsicherung mit `try`, `catch`, `defer`, `throw` und `throws`
- Fehlerabsicherung von API-Methoden
- Module, Bibliotheken und Importe
- Attribute
- Systemfunktionen

9.1 Fehlerabsicherung (try/catch)

Die erste Version von Swift stieß in einem Punkt bei fast allen Beobachtern auf Befremden: Apple sah keine `try-catch`-Konstruktion zum Umgang mit Fehlern vor – und wich in diesem Punkt vom Verhalten vieler anderer Programmiersprachen ab.

Mit Swift 2 besann sich Apple dann aber doch eines Besseren und implementierte `try`, `catch` und `defer` sowie `throw` und `throws`. Dieser Abschnitt erläutert die Syntax dieser Schlüsselwörter und zeigt deren Anwendung zur Absicherung eigenen Codes.

Der folgende Abschnitt 9.2, »Fehlerabsicherung von API-Methoden (NSError)«, behandelt dann den Umgang von Fehlern, die durch Methoden in iOS- oder OS-X-Bibliotheken ausgelöst werden. Dabei werden die Fehlerinformationen über ein `NSError`-Objekt transportiert. Alle derartigen Methoden müssen seit Swift 2 mit `try` aufgerufen werden.

Swifts Verhalten beim Auftreten von Fehlern

Auf Schlampigkeitsfehler im Code reagiert ein Swift-Programm unbarmherzig – und daran hat sich mit Swift 2 nichts geändert. Ein Programm mit den folgenden Code-Zeilen wird sofort beendet, wenn versucht wird, auf das nicht existierende Array-Element `ar[3]` zuzugreifen:

```
let ar = [7, 12, -1]
for var i=0; i<=3; i++ { // Fehler, sollte i<3 sein!
  print(ar[i])
}
```

In Xcode sehen Sie die Fehlermeldung *fatal error* samt einer kurzen Erklärung: Beim obigen Beispiel lautet sie *Array index out of range*. Anschließend können Sie im Programmcode den aktuellen Wert der Variablen etc. analysieren. Wenn der gleiche Fehler aber in einer iOS-App auftritt, wird die App kommentarlos geschlossen. Um es gleich vorwegzunehmen: Derartige Fehler lassen sich auch in Swift 2 nicht mit `try` abfangen.

Es gibt eine ganze Reihe von Möglichkeiten, Fehler unbeabsichtigt auszulösen. Ich habe mich hier bemüht, die »populärsten« Kandidaten aufzuzählen:

▶ **Integer-Arithmetik:** Division durch null, Überlauf

▶ **Zeichenketten:** Zugriff auf nicht vorhandene Zeichen:

```
let s1="abc"
s1[s1.endIndex]
```

▶ **Arrays:** Zugriff auf nicht vorhandene Elemente

▶ **Optionals:** Unwrapping durch `var!` oder `ausdruck!`, wenn der Inhalt `nil` ist

▶ **Casting:** Umwandlung in einen ungeeigneten Datentyp durch `as!`

▶ **Standardfunktionen und -methoden:** Viele Standardfunktionen und -methoden lösen Fehler aus, wenn sie auf leere Sequenzen angewendet werden (z. B. `dropLast`) oder wenn ungültige Parameter übergeben werden (z. B. `advancedBy`, `removeAt`).

Die einzige Möglichkeit, derartige Fehler zu vermeiden, besteht darin, die Parameter im Voraus strikt zu kontrollieren. Gewöhnen Sie es sich an, Ihren Code sorgfältig zu verfassen und Parameter von Funktionen oder Methoden bzw. Benutzereingaben generell zu validieren.

try-catch-Syntax

try-catch-Konstruktionen sind nur zur Absicherung von Funktionen und Methoden gedacht, die mit `throws` deklariert sind und somit Fehler auslösen können. Die try-catch-Syntax von Swift weicht ein wenig von der anderer Programmiersprachen ab:

▶ Der abzusichernde Code-Block wird mit `do` eingeleitet.

▶ Innerhalb dieses Codes können Funktionen oder Methoden, die einen Fehler auslösen können, jeweils mit `try` ausgeführt werden. `try` gilt immer für eine gesamte Anweisung, nicht nur für einen einzelnen Methodenaufruf. Wenn `xxx()` und `yyy()` Fehler auslösen können, lautet der korrekte Aufruf zur Berechnung der Summe dieser Funktionen `try xxx() + yyy()`, nicht `try xxx() + try yyy()`.

Bei Zuweisungen muss `try` unmittelbar nach dem Zuweisungsoperator angegeben werden, also `let c = try xxx()` oder `var v = try xxx()`. Analog lautet die korrekte Syntax `return try xxx()`, nicht `try return xxx()`.

▸ Der restliche Code innerhalb des `do`-Blocks ist nicht abgesichert! Integer-Arithmetik-Fehler, Zugriff auf nicht vorhandene Zeichen oder Array-Elemente etc. führen auch innerhalb des `do`-Blocks zum Programmende.

▸ Tritt tatsächlich ein Fehler auf, bricht Swift den `do`-Block ab, sucht nach einem passenden `catch`-Block und führt dessen Code aus. Anschließend wird das Programm fortgesetzt, als wäre nichts passiert.

Einführungsbeispiel

Das folgende Listing beginnt mit der Definition einer Enumeration, die das Protokoll `ErrorType` implementiert. Die Enumeration dient lediglich zur Bereitstellung von Fehler-Zuständen. Die Funktionen `f1` und `f2` lösen gegebenenfalls einen der dort aufgezählten Fehler aus. (Details zum Protokoll `ErrorType` und den Schlüsselwörtern `catch`, `throws` und `throw` folgen in den weiteren Abschnitten.)

```
// Projekt try-catch, Datei main.swift
// Definition eigener Fehlerzustände
enum MyErrors : ErrorType {
  case TooSmall
  case TooBig(maximum:Int)
  case Missing
  case Other(explanation:String)
}


// Definition von Funktionen, die Fehler auslösen können
func f1(n:Int) throws -> Int {
  if n<0   { throw MyErrors.TooSmall }
  if n>100 { MyErrors.TooBig(maximum: 100) }
  return n+1
}
func f2(n:Int?) throws -> Int {
  if n == nil { throw MyErrors.Missing }
  return n! + 1
}


// Test der Funktionen
do {
  let a = try f1(190)
  let b = try f2(a)
  let c = a / (a-6)  // kann nicht abgesichert werden
  try print(12 + f1(1) +  f2(7))
```

```
} catch MyErrors.TooSmall {
  print("Fehler: Parameter zu klein")
} catch MyErrors.TooBig(let maximum) {
  print("Fehler: Parameter zu groß")
  print("Maximalwert = \(maximum)")
} catch {
  print("Ein anderer Fehler:")
  print(error)
}
print("Hier geht es weiter, wenn kein Fehler " +
      "oder ein abgesicherter Fehler aufgetreten ist.")
```

try ist nicht freiwillig

Die Verwendung von try ist keine Option, um Code bei Bedarf abzusichern; vielmehr ist der Einsatz von try zwingend erforderlich, sobald Sie eine mit dem Schlüsselwort throws gekennzeichnete Methode ausführen möchten.

Umgekehrt ist try aber nur für Funktionen bzw. Methoden gedacht, die mit throws deklariert sind und somit Fehler auslösen können. Alle anderen Anweisungen können nicht mit try abgesichert werden! Xcode meldet gegebenenfalls einen Syntaxfehler (*No calls to throwing functions occur within try expression*).

Reaktion auf Fehler mit catch

Einem do-Block mit einem oder mehreren try-Anweisungen muss zumindest ein catch-Block folgen. Wenn ein durch try abgesicherter Fehler auftritt, verarbeitet Swift der Reihe nach die catch-Ausdrücke. Der erste zutreffende catch-Ausdruck wird als Reaktion auf den Fehler ausgeführt. Anschließend wird das Programm fortgesetzt.

Im Anschluss an catch kann ein beliebiger Ausdruck übergeben werden, der dem ErrorType-Protokoll entspricht. Swift vergleicht diesen Ausdruck mit dem aufgetretenen Fehler, wobei intern wie bei switch der Pattern-Operator ~= zum Einsatz kommt (siehe Abschnitt 2.2, »Vergleichsoperatoren und logische Operatoren«).

Im einfachsten Fall geben Sie nach catch direkt einen konkreten Fehlerwert an. Sie haben dann allerdings im weiteren catch-Code keinerlei Zugriff auf die weiteren Eigenschaften des Fehlers.

```
// catch für einen expliziten Fehler
catch MyError.TooSmall {
  // wird ausgeführt, wenn der angegebene Fehler
  // aufgetreten ist
}
```

Wenn zusammen mit dem Enumerationswert des Fehlers weitere Daten übergeben werden, wie dies im vorigen Beispiel bei `MyError.TooBig` der Fall war, können diese Daten mit `let` in eine Konstante übertragen und im folgenden Code-Block ausgewertet werden:

```
// catch für einen expliziten Fehler mit Zusatzinformationen
catch MyErrors.TooBig(let maximum) {
  // maximum enthält Details zum Fehler, in
  // diesem Fall den maximal zulässigen Wert
}
```

Die folgende `catch`-Variante trifft für *alle* Fehler zu, die in der `MyErrors`-Enumeration definiert sind. Die Details des aufgetretenen Fehlers können Sie der Konstanten `myerror` entnehmen. Sofern es sich bei der Fehlerenumeration um simple Konstanten handelt, kann ein Vergleich einfach mit `myerror == MyError.Xxx` erfolgen. Die `MyError`-Enumeration aus dem Einführungsbeispiel macht aber von zugeordneten Werten Gebrauch (*Associated Values*, siehe Abschnitt 7.2, »Enumerationen«). Die Unterscheidung der möglichen Fehler erfolgt in diesem Fall am besten durch `switch`:

```
// catch für eine Gruppe von Fehlern
catch let myerror as MyErrors {
  switch myerror {
  case .TooSmall:
    print("Parameter zu klein")

  case let .TooBig(n):
    print("Parameter zu groß, Maximum=\(n)")

  case .Missing:
    print("Parameter darf nicht nil sein")

  case let .Other(msg):
    print("Anderer Fehler: \(msg)")
  }
}
```

Ein `catch` ohne Ausdruck leitet den Default-Block ein, der für alle bisher nicht berücksichtigten Fehler gilt. In diesem Block steht die Konstante `error` (Datentyp `ErrorType`) zur Verfügung, die Auskunft über den aufgetretenen Fehler gibt. Dieser Block muss immer zuletzt angegeben werden.

Zur detaillierten Auswertung von `error` ist es zweckmäßig, daraus ein `NSError`-Objekt abzuleiten und dann dessen Eigenschaften auszuwerten (siehe Abschnitt 9.2, »Fehlerabsicherung von API-Methoden (NSError)«).

```
// Default-catch
catch {
  // wird ausgeführt, wenn kein anderer catch-Block zu-
  // treffend war; in diesem Code-Block ist 'error' definiert
  let nserr = error as NSError
  print("Fehlerbeschreibung: \(nserr.description)")
}
```

Sie können das NSError-Casting auch direkt im catch-Ausdruck durchführen:

```
// Default-catch mit integriertem NSError-Casting
catch let nserr as NSError {
  print("Fehlerbeschreibung: \(nserr.description)")
}
```

Sollten Sie weder am error- noch am NSError-Objekt Interesse haben, ist catch _ am effizientesten:

```
// Default-catch ohne error-Verarbeitung
catch _ {
  print("Irgendein Fehler ist aufgetreten ...")
}
```

Wenn der Default-catch fehlt, betrachtet der Swift-Compiler die gesamte Konstruktion als unvollständig (*not exhaustive*) – es werden also nicht alle Fehlermöglichkeiten behandelt. Es gibt zwei Möglichkeiten, diesen Fehler zu beheben:

► Sie fügen einen Default-catch ein.

► Sie deklarieren die Methode oder Funktion, in der sich Ihre try-catch-Konstruktion befindet, selbst mit throws. Damit gibt sich der Compiler zufrieden. Sollte ein nicht behandelter Fehler auftreten, wird dieser einfach an die Stelle weitergegeben, wo die Methode/Funktion aufgerufen wurde.

Leider agiert der Swift-Compiler hier weniger intelligent als bei switch-case: Selbst wenn Sie alle vier MyErrors-Fehler des Einführungsbeispiels berücksichtigen oder catch let myerror as MyErrors verwenden, gilt die Konstruktion ohne Default-catch als unvollständig. Das hat damit zu tun, dass aus der Deklaration von Funktionen oder Methoden nicht hervorgeht, *welche* Fehler auftreten können. Bei eigenem Code könnte der Compiler den Quellcode analysieren, aber bei Methoden aus externen Bibliotheken fällt diese Möglichkeit weg.

Selbst Fehler auslösen (throws und throw)

Wenn Sie eine Funktion oder Methode programmieren, die selbst Fehler auslösen soll, müssen Sie diese mit throws deklarieren. Dieses Schlüsselwort folgt dem Klammerpaar der Parameterliste. Bei Funktionen oder Methoden, die ein Ergebnis zurückgeben, ist throws vor dem Pfeiloperator mit dem Ergebnisdatentyp anzugeben. Im Gegensatz zu Sprachen wie Java, wo nach throws der oder die möglichen Fehler anzugeben sind, entfällt diese Information in Swift. throws besagt also nur, dass eine Funktion oder Methode Fehler auslösen kann, gibt aber keinen Hinweis, um *welche* Fehler es sich dabei handeln könnte.

```
func m1() throws { ... }
func m2(p1: Int, p2: Double) throws -> { ... }
```

Wenn Sie nun im Code Ihrer Funktion/Methode einen Zustand feststellen, auf den Sie nur durch das Auslösen eines Fehlers reagieren können, dann geben Sie im Anschluss an das Schlüsselwort throw einen Fehlercode an. Als »Fehlercode« gilt jedes Element bzw. jede Instanz einer Enumeration, Struktur oder Klasse, die das Protokoll ErrorType implementiert. Der übliche Weg besteht darin, wie im Einführungsbeispiel zur Formulierung von Fehlerzuständen eine simple Enumeration zu verwenden, die mit EnumName : ErrorType definiert ist.

```
// Fehler auslösen
if n == nil { throw MyErrors.Missing }
```

throw bewirkt, dass die Funktion oder Methode sofort und ohne Rückgabewert verlassen wird. Auf den Fehler kann nun im entsprechenden catch-Block reagiert werden. throw darf nur in Funktionen bzw. Methoden verwendet werden, die mit throws deklariert sind!

Geschwindigkeit

Im E-Book »The Swift Programming Language«, also in der offiziellen Swift-Dokumentation, können Sie nachlesen, dass throw in Swift ebenso schnell ausgeführt wird wie return. Das try-catch-Modell von Swift sieht so aus, als würde es wie z. B. in Java Exceptions verarbeiten. Tatsächlich ist das aber nicht der Fall. Vielmehr erzeugt throw ein NSError-Objekt, dessen Klasse schon seit vielen Jahren in der Foundation-Bibliothek existiert. try und catch verpacken lediglich die Verarbeitung von derartigen NSError-Objekten.

https://developer.apple.com/library/prerelease/ios/documentation/Swift/
Conceptual/Swift_Programming_Language/ErrorHandling.html

Fehler in Init-Funktionen auslösen

throws ist auch in Init-Funktionen erlaubt, sofern diese mit throws gekennzeichnet sind. Hier gilt aber die merkwürdige Regel, dass alle Eigenschaften des Typs initialisiert werden müssen, bevor throw verwendet werden darf. Das widerspricht der in anderen Sprachen üblichen Vorgehensweise, in der Init-Funktion die Parameter zu überprüfen und gegebenenfalls noch *vor* der Erzeugung eines neuen Objekts einen Fehler auszulösen.

Das folgende Beispiel greift nochmals die Rectangle-Struktur auf, die unter anderem schon in Abschnitt 7.3, »Eigenschaften«, vorkam. Bei dieser Variante löst die Init-Funktion einen Fehler aus, wenn die Länge oder Breite kleiner 0 ist. Die Struktur ist mit Read-Only-Properties so konzipiert, dass Länge und Breite eines einmal erzeugten Rechtecks nachträglich nicht mehr verändert werden können. Diese Vorgehensweise wurde auch deswegen gewählt, weil Computed Properties in Swift keine Fehler auslösen und nicht mit throws gekennzeichnet werden können.

```swift
// Datei rectangle-throw.playground
enum RectangleError : ErrorType {
  case LengthTooSmall
  case WidthTooSmall
}

// Struktur zur Speicherung eines Rechtecks
struct Rectangle {
  // interner Datenspeicher
  private var _length = 0.0
  private var _width = 0.0

  // init-Funktion, greift auf Computed Properties
  // zurück
  init(_ length:Double, _ width:Double) throws {
    _length = length
    _width = width
    if length < 0.0 { throw RectangleError.LengthTooSmall }
    if width < 0.0  { throw RectangleError.WidthTooSmall }
  }

  // Read-Only-Properties
  var length:Double { return _length }
  var width:Double  { return _width }
}

// Beispiel 1: ein korrektes Rechteck
do {
  let r = try Rectangle(1.2, 2.4)
  print(r.length)
} catch {
  print("Fehler: \(error)")
}
```

```
// Beispiel 2: ein fehlerhaftes Rechteck
do {
  let r = try Rectangle(-1.2, 2.4)
  print(r.length)
} catch {
  print("Fehler: \(error)")
}
```

Failable Init Functions

Als Alternative zu einer Init-Funktion mit throws können Sie eine *Failable Init Function* definieren, die bei fehlerhaften Parametern nil liefert. In der Anwendung sind solche Init-Funktionen oft angenehmer, weil Sie auf try verzichten und stattdessen mit if-let oder guard arbeiten können. Ein entsprechendes Rectangle-Beispiel mit einer *Failable Init Function* finden Sie in Abschnitt 7.4, »Init- und Deinit-Funktion«.

Fehler in Computed Properties

Computed Properties dürfen in Swift keine Fehler auslösen. Die Schlüsselwörter throws und throw sind dort unzulässig.

Wenn Sie im Code einer Computed Property dennoch einen Fehler auslösen wollen, können Sie dazu ein NSException-Objekt erzeugen. Derart ausgelöste Exceptions lassen sich allerdings nicht mit try-catch abfangen und führen immer zum Programmende. Ein entsprechendes Beispiel finden Sie in Abschnitt 7.3, »Eigenschaften«.

Das ErrorType-Protokoll

Für das try-catch-Modell von Swift spielt das ErrorType-Protokoll eine große Rolle:

▶ An throw können nur Daten übergeben werden, deren Typen diesem Protokoll entsprechen.

▶ Analog kann catch nur Fehlerzustände auf der Basis dieses Protokolls vergleichen.

In Berührung kommen Sie mit dem ErrorType-Protokoll primär dann, wenn Sie selbst Fehlerzustände definieren. Der übliche und im Swift-Handbuch empfohlene Weg besteht darin, eine Enumeration zu erstellen, die ErrorType implementiert:

```
// Projekt try-catch, Datei main.swift
enum MyErrors : ErrorType {
  case TooSmall
  case TooBig(maximum:Int)
  case Missing
  case Other(explanation:String)
}
```

Erstaunlicherweise definiert das `ErrorType`-Protokoll keinerlei Regeln. Ein ⌘-Click auf das Schlüsselwort offenbart die folgende Definition:

```
protocol ErrorType { }
```

Das bedeutet: Sie können für jede Enumeration, für jede Struktur und für jede Klasse ohne irgendeinen Zusatzaufwand das `ErrorType`-Protokoll implementieren.

Ähnlich minimalistisch wie die Deklaration von `ErrorType` ist momentan auch die Dokumentation des Protokolls – es gibt noch keine (Stand: August 2015). Das ist insofern unerfreulich, als das Protokoll bei genauerem Ausprobieren zwei verborgene Eigenschaften offenbart: `_code` enthält eine Fehlernummer (`Int`), und `_domain` enthält eine Zeichenkette (`String`) mit dem Namen der Bibliothek, in der der Fehler aufgetreten ist. Bei selbst ausgelösten Fehlern ist diese Zeichenkette aus dem Projektnamen und dem Namen des Datentyps zusammengesetzt.

```
print(MyErrors.TooSmall._code)      // 0
print(MyErrors.TooSmall._domain)    // try_catch.MyErrors
```

Jede `ErrorType`-Instanz kann, wie der Compiler von Swift verrät, gefahrlos in ein `NSError`-Objekt umgewandelt werden. Für dieses Objekt stehen diverse weitere Eigenschaften zur Auswahl, die auf Seite 319 behandelt werden. Beim Fehler `TooSmall` sind die meisten Eigenschaften allerdings leer bzw. ohne weitere Relevanz:

```
let nserr = MyErrors.TooSmall as NSError
print(nserr.description)
// Ausgabe: Error Domain=try_catch.MyErrors Code=0
// "The operation couldn't be completed.
// (try_catch.MyErrors error 0.)"
print(nserr.userInfo)              // (leer)
```

Ärgerlicherweise gehen beim Casting in ein `NSError`-Error-Objekt die Zusatzinformationen aus eigenen Fehler-Enumerationen verloren. Eigentlich wäre zu erwarten gewesen, dass diese Daten in das `userInfo`-Array eingefügt werden.

```
let nserr = MyErrors.TooBig(maximum: 1000) as NSError
print(nserr.userInfo)  // leer
```

Dokumentationslücken

Im August 2015 waren die Eigenschaften `_code` und `_domain` nicht dokumentiert. Generell sind mit `_` beginnende Methoden, Eigenschaften und Typen nur für den internen Gebrauch vorgesehen. Vermeiden Sie daher nach Möglichkeit die Auswertung von `_code` und `_domain`. Greifen Sie gegebenenfalls besser auf die Eigenschaften `code` bzw. `domain` des zugeordneten `NSError`-Objekts zurück.

try ohne do-catch

Innerhalb des Playgrounds dürfen Methoden mit try ausgeführt werden, ohne try in eine do-catch-Konstruktion einzuschließen. Das gilt auch innerhalb von Funktionen oder Methoden, die selbst mit throws deklariert sind. Sollte es hier zu einem Fehler kommen, wird der Fehler einfach weitergegeben. throws entbindet Sie also von der do-catch-Absicherung. try bleibt aber weiter erforderlich!

Im folgenden Beispiel wird der Aufruf von f1 zum Fehler TooBig führen. Diesen Fehler gibt f3 weiter an die Stelle im Code, wo f3 aufgerufen wird.

```
// auch in kompiliertem Code OK
func f3() throws -> Int {
  return try f1(101) + f2(88)
}
```

try! und try? (Forced Try und Optional Try)

Zum gewöhnlichen Schlüsselwort try existieren die Variante try! mit einem nachgestellten Ausrufezeichen (»Forced Try«) und die Variante try? mit einem nachgestellten Fragezeichen (»Optional Try«). Im Unterschied zum gewöhnlichen try darf try! ohne eine do-catch-Konstruktion verwendet werden, um Methoden aufzurufen, die einen Fehler auslösen können. In der Praxis verwenden Sie try! nur dann, wenn Sie absolut sicher sind, dass kein Fehler auftreten wird. Passiert dies doch, so führt der Fehler unmittelbar zum Programmende (*fatal error*).

```
let a = try! f1(7)
try! f2(12)
```

try? ruft eine Funktion oder Methode auf, die einen Fehler verursachen kann. Tritt tatsächlich ein Fehler auf, liefert try? den Wert nil zurück, andernfalls das Ergebnis. Die folgenden Zeilen beziehen sich wieder auf die in der Einleitung des Abschnitts definierte Funktion f1:

```
var result1 = try? f1(10)    // Datentyp Int?
print(result1)               // Ergebnis Optional(11)
result1 = try? f1(1000)
print(result1)               // Ergebnis nil
```

Parameterabsicherung mit guard

Das Schlüsselwort guard wird oft im Kontext mit der Fehlerabsicherung erwähnt. Es hat aber genau genommen nichts mit Exceptions oder try-catch zu tun. Vielmehr ist guard eine Art inverse Form von if-let: Sie testen damit, ob einige Ausdrücke bestimmten Regeln entsprechen, und führen entsprechende Zuweisungen durch. Kommt es zu einer Regelverletzung, können Sie auf diese im else-Block reagieren.

Andernfalls stehen die mit guard zugewiesenen Variablen und Konstanten auch *nach* dem guard-Block zur Verfügung.

```
// Swift 1.n
if let a = m1(), b = m2() {
  // alles OK, hier folgt
  // eine Menge Code
} else {
  // Fehler
}
```

```
// ab Swift 2
guard let a = m1(), b = m2() else {
  // Fehler
}
// alles OK, hier folgt eine Menge Code,
// der auf a und b zugreifen kann
```

Der Vorteil von guard besteht darin, dass der Haupt-Code weniger stark verschachtelt und somit besser lesbar ist. Im Kontext dieses Kapitels ist guard ausgesprochen praktisch, um mit throw einen Fehler auszulösen, wenn die Parameter einer Funktion oder Methode nicht den Erwartungen entsprechen:

```
// Projekt try-catch, Datei main.swift
func f4(n:Int?) throws -> Int {
  guard let a = n where n>=0 && n<=100  else {

  }
  return a * 2
}
```

Aufräumarbeiten mit defer

In einigen Programmiersprachen können Sie im finally-Block Code formulieren, der auf jeden Fall ausgeführt wird – egal, ob im zuvor ausgeführten try-Block Fehler aufgetreten sind oder nicht. Der finally-Block eignet sich gut für Aufräumarbeiten, z. B. zum Schließen von Dateien bzw. von Datenbank- oder Netzwerkverbindungen.

Swift kennt zwar kein finally, stellt eine ähnliche Funktionalität aber über das Schlüsselwort defer zur Verfügung, das bereits in Abschnitt 6.1, »Funktionen definieren und ausführen«, vorgestellt wurde. Das Schlüsselwort defer kann also wie guard vollkommen losgelöst von try-catch verwendet werden. Seine Anwendung bietet sich aber häufig in try-catch-Konstruktionen an, wie der folgende Pseudo-Code zeigt: Die Datenbankverbindung wird in jedem Fall geschlossen, egal, ob während der Programmausführung Fehler auftreten oder nicht.

```
func f() {
  do {
    let db = open("database-connection")
    defer { db.close() }
    let result try db.execute("SELECT ...")
    if result = "xxx" { return }
    try db.execute("UPDATE ...")
  } catch {
    print("Fehler")
  }
}
```

assert

Wenn Sie in Ihrem Programm nach dem Auftreten eines Fehlers bzw. bei der Übergabe ungeeigneter Parameter absolut keine Möglichkeit sehen, das Programm fortzusetzen, empfiehlt »The Swift Programming Language« den Einsatz von assert. Im ersten Parameter dieser Funktion geben Sie eine Bedingung an. Ist diese erfüllt, wird das Programm fortgesetzt, und alles ist in Ordnung. Ist die Bedingung hingegen nicht erfüllt, wird das Programm unterbrochen bzw. beendet, je nachdem, ob Sie es in Xcode im Debug-Modus ausführen oder ob es sich um das fertige Kompilat für den Anwender handelt. Optional können Sie im zweiten Parameter noch eine Fehlermeldung an assert übergeben.

> **assert ist nur für das Debugging geeignet!**
>
> assert ist ausschließlich ein Hilfsmittel zur Fehlersuche, aber kein geeigneter Weg zur Fehlerabsicherung! assert wird bei Release-Kompilaten automatisch aus dem Code entfernt und ist dort wirkungslos.

Im folgenden Minibeispiel löst die print-Zeile bei einem Debug-Kompilat einen Fehler aus. Wird das Programm hingegen für ein Release kompiliert, lautet die Ausgabe nan (Not a Number). assert wird nicht kompiliert, und sqrt(-1) löst keinen Fehler aus, sondern gibt einen speziell für solche Fälle vorgesehenen Double-Wert zurück.

```
// eigene sqrt-Funktion
func mysqrt(x:Double) -> Double {
  assert(x>=0, "x must be greater than 0")
  return sqrt(x)
}

print(mysqrt(-1))  // Testbetrieb: löst Fehler aus
                   // Release: Ausgabe 'nan'
```

9.2 Fehlerabsicherung von API-Methoden (NSError)

Unzählige Methoden aus dem Foundation-Framework sowie aus anderen Bibliotheken wurden ursprünglich für die Verwendung durch Objective-C konzipiert. Bei der Verwendung dieser Programmiersprache, aber auch unter Swift 1.n, liefern diese Methoden true oder false zurück, je nachdem, ob sie erfolgreich waren oder nicht. Die Details über einen eventuell aufgetretenen Fehler können einem NSError-Objekt entnommen werden. Unter Swift 1.n sah ein typischer Aufruf einer Methode mit NSError-Rückgabeparameter wie folgt aus:

```
// alter Code für Swift 1.n
var err: NSError?
var s = "Hello World!"
// Zeichenkette s in eine Textdatei schreiben
let ok = s.writeToFile("/bla/test.txt",
  atomically: false,
  encoding: NSUTF8StringEncoding,
  error: &err)
if !ok {
  print("Fehler: " + err!.localizedDescription)
}
```

Für Swift 2 hat Apple die Deklarationen aller derartigen Methoden so abgewandelt, dass diese nun kompatibel zum try-catch-Konzept sind. Der Aufruf derselben Methode zum Speichern einer Textdatei sieht in aktuellen Swift-Versionen so aus:

```
// neuer Code ab Swift 2
var s = "Hello World!"
do {
  try s.writeToFile("/bla/test.txt",
    atomically: false,
    encoding: NSUTF8StringEncoding)
} catch let err as NSError {
  print("Fehler: " + err.localizedDescription)
}
```

Der obige Code wird eine Fehlermeldung liefern, weil der Pfad /bla nicht existiert. Aber auch wenn Sie einen korrekten Pfad angeben, z. B. /Users/loginname, scheitert die Ausführung der Zeilen im Playground mit der Fehlermeldung *You don't have permissions …* Schuld sind in diesem Fall die Sicherheitsmechanismen des Playgrounds. Das Speichern gelingt aber, sobald Sie das Programm in Xcode als ein COMMAND LINE TOOL kompilieren. Eine eventuell vorhandene Datei wird dabei überschrieben.

Wenn Sie weder am Fehler an sich noch an dessen Details interessiert sind, können Sie den obigen Code wie folgt verkürzen. Der Code ist damit formal korrekt, auch wenn das stille Ignorieren von Fehlern in der Praxis natürlich selten sinnvoll ist.

```
// neuer Code ab Swift 2
var s = "Hello World!"
do {
  try s.writeToFile("/bla/test.txt",
    atomically: false,
    encoding: NSUTF8StringEncoding)
} catch _ { }
```

In Test-Programmen ist es in solchen Fällen zumeist sinnvoller, try! einzusetzen. Auch damit ist der Code formal korrekt. Tritt ein Fehler auf, dann führt dieser sofort zum Programmende. Damit ist für Sie als Entwickler(in) unmissverständlich klar, dass hier etwas schiefgegangen ist.

```
try! s.writeToFile("/bla/test.txt",
  atomically: false,
  encoding: NSUTF8StringEncoding)
```

Die NSError-Klasse

Die NSError-Klasse stellt diverse Eigenschaften zur Verfügung, mit denen Sie weitere Informationen über den Fehler ermitteln können (siehe Tabelle 9.1). Zur Anzeige der Fehlermeldung ist localizedDescription am hilfreichsten. domain enthält eine Zeichenkette mit dem Namen der Bibliothek bzw. des Systems, in der bzw. in dem der Fehler aufgetreten ist – z. B. NSCocoaErrorDomain. Die Eigenschaft code ergänzt diese Daten um eine domainspezifische Fehlernummer.

Merkmal	Bedeutung
code	Fehlernummer, domainabhängig
domain	Name der Bibliothek bzw. des Systems
userInfo	Array mit Detailinformationen
localizedDescription	ausführliche Fehlermeldung
localizedFailureReason	kurze Fehlermeldung
localizedRecoveryOptions	Hilfevorschlag (nur OS X, oft nil)
localizedRecoverySuggestion	Hilfevorschlag (nur OS X)
helpAnchor	Text für Hilfe-Button (nur OS X, oft nil)

Tabelle 9.1 Eigenschaften der NSError-Klasse

Die NSException-Klasse

Bei vielen Programmiersprachen basiert das `try-catch`-Konzept auf Exceptions. In Swift ist dies aber nicht der Fall! `try-catch` ist lediglich eine neue Verpackung (»syntaktischer Zucker«) zum Aufruf von Methoden, die über `NSError`-Objekte Fehlerzustände mitteilen.

Überraschenderweise sieht die Foundation-Bibliothek dennoch eine Möglichkeit vor, Exceptions auszulösen. Dazu erzeugen Sie ein `NSException`-Objekt und führen dann dessen `raise`-Methode aus:

```
NSException(name: "Name ...",
            reason: "Begründung",
            userInfo: nil).raise()
```

Exceptions sind in der Logik der Frameworks und Programmiersprachen von Apple ausschließlich dazu gedacht, nicht abfangbare Fehler auszulösen. Solche Fehler deuten üblicherweise auf Programmier- oder Logikfehler hin. Zu dieser Art von Fehlern zählen die in der Einleitung von Abschnitt 9.1, »Fehlerabsicherung (try/catch)«, genannten Fehler, also z. B. der Zugriff auf nicht vorhandene Array-Elemente. Exceptions sind nicht für den Endanwender des Programms, sondern für dessen Entwickler(innen) gedacht.

In eigenem Swift-Code ist es nur selten zweckmäßig, Exceptions einsetzen. Eine Ausnahme ist die Entwicklung von Bibliotheken, wo Exceptions auf die fehlerhafte Verwendung von Methoden hinweisen können.

9.3   Module, Frameworks und Importe

Aus der Sicht von Xcode ist ein Modul einfach ein Build Target eines Projekts. An dieser Stelle geht es allerdings nicht um jede Art von Modulen, sondern um Frameworks, die in Swift genutzt werden können. Ein Framework ist eine Sammlung von Datentypen, Funktionen etc., auf die eigene Programme wie auf eine Bibliothek zugreifen können. Die bekanntesten Frameworks der Apple-Welt sind Foundation, Cocoa und UIKit. Daneben gibt es aber viele weitere, wie CoreData, CoreGraphics, SpriteKit etc.

Damit Sie in Swift ein Framework nutzen dürfen, müssen Sie das betreffende Modul mit `import` importieren:

```
import Foundation
```

Frameworks in Xcode aktivieren

Alle nicht elementaren Frameworks müssen auch in den Einstellungen Ihres Xcode-Projekts aktiviert werden, damit die entsprechenden Bibliotheken mit Ihrem Programm verbunden werden. Dazu bestehen zwei Möglichkeiten: Entweder aktivieren Sie in den Projekteinstellungen für das App-Target im Dialogblatt CAPABILITIES die entsprechende Funktion (z. B. MAPS, wenn Sie das MapKit-Framework verwenden wollen), oder Sie fügen das erforderliche Framework im Dialogblatt BUILD PHASES beim Eintrag LINK BINARY WITH LIBRARIES manuell hinzu.

Eine Liste der Module, die Apple zur Verfügung stellt, ermitteln Sie am einfachsten, indem Sie in einem Terminal-Fenster mit `find` nach Dateien mit der Endung `.swiftmodule` suchen. Dabei handelt es sich um binäre Dateien, die die Definition aller Typen, Funktionen, Methoden in einer für den Swift-Compiler lesbaren Form enthalten.

```
cd /Applications/Xcode.app/
find . -name '*.swiftmodule'
```

Eine `swiftmodule`-Datei allein reicht für den Import nicht aus. Dazu ist außerdem die kompilierte Bibliothek erforderlich, die sich in einer Datei mit der Endung `.a` oder `.dylib` befindet. Bei Frameworks befindet sich die zumeist dynamische Bibliothek als Datei mit dem Namen des Frameworks ohne Endung im Framework-Ordner. Die meisten Frameworks stellen außerdem noch `.swiftdoc`-Dateien mit Dokumentation zur Verfügung.

Selbst Frameworks erzeugen

Xcode bietet die Möglichkeit, selbst Frameworks zu erzeugen. Darauf gehe ich in diesem Buch nicht ein. Wenn Sie sich dafür interessieren, wie Sie mit Swift Frameworks zur Weitergabe an andere Entwickler zusammenstellen, finden Sie auf den folgenden Seiten weiterführende Informationen:

https://developer.apple.com/library/ios/documentation/Swift/Conceptual/
 BuildingCocoaApps
http://railsware.com/blog/2014/06/26/creation-of-pure-swift-module
https://github.com/jankuca/swm
http://stackoverflow.com/questions/24029781
https://medium.com/@syshen/create-an-ios-universal-framework-148eb130a46c

9.4 Attribute

Attribute stellen dem Compiler Zusatzinformationen zur Verfügung. Attribute werden der betreffenden Deklaration vorangestellt. Sie beginnen mit dem Zeichen @ und können Parameter aufweisen. Swift bietet keine Möglichkeit, selbst Attribute zu definieren. Die folgende Liste fasst die gängigsten Swift-Attribute zusammen:

▶ `@autoclosure` kennzeichnet, dass ein Parameter automatisch als Closure betrachtet werden soll (siehe Abschnitt 6.6). `@autoclosure` wird Swift-intern von `assert` sowie von einigen booleschen Operatoren verwendet.

▶ `@availability` dokumentiert, ab welcher Version ein Element verfügbar ist, ob es als veraltet gilt etc. An das Attribut können einige Parameter übergeben werden, wobei der erste immer angibt, für welche Plattform das Element zur Verfügung steht. Zur Auswahl stehen `iOS`, `iOSApplicationExtension`, `OSX`, `OSXApplication-Extension` oder `*` für plattformübergreifende Elemente.

Anschließend kann eine beliebige Kombination von Parametern in der Form `introduced=n`, `deprecated=n`, `obsoleted=n`, `message=s` und `renamed=s` folgen. Dabei ist n eine Versionsnummer bzw. s eine Zeichenkette. Ein typisches `@availability`-Attribut sieht so aus:

```
@availability(iOS, introduced=2.0) class UITextView ...
```

▶ `@IBAction` und `@IBOutlet` werden von Xcode verwendet, um Methoden und Eigenschaften zu kennzeichnen, die mit Steuerelementen verbunden sind. Die Abkürzung IB steht für »Interface Builder«, also den Teil von Xcode, der für die Gestaltung von Benutzeroberflächen verantwortlich ist. Die beiden Attribute sind im Code jedes iOS- oder OS-X-Programms allgegenwärtig. Das erste entsprechende Beispiel finden Sie in Kapitel 10, »Hello iOS-World!«.

▶ `@IBInspectable` und `@IBDesignable` sind für eigene Steuerelemente gedacht. Sie machen deren Eigenschaften für den Attributinspektor zugänglich und ermöglichen eine Live-Vorschau des Steuerelements in Xcode. Ein konkretes Beispiel für die Anwendung dieser Attribute finden Sie in Abschnitt 13.4, »Eigene Steuerelemente mit Grafikfunktionen«.

▶ `@noescape` ist für Parameter einer Methode gedacht, an die eine Closure übergeben wird. Das Attribut besagt, dass die Closure nicht über die Aufrufdauer der Methode hinaus gespeichert werden soll. Das Attribut verhindert innerhalb der Methode die Zuweisung des Parameters an eine Variable oder die Weitergabe an eine andere Methode – es sei denn, deren Parameter ist selbst mit `@noescape` gekennzeichnet. Weitere Informationen können Sie in Abschnitt 6.6, »Closures«, nachlesen.

▶ `@noreturn` verrät dem Compiler, dass die Programmausführung einer Funktion oder Methode nie wieder an die Stelle des Aufrufs zurückkehrt. In der Regel, geschieht das, weil das Programm durch die Funktion beendet wird.

▶ @objc dient zur Kennzeichnung von Elementen, die auch aus Objective-C-Code heraus genutzt bzw. aufgerufen werden können. Bei Klassen, die von NSObject abgeleitet sind, kann das Attribut entfallen.

▶ @UIApplicationMain kennzeichnet die Klasse, die die Delegate-Aufrufe des Programms verarbeitet. Das Attribut entspricht dem Aufruf der UIApplicationMain-Funktion samt der Übergabe des Klassennamens. In iOS-Apps wird standardmäßig die AppDelegate-Klasse mit diesem Attribut ausgestattet.

Einige weitere Attribute sind in »The Swift Programming Language« dokumentiert:

*https://developer.apple.com/library/ios/documentation/Swift/Conceptual/
Swift_Programming_Language/Attributes.html*

9.5 Systemfunktionen aufrufen

Swift stellt zwar selbst keine Funktionen zur Verfügung, um die im Terminal verfügbaren Systemkommands aufzurufen, also z. B. find oder grep. Sie können dazu aber die NSTask-Klasse aus der Foundation zu Hilfe nehmen. Die Ausgabe des Kommandos leiten Sie in ein NSPipe-Objekt. Dieses können Sie dann wie eine Datei mit readDataToEndOfFile auslesen. Damit erhalten Sie einen Byte-Stream in UTF8-Codierung, den Sie zuerst in einen NSString und dann in eine Swift-Zeichenkette umwandeln. split zerlegt die Zeichenkette in die einzelnen Zeilen.

```
// Projekt nstask-test, Datei main.swift
// mit dem find-Kommando alle Dateien in /usr/bin suchen
let pipe = NSPipe()
let task = NSTask()
task.launchPath = "/usr/bin/find"
task.arguments = ["/usr/bin", "-type", "f"]
task.standardOutput = pipe
task.launch()

// Ergebnis von find zeilenweise ausgeben
let data = pipe.fileHandleForReading.readDataToEndOfFile()
if let nss = NSString(data: data,
                      encoding: NSUTF8StringEncoding)
{
  let s = String(nss)
  let lines = s.characters.split() {$0 == "\n"}.map { String($0)
    }
  for cmd in lines  {
    print(cmd)
  }
}
```

TEIL II
iOS

Kapitel 10
Hello iOS-World!

Mittlerweile sollten Ihnen alle wesentlichen Sprachmerkmale von Swift vertraut sein. Mit diesem Kapitel beginnt nun (endlich) die konkrete iOS-Programmierung. In seinem Zentrum steht ein einfaches Hello-World-Programm. Es erfüllt keine andere Aufgabe, als Sie mit den Grundfunktionen von Xcode sowie mit einigen Konzepten der iOS-Programmentwicklung bekannt zu machen. Ein weiteres Thema dieses Kapitels besteht darin, die Hello-World-App auf dem eigenen iPhone oder iPad auszuführen.

Bei der Lektüre dieses und auch des nächsten Kapitels werden Sie feststellen, dass Swift vorübergehend in den Hintergrund rückt. Natürlich müssen wir da und dort ein paar Zeilen Code schreiben; aber gerade bei den ersten iOS-Programmen geht es vielmehr darum, den effizienten Umgang mit Xcode zu erlernen, die grafische Gestaltung von Apps kennenzulernen und grundlegende Konzepte der iOS-Programmentwicklung zu verstehen.

Xcode per Video kennenlernen

Ich wäre nicht seit 30 Jahren mit Begeisterung Autor, würde ich nicht aus vollster Überzeugung das Medium Buch lieben. Aber es heißt ja, ein Bild sagt mehr als tausend Worte, und man könnte diese Analogie noch fortführen: Ein Video sagt mehr als tausend Bilder. Mitunter stimmt das sogar, z. B. wenn es darum geht, die Bedienung von Xcode zu erlernen.

Ich will Sie hier nicht an die Konkurrenz verweisen, aber ich möchte Ihnen doch ein Video-Tutorial ans Herz legen, das qualitativ meilenweit über den vielen YouTube-Filmchen der Art »Jetzt lerne ich iOS-Programmierung« steht. Die renommierte Stanford Universität hat eine rund 18-stündige Vorlesung zum Thema »Developing iOS 8 Apps with Swift« kostenlos im iTunes-U-Programm verfügbar gemacht. Um die Videos ansehen zu können, benötigen Sie entweder iTunes auf Ihrem Mac oder die App *iTunesU* für das iPad. Grundlegende Englischkenntnisse reichen aus, um dem mit vielen Screencasts unterlegten Vortrag zu folgen. Die Videos basieren momentan auf Swift 1.0, es ist aber zu hoffen, dass es Anfang 2016 eine aktualisierte Fassung gibt.

https://itunes.apple.com/us/course/developing-ios-8-apps-swift/id961180099

10.1   Projektstart

Um eine App für ein iOS-Gerät, also für ein iPhone oder ein iPad, zu entwickeln, starten Sie in Xcode ein neues Projekt und wählen zuerst den Typ IOS APPLICATION • SINGLE VIEW APPLICATION. Das ist die einfachste Art von iOS-Apps. Anfänglich besteht eine derartige App aus einer einzigen Ansicht, also aus einem »Bildschirm«, aus einer »Seite«. Sie können aber später problemlos weitere Ansichten hinzufügen.

Im nächsten Dialogblatt geben Sie Ihrem Projekt einen Namen und wählen als Programmiersprache SWIFT sowie als Device UNIVERSAL aus. Das bedeutet, dass Sie die App später sowohl auf einem iPhone als auch auf einem iPad ausführen können.

Der Dialog enthält drei Optionen (siehe Abbildung 10.1), die Sie allesamt deaktiviert lassen können und die in diesem Buch nicht weiter behandelt werden:

▶ USE CORE DATA ist nur dann relevant, wenn Sie die Daten Ihrer App in einem Objekt-Relationen-Mapping-Modell speichern möchten.

▶ INCLUDE UNIT TESTS und INCLUDE UI TESTS fügt Ihrem Projekt jeweils ein eigenes Verzeichnis hinzu, in dem Sie Testfunktionen für Ihren Code bzw. für die Benutzeroberfläche unterbringen können.

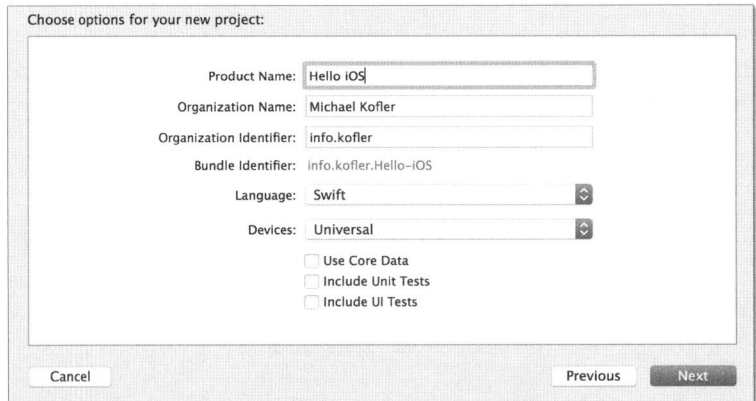

Abbildung 10.1 Projektoptionen für das Hello-iOS-Projekt

Zuletzt müssen Sie noch das Verzeichnis angeben, in dem Xcode die Code-Dateien des neuen Projekts speichern soll.

Sie brauchen für diese Hello-World-App übrigens noch kein registriertes iOS-Entwicklergerät, sondern können die App im Simulator ausprobieren. Wie Sie Apps auf Ihrem eigenen iPhone oder iPad zum Laufen bringen, ist das Thema von Abschnitt 10.7, »Apps auf dem eigenen iPhone/iPad ausführen«.

10.2   Gestaltung der App

Das neue Projekt besteht aus einer ganzen Reihe von Dateien, deren Namen in der linken Spalte von Xcode im Projektnavigator zu sehen sind. Sollte Xcode den Projektnavigator nicht anzeigen, führen Sie VIEWS • NAVIGATOR • PROJECT NAVIGATOR aus oder drücken einfach ⌘+1. Im Projektnavigator klicken Sie nun auf die Datei Main.storyboard.

Im Hauptbereich von Xcode sehen Sie nun das sogenannte »Storyboard«. Anfänglich besteht dieses Drehbuch für iOS-Apps aus nur einer Szene, also einer quadratischen Bildschirmansicht der App. Bei vielen Apps gesellen sich dazu später weitere Seiten, zwischen denen die Anwender dann navigieren können. Im Hello-World-Beispiel wird es aber bei einer Ansicht bleiben.

10

Warum sind Ansichten im Storyboard quadratisch?

Das quadratische Format hat damit zu tun, dass Sie beim Entwurf von Apps losgelöst von den tatsächlichen physikalischen Maßen von iOS-Geräten denken sollen. Ihre App soll ja später auf unterschiedlichen Geräten mit unterschiedlichen Auflösungen laufen, hochkant oder im Querformat. In Abschnitt 11.5, »Auto Layout«, werden Sie lernen, wie Sie durch Regeln eine automatische Anpassung des Layouts Ihrer Apps je nach Größe und Ausrichtung erreichen können.

Nichtsdestotrotz ist es beim Entwurf von Benutzeroberflächen natürlich oft praktisch, zumindest die ungefähre Form des Geräts vor Augen zu haben, für das Sie Ihre App entwickeln. Das ist kein Problem: Klicken Sie zuerst auf die Ansicht, und suchen Sie dann im Attributinspektor nach der Einstellungsgruppe SIMULATED METRICS. Dort haben Sie im Listenfeld SIZE die Wahl zwischen verschiedenen Display-Größen, z.B. IPHONE 4.7-INCH.

Alternativ können Sie bei den quadratischen Ansichten bleiben und im Assistenzeditor die PREVIEW-Ansicht öffnen. Dort können Sie – einen großen Monitor vorausgesetzt – das Aussehen Ihrer App auf unterschiedlichen iOS-Geräten parallel betrachten.

Mini-Glossar

Bevor Sie damit beginnen, die Hello-World-App zu gestalten, sollten Sie zumindest die wichtigsten Grundbegriffe aus der iOS-Entwicklerwelt kennen: Eine App kann aus mehreren Ansichten bestehen. Solche Ansichten nennt Xcode **Szenen**. Jede Szene kann diverse Steuerelemente enthalten, die das Aussehen der Ansicht bestimmen. Alle Einstellungen aller Szenen sowie der darin enthaltenen Steuerelemente werden im **Storyboard** gespeichert.

Jede Szene wird mit einer Code-Datei verbunden, dem **Controller**. Im Controller legen Sie fest, wie Ihre App auf Ereignisse reagiert. Der Controller bestimmt also, wie sich Ihre App verhalten soll, wenn ein Benutzer einen Button berührt, einen Slider verschiebt etc. Das dem Controller zugrunde liegende Programmiermuster, den *Model-View-Controller*, stelle ich Ihnen in Abschnitt 11.1 näher vor.

Standardmäßig enthält ein neues Projekt vom Typ Single View Application die Storyboard-Datei `Main.storyboard` mit der Szene »View-Controller« und dem zugeordneten Controller in der Datei `ViewController.swift`. Um später weitere Szenen hinzuzufügen, verschieben Sie einen View-Controller aus der Xcode-Objektbibliothek in das Storyboard. Während im Storyboard beliebig viele Szenen gespeichert werden können, benötigen Sie im Regelfall zu jeder Szene eine eigene Swift-Code-Datei mit dem Controller. Mitunter können Sie auch eine Controller-Klasse mehreren ähnlichen Szenen zuordnen. Wie Sie selbst neue Controller-Klassen einrichten, beschreibt Abschnitt 12.1, »Storyboard und Controller-Klassen verbinden«.

> ### Vorsicht bei Umbenennungen!
>
> Die grafische Darstellung des Storyboards in Xcode ist sehr ansprechend. Intern handelt es sich beim Storyboard aber um eine simple XML-Datei. Dabei ist es wichtig zu wissen, dass die Referenzen vom Storyboard auf Code-Elemente und Komponenten ausschließlich in Form von Zeichenketten erfolgen.
>
> Oft ist die Versuchung groß, Outlets, Actions, Klassennamen etc. nachträglich zu verändern, wenn sich die ursprünglich gewählten Namen als irreführend oder zu wenig prägnant erweisen. Damit geraten Sie aber schnell in Teufelsküche. Xcode beklagt sich dann über unbekannte Objekte in den Interface-Builder-Dateien, die aus dem Storyboard generiert werden. Abhilfe schafft das Neueinfügen bzw. Neuverbinden von Actions und Outlets bzw. die Neuzuordnung von Klassen; mitunter ist es aber sehr schwierig, die wahre Ursache des Problems zu finden.

Steuerelemente einfügen

Die Benutzeroberfläche unserer Hello-World-App ist momentan leer. In die quadratische Ansicht sollen nun zwei Bestandteile (Steuerelemente) eingebaut werden: Ein Button mit der Aufschrift Hello World und ein anfänglich leeres Textfeld. Jedes Mal, wenn Sie den Button Hello World anklicken, soll im Textfeld eine neue Zeile mit dem aktuellen Datum und der Uhrzeit eingefügt werden (siehe Abbildung 10.2).

Xcode zeigt die zur Auswahl stehenden Steuerelemente normalerweise rechts unten in der Objektbibliothek an. Sollten die Steuerelemente bei Ihnen nicht sichtbar sein, blenden Sie diesen Bereich der Werkzeugleiste mit View • Utilities • Show Object Library bzw. mit ⌃ctrl+⌥alt+⌘+③ ein.

Abbildung 10.2 Die Hello-World-App im iOS-Simulator

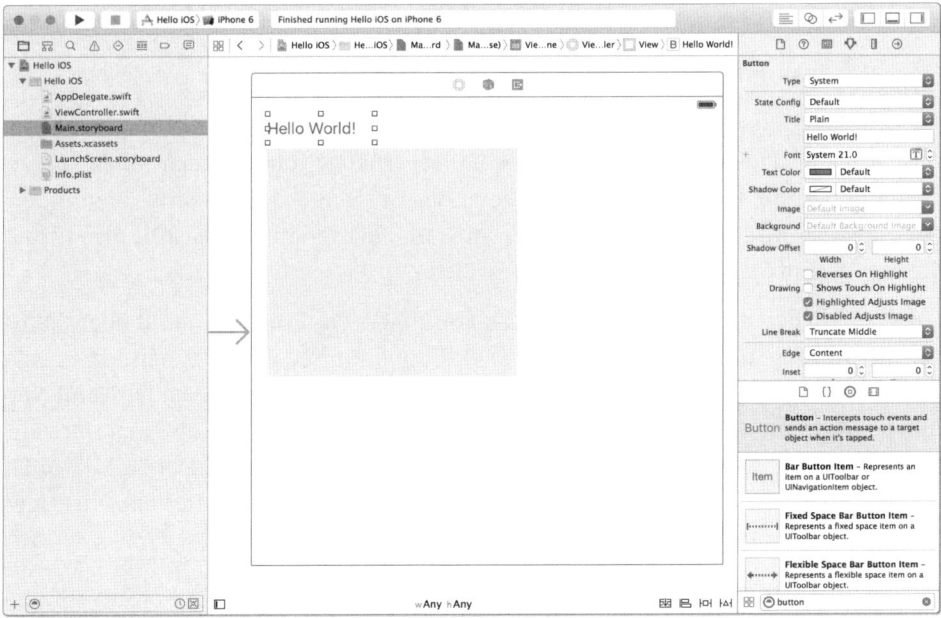

Abbildung 10.3 Das Storyboard mit der einzigen Programmansicht der Hello-World-App

Xcode kann die Objektbibliothek in einer kompakten Icon-Ansicht oder in einer Listenansicht darstellen. Wechseln Sie gegebenenfalls mit dem Button am unteren Rand der Objektbibliothek in die übersichtlichere Listenansicht. Im daneben befindlichen Suchfeld können Sie in der Liste rasch die gewünschten Einträge ermitteln – suchen Sie nach *button* bzw. *text view*.

Klicken Sie zuerst den Button an und verschieben Ihn per Drag & Drop in den quadratischen View-Controller des Storyboards. Platzieren Sie den Button links oben und ändern Sie dann den Text von BUTTON zu HELLO WORLD (siehe Abbildung 10.3). Im Attributinspektor links oben in der Werkzeugleiste stellen Sie die Schrift größer ein. Den Attributinspektor blenden Sie bei Bedarf mit [alt]+[⌘]+[4] ein.

Nun ist das Text-View-Steuerelement an der Reihe: Verschieben Sie es per Drag & Drop aus der Objektbibliothek in das Storyboard. Platzieren Sie das Steuerelement unterhalb des Buttons und stellen Sie die Größe so ein, dass es circa ein Viertel des quadratischen Storyboards füllt. Wie gesagt, mit den Feinheiten des Layouts beschäftigen wir uns später. Stellen Sie nun die gewünschte Textgröße ein, und löschen Sie den Blindtext »Lorem ipsum …« im Attributinspektor.

Wenn Sie möchten, können Sie dem Textfeld auch noch eine andere Hintergrundfarbe zuweisen – dann erkennen Sie später bei der Programmausführung besser die tatsächlichen Ausmaße des Steuerelements. Zur Farbeinstellung scrollen Sie im Attributinspektor nach unten, bis Sie im Bereich VIEW das Feld BACKGROUND finden.

Ein erster Test mit dem iOS-Simulator

Nachdem wir nun die minimalistische Oberfläche unserer App gestaltet haben, spricht nichts dagegen, das Programm ein erstes Mal zu starten. Dazu wählen Sie in der Symbolleiste des Xcode-Fensters zuerst das Gerät aus, das Sie simulieren möchten. Zur Auswahl steht die gängige iOS-Hardware-Palette – im Herbst 2015 also iPad 2, Retina, Air und Pro sowie iPhone 4s bis 6s Plus.

Ein Klick auf den dreieckigen RUN-Button kompiliert das Programm und übergibt es zur Ausführung an den iOS-Simulator (siehe Abbildung 10.2). Dabei handelt es sich um ein eigenständiges Programm, das losgelöst von Xcode läuft. Wie der Name vermuten lässt, simuliert es ein iPhone bzw. iPad, wobei das zu testende Programm zur Ausführung ohne den Umweg über den App Store installiert wird. Der Simulator ist zumindest für erste Tests gut geeignet. Für »echte« Apps geht an Tests auf richtiger Hardware aber natürlich kein Weg vorbei.

Spracheinstellungen im Simulator

Im Simulator gelten anfänglich englische Spracheinstellungen. Das lässt sich wie auf einem richtigen Gerät in den Systemeinstellungen beheben. Dazu beenden Sie die laufende Hello-World-App durch einen per Menü mit HARDWARE • HOME simulierten Druck auf den iPhone-Button. Anschließend starten Sie die vorinstallierte App SETTINGS, navigieren in den Dialog GENERAL • LANGUAGE & REGION und stellen dort die Sprache DEUTSCH und die Region GERMANY ein.

Diesen Vorgang müssen Sie für jedes iOS-Gerät wiederholen, das Sie testen möchten. Die Einstellungen werden also nicht über alle simulierten Geräte geteilt.

Da die Veränderung der Spracheinstellungen in allen iOS-Geräten recht umständlich ist, bietet Xcode auch die Möglichkeit, mit PRODUCT • SCHEME • EDIT SCHEME festzulegen, in welcher Sprache die App ausgeführt werden soll. Details dazu und zur Entwicklung mehrsprachiger Apps folgen in Abschnitt 11.8.

10

Im iOS-Simulator können Sie nun den Button HELLO WORLD! anklicken. Das Programm wird darauf aber nicht reagieren, weil der Button ja noch nicht mit Code verbunden ist. Wenn Sie das Textfeld anklicken, können Sie über die Tastatur Ihres Computers sowie über die im Simulator eingeblendete Bildschirmtastatur Text eingeben. Die Test-App läuft, bis Sie sie in Xcode mit dem Stopp-Button beenden.

Ärger mit der Tastatur

Sie können im iOS-Simulator mit der Tastatur Ihres Computers Eingaben durchführen. Das ist effizient, aber nicht realitätsnah: Der Simulator betrachtet Ihre Tastatur als mit dem iOS-Gerät verbunden und blendet deswegen die iOS-Bildschirmtastatur aus. Mit dem Kommando HARDWARE • KEYBOARD • CONNECT HARDWARE KEYBOARD im iOS-Simulator können Sie umstellen, ob Sie Ihre Computertastatur oder die Bildschirmtastatur von iOS verwenden möchten.

Erscheint die iOS-Bildschirmtastatur einmal im iOS-Simulator, tritt ein weiteres Problem auf: Es scheint keine Möglichkeit zu geben, die Tastatur wieder loszuwerden. Das ist das in iOS vorgesehene Verhalten – wenn die Eingabe abgeschlossen ist, muss die Tastatur per Code explizit ausgeblendet werden, in der Regel durch die Anweisung `view.endEditing(true)`. Im Hello-World-Projekt verzichten wir darauf; konkrete Beispiele finden Sie aber in den meisten größeren Beispielprojekten dieses Buches – zum ersten Mal in Abschnitt 12.4, »Tastatureingaben mit Delegation verarbeiten«.

10.3 Steuerung der App durch Code

Damit das Berühren bzw. im Simulator das Anklicken des Buttons eine sichtbare Wirkung zeigt, soll jedes Mal in das Textfeld eine Zeile mit dem Datum und der aktuellen Uhrzeit hinzugefügt werden. Das erfordert einige Zeilen eigenen Swift-Code.

Den Button mit einer Methode verbinden (Actions)

Mit der App-Ansicht (»Szene«) verbundener Code muss nun in die bereits vorgesehene Datei ViewController.swift eingetragen werden. Xcode unterstützt uns dabei, wenn wir vorher das Storyboard sowie ViewController.swift nebeneinander anzeigen. Genau das bewirkt der Button mit den »Hochzeitsringen«: Er blendet zur gerade aktiven Datei den sogenannten Assistenzeditor ein, also eine zugeordnete zweite Datei.

> **Platz sparen in Xcode**
>
> Wenn Sie nicht gerade auf einem sehr großen Monitor arbeiten, wird der Platz in Xcode jetzt knapp. Links sitzt der Projektnavigator, in der Mitte das Storyboard und der Code des Controllers und rechts noch die Werkzeugleiste – das ist zu viel! Blenden Sie deswegen vorübergehend die beiden Seitenleisten aus. Die entsprechenden Buttons finden Sie rechts oben in der Xcode-Symbolleiste.

ViewController.swift enthält den Swift-Code für eine Klasse mit dem Namen ViewController. Diese Klasse ist von der UIViewController-Klasse abgeleitet. Wie der Name vermuten lässt, steuert diese Klasse das App-Erscheinungsbild. Der View-Controller enthält bereits zwei leere Methoden. Diese sind für uns vorerst aber nicht von Interesse; wenn Sie möchten, können Sie sie löschen.

Dafür möchten wir nun eine Methode in den Code einbauen, die ausgeführt wird, wenn der Button HELLO WORLD angeklickt wird. Dazu drücken Sie die Taste ⌃ctrl und ziehen den Button vom Storyboard in den Assistenzeditor. Die Methode soll direkt in der Klasse, *nicht* innerhalb einer anderen Methode eingefügt werden. Achten Sie darauf, die Maus- bzw. Trackpad-Taste an der richtigen Stelle loszulassen! Bis dahin markiert eine blaue Linie die Verbindung, die Sie herstellen möchten.

Sobald Sie die Maus bzw. das Trackpad losgelassen haben, erscheint ein Dialog, in dem Sie die Details der Verbindung einstellen können (siehe Abbildung 10.4). Für uns sind folgende Einstellungen zweckmäßig:

▶ CONNECTION = ACTION: Wir wollen auf ein Ereignis reagieren. Der Begriff »Action« bezieht sich dabei auf das Target-Action-Entwurfsmuster, bei dem eine Methode in die eigene Controller-Klasse eingebaut wird. Sie gilt als »Ziel«, das angesprungen wird, wenn das entsprechende Ereignis auftritt.

- NAME: Hier geben wir der zu erstellenden Methode einen möglichst aussagekräftigen Namen. Ich habe mich bei diesem Beispiel für `hwButtonTouch` entschieden.

- TYPE = ANYOBJECT oder UIBUTTON: Diese Einstellung gibt an, in welcher Form Daten an die Methode übergeben werden sollen. Im Hello-World-Beispiel werten wir diese Daten aber ohnehin nicht aus – insofern ist die Einstellung egal. Wollten wir den Text des Buttons oder andere Eigenschaften auslesen, wäre es zweckmäßig, hier UIBUTTON einzustellen.

- EVENT = TOUCH UP INSIDE: Hier wird festgelegt, auf welches Ereignis wir reagieren möchten. Die Defaulteinstellung passt hier: Wenn der Button innen berührt wird, soll unser Code ausgeführt werden.

- ARGUMENTS = SENDER: In der Auswahlliste können Sie festlegen, welche Daten an die Methode übergeben werden sollen. Zur Auswahl stehen SENDER, SENDER AND EVENT oder NONE. Die Einstellung SENDER bedeutet, dass eine Referenz auf das Objekt übergeben wird, die die Aktion ausgelöst hat. Das vereinfacht die Auswertung der Daten dieses Objekts – insbesondere dann, wenn Sie eine Action-Methode mit mehreren Steuerelementen verbinden.

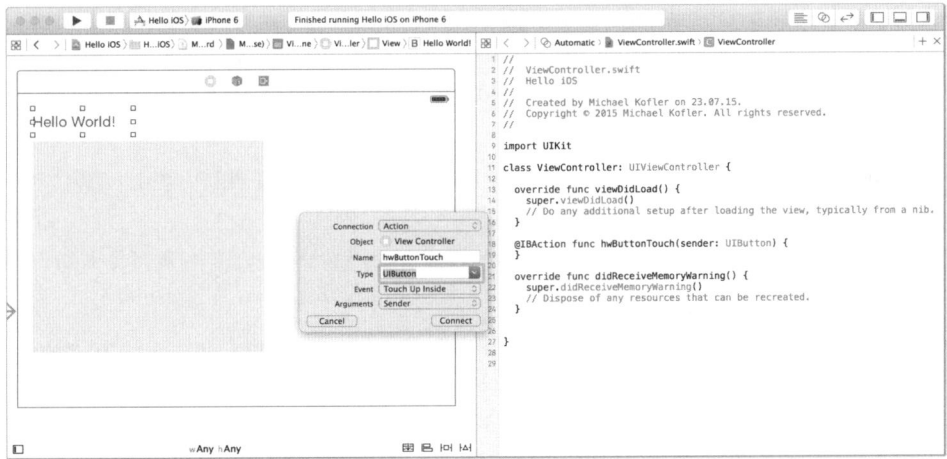

Abbildung 10.4 Der Button des Storyboards (links) wird mit einer neuen Methode im ViewController-Code (rechts) verbunden.

Die hier so langatmig beschriebenen Einstellungen nehmen Sie mit etwas Übung in gerade mal 15 Sekunden vor. Xcode belohnt uns diese Arbeit mit einer aus zwei Zeilen Code bestehenden Definition einer Methode:

```
// Projekt hwios-world, Datei ViewController.swift
@IBAction func hwButtonTouch(sender: UIButton) {
  // todo: Code verfassen
}
```

Der Code alleine reicht nicht!

Angesichts des doch recht umständlichen Mausgeklickes liegt es nahe, den wenigen Code einfach selbst einzutippen. Das ist aber keine gute Idee! Mit dem Code an sich ist es nämlich nicht getan. Hinter den Kulissen merkt sich Xcode auch, mit welchem Steuerelement und mit welchem Ereignis die Methode verknüpft ist. Diese Metadaten landen in der XML-Datei Main.storyboard. Die Verbindung stellt Cocoa Touch dynamisch zur Laufzeit her. Das kompilierte Storyboard enthält dafür eine Referenz auf den serialisierten View-Controller und den Selektor auf die Methode.

Zugriff auf das Textfeld über eine Eigenschaft (Outlets)

Bevor wir die Methode hwButtonTouch mit konkretem Code füllen können, benötigen wir noch eine Zugriffsmöglichkeit auf das Textfeld. Dazu stellen wir eine weitere Verbindung zwischen der App-Ansicht im Storyboard und dem Code her: Wieder mit `ctrl` ziehen wir diesmal das Text-View-Steuerelement in den Codebereich, verwenden diesmal aber andere Einstellungen:

▶ CONNECTION = OUTLET: Wir wollen auf das Steuerelement zugreifen können. Xcode soll also eine entsprechende Eigenschaft in die ViewController-Klasse einbauen, die auf das Objekt verweist. In der iOS-Nomenklatur wird das als »Outlet« bezeichnet.

▶ NAME: Das ist der Name, unter dem wir das Steuerelement ansprechen möchten. Ich habe textView angegeben.

▶ TYPE = UITEXTVIEW: Das Steuerelement ist eine Instanz der UITextView-Klasse – und unter diesem Typ möchten wir auf das Steuerelement auch zugreifen.

▶ STORAGE = WEAK: Hier geht es darum, ob die Referenz auf das Steuerelement sicherstellt, dass dieses im Speicher bleibt. Das ist nicht notwendig: Das Steuerelement kommt uns sicher nicht abhanden. Insofern können wir die Defaulteinstellung WEAK bedenkenlos übernehmen.

Die resultierende Code-Zeile sieht so aus:

```
@IBOutlet weak var textView: UITextView!
```

Damit ist also eine neue Eigenschaft (Klassenvariable) mit dem Namen textView definiert. Wir können damit auf ein Steuerelement vom Typ UITextView zugreifen, wobei der Typ als Optional angegeben ist. Der Grund dafür besteht darin, dass die Initialisierung des Steuerelements möglicherweise nicht sofort beim App-Start, sondern erst etwas später erfolgt. Indem die Eigenschaft als Optional deklariert ist, wird klar, dass ein Zugriff auf das Steuerelement unter Umständen noch gar nicht möglich ist.

Die Attribute »@IBAction« und »@IBOutlet«

Sicher ist Ihnen aufgefallen, dass Xcode die Methode mit dem Attribut @IBAction und die Eigenschaft mit dem Attribut @IBOutlet gekennzeichnet hat. Der Interface Builder erkennt anhand dieser Attribute, zu welchen Elementen der Programmierer Verbindungen erlaubt bzw. herstellen darf. Der Interface Builder ist jener Teil von Xcode, der zur Gestaltung grafischer Benutzeroberflächen für iOS-Apps und OS-X-Programme dient.

Endlich eigener Code

Sie können die App zwischenzeitlich noch einmal starten. An ihrem Verhalten hat sich nichts verändert. Die Methode hwButtonTouch ist ja noch leer, und auch die zusätzliche Eigenschaft textView ist noch ungenutzt. Aber das ändert sich jetzt endlich! Jedes Mal, wenn der Button HELLO WORLD berührt wird, soll das Textfeld um eine Zeile mit Datum und Uhrzeit ergänzt werden. In einer ersten Testversion könnte der Code wie folgt aussehen:

```
// Projekt ios-hello-world, Datei ViewController.swift
import UIKit
class ViewController: UIViewController {
  // Zugriff auf das Textfeld
  @IBOutlet weak var textView: UITextView!

  // Methode zur Reaktion auf einen Button-Touch
  @IBAction func hwButtonTouch() {
    let now = NSDate()
    let formatter = NSDateFormatter()
    formatter.dateFormat = "d.M.yyyy H:mm:ss"
    textView.text! +=
      formatter.stringFromDate(now) + "\n"
  }
}
```

Auf den Abdruck der standardmäßig vorhandenen, aber leeren Methoden viewDidLoad und didReceiveMemoryWarnung habe ich verzichtet. In diesem Beispiel können Sie diese Methoden aus dem Code löschen, wir brauchen sie nicht.

Outlets wie die Eigenschaft textView sind Optionals. Es liegt in der Natur von Optionals, dass diese den Zustand nil haben können. Tatsächlich ist dies aber nur vor der Initialisierung der Ansicht der Fall. Sobald die Ansicht auf einem iOS-Gerät sichtbar wird und Action-Methoden ausführen kann, können Sie sich darauf verlassen, dass Outlet-Eigenschaften nicht nil sind. Genau genommen gilt dies ab dem Zeitpunkt, zu dem im View-Controller die Methode `viewDidLoad` ausgeführt wurde – siehe Abschnitt 11.3, »Die UIViewController-Klasse«.

Hintergrundinformationen zum Umgang mit Datum und Uhrzeit können Sie bei Bedarf in Abschnitt 3.4 nochmals nachlesen. Somit bleibt nur noch der Ausdruck `textView.text!` zu erklären: Ein Blick in die Dokumentation des `UITextView`-Steuerelements zeigt, dass der Inhalt des Textfelds über die Eigenschaft `text` gelesen und verändert werden kann. Der Datentyp von `text` lautet `String?`, es handelt sich also um ein Optional, das beim Zugriff explizit durch das nachgestellte Ausrufezeichen ausgepackt werden muss.

Der schnellste Weg zur Dokumentation

Wenn Sie zum ersten Mal ein `UITextView`-Steuerelement nutzen, kennen Sie die Elemente dieser Klasse noch nicht. Eine kurze Beschreibung der Klasse erhalten Sie, wenn Sie das Schlüsselwort `UITextView` im Code zusammen mit `alt` anklicken. Am unteren Rand der eingeblendeten Infobox befindet sich ein Link auf die Klassenreferenz, die in einem eigenen Fenster geöffnet wird (siehe Abbildung 10.5).

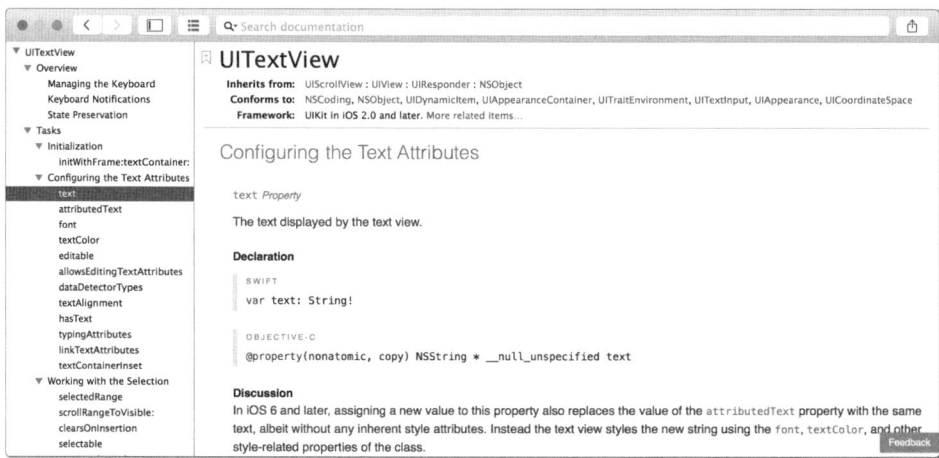

Abbildung 10.5 Der Hilfebrowser von Xcode

Jetzt ist es höchste Zeit, die App im Simulator endlich auszuprobieren. Einige Klicks auf den Button beweisen, dass das Programm wie erwartet funktioniert (siehe Abbildung 10.2). Einen Preis für innovatives Layout wird es freilich nicht gewinnen.

10.4 Actions und Outlets für Fortgeschrittene

Sie haben nun eine erste Vorstellung davon, wie Actions und Outlets funktionieren. Dieser Abschnitt weist auf einige Besonderheiten im Umgang mit Actions und Outlets hin.

Eine Action für mehrere Steuerelemente

Es ist zulässig, ein und dieselbe Action-Methode für mehrere Steuerelemente zu verwenden. Dazu richten Sie zuerst für ein Steuerelement die Methode ein. Danach führen Sie eine ⌃ctrl⌃-Drag-Operation für das zweite Steuerelement aus, wobei Sie als Ziel die bereits vorhandene Methode verwenden. Achten Sie darauf, dass die gesamte Methode blau unterlegt wird – dann hat Xcode erkannt, dass Sie nicht eine Action *in* der Methode einfügen möchten (das funktioniert nicht), sondern dass Sie das Steuerelement mit der vorhandenen Methode verbinden möchten.

Naturgemäß müssen Sie die Methode nun ein wenig modifizieren: Erst mit einer Auswertung des sender-Parameters können Sie erkennen, welches Steuerelement den Aufruf der Methode ausgelöst hat. Wenn Sie beispielsweise mehrere Buttons mit einer Methode verbunden haben, können Sie wie folgt den Text des Buttons ausgeben:

```
@IBAction func btnAction(sender: UIButton) {
  print(sender.currentTitle!)
}
```

Ein Outlet für mehrere Steuerelemente (Outlet Collections)

Auch der umgekehrte Fall ist möglich – Sie können mehrere Steuerelemente über ein Outlet ansprechen. Genau genommen handelt es sich dann nicht mehr um ein einfaches Outlet, sondern um eine »Outlet Collection«. Dazu markieren Sie das erste Steuerelement, ziehen es mit ⌃ctrl⌃-Drag in den Controller-Code und wählen CONNECTION = OUTLET COLLECTION (siehe Abbildung 10.6). Xcode erzeugt anstelle einer einfachen Outlet-Variablen nun ein Array:

```
@IBOutlet var allButtons: [UIButton]!
```

In der Folge verbinden Sie auch die weiteren Steuerelemente durch ⌃ctrl⌃-Drag mit diesem Array. Xcode ist leider nicht in der Lage, mehrere markierte Steuerelemente auf einmal zu verbinden. Im Code können Sie nun unkompliziert Schleifen über alle so verbundenen Steuerelemente bilden.

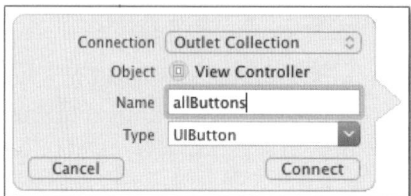

Abbildung 10.6 Dialog zum Einrichten einer Outlet-Collection

Actions oder Outlets umbenennen

Wenn Sie im Code Actions oder Outlets einfach umbenennen, funktioniert Ihre App nicht mehr. Xcode merkt sich die Verknüpfung zu Ihren Methoden bzw. Eigenschaften in Form von Zeichenketten. Nach der Umbenennung ist keine korrekte Zuordnung mehr möglich.

Abhilfe: Klicken Sie im Storyboard-Editor das betreffende Steuerelement mit der rechten Maus- oder Trackpad-Taste an. Ein Kontextmenü zeigt nun alle Zuordnungen zu Actions oder Outlets (siehe Abbildung 10.7). Dort löschen Sie die Action- oder Outlet-Verknüpfung, die Sie umbenannt haben. Sollten Sie das vergessen, wird die App abstürzen, wobei die Fehlermeldung *unrecognized selector* lautet.

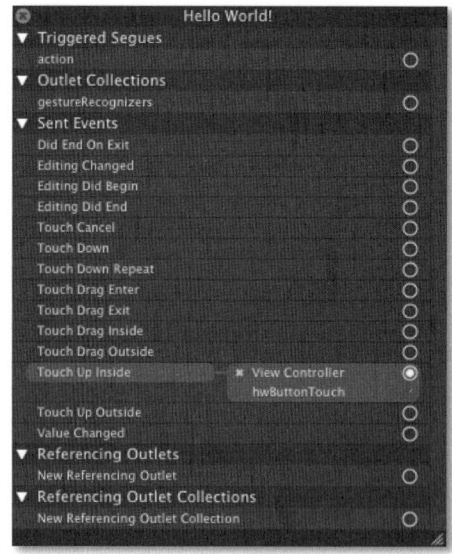

Abbildung 10.7 Die rechte Maus- oder Trackpad-Taste führt in eine Liste aller Actions und Outlets eines Steuerelements.

Anschließend wiederholen Sie die `ctrl`-Drag-Operation und ziehen die Verknüpfungslinie direkt zur schon vorhandenen Methode oder Eigenschaft. Damit wird die Verknüpfung wieder neu hergestellt, und Sie müssen nicht alle Einstellungen wiederholen.

Steuerelemente kopieren

Wenn Sie Steuerelemente mit ⌘+Ⓒ und ⌘+Ⓥ kopieren, werden dabei alle möglichen unsichtbaren Attribute und Eigenschaften mitkopiert, unter anderem zugeordnete Actions. Oft erspart Ihnen das eine wiederholte Einstellung dieser Merkmale, aber mitunter führt dieses Verhalten zu unerwarteten Nebenwirkungen. Ein Klick auf das Steuerelement mit der rechten Maus- oder Trackpad-Taste offenbart alle zugeordneten Outlets und Actions.

10.5   Layout optimieren

Es ist Ihnen sicher aufgefallen, dass das Layout unserer App, also die Anordnung und Größe der Steuerelemente, verbesserungswürdig ist. Die Größe der Steuerelemente ist willkürlich. Wenn Sie die App in verschiedenen iOS-Geräten ausprobieren, werden Sie feststellen, dass teilweise große Teile des Bildschirms ungenutzt bleiben, während das Textfeld bei anderen Geräten sogar abgeschnitten und unvollständig dargestellt wird. Besonders deutlich werden die Layoutdefizite, wenn Sie den iOS-Simulator mit HARDWARE • ROTATE in das Querformat drehen.

Wie würden unsere Layoutwünsche denn aussehen?

▶ Der Button soll ohne unnötige Abstände links oben im Bildschirm dargestellt werden.

▶ Das Textfeld soll darunter platziert sein.

▶ Es soll die gesamte verbleibende Größe des Bildschirms nutzen.

▶ Es soll seine Größe bei einer Drehung des Geräts automatisch anpassen.

Momentan wird unser Programm diesen Wünschen deswegen nicht gerecht, weil wir die Position und Größe der Steuerelemente absolut festgelegt haben. Wir haben die Steuerelemente im View weitgehend nach Gutdünken platziert.

Layoutregeln

Die Lösung, die Xcode bzw. eigentlich das UIKit, also das Framework zur iOS-Programmierung, hierfür anbietet, heißt Layoutregeln (Constraints). Sie können also für jedes Steuerelement Regeln aufstellen, die dieses einhalten soll. Das UIKit bemüht sich dann, in Abhängigkeit von der gerade vorliegenden Form und Größe des iOS-Geräts, allen Regeln gerecht zu werden. Beispiele für derartige Regeln sind:

▶ Der horizontale Abstand zwischen dem Steuerelement A und seinem nächstgelegenen linken oder rechten Nachbar soll 8 Punkte betragen. Bei Retina-Geräten mit doppelter Auflösung entspricht das 16 Pixeln.

▶ Der vertikale obere Abstand zwischen dem Steuerelement A und dem Bildschirmrand soll 16 Punkt betragen.

▶ Steuerelement A soll genauso breit sein wie Steuerelement B.

▶ Steuerelement A soll innerhalb seines Containers vertikal und/oder horizontal zentriert werden.

▶ Die linken Ränder der Steuerelemente A, B und C sollen in einer Linie verlaufen.

Wenn wir also erreichen möchten, dass die Steuerelemente der Hello-World-App wie
oben formuliert angeordnet werden, müssen wir nur die entsprechenden Regeln
formulieren. Mit etwas Erfahrung gelingt dies rasch, gerade Einsteiger in die iOS-Programmierung scheitern aber oft an der damit verbundenen Komplexität.

Layoutregeln für den »Hello-World«-Button

Eine detaillierte Erklärung der Layoutregel erhalten Sie in Abschnitt 11.5. An dieser
Stelle möchte ich Ihnen nur rezeptartig erklären, wie Sie das Layout der Hello-World-
App korrekt einstellen. Dazu klicken Sie im Storyboard zuerst auf den Button HELLO
WORLD, dann auf den Button PIN, der sich rechts unten im Editor befindet (siehe
Abbildung 10.8).

🔲 **Stack View**

🗇 **Align**

⊢□⊣ **Pin**

⊢△⊣ **Resolve Auto Layout Issues**

Abbildung 10.8 Die vier winzigen Layout-Button befinden sich rechts unten im Storyboard-
Editor.

Damit erscheint der Dialog ADD NEW CONSTRAINTS zur Einstellung diverser Abstände
(siehe Abbildung 10.9). Dort klicken Sie zuerst die Verbindungsstege für die Abstände
nach oben bzw. zur linken Seite an, so dass diese Stege durchgängig rot angezeigt
werden. Anschließend geben Sie für den Abstand nach oben 8 Punkte und für den seit-
lichen Abstand 0 Punkte an. Standardmäßig ist die Option CONSTRAIN TO MARGINS
aktiv. Sie bewirkt, dass diese Abstände relativ zu einem vom jeweiligen iOS-Gerät vorgegebenen Standardrahmen gerechnet werden. Zuletzt schließen Sie den Dialog mit
dem Button ADD 2 CONSTRAINTS. Damit werden zwei neue Regeln zur Positionierung
des Buttons festgelegt.

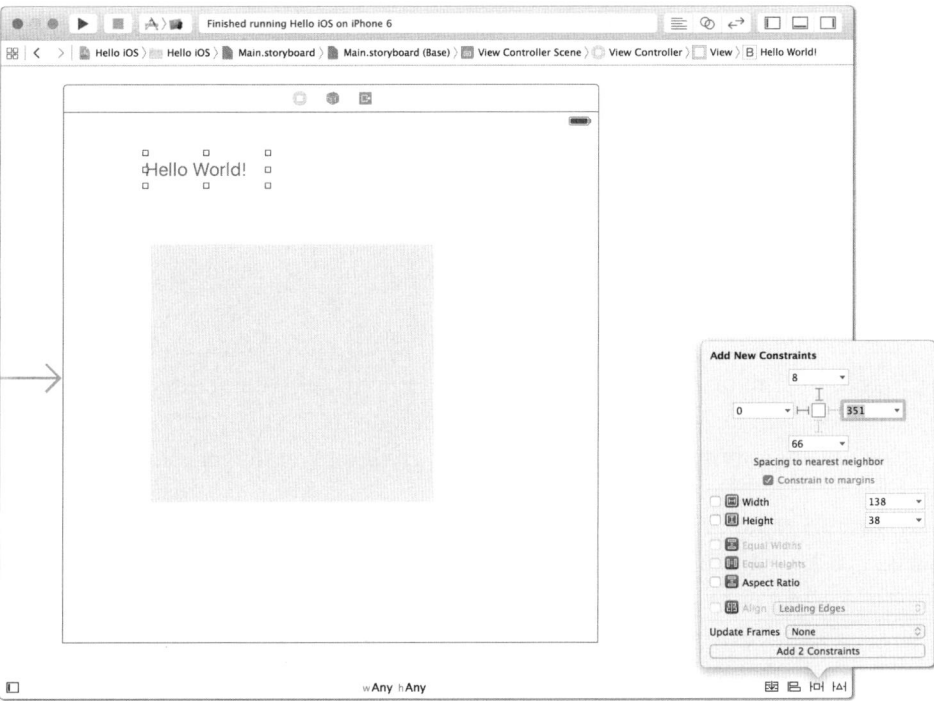

Abbildung 10.9 Layoutregeln für den Hello-World-Button festlegen

Überraschenderweise führen die neuen Regeln nicht zu einer Veränderung der Position des Steuerelementes. Vielmehr zeigen orange strichlierte Linien an, wo der Button bei der Programmausführung platziert wird (siehe Abbildung 10.10). Außerdem visualisieren zwei orange Stege die von Ihnen aufgestellten Regeln. Aus den Zahlenwerten geht hervor, um wie viele Punkte das Element momentan falsch positioniert ist.

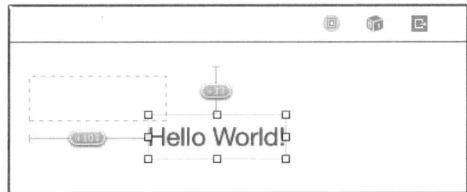

Abbildung 10.10 Der Storyboard-Editor zeigt, wo der Button später platziert wird.

Um den Button den neuen Regeln entsprechend zu positionieren, klicken Sie auf den Button RESOLVE AUTO LAYOUT ISSUES und führen dort das Kommando SELECTED VIEWS • UPDATE FRAMES aus.

Layoutregeln für das Textfeld

Nun ist das Textfeld an der Reihe: Nachdem Sie dieses angeklickt haben, öffnen Sie wieder mit dem PIN-Button den Dialog ADD NEW CONSTRAINTS. Dort stellen Sie die folgenden Abstände ein (siehe Abbildung 10.11):

▶ Links: 0 Punkte. Dieser Abstand gilt wegen der Option CONSTRAIN TO MARGINS relativ zum Standardrahmen.

▶ Oben: 0 Punkte. Dieser Abstand wird relativ zum nächstgelegenen Steuerelement gerechnet, in diesem Fall also zum Button.

▶ Rechts: 0 Punkte. Dieser Abstand gilt wieder relativ zum Standardrahmen.

▶ Unten: 16 Punkte. Auch dieser Abstand gilt relativ zum Standardrahmen. Dieser sieht nach unten aber keinen Rand vor. Damit das Textfeld von allen Rändern gleich weit entfernt ist, muss hier ein etwas größerer Wert angegeben werden.

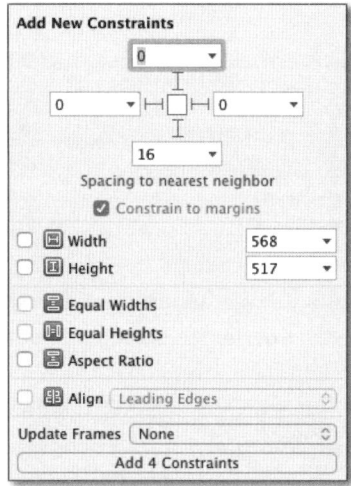

Abbildung 10.11 Layoutregeln für das Textfeld

ADD 4 CONSTRAINTS beendet die Eingabe und fügt vier Regeln hinzu. Um auch das Textfeld gemäß der neuen Regeln korrekt zu platzieren, klicken Sie nochmals auf den Button RESOLVE AUTO LAYOUT ISSUES und führen dort das Kommando SELECTED VIEWS • UPDATE FRAMES aus.

Damit sollten nun beide Steuerelemente in der quadratischen View korrekt angeordnet sein. Starten Sie die App, um zu testen, ob die Regeln die gewünschte Wirkung zeigen. Testen Sie das Programm im Simulator auch mit anderen iOS-Geräten sowie im Querformat (siehe Abbildung 10.12). Sie werden sehen, dass sich das Programm nun in jeder Situation korrekt verhält.

Abbildung 10.12 Die Hello-World-App im iPhone-6-Plus-Simulator im Querformat

Wenn es Probleme gibt

Der Umgang mit Layoutregeln ist schwierig und führt häufig dazu, dass sich Xcode über fehlende oder über zueinander im Konflikt stehende Regeln beklagt. In Abschnitt 11.5, »Auto Layout«, folgt eine Menge weiterer Details zu diesem Thema. Bis dahin vertröste ich Sie hier mit einigen Tipps:

► Sobald Sie *eine* Regel für ein Steuerelement festlegen, müssen Sie die Größe und Position des Steuerelements *vollständig* durch Regeln bestimmen. Mit anderen Worten: Solange es gar keine Regeln gibt, betrachtet Xcode das Steuerelement als unbestimmt und meckert nicht. Sobald Sie aber beginnen, Regeln festzulegen, müssen Sie dies so tun, dass keine Unklarheiten verbleiben.

Die Anzahl der erforderlichen Regeln ist nicht bei jedem Steuerelement gleich. Manche Steuerelemente können ihre optimale Größe aus dem Inhalt selbst ermitteln. Das trifft z. B. bei einem Button zu. Hier reichen also Regeln, die die Position festlegen. Bei anderen Steuerelementen müssen Sie die Größe selbst einstellen – und das erfordert oft zwei weitere Regeln.

► Sie können vorhandene Regeln nicht ohne Weiteres ändern. Die Dialoge ADD NEW ALIGNMENT CONSTRAINTS bzw. ADD NEW CONSTRAINTS ersetzen bzw. verändern nicht vorhandene Regeln, sondern definieren zusätzliche Regeln. Das führt oft zu Regeln, die sich widersprechen. Einen Überblick über alle Regeln erhalten Sie, wenn Sie die Seitenleiste des Storyboard-Editors einblenden (EDITOR • SHOW DOCUMENT OUTLINE). Dort finden Sie eine Liste aller CONSTRAINTS. Wenn Sie eine der Regeln anklicken, wird die betreffende Regel markiert.

► Bei kleinen Projekten ist es bei Problemen oft am einfachsten, alle Regeln zu löschen und noch einmal von vorne zu beginnen. Dazu klicken Sie auf den Button RESOLVE AUTO LAYOUT ISSUES und führen ALL VIEWS IN VIEW CONTROLLER • CLEAR CONSTRAINTS aus.

10.6   Textgröße mit einem Slider einstellen

Als letzte Erweiterung für das Programm fügen wir diesem nun neben dem Button noch einen Slider hinzu, mit dem die Schriftgröße des Textfelds verändert werden kann (siehe Abbildung 10.13).

Abbildung 10.13 Die Hello-World-App mit einem Slider zur Einstellung der Textgröße

Das Slider-Steuerelement hinzufügen

Sie finden das Steuerelement in der Xcode-Objektbibliothek unter dem Namen *Slider*. Zur Positionierung stellen Sie zuerst mit dem Pin-Button die horizontalen Abstände ein: Der linke Abstand zum Hello World-Button solle 24 Punkte betragen, der rechte Abstand zum Rand 0 Punkte. Definieren Sie aber keine Regeln für die vertikale Position!

In einem zweiten Schritt markieren Sie nun mit ⌖ sowohl den Hello World-Button als auch den Slider. Mit dem Align-Button öffnen Sie dann den Dialog New Add Align Constraints und wählen dort die Option Vertical Centers. Diese Regel bewirkt, dass der Button und der Slider vertikal mittig angeordnet werden, was in diesem Fall harmonisch aussieht. Über den Button Resolve Auto Layout Issues führen Sie nun das Kommando Selected Views • Update Frames aus, damit der Slider im Storyboard-Editor an der richtigen Stelle angezeigt wird.

Mit dem Slider soll die Textgröße in einem Bereich zwischen 12 und 30 Punkt verändert werden. Dazu wählen Sie den Slider aus und stellen im Attributinspektor die folgenden Eigenschaften ein:

- Minimum: 12
- Maximum: 30
- Current: 16

Den Slider mit einer Methode verbinden

Damit sind die Arbeiten an der Oberfläche abgeschlossen, und wir können uns wieder der Programmierung zuwenden: Öffnen Sie den Assistenz-Editor, und verschieben Sie den Slider mit `ctrl` in den Code-Bereich. Die Verbindungsparameter stellen Sie wie folgt ein:

- CONNECTION = ACTION: Wir wollen in einer Methode auf das Verschieben des Sliders reagieren.
- NAME: Die Methode muss einen Namen bekommen. Ich habe mich für `sliderMove` entschieden.
- TYPE = UISLIDER: In der Methode müssen wir die aktuelle Position des Sliders herausfinden. Deswegen soll die Instanz des Sliders an die Methode übergeben werden.
- EVENT = VALUE CHANGED: Die Defaulteinstellung passt hier gut – andere Ereignisse interessieren uns nicht.
- ARGUMENTS = SENDER: Damit wird die Instanz des Sliders als Parameter an die Methode übergeben. Den Datentyp des Parameters haben wir ja bereits mit `UISlider` festgelegt.

Zu Testzwecken bauen wir in die Methode vorerst nur die `print`-Funktion ein, um eine Veränderung des Sliders in Xcode verfolgen zu können. Uns interessiert die `value`-Eigenschaft, die die Slider-Position im eingestellten Wertebereich als Fließkommazahl liefert.

```
// wird bei jeder Slider-Bewegung ausgeführt
@IBAction func sliderMove(sender: UISlider) {
  // Testausgabe
  print(sender.value)
}
```

Jetzt geht es nur noch darum, die Schrift des Textfelds entsprechend zu verändern. Dazu lesen wir mit `textView.font?` die aktuelle Font-Instanz aus, bilden daraus mit der Methode `fontWithSize` eine neue Instanz in der gewünschten Größe und weisen diese der `font`-Eigenschaft des Textfelds wieder zu. Da `fontWithSize` einen CGFloat-

Parameter erwartet, muss die Fließkommazahl von `sender.value` in den `CGFloat`-Typ umgewandelt werden. `CGFloat` ist auf 32-Bit-Architekturen ein `Float`, auf 64-Bit-Architekturen aber ein `Double`.

```
@IBAction func sliderMove(sender: UISlider) {
  if textView != nil {
    // neue Font-Instanz in der gewünschten
    // Größe erzeugen
    textView.font =
      textView.font?.fontWithSize(CGFloat(sender.value))
  }
}
```

10.7   Apps auf dem eigenen iPhone/iPad ausführen

Den iOS-Simulator in Ehren, aber natürlich wollen Sie Ihre Programme auch auf »richtiger« Hardware testen. Seit Mitte 2015 steht diese Testmöglichkeit erfreulicherweise kostenlos zur Verfügung. Dazu verbinden Sie im Dialog PREFERENCES • ACCOUNTS Xcode mit Ihrer Apple ID. Außerdem muss Ihr iOS-Gerät durch ein USB-Kabel mit dem Computer verbunden sein.

Nach diesen Vorbereitungsarbeiten können Sie das iOS-Gerät in der Symbolleiste von Xcode auswählen. Xcode beklagt sich anfänglich darüber, dass ein »Provisioning Profile« fehlt. Das ist eine Sammlung von Schlüsseln, die das Gerät mit Ihrer Apple-ID verbindet. Xcode kann dieses Problem zum Glück selbstständig lösen – Sie müssen nur den Button FIX ISSUE anklicken.

Wenn Sie ⌘+Ⓡ drücken bzw. den RUN-Button anklicken, überträgt Xcode nun die Hello-World-App auf das iPhone oder iPad und startet sie dort. Das gelingt nur, wenn Ihr Smartphone oder Tablet entsperrt ist. Wenn also eine Ziffern- oder Fingerabdruck-Sperre aktiv ist, müssen Sie das Gerät zuerst einschalten, bevor Sie Ihre App in Xcode starten. Bemerkenswert ist, dass trotz der externen Programmausführung die Debugging-Funktionen von Xcode aktiv bleiben. Wenn Sie also z. B. einen Breakpoint setzen, wird die App an dieser Stelle angehalten. Sie können in Xcode den Zustand der Variablen ergründen und das Programm dann wieder fortsetzen.

Die App bleibt jetzt auf dem iPhone oder iPad. Sie kann dort losgelöst von Xcode ausgeführt werden – dann aber ohne Debugging-Möglichkeiten. Sie können Ihre App wie jede andere installierte App problemlos wieder löschen, indem Sie sie zuerst länger anklicken und dann auf das x-Symbol drücken.

Einschränkungen des Free Provisioning

Apple bezeichnet das Verfahren zum Ausführen von Apps auf iOS-Geräten ohne Apple-Developer-Account als »Free Provisioning«. Dabei gibt es aber Einschränkungen: Der Test von einigen Zusatzfunktionen erfordert weiterhin einen kostenpflichtigen Apple-Developer-Account. Das gilt z. B. für In-App-Käufe, die Teilnahme am iAD-Netzwerk oder die Verwendung der Apple-Pay-Funktionen.

Apple Developer Program

Bevor Sie eine App in den App Store hochladen können, müssen Sie Ihre App speziell vorbereiten und signieren (siehe Abschnitt 16.9, »App im App Store einreichen«). Das ist nur mit dem Schlüsselsystem des Apple Developer Program möglich. Die Mitgliedschaft hat auch andere Vorteile – etwa den unkomplizierten Zugang zu Beta-Versionen von iOS, OS X und Xcode, den Zugang zu Entwicklerforen etc.:

https://developer.apple.com/programs

Dieses Service-Paket lässt sich Apple mit zurzeit 100 EUR pro Jahr bezahlen. Im Gegensatz zu früher, als es verschiedene Entwicklerprogramme für iOS, OS X und Safari gab, hat Apple diese Programme nun zu einem einzigen verbunden.

Eine vorhandene oder eine neue Apple-ID verwenden?

Bevor Sie sich dem Entwicklerprogramm anschließen, müssen Sie sich überlegen, welche Apple-ID Sie hierfür verwenden. Normalerweise spricht nichts gegen Ihre gewöhnliche Apple-ID. Sollten Sie diese ID aber schon im Rahmen von *iTunes Connect* zum Verkauf von Musik oder Büchern nutzen, dann benötigen Sie eine zweite Apple-ID für das Entwicklerprogramm.

Sie können dem Entwicklerprogramm wahlweise als Einzelperson oder als Team beitreten. Als Einzelperson benötigen Sie dazu lediglich eine Kreditkarte. Nach Abschluss des Bezahlprozesses kann es ein paar Minuten dauern, bis Ihr Entwicklerzugang freigeschaltet wird und Sie die entsprechende *Welcome*-E-Mail erhalten.

Nun können Sie in den Xcode-Einstellungen im Dialogblatt Accounts mit Add Apple ID Ihre Apple-ID mit Xcode verbinden. Von dort gelangen Sie mit View Details in einen weiteren Dialog, in dem Sie Schlüssel generieren können (siehe Abbildung 10.14). Vorerst benötigen Sie lediglich einen Schlüssel zur iOS-Entwicklung (also den Eintrag iOS Development).

Nach diesen Vorbereitungsarbeiten können Sie nun ein mit einem USB-Kabel angeschlossenes iOS-Gerät in der Symbolleiste von Xcode auswählen. Wie beim Free Provisioning beklagt sich Xcode anfänglich darüber, dass das »Provisioning Profile«

10

fehlt; Fix Issue behebt dieses Problem. Das Gerät wird damit in das Entwicklungsprogramm aufgenommen. Insgesamt dürfen Sie pro Jahr maximal 500 Geräte mit Ihrem Konto verbinden: 100 iPhones, 100 iPods, 100 iPads sowie je 100 Apple-TV- und AppleWatch-Geräte. Einen Überblick über alle mit Ihrem Konto verbundenen iOS-Geräte finden Sie auf der Webseite des Entwicklerprogramms:

https://developer.apple.com/account/ios/device

Abbildung 10.14 Verwaltung der Schlüssel des iOS-Entwicklerprogramms in Xcode

10.8   Komponenten und Dateien eines Xcode-Projekts

Wenn Sie in Xcode ein neues iOS-Projekt starten, besteht dieses standardmäßig schon aus einer Menge Dateien (siehe Abbildung 10.15) – und dabei bleibt es nicht. Dieser Abschnitt gibt Ihnen einen kurzen Überblick darüber, welche Datei welchen Zweck hat. Detaillierte Erläuterungen zu vielen Dateien folgen dann in den weiteren Kapiteln.

▶ `AppDelegate.swift` enthält Code zur Verarbeitung von Ereignissen des App-Lebenszyklus (siehe Abschnitt 11.4, »Phasen einer iOS-App«).

▶ `LaunchScreen.xib` enthält eine spezielle Ansicht der App, die während des Starts als eine Art Willkommensdialog angezeigt wird (siehe Abschnitt 16.6, »Startansicht (Launch Screen)«).

- `Assets.xcassets` bzw. `Images.xcassets` bei älteren Projekten dient als Container für die Bilddateien der App. Dazu zählen neben dem Icon der App auch alle anderen Bitmaps, die Sie irgendwann anzeigen möchten. Die Besonderheit von Xcassets-Dateien besteht darin, dass Bitmaps in mehreren Auflösungen gespeichert werden können. Bei der Ausführung verwendet iOS dann automatisch die Datei, die am besten zum Display des iOS-Geräts passt (siehe Abschnitt 12.7, »Bild-Management in Images.xcasset« und Abschnitt 16.7, »App-Icon«).

- `Info.plist` enthält diverse Projekteinstellungen in Form einer sogenannten Property List (Key-Value-Datei).

- `Main.storyboard` beschreibt das Aussehen und die Eigenschaften der Ansichten (View-Controller) einer App.

- `ViewController.swift` enthält den Controller-Code der ersten Ansicht des Storyboards. Für jede weitere Ansicht im Storyboard müssen Sie in der Regel eine weitere Swift-Datei hinzufügen, die eine von `UIViewController` abgeleitete Klasse definiert (siehe Kapitel 12, »Apps mit mehreren Ansichten«).

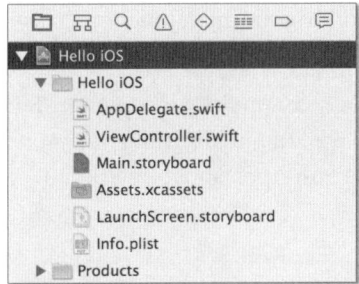

Abbildung 10.15 Überblick über die Code-Dateien im Projektnavigator von Xcode

---

Dateien im Navigator verschieben

Sie können die Dateien des Projekts im Navigator verschieben und in Gruppen gliedern. Zwei Dinge sind in diesem Zusammenhang bemerkenswert: Zum einen spielt es für Xcode keine Rolle, in welcher Gruppe die Dateien sich befinden. Xcode findet in jedem Fall alle zum Kompilieren erforderlichen Dateien. Und zum anderen sind Gruppen *keine* Unterverzeichnisse im Projektverzeichnis. Gruppen helfen bei der Organisation der Dateien, haben aber keinen Einfluss darauf, wo Dateien tatsächlich gespeichert werden. Der Projektnavigator ist also kein Abbild des Dateisystems!

Weitere Dateien

Bei »richtigen« Apps, die also nicht nur Test- oder Beispielcharakter haben, kommen zu den anfänglich vorhandenen Dateien zumeist viele Dateien hinzu:

▶ Weitere Code-Dateien bilden die innere Logik Ihres Programms ab, also das Datenmodell gemäß des MVC-Musters (siehe Abschnitt 11.1, »Model-View-Controller (MVC)«).

▶ Zusätzliche Lokalisierungsdateien enthalten Zeichenketten für die alle Sprachen, in denen die App später ausgeführt werden kann (siehe Abschnitt 11.8, »Mehrsprachige Apps«).

▶ Ja nach Zielsetzung der App sind außerdem Text-, XML-, HTML-, Datenbank- sowie Audio- und Video-Dateien erforderlich. Diese Dateien werden zusammen mit der App ausgeliefert (»Bundle-Dateien«).

Test- und Produktgruppe

Neben der eigentlichen Projektgruppe, deren Name mit dem Projektnamen übereinstimmt, kann ein Projekt bis zu drei weitere Gruppen aufweisen:

▶ `projektnameTests` und `projektnameUITests` enthält Code und Einstellungen zum automatisierten Test Ihres Projekts. Das zugrunde liegende XCTest-Framework hat eine ähnliche Zielsetzung wie Unit Tests in anderen Programmiersprachen. In diesem Buch gehe ich darauf allerdings nicht weiter ein.

▶ `Products` enthält das kompilierte Programm. Bei der iOS-App-Entwicklung werden die hier enthaltenen Dateien aber selten benötigt, weil die Ausführung von Apps durch Xcode automatisiert ist und eine Weitergabe von Apps an andere Benutzer nur über den App Store möglich ist.

Kapitel 11
iOS-Grundlagen

Zu den wichtigsten Themen dieses Kapitels, das etwas langatmiger auch »Grundlagen der Entwicklung von iOS-Apps mit Swift« hätte heißen können, zählen:

► Model-View-Controller (MVC)
► View-Controller (UIViewController-Klasse)
► Phasen eines iOS-Programms (AppDelegate-Klasse)
► App-Gestaltung mit Auto-Layout und Stack-View
► Daten persistent speichern
► Mehrsprachige Anwendungen
► Crashlogs

11.1 Model-View-Controller (MVC)

Ein Model-View-Controller (MVC) ist ein Architekturmuster zur Entwicklung grafischer Benutzeroberflächen. Die Grundidee besteht darin, die Daten (das Modell) von der Benutzeroberfläche (der View) zu trennen. Die Steuerung des Gesamtprogramms erfolgt durch den Controller (siehe Abbildung 11.1).

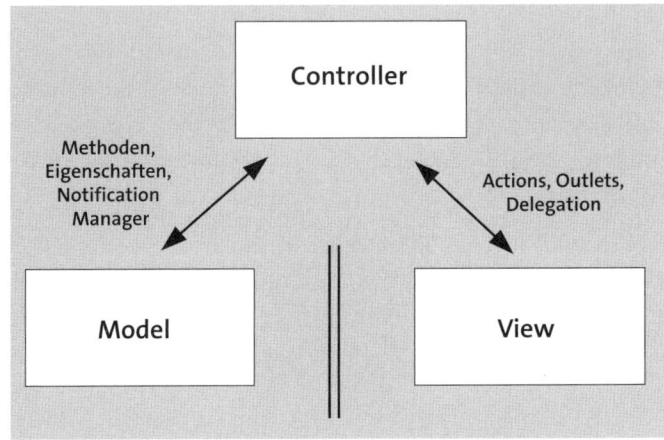

Abbildung 11.1 Kommunikation im Model-View-Controller

Konkret bedeutet das, dass es für eine Ansicht (eine Seite, einen Dialog) eines iOS-Programms in der Regel mindestens *drei* Klassen gibt, die miteinander in Kontakt stehen:

- **Modell (Daten):** Die Modell-Klassen kümmern sich um die Verwaltung der Daten und um die Logik des Programms. Bei einem Spiel enthält das Modell den aktuellen Spielstand, also z. B. die Position aller Figuren. Außerdem stellt die Klasse des Modells Methoden zur Verfügung, um den nächsten Zug durchzuführen, um einen Zug rückgängig zu machen etc. Bei vielen Apps bietet das Modell auch Möglichkeiten, Daten bleibend zu speichern, sodass bei einem späteren Neustart des Programms der zuletzt gültige Zustand wieder hergestellt wird. Je nach Komplexität der App kann das Modell natürlich aus vielen Klassen bestehen.

- **View (Aussehen):** Das äußere Erscheinungsbild von iOS-Apps wird durch die auf dem Bildschirm sichtbaren Texte, Bilder und Bedienungselemente geprägt. Hinter den Kulissen befinden sich diese Objekte alle in einem `UIView`-Objekt. Dieses stellt gewisse Grundfunktionen zur Verfügung und dient als Container für alle weiteren Komponenten. Die Entwicklungsoberfläche speichert Ihre Einstellungen in einer Storyboard-Datei und erstellt beim Kompilieren eine serialisierte, binäre Darstellung der so definierten Objekte.

- **Controller (Verhalten):** Der Controller bestimmt, wie sich die App verhält. Was beim Berühren eines Buttons passiert, wie sich die Darstellung des Bildschirminhalts bei einer Pan-Bewegung ändert, welche Methoden des Modells aufgerufen werden, um nach den Antippen von OK Daten bleibend zu speichern – all das ist Aufgabe des Controllers. Die entsprechenden Anweisungen formulieren Sie in der Swift-Datei des Controllers.

Die Trennung zwischen View und Controller ist nicht immer ganz so streng wie hier formuliert. Manche Aktionen, die eigentlich dem Controller zuzuordnen sind, können Sie direkt in Xcode festlegen. Sie werden dann in der Storyboard-Datei gespeichert, also letztlich in der View. Ein typisches Beispiel ist ein Übergang (Segue) von einer Ansicht in eine andere beim Anklicken eines Buttons. Sie können den entsprechenden Code selbst im Controller schreiben, Sie können aber auch in Xcode den Button zusammen mit ⌈ctrl⌉ in die Ziel-View verschieben, und Xcode kümmert sich um die »Verdrahtung«.

Der größte Vorteil des MVC-Modells gegenüber anderen Entwicklungsmodellen besteht darin, dass die Modellklassen unabhängig von der Benutzeroberfläche bleiben. Daher lassen sie sich in der Folge relativ unkompliziert auch für andere Apps oder für eine OS-X-Version nutzen bzw. an neue Bedienkonzepte – z. B. in künftigen iOS-Versionen – anpassen.

Der MVC-Ansatz ist seit vielen Jahren populär, aber bei den meisten Programmiersprachen bzw. Entwicklungsumgebungen optional. Sie können MVC zur Strukturierung Ihres Codes verwenden, müssen es aber nicht tun. Bei der Entwicklung von iOS-Apps geht an MVC aber kein Weg vorbei. Das machen schon die Klassennamen aus Cocoa Touch, dem iOS-Frameworks klar: `UIView`, `UIViewController` zeigen deutlich, in welche Richtung die Reise geht. Insofern ist ein Grundverständnis von MVC zur iOS-Entwicklung unabdingbar. Jede noch so einfache App besteht zumindest aus View und Controller.

In ganz einfachen Apps wie dem Hello-World-Programm aus dem vorigen Kapitel kann ein eigenes Datenmodell entfallen. Auch in den kurzen Beispielprogrammen in diesem Kapitel fehlt das Datenmodell – ganz einfach deswegen, weil die Apps nur bestimmte Techniken demonstrieren, aber von ein paar Zeichenketten abgesehen keine Daten verwalten. In solchen Fällen liegt es nahe, die Funktionalität des Modells direkt im Controller zu realisieren.

Kommunikation in MVC-Apps

Model, View und Controller müssen naturgemäß miteinander kommunizieren. Für diese Kommunikation gibt es Regeln bzw. Muster, die Sie einhalten sollten:

▶ **Trennung zwischen Model und View:** Eine direkte Kommunikation zwischen Model und View ist unüblich. Sie widerspricht dem Grundgedanken, das Datenmodell von den Details der Benutzeroberfläche zu trennen. Die Steuerungslogik geht daher über den Controller.

▶ **Actions** ordnen Ereignisse der View einer Methode im Controller zu. Jedes Mal, wenn ein bestimmtes Ereignis auftritt, kommt es also zum Aufruf der betreffenden Methode im Controller. Ihr Code kann so auf das Ereignis reagieren.

▶ **Outlets** ordnen Elemente der View einer Eigenschaft im Controller zu. Auf diese Weise kann Code des Controllers den Inhalt oder andere Details eines Steuerelements lesen oder auch verändern.

   Wie Sie im vorigen Kapitel schon gesehen haben, können Sie Actions und Outlets in Xcode unkompliziert erstellen, indem Sie das betreffende Element mit `ctrl` vom Storyboard in den Code verschieben. Es gibt kein iOS-Beispielprogramm in diesem Buch, das nicht an irgendeiner Stelle Actions und Outlets verwendet.

▶ **Delegation:** Für manche Ereignisse, vor allem solche von Zusatz-Frameworks, sehen die Controller-Klassen keine Methoden vor. Der oben beschriebene Actions-Ansatz ist somit nicht möglich.

In solchen Fällen ist es üblich, dass die Controller-Klasse zusätzliche Protokolle einhält und deren Methoden implementiert. Die Controller-Klasse muss sich nun quasi anmelden und der View verraten, dass sie auf ein bestimmtes Ereignis reagieren möchte. In der Folge kommt es dann zum Aufruf der betreffenden Methoden, deren Namen häufig mit did- oder will- beginnen und so zum Ausdruck bringen, dass etwas passiert ist oder gleich passieren wird.

Der zugrunde liegende Mechanismus wird in der objektorientierten Programmierung »Delegation« genannt: Eine Klasse delegiert also die Verarbeitung bestimmter Ereignisse an eine andere Klasse. Das erste konkrete Beispiel für diesen Mechanismus finden Sie in Abschnitt 12.4, »Tastatureingaben mit Delegation verarbeiten«: Dort lernen Sie unter anderem, wie Sie die Onscreen-Tastatur nach der Eingabe von ⏎ ausblenden.

Ein weiteres Beispiel folgt in Abschnitt 13.2, »Wegstrecke aufzeichnen«, wo es darum geht, die aktuelle Position des iOS-Geräts auf einer Karte einzutragen. Der Controller reagiert auf Ereignisse des Location Managers, also einer Klasse, die für GPS-Funktionen zuständig ist.

▶ **Kommunikation mit dem Model:** Der Controller enthält üblicherweise Variablen, die auf Objekte der Model-Klassen zeigen. Damit hat der Controller direkten Zugriff auf die Methoden und Eigenschaften des Datenmodells.

Mitunter ist aber auch ein Datentransport in die umgekehrte Richtung erforderlich, also vom Model zum Controller – z. B. dahingehend, dass ein Download abgeschlossen ist und neue Daten verfügbar sind, die nun angezeigt werden können. Grundsätzlich wäre es denkbar, hierfür wieder den Delegation-Mechanismus einzusetzen. Gängiger sind in diesem Kontext aber zwei andere Verfahren: Nachrichten, die über den zentralen Notification Manager der App versendet und empfangen werden, sowie Key Value Observers (KVOs). Den Notification Manager lernen Sie in Kapitel 15, »Schatzsuche«, näher kennen.

MVC bei Apps mit mehreren Dialogen

Viele Apps bestehen nicht aus einem einzigen Dialog, sondern aus vielen Dialogen, Fenstern, Szenen, Ansichten, Views – welcher Begriff auch immer Ihnen am liebsten ist. Für das MVC-Modell bedeutet das: Es gibt viele Views und in der Regel existiert zu jeder View ein Controller.

Innerhalb von Xcode ist die Aufteilung oft nicht ganz so klar: Zum einen enthält eine Storyboard-Datei üblicherweise alle Ansichten eines Programms. Das ändert aber nichts daran, dass hinter den Kulissen jede Ansicht für sich eigenständig ist. Zum anderen teilen sich die Ansichten einer App häufig (aber nicht immer) ein gemeinsames Datenmodell.

Auf jeden Fall benötigt jede Programmansicht, die auf Ereignisse reagieren kann, einen Controller. In größeren Projekten ist es durchaus möglich, dass ein und dieselbe Controller-Klasse für mehrere ähnliche Views eingesetzt werden kann.

Ein typisches Xcode-Projekt für eine iOS-App besteht somit aus:

► einem Storyboard für alle App-Ansichten

► je einer `*.swift`-Datei für den Controller zu jeder Ansicht

► eventuell `*.swift`-Dateien mit den Klassen selbst erweiterter Steuerelemente

► einer oder mehreren `*.swift`-Dateien für die Klassen des Datenmodells

► diversen Hilfsdateien (z. B. Bilder, Unit-Tests)

Grundsätzlich können Sie die Übergänge zwischen den einzelnen App-Ansichten vollkommen manuell durch sogenannte Segues steuern. Alternativ können Sie aber auch auf Controller-Klassen zurückgreifen, die bei der Navigation bzw. Darstellung von Ansichten helfen:

► Mit dem **Navigation-Controller** können Sie Oberflächen realisieren, in denen die Anwender ausgehend von einer Startseite in oft tief verzweigte Detailseiten navigieren. Ein ZURÜCK-Button links oben ermöglicht es, unkompliziert zur Startseite zurückzukehren.

► Der **Tab-Bar-Controller** kann mehrere Ansichten einer Oberfläche in Form von Dialogblättern anzeigen, zwischen denen die Anwender über Icons einer Tab-Bar am unteren Bildschirmrand wechseln.

► Der **Split-View-Controller** teilt den Bildschirm in eine Master-Ansicht (links bzw. ausgeblendet) und eine Detailansicht (rechts).

► Die **Table-** und **Page-View-Controller** helfen dabei, Oberflächen zu gestalten, in denen die Benutzer durch Tabellenelemente bzw. Seiten blättern.

Ein gemeinsames Merkmal all dieser Controller besteht darin, dass die Darstellung auf dem Bildschirm des iOS-Geräts aus Bestandteilen unterschiedlicher Ansichten zusammengesetzt wird. Hinter den Kulissen kommt es zu einer MVC-Verschachtelung. Eine ganze Menge konkreter Beispiele zur Realisierung von Apps mit mehreren Ansichten folgen in Kapitel 12.

11.2   Klassenhierarchie einer App-Ansicht

Jede Szene bzw. jede Ansicht eines Storyboards setzt sich aus mehreren Objekten zusammen. Dieser Abschnitt beschreibt ganz kurz das Zusammenspiel der zugrunde liegenden UIKit-Klassen (siehe Abbildung 11.2).

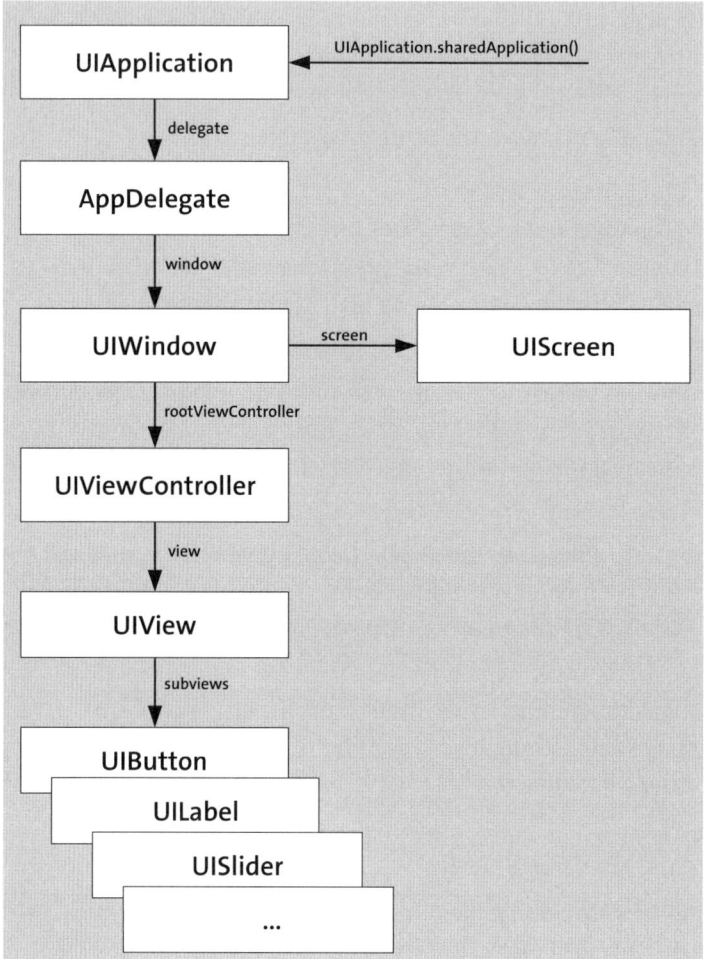

Abbildung 11.2 Zusammenspiel wichtiger UIKit-Klassen in einer einfachen iOS-App

▶ `UIApplication` und `AppDelegate`: Diese Klassen sind für die Ausführung der App als Ganzes und zur Kommunikation mit iOS erforderlich. Details dazu folgen in Abschnitt 11.4, »Phasen einer iOS-App«.

▶ `UIWindow`: Diese Klasse beschreibt den Zeichenbereich der App. Normalerweise gibt es nur ein `UIWindow` – auch dann, wenn die App aus vielen Ansichten besteht. Die Xcode-Datei `AppDelegate.swift` enthält die Eigenschaft `window`, die auf das `UIWindow`-Objekt der App verweist.

Mitunter sind auch mehrere `UIWindow`-Objekte im Spiel – z. B. wenn ein Alert angezeigt wird. Das ist eine Nachrichtenbox, die über der normalen Ansicht abgebildet wird.

- UIScreen: Die screen-Eigenschaft von UIWindow verweist auf ein UIScreen-Objekt. Es beschreibt den Bildschirm des iOS-Geräts im Detail. In seltenen Fällen kann eine App über mehrere Screens verfügen, etwa wenn via AirPlay ein externer Bildschirm angesteuert wird.

- UIViewController: Diese Klasse verwaltet eine Ansicht einer App. Die Klasse wird nicht direkt genutzt; vielmehr ist die Controller-Klasse (ViewController.swift in einer SINGLE VIEW APPLICATION) von UIViewController abgeleitet. Somit übernimmt der selbst gestaltete Controller alle zugrunde liegenden Methoden und Eigenschaften.

- UIView: Der UIViewController nimmt in einfachen Fällen direkt ein Objekt der UIView-Klasse auf. Dieses dient dann als Container für Steuerelemente, wobei auch diese von UIView abgeleitet sind und zum Teil selbst wieder als Container andere Steuerelemente aufnehmen.

  Grundsätzlich ist es auch zulässig, in einen UIViewController anstelle eines UIViews direkt ein Steuerelement einzufügen. Dieses füllt dann aber immer die gesamte Ansicht aus und schränkt die weiteren Gestaltungsmöglichkeiten ein.

Bei der Entwicklung von iOS-Apps mit Swift haben Sie es am häufigsten mit UIView-Controller- sowie mit UIView-Klassen bzw. deren Sub-Klassen zu tun. Sie können mit relativ wenig Aufwand auch eigene Steuerelemente entwickeln. Diese verwenden als Basisklasse wiederum UIView. Ein konkretes Beispiel dazu gibt die CompassView-Klasse in Abschnitt 13.4, »Eigene Steuerelemente mit Grafikfunktionen«.

UI-Nomenklatur

Das Buchstabenkürzel UI steht für *User Interface* und leitet die Namen aller Klassen des UIKit-Frameworks ein. Dieses Framework enthält die Basisklassen zur Gestaltung grafischer Benutzeroberflächen unter iOS.

UIKit ist wiederum ein Bestandteil von Cocoa Touch, also einer Sammlung von Frameworks zur iOS-Programmierung. Andere wichtige Bestandteile sind z. B. GameKit und Sprite Kit (Spieleprogrammierung) oder Map Kit (GPS- und Kompass-Funktionen).

Innerhalb von Xcode können Sie den Baum aller Objekte, aus denen sich eine Szene einer App zusammensetzt, in der Seitenleiste DOCUMENT OUTLINE des Storyboard-Editors ansehen (siehe Abbildung 11.3). Der Objektbaum beginnt in diesem Fall mit dem View-Controller.

Während die App im Debug-Modus läuft, kann Xcode außerdem eine 3D-Ansicht aller Komponenten darstellen (siehe Abbildung 11.4). Das entsprechende Menükommando versteckt sich unter DEBUG • VIEW DEBUGGING • CAPTURE VIEW HIERARCHY.

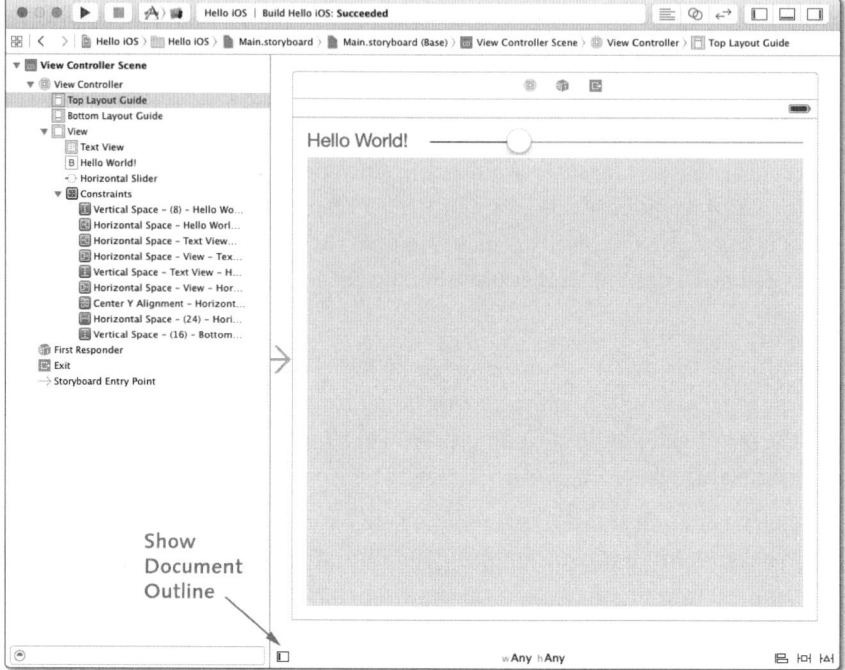

Abbildung 11.3 Der Objektbaum der »Hello World!«-App

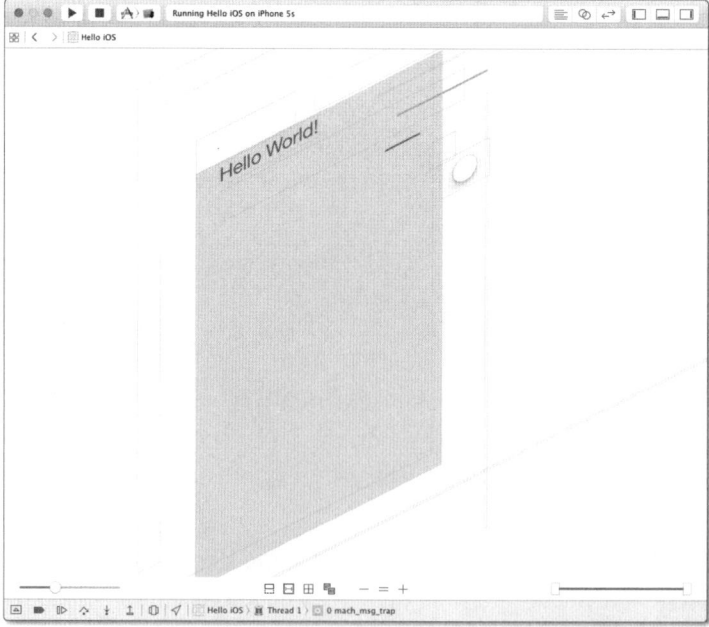

Abbildung 11.4 3D-Ansicht der Zeichenebenen einer iOS-App

11.3 Die UIViewController-Klasse

Wie Sie im vorigen Abschnitt gesehen haben, verbergen sich hinter jeder App-Ansicht zahllose Klassen – aber mit keiner haben Sie in Ihrem Swift-Code so intensiv zu tun wie mit der `UIViewController`-Klasse. Das liegt daran, dass jede eigene Controller-Klasse von `UIViewController` abgeleitet ist. Beim Projekttyp SINGLE VIEW APPLICATION betrifft dies die Datei `ViewController.swift`, bei Projekten mit mehreren Apps kommen weitere vergleichbare Klassen hinzu.

Lebenszyklus eines View-Controllers

Zuerst sollten Sie sich mit der Idee vertraut machen, dass View-Controller Wegwerfobjekte sind: Wenn eine App eine bestimmte Ansicht anzeigen will, erzeugt Sie das betreffende View-Controller-Objekt. Aber sobald die Ansicht nicht mehr benötigt wird, gibt die App alle Referenzen auf den View-Controller wieder frei und das Objekt wird aus dem Speicher entfernt. Bei Apps mit mehreren Ansichten ist es also nichts Ungewöhnliches, dass von ein und demselben View-Controller immer neue Instanzen erzeugt und wenig später wieder gelöscht werden.

Eine Ausnahme ist die Startansicht, also der View-Controller, der zuerst angezeigt wird und der oft der Dreh- und Angelpunkt der gesamten App ist. Er wird über die Eigenschaft `rootViewController` des `UIWindow`-Objekts angesprochen und bleibt im Speicher, bis die App endet oder bis diese explizit einen anderen Root-View-Controller einstellt. (Das ist möglich, aber nur in sehr seltenen Fällen notwendig.)

Während der mitunter also recht kurzen Lebensdauer eines View-Controllers werden unter anderem die folgenden Methoden aufgerufen.

- ▶ `init(coder:)` initialisiert den View-Controller aus einem Storyboard.
- ▶ Bei Übergängen von anderen Ansichten, also bei sogenannten Segues, wird jetzt `prepareForSegue` aufgerufen – allerdings nicht für den anzuzeigenden View-Controller, sondern für den View-Controller, der den Übergang ausgelöst hat. Mehr Informationen zu Segues und zur Methode `prepareForSegue` folgen in Kapitel 12, »Apps mit mehreren Ansichten«.
- ▶ `viewDidLoad` wird aufgerufen, nachdem auch der Inhalt des View-Controllers, also seine Steuerelemente, fertig initialisiert sind. `viewDidLoad` ist der ideale Ort, um eigene Initialisierungsarbeiten durchzuführen.
- ▶ `viewWillAppear` verkündet, dass die Ansicht jetzt gleich tatsächlich sichtbar wird.
- ▶ `viewDidAppear` wird ausgeführt, nachdem die Ansicht sichtbar wurde.
- ▶ `viewWillDisappear` und `viewDidDisappear` geben an, dass die Ansicht wieder verschwindet.

11

Im Lebenszyklus eines View-Controllers kommt es nur zu einem einzigen view-DidLoad-Aufruf. Es kann aber sein, dass ein- und derselbe Controller mehrfach ein- und ausgeblendet wird – und entsprechend oft werden die vier viewXxxAppear-Methoden ausgeführt.

▶ Während der Lebenszeit einer Ansicht treten zahlreiche Aufrufe von viewWill- und viewDidLayoutSubviews auf – und zwar bevor und nachdem iOS alle Layoutregeln verarbeitet und so die Größe und Position aller Steuerelemente festlegt.

▶ In seltenen Fällen, wenn das iOS-Gerät zu wenig Arbeitsspeicher hat, kann es zu einem Aufruf von didReceiveMemoryWarning kommen. Eine Implementierung dieser Methode ist dann zweckmäßig, wenn Ihre App eine Menge Ressourcen bindet und diese bei Bedarf freigeben kann.

▶ deinit wird aufgerufen, bevor der View-Controller aus dem Speicher entfernt wird.

Wenn Sie den Aufruf dieser Methoden verfolgen möchten, führen Sie das Beispielprojekt ios-viewcontroller-lifecycle aus. Es besteht aus zwei View-Controllern, in denen die oben erwähnten Methoden alle implementiert sind und die ihren Aufruf mit print protokollieren.

In Wirklichkeit gibt es natürlich noch viel mehr Methoden, die über alle erdenklichen Zustände des View-Controllers informieren. Eine umfassende Beschreibung finden Sie in der Dokumentation der UIViewController-Klasse.

App-Lebenszyklus

Gewissermaßen die logische Ergänzung zu diesem Abschnitt folgt in Abschnitt 11.4, »Phasen einer iOS-App«. Dort geht es nicht mehr um einzelne View-Controller, sondern um die App als Ganzes. Deren Lebenszyklus durchläuft ebenfalls vordefinierte Phasen, über die Sie durch Methoden der AppDelegate-Klasse informiert werden.

Init-Funktion

Für den UIViewController gibt es zwei Init-Funktionen:

▶ Die UIViewController-eigene Init-Funktion dient dazu, um den View-Controller aus einer NIB- bzw. XIB-Datei zu erzeugen. NIB stand ursprünglich für den *NeXT Interface Builder*, also ein mittlerweile in Xcode integriertes Programm zur Erstellung grafischer Benutzeroberflächen. Sämtliche Steuerelemente, Einstellungen etc. werden dabei in NIB-Dateien gespeichert. Das ursprünglich binäre NIB-Format wurde später auf XML umgestellt, woraus die Dateikennung .xib resultiert. Dennoch ist weiterhin von NIB-Dateien die Rede.

▶ Die zweite Init-Funktion resultiert aus dem `NSCoding`-Protokoll. Sie ist erforderlich, um den View-Controller aus einem Decoder heraus zu erzeugen (zu deserialisieren). Diese Init-Funktion kommt zum Einsatz, wenn Sie – wie in allen Beispielen dieses Buchs – mit Storyboards arbeiten.

Storyboards werden seit iOS 5 unterstützt und haben gegenüber NIBs den Vorteil, dass alle Bildschirme einer App in *einer* zentralen Datei verwaltet werden können.

Solange Sie in Ihren vom `UIViewController` abgeleiteten Klassen selbst keine Init-Funktionen implementieren, werden einfach die Init-Funktionen der Basisklasse genutzt. Es findet also ein impliziter Aufruf von `super.init` statt. Bei Bedarf können Sie die Decoder-Init-Funktion allein implementieren. Sobald Sie aber eine eigene NIB-Init-Funktion definieren, *müssen* Sie auch die Decoder-Init-Funktion überschreiben.

```
class MyViewController : UIViewController {
  // Init-Funktion der UIViewController-Klasse
  override init(nibName nibNameOrNil: String?,
                    bundle nibBundleOrNil: NSBundle?) {
    // eigene Eigenschaften initialisieren
    super.init(nibName: nibNameOrNil, bundle: nibBundleOrNil)
    // weiterer Code
  }

  // Init-Funktion des NSCoding-Protokolls, das die
  // UIViewController-Klasse erfüllt
  required init(coder aDecoder: NSCoder) {
    // eigene Eigenschaften initialisieren
    super.init(coder: aDecoder)
    // weiterer Code
  }
}
```

viewDidLoad-Methode

Auf die von Xcode eingefügten `@IBOutlet`-Eigenschaften können Sie in den Init-Funktionen nicht zugreifen, weil diese zu diesem Zeitpunkt noch `nil` enthalten. Im folgenden Beispiel befindet sich in Ihrem View-Controller ein Textfeld (`UITextView`): Sie wollen dieses Textfeld mit einem Rahmen darstellen. Im Attributinspektor fehlen entsprechende Einstellmöglichkeiten.

Also geht es darum, während der Initialisierung einige Eigenschaften des Core Animation Layers (`CALayer`) zu verändern. Naheliegend wäre es, den Code nach `super.init()` in der eigenen Init-Funktion einzubauen, also:

```
class MyViewController : UIViewController {
  @IBOutlet weak var txtView: UITextView!

  required init(coder aDecoder: NSCoder) {
    super.init(coder: aDecoder)
    // die folgende Zeile löst einen Fehler aus!
    txtView.layer.borderColor = UIColor.lightGrayColor().CGColor
    txtView.layer.borderWidth = 1
    txtView.layer.cornerRadius = 6
  }
}
```

Die resultierende App liefert nun aber beim Start die Fehlermeldung *unexpectedly found nil while unwrapping an Optional value*. Im Klartext: Das Steuerelement ist nicht initialisiert, txtView enthält noch nil. Die Lösung besteht darin, die Einstellungen erst in der Methode viewDidLoad durchzuführen. Sie wird einmal aufgerufen, sobald der View-Controller seinen Inhalt vollständig initialisiert hat, und ist somit der ideale Ort für derartige Arbeiten. Dank viewDidLoad können Sie auf die eigene Implementierung der Init-Funktionen praktisch immer verzichten.

```
class MyViewController : UIViewController {
  @IBOutlet weak var txtView: UITextView!
  // Eigenschaften von Steuerelementen einstellen ,
  // nachdem deren Initialisierung abgeschlossen ist
  override func viewDidLoad() {
    super.viewDidLoad()
    txtView.layer.borderColor = UIColor.lightGrayColor().CGColor
    txtView.layer.borderWidth = 1
    txtView.layer.cornerRadius = 6
  }
}
```

Beachten Sie, dass Sie in viewDidLoad zwar schon auf alle Steuerelemente zugreifen können, dass deren Position aber noch nicht festgelegt ist! Die Ansicht hat noch keine Größe, die Regeln des Auto-Layout-Systems sind noch nicht aktiv.

Vergessen Sie »super.viewDidLoad« nicht!

Bei allen View-Controller-Methoden mit Namen wie xxxWillYyy oder xxxDidYyy, die Sie mit override implementieren, sollten Sie zuerst super.methodenname() aufrufen. Damit kann die Basisklasse die erforderlichen Arbeiten erledigen. Erst dann folgt Ihr eigener Code.

11.4   Phasen einer iOS-App

Jede iOS-App durchläuft während ihrer Ausführung vordefinierte Phasen (siehe Abbildung 11.5):

▸ **Not running:** Die App wurde noch nicht gestartet bzw. bereits beendet.

▸ **Inactive:** Die App läuft und ist im Vordergrund, aber erhält gerade keine Ereignisse. Hierbei handelt es sich um einen kurzzeitigen Übergangstatus in eine andere Phase.

▸ **Active:** Die App ist aktiv und reagiert auf Ereignisse, z. B. auf Fingerbewegungen auf dem Display. Das ist der Normalzustand einer gerade aktiven App.

▸ **Background:** Die App läuft im Hintergrund und führt Code aus. Bei den meisten Apps ist dies ähnlich wie »Inactive« eine kurze Übergangsphase hin zu einem anderen Zustand.

Es gibt aber Apps, die explizit um Rechenzeit im Hintergrund bitten, weil sie dort Aufgaben erfüllen – beispielsweise Audio-, AirPlay-, Bluetooth- oder Navigationsfunktionen. Wenn Ihre App derartige Funktionen nutzen will, aktivieren Sie diese in Xcode in den Target-Einstellungen (siehe auch Abbildung 13.8 in Kapitel 13, »GPS- und Kompassfunktionen«).

▸ **Suspended:** Sofern eine App keine Hintergrunddienste erfüllen muss, werden im Background befindliche Apps von iOS vollständig gestoppt. Solange das Gerät genug Speicher hat, bleibt die App im Speicher und kann später fortgesetzt werden. Wird der Speicher aber knapp, entfernt iOS die App aus dem Speicher. Wird die App später wieder benötigt, muss sie neu gestartet werden.

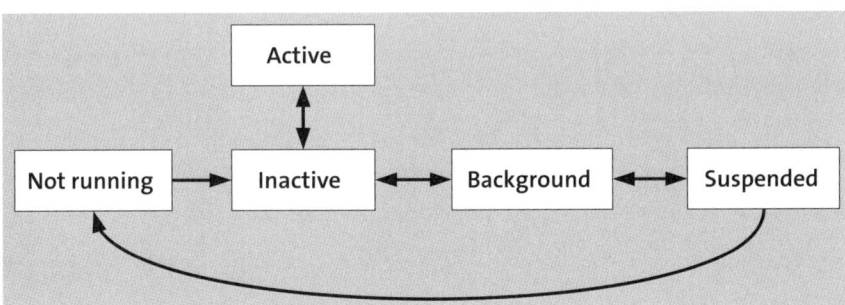

Abbildung 11.5 Der Lebenszyklus einer App

Die AppDelegate-Klasse

Die Programmausführung einer iOS-App beginnt in der `AppDelegate`-Klasse, die in jedem mit Xcode erstellten Projekt in der Datei `AppDelegate.swift` definiert ist. Die Klasse ist mit dem Attribut `@UIApplicationMain` ausgestattet. Dieses Attribut bewirkt, dass der Compiler Code für die `main`-Funktion generiert und an sie den Namen der AppDelegate-Klasse übergibt.

```
// Datei AppDelegate.swift
@UIApplicationMain
class AppDelegate: UIResponder, UIApplicationDelegate {
  var window: UIWindow?
  // diverse Methoden
}
```

Unmittelbar nach dem Programmstart wird ein `UIApplication`-Objekt erzeugt. Es ist für die Verarbeitung von Ereignissen verantwortlich (für den sogenannten »Event Loop«) und kommuniziert über Methoden des Protokolls `UIApplicationDelegate` mit der `AppDelegate`-Klasse. Diese Methoden informieren die App über anstehende Zustandswechsel. Standardmäßig enthält `AppDelegate.swift` leere Codeschablonen für die folgenden Methoden:

- `application` mit dem Parameter `didFinishLaunchingWithOptions`: Die App wurde gestartet.

- `applicationWillResignActive`: Die App wird in den Zustand »Inactive« wechseln. Die wahrscheinlichsten Ursachen sind das Drücken der Home-Taste des iPhones oder iPads oder eine durch eine andere App verursachte Unterbrechung, z. B. ein Telefonanruf oder eine eintreffende SMS. Spiele sollten hier pausiert werden.

- `applicationDidEnterBackground`: Die App ist in den Hintergrundstatus gewechselt. Sie sollte jetzt alle nicht unbedingt erforderlichen Ressourcen frei geben und alle Daten speichern, die es der App später ermöglichen, den zuletzt aktiven Zustand wiederherzustellen.

- `applicationWillEnterForeground`: Der App-Status wechselt vom Hintergrundzurück in den Vordergrundstatus.

- `applicationDidBecomeActive`: Die App ist jetzt aktiv. Die Methode wird auf jeden Fall kurz nach dem Start aufgerufen, unter Umständen aber auch später immer wieder, wenn die App zwischen verschiedenen Zuständen wechselt.

- `applicationWillTerminate`: Die App wird beendet. Hier ist die letzte Gelegenheit, um Daten zu speichern.

Es ist Ihnen freigestellt, diese Methoden mit eigenem Code zu füllen. Neben den oben aufgezählten Methoden gibt es unzählige weitere, die in der `UIApplicationDelegate`-Dokumentation beschrieben sind. Wenn Sie den Aufruf der Methoden beobachten möchten, starten Sie einfach das Beispielprojekt `ios-viewcontroller-lifecycle`. Es enthält in allen oben aufgezählten Methoden `print`-Anweisungen.

Wenn Ihre App persistent Daten speichern soll, muss sie dies durchaus nicht unbedingt in den Methoden der AppDelegate-Klasse tun. Ein anderer Ansatz besteht darin, Daten in einer laufenden App ständig zu speichern, also immer dann, wenn Daten geändert wurden. Das ist vor allem bei solchen Apps ein zweckmäßiger Ansatz, bei denen kleine Datenmengen verwaltet werden und bei denen es relativ selten Änderungen gibt – z. B. bei einer App zur Speicherung von To-do-Listen.

Zugriff auf den Root-View-Controller und das AppDelegate-Objekt

In den meisten Apps sind das AppDelegate-Objekt und der Root-View-Controller standardmäßig die einzigen Objekte, die während des gesamten Lebenszeit der App zur Verfügung stehen. Sie eignen sich, um in Ihren Klassen Referenzen auf global für die App verfügbare Daten einzurichten. Das macht aber nur Sinn, wenn es gelingt, aus der AppDelegate-Klasse auf den Root-View-Controller zuzugreifen und umgekehrt.

Beginnen wir mit dem ersten Fall. In jeder View-Controller-Klasse Ihrer App können Sie wie folgt auf das AppDelegate-Objekt zugreifen:

```
// Zugriff von einem beliebigen View-Controller
// auf das AppDelegate-Objekt
class MyViewController: UIViewController {
  ...
  let appDelegate =
    UIApplication.sharedApplication().delegate as! AppDelegate
```

Die statische Methode sharedApplication der UIApplication-Klasse verweist auf das zentrale UIApplication-Objekt der App (siehe Abbildung 11.2). Dieses verwendet ein AppDelegate-Objekt zur Delegation – also muss seine delegate-Eigenschaft auf das gesuchte Objekt zeigen.

Umgekehrt gelingt der Zugriff auf den Root-View-Controller über die window-Eigenschaft der AppDelegate-Klasse. Sie verweist auf das UIWindow-Objekt der App, und dessen Eigenschaft rootViewController führt uns zum View-Controller.

```
// Zugriff aus der AppDelegate-Klasse
// auf den aktuellen Root-View-Controller
class AppDelegate: ... {
  ...
  if let root = window?.rootViewController as? ViewController {
    print(root.title)
  }
}
```

Sollten Sie nicht am Root-View-Controller, sondern am gerade aktiven View-Controller interessiert sein, werten Sie die Eigenschaft presentedViewController des Root-View-Controllers aus.

11.5 Auto Layout

Unter iOS ist das Auto-Layout-System dafür verantwortlich, die Steuerelemente einer App richtig zu positionieren – und das in Abhängigkeit von der Größe und der Ausrichtung des Geräts, auf dem die App läuft. Zu den größten Herausforderungen angehender App-Entwickler zählt die korrekte Einstellung der entsprechenden Layoutregeln.

Diese Regeln bestimmen, wie groß ein Steuerelement ist, wie weit es von welchem Rand entfernt ist, wie es relativ zu anderen Steuerelementen positioniert wird etc. Die Kunst besteht nun darin, die Layoutregeln möglichst effizient festzulegen. Dazu stellt Xcode eine Menge Hilfsmittel zur Auswahl. In der Praxis kommen Sie zumeist mit einer Kombination dieser Verfahren am schnellsten zum Ziel.

Es ist noch kein Auto-Layout-Meister vom Himmel gefallen. Der Umgang mit Layoutregeln erfordert Übung und Erfahrung. Dieser Abschnitt vermittelt nur die Grundlagen. Konkrete Layoutbeispiele folgen – quasi nebenbei – in den weiteren iOS-Kapiteln dieses Buchs.

Punkt versus Pixel

Absolute Maße werden grundsätzlich in Punkt ausgedrückt. Auf iPhones und iPads der ersten Generation entspricht ein Punkt einem Pixel. Bei Retina-Geräten entspricht ein Punkt pro Dimension zwei Pixel, d. h. es werden $2 \times 2 = 4$ Pixel gezeichnet, beim iPhone 6 Plus sind es sogar noch mehr.

Grundeinstellungen

Bevor Sie mit den Layoutregeln beginnen, sollten Sie einige Grundeinstellungen Ihrer App überdenken:

▶ **Universal App oder dezidierte iPhone/iPad-Apps:** Beim Einrichten eines neuen Projekts fragt Xcode, ob Sie eine Universal-App entwickeln möchten, die gleichermaßen auf iPhones und iPads läuft, oder ob Ihre App speziell für einen Gerätetyp optimiert ist. Bei Bedarf können Sie diese Einstellung auch nachträglich ändern. Dazu klicken Sie im Projektnavigator das Projekt und im Editor das App-Target an. Die Einstellung für die Geräteart finden Sie nun im Dialogblatt GENERAL (Listenfeld DEVICES).

▶ **Geräteausrichtung:** Bei reinen iPhone-Apps kann es zweckmäßig sein, die Geräteausrichtung auf PORTRAIT einzuschränken. Wenn eine Ausführung der App im Querformat ohnedies keine Vorteile mit sich bringt, ersparen Sie sich so eine Menge Arbeit für Layoutoptimierungen. Die entsprechenden Optionen finden Sie in den gerade erwähnten Target-Einstellungen.

► **View-Größe (Simulated Metrics):** Standardmäßig zeigt der Storyboard-Editor neue View-Controller in einer quadratischen Form an. Xcode will Sie so dazu zwingen, losgelöst von einer Geräteform zu denken. Mir ist es aber lieber, bei der Entwicklung die kleinste Geräteform vor Augen zu haben, auf der meine App später laufen soll. Deswegen stelle ich im Attributinspektor in der Gruppe SIMULATED METRICS die Einstellung SIZE zumeist auf IPHONE 4-INCH (das entspricht dem iPhone 5) oder sogar auf IPHONE 3,5.INCH (iPhone 4).

Diese Einstellung hat noch einen Vorteil: Sie spart Platz im Storyboard-Editor, insbesondere bei der Entwicklung von Apps mit vielen Seiten.

Arbeiten ohne Auto Layout

Xcode zwingt Sie nicht, Layoutregeln zu verwenden. Für erste Tests können Sie Steuerelemente frei im View Controller platzieren. Die Größe und Position ändert sich dann aber nicht, wenn Sie die App im Querformat oder auf einem größeren Gerät ausführen.

Sie können das Auto-Layout-System sogar ganz abschalten. Dazu wählen Sie zuerst das Storyboard aus und deaktivieren dann im File Inspector in der rechten Seitenleiste die Option USE AUTO LAYOUT. Ich rate Ihnen von dieser Option aber ab, nicht zuletzt deswegen, weil Ihre App dann inkompatibel zu den neuen Multitasking-Funktionen von iOS 9 ist.

Viele Wege führen zum Ziel

Bevor ich Ihnen verschiedene Arbeitstechniken zur Einstellung der Layoutregeln im Detail beschreibe, fasse ich die Alternativen in einem Überblick zusammen:

► Mit `ctrl`-Drag können Sie den Rand eines Steuerelements zu einem anderen Element ziehen. Anschließend können Sie festlegen, welche Regel für die Ausrichtung der beiden Steuerelemente zueinander gelten soll.

► Die Buttons ALIGN, PIN und RESOLVE AUTO LAYOUT ISSUES rechts unten im Storyboard-Editor helfen dabei, Regeln manuell festzulegen, sie an geänderte Voraussetzungen anzupassen bzw. sie zu löschen (siehe Abbildung 11.6).

Eine ganz andere Funktion hat der Button STACK (neu in Xcode 7): Er bettet die gerade markierten Steuerelemente in eine Stack-View ein. Sie hilft dabei, mehrere Steuerelemente gleichmäßig in einer Zeile oder Spalte zu verteilen. Die Stack-View ist eine ungemein praktische Neuerung in iOS 9. Wie Sie damit effizient umgehen, lernen Sie in Abschnitt 11.6, »Steuerelemente in einer Stack-View anordnen«.

► Die Storyboard-Seitenleiste DOCUMENT OUTLINE weist auf Layoutprobleme hin und bietet die Möglichkeit, vorhandene Regeln anzupassen oder fehlende Regeln hinzuzufügen.

- Der Size Inspector listet alle Regeln für das gerade ausgewählte Steuerelement auf und gibt Ihnen die Möglichkeit, Details zu verändern.

- Im Attributinspektor können Sie selten benötigte Regeldetails einstellen.

- Durch die Aktivierung der sogenannten Size Classes können Sie Regeln definieren und andere Einstellungen vornehmen, die nur für eine bestimmte Geräteform oder Ausrichtung gelten. Das ist wichtig, um spezifische Layoutregeln für das Querformat oder für iPads vorzunehmen.

- Einige Steuerelementen, wie Buttons oder Label, können ihre optimale Größe selbst ermitteln. Entsprechende Optionen finden Sie im Attributinspektor.

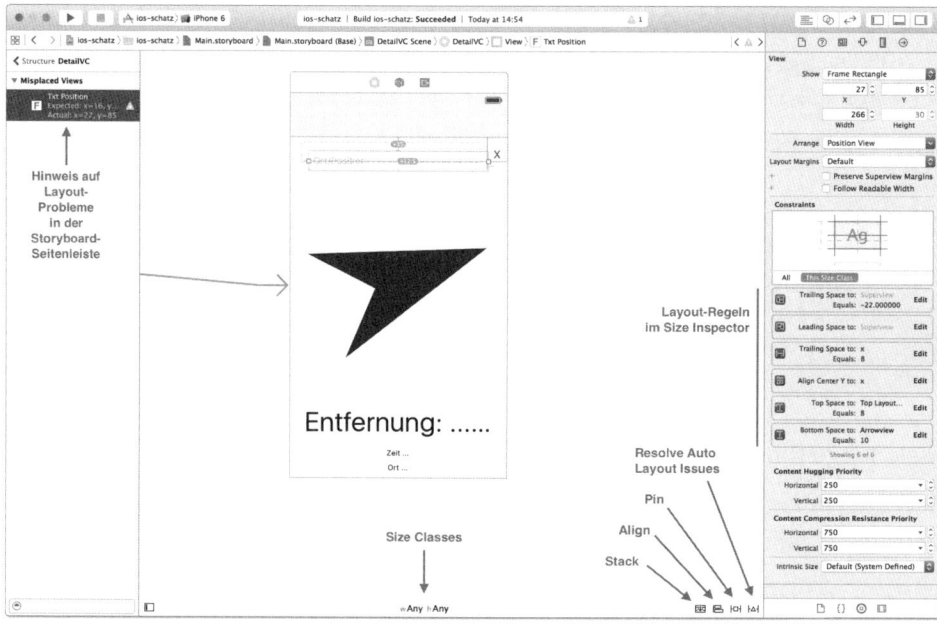

Abbildung 11.6 Hilfsmittel zur Bearbeitung von Layoutregeln in Xcode

---

Soll- versus Ist-Position

Der Storyboard-Editor ändert den Ort und die Größe von Steuerelementen nicht automatisch, wenn Sie eine neue Layoutregel definieren! Vielmehr wird das Steuerelement nun orange statt blau umrandet (Ist-Position). Die Position, wo das Steuerelement aufgrund der Layoutregeln platziert wird, wird orange gestrichelt angezeigt (siehe Abbildung 11.7). Wenn Sie die App starten, wird das Steuerelement richtig platziert. Um die korrekte Platzierung auch im Storyboard-Editor zu erreichen, öffnen Sie mit dem Button RESOLVE AUTO LAYOUT ISSUES ein kleines Menü und führen dort UPDATE FRAMES aus.

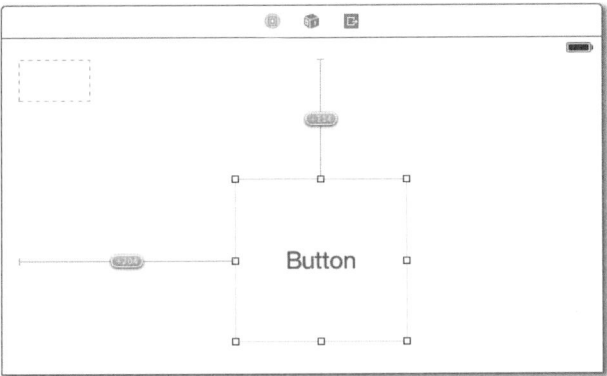

Abbildung 11.7 Links oben sehen Sie gestrichelt die Soll-Position des Buttons, die dieser in der laufenden App annehmen wird, mittig unten die aktuelle Ist-Position im Storyboard-Editor.

Live-Vorschau in der Preview-Ansicht

Bei der Arbeit am Layout einer App ist es ungemein praktisch, sich schon vorweg einen Eindruck vom finalen Aussehen der Ansicht zu machen, also ohne Kompilieren und Ausführen im iOS-Simulator. Xcode kann dazu parallel zur gerade aktiven Ansicht eine Vorschau anzeigen. Dazu wählen Sie für den Assistenzeditor die Einstellung PREVIEW (siehe Abbildung 11.8).

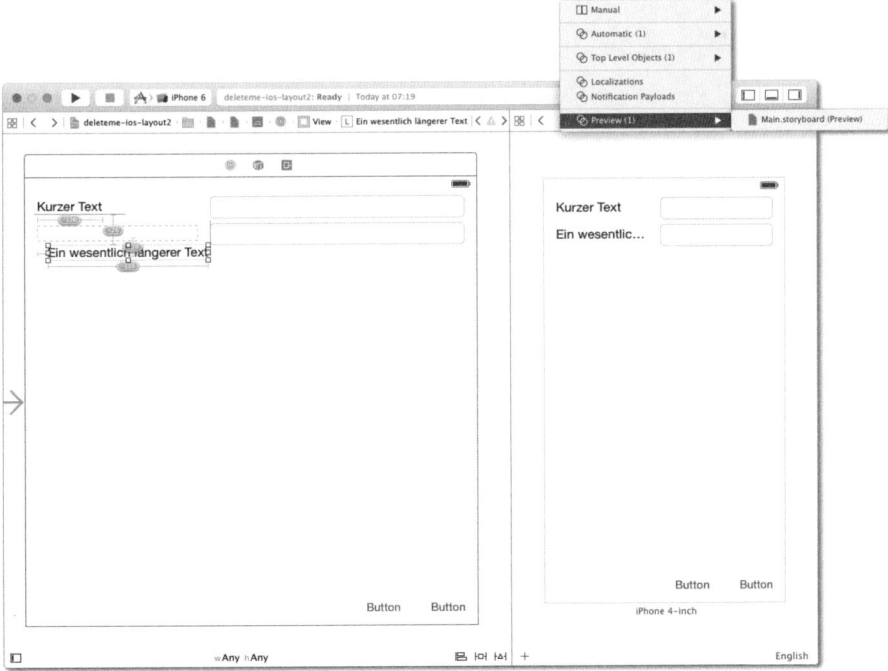

Abbildung 11.8 Layoutvorschau im Assistenzeditor

Die Layoutansicht können Sie mit einem Button neben der Gerätebezeichnung zwischen Hoch- und Querformat umstellen. Mit dem Plus-Button links unten in der Layoutansicht können Sie weitere Geräte hinzufügen und so – einen großen Bildschirm vorausgesetzt – gleichzeitig beobachten, wie sich Layout-Änderungen auf unterschiedlichen iOS-Geräten auswirken. Per Doppelklick können Sie dabei zwischen zwei Zoom-Stufen umstellen, 100 % oder 50 %. Umständlich ist der Wechsel des Vorschaugeräts: Dazu klicken Sie dieses an, entfernen es mit ⟨←⟩ aus der Vorschau und fügen dann mit dem Plus-Button das gewünschte Gerät neu hinzu.

Falls Sie Ihre App bereits für verschiedene Sprachen lokalisiert haben, können Sie in der Vorschau rasch zwischen den Sprachen umstellen und sich so einen Überblick verschaffen, wie sich veränderte Textlängen auf das Layout auswirken. Im Sprachmenü gibt es auch den Eintrag DOUBLE-LENGTH PSEUDOLANGUAGE, der alle Texte einfach verdoppelt. Das kann eine Hilfe sein, um Layoutprobleme zu erkennen, die sich dann ergeben, wenn sich Texte durch die Übersetzung verlängern. Dieses Feature ist primär für Entwickler gedacht, die Apps zuerst in englischer Sprache entwickeln, in der Beschriftungstexte oft deutlich kürzer ausfallen als in anderen Sprachen.

Für die Vorschaufunktion gilt eine wesentliche Einschränkung: Die Vorschau berücksichtigt keinen Code. Wenn Sie Steuerelemente im Code erzeugen, deren Layoutregeln ändern etc., ist dies in der Vorschau nicht sichtbar.

Vorschau auf einem zweiten Monitor

Da die Vorschau nur im Assistenzeditor zur Verfügung steht, lässt sie sich nicht ohne Weiteres auf einem zweiten Monitor anzeigen. Mit einem Trick können Sie diese Einschränkung überwinden. Dazu öffnen Sie `Main.storyboard` durch einen Doppelklick im Projektnavigator in einem neuen Fenster. Dieses verschieben Sie auf den Zweitmonitor. Mit ⟨alt⟩+⟨⌘⟩+⟨←⟩ öffnen Sie dort den Assistenzeditor, stellen diesen auf PREVIEW und minimieren dann den linken Haupteditor.

Layoutregeln im Storyboard-Editor einstellen

Eine einfache und in vielen Fällen praktische Vorgehensweise zur Definition von Layoutregeln besteht darin, die Steuerelemente zuerst in der gewünschten Größe und Form im View-Controller zu platzieren. Anschließend ziehen Sie mit gedrückter ⟨ctrl⟩-Taste eine Linie über einen der vier Ränder des Steuerelements zu einem anderen Objekt bzw. in den Container, in dem sich das Steuerelement befindet. Xcode markiert dabei das Partnerobjekt in blauer Farbe.

Sobald Sie die Maus- oder Trackpad-Taste loslassen, erscheint ein Kontextmenü, in dem Sie die Art der Verbindung festlegen können (siehe Abbildung 11.9). Die zur

Auswahl stehenden Optionen hängen davon ab, in welche Richtung Sie die ⌃ctrl-Bewegung durchgeführt haben und von welcher Art die beiden Objekte sind, die durch Regeln verbunden werden sollen (siehe Tabelle 11.1). Wenn Sie mehrere Optionen auswählen möchten, drücken Sie zusammen mit der Maustaste ⇧ – dann bleibt der Optionsdialog für eine weiteren Auswahl auf dem Bildschirm.

Bezeichnung	Funktion
Trailing Space to Container Margin	horizontaler Abstand zum rechten Rand
Leading Space to Container Margin	horizontaler Abstand zum linken Rand
Horizontal Spacing	horizontaler Abstand zu einem anderen Objekt
Top Space to Container Margin	vertikaler Abstand zum oberen Rand
Top Space to Xxx Guide	vertikaler Abstand zu einer Hilfslinie
Bottom Space to Container Margin	vertikaler Abstand zum unteren Rand
Bottom Space to Xxx Guide	vertikaler Abstand zu einer Hilfslinie
Vertical Spacing	vertikaler Abstand zu einem anderen Objekt
Top	Ausrichtung am oberen Rand
Center Y	Ausrichtung an der vertikalen Mitte
Baseline	Ausrichtung an der Textunterkante
Bottom	Ausrichtung am unteren Rand
Left	Ausrichtung am linken Rand
Center X	Ausrichtung an der horizontalen Mitte
Right	Ausrichtung am rechten Rand
Center Horizontally in Container	im Container horizontal zentrieren
Center Vertically in Container	im Container vertikal zentrieren
Equal Widths	gleiche Breite
Equal Heights	gleiche Höhe
Aspect Ratio	gleiches Verhältnis von Länge zu Breite

Tabelle 11.1 Verschiedene Constraint-Typen

11

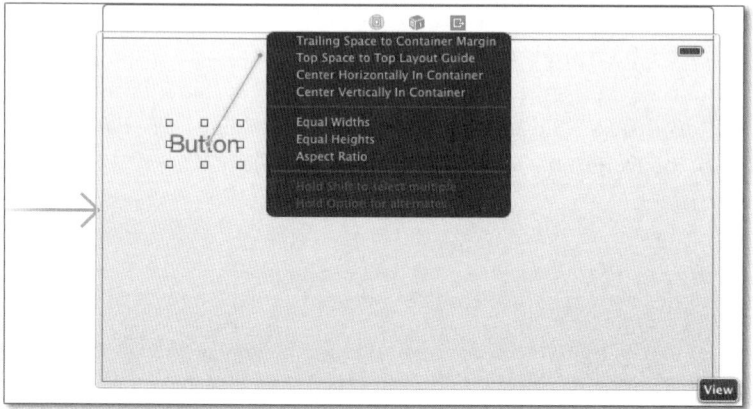

Abbildung 11.9 Layoutregeln mit ctrl-Drag festlegen

Layoutregeln manuell einstellen

Der Layout-Button ALIGN ermöglicht es, die Ausrichtung eines Steuerelements relativ zu einem anderen exakt festzulegen (siehe Abbildung 11.10). Die meisten Optionen können nur verwendet werden, wenn zumindest zwei Steuerelemente ausgewählt sind. Zusammen mit jeder Regel können Sie den Default-Offset-Wert 0 anders einstellen. Wenn Sie beispielsweise zwei Steuerelemente an der Unterkante ausrichten und einen Offset-Wert von 50 verwenden, dann wird das eine Steuerelement 50 Punkte unterhalb des anderen dargestellt. Die Option CANVAS VALUE bedeutet, dass als Offset der aktuelle Abstand der Steuerelemente verwendet werden soll.

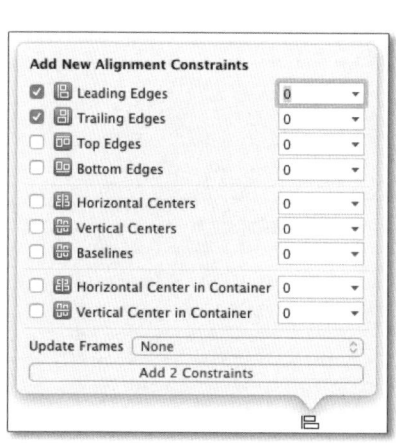

Abbildung 11.10 Layoutregeln manuell festlegen. Links der Dialog des Align-Button, rechts der des Pin-Buttons.

Im Listenfeld UPDATE FRAMES bewirkt die Einstellung ITEMS OF NEW CONSTRAINTS, dass alle von den neu definierten Regeln betroffenen Steuerelemente sofort neu positioniert werden.

Der Layoutdialog des PIN-Buttons hilft, die Abstände und Größe eines Steuerelements relativ zum Container bzw. zum nächstgelegenen Nachbarsteuerelement exakt festzulegen. Von den vier Abstandsregeln werden nur die aktiv, bei denen Sie die roten Verbindungslinien anklicken.

iOS sieht bei Steuerelementen einen unsichtbaren inneren Rand (Margin) von standardmäßig 8 Punkt vor. Abstandsregeln können mit der Option CONSTRAINT TO MARGINS wahlweise relativ zu diesem inneren Rand oder zum äußeren Rand formuliert werden. Bereits festgelegte Abstände werden beim (De-)Aktivieren dieser Option sofort umgerechnet, sodass sich am resultierenden Layout nichts ändert. Relevant ist die Option nur, wenn Sie ineinander verschachtelte Container mit Steuerelementen verwenden. Eine detaillierte Erläuterung mit vielen Abbildungen finden Sie auf der Webseite Stackoverflow:

http://stackoverflow.com/questions/25807545

Regeln ändern statt hinzufügen

Vorsicht, die beiden gerade beschriebenen Dialoge fügen ausschließlich neue Regeln hinzu. Weder werden vorhandene Regeln verändert noch werden sie durch neue ersetzt. Änderungen an vorhandenen Regeln können Sie nur im Size Inspector durchführen. Dort können Sie auch gezielt einzelne Regeln löschen. Um *alle* Regeln für ein bestimmtes Steuerelement zu löschen, klicken Sie auf Button RESOLVE AUTO LAYOUT ISSUES, den ich im nächsten Abschnitt beschreibe, und führen CLEAR CONSTRAINTS aus.

Layoutregeln aus der aktuellen Position und Größe ableiten

Der vielleicht schnellste Weg zur Festlegung von Layoutregeln besteht darin, die Steuerelemente von Anfang an immer an blauen Linien auszurichten. Wenn Sie ein Steuerelement mit der Maus oder dem Trackpad im Storyboard-Editor bewegen, blendet Xcode immer wieder blaue Hilfslinien ein: an den Rändern des View-Controllers, an den Rändern anderer Steuerelemente, an Flucht- oder Mittellinien mehrerer Objekte etc.

Diese Hilfslinien zeigen nicht nur Orte an, wo eine optisch ansprechende Platzierung oder Ausrichtung gelingt, sondern sie markieren auch Orte, die Xcode für Layoutregeln zweckmäßig erscheinen.

Zur Festlegung der Layoutregeln klicken Sie dann auf den Button RESOLVE AUTO LAYOUT ISSUES und wählen den Eintrag ADD MISSING CONSTRAINTS, wahlweise nur für das gerade ausgewählte Steuerelement oder für alle Steuerelemente im View-Controller oder innerhalb eines anderen Containers (siehe Abbildung 11.11).

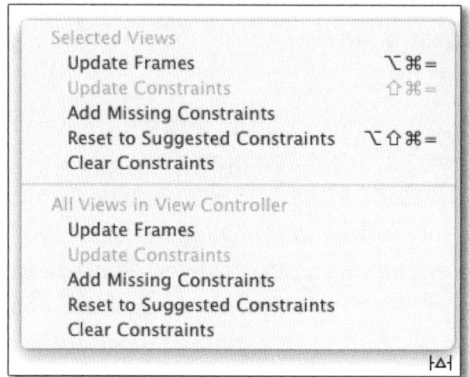

Abbildung 11.11 Layoutregeln mit »Add Missing Constraints« automatisch erzeugen

Grundsätzlich funktioniert die Erkennung der Layoutregeln gut – das Problem ist nur, dass Xcode viel zu viele Regeln aufstellt, wenn es mehrere Steuerelemente gibt. Gibt es beispielsweise zwei Buttons, die untereinander am linken Rand angeordnet sind, dann erzeugt Xcode jeweils *zwei* Regeln, die die horizontale Position festlegen: einerseits für den Abstand zum linken Rand, andererseits für die Ausrichtung zueinander.

Anfänglich sind die vielen Regeln kein Problem, weil sie sich nicht widersprechen. Aber sobald Sie Änderungen am Layout durchführen möchten und z. B. einen Button neu positionieren, kommt es zu Konflikten. Die vielen Regeln machen das Layoutsystem unwartbar.

Daher ist es empfehlenswert, ADD MISSING CONSTRAINTS immer nur für ein Steuerelement auszuführen. Anschließend sehen Sie sich alle Regeln im Size Inspector an und löschen sofort alle nicht erforderlichen Regeln.

Regeln ändern und löschen, Steuerelemente neu positionieren

Das gerade beschriebene Menü des Buttons RESOLVE AUTO LAYOUT ISSUES weist noch einige weitere Kommandos auf (siehe Abbildung 11.11), die hier näher erläutert werden. Alle Kommandos können wahlweise auf den SELECTED VIEW oder ALL VIEWS IN VIEW-CONTROLLER angewendet werden. Der Begriff »View« ist in diesem Kontext ein wenig irreführend. Er bezeichnet Steuerelemente, weil iOS-intern alle Steuerelemente von der UIView-Klasse abgeleitet sind.

- UPDATE FRAMES: Sie haben ja schon gemerkt, dass Steuerelemente nach der Definition von Layoutregeln nicht sofort neu positioniert werden. Abhilfe schafft UPDATE FRAMES. Es ordnet das ausgewählte Steuerelement bzw. alle Steuerelemente im View-Controller entsprechend ihrer Regeln neu an.

- UPDATE CONSTRAINTS: Sollten Sie später eine kleine Änderung am Layout eines Steuerelements vornehmen, z. B. indem Sie es mit Maus oder Trackpad an eine neue Position ziehen oder seine Größe verändern, dann funktioniert UPDATE CONSTRAINTS ausgezeichnet. Dieses Kommando setzt neue Werte in bereits vorhandene Regeln ein. Es kommen keine neuen Regeln hinzu.

- RESET TO SUGGESTED CONSTRAINTS löscht zueinander im Konflikt stehende Regeln. Die Wirkung des Kommandos ist nicht immer genau vorhersehbar, weil ja nicht immer eindeutig ist, welche von zwei oder mehr Regeln die vernünftigste ist. Spötter meinen, das Kommando macht im Zweifelsfall immer genau das Falsche.

- CLEAR CONSTRAINTS löscht alle Regeln für das ausgewählte Steuerelement bzw. für alle Steuerelemente des View-Controllers.

Layoutprobleme in der Document-Outline-Seitenleiste beheben

Solange es für ein Steuerelement keine Layoutregeln gibt, betrachtet Xcode das Steuerelement als unbestimmt und meckert nicht. Aber kaum gibt es auch nur eine einzige Regel, verlangt Xcode, dass Position und Größe vollständig bestimmt sind. Bei einem Button sind hierfür zumindest zwei Regeln erforderlich, die die Position festlegen. Die Größe des Buttons ergibt sich aus dem Inhalt von selbst. Bei anderen Steuerelementen, deren Größe frei einstellbar ist, müssen Sie hingegen zumindest vier Regeln festlegen.

Sobald Xcode Layoutprobleme erkennt, weist es darauf an verschiedenen Stellen der Entwicklungsumgebung durch gelbe oder rote Symbole hin. In der Seitenleiste des Storyboard-Editors mit dem DOCUMENT OUTLINE führt ein Klick auf das Layoutfehler-Icon in eine Detailansicht, in der für alle Steuerelemente die festgestellten Probleme aufgelistet sind (siehe Abbildung 11.12). Dazu zählen:

- CONFLICTING CONSTRAINTS: Die Layoutregeln für das Steuerelement widersprechen sich.

- MISSING CONSTRAINTS: Die vorhandenen Layoutregeln reichen nicht aus, um die Position und Größe des Steuerelements vollständig zu bestimmen.

- MISPLACED VIEWS: Es gibt Layoutregeln für ein Steuerelement, dieses befindet sich aber nicht an der vorgesehenen Position.

Sobald Sie im Outline Inspector eine Regel anklicken, wird diese im Storyboard-Editor hervorgehoben, sodass sofort klar wird, um welches Steuerelement es sich handelt und welche Regel gemeint ist.

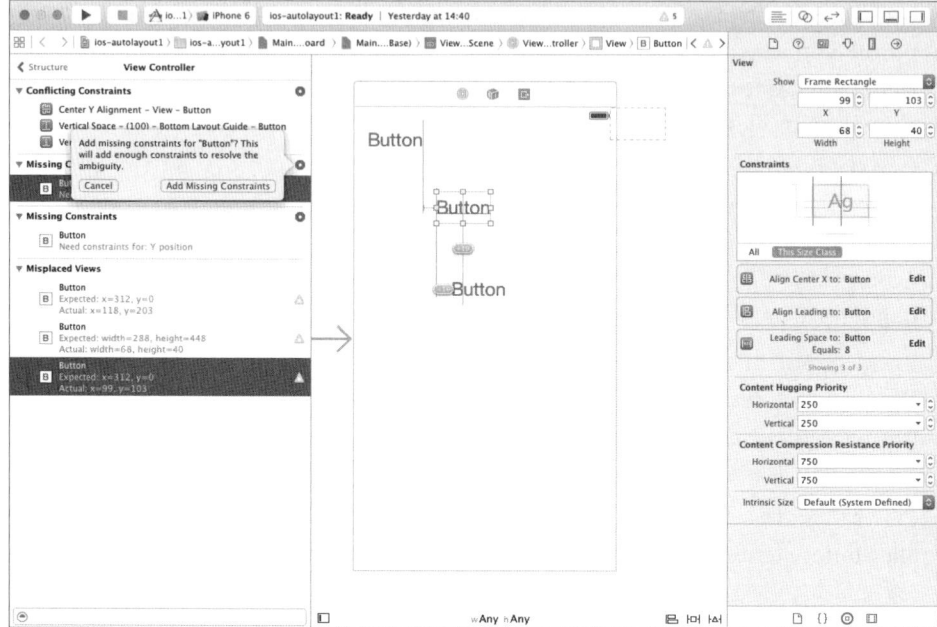

Abbildung 11.12 Zusammenstellung von Layoutproblemen in der Document-Outline-Seitenleiste

Die Zusammenstellung aller Layoutprobleme kann bei größeren Projekten mitunter Panikgefühle verursachen – nämlich dann, wenn die Liste schier endlos erscheint. Der große Vorteil dieser Ansicht besteht aber darin, dass Xcode Ihnen bei der Behebung der Probleme unter die Arme greift. Ein Klick auf die Fehler- oder Warn-Icons öffnet einen kleinen Dialog mit einem Lösungsvorschlag:

▶ Bei widersprüchlichen Regeln werden diese aufgelistet, und Sie können die Regeln auswählen, die Sie löschen möchten.

▶ Bei fehlenden Regeln bietet Xcode an, geeignete Regeln hinzuzufügen. Die so erzeugten Regeln erfüllen dann zwar alle formalen Anforderungen, sind aber selten glücklich gewählt. Definieren Sie Layoutregeln besser selbst!

▶ Bei Widersprüchen zwischen den Layoutregeln und der tatsächlichen Position der Steuerelemente fragt Xcode, ob es die Steuerelemente korrekt positionieren soll (UPDATE FRAME), ob es die Layoutregeln an die aktuelle Position anpassen soll (UPDATE CONSTRAINTS) oder ob es die vorhandenen Regeln durch Standardregeln verbessern soll (siehe Abbildung 11.13). Alle drei Maßnahmen können wahlweise nur für das betroffene Steuerelement oder gleich für alle Steuerelemente im View-Controller ausgeführt werden.

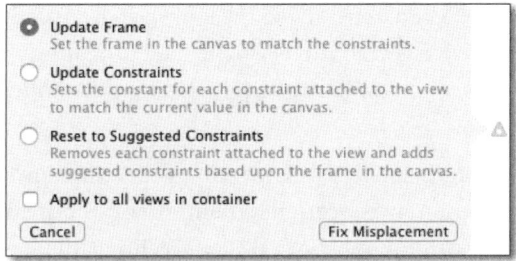

Abbildung 11.13 Lösungsvorschläge für »Misplaced Views«

Layoutregeln im Size Inspector bearbeiten

Eine große Hilfe bei der Bearbeitung der Layoutregeln ist der Size Inspector (siehe Abbildung 11.14). Sobald Sie ein Steuerelement auswählen, werden dort alle Layoutregeln aufgelistet. Das darüber dargestellte Diagramm CONSTRAINTS zeigt auf einen Blick, für welche Ränder des Steuerelements es Regeln gibt.

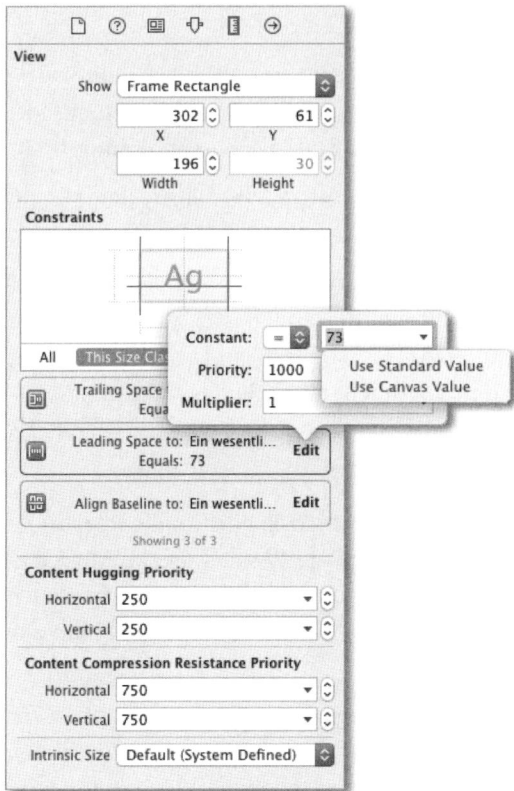

Abbildung 11.14 Layoutregeln im Size Inspector bearbeiten

Wenn Sie im Size Inspector eine Regel anklicken, wird diese im Storyboard visualisiert. Der Layout Inspector bietet damit eine ausgezeichnete Möglichkeit, um aus der Liste der Regeln diejenigen herauszufinden, die wirklich erforderlich sind. Alle anderen löschen Sie unkompliziert mit ⌫ .

Der Size Inspector bietet Ihnen auch die Möglichkeit, Layoutregeln gezielt zu verändern, beispielsweise um den Abstand zwischen zwei Steuerelementen von 8 auf 16 Punkt zu vergrößern. In keiner anderen Komponenten von Xcode gelingt dies so schnell und unkompliziert wie hier.

Oft enthalten Regeln, die sich aus dem Entwurf im Storyboard Editor ergeben, krumme Zahlen für Abstände. Ein harmonisches und zweckmäßiges Layout erzielen Sie in aller Regel, wenn Sie diese Werte durch 0 ersetzen bzw. die Option USE STANDARD VALUE auswählen. Damit werden die Abstände zwischen den Steuerelementen minimiert. Die Option USE CANVAS VALUE bedeutet, dass die momentan im Storyboard Editor geltenden Abstände übernommen werden sollen.

Layoutdetails im Attributinspektor modifizieren

Wenn Sie in der Document-Outline-Seitenleiste oder direkt im Storyboard-Editor eine Layoutregel auswählen, können Sie diese im Attributinspektor weiterbearbeiten. Dort offenbart sich die ganze Einstellungsvielfalt für Layoutregeln (siehe Abbildung 11.15):

- ▶ FIRST und SECOND ITEM geben die Steuerelemente und die Bezugspunkte im Steuerelement an – z. B. die Oberkante, die Mittellinie etc.

- ▶ RELATION gibt an, in welcher Beziehung die Bezugspunkte zueinander stehen sollen. Standardmäßig sollen beide Seiten übereinstimmen (EQUAL), zur Auswahl stehen aber auch LESS THAN und GREATER THAN. Das ist praktisch, um beispielsweise eine Minimalbreite für ein Steuerelement vorzugeben (größer als 100 Punkte).

- ▶ CONSTANT gibt einen Offsetwert an, der zur Regel addiert wird. Bei dem Wert kann es sich z. B. um den exakten Abstand zwischen zwei Elementen handeln.

- ▶ PRIORITY gibt an, wie wichtig die Regel ist. Standardmäßig gilt für alle Regeln der gleiche Wert 1000. Wenn Sie hier kleinere oder größere Werte angeben, weiß iOS, welcher Regel es bei Konflikten den Vorzug geben soll. Der zulässige Wertebereich reicht von 1 bis 1000, wobei der Wert 1000 bedeutet, dass die Regel zwingend eingehalten werden muss.

- ▶ MULTIPLIER gibt einen Faktor an, in dem zwei Bezugswerte zueinander stehen sollen. Das ist z. B. bei Größenangaben sinnvoll, wenn etwa das eine Element genau doppelt so breit wie das andere sein soll. Das Maß zwischen zwei Elementen wird so berechnet:

```
item1.attributeA == item2.attributeB * multiplier + constant
```

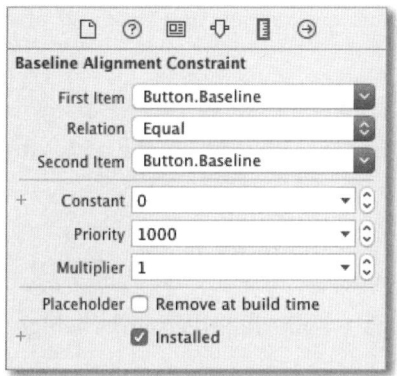

Abbildung 11.15 Noch mehr Layoutoptionen im Attributinspektor

Layouts für verschiedene iOS-Geräteklassen (Size Classes)

Normalerweise gelten die von Ihnen definierten Layoutregeln für alle iOS-Geräteklassen. Sie erkennen das am Text WANY HANY in der Statusleiste des Storyboard-Editors. Darüber hinaus können Sie Regeln definieren, die nur für eine bestimmte iOS-Version gelten. Dazu stellen Sie zuerst durch einen Klick auf WANY HANY das Layout ein, für das die weiteren Regeln gelten sollen. Im Popup-Dialog haben Sie die Wahl zwischen neun Feldern (siehe Abbildung 11.16).

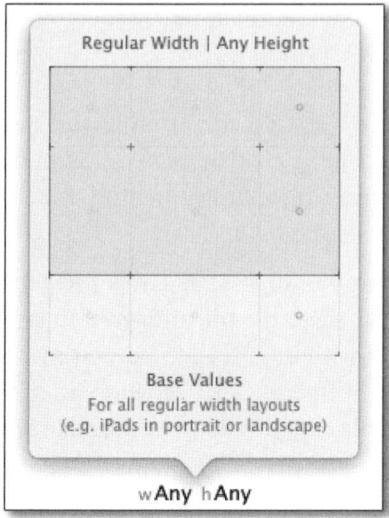

Abbildung 11.16 Einstellung der Geräteklasse

Das zentrale Feld ist für die Defaultregeln vorgesehen, die anderen acht sind für Layoutvarianten für besondere Gerätebreiten und/oder -höhen gedacht. Dabei unterscheidet Xcode für Breite und Höhe jeweils zwischen COMPACT, ANY und REGULAR:

- Compact Width = WCOMPACT: alle iPhones in beliebiger Ausrichtung außer iPhone 6 Plus im Landscape-Modus

- Any Width = WANY: für Defaultregeln, die unabhängig von der Breite sind

- Regular Width = WREGULAR: alle iPads in beliebiger Ausrichtung, iPhone 6 Plus im Landscape-Modus

- Compact Height = HCOMPACT: alle iPhones im Landscape-Modus

- Any Height = HANY: für Defaultregeln, die unabhängig von der Höhe sind

- Regular Height = HREGULAR: alle iPhones in Portrait-Modus, alle iPads in beliebiger Ausrichtung

Sobald Sie eine Geräteklasse außer WANY/HANY ausgewählt haben, wird die Statusleiste unübersehbar blau gefärbt. Außerdem ändern View Container ihre Form, sofern Sie diese nicht in der Optionsgruppe SIMULATED METRIC festgelegt haben.

Alle neuen Layoutregeln, die Sie nun definieren, gelten nur für die ausgewählte Geräteklasse. Wenn Ihre neuen Regeln vorhandenen Defaultregeln widersprechen, können Sie diese löschen. Das Löschen gilt ebenfalls nur für die gerade aktive Geräteklasse. Die Regel bleibt als Defaultregel für WANY/HANY aber weiter vorhanden.

Regeln für den Landscape-Modus

Wenn Sie Regeln definieren möchten, die für alle iPhones im Landscape-Modus gelten, verwenden Sie die Einstellung ANY WIDTH / COMPACT HEIGHT.

Seit Xcode 7 gibt es eine zweite, elegante Form zur Nutzung von Size Classes: Bei manchen Eigenschaften im Attributinspektor wird links ein kleines Plus-Symbol angezeigt. Mit einem Klick darauf können Sie eine neue Einstellung durchführen, die nur für eine bestimmte Größenklasse gilt (siehe Abbildung 11.17).

Size Classes bieten weit mehr Möglichkeiten, als nur die Anpassung einiger Regeln an bestimmte Geräteformen. Sie können auch Steuerelemente hinzufügen und entfernen oder die Textgröße modifizieren. Allerdings wird ein Projekt dadurch rasch unübersichtlich, und es fällt zunehmend schwer, den Überblick zu behalten, was in welcher Einstellung gilt. Noch wesentlich mehr Details zum Umgang mit Size Classes hat Apple hier dokumentiert:

https://developer.apple.com/library/ios/recipes/xcode_help-IB_adaptive_sizes/ chapters/AboutAdaptiveSizeDesign.html

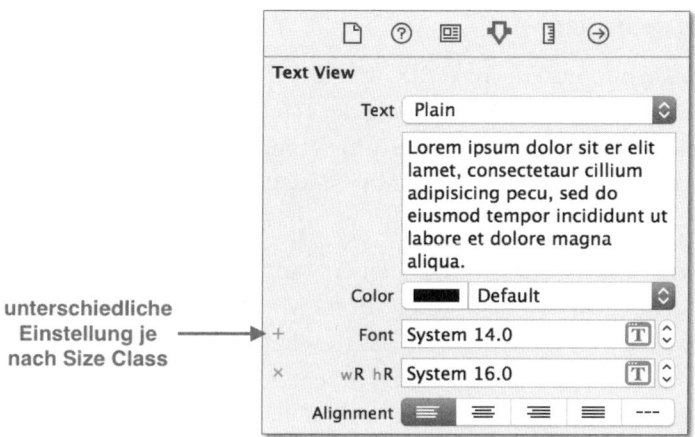

Abbildung 11.17 Für die Schriftgröße gibt es eine Standardeinstellung und eine weitere, die nur für große Geräte gilt (wR = Width Regular, hR = Height Regular)

11

Tipps und Tricks

▶ Weniger ist mehr! Löschen Sie von Xcode durch ADD MISSING CONSTRAINTS erzeugte, aber nicht erforderliche Regeln sofort.

▶ Bei einer Fülle von Layoutfehlern führt ein kompletter Neustart (CLEAR CONSTRAINTS) oft schneller zum Ziel als eine Fehlersuche.

▶ Views (also UIView-Objekte) eignen sich als unsichtbare Platz- oder Abstandhalter, für die Sie alle erdenklichen Regeln formulieren können.

▶ Textfelder verkleinern standardmäßig die Schriftgröße, um auch längere Texte vollständig darzustellen (Optionen ADJUST TO FIT und MINIMAL FONT SIZE).

▶ Ziehen Sie den Einsatz der neuen Stack-View in Erwägung (siehe Abschnitt 11.6, »Steuerelemente in einer Stack-View anordnen«)!

▶ Image-Views versuchen große Bitmaps unverkleinert darzustellen. Daher ist es oft notwendig, ihre Breite und Höhe durch Regeln klar zu limitieren.

Achten Sie auch auf die richtige Einstellung des MODE im Attributinspektor (Eigenschaft contentMode der UIImageView-Klasse): Dieser Wert steuert, ob und wie die Bildgröße angepasst werden darf. Beispielsweise bewirkt die Einstellung ASPECT FIT, dass die vorgegebene Größe optimal genutzt wird, das Bild aber weder verzerrt noch beschnitten wird. ASPECT FILL erhält ebenfalls die Proportionen des Bilds, beschneidet seine Ränder aber so, dass es die Image View vollständig ausfüllt.

▶ Wenn Sie ein Container-Steuerelement auswählen möchten, das sich hinter (unter) einem anderen Steuerelement befindet, drücken Sie ⇧ und klicken die rechte Maus- bzw. Trackpad-Taste. Xcode zeigt dann ein Kontextmenü mit allen Steuerelementen an, die sich unter dem Cursor befinden.

Layoutregeln mit Code definieren

Die Grundidee des Auto-Layout-Systems ist es, das Layout vorab in Xcode festzulegen. Swift-Code ist nur zur Einstellung oder Auswertung der Daten in den Steuerelementen erforderlich, aber nicht zur Lösung von Layoutproblemen. Aber natürlich gibt es Ausnahmen – etwa, wenn Sie in einer App per Code Steuerelemente erzeugen und diese durch Layoutregeln positionieren möchten.

Die folgenden Zeilen in `viewDidLoad` erzeugen einen Button und platzieren diesen mit Autolayout-Regeln. Zum Erzeugen des Buttons wird die `UIButton`-Methode `buttonWithType` verwendet. Mit dem Parameter `.System` liefert die Methode einen Button, der »normal« aussieht, also die gleichen Farben, Schriften etc. wie ein im Storyboard-Editor erzeugter Button aufweist. `buttonWithType` verwendet als Rückgabetyp unbegreiflicherweise `AnyObject` – also ist mit `as!` `UIButton` eine Typumwandlung erforderlich.

`addTarget` gibt an, welche Methode beim Berühren des Buttons ausgeführt werden soll – im vorliegenden Beispiel `buttonAction()` aus der aktuellen Klasse (daher `self`). Mit dem `action`-Parameter wird ein sogenannter Selektor übergeben.

Selektor-Syntax

Ein Selektor gibt die Signatur einer Methode in der Objective-C-Syntax an. Dabei folgt dem Methodennamen die Parameterliste. Parameter werden durch `:name` ausgedrückt, unbenannte Parameter einfach durch einen Doppelpunkt – also ohne den sonst in Swift üblichen Unterstrich. Im Vergleich zu Swift-Signaturen entfallen auch die runden Klammern.

Da die Methode `buttonAction` einen unbenannten Parameter erwartet, ist der Doppelpunkt nach dem Methodennamen unbedingt erforderlich; ohne ihn tritt der Fehler *unrecognized selector* auf. Bei Methoden mit mehreren Parametern sind in der Regel alle Parameter ab dem ersten benannt. Der Selektor einer Methode mit drei Parametern lautet dann `methodenname:parametername2:parametername3:`.

Während Selektoren in Objective-C in der Form `@selector(name)` ausgedrückt werden, geben Sie in Swift die Signatur als einfache Zeichenkette an.

`addSubview` fügt den Button in das `UIView`-Objekt des View-Controllers ein. Anstelle von `self.view` funktioniert auch einfach `view`. Das vorangestellte `self` soll hier nur verdeutlichen, dass `view` eine Eigenschaft der `UIViewController`-Klasse ist.

```
// Projekt ios-layout-code, Datei ViewController.swift
class ViewController: UIViewController {
  override func viewDidLoad() {
    super.viewDidLoad()
```

```
// Button erzeugen
let btn = UIButton(type: .System)
btn.setTitle("Button links oben", forState: .Normal)
btn.addTarget(self, action: "buttonAction:",
              forControlEvents: .TouchUpInside)
self.view.addSubview(btn)
```

Wenn Sie keine Layoutregeln verwenden wollen, können Sie die Position und Größe des Buttons mit `btn.frame = CGRectMake(x, y, w, h)` einfach fixieren. Wenn Sie aber Layoutregeln nutzen möchten, dann müssen Sie zuerst mit `translatesAutoresizingMaskIntoConstraints` automatisch generierte Layoutregeln eliminieren. Vergessen Sie die Einstellung dieser Eigenschaft, treten Regelkonflikte auf, die sich in der folgenden Fehlermeldung äußern: *Unable to simultaneously satisfy constraints*.

Die Layoutregeln werden in Form von `NSLayoutConstraint`-Objekten formuliert. Die erste Regel bedeutet, dass der linke Rand des Buttons 8 Punkte vom linken Rand des `UIView`-Objekts des View-Controllers platziert werden soll. `addConstraint` fügt die Regel dem `UIView`-Objekt hinzu.

```
// Fortsetzung von class ViewController ... {
// zuerst automatische Constraints eliminieren
btn.translatesAutoresizingMaskIntoConstraints = false

// Button links oben anordnen
let left = NSLayoutConstraint(
    item:        btn,
    attribute:   .Left,
    relatedBy:   .Equal,
    toItem:      self.view,
    attribute:   .Left,
    multiplier:  1,
    constant:    8)

let top = NSLayoutConstraint(
    item:        btn,
    attribute:   .Top,
    relatedBy:   .Equal,
    toItem:      self.topLayoutGuide,
    attribute:   .Bottom,
    multiplier:  1,
    constant:    0)
view.addConstraint(left)
view.addConstraint(top)
}
```

```
  // wird beim Berühren des Buttons ausgeführt
  func buttonAction(sender:UIButton!) {
    print("Button \(sender.currentTitle)")
  }
} // class-Ende
```

Für eine mittige Platzierung des Buttons brauchen Sie die folgenden zwei NSLayout-Constraint-Objekte:

```
// Button horizontal und vertikal zentrieren
let center1 = NSLayoutConstraint(
  item:       btn,
  attribute:  .CenterX,
  relatedBy:  .Equal,
  toItem:     self.view,
  attribute:  .CenterX,
  multiplier: 1,
  constant:   0)
let center2 = NSLayoutConstraint(
  item:       btn,
  attribute:  .CenterY,
  relatedBy:  .Equal,
  toItem:     self.view,
  attribute:  .CenterY,
  multiplier: 1,
  constant:   0)
view.addConstraint(center1)
view.addConstraint(center2)
```

11.6   Steuerelemente in einer Stack-View anordnen

Im Vergleich zu früheren Versionssprüngen geht iOS 9 mit recht wenigen Neuerungen einher. Zumindest mit einer Neuerung sollten Sie sich aber unbedingt anfreunden – mit dem neuen UIStackView-Steuerelement: Es dient als Container für andere Steuerelemente und kann diese unter- oder nebeneinander ausrichten. Dabei sind nur ganz wenige Layout-Regeln erforderlich, mitunter gar keine! Stack-Views können auch ineinander verschachtelt werden.

Bei der Arbeit mit Stack-Views hilft ein neuer Button, der sich rechts unten in der Statusleiste des Storyboard-Editors befindet. Ein Klick auf diesen Button platziert alle zuvor markierten Steuerelemente in eine Stack-View. Sollten Sie den Button irrtümlich anklicken, schieben Sie die nun in der Stack-View enthaltenen Steuerelemente am einfachsten in der Seitenleiste DOCUMENT OUTLINE aus der Stack-View heraus und löschen die leere Stack-View dann.

> **Stack-View per Video kennenlernen**
>
> Auf der WWDC 2015 wurde die Stack-View im Rahmen des Vortrags »Mysteries of Auto Layout, Part 1« vorgestellt. Sehen Sie sich die ersten 15 Minuten dieser Session an, es lohnt sich!
>
> *https://developer.apple.com/videos/wwdc/2015/?id=218*
>
> Die Präsentation der Stack-View endet mit der Empfehlung, eigene Layouts grundsätzlich mit Stack-Views zu starten und Layout-Regeln erst dann zu verwenden, wenn die Stack-View an ihre Grenzen stößt. Der Vorschlag ist vielleicht ein wenig radikal, zeigt aber, dass selbst Apple-Entwicklern die schwer beherrschbare Komplexität des Auto-Layout-Systems bekannt ist.

Der größte Nachteil der Stack-View sei nicht verschwiegen: Mit deren Verwendung legen Sie sich auf iOS 9 fest. Ältere iOS-Versionen kennen keine Stack-View. Bei meinen Tests führte die Stack-View zudem zu fehlerhaften Darstellungen der Preview-Funktion. Dieses Problem wird Apple aber wohl bald beheben.

11

Funktionsprinzip

Innerhalb einer Stack-View können mehrere andere Steuerelemente per Drag & Drop oder mit dem STACK-Button eingefügt werden. Die Elemente werden unter- oder nebeneinander angezeigt (AXIS = VERTICAL/HORIZONTAL). Über die Anordnung der Steuerelemente innerhalb der Stack-View bestimmen drei Eigenschaften (siehe Abbildung 11.18):

▶ ALIGNMENT gibt an, wie jedes Steuerelement für sich im Container angeordnet ist. Bei AXIS = VERTICAL stehen links- und rechtsbündig sowie zentriert zur Auswahl, bei AXIS = HORIZONTAL oben, mittig, Unterkante und Baseline.

Außerdem können Sie bei beiden Varianten FILL einstellen: Die Steuerelemente nutzen dann die gesamte zur Verfügung stehende Breite bzw. Höhe. Das ist natürlich nur bei Steuerelementen mit variabler Breite/Höhe zweckmäßig – etwa bei Bildern (Image-View), bei Textfeldern etc.

▶ DISTRIBUTION gibt an, wie die Steuerelemente zueinander positioniert werden sollen. Hier gibt es die folgenden Einstellungen:

– FILL: Steuerelemente mit variabler Breite/Höhe erhalten möglichst viel Platz, alle anderen Steuerelemente nur so viel, wie sie zur Darstellung ihres Inhalts benötigen.

– FILL EQUALLY: Jedes Steuerelement erhält gleich viel Platz, egal ob es diesen nutzen kann (Bitmap) oder nicht (Button).

- FILL PROPORTIONALLY: Große Steuerelemente erhalten proportional mehr Platz als kleine. Diese Einstellung ist vor allem dann zweckmäßig, wenn Bitmaps im Spiel sind.

- EQUAL SPACING: Die Steuerelemente werden so angeordnet, dass die Abstände zwischen ihnen jeweils gleich groß sind.

- CENTERING: Die Steuerelemente werden so angeordnet, dass ihre Mittellinien jeweils den gleichen Abstand zueinander haben.

▶ SPACING bestimmt einen fixen Abstand zwischen den Steuerelementen bzw. zum Rand der Stack-View. Der SPACING-Wert wird nur bei manchen DISTRIBUTION-Einstellungen berücksichtigt.

Beispiel

Um mit der Stack-View vertraut zu werden, empfiehlt es sich, einfach ein wenig zu experimentieren. Dazu habe ich ein winziges Beispielprogramm zusammengestellt, das einige quadratische Icons (Bitmaps) und andere Steuerelemente in zwei Stack-Views verpackt (siehe Abbildung 11.18). Im Folgenden sind die wichtigsten Einstellungen aller Steuerelemente zusammengefasst:

▶ Äußere Stack-View:
  - AXIS = VERTICAL
  - ALIGNMENT = CENTER
  - DISTRIBUTION = EQUAL SPACING
  - SPACING = 0
▶ Innere Stack-View:
  - AXIS = HORIZONTAL
  - ALIGNMENT = CENTER
  - DISTRIBUTION = FILL EQUALLY
  - SPACING = 0
▶ Alle Image-Views mit Bitmaps:
  - MODE = ASPECT FIT
▶ Label:
  - LINES = 2
  - VERTICAL CONTENT COMPRESSION RESISTANCE PRIORITY = 751

Während Sie bei den Steuerelementen innerhalb einer Stack-View normalerweise keine oder nur ganz wenige Layout-Regeln benötigen, müssen Position und Größe der Stack-View wie üblich durch Regeln festgelegt werden. Im Beispielprogramm wurden einfach alle vier Ränder der äußeren Stack-View durch Regeln mit den Rändern des iOS-Geräts verbunden. In der Praxis ist es oft auch zweckmäßig, Höhe oder Breite durch Regeln starr vorzugeben.

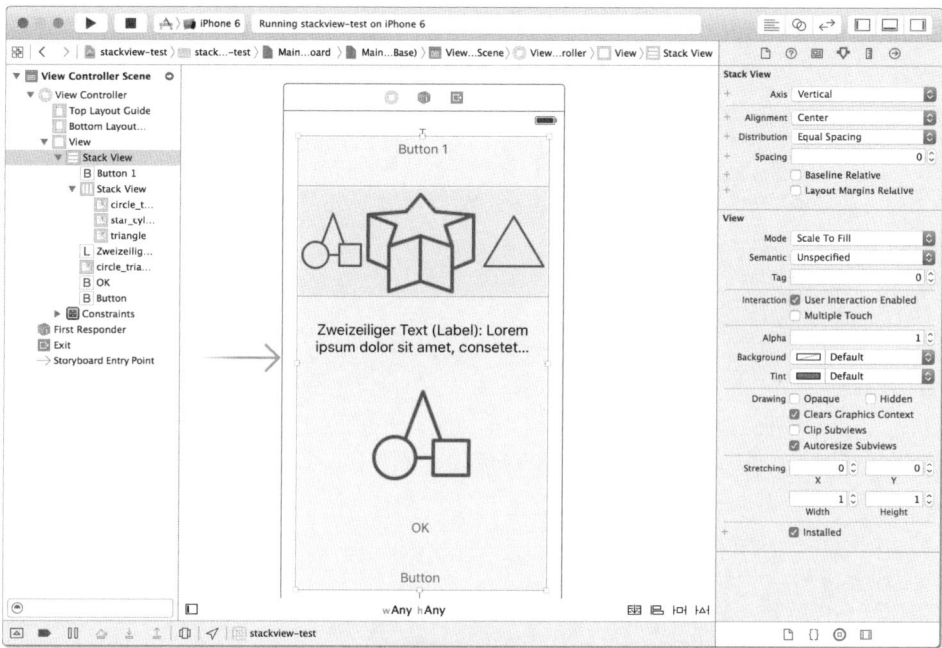

Abbildung 11.18 Testprogramm, um die Stack-View auszuprobieren

Content Compression Resistance Priority

Bei manchen DISTRIBUTION-Einstellungen kann es passieren, dass einzelne Steuerelemente zu stark »zusammengedrückt« werden, um Platz für die anderen Steuerelemente zu machen. Das gilt insbesondere, wenn eine Stack-View sowohl Image-Views mit Bitmaps als auch andere Steuerelemente enthält. Dieses Problem tritt beispielsweise auf, wenn das iPhone bzw. der Simulator für das vorhin beschriebene Beispielprogramm im Querformat ausgeführt wird. Das Label wird dann zu stark zusammengedrückt (siehe Abbildung 11.19).

Abhilfe schafft in solchen Fällen eine geringfügige Vergrößerung der CONTENT COMPRESSION RESISTANCE des betroffenen Steuerelements im Size Inspector. Im Beispielprogramm wurde diese Eigenschaft des Labels vom Standardwert 750 auf 751 vergrößert. Das sorgt schon dafür, dass sich das Steuerelement mehr als alle anderen gegen das Zusammendrücken »wehrt« und so seine Mindesthöhe behält.

Noch ein Beispiel

Ein weiteres Anwendungsbeispiel für die Stack-View gibt es in Kapitel 16, »Währungskalkulator«: Die dort vorgestellte App finden Sie unter den Beispieldateien in zwei Varianten vor, bei denen die Gestaltung einmal mit herkömmlichen Auto-Layout-Regeln erfolgt ist und das andere Mal mit Stack-Views.

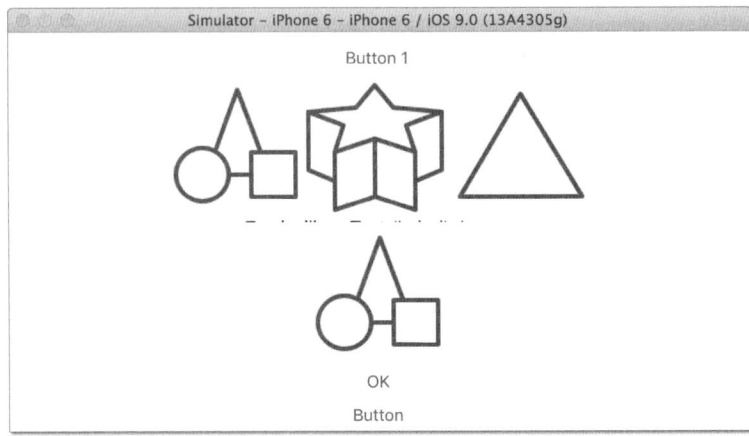

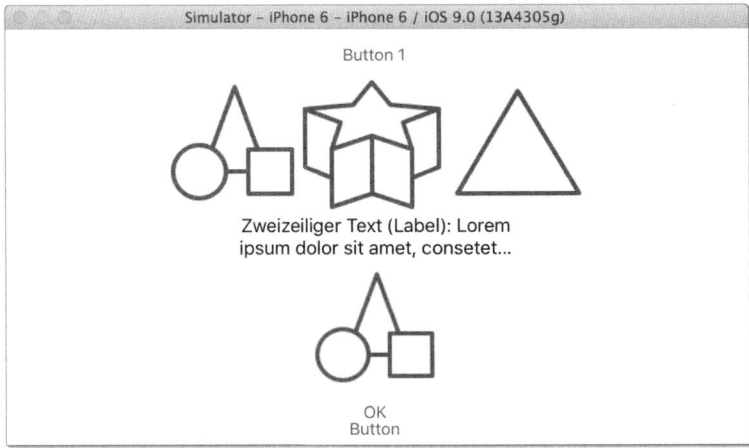

Abbildung 11.19 Die Bitmaps nehmen dem Label zu viel Platz weg (oben). Abhilfe schafft einer vergrößerte vertikale Content Compression Resistance (unten).

11.7 Daten persistent speichern

iOS-Apps werden nicht per Menükommando beendet. Vielmehr entscheidet iOS, welche gerade nicht aktiven Programme es bei Bedarf aus dem Speicher entfernt. Starten Sie Ihr selbst entwickeltes Programm dann später neu, hat es scheinbar alles vergessen. Das liegt daran, dass iOS-Programme standardmäßig keine Persistenz kennen. Daten werden nur dann bleibend gespeichert, wenn Sie sich darum explizit in Ihrem Programm kümmern. Dazu bestehen wiederum eine Menge Möglichkeiten, von denen ich hier die wichtigsten kurz zusammenfasse:

▶ **NSUserDefaults:** Die `NSUserDefaults`-Klasse verwaltet eine Property List (PLIST), also eine ganz simple Key-Value-Datei. Obwohl der Name darauf hindeutet, dass hier nur Benutzereinstellungen gespeichert werden sollen, können Sie in den `NSUserDefaults` grundsätzlich speichern, was Sie möchten.

- ▶ **Dateien:** Unter iOS können Sie wie unter OS X Dateien anlegen, lesen und speichern. Neben reinen Text- und Binärdateien können Sie dabei auch die Formate XML, JSON oder PLIST verwenden.

- ▶ **SQlite:** SQlite-Datenbanken sind eine effiziente Lösung für große Datenmengen. Der Umgang mit SQlite setzt aber grundlegende Kenntnisse in relationalen Datenbanksysteme voraus.

- ▶ **Core Data:** Core Data ist ein Framework zur Organisation von Daten, wobei die Modellierung in einem grafischen Editor in Xcode erfolgt. Die Daten werden letztlich wahlweise als XML-Datei, als Binärdatei oder in einer SQlite-Datenbank gespeichert. Core Data bietet sich vor allem dann an, wenn Sie vielschichtige, komplexe Daten verwalten müssen.

Die beiden ersten Varianten werden in diesem Abschnitt inklusive kleiner Beispiele näher behandelt. Weitere Beispiele zur Speicherung von Daten folgen dann unter anderem in Kapitel 14, »To-do-Listen«, und in Kapitel 15, »Schatzsuche«.

11

User-Defaults

Die `NSUserDefaults`-Klasse dient dazu, programmspezifische Einstellungen unkompliziert zu verwalten. Die Daten werden dabei in einer `.plist`-Datei (Property List, PLIST) gespeichert. Mit diesen Details müssen Sie sich aber nicht beschäftigen – das Speichern von Daten und der spätere Zugriff darauf ist vollkommen unkompliziert. Allerdings sind Sie auf die durch das PLIST-Format vorgegebenen Datentypen beschränkt. Dazu zählen Zeichenketten, Zahlen, Daten/Zeiten, Arrays, Dictionaries und Binärdaten. Grundsätzlich ist das Speichern und Auslesen von `NSUserDefaults`-Daten denkbar einfach:

```
// Zugriff auf die NSUserDefaults-Instanz
let defaults = NSUserDefaults.standardUserDefaults()
// Daten speichern
defaults.setObject("mydata", forKey: "mykey")
// Daten lesen
let data = defaults.stringForKey("mykey") // Datentyp String?
```

`setObject(_:forKey:)` erwartet im ersten Parameter Daten in den Typen `NSString`, `NSNumber`, `NSDate`, `NSArray`, `NSDictionary` oder `NSData`. Swift-Zeichenketten, -Arrays und -Dictionaries werden automatisch umgewandelt. Für die Datentypen `Bool`, `Int`, `Float`, `Double` und `NSURL` verwenden Sie anstelle von `setObject` die Methoden `setBool`, `setInteger` etc.

Noch größer ist die Methodenauswahl zum Auslesen der Daten (siehe Tabelle 11.2). Die meisten Methoden liefern als Ergebnis ein Optional. Wenn es für den angegebenen Schlüssel keine Daten gibt oder nur solche im falschen Typ, dann liefert die Methode einfach `nil`. Bemerkenswert ist aber, dass einige Methoden wie `boolForKey`, integerForKey *nicht* Optionals verwenden. Diese Methoden liefern einfach 0 bzw. false, wenn der Schlüssel nicht existiert oder die Datentypen nicht zusammenpassen. Das liegt daran, dass die NSUserDefaults-Klasse ursprünglich für Objective-C entwickelt wurde, wo es keine Optionals gibt.

Methode	Bedeutung	Rückgabedatentyp
arrayForKey	Array lesen	[AnyObject]?
boolForKey	booleschen Wert lesen	Bool
dataForKey	binäre Daten lesen	NSData?
dictionaryForKey	Dictionary lesen	[NSObject : AnyObject]?
doubleForKey	Fließkommazahl lesen	Double
floatForKey	Fließkommazahl lesen	Float
integerForKey	ganze Zahl lesen	Int
objectForKey	beliebige Daten lesen	AnyObject?
stringArrayForKey	String-Array lesen	[AnyObject]?
stringForKey	Zeichenkette lesen	String?
URLForKey	URL lesen	NSURL?
setBool	Bool-Wert speichern	–
setDouble	Double-Zahl speichern	–
setFloat	Float-Zahl speichern	–
setInteger	Int-Zahl speichern	–
setObject	String/Array/Dictionary speichern	–
setURL	NSURL-Instanz speichern	–

Tabelle 11.2 NSUserDefaults-Methoden

Das Thema »User-Defaults« greife ich in Abschnitt 19.2, »Tab-View-Controller«, im Rahmen der OS-X-Programmierung nochmals auf. Dort wird es unter anderem darum gehen, wie Sie Defaultwerte für die User-Default-Datenbank definieren. Derartige Defaulteinstellungen sind praktisch, wenn ein Programm zum ersten Mal läuft und die User-Defaults daher noch gar nicht existieren oder zumindest einzelne Einstellungen fehlen. Die in diesem Zusammenhang in Abschnitt 19.2 erläuterten Programmiertechniken haben unter iOS genauso Gültigkeit.

> **Verwenden Sie Konstanten statt Zeichenketten als Schlüssel!**
>
> Im vorigen Beispiel wurde die Zeichenkette "mykey" als Schlüssel verwendet. Besser ist es, stattdessen eine Konstante let mykey="mykey" zu definieren und diese dann als Schlüssel zu verwenden. Damit vermeiden Sie Tippfehler.

Umgang mit Dateien

Jeder unter iOS installierten App ist ein Dokumentverzeichnis zugeordnet. Darin kann die App Dateien anlegen, lesen und speichern, auch wenn der Benutzer der App diese Dateien nie direkt zu Gesicht bekommt. Bei Bedarf können Sie im Dokumentenverzeichnis Ihrer App auch Unterverzeichnisse einrichten, um Ihre Daten besser zu organisieren. Sie haben aus Sicherheitsgründen aber keinen Zugriff auf Dateien anderer Apps. Jede iOS-App läuft in einer »Sandbox«, die Zugriffe auf fremde Daten weitgehend verhindert.

Der erste Schritt hin zum Laden oder Speichern von Dateien besteht somit darin, den Ort des Dokumentenverzeichnisses festzustellen. Dabei hilft die Funktion NSSearch-PathForDirectoriesInDomains. An sie übergeben Sie drei Parameter: Der erste gibt an, nach welcher Art von Verzeichnissen Sie suchen – in unserem Fall nach dem Dokumentenverzeichnis. Der zweite Parameter gibt den Startpunkt der Suche an – in unserem Fall die User-Domäne. true im dritten Parameter bewirkt, dass das Sonderzeichen ~ durch den entsprechenden Pfad zu einem Benutzerverzeichnis ersetzt werden soll.

```
let pfd =      // Datentyp [String]
   NSSearchPathForDirectoriesInDomains(
     .DocumentDirectory, .UserDomainMask, true)
```

NSSearchPathForDirectoriesInDomains liefert ein String-Array mit allen gefundenen Verzeichnissen zurück. In unserem Fall wird es sich nur um ein einziges Verzeichnis handeln, auf das wir mit pfd.first zugreifen können. Vorsicht: first liefert nil zurück, sollte das Array leer sein! Daher hat path den Datentyp String?.

```
if let path = pfd.first {
   ... // mit path arbeiten
}
```

path kann beispielsweise so aussehen:

```
/var/mobile/Containers/Data/Application/
   FA143CC7-9699-4471-A1BA-18D096E426E3/Documents
```

Jetzt müssen Sie an path nur noch das Zeichen / sowie den gewünschten Dateinamen anhängen, um mit der Methode writeToFile direkt Zeichenketten in einer Datei zu speichern bzw. mit einer Init-Funktion daraus wieder zu lesen.

```
do {
  // Zeichenkette speichern
  let s = "Text, der gespeichert werden soll"
  try s.writeToFile(path + "/meinedatei.txt",
    atomically: false,
    encoding: NSUTF8StringEncoding)
  // Textdatei in eine Variable lesen
  let t = try String(contentsOfFile: path + "/meinedatei.txt",
    encoding: NSUTF8StringEncoding)
} catch let err as NSError {
  print(err.description)
}
```

Dateien zeilenweise lesen oder schreiben

Unbegreiflicherweise gibt es weder in der Foundation noch in Cocoa oder UIKit Methoden, um Textdateien zeilenweise zu verarbeiten oder um auch nur eine Zeichenkette am Ende einer vorhandenen Datei hinzuzufügen. Sie müssen in solchen Fällen auf Low-Level-Klassen wie NSFileHandle, NSInput- oder NSOutputStream zurückgreifen. Auf der Website Stackoverflow finden Sie dazu diverse Beispiele, z. B. hier:

http://stackoverflow.com/questions/26989493
http://stackoverflow.com/questions/24581517

Wenn Sie alle Dateien in einem Verzeichnis ermitteln möchten, selbst neue Verzeichnisse einrichten, Dateien oder Verzeichnisse löschen möchten etc., benötigen Sie dazu einen NSFileManager. Die folgenden Zeilen zeigen exemplarisch, wie Sie damit die Existenz einer Datei überprüfen können:

```
let fmgr = NSFileManager.defaultManager()
if fmgr.fileExistsAtPath(path + "/meinedatei.txt") {
  print("Die Datei existiert.")
}
```

Zugriff auf Bundle-Dateien

In Ihr Xcode-Projekt eingefügte Dateien (»Ressourcen«) werden, soweit es sich nicht um Code handelt, gemeinsam mit der App als sogenanntes »Bundle« ausgeliefert. Innerhalb von Xcode finden Sie einen Überblick über alle derartigen Dateien in den Projekteinstellungen des App-Targets im Dialogblatt BUILD PHASES (siehe Abbildung 11.20).

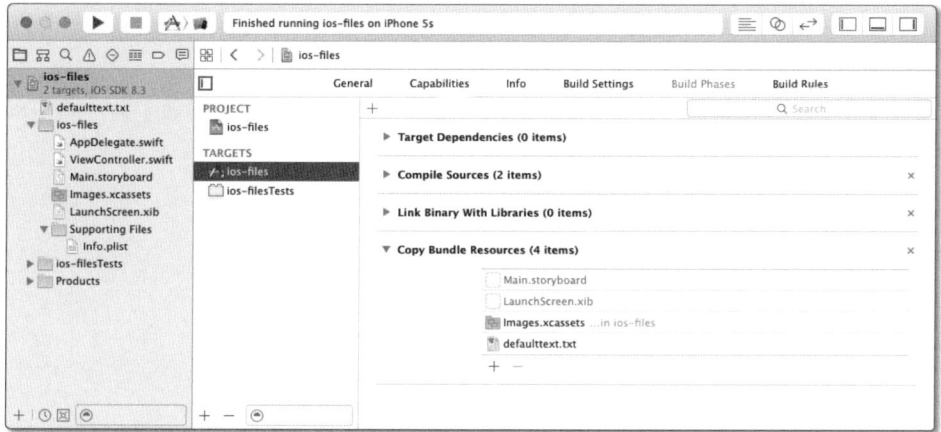

Abbildung 11.20 Der in Xcode gut versteckte Überblick über die Bundle-Dateien

Im Code können Sie über NSBundle.mainBundle auf die zugehörige NSBundle-Instanz zugreifen. Deren Methode pathForResource verrät, unter welchem Pfad Sie auf die Datei zugreifen können. Dabei übergeben Sie im ersten Parameter den Dateinamen ohne Kennung, im zweiten Parameter die Kennung.

```
// Pfad zur Bundle-Datei "name.html" ermitteln
if let path = NSBundle.mainBundle()
        .pathForResource("name", ofType: "html")
{
  // path verwenden
}
```

Beispiel

Das Beispielprogramm ios-files demonstriert das persistente Speichern und Laden von Dateien. Die kleine Test-App besteht aus vier Buttons und einem Textfeld (siehe Abbildung 11.21). Den Inhalt des Textfelds löschen Sie mit NEU. Der Button SPEICHERN speichert den aktuellen Inhalt in einer Datei, LADEN lädt die Datei von dort wieder. Das erfolgt auch automatisch bei jedem Programmstart. RESET setzt den Text auf einen Lorem-ipsum-Blindtext zurück, wobei dieser Text aus der Bundle-Datei defaulttext.txt geladen wird.

Der Code sollte ohne weitere Erläuterungen verständlich sein. Die Ermittlung eines Dateinamens im Document-Verzeichnis habe ich in die Methode docpath ausgelagert, um Redundanzen zu vermeiden.

Abbildung 11.21 Die Mini-App demonstriert den Umgang mit Dateien.

```swift
// Beispielprojekt ios-files, Datei ViewController.swift
import UIKit
class ViewController: UIViewController {
  @IBOutlet weak var txtView: UITextView!

  // nach der Initialisierung den zuletzt gespeicherten
  // Text laden und das Textfeld umranden
  override func viewDidLoad() {
    super.viewDidLoad()
    txtView.layer.borderColor = UIColor.lightGrayColor().CGColor
    txtView.layer.borderWidth = 1
    txtView.layer.cornerRadius = 6
    btnLoad()
  }
```

```
// Inhalt des TextViews löschen
@IBAction func btnNew() {
  txtView.text = ""
}

// Inhalt des TextViews in Document-Datei speichern
@IBAction func btnSave() {
  if let path = docpath("data.txt") {
    do {
      try txtView.text.writeToFile(path,
        atomically: false,
        encoding: NSUTF8StringEncoding)
    } catch  {
      print(error)
    }
  }
}

// Inhalt des TextViews aus Document-Datei laden
@IBAction func btnLoad() {
  if let path = docpath("data.txt") {
    do {
      txtView.text = try String(contentsOfFile: path,
        encoding: NSUTF8StringEncoding)
    } catch  {
      txtView.text = nil
      print(error)
    }
  }
}

// Inhalt des TextViews aus Bundle-Datei laden
@IBAction func btnReset() {
  if let path = NSBundle.mainBundle().pathForResource("
  defaulttext", ofType: "txt") {
    do {
      txtView.text = try String(contentsOfFile: path,
        encoding: NSUTF8StringEncoding)
    } catch  {
      txtView.text = nil
      print(error)
    }
  }
}
```

11

```
// Pfad zu einer Datei im Document-Verzeichnis
// der App ermitteln
func docpath(filename:String) -> String? {
  let pfd =      // Datentyp [AnyObject]!
    NSSearchPathForDirectoriesInDomains(
      .DocumentDirectory, .UserDomainMask, true)
  if let path = pfd.first {
    return path + "/" + filename
  } else {
    return nil
  }
}
}
```

11.8   Mehrsprachige Apps

Solange es Ihnen nur darum geht, Swift, Xcode und die iOS-Bibliotheken kennenzulernen, spielt die App-Sprache keine große Rolle. Aber spätestens bevor Sie Ihre App im App Store einreichen möchten, müssen Sie sich Gedanken darüber machen, welche Sprachen Ihre App unterstützen soll. Selbst wenn Deutsch die einzige Sprache ist, müssen Sie einige Projekteinstellungen ändern.

Dieser Abschnitt erklärt, wie Lokalisierung und Internationalisierung in Xcode funktionieren, welche Hilfsmittel Xcode zur Verfügung stellt und wo seine Grenzen liegen. Grundsätzlich unterstützt Xcode Sie ausgezeichnet bei der Internationalisierung und beim Testen Ihrer App, nicht aber bei der eigentlichen Lokalisierung, also bei der Eingabe von Zeichenketten in verschiedenen Sprachen.

Während die Internationalisierung des Storyboards sowie von Zeichenketten in `Info` `.plist` mit wenig Aufwand verbunden ist, müssen Sie sich um Zeichenketten in Ihrem Code selbst kümmern. Dazu lernen Sie die `NSLocalizedString`-Klasse kennen. Ihr Einsatz ist die Voraussetzung dafür, dass auch im Programmcode enthaltene Zeichenketten in mehrere Sprachen übersetzt werden können.

Alle Screenshots in diesem Kapitel beziehen sich auf die App *Währungen*, die ich Ihnen in Kapitel 16, »Währungskalkulator«, näher vorstellen werde.

Localization versus Internationalization

Im Zusammenhang mit mehrsprachigen Programmen ist häufig von zwei Begriffen die Rede, die oft verwechselt werden:

▸ »Internationalization« (Abkürzung: i18n) beschreibt die Vorbereitungsarbeiten bei der Entwicklung einer App, damit diese später in mehreren Sprachen genutzt werden kann.

▸ »Localization« (l10n) bezeichnet hingegen die eigentliche Übersetzung von Zeichenketten.

In der Regel ist es so, dass Sie als Programmierer oder Programmiererin nur für die Internationalization zuständig sind. Die Localization erledigen hingegen Übersetzungsbüros oder andere externe Dienstleister.

Defaulteinstellungen in Xcode

Bei neuen Projekten nimmt Xcode an, dass Sie die App in Englisch entwickeln. Das sehen Sie an zwei Stellen in Xcode:

▸ Im Dialogblatt INFO der Projekteinstellungen enthält die Gruppe LOCALIZATIONS als einzigen Eintrag ENGLISH – DEVELOPMENT LANGUAGE.

▸ In der Datei Info.plist lautet der erste Eintrag LOCALIZATION NATIVE DEVELOPMENT REGION = EN. Diesem Eintrag haben Sie es zu verdanken, dass der Navigation-Controller BACK anstelle von ZURÜCK anzeigt – selbst dann, wenn im iOS-Gerät DEUTSCH als Sprache eingestellt ist.

Von diesem Detail einmal abgesehen, gelten für die *Ausführung* der App aber die Spracheinstellungen des simulierten oder echten iOS-Geräts. Das hat mit den Einstellungen des Projektschemas zu tun:

▸ Das aktive Schema können Sie mit PRODUCT • SCHEME • EDIT SCHEME ansehen. Im Dialogblatt RUN • OPTIONS finden Sie die Einstellungen APPLICATION LANGUAGE = SYSTEM LANGUAGE und APPLICATION REGION = SYSTEM REGION; die App soll also die in den iOS-Einstellungen gewählte Sprache und Region berücksichtigen.

Sind im iOS-Gerät DEUTSCH bzw. DEUTSCHLAND eingestellt, dann liefern der NSNumber- bzw. NSDateFormatter Zeichenketten, die den hiesigen Gepflogenheiten entsprechen (Komma als Dezimaltrenner, Datum in der Form 31.12.2015 etc.).

Sie merken schon, dass die Xcode-Entwickler zuerst einmal an sich selbst gedacht haben: Für in Kalifornien entwickelte Apps passen die Einstellungen nämlich durchaus. Wenn Sie selbst mit Ihren Apps primär für den internationalen Markt zielen, sind Sie mit den Defaulteinstellungen gut beraten. Das gilt auch, wenn Sie vorhaben, externe Übersetzungsdienste in Anspruch zu nehmen: Hier ist die Auswahl weitaus größer, wenn Sie als Grundsprache Englisch und nicht Deutsch verwenden. Konsequenterweise sollten Sie nun darauf achten, dass in Ihren iOS-Testgeräten Englisch als Sprache und die USA oder Großbritannien als Land eingestellt sind.

Deutsch als primäre Sprache einstellen

Für Apps, die im deutschen Sprachraum entwickelt und primär dort ausgeführt werden sollen, sind die im vorigen Abschnitt erläuterten Einstellungen weniger glücklich. Hier zeige ich Ihnen, wie Sie vorgehen müssen, wenn Sie Apps zuerst einmal deutschsprachig entwickeln und erst später – bei Bedarf – in weitere Sprachen übersetzen möchten. Diese Anleitung funktioniert auch für schon fertige Projekte, sofern Sie mit der Lokalisierung noch nicht begonnen haben.

Apple macht es nicht englischsprachigen Entwicklern leider alles andere als leicht: In Xcode fehlt die Möglichkeit, die Entwicklungssprache auf Deutsch, Spanisch oder auf welche Sprache auch immer umzustellen. Stattdessen müssen Sie wie folgt vorgehen:

- ▶ Richten Sie ein neues Projekt ein, falls dieses nicht schon existiert.
- ▶ Beenden Sie dann Xcode.
- ▶ Suchen Sie im Finder das Projektverzeichnis und darin die Datei `projektname.xcodeproj`.
- ▶ Klicken Sie die Datei an, und führen Sie das Kontextmenükommando PAKET-INHALT ZEIGEN aus. (`name.xcodeproj` sieht im Finder wie eine Datei aus, in Wirklichkeit ist es aber ein Verzeichnis mit mehreren Dateien.)
- ▶ Öffnen Sie nun die Datei `project.pbxproj` mit einem beliebigen Texteditor, aber nicht in Xcode!

Innerhalb dieser Datei suchen Sie eine Textpassage, die wie folgt aussieht:

```
// Datei projektname/projektname.xcodeproj/project.pbxproj
developmentRegion = English;
hasScannedForEncodings = 0;
knownRegions = (
    en,
    Base,
);
```

In diesem Text ersetzen Sie `English` durch `German` und `en` durch `de`, sodass die betreffenden Zeilen so aussehen:

```
developmentRegion = German;
hasScannedForEncodings = 0;
knownRegions = (
    de,
    Base,
);
```

Nachdem Sie die Datei gespeichert haben, können Sie Ihr Projekt wieder in Xcode öffnen. Den Lohn Ihrer Arbeit sehen Sie in den Projekteinstellungen, wo Sie in der

LOCALIZATION-Gruppe im Dialogblatt INFO den Eintrag GERMAN – DEVELOPMENT LAN-
GUAGE finden (siehe Abbildung 11.22).

Zuletzt sind nur noch zwei Kleinigkeiten zu erledigen, beide direkt in Xcode:

▶ In der Datei `Info.plist` stellen Sie LOCALIZATION NATIVE DEVELOPMENT REGION auf
DE.

▶ Im Dialog PRODUCT • SCHEME • EDIT SCHEME führen Sie im Dialogblatt RUN • OPTI-
ONS die folgenden zwei Einstellungen durch:

  – APPLICATION LANGUAGE = GERMAN
  – APPLICATION REGION = DEUTSCHLAND

Damit sind nun alle Voraussetzungen gegeben, um Ihre App in deutscher Sprache zu
entwickeln und zu testen.

Sprache hinzufügen

Im Weiteren gehe ich davon aus, dass Sie Ihre App in einer Sprache – sei es nun Englisch oder Deutsch – weitgehend fertigentwickelt haben. Nun geht es darum, die App
in mehrere Sprachen zu lokalisieren. Um eine neue Sprache hinzuzufügen, wählen Sie
im Projektnavigator das Projekt aus und führen dann EDITOR • ADD LOCALIZATION •
SPRACHE aus. Alternativ können Sie Sprachen auch im Dialogblatt INFO des Projekts
in der Gruppe LOCALIZATIONS hinzufügen (siehe Abbildung 11.22).

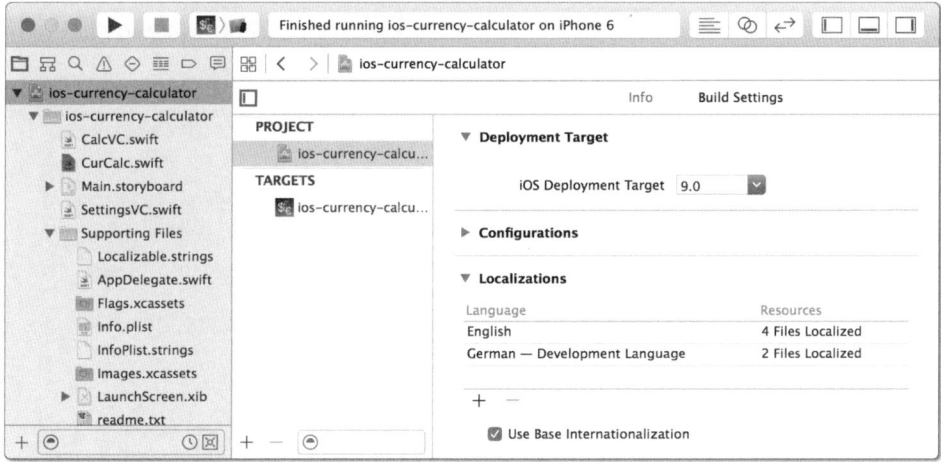

Abbildung 11.22 Die Projekteinstellungen enthalten die Liste der unterstützten Sprachen.

Hinter den Kulissen richtet Xcode für jede neue Sprache ein Verzeichnis `xx.lproj` ein,
wobei `xx` der jeweilige Sprachcode ist (`it` für Italienisch, `fr` für Französisch etc.). Diese
Verzeichnisse enthalten `*.strings`-Dateien mit den aus dem Storyboard, aus den Einstellungen und aus dem Code extrahierten Zeichenketten. Eine direkte Bearbeitung

dieser Dateien ist nicht vorgesehen. Stattdessen verwenden Sie zur Lokalisierung Ihrer App die im Folgenden beschriebenen Export- und Import-Kommandos.

Lokalisierungsdateien exportieren

Nachdem Sie im Projektnavigator das Projekt ausgewählt haben, exportieren Sie die zu übersetzenden Zeichenketten mit EDITOR • EXPORT FOR LOCALIZATION. Dabei müssen Sie ein Basisverzeichnis angeben. In diesem Verzeichnis erstellt Xcode ein neues Verzeichnis mit dem Projektnamen. Es enthält für jede Sprache außer der Standardsprache (DEVELOPER LANGUAGE) eine *.xliff-Datei.

Da die Lokalisierung außerhalb von Xcode stattfindet, ist es zweckmäßig, auch das Arbeitsverzeichnis außerhalb der Xcode-Projektdateien einzurichten. Bei einer Übersetzung durch externe Dienstleister bewährt sich außerdem eine Trennung zwischen den exportierten Dateien (vor der Übersetzung) und den später wieder zu importierenden Dateien (nach der Übersetzung), z. B. nach dem folgenden Muster:

```
basisverzeichnis/export/projekt1/*.xliff
basisverzeichnis/export/projekt2/*.xliff
basisverzeichnis/export/...
basisverzeichnis/import/projekt1/*.xliff
basisverzeichnis/import/projekt2/*.xliff
basisverzeichnis/import/...
```

Wenn Sie die Übersetzung hingegen selbst auf dem lokalen Rechner durchführen, ist es einfacher, die Dateien direkt zu bearbeiten und auf die Trennung zwischen Import und Export zu verzichten.

XML Localization Interchange File Format (XLIFF)

XLIFF steht für »XML Localization Interchange File Format« und ist ein standardisiertes, wenn auch nur mäßig populäres Format für Lokalisierungsarbeiten. Xcode unterstützt den Export und Import von XLIFF-Dateien erst seit Version 6, also seit Mitte 2014.

Lokalisierungsdateien bearbeiten

Im Idealfall senden Sie nun die XLIFF-Dateien an einen Dienstleister, der Ihnen die übersetzten Dateien zurücksendet. Für große, professionelle Apps wird daran kein Weg vorbeigehen, insbesondere dann, wenn Sie viele Sprachen unterstützen möchten. Wenn es aber nur darum geht, eine englische Version einer kleinen App zu erstellen, werden Sie die Übersetzung höchstwahrscheinlich vorerst selbst in die Hand nehmen wollen.

Xcode lässt Sie diesbezüglich im Regen stehen: Am angenehmsten wäre es natürlich, wenn Sie im Storyboard-Editor zuerst die gewünschte Sprache einstellen und dann einfach alle Zeichenketten direkt in der betreffenden Sprache eingeben könnten. Diese Möglichkeit besteht aber leider nicht.

Aber selbst bei der Bearbeitung der XLIFF-Dateien versagt Xcode. Sie können diese Dateien zwar in Xcode öffnen, sehen dort jedoch das XML-Rohformat (siehe Abbildung 11.23). Für ernsthafte Übersetzungsarbeiten ist das aber viel zu unübersichtlich und fehleranfällig.

```
        </trans-unit>
        <trans-unit id="dvM-3I-7ch.text">
            <source>Kurse vom 1.1.2016</source>
            <target>Rates as of 9 April 2015</target>
            <note>Class = "UILabel"; text = "Kurse vom 1.1.2016"; ObjectID = "dvM-3I-7ch";</note>
        </trans-unit>
        <trans-unit id="fpL-GL-4zm.normalTitle">
            <source>Kurse neu laden</source>
            <target>Reload rates</target>
            <note>Class = "UIButton"; normalTitle = "Kurse neu laden"; ObjectID = "fpL-GL-4zm";</note>
        </trans-unit>
    </body>
</file>
<file original="ios-currency-calculator/Info.plist" source-language="de" datatype="plaintext" target-language="en">
    <header>
        <tool tool-id="com.apple.dt.xcode" tool-name="Xcode" tool-version="6.3" build-num="6D570"/>
    </header>
    <body>
        <trans-unit id="CFBundleName">
            <source>Währungen</source>
            <target>Currencies</target>
```

Abbildung 11.23 Eine XLIFF-Datei im XML-Editor von Xcode

Eine bessere Alternative ist der folgende Online-XLIFF-Editor:

http://xliff.brightec.co.uk

Dort können Sie eine XLIFF-Datei hochladen, die Übersetzungen eingeben und die geänderte Datei dann wieder herunterladen. Zumindest für kleinere Projekte funktioniert das ausgezeichnet. Im App Store finden Sie außerdem einige kostengünstige XLIFF-Editoren, z. B. Xliffie oder iXLIFF (siehe Abbildung 11.24). Beide Programme kosten zurzeit (Mitte 2015) jeweils nur einen Euro und funktionieren grundsätzlich gut.

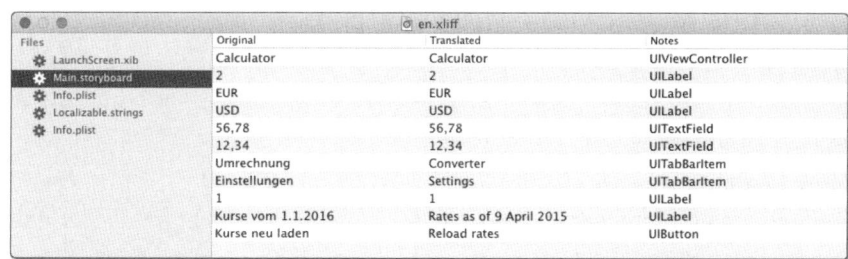

Abbildung 11.24 Lokalisierung selbst mit iXLIFF durchführen

Übersetzte Dateien wieder importieren

Mit EDITOR · IMPORT LOCALIZATION können Sie die übersetzten Dateien wieder importieren. Unbegreiflicherweise erlaubt der Dateiauswahldialog nur die Auswahl *einer* Datei. Wenn es XLIFF-Dateien für drei Sprachen gibt, müssen Sie jede extra importieren. Sollten Xcode beim Import Unregelmäßigkeiten auffallen, weist die Entwicklungsumgebung sofort darauf hin. Mögliche Fehler sind z. B. fehlende Übersetzungen. Sie können sich aber entscheiden, die übersetzte Datei dennoch zu akzeptieren.

In der Praxis ist die Lokalisierung ein inkrementeller Prozess, der meist erst nach mehreren Durchgängen zufriedenstellende Ergebnisse liefert. Erfreulicherweise ist die Export-Funktion »schlau« genug, dass alle bereits übersetzten Texte auch nach Änderungen im Storyboard oder im Code erhalten bleiben.

Die App in verschiedenen Lokalisierungen ausprobieren

Der nächste Schritt besteht nun darin, die App in den diversen Sprachen auszuprobieren. Ungemein hilfreich ist dabei die Preview-Funktion des Storyboard-Editors, mit der Sie eine Ansicht einer App blitzschnell zwischen verschiedenen Sprachen umschalten können. Damit können Sie auf einen Blick überprüfen, ob Ihre Layoutregeln mit den geänderten Platzanforderungen der übersetzten Textfelder und Buttons zurechtkommen.

Die Preview-Funktion ersetzt natürlich nicht echte Tests. Diese könnten Sie prinzipiell so durchführen, dass Sie im iOS-Simulator oder auf Ihren iPhones oder iPads der Reihe nach verschiedene Sprachen einstellen und die App dann immer wieder neu starten.

Da diese Vorgehensweise viel zu umständlich wäre, bietet Xcode die Möglichkeit, eine App gleich in einer vorgegebenen Lokalisierung zu starten. Vorher müssen Sie einmalig für jede Sprache ein entsprechendes Schema einrichten. Dazu führen Sie PRODUCT · SCHEME · MANAGE SCHEMES aus, fügen mit dem Plus-Button für jede Sprache ein Schema hinzu und benennen es mit *projektname-sprache* (siehe Abbildung 11.25). Anschließend bearbeiten Sie mit EDIT jedes dieser Schemata, wobei Sie jeweils im Dialogblatt RUN · OPTIONS die Einstellungen für APPLICATION LANGUAGE und APPLICATION REGION ändern (siehe Abbildung 11.26).

Nach diesen Vorbereitungsarbeiten wählen Sie nun in dem Listenfeld, das in der Fensterleiste von Xcode links neben den Run- und Stop-Buttons versteckt ist, das für den nächsten Start gewünschte Schema aus (siehe Abbildung 11.27).

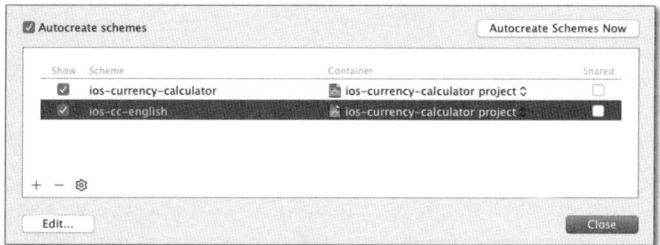

Abbildung 11.25 Projektschemata verwalten

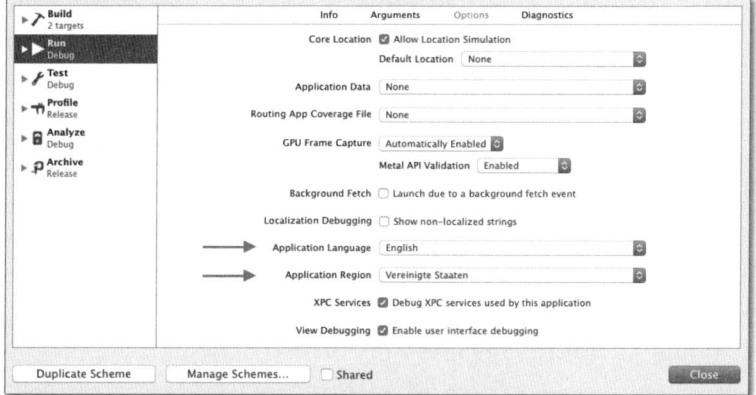

Abbildung 11.26 Spracheinstellungen im Projektschema

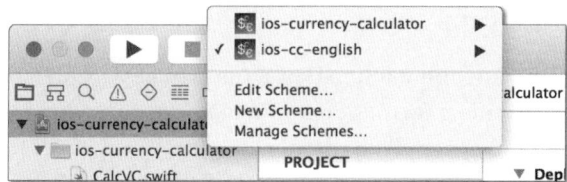

Abbildung 11.27 Schemaauswahl in der Xcode-Fensterleiste

Internationalisierung im Code

Jetzt kennen Sie alle Schritte, die zur Internationalisierung und Lokalisierung Ihrer App erforderlich sind – bis auf ein Detail: Wie gehen Sie mit Zeichenketten um, die per Code erzeugt oder verarbeitet werden?

Beginnen wir mit dem einfachsten Fall: Sie möchten den Text eines Labels oder Buttons per Code einstellen. Der Code sieht anfänglich z. B. so aus:

```
lblInfo.text = "Keine Daten verfügbar"
```

Damit diese Zeichenkette in verschiedene Sprachen übersetzt werden kann, müssen Sie daraus ein NSLocalizedString-Objekt machen:

```
let msg1 = NSLocalizedString("Keine Daten verfügbar",
  comment: "wird in xxx angezeigt wenn yyy gilt ...")
lblInfo.text = msg1
```

Beim nächsten EXPORT FOR LOCALIZATION wird nun auch die Zeichenkette "Keine Daten verfügbar" exportiert. Ab dem nächsten Import stehen in *.strings-Dateien Übersetzungen in andere Sprachen zur Verfügung, die die App automatisch verwendet, wenn sie in der betreffenden Sprache ausgeführt wird.

An NSLocalizedString müssen zumindest zwei Parameter übergeben werden: Die Zeichenketten in der Ursprungssprache (DEVELOPER LANGUAGE) sowie ein Kommentar mit Kontextinformationen für die Übersetzer. Die Init-Funktion von NSLocalizedString kennt noch drei weitere Parameter, die aber nur in seltenen Fällen erforderlich sind.

Wenn Sie Zeichenketten aus mehreren Teilen zusammensetzen, gehen Sie am besten so vor:

```
let msg2 = NSLocalizedString(
  "Das Ergebnis von %@ lautet %@",
  comment: "zeigt das Ergebnis der Berechnung xy an")
lblInfo.text = String(format:msg2, data1, data2)
```

Das gibt den Übersetzern die Möglichkeit, bei Bedarf die Reihenfolge der Parameter umzudrehen und die Zeichenkette so zu übersetzen:

```
"Result %2$@ for calculation %1$@"
```

Der letzte offene Punkt ist nun der Umgang mit Zahlen, Daten und Zeiten, Distanzen etc., die ja bekanntlich in jeder Sprache anders formatiert werden. Zu deren Formatierung verwenden Sie die folgenden XxxFormatter-Klassen:

▶ NSByteCountFormatter: Download-Mengen formatieren

▶ NSDateFormatter: Datum und Uhrzeit formatieren oder einlesen

▶ NSDateComponentFormatter: einzelne Datumskomponenten formatieren

▶ NSDateIntervalFormatter: Zeitspannen formatieren

▶ NSEnergyFormatter: Energiemengen formatieren

▶ NSLengthFormatter: Längenangaben formatieren

▶ NSMassFormatter: Massen (Gewichte) formatieren

▶ NSNumberFormatter: Zahlen formatieren oder einlesen (parsen)

▶ MKDistanceFormatter: Distanzen formatieren

Auch hierzu ein Beispiel:

```
let msg3 = NSLocalizedString("Kurse vom %@",
    comment: "zeigt das Datum der Wechselkurse an")
let dateformatter = NSDateFormatter()
dateformatter.dateStyle = .MediumStyle
dateformatter.timeStyle = .NoStyle
let formattedDate = dateformatter.stringFromDate(nsdateobj)
lblDate.text = String(format: msg3, formattedDate)
```

11.9 iOS-Crashlogs

Wenn eine aus Xcode gestartete App abstürzt, lässt sich die Fehlerursache zumeist relativ einfach in Xcode ergründen. Wesentlich schwieriger wird es, wenn Programmabstürze unterwegs passieren, also ohne Xcode-Hilfe. iOS speichert in solchen Fällen ein Crash-Log. Derartige Logs finden Sie auf Ihrem iPhone/iPad in der App Einstellungen im Punkt Datenschutz • Diagnose & Nutzungsdaten. Die Logs werden auf dem iPhone allerdings in beinahe unleserlich kleiner Schrift angezeigt. Besser lesbar sind die Logs in Xcode, wenn Sie Windows • Devices ausführen, Ihr iOS-Gerät dort auswählen und dann den Button View Device Logs anklicken (siehe Abbildung 11.28).

Abbildung 11.28 iOS-Crashlogs in Xcode lesen

Aus den Crashlogs geht unter anderem hervor, welche Threads zum Zeitpunkt des App-Absturzes liefen, welcher davon den Absturz verursacht hat, und welche Bibliotheken auf dem Gerät installiert sind. Die eigentliche Absturzursache bleibt aber leider oft im Verborgenen. Bei der Interpretation des Crashlogs hilft auch die folgende offizielle Dokumentation von Apple nicht nennenswert weiter. Schon deutlich hilfreicher ist das Blog von Ray Wenderlich, auch wenn sich der folgende Beitrag auf eine schon etwas ältere Xcode-Version bezieht:

https://developer.apple.com/library/ios/technotes/tn2151
http://www.raywenderlich.com/23704

Kapitel 12
Apps mit mehreren Ansichten

Eine Ansicht bzw. Storyboard-Szene ist für die meisten Apps zu wenig. Deswegen setzen sich Apps zumeist aus vielen Ansichten zusammen. Derartige Apps stehen im Mittelpunkt dieses Kapitels. Grundsätzlich stehen Ihnen dabei zwei Vorgehensweisen zur Auswahl:

► Sie können die Übergänge zwischen mehreren unabhängigen Ansichten des Programms selbst durch sogenannte »Segues« steuern.

► Sie können zur Verwaltung diverser App-Ansichten spezielle Controller verwenden. In diesem Kapitel stelle ich Ihnen den Navigation-Controller und den Tab-Bar-Controller näher vor.

Außerdem lernen Sie in diesem Kapitel – gleichsam nebenbei – zwei weitere Techniken kennen, die Sie in Zukunft häufig benötigen werden:

► **Xcassets-Dateien:** In derartigen Dateien speichern Sie Bilddateien, die Sie mit Ihrer App mitliefern möchten. In diesem Kapitel wird Images.xcassets verwendet, um die Icons für den Tab-Bar-Controller zur Verfügung zu stellen. In *.xcassets-Dateien speichern Sie aber auch das Icon Ihrer App und bei Bedarf beliebig viele weitere Bitmaps.

► **Textfeld-Delegation:** Für manche Ereignisse können Sie unkompliziert mit ⌈ctrl⌉-Drag eine Action-Methode in Ihren Controller einfügen. Daneben gibt es aber viele Ereignisse, für die keine derartige Actions vorgesehen sind. Um dennoch auf das Ereignis reagieren zu können, ist unter iOS der Delegation-Mechanismus üblich. Dieses Kapitel zeigt, wie Sie per Delegation Texteingaben verarbeiten können. Mehr Delegation-Beispiele folgen in den weiteren Kapiteln.

12.1 Storyboard und Controller-Klassen verbinden

Ganz egal, welche Techniken Sie verwenden, um Apps mit mehreren Ansichten zu entwickeln – eine Grundvoraussetzung besteht darin, dass Sie jede Ansicht mit der dazugehörenden Controller-Klasse verbinden.

Das Storyboard enthält anfänglich bei den meisten Projekttypen nur eine oder nur ganz wenige Ansichten (View-Controller). Mit der Maus oder einem Trackpad können Sie unkompliziert aus der Objektbibliothek weitere Controller in das Storyboard einfügen.

Den neuen Controller-Objekten ist anfänglich keine eigene Klasse zugeordnet. Zur Darstellung der Ansicht in einer App ist auch durchaus kein Code erforderlich – wohl aber, wenn Sie auf Ereignisse in dieser Ansicht reagieren wollen. Deswegen ist es in der Regel so, dass Sie jedem View-Controller eine Klasse zuordnen, die von UIViewController abgeleitet ist.

Konkret sieht die Vorgehensweise so aus, dass Sie Ihrem Projekt mit DATEI • NEU • DATEI eine weitere Datei hinzufügen. Als Dateityp wählen Sie SOURCE • COCOA TOUCH CLASS. Im nächsten Schritt geben Sie der Klassen einen möglichst aussagekräftigen Namen – beispielsweise InfoViewController für eine Ansicht, die einen Infotext anzeigt – und wählen aus, dass die neue Klasse eine Subklasse von UIViewController sein soll (siehe Abbildung 12.1).

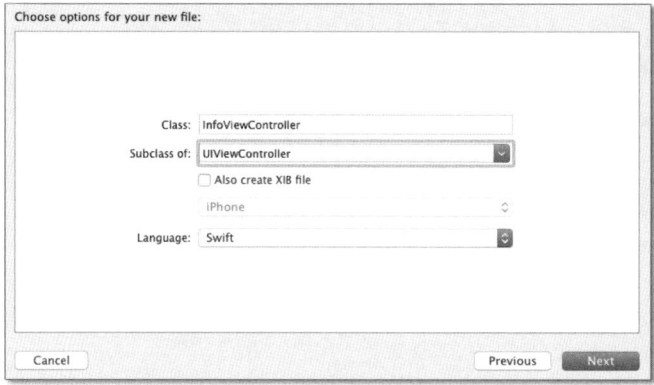

Abbildung 12.1 Eine neue Controller-Klasse für eine App-Ansicht erzeugen

Alle weiteren Optionen lassen Sie unverändert. In einem dritten Dialog fragt Xcode noch, in welchem Verzeichnis es die neue Swift-Datei speichern soll. Zweckmäßig ist in der Regel das mit dem Projektnamen übereinstimmende Verzeichnis.

Xcode erzeugt damit eine neue Swift-Datei zur Definition dieser Klasse. Die neue Klassendatei muss nun noch mit dem View-Controller im Storyboard verbunden werden: Dazu wählen Sie die Ansicht im Storyboard-Editor aus und stellen dann im Identity Inspector in der Gruppe CUSTOM CLASS den Klassennamen ein (siehe Abbildung 12.2).

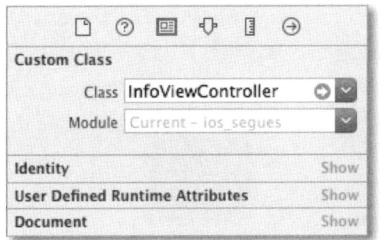

Abbildung 12.2 Verbindung zwischen Ansicht und Controller herstellen

12.2   Ansichten durch Segues verbinden

Als »Segue« (wörtlich übersetzt: Übergang) wird in der iOS-Welt der Wechsel von einer Ansicht in eine zweite bezeichnet. Segues werden normalerweise als Verbindungen zwischen Objekten – z. B. zwischen einem Button und einer View – in Xcode definiert und im laufenden Programm automatisch ausgelöst, wenn dieser Button gedrückt wird. Segues lassen sich aber natürlich auch per Code auslösen. Die Segue-Einstellungen werden dann innerhalb des Storyboards gespeichert.

Um Segues auszuprobieren, starten Sie ein neues Projekt vom Typ SINGLE VIEW APPLICATION. In die erste, bereits vorhandene Ansicht fügen Sie ein Label mit dem Text »View 1« und den Button WEITER ein. Um Platz im Storyboard zu sparen, können Sie die vorerst quadratische Größe der Ansicht mit SIZE = IPHONE 4-INCH auf ein rechteckiges Format reduzieren. Grundsätzlich ist für dieses und die folgenden Beispiele die optische Gestaltung nicht von Belang. Ich versuche Ihnen hier nur in möglichst überschaubaren Beispielen die Logik von mehrseitigen Apps nahezubringen.

Nun fügen Sie Ihrer App eine zweite Ansicht hinzu, indem Sie aus der Objektbibliothek einen View-Controller in den Storyboard-Editor ziehen. Diese Ansicht benennen Sie nun mit einem Label als »View 2« und fügen zwei Buttons namens WEITER und ZURÜCK ein. Analog verfahren Sie dann mit einer dritten Ansicht, wobei diese nur einen ZURÜCK-Button benötigt.

Nun geht es darum, dass der WEITER-Button von »View 1« zur »View 2« führt und dessen WEITER-Button zur »View 3«. Dazu ziehen Sie zuerst den WEITER-Button aus »View 1« bei gedrückter ⌷ctrl⌷-Taste in die »View 2«. Xcode zeigt daraufhin einen kleinen Dialog an, in dem Sie auswählen können, wie der Übergang von »View 1« zu »View 2« erfolgen soll. In unserem Fall eignet sich SHOW am besten. Nach der Auswahl zeigt Xcode den Übergang in Form eines Verbindungspfeils an. Auf die gleiche Weise verfahren Sie nun mit dem WEITER-Button aus »View 2«, den Sie mit ⌷ctrl⌷ in die »View 3« ziehen (siehe Abbildung 12.3).

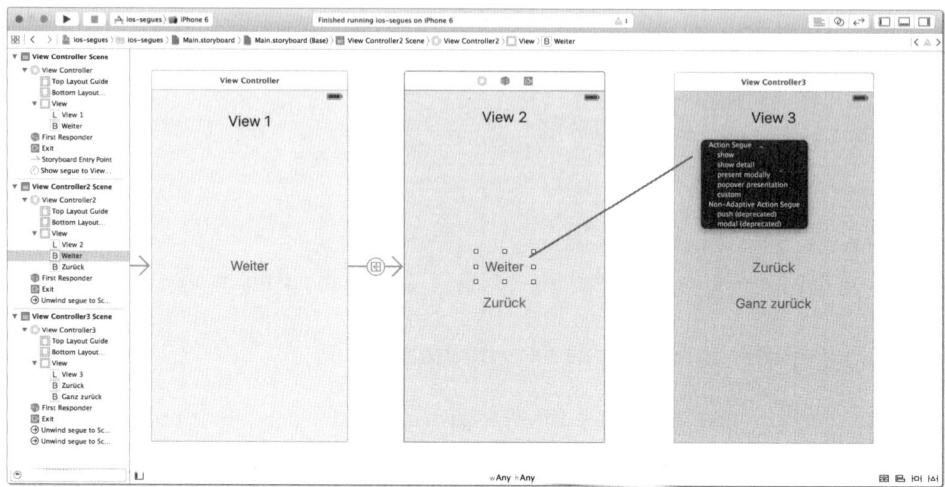

Abbildung 12.3 Mit der »ctrl«-Taste stellen Sie Segues zwischen zwei App-Ansichten her.

Welcher Segue-Typ ist der richtige?

Die verschiedenen Segue-Typen wirken bei einem ersten Test in einem iPhone (-Simulator) alle sehr ähnlich. Optische Unterschiede werden zum Teil nur auf einem iPad sichtbar, funktionelle Eigenheiten gelten mitunter nur im Zusammenspiel mit einem Navigation-Controller.

► **Show** wechselt in die nächste Ansicht. Diese Variante ist auch der übliche Weg, um die nächste Ansicht im Presentation-Controller zu aktivieren. Der Presentation-Controller ist für die Darstellung der Hauptansicht auf dem Bildschirm des iOS-Geräts verantwortlich. Er kümmert sich um Animationen bei Übergängen, um Drehungen, wenn der Benutzer das Gerät anders ausrichtet etc. Solange Sie in diesen Prozess nicht eingreifen möchten, haben Sie mit dem Presentation-Controller nichts zu tun. Er erledigt einfach seine Arbeit, und Sie merken nicht einmal, dass es dieses Objekt gibt.

► **Show Detail** ändert die Detailansicht (den Secondary-View-Controller) in einem Split-Controller. Der Split-Controller ermöglicht es, zwei Ansichten parallel nebeneinander anzuzeigen. Oft enthält die linke Ansicht eine Liste; nach der Auswahl eines Elements werden rechts Details zum Eintrag, z. B. in Form einer Webseite, dargestellt.

► **Present Modally** funktioniert bei unabhängigen iPhone-Ansichten wie *Show*, bietet allerdings mehr Möglichkeiten, die Animation des Übergangs zu beeinflussen. Auf iPads werden modale Dialoge hingegen über dem Hintergrund der letzten Ansicht dargestellt. Im Unterschied zu Popups (siehe den nächsten Punkt) blockieren modale Dialoge die App, bis sie explizit geschlossen werden. *Present Modally* ist nicht für Übergänge innerhalb eines Presentation-Controllers gedacht.

▶ **Popover presentation** zeigt die neue Ansicht als Popup an, also in einem Dialog, der die aktuelle Ansicht nur teilweise bedeckt. Auf iPads funktioniert dies auf Anhieb, auf iPhones sind außerdem einige Zeilen Code notwendig. Popups können durch eine Berührung außerhalb des eigentlichen Dialogs geschlossen werden. Details zum Umgang mit Popups folgen in Abschnitt 14.1.

▶ **Custom** ermöglicht die Implementierung eigener Übergänge bzw. Effekte.

Für gewöhnliche Übergänge verwenden Sie einfach *Show*. Noch mehr Details zu den verschiedenen Segue-Varianten sind im folgende Stackoverflow-Artikel gut zusammengefasst:

http://stackoverflow.com/questions/25966215

Zurück an den Start mit Unwind

Wenn Sie die App nun ausführen, können Sie durch zweimaliges Anklicken von WEITER die Views 1 bis 3 durchlaufen. Allerdings gibt es momentan keinen Weg zurück. Der für Einsteiger in die iOS-Programmierung naheliegendste Weg würde so aussehen, dass Sie einfach zwei weitere Segues hinzufügen, jeweils vom ZURÜCK-Button in die vorige Ansicht. Aber dieser Weg ist falsch! Er würde dazu führen, dass iOS mit jedem Segue neue Instanzen der Views erzeugt. Der Speicherbedarf Ihrer App würde mit jedem Segue wachsen!

Der richtige Weg besteht vielmehr darin, die Übergänge durch *Unwind* rückabzuwickeln. Xcode unterstützt Sie mit dem Storyboard-Editor auch bei dieser Arbeit. Vorher müssen Sie aber (ganz wenig) Code verfassen. Für den Rücksprung in eine Ansicht muss der Controller dieser Ansicht eine Methode zur Verfügung stellen, an die ein UIStoryboardSegue-Objekt als Parameter übergeben werden kann. Den Namen der Methode dürfen Sie frei wählen. Es ist zweckmäßig, die Bezeichnung der Ansicht zu integrieren.

Im vorliegenden Beispiel können Sie eine geeignete Methode wie folgt in die vorhandene Code-Datei ViewController.swift einbauen:

```
// Beispielprojekt ios-segues
// in der Datei ViewController.swift
class ViewController: UIViewController {
  @IBAction func unwindToView1(segue: UIStoryboardSegue) {
    // optional: Code, der den segue-Parameter auswertet
  }
}
```

Die von Xcode automatisch eingerichtete Datei ViewController.swift ist allerdings nur für die erste Ansicht der App zuständig. Den beiden anderen Ansichten ist im Xcode-Projekt momentan noch kein Controller zugeordnet. Bisher hat uns der Controller nicht gefehlt, weil unsere App keine richtige Aufgabe erfüllt. Aber spätestens jetzt müssen wir zumindest für »View 2« einen Controller hinzufügen.

Dazu führen Sie in Xcode FILE • NEW • FILE aus oder drücken ⌘+N, wählen die Kategorie IOS • SOURCE und dann den Typ COCOA TOUCH CLASS aus (siehe Abschnitt 12.1, »Storyboard und Controller-Klassen verbinden«).

Im nächsten Dialog geben Sie den Namen Ihrer Klasse an. In unserem Beispiel bietet sich ViewController2 an – es handelt sich ja um den Controller zur »View 2«. In »richtigen« Apps werden Sie die Controller-Klassen natürlich nicht durchnummerieren, sondern ihnen aussagekräftigere Namen geben. Entscheidend ist, dass Sie im Feld SUBCLASS OF die Klasse UIViewController auswählen.

Die neue Klassendatei muss nun noch mit der Ansicht »View 2« verbunden werden. Dazu wählen Sie die Ansicht im Storyboard-Editor aus und stellen dann im Identity Inspector in der Gruppe CUSTOM CLASS als Klassenname ViewController2 ein. Nach diesen Vorbereitungsarbeiten können Sie nun in der Datei ViewController2.swift eine unwind-Methode einbauen. Geben Sie der Methode diesmal den Namen unwindToView2:

```
// in der Datei ViewController2.swift
class ViewController2: UIViewController {
  @IBAction func unwindToView2(segue: UIStoryboardSegue) {
    // optional: Code, der den segue-Parameter auswertet
  }
}
```

Nachdem es nun für »View 1« und für »View 2« jeweils Rücksprungmethoden gibt, kann die verbleibende Arbeit im Storyboard-Editor erledigt werden. Dort ziehen Sie zuerst den ZURÜCK-Button von »View 2« mit gedrückter ⌈ctrl⌉-Taste zum EXIT-Icon der Ansicht (siehe Abbildung 12.4). Damit sagen Sie Xcode, dass der ZURÜCK-Button diese Ansicht schließen soll. Xcode fragt Sie, welche der infrage kommenden unwind-Methoden das Ziel des Übergangs sein soll. Sie wählen unwindToView1.

Analog verfahren Sie nun mit dem ZURÜCK-Button von »View 3«: Sie schieben diesen zum EXIT-Icon von »View 3« und wählen die unwindToView2-Methode aus. Ein neuerlicher Test des Programms zeigt, dass Sie nun alle drei Views hin und zurück durchlaufen können. Hinter den Kulissen werden mit jedem Unwind Segue die geschlossenen Ansichten freigegeben. Sofern es in Ihrem Code keine anderen Referenzen mehr auf diese Ansichten oder deren Daten gibt, werden die betroffenen Objekte automatisch aus dem Speicher entfernt.

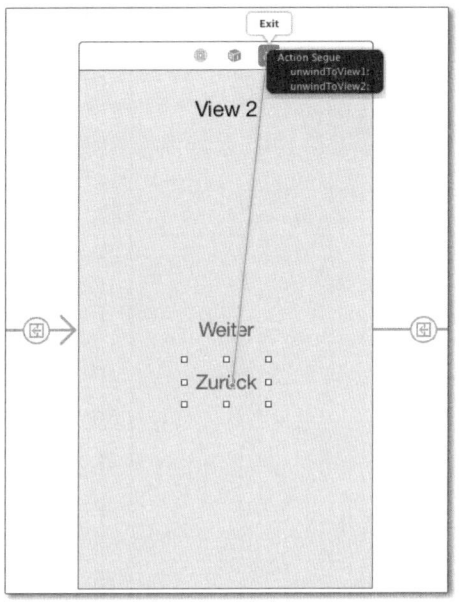

Abbildung 12.4 Der »Zurück«-Button soll »View 2« schließen und zu »View 1« zurückkehren.

Mehrere Schritte zurück

Sie können bei einem Unwind Segue auch eine Methode einer Ansicht auswählen, die mehrere Schritte zurückliegt. Dann werden beim Unwind-Übergang alle dazwischenliegenden Ansichten übersprungen und aus dem Speicher entfernt. Sie können das ausprobieren, indem Sie in »View 3« den Button GANZ ZURÜCK einbauen und diesen mit ctrl ebenfalls in den EXIT-Button der Ansicht verschieben. Als Ziel des Unwind Segues wählen Sie nun unwindToView1 an. In der laufenden App können Sie jetzt direkt von »View 3« zu »View 1« zurückspringen.

12.3   Segues mit Datenübertragung

Der vorherige Abschnitt hat einen guten Einstieg in die Welt der Segues geboten, das Beispiel war aber in einem Punkt nicht sehr realitätsnah: In der Praxis ist es bei Übergängen von einer Ansicht zur nächsten häufig erforderlich, Daten zu übertragen.

Auf diesen Aspekt geht das folgende Beispiel näher ein. Es handelt sich um eine Mini-App mit zwei Ansichten, die jeweils ein Textfeld enthalten (siehe Abbildung 12.5). Der Inhalt des ersten Textfelds soll in die zweite Ansicht übertragen werden, und der Inhalt des Textfelds der zweiten Ansicht soll später zurück in die erste übertragen werden.

Nebenbei lernen Sie in diesem Beispiel noch zwei Dinge, die Sie in Zukunft oft brauchen werden:

▶ wie Sie Segues (auch Unwind Segues) per Code auslösen

▶ wie Sie die Onscreen-Tastatur von iOS ausblenden

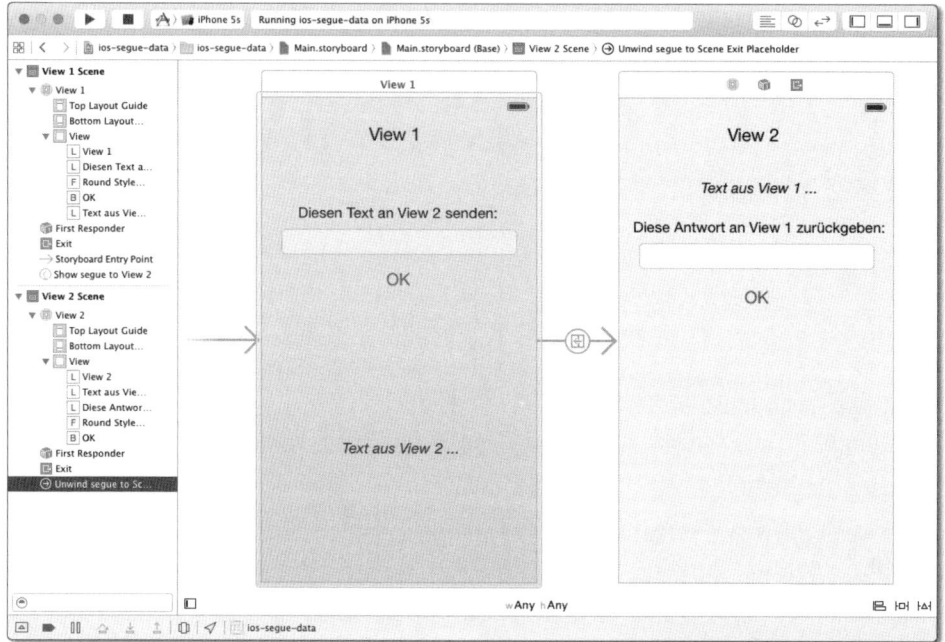

Abbildung 12.5 Mini-App zur Demonstration der Datenübertragung bei Segues

Der Zusammenbau der beiden App-Ansichten erfolgt ganz ähnlich wie im vorigen Beispiel:

▶ Projekttyp Single View Application

▶ zweiten View-Controller von der Objektbibliothek in das Storyboard einfügen

▶ bei beiden View-Controllern Size = iPhone 4-inch einstellen

▶ neue Code-Datei ViewController2.swift einrichten und mit »View 2« verbinden

▶ Steuerelemente einfügen

▶ bei beiden Views jeweils Outlets für das Textfeld und den Label in den Code einbauen

▶ unwindToView1-Methode in ViewController.swift programmieren (Code folgt gleich)

▶ Segue vom OK-Button aus »View 1« zu »View 2« anlegen

▶ Unwind-Segue vom OK-Button aus »View 2« zu dessen Exit-Icon anlegen

Wenn Sie die App in diesem Zustand, also nur mit einer leeren `unwind`-Methode als eigenem Code, testen, dann sollte der Übergang zwischen den Views funktionieren, aber natürlich nicht der Text-Transfer. Außerdem tritt ein weiteres Problem auf: Sobald Sie ein Textfeld antippen, erscheint erwartungsgemäß die Onscreen-Tastatur. Danach gibt es aber keine Möglichkeit, diese wieder zu entfernen. Zeit also, ein paar Zeilen Swift-Code zu schreiben und die offenen Punkte zu lösen!

Segue-Code für »View 1«

Beginnen wir mit dem Code des Controllers von »View 1«, der in einer ersten Version so aussieht: Interessant wird es in der Methode `prepareForSegue`, die von der `UIViewController`-Klasse stammt, die wir aber mit eigenem Code überschreiben. Diese Methode wird aufgerufen, unmittelbar bevor es zu einem Übergang kommt – in unserem Beispiel zu »View 2«.

Über `segue.destinationViewController` können Sie nun bereits auf die Instanz des demnächst aktiven View-Controllers zugreifen. Allerdings sind zu diesem Zeitpunkt die Steuerelemente der Ansicht noch nicht verfügbar. Deswegen müssen Sie zur Datenübergabe eine selbst definierte Eigenschaft des Controllers verwenden. Erst in dessen `viewDidLoad`-Methode (siehe den folgenden Abschnitt) können Sie die Daten dann von der `msg`-Eigenschaft in das betreffende Steuerelement übertragen.

»override«-Methoden effizient eingeben

Wahrscheinlich wissen Sie nicht auswendig, welche Methoden `prepareForSegue` erwartet. Ersparen Sie sich das Nachschlagen in der Dokumentation – beginnen Sie einfach die Eingabe des Methodennamens, ganz ohne die eigentlich notwendigen Schlüsselwörter `override` oder `func`! Schon nach wenigen Buchstaben bietet Xcode Ihnen die Vervollständigung der Methode an. Mit ⏎ fügt Xcode den kompletten erforderlichen Code samt allen Parametern ein. ⇥ führt nun an die Stelle, wo Sie Ihren eigenen Code hinzufügen.

Gewissermaßen die Umkehrfunktion zu `prepareForSegue` ist `unwindToView`: Die Idee dieser Methode ist ja schon aus dem ersten Segue-Beispiel bekannt. Sie können den Methodennamen hier frei wählen; wichtig ist nur, dass die Methode mit einem `UIStoryboardSegue`-Parameter ausgestattet wird. Das dort übergebene Segue-Objekt enthält eine Referenz auf den View-Controller, die der Ausgangspunkt des Unwind Segue war.

Diesmal werten wir den Parameter aus und können so Daten aus der vorherigen Ansicht auslesen, bevor diese aus dem Speicher entfernt wird – in unserem Fall lesen wir den Inhalt des Textfelds (Outlet `txtfield`). In »echten« Apps werden Sie in der

Regel die Daten nicht direkt den Steuerelementen entnehmen, sondern dazu eigene Eigenschaften verwenden, die die Verbindung zu Ihrem Datenmodell herstellen.

```swift
// Projekt ios-segue-data
// Datei ViewController.swift
class ViewController: UIViewController {
  // Zugriff auf das Textfeld und den Ergebnis-Label
  @IBOutlet weak var txtfield: UITextField!
  @IBOutlet weak var answerLabel: UILabel!

  // Initialisierung
  override func viewDidLoad() {
    super.viewDidLoad()
    answerLabel.text = ""  // Ergebnis-Label-Text löschen
  }

  // Vorbereitung für den Segue zu View 2
  override func prepareForSegue(segue: UIStoryboardSegue,
                               sender: AnyObject?) {
    if let dest =
        segue.destinationViewController as? ViewController2
    {
      // den Inhalt des Textfelds in die Eigenschaft 'msg'
      // des ViewController2 übertragen
      dest.msg = txtfield.text!
    }
  }

  // Rückkehr aus View 2
  @IBAction func unwindToView1(segue: UIStoryboardSegue) {
    if let src = segue.sourceViewController as? ViewController2 {
      // Antwort anzeigen
      answerLabel.text = src.txtfield.text
      // Texteingabefeld leeren
      txtfield.text = ""
    }
  }
}
```

Segue-Code für »View 2«

Der Controller-Code der »View 2« ist kurz. Neben den beiden Outlets enthält die Klasse die Zeichenketteneigenschaft msg zur Übergabe der Daten aus »View 1«. In viewDidLoad wird diese Eigenschaft ausgelesen und in den msgLabel übertragen.

```
// Projekt ios-segue-data
// Datei ViewController2.swift
class ViewController2: UIViewController {
  @IBOutlet weak var txtfield: UITextField!
  @IBOutlet weak var msgLabel: UILabel!
  var msg = ""

  // msg-Text in das nun initialisierte Label-Control übertragen
  override func viewDidLoad() {
    super.viewDidLoad()
    msgLabel.text = msg
  }
}
```

Segues per Code auslösen

Sie können Segues mit der Methode `performSegueWithIdentifier` unkompliziert per Code auslösen. Vorher müssen Sie den Segue aber benennen. Beim Segue von View 1 zu View 2 ist das unkompliziert: Sie klicken den Segue im Storyboard-Editor an und geben ihm im Attributinspektor einen Namen (IDENTIFIER-Feld).

Bei Unwind-Segues ist die Benennung etwas komplizierter, weil diese im Storyboard-Editor nicht als anklickbare Objekte sichtbar sind. Sie können den Unwind Segue aber in der Seitenleiste des Storyboard-Editors auswählen (1) und können ihn dann im Attributinspektor einen IDENTIFIER zuweisen (2) (siehe Abbildung 12.6).

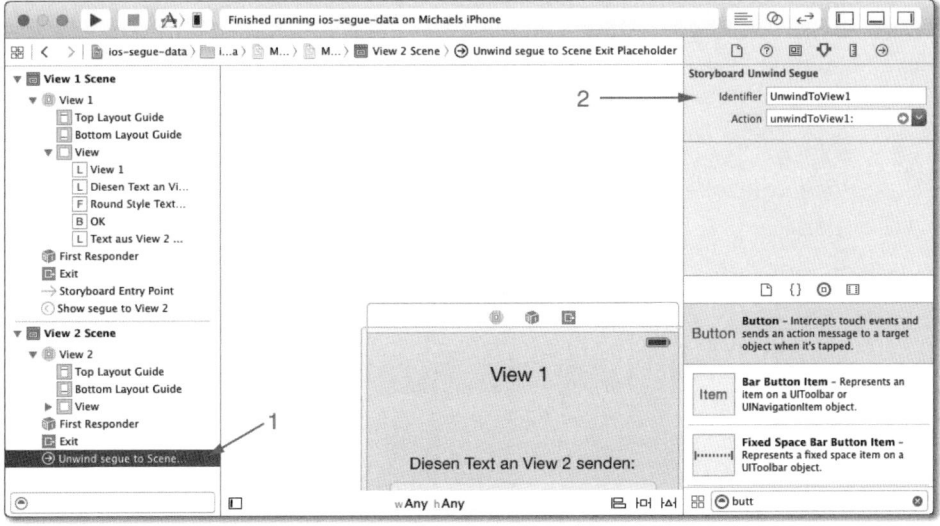

Abbildung 12.6 Unwind Segue in Xcode benennen

An `performSegueWithIdentifier` übergeben Sie dann den Namen des Segues, und im zweiten Parameter `sender` legen Sie mit `self` eine Referenz auf den gerade aktuellen View-Controller an. Wenn der Segue durch verschiedene Buttons ausgelöst werden kann und Sie diese Information auswerten möchten, können Sie als `sender` auch die Instanz des betreffenden Buttons übergeben.

```
performSegueWithIdentifier("SegueToView2", sender: self)
```

Eine konkrete Anwendung von `performSegueWithIdentifier` folgt im nächsten Abschnitt, wo es darum geht, die Eingabe von ⏎ zu erkennen und darauf zu reagieren.

12.4   Tastatureingaben mit Delegation verarbeiten

Sobald ein App-Benutzer ein Textfeld berührt, erscheint automatisch die Onscreen-Tastatur des iPhones oder iPads. So weit, so gut – nur wäre es schön, wenn die Tastatur nach ⏎ auch wieder verschwände. Das ist aber nicht automatisch möglich, weil ⏎ ja auch eine zweckmäßige Eingabe für mehrzeilige Texte ist.

Die Suche nach einer passenden Action-Methode für das Textfeld bleibt in diesem Fall ergebnislos. Generell müssen Sie bei vielen, nicht ganz so häufig auftretenden Ereignissen den Mechanismus der Delegation nutzen, um das Ereignis zu verarbeiten. Delegation bedeutet, dass Sie in einer selbst programmierten Klasse – in der Praxis ganz oft in der View-Controller-Klasse – die Methode eines fremden Objekts verarbeiten. Diese Methode ist wiederum in einem Delegation-Protokoll definiert. Die eigene Klasse muss dieses Protokoll implementieren, damit der Methodenaufruf möglich ist (siehe Abbildung 12.7).

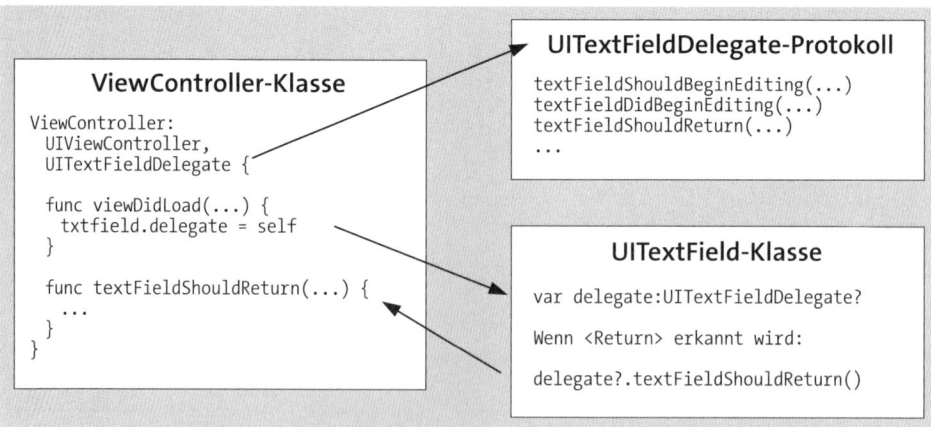

Abbildung 12.7 Delegation-Mechanismus für Textfelder

In unserem Fall ist das »fremde Objekt« ein Textfeld. Um die Tastatur mit ⏎ wieder auszublenden, müssen Sie diese Eingabe erkennen. Das `UITextFieldDelegate`-Protokoll sieht hierfür die Methode `textFieldShouldReturn` vor. Damit es in der zugeordneten Controller-Klasse zum Aufruf dieser Methode kommt, sind drei Dinge erforderlich:

▶ Die Klasse implementiert das `UITextFieldDelegate`-Protokoll. Dieses Protokoll definiert diverse optionale Methoden, um auf verschiedene Tastaturereignisse zu reagieren.

▶ In `viewDidLoad` gibt `txtfield.delegate = self` an, dass wir `UITextFieldDelegate`-Ereignisse innerhalb unserer View-Controller-Klasse selbst verarbeiten möchten.

▶ In der Controller-Klasse müssen wir nun noch die für das Ereignis passende Methode implementieren. Für die Reaktion auf ⏎ ist dies die Methode `textFieldShouldReturn`.

Xcode hilft bei der Eingabe der Delegate-Methode

Wenn Sie eine Delegate-Methode in Ihren Code einbauen, muss nicht nur der Methodenname, sondern auch die Parameterliste exakt mit der Definition der Methode im entsprechenden Protokoll übereinstimmen. Glücklicherweise hilft Xcode Ihnen bei der Eingabe: Geben Sie einfach die ersten Buchstaben der Methode an (ohne vorangestelltes `func`). Xcode zeigt dann eine Liste aller passenden Methoden an. Mit ⏎ wählen Sie eine aus, und Xcode fügt den gesamten erforderlichen Code samt `func`, der Parameterliste und den geschwungenen Klammern ein.

Beispiel

Das Beispiel ist eine Fortsetzung des Segue-Beispiels aus Abschnitt 12.3, »Segues mit Datenübertragung«. Dort gibt es in zwei View-Controllern jeweils ein Textfeld. Wenn im Textfeld die Eingabe mit ⏎ beendet wird, soll die Tastatur ausgeblendet und ein Segue zum jeweils anderen View-Controller ausgelöst werden. Die erforderlichen Änderungen im Code des `ViewController.swift` sind in den folgenden Zeilen zusammengefasst. Der Code im Controller zu »View 2« sieht ganz analog aus.

```
// Projekt ios-segue-data
// Datei ViewController.swift
class ViewController: UIViewController, UITextFieldDelegate {
  override func viewDidLoad() {
    // ...
    txtfield.delegate = self  // Textfeld-Ereignisse verarbeiten
  }
```

```
// Reaktion auf 'Return'
func textFieldShouldReturn(textField: UITextField) -> Bool {
    // Eingabe beenden, Tastatur ausblenden
    view.endEditing(true)
    // Segue zu View 2 initiieren
    performSegueWithIdentifier("SegueToView2", sender: self)
    // 'Return' nicht als Eingabe weitergeben
    return false
}
// restlicher Code unverändert
}
```

12.5   Navigation-Controller

Cocoa Touch stellt mehrere Klassen zur Auswahl, die bei der Verwaltung von App-Ansichten helfen. Als ersten Vertreter stelle ich Ihnen hier den UINavigation-Controller näher vor. In Abschnitt 12.6 folgt der UITabController. Diese und einige weitere Controller sind in der Objektbibliothek zu finden.

Controller-Kombinationen

Der Navigation-Controller wird oft zusammen mit anderen Controllern verwendet. Beliebte Partner-Controller sind der UITabController und der UISplitController.

Funktionsweise

Der Navigation-Controller hilft dabei, mehrstufige Hierarchien von Ansichten einfach zu verwalten – sowohl aus der Sicht der App-Entwickler als auch aus der Sicht der Anwender. Der Navigation-Controller reserviert innerhalb der App am oberen Bildschirmrand eine Art Menüleiste. Auf der Startseite der App kann hier ein beliebiger Text angezeigt werden. In den weiteren App-Ansichten befindet sich links in der Menüleiste ein ZURÜCK-Button, dessen Text frei eingestellt werden kann. Dieser Button führt jeweils zurück zur vorigen Seite.

Das Bedienkonzept des Navigation-Controllers wird oft mit einem Stapel Karten verglichen: Mit jeder Vorwärts-Navigation wird dem Stapel oben eine Karte hinzugefügt – die gerade sichtbare Ansicht. Jede Rückwärts-Navigation entfernt eine Karte und gibt die Sicht auf die darunter befindliche Karte/Ansicht frei.

Im Storyboard Editor ist der Umgang mit einem Navigation-Controller unkompliziert: Sie fügen den Controller aus der Objektbibliothek ein und stellen dann mit ⌜ctrl⌟-Drag die Verbindung zu einem bereits vorhandenen View-Controller her.

Damit legen Sie die Startansicht innerhalb des Navigation-Controllers fest und betten die Ansicht in den Navigation-Controller ein. Beachten Sie, dass aufgrund der Kopfleiste des Navigation-Controllers der für die Ansicht verfügbare Platz etwas schrumpft.

> **Tipp**
>
> Anstatt den Navigation-Controller aus der Objektbibliothek in das Storyboard zu verschieben, können Sie die Startansicht auch auswählen und dann EDITOR • EMBED IN • NAVIGATION-CONTROLLER ausführen. Das Ergebnis ist dasselbe.

Als Startpunkt des Programms legen Sie den Navigation-Controller fest – entweder, indem Sie im Storyboard-Editor den Startpfeil dorthin bewegen oder indem Sie im Attributinspektor für den Navigation-Controller die Option IS INITIAL VIEW CONTROLLER anklicken.

Die Übergänge von einer Ansicht zur nächsten stellen Sie ebenfalls mit `ctrl`-Drag her – beispielsweise von einem Button der Startansicht zum View-Controller der nächsten Ansicht. Als Segue-Typ wählen Sie SHOW aus. Damit wird auch diese Ansicht in den Navigation-Controller eingebettet.

Um die Rückwärts-Navigation müssen Sie sich nicht kümmern – das erledigt der Navigation-Controller für Sie. Anders als bei von Hand verbundenen Ansichten sind keine Unwind-Methoden erforderlich.

Einstellungen

Wenn Sie die Navigationsleiste in der ersten mit dem Navigation-Controller verbundenen Ansicht im Storyboard-Editor anklicken, können Sie im Attributinspektor drei Eigenschaften einstellen:

- ▶ TITLE ist der Text, der in der Navigationsleiste auf der Startseite angezeigt wird.
- ▶ PROMPT ist ein optionaler Text, der in etwas kleinerer Schrift oberhalb des Titels angezeigt wird. Normalerweise bleibt dieser Text leer.
- ▶ BACK BUTTON gibt den Text für den ersten Button zur Rückwärts-Navigation an. Wird hier kein Text eingestellt, verwendet iOS automatisch ZURÜCK in der jeweiligen Sprache.

In den weiteren mit dem Navigation-Controller verbundenen Ansichten fehlen diese Einstellmöglichkeiten anfangs. Oft werden sie auch gar nicht benötigt: Der Titel ergibt sich aus dem Titel des View-Controllers, und als Text für den Zurück-Button wird der View-Controller-Titel der jeweils vorherigen Ansicht verwendet. Die Eigenschaft TITLE stellen Sie im Attributinspektor ein. Dazu müssen Sie aber zuerst für die jeweilige Szene das Icon VIEW-CONTROLLER angeklickt haben.

Um wie in der ersten Ansicht TITLE, PROMPT und BACK BUTTON frei einstellen zu können, fügen Sie aus der Objektbibliothek ein NAVIGATION ITEM (UINavigationItem-Klasse) in den Menübereich der jeweiligen Ansicht ein. Das gibt Ihnen auch die Möglichkeit, am linken und rechten Rand je einen Button einzubauen, wobei der linke Button den Zurück-Button ersetzt. Beachten Sie, dass Sie innerhalb der Navigationsleiste keine gewöhnlichen UIButtons verwenden können, sondern *Bar-Button-Items* (UIBarButtonItem-Klasse), die Sie im Objektkatalog ganz unten finden.

Steuerung per Code

Dieser kurze Abschnitt fasst zusammen, wie Sie in Ihrem Code auf Navigationsereignisse reagieren können und wie Sie die Navigation beeinflussen können:

▶ **Vorbereitung auf Segue:** Wie bei Segues ohne Navigation-Controller kommt es vor der Navigation in eine neue Ansicht, also bei der Vorwärtsnavigation, zum Aufruf der Methode prepareForSegue. Die Methode wird immer in dem Navigation-Controller ausgeführt, der der Startpunkt für den jeweiligen Übergang ist.

▶ **Rückwärtsnavigation erkennen:** Im Gegensatz zu Ansichten ohne Navigation-Controller müssen Sie nicht selbst Unwind-Methoden einrichten – um die Rückwärtsnavigation kümmert sich ja der Navigation-Controller. Das macht es allerdings auch schwieriger, im Code auf den Wechsel der Ansicht zu reagieren.

Eine Möglichkeit besteht darin, im betreffenden Controller die Methoden viewWillAppear und viewWillDisappear zu implementieren. Diese Methoden werden aufgerufen, bevor eine Ansicht auf dem Bildschirm erscheint bzw. bevor sie wieder verschwindet. Bei einer Navigation über mehrere Ansichten geht aus dem Aufruf dieser Methoden leider nicht hervor, in welche Richtung die Navigation gerade erfolgt – vorwärts oder rückwärts. In einfachen Fällen reicht viewWillDisappear aber aus. Abschnitt 15.7, »Detailansicht mit Richtungspfeil«, zeigt, wie viewWillDisappear zum Aufruf einer selbst definierten Delegate-Methode verwendet werden kann.

In dieser Hinsicht eindeutiger ist didMoveToParentViewController: Wenn der an diese Methode übergebene Parameter parent den Zustand nil hat, dann wurde der aktuelle View-Controller gerade aus dem Navigation-Controller entfernt, d. h., die Navigationsrichtung ist rückwärts.

Der Nachteil im Vergleich zu eigenen Unwind-Methoden besteht darin, dass Sie keine Referenz auf die zukünftige bzw. vorherige Ansicht haben und daher keine Daten übertragen können. Das gelingt nur, wenn Sie ein eigenes Delegate-Protokoll definieren und implementieren oder in prepareForSeque eine Referenz auf den aktuellen View-Controller in eine Eigenschaft des zukünftigen View-Controllers übergeben.

▶ **Vorwärtsnavigation auslösen:** Ganz einfach ist es, eine Vorwärtsnavigation per Code zu initiieren: Dazu geben Sie einfach der Segue im Storyboard Editor einen Namen und führen dann die aus Abschnitt 12.3, »Segues mit Datenübertragung«, schon bekannte Methode `performSegueWithIdentifier` aus:

```
performSegueWithIdentifier("segue-name", sender: self)
```

▶ **Rückwärtsnavigation auslösen:** Ebenso unkompliziert erfolgt die Rückwärtsnavigation mit der Methode `popViewControllerAnimated`, die auf den Navigation-Controller angewendet werden muss. Der Parameter gibt an, ob die Navigation mit oder ohne Animation erfolgen soll.

```
navigationController!.popViewControllerAnimated(true)
```

Wenn Sie in der Navigationshistorie weiter zurück springen wollen, bieten sich die Methoden `popToRootViewControllerAnimated` sowie `popToViewController` an. Die erste Methode navigiert zur Startseite des Navigation-Controllers zurück, die zweite zu einem bestimmten View-Controller, dessen Instanz übergeben werden muss.

Beispiel

Als Experimentierwiese für den Navigation-Controller finden Sie in den Beispieldateien zu diesem Buch das Projekt `ios-nav-controller`. Ein Navigation-Controller ermöglicht den Wechsel zwischen mehreren verschiedenfarbigen Ansichten (siehe Abbildung 12.8). Sie können damit zwischen vier Ansichten hin und zurück navigieren und dabei im Debugging-Bereich von Xcode beobachten, in welcher Reihenfolge die Methoden `viewWillAppear`, `viewWillDisappear`, `prepareForSegue` und `didMoveToParentViewController` aufgerufen werden.

In der Startansicht löst der Button WEITER ZU VIEW 4 einen automatischen Übergang zur Ansicht 4 aus, während in der Action-Methode des Buttons AUCH ZU VIEW 4 derselbe Segue codegesteuert ausgelöst wird:

```
// Projekt ios-nav-controller, Datei ViewController.swift
@IBAction func btnToVC4(sender: UIButton) {
  performSegueWithIdentifier("SegueToVC4", sender: self)
}
```

In Ansicht 3 ermöglicht der Button DIREKT ZURÜCK ZU VIEW 1 einen Rücksprung zur Startansicht, wobei View 2 übersprungen wird:

```
// Projekt ios-nav-controller, Datei ViewController4.swift
@IBAction func btnBackToVC1(sender: UIButton) {
  navigationController!.popToRootViewControllerAnimated(true)
}
```

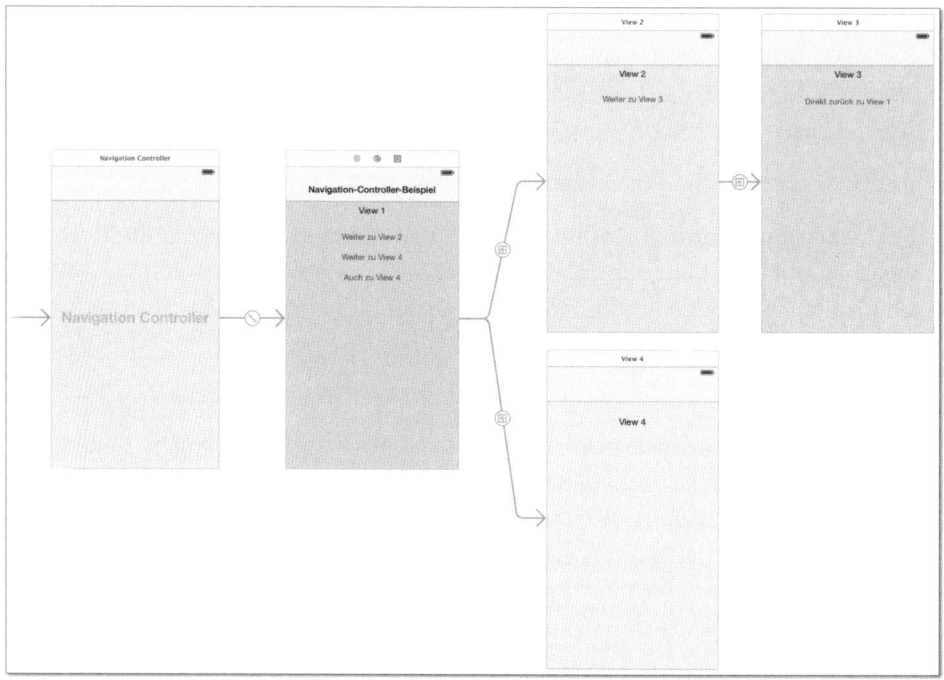

Abbildung 12.8 Vier durch einen Navigation-Controller verbundene App-Ansichten

12.6   Tab-Bar-Controller

Der Tab-Bar-Controller verbindet mehrere Ansichten, wobei die gerade aktive Ansicht über die Icons einer Symbolleiste am unteren Bildschirmrand ausgewählt wird (eben über die Tab-Bar).

Wenn Sie einen Tab-Bar-Controller aus der Objektbibliothek in das Storyboard schieben, werden in Wirklichkeit gleich drei Controller eingefügt: ein Tab-Bar-Controller, der mit zwei gewöhnlichen View-Controllern bereits verbunden ist. Den beiden Ansichten sind allerdings keine Controller-Dateien zugeordnet. Diese müssen Sie selbst mit FILE • NEW • FILE anlegen (Dateityp COCOA TOUCH CLASS sowie SUBCLASS = UIViewController) und im Identity Inspector mit dem jeweiligen View-Controller verbinden (Eigenschaft CUSTOM CLASS).

Um weitere Ansichten als Tabs hinzuzufügen, führen Sie einen ⌃ctrl-Drag vom Tab-Bar-Controller in die betreffende Ansicht durch und wählen dann als Segue-Typ RELATIONSHIP SEGUE = VIEW-CONTROLLERS aus. Wenn es mehr als fünf Tabs gibt, wird in die Symbolleiste automatisch ein WEITER-Button eingebaut, der die Auswahl der weiteren Dialogblätter ermöglicht. Nach Möglichkeit sollten Sie aber versuchen, mit maximal fünf Seiten auszukommen.

Hintergrundfarbe der Tab-Bar einstellen

Die Tab-Bar verwendet ein helles Grau als Hintergrundfarbe. Wenn Sie eine andere Farbe wünschen, blenden Sie im Storyboard Editor die Dokumentstruktur ein und markieren dort das Element TAB BAR der TAB BAR CONTROLLER SCENE. Eine direkte Markierung der Symbolleiste per Maus oder Trackpad ist leider unmöglich.

Im Attributinspektor können Sie nun entweder STYLE = BLACK oder mit BAR TINT eine beliebige andere Hintergrundfarbe einstellen. Alternativ können Sie auch ein eigenes Hintergrundbild einstellen (Eigenschaft BACKGROUND).

Der Projekttyp »Tabbed-Application«

Wenn bei der Entwicklung einer neuen App von vornherein klar ist, dass Sie einen Tab-Bar-Controller einsetzen werden, können Sie beim Einrichten des Projekts den Projekttyp TABBED APPLICATION verwenden. Damit erzeugt Xcode ein Projekt, das aus einem Tab-Bar-Controller und zwei Ansichten besteht. Beide Ansichten sind von Anfang an mit einer Controller-Datei ausgestattet (First- und SecondViewController .swift). Außerdem haben beide Ansichten bereits Navigations-Buttons, die auf zwei Grafiken in Images.xcassets zurückgreifen. Sie ersparen sich mit dem Projekttyp TABBED APPLICATION also einige Arbeitsschritte.

Tab-Bar-Items

Dem Programm fehlen nun noch die Tab-Bar-Items, also die Buttons, die in der Symbolleiste angezeigt werden. In den beiden Ansichten des Tab-Bar-Controllers scheint es bereits derartige Buttons zu geben (»Item 1« und »Item 2«). Diese lassen sich aber weder anklicken oder bearbeiten. Ziehen Sie daher aus der Objektbibliothek je ein TAB BAR ITEM in den Navigationsbereich der beiden Ansichten.

Nun klicken Sie die Buttons an und stellen deren Eigenschaften im Attributinspektor ein (siehe Abbildung 12.9). Sie haben die Wahl zwischen zwei Vorgehensweisen:

▶ Sie können mit SYSTEM ITEM einen der vordefinierten Buttons auswählen (CONTACTS, FAVORITES, HISTORY etc.). Damit sind sowohl das Symbol als auch der Text des Buttons vorgegeben.

▶ Oder Sie verwenden die Einstellung SYSTEM ITEM = CUSTOM: Dann können Sie bei der Einstellungsgruppe BAR ITEM den Text frei eingeben und ein Bild auswählen. Als Icon-Symbol kommen allerdings nur Bilder infrage, die Sie zuvor in die App-interne Bilddatenbank Assets.xcassets oder Images.xassets eingefügt haben. Details zum Umgang mit dem Xcassets-Editor folgen in Abschnitt 12.7, »Bild-Management in Images.xcasset«.

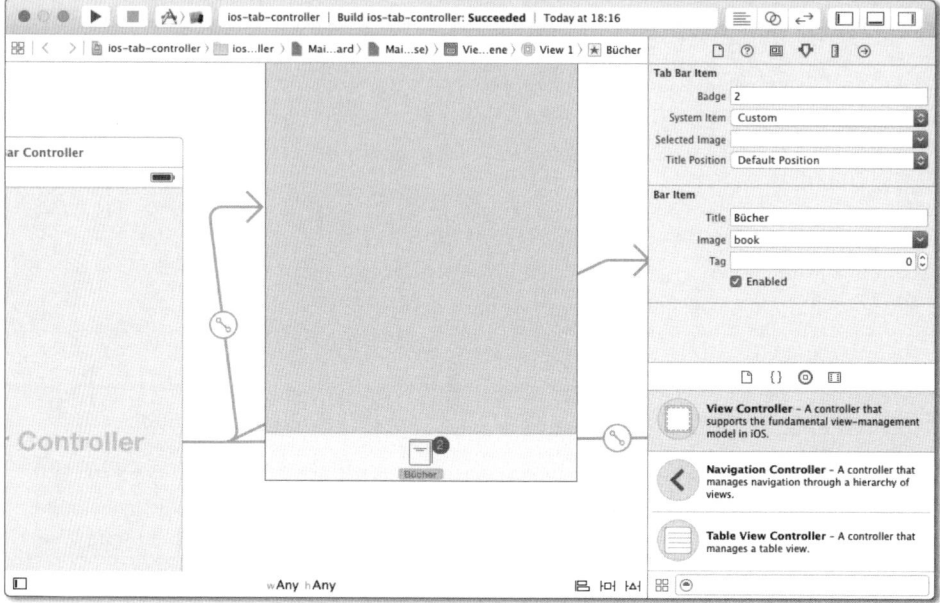

Abbildung 12.9 Die Tab-Bar-Item-Einstellungen

Tab-Bar-Items weisen noch drei interessante Eigenschaften auf:

▶ Die Eigenschaft BADGE kann einen zusätzlichen Text enthalten, der in einem roten Feld rechts oberhalb des Icons dargestellt wird. In der Praxis wird BADGE meist erst während der App-Ausführung eingestellt, z. B. um die App-Benutzer auf eine bestimmte Anzahl neuer Objekte hinzuweisen (E-Mails, Bookmarks etc.).

▶ Die Eigenschaft TAG können Sie mit einer Zahl zur App-internen Auswertung einstellen.

▶ Mit SELECTED IMAGE können Sie ein zweites Bild auswählen, das dann verwendet wird, wenn das Tab-Bar-Item gerade ausgewählt ist. Wenn das SELECTED IMAGE fehlt, dann invertiert iOS einfach das gewöhnliche Icon, was in der Regel ausreichend ist. Für eine wirklich perfekte Optik können Sie aber eben eine zweite Bitmap auswählen.

Leider funktioniert die Einstellung von SELECTED IMAGE in Xcode nicht richtig (zuletzt getestet mit Xcode 6.3.2). Abhilfe schaffen entweder einige Zeilen Code oder eine recht umständliche Definition von USER DEFINED RUNTIME ATTRIBUTES für das Tab-Bar-Item im Identity Inspector (siehe Abbildung 12.10). Die Details können Sie bei Bedarf auf Stackoverflow nachlesen – aber eigentlich ist zu hoffen, dass dieser offensichtliche Xcode-Fehler behoben ist, bis Sie dieses Buch lesen:

http://stackoverflow.com/questions/21386101

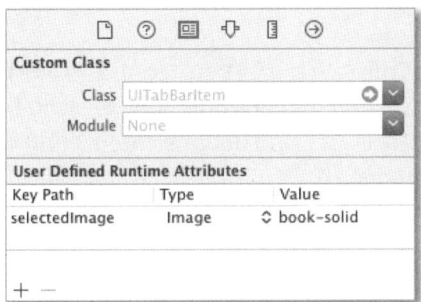

Abbildung 12.10 Manuelle Einstellung der Bitmap für das ausgewählte Tab-Bar-Item

Reihenfolge der Tabs ändern

Die Reihenfolge der Tabs können Sie unkompliziert durch eine Drag-Operation im Tab-Bar-Controller verändern.

12

Kombination aus Tab-Bar- und Navigation-Controller

Sie können einen Tab-Bar-Controller mit einem oder mehreren Navigation-Controllern kombinieren. Dabei muss der Tab-Bar-Controller der Startpunkt in der Hierarchie Ihrer Ansichten sein. Anstelle von normalen Ansichten (View-Controllern) können die Seiten des Tab-Bar-Controllers aber auch auf einen Navigation-Controller zeigen, der dann wieder mehrere Seiten enthält. In der laufenden App wird dann unten die Symbolleiste des Tab-Bar-Controllers angezeigt, oben die Navigationsleiste des Navigation-Controllers. Ein bekanntes Beispiel für eine derartige Benutzeroberfläche ist die auf allen iPhones vorinstallierte App *Uhr*.

Um einen Navigation-Controller mit einem Tab-Bar-Controller zu verbinden, fügen Sie zuerst die beiden Controller und ihre Ansichten in den Storyboard-Editor ein. Dann stellen Sie mit ⌈ctrl⌉-Drag eine Verbindung vom Tab-Bar- zum Navigation-Controller her, und anschließend legen Sie nochmals mit ⌈ctrl⌉-Drag die Verbindung vom Navigation-Controller zur darin enthaltenen Startansicht an. Weitere Ansichten für den Navigation-Controller verbinden Sie wie üblich durch Segues.

Der Tab-Bar-Controller muss immer der erste Controller sein!

Die *Human Interface Guidelines* von Apple schreiben vor, dass bei Apps mit einem Tab-Bar-Controller dieser als Startpunkt der App agieren muss. Sie dürfen also nicht einen Tab-Bar-Controller in einen Navigation-Controller einbauen.

Programmierung

Als Spielwiese zum Ausprobieren des Tab-Bar-Controllers können Sie das Projekt ios-tab-controller aus den Beispieldateien verwenden. Es verbindet vier Ansichten zu Dialogblättern einer App (siehe Abbildung 12.11). Dabei sind die Ansichten 3 und 4 wiederum in einen Navigation-Controller eingebettet.

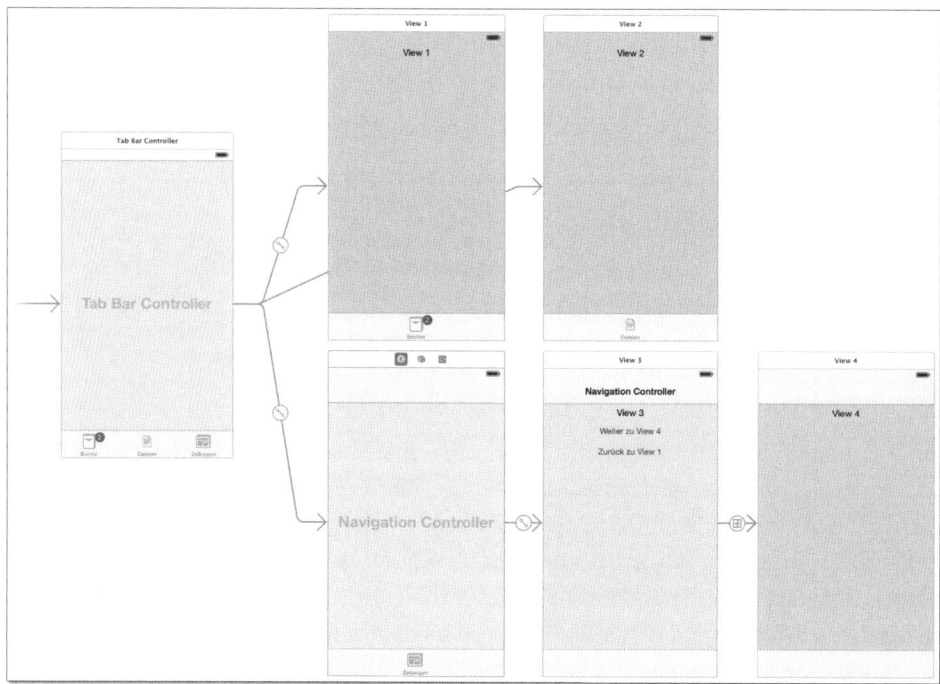

Abbildung 12.11 Aufbau der Beispiel-App zum Test des Tab-Bar-Controllers

Der Tab-Bar-Controller verwendet keine Segues zum Wechseln zwischen den Ansichten. Daher unterbleibt auch der Aufruf von prepareForSegue. Um den Wechsel zwischen den Tabs festzustellen, verwenden Sie am einfachsten die Methoden viewWillAppear oder viewDidAppear im jeweiligen Controller.

```
// Projekt ios-tab-controller, Datei ViewController1.swift
class ViewController1: UIViewController {
  override func viewDidAppear(animated: Bool) {
    super.viewDidAppear(animated)
    print("viewDidAppear in VC1")
  }
}
```

Alternativ können Sie auch das UITabBarControllerDelegate-Protokoll implementieren – beispielsweise in AppDelegate.swift und mit einer Initialisierung in der Methode viewDidLoad des ersten View-Controllers. Dann verrät Ihnen die Methode tabBarController, welcher View-Controller als nächster aktiviert wird. Hintergrund-informationen zur `AppDelegate`-Klasse folgen in Abschnitt 11.4, »Phasen eines iOS-Programms«.

```
// Projekt ios-tab-controller, Datei ViewController1.swift
class ViewController1: UIViewController {
  override func viewDidLoad() {
    super.viewDidLoad()
    self.tabBarController!.delegate =
      UIApplication.sharedApplication().delegate as! AppDelegate
  }
}

// Projekt ios-tab-controller, Datei AppDelegate.swift
extension  AppDelegate: UITabBarControllerDelegate {
  func tabBarController(tabBarController: UITabBarController,
    didSelectViewController viewController: UIViewController)
  {
    print("tabBar -- didSelectItem")
    if let title = viewController.title  {
      print("  \(title)")
    }
  }
}
```

Im Controller-Code einer Ansicht, die von einem Tab-Bar-Controller verwaltet wird, können Sie über die Eigenschaft `tabBarController` auf den übergeordneten Tab-Bar-Controller zugreifen. Dessen Eigenschaft `viewControllers` zeigt auf ein Array mit allen View-Controllern in der Reihenfolge der Tab-Bar-Items. Beachten Sie, dass die Elemente dieses Arrays zwar von Anfang an alle existieren, dass Sie sich aber nicht darauf verlassen können, dass die View-Controller auch schon vollständig initialisiert sind. Die Initialisierung inklusive des `viewDidLoad`-Aufrufs erfolgt erst, wenn die betreffende Ansicht zum ersten Mal angezeigt wird – und erst dann können Sie auch auf die Steuerelemente der Views zugreifen. Den Zustand des View-Controllers können Sie mit der Methode `isViewLoaded` feststellen.

```
// in einer ViewController-Klasse
let tab = tabBarController!
if let vcs = tab.viewControllers {
  for vc in vcs {
    let title = vc.title ?? "kein Titel"
    let loaded = vc.isViewLoaded()
    print("Titel = \(title), isViewLoaded = \(loaded)")
  }
}
```

Der gerade aktive View-Controller und dessen Indexnummer gehen aus den Eigenschaften `selectedViewController` und `selectedIndex` hervor. Eine Zuweisung an eine der beiden Eigenschaften ändert den aktiven View-Controller. Beachten Sie, dass es bei einem derartigen durch Code ausgelösten Tab-Wechsel nicht zum Aufruf der `tabBar`-Methode mit dem Parameter `didSelectItem` kommt! Die folgenden Zeilen zeigen den durch einen Button initiierten Wechsel in die erste Ansicht des Tab-Bar-Controllers:

```swift
// Projekt ios-tab-controller, Datei ViewController3.swift
class ViewController3: UIViewController {
  // in die erste Ansicht des Tab-Bar-Controllers wechseln
  @IBAction func btnActivateView1(sender: UIButton) {
    tabBarController!.selectedIndex = 0
  }
}
```

12.7 Bild-Management in Images.xcasset

Als Bilder für die Tab-Bar-Items sollen Sie gemäß den *Human Interface Guidelines* von Apple jeweils *drei* Bitmaps zur Verfügung stellen: eine in einfacher, eine in doppelter und eine in dreifacher Auflösung. Diese Bitmaps müssen transparent sein, nur die Form des Icons soll als schwarze Linie erkennbar sein. Die Auflösung der drei Bitmaps soll zumindest 25 × 25, 50 × 50 bzw. 75 × 75 Pixel betragen.

https://developer.apple.com/library/ios/documentation/UserExperience/
Conceptual/MobileHIG/BarIcons.html

Zur Verwaltung der Bilddateien sieht Xcode sogenannte Xcasset-Dateien vor. Diese Dateien ermöglichen es, eine Bitmap in mehreren Auflösungen zu speichern, wobei Xcode die Dateien bestmöglich in die App integriert und automatisch die Bitmap-Version verwendet, die für das jeweilige iOS-Gerät am besten geeignet ist. Eine derartige Xcasset-Datei ist standardmäßig in jedem iOS-Projekt enthalten: Je nach Xcode-Version hat sie den Namen `Assets.xcasset` oder `Images.xcasset`.

Die Bilddateien fügen Sie am einfachsten per Drag & Drop in die Datei `Images.xcassets` ein (siehe Abbildung 12.12). Bitmaps für Buttons und Icons sollten vorzugsweise im PNG-Format vorliegen. Für Hintergrundbilder ist das JPEG-Format oft platzsparender.

Die Dateinamen für die drei Auflösungen lauten üblicherweise `name.png`, `name@x2.png` und `name@x3.png` oder analog `name.jpeg`, `name@x2.jpeg` und `name@x3.jpeg`. Wenn Ihre Bilddatei nur in einer Auflösung vorliegt, verzichten Sie auf `@x2` bzw. `@x3` und speichern in `Images.xcasset` nur die 1x-Version. Diese Bitmap-Version wird dann in allen Fällen verwendet und entsprechend skaliert.

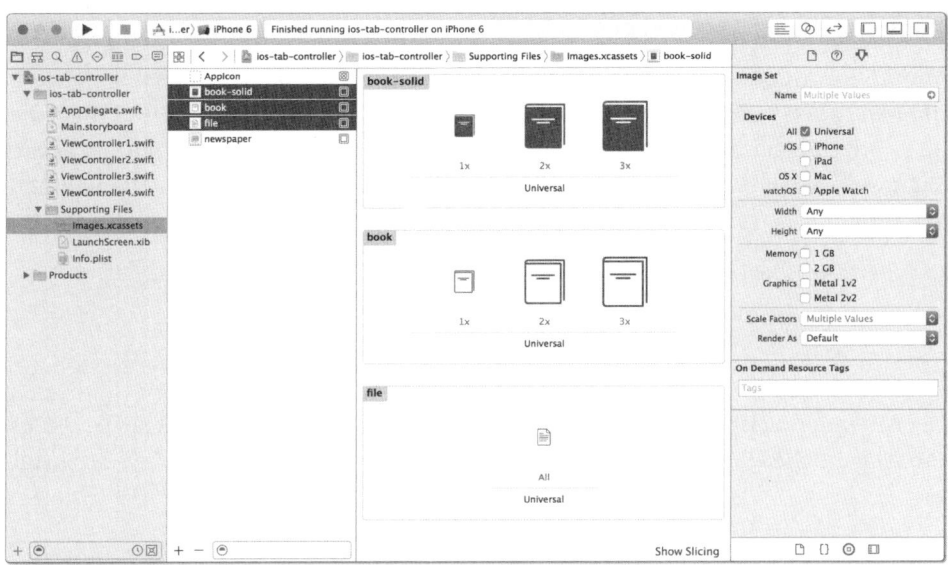

Abbildung 12.12 Einige Bilder in Images.xcasset

Alternativ akzeptiert der Editor für *.xcasset-Dateien – etwas widerwillig – auch PDF-Dateien. Nachdem Sie eine PDF-Datei per Drag & Drop eingefügt haben, stellen Sie im Attributinspektor SCALE FACTORS = SINGLE VECTOR ein. Die PDF-Datei gilt jetzt als UNASSIGNED. Sie müssen die Datei nun noch in den Bereich UNIVERSAL verschieben. Xcode generiert daraus dann drei Bitmaps, die der iOS-App zur Laufzeit zur Verfügung stehen. In der Praxis scheitert die Verwendung von PDF-Dateien aber oft daran, dass Xcode nicht in der Lage ist, das Bild in der korrekten Größe aus der PDF-Datei zu extrahieren. SVG-Dateien unterstützt Xcode leider gar nicht.

Bleibt als letzte Frage nur noch, woher Sie geeignete Bilder nehmen. Wenn Sie nicht gerade ein Photoshop- oder Gimp-Künstler sind und Sie auch auf Ihre Arbeitszeit achten müssen, bietet sich der Erwerb einer Icon-Sammlung an. Im Internet finden Sie hierfür diverse Angebote.

Verwaltung vieler Bilder

Sollten Sie in einer App sehr viele Bilder benötigen, empfiehlt es sich, mit FILE • NEW • FILE einfach weitere *.xcassets-Dateien einzurichten. Dazu verwenden Sie den Dateityp RESOURCE • ASSET CATALOG. Für Xcode spielt es keine Rolle, in welcher Xcassets-Datei sich ein Bild befindet.

Zugriff auf Images.xcasset per Code

Wenn Sie im Code auf eine Bilddatei in `Images.xcasset` oder in einer beliebigen anderen `.xcasset`-Datei Ihres Projekts zugreifen möchten, verwenden Sie einfach die `init`-Funktion der `UIImage`-Klasse mit dem `named`-Parameter. Bei Bildern in `.xcasset`-Dateien übergeben Sie den Assets-Namen, ansonsten den wirklichen Dateinamen mit Kennung:

```
// wenn sich die Bitmap in *.xcassets befindet
let img = UIImage(named: "bild")
// wenn die Bitmap Teil der Projektdateien ist
let img = UIImage(named: "noch-ein-bild.png")
```

Ein konkretes Beispiel finden Sie in Abschnitt 14.3, »Listen (UITableView)«, wo es darum geht, die Flaggen der deutschen Bundesländer in einem Listenfeld darzustellen.

App-Icon

Standardmäßig erhalten alle in Xcode entwickelten Apps ein weißes, von Xcode generiertes Default-Icon. Bevor Sie Ihr Programm im AppStore einreichen können, müssen Sie in `Images.xcassets` ein eigenes Icon zur Verfügung stellen, und das je nach App-Typ in diversen Auflösungen. Details zu diesem Thema folgen in Abschnitt 16.7, »App-Icon«.

Kapitel 13
GPS- und Kompassfunktionen

In diesem Kapitel geht es um die Nutzung der GPS- und Kompassfunktionen Ihres Smartphones durch ein Swift-Programm. Ich präsentiere Ihnen den Umgang mit diesen Funktionen stark beispielorientiert, wobei sich die Komplexität der Apps allmählich steigert:

- In *Hello MapView* lernen Sie das MapView-Steuerelement kennen.
- Das zweite Programm zeigt, wie Sie auf einer Karte die gerade zurückgelegte Wegstrecke grafisch aufzeichnen.
- Eine Kompass-App versucht der Apple-eigenen Kompass-App Konkurrenz zu machen. Gleichzeitig lernen Sie hier grundlegende Grafikfunktionen von iOS kennen – und erfahren, wie Sie diese in eigene Steuerelemente integrieren.

13.1 Hello MapView!

Das MapView-Steuerelement mit dem Klassennamen `MKMapView` (MK = Map Kit) ermöglicht es Ihnen, mit geringem Aufwand eine App mit Navigationsfunktionen zu erstellen. Grundsätzlich dient dieses Steuerelement dazu, eine Karte darzustellen, optional auch mit Satellitenbildern und – wo verfügbar – in 3D-Ansicht.

MapKit-Framework

Beim ersten Test des Steuerelements wird Ihre App vermutlich mit der folgenden nichtssagenden Fehlermeldung abbrechen: *Could not instantiate class named MKMapView*. Schuld daran ist, dass Xcode die erforderliche MapKit-Bibliothek nicht in die App einbindet. Dieses Problem lösen Sie, indem Sie zuerst im Projektnavigator Ihr Projekt und anschließend das zugehörige App-Target auswählen. Im Dialogblatt CAPABILITIES aktivieren Sie nun die Funktion MAPS (siehe Abbildung 13.1).

Damit weiß Xcode nun, dass Sie Maps-Funktionen nutzen möchten. Das entsprechende MapKit-Framework wird nun automatisch in die App integriert. Davon überzeugen Sie sich durch einen Blick in das Dialogblatt GENERAL, an dessen Ende Sie den Eintrag LINKED FRAMEWORKS AND LIBRARIES finden (siehe Abbildung 13.2).

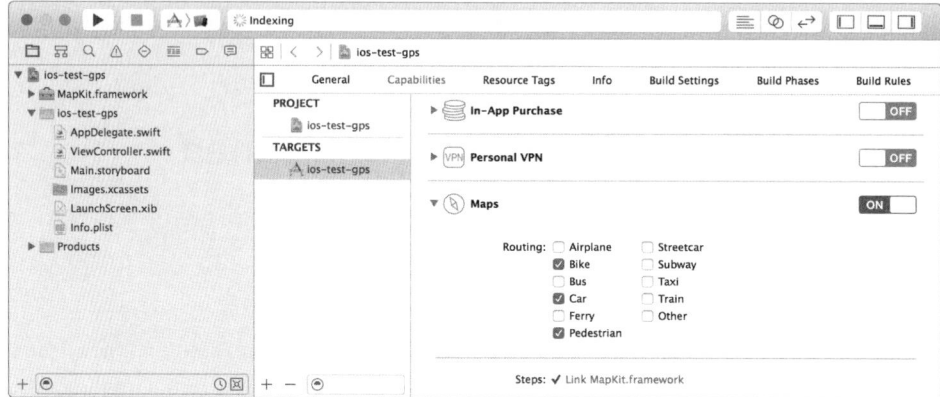

Abbildung 13.1 Aktivierung der Maps-Capabilities

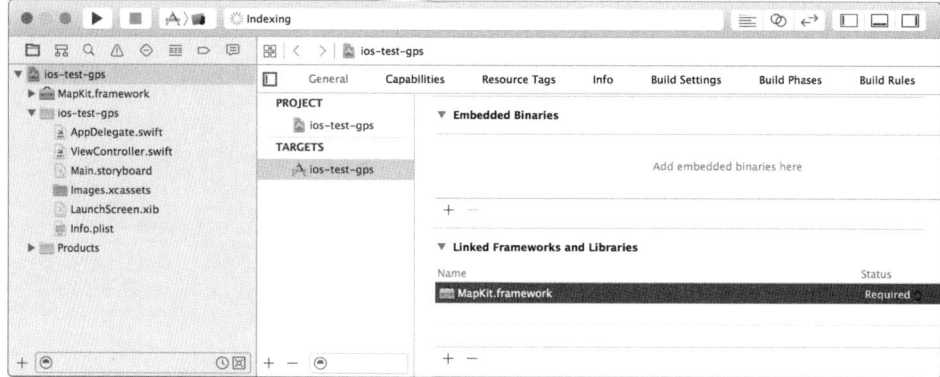

Abbildung 13.2 Zusammenstellung der Zusatz-Frameworks der App

Um Erlaubnis fragen

Wenn Sie Ihre App mit dem MapView-Steuerelement jetzt ausführen, zeigt sie zwar eine Europakarte in großem Maßstab, nicht aber Ihren aktuellen Ort an. Na gut, werden Sie sich denken, dann aktiviere ich eben im Attributinspektor die Option SHOWS USER LOCATION! An sich ist die Idee natürlich richtig, aber nun tritt eine neue Fehlermeldung auf: *Trying to start MapKit location updates without prompting for location authorization. Must call requestWhenInUseAuthorization or requestAlwaysAuthorization first.*

Was heißt das nun wieder? Sie müssen in Ihrem Programm explizit um die Erlaubnis fragen, auf Ortsdaten des iOS-Geräts zugreifen zu dürfen. Das ist aus zweierlei Gründen notwendig. Zum einen schätzen es viele Smartphone-Anwender nicht, wenn jedes Programm ständig weiß, wo sich das Telefon und in der Regel auch sein Besitzer gerade aufhält, und zum anderen kosten die GPS-Funktionen relativ viel Strom und verkürzen somit die Akkulaufzeit. Deswegen muss der Benutzer bei jeder App dem Zugriff auf Standortdaten zuerst zustimmen.

Dieses »Um-Erlaubnis-fragen« erledigen Sie am einfachsten in der `viewDidLoad`-Methode des View-Controllers. Dort erzeugen Sie einen `CLLocationManager` (CL steht hier für »Core Location«) und führen dann die Methode `requestWhenInUseAuthorization` aus. Falls Ihre App die Position auch im Hintergrund abfragen soll, verwenden Sie stattdessen die Methode `requestAlwaysAuthorization`.

```
import CoreLocation
class ViewController: UIViewController {
  var locmgr = CLLocationManager()

  override func viewDidLoad() {
    super.viewDidLoad()
    // um Erlaubnis fragen, ob die Ortungsdienste
    // verwendet werden dürfen
    locmgr.requestWhenInUseAuthorization()
  }
}
```

Abbildung 13.3 Darf die App auf Standortdaten zugreifen?

Info.plist-Einstellungen

In den von Apple gestalteten Erlaubnisdialog wird eine Begründung eingebaut, warum die App diesen Dienst nutzen will (siehe Abbildung 13.3). Einen entsprechenden Eigenschaftseintrag müssen Sie in der Datei Supporting Files/Info.plist mit ADD ROW hinzufügen (siehe Abbildung 13.4). Sie dürfen die Zeichenkette mit der Begründung leer lassen, aber Sie müssen den entsprechenden Eintrag in die Property List einfügen, sonst scheitert die Programmausführung mit einer Fehlermeldung!

Die beiden Eigenschaften haben ausufernd lange Namen, wobei es ärgerlicherweise in der Property List keine Vervollständigung gibt. Achten Sie darauf, dass Ihnen kein Tippfehler passiert!

Key	Type	Value
Bundle identifier	String	$(PRODUCT_BUNDLE_IDENTIFIER)
InfoDictionary version	String	6.0
Bundle name	String	$(PRODUCT_NAME)
Bundle OS Type code	String	APPL
Bundle versions string, short	String	1.0
Bundle creator OS Type code	String	????
Bundle version	String	1
Application Category	String	
Application requires iPhone envir...	Boolean	YES
▶ Maps routing app supported modes	Array	(3 items)
NSLocationAlwaysUsageDesc...	String	Dieses Programm kann die aktuelle Position nur aufzeichnen, wenn Sie dies erlauben.
▶ Required background modes	Array	(1 item)
Launch screen interface file base...	String	LaunchScreen
Main storyboard file base name	String	Main
▶ Required device capabilities	Array	(1 item)
▶ Supported interface orientations	Array	(3 items)
▶ Supported interface orientations (...	Array	(4 items)

Abbildung 13.4 Begründung für die Nutzung der Ortungsdienste

- `NSLocationWhenInUseUsageDescription` für `requestWhenInUseAuthorization()`
- `NSLocationAlwaysUsageDescription` für `requestAlwaysAuthorization()`

Erste Tests

Die Beschreibung der Voraussetzungen für eine erste funktionierende App mit einer MapView waren zwar recht lang, tatsächlich dauert es mit etwas Xcode-Übung aber kaum länger als eine Minute, eine Hello-MapView-App zusammenzuschustern und die zwei erforderlichen Swift-Code-Zeilen einzufügen. Das Ergebnis sieht auf den ersten Blick beinahe wie die Apple-App »Karten« aus. Die App zeigt also eine Landkarte mit der gerade aktuellen Position (siehe Abbildung 13.5).

Abbildung 13.5 Eine Mini-App mit einem MapView-Steuerelement

Den sichtbaren Kartenausschnitt können Sie wie üblich durch Schieben, Zoomen und Drehen verändern. Ansonsten kann unsere Mini-App aber natürlich nicht mit »Karten« mithalten. Such- und Navigationsfunktionen fehlen ebenso wie die Möglichkeit, die Darstellungsform umzuschalten.

Die entsprechenden Einstellungen können Sie vorweg im Attributinspektor durchführen (siehe Abbildung 13.6), oder Sie müssen in der laufenden App Eigenschaften des MKMapView-Steuerelements durch Swift-Code verändern.

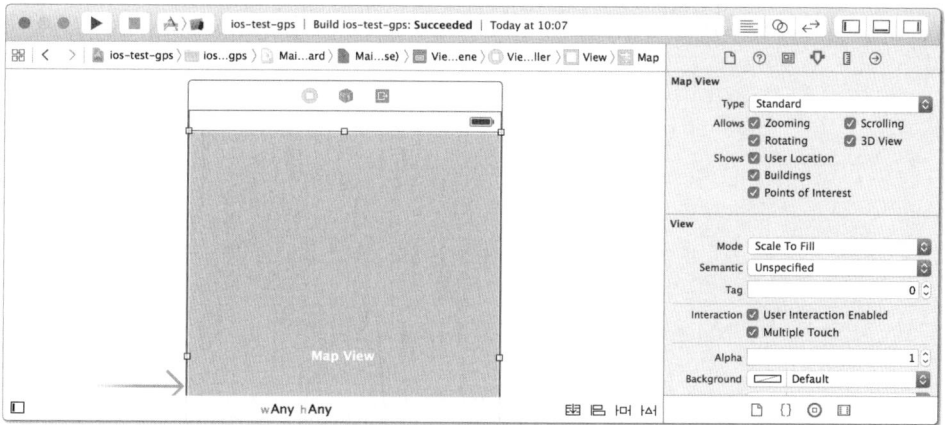

Abbildung 13.6 MapView-Eigenschaften im Attributinspektor einstellen

Kartenfunktionen im iOS-Simulator

Auf den ersten Blick erweckt der iOS-Simulator den Eindruck, als könnten Sie den sichtbaren Kartenausschnitt dort nur verschieben, nicht aber verdrehen oder zoomen.

Das täuscht aber: Sobald Sie alt drücken, erscheinen im Simulator zwei graue Punkte, die zwei Fingern entsprechen. Diese Punkte bewegen sich rund um den Mittelpunkt der Karte. Mit gedrückter Maus- oder Trackpad-Taste können Sie nun eine Zoom- oder Drehbewegung durchführen. Das erfordert anfänglich etwas Übung, funktioniert aber bald schon ganz zufriedenstellend.

Darüber hinaus bietet das Programm die Möglichkeit, verschiedene Bewegungsabläufe zu simulieren. Die entsprechenden Kommandos sind im Menü DEBUG • LOCATION versteckt. Trotzdem ist der Test von Programmen mit geografischen Funktionen im Simulator natürlich nur eingeschränkt möglich.

13.2 Wegstrecke aufzeichnen

Im folgenden Beispielprogramm geht es um eine App, die nach dem Start die gerade aktuelle Position des Benutzers verfolgt und in der Karte einzeichnet. Wenn Sie die App starten und dann einen Spaziergang unternehmen, wird Ihr Weg also in Form einer roten Linie auf der Karte nachgezeichnet. Gleichzeitig wird im unteren Bildschirmbereich Ihre aktuelle Position, Geschwindigkeit etc. angezeigt (siehe Abbildung 13.7).

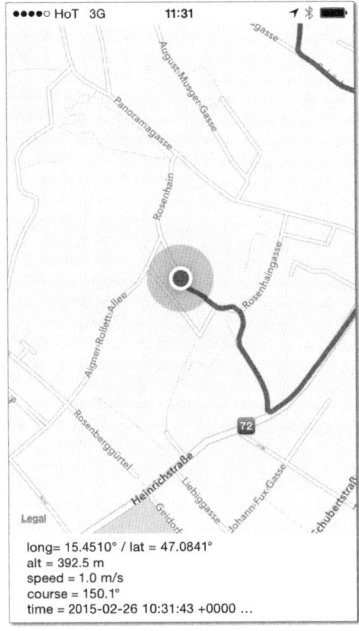

Abbildung 13.7 App zur grafischen Aufzeichnung einer Wegstrecke

Programmaufbau und Auto Layout

Die App besteht aus zwei Steuerelementen, einer MapView und einem Label. Das mehrzeilige Label ist am linken, unteren und rechten Rand fixiert, außerdem ist seine Höhe fix mit 61 Punkten vorgegeben. Das darüber befindliche Map-View-Steuerelement ist am linken, oberen und rechten Rand sowie an der Oberkante des Labels fixiert. Damit füllt es den gesamten freien Bildschirm aus, der nicht vom Label beansprucht wird.

Im Attributinspektor ist die MapView-Darstellung auf Standard gestellt. Jede Benutzerinteraktion ist deaktiviert (also alle Allows-Optionen), dafür ist die Option Shows User Location aktiv.

Im Dialogblatt Capabilities ist neben Maps diesmal auch der Punkt Background Modes für Location updates aktiviert (siehe Abbildung 13.8). Damit läuft das Programm, so es einmal gestartet ist, auch im Hintergrund weiter und protokolliert Positionsdaten. Vergessen Sie diese Einstellung, wird die App, wenn sie nicht mehr aktiv ist, nach einiger Zeit gestoppt und stürzt beim »Wiederaufwachen« ab. Details zu den verschiedenen App-Zuständen (Vordergrund, Hintergrund, Suspended) lesen Sie bitte in Abschnitt 11.4, »Phasen einer iOS-App«, nach.

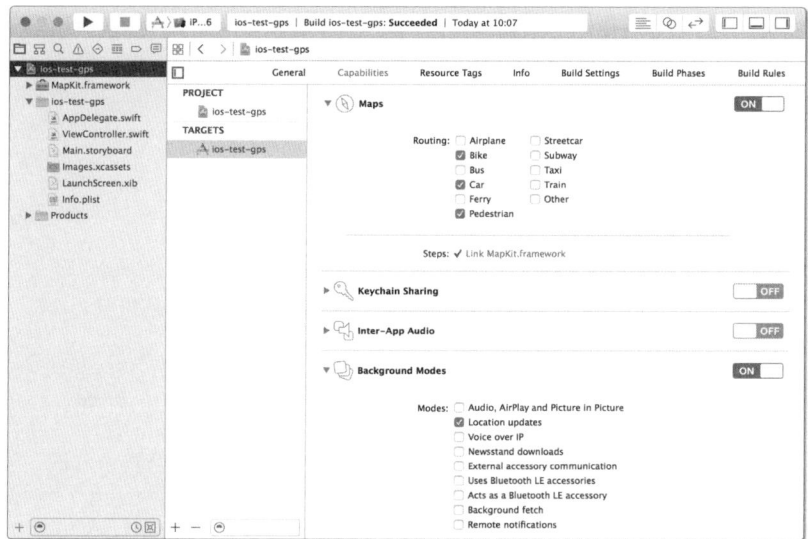

Abbildung 13.8 Die Test-App nutzt die abgebildeten iOS-Funktionen.

Achtung, verminderte Akkulaufzeit

Diese Test-App läuft unbegrenzt im Hintergrund, was nicht nur die Akku-Laufzeit mindert, sondern auch die Chancen, dass das Programm im App Store akzeptiert wird. Wenn Sie aus dem Testprogramm eine »richtige« App entwickeln möchten, sollten Sie `startMonitoringSignificantLocationChanges` aufrufen, damit die Position nicht ständig, sondern nur bei nennenswerten Veränderungen aktualisiert wird. Dadurch wird die weiter unten beschriebene Methode `locationManager`(`_:didUpdateLocations:`) viel seltener aufgerufen. Auch eine zeitliche Limitierung der Aufzeichnung kann zweckmäßig sein.

Die ViewController-Klasse

Wesentlich interessanter als die optische App-Gestaltung ist bei diesem Beispiel der Code: Die eigene `ViewController`-Klasse ist wie üblich von `UIViewController` abgeleitet. Die Klasse implementiert aber außerdem noch die beiden Protokolle

CLLocationManagerDelegate und MKMapViewDelegate. Sie sind erforderlich, damit die App Location- bzw. MapView-Ereignisse in Methoden verarbeiten kann. Zwei IBOutlets ermöglichen wie üblich den Zugriff auf die Steuerelemente, zwei Eigenschaften speichern den Location Manager sowie die aufgezeichneten Positionen. Die eigentliche Arbeit erledigen drei Methoden, die im folgenden Listing nur angedeutet sind; deren detaillierte Beschreibung folgt gleich.

```
// Projekt ios-test-gps, Datei ViewController.swift
// Aufbau der ViewController-Klasse
import UIKit
import CoreLocation
import MapKit
class ViewController: UIViewController,
                      CLLocationManagerDelegate,
                      MKMapViewDelegate
{
    @IBOutlet weak var map: MKMapView!       // Zugriff auf die
    @IBOutlet weak var label: UILabel!       // Steuerelemente

    var locmgr:CLLocationManager!            // Location Manager
    var coords:[CLLocationCoordinate2D] = [] // Positions-Array

    override func viewDidLoad() { ... }       // Initialisierung
    func locationManager(...) { ... }         // neue Position
    func mapView(...) -> ... { ... }          // Route zeichnen
}
```

Initialisierung in viewDidLoad

Die Methode viewDidLoad wird aufgerufen, sobald iOS mit der Low-Level-Initialisierung der App fertig ist. Jetzt ist der Zeitpunkt gekommen, um die eigenen Initialisierungsarbeiten zu erledigen. In unserem Fall geht es dabei um zwei Dinge:

▸ Der Location Manager soll uns in Zukunft regelmäßig mit Informationen darüber versorgen, wo sich das iPhone gerade befindet. Dazu erzeugen wir wie im vorigen Abschnitt eine Instanz der CLLocationManager-Klasse. Neu sind die weiteren Einstellungen:

  – Mit locmgr.delegate = self geben wir an, dass unsere ViewController-Instanz Location-Ereignisse verarbeiten soll. Das ist nur zulässig, weil die ViewController-Klasse das Protokoll CLLocationManagerDelegate implementiert. Somit können wir unsere Klasse mit im Protokoll definierten Methoden ausstatten, die dann beim Auftreten eines Ereignisses aufgerufen werden. In diesem Beispiel gibt es nur eine derartige Methode, nämlich die im nächsten Abschnitt beschriebene Methode locationManager.

- Mit `desiredAccuracy = kCLLocationAccuracyBest` geben wir an, dass wir die Position des iOS-Geräts in größtmöglicher Genauigkeit wissen möchten.

- `requestAlwaysAuthorization` sorgt beim erstmaligen Start der App für den schon bekannten Dialog mit der Frage, ob die App Standortdaten verarbeiten darf. Vergessen Sie nicht, in der Datei `Info.plist` die Eigenschaft `NSLocationAlwaysUsageDescription` hinzuzufügen und ihr einen Erklärungstext zuzuweisen.

- `startUpdatingLocation` startet schließlich die Ereignisverarbeitung und führt dazu, dass wenig später erstmals die `locationManager`-Methode aufgerufen wird, wenn neue Positionsdaten zur Verfügung stehen.

▶ Anders als im ersten Beispiel wollen wir diesmal auch auf die Darstellung des Map-View-Steuerelements Einfluss nehmen. Deswegen hält unser View-Controller auch das `MKMapViewDelegate`-Protokoll ein. `map.delegate = self` bewirkt auch hier, dass wir die resultierenden Methodenaufrufe verarbeiten möchten. Das betrifft in diesem Beispiel die Methode `mapView`, die etwas weiter unten beschrieben wird.

```
override func viewDidLoad() {
  super.viewDidLoad()

  // Location Manager initialisieren
  locmgr = CLLocationManager()
  locmgr.delegate = self
  locmgr.desiredAccuracy = kCLLocationAccuracyBest
  locmgr.requestAlwaysAuthorization()
  locmgr.startUpdatingLocation()

  // Map-Methoden verarbeiten
  map.delegate = self
}
```

locationManager-Delegate

Die im Folgenden abgedruckte Methode `locationManager(_:didUpdateLocations:)` wird von nun an circa einmal pro Sekunde aufgerufen. Im ersten Parameter wird der für das Ereignis verantwortliche Location Manager übergeben. Interessanter ist der zweite Parameter, der ein Array mit den aktuellen Positionsangaben übergibt, wobei das letzte Element die aktuellsten Daten enthält. Ein erfreulicher Unterschied zwischen Swift 1 und Swift 2 besteht darin, dass die API besser an Swift angepasst wurde: Positionen werden nicht mehr als `AnyObject`-Array, sondern direkt als `CLLocation`-Array übergeben.

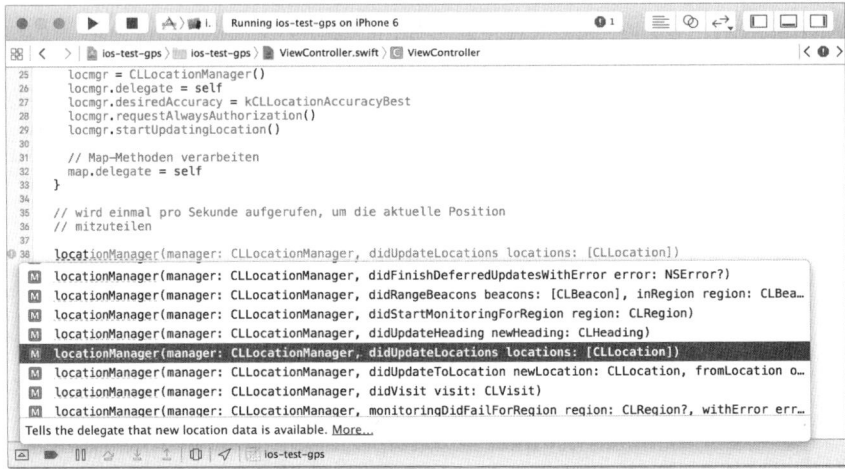

Abbildung 13.9 Die Auto-Vervollständigung hilft bei der Eingabe von Delegate-Methoden.

Eingabe von Delegation-Methoden in Xcode

Vielleicht fragen Sie sich, woher Sie wissen, welche Parameter diese Methode erwartet, und wie Sie die Methode am besten in Xcode eingeben. Ganz einfach: Tippen Sie die Anfangsbuchstaben der Methode ein. Xcode zeigt nun eine Liste der zur Auswahl stehenden Methoden, die in unserem Fall zwar alle locationManager heißen, sich aber durch den zweiten Parameter unterscheiden (siehe Abbildung 13.9).

Wir benötigen die Variante der Methode, bei der der zweite Parameter didUpdate-Locations heißt – was auch aus der im vorigen Absatz angegebenen Signatur locationManager(_:didUpdateLocations:) hervorgeht. Wählen Sie die richtige Methode aus, und drücken Sie [↵].

Die folgenden Zeilen extrahieren aus dem aktuellsten CLLocation-Objekt den Längen- und Breitengrad, die Seehöhe (leider nicht besonders genau), die Geschwindigkeit und die Bewegungsrichtung in Grad. All diese Informationen werden in mehreren Zeilen im Label angezeigt.

setRegion stellt ein, welchen Kartenausschnitt die MapView zeigen soll. Mit den gewählten Daten wird die gerade aktuelle Position immer mittig im Steuerelement dargestellt. Der sichtbare Ausschnitt soll circa eine Breite von einem Kilometer haben.

Zuletzt geht es nun noch darum, die aktuelle Position im Array coords zu speichern. Da die ersten Positionen oft sehr ungenau sind, ignorieren wir sie. Aber sobald zumindest fünf Positionen vorliegen, erzeugen wir aus den letzten beiden Positionen ein MKPolyline-Objekt. Dieses Objekt fügen wir mit mapOverlay in einen Speicher ein, der sich alle über der Karte darzustellenden Daten merkt. Beachten Sie, dass an dieser

Stelle noch nichts gezeichnet wird! Darum kümmert sich das MapKit-Steuerelement selbst, wobei wir diesen Prozess in der mapView-Methode unterstützen.

```
// Projekt ios-test-gps, Datei ViewController.swift
func locationManager(manager:CLLocationManager,
                     didUpdateLocations locations:[CLLocation])
{
  for loc in locations {  // alle Positionen übergeben
    // Position anzeigen und dem coords-Array hinzufügen
    let long =
       String(format: "%.4f", loc.coordinate.longitude)
    let lat  =
       String(format: "%.4f", loc.coordinate.latitude)
    let alt =    String(format: "%.1f", loc.altitude)
    let speed =  String(format: "%.1f", loc.speed)
    let course = String(format: "%.1f", loc.course)
    label.text = "long= \(long)° / lat = \(lat)° \n" +
                 "alt = \(alt) m \n" +
                 "speed = \(speed) m/s \n" +
                 "course = \(course)° \n" +
                 "time = \(loc.timestamp) \n"

    // sichtbaren Bereich der Karte (inkl. Zoom) einstellen
    // aktuelle Position immer zentriert
    let span = 0.01  // in Grad; 1° entspricht 111 km,
                     // 0.01° entspricht 1100 m
    let reg = MKCoordinateRegion(
      center: map.userLocation.coordinate,
      span: MKCoordinateSpanMake(span, span))
    map.setRegion(reg, animated: false)

    // aktuelle Position im Array speichern
    coords.append(loc.coordinate)

    // fügt dem Map-Overlay eine Linie vom letzten
    // zum vorletzten Punkt hinzu
    let n = coords.count
    if n > 4 {  // die ersten Punkte ignorieren, oft ungenau
      var pts = [coords[n-1], coords[n-2]]
      let polyline =
        MKPolyline(coordinates: &pts, count: pts.count)
      map.addOverlay(polyline)
    }
  } // for-Ende
} // func-Ende
```

Location-Benachrichtigungen ohne MapView

Es bietet sich oft an, Ereignisse des Location Managers in Kombination mit einer Map-View zu verarbeiten, aber das ist keineswegs zwingend. Auch ohne MapView kann Ihr Programm einen Location Manager einrichten und dessen Daten verarbeiten. Unbedingt erforderlich ist aber die Abfrage, ob Ihre App Standarddaten empfangen darf (also requestXxxAuthorization in viewDidLoad).

Die mapView-Methode

Die folgende, im CLLocationManagerDelegate-Protokoll definierte mapView-Methode wird immer dann aufgerufen, wenn das MapView-Steuerelement neu gezeichnet wird. Unsere Aufgabe ist es, darin für unsere Daten ein Overlay-Renderer-Objekt zu erzeugen und zurückzugeben. Dieses Objekt bestimmt, wie die über der Karte darzustellenden Liniensegmente zu zeichnen sind – in unserem Beispiel als roter, 3 Punkte breiter Linienzug.

```
func mapView(mapView: MKMapView,
           rendererForOverlay overlay: MKOverlay)
        -> MKOverlayRenderer
{
  if overlay is MKPolyline {
    // falls Polyline-Overlay: passenden
    // MKPolylineRenderer erzeugen
    let polylineRenderer = MKPolylineRenderer(overlay: overlay)
    polylineRenderer.strokeColor = UIColor.redColor()
    polylineRenderer.lineWidth = 3
    return polylineRenderer
  } else {
    // sonst: leere MKOverlayRenderer-Instanz zurückgeben
    return MKOverlayRenderer()
  }
}
```

Erweiterungsmöglichkeiten

Wenn Sie Spaß an dem kleinen Programm haben, gibt es eine Menge Erweiterungsmöglichkeiten:

▶ Das Programm bietet im laufenden Betrieb keine Möglichkeit, den sichtbaren Ausschnitt einzustellen. Die aktuelle Position wird immer im Bildschirmmittelpunkt angezeigt, der Zoom-Faktor ist unveränderlich. Schuld daran ist der Aufruf von map.setRegion in der Methode locationManager.

Ein anderer Ansatz könnte darin bestehen, `setRegion` nur einmal nach dem Start der App aufzurufen und dem Benutzer die Kontrolle über die MapView ansonsten zu überlassen. Dazu müssen die Optionen ALLOWS ZOOMING, SCROLLING und ROTATING im Attributinspektor aktiviert werden.

▶ Ebenso fehlt der App die Möglichkeit, zwischen den verschiedenen Darstellungsvarianten (also Karte, Satellit, Hybrid) umzustellen. Ein Button und eine Code-Zeile wie `map.mapType = MKMapType.Hybrid` könnten da rasch Abhilfe schaffen.

▶ Das Programm speichert die aufgezeichnete Route nicht. Sobald das Programm von iOS aus dem Speicher entfernt wird, hat es alles vergessen. Wenn Sie Routen aufzeichnen möchten, müssen Sie eine Speichermöglichkeit für das Array `coords` anbieten.

▶ Als logische Ergänzung würden sich nun ein paar Buttons oder ein eleganterer Steuerungsmechanismus anbieten, um die Positionsaufzeichnung zu starten, zu stoppen bzw. zurückzusetzen.

13.3 Kompassfunktionen

Zwar gibt es in Xcode kein eigenes Kompasssteuerelement, ansonsten ist die Nutzung der Kompassfunktionen aber denkbar einfach: Wir benötigen wie in den vorangegangenen Beispielen einen Location Manager und müssen im View-Controller das Protokoll `CLLocationManagerDelegate` implementieren. In `viewDidLoad` erzeugen wir wie gehabt den Location Manager. Anstelle von `startUpdatingLocation` führen wir diesmal aber `startUpdatingHeading` aus: Wir sind nicht an Positionsinformationen, sondern nur an Richtungsangaben interessiert. Dafür müssen wir nicht einmal um Erlaubnis bitten.

Die für uns relevante Delegate-Methode `locationManager` ist am Namen des zweiten Parameters zu erkennen. Dieser muss `didUpdateHeading` lauten, d. h. die Signatur der Methode lautet `locationManager(_:didUpdateHeading:)`. Der Parameter stellt uns ein `CLHeading`-Objekt zur Verfügung. Von dessen vielen Eigenschaften interessiert uns nur eine: `trueHeading` gibt an, in welche Richtung das obere Ende der Benutzeroberfläche des iPhones oder iPads zeigt. Die Angabe erfolgt in Grad. 0° bedeutet, dass das Gerät aus der Sicht des Benutzers nach Norden zeigt, 90° gelten für Osten etc.

---

iPad-Kompass

Die Kompassfunktionen sind auch bei iPads ohne Mobilfunk- und GPS-Funktionen verwendbar. Beachten Sie aber, dass der Kompass durch Gehäuse mit Magnetverschluss massiv aus dem Gleichgewicht kommt!

Eine minimale Auswertung der Kompassdaten mit Debugging-Anzeige in Xcode erfordert somit nur wenige Zeilen Code:

```
import UIKit
import CoreLocation

class ViewController: UIViewController,
                      CLLocationManagerDelegate
{
  var locmgr:CLLocationManager!

  // Location Manager initialisieren
  override func viewDidLoad() {
    super.viewDidLoad()
    locmgr = CLLocationManager()
    locmgr.delegate = self
    locmgr.desiredAccuracy = kCLLocationAccuracyBest
    locmgr.startUpdatingHeading()
  }

  // wird aufgerufen, wenn das iPhone/iPad in eine
  // andere Richtung zeigt
  func locationManager(manager: CLLocationManager,
                   didUpdateHeading newHeading: CLHeading) {
    print(newHeading.trueHeading)
  }
}
```

Kompasskalibrierung

Mitunter erkennen iOS-Geräte die Notwendigkeit, die Kompassfunktion neu zu kalibrieren. Das ist vor allem dann der Fall, wenn die Funktion zum ersten Mal nach langer Zeit verwendet wird oder wenn das Gerät ein störendes Magnetfeld in der Nähe feststellt.

Es ist Ihrer App überlassen, ob bzw. wie sie auf diese Kalibrierungsaufforderung reagiert. Wenn Sie keinen entsprechenden Code vorsehen, dann verzichtet iOS auf die Kalibrierung; es kann dann aber sein, dass die Richtungsangaben ungenau sind. Besser ist es daher, in den View-Controller den folgenden Code einzubauen:

```
func locationManagerShouldDisplayHeadingCalibration(
  manager: CLLocationManager) -> Bool
{
  return true
}
```

Das führt dazu, dass Ihre App, wann immer sie es für notwendig hält, einen Kompass-kalibrierdialog einblendet. Ihre App-Benutzer müssen nun die Kalibrierung durchführen, ob sie wollen oder nicht. In einer »echten« App ist es vermutlich zweckmäßiger, die Benutzer vorher zu informieren und ihnen die Möglichkeit zu geben, diesen Prozess abzubrechen.

Grafische Darstellung eines Kompasses

Es ist zwar kein Problem, den `trueHeading`-Wert in einem Label anzuzeigen, besonders hilfreich ist das aber selten. Wer einen Kompass braucht, ist in der Regel an einem grafischen Zeiger nach Norden interessiert. Also müssen wir versuchen, den vom Location Manager gelieferten Winkel grafisch darzustellen. Das führt uns zu einem neuen Aspekt der iOS-Programmierung: zur Nutzung grafischer Funktionen und zur Gestaltung eigener Steuerelemente.

13.4 Eigene Steuerelemente mit Grafikfunktionen

13

Hinter den Kulissen sind alle iOS-Steuerelemente Klassen. Was tun Sie, wenn Sie eine vorhandene Klasse um neue Funktionen erweitern möchten? Sie nutzen den Mechanismus der Vererbung (siehe Abschnitt 8.1). Wie dies konkret funktioniert, ist Thema dieses Abschnitts. Nebenbei lernen Sie auch gleich einige Grundkonzepte der Grafikprogrammierung kennen, wobei ich mich hier aber auf recht simple 2D-Funktionen beschränke.

Eine Klasse für ein neues Steuerelement

Um ein neues Steuerelement zu erzeugen, brauchen Sie als Erstes eine neue Klasse. Dazu führen Sie im aktuellen iOS-Projekt File • New • File aus und wählen die Vorlage Cocoa Touch Class aus (zu finden unter der Rubrik iOS • Source). Im zweiten Schritt benennen Sie die Klasse, z. B. mit `CompassView`, und geben im Listenfeld Subclass of an, von welcher vorhandenen Klasse Sie Ihre Kreation ableiten möchten (siehe Abbildung 13.10).

Für unsere Zwecke eignet sich `UIView` am besten. Dabei handelt es sich um einen rechteckigen Bereich, dessen Inhalt Sie selbst grafisch gestalten können. Dazu müssen Sie lediglich die `drawRect`-Methode überschreiben und mit eigenem Code ausstatten.

Zuletzt müssen Sie noch angeben, wo Sie die neue `*.swift`-Datei speichern möchten. Sofern Ihr iOS-Projekt nicht schon aus sehr vielen Dateien besteht, spricht nichts dagegen, dies einfach im Grundverzeichnis Ihres Projekts zu tun. In diesem Fall bestätigen Sie den Vorschlag von Xcode einfach mit Create. Xcode zeigt die neue Datei an, die anfänglich folgenden Inhalt hat:

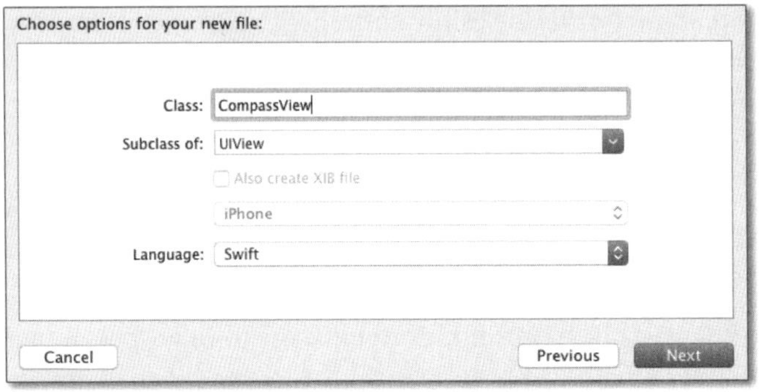

Abbildung 13.10 Eine neue Klasse für das Steuerelement anlegen

```
// Projekt ios-test-compass
// Datei CompassView.swift
class CompassView: UIView {
    // Only override drawRect: if you perform custom drawing.
    // An empty implementation adversely affects performance during
    // animation.
    override func drawRect(rect: CGRect) {
        // Drawing code
    }
}
```

Grafikprogrammierung

In der neuen Klasse wird die Methode drawRect immer dann aufgerufen, wenn das ganze Steuerelement oder auch nur Teile davon neu zu zeichnen sind. Der neu zu zeichnende Bereich geht aus dem Parameter rect hervor. Im Regelfall werden Sie diesen Parameter ignorieren und einfach alles neu zeichnen.

Beginnen wir mit einem Beispiel: Um innerhalb des neuen Steuerelements eine rote, drei Punkte breite Linie zu zeichnen, ist der folgende Code erforderlich, den ich gleich erläutern werde:

```
// im Steuerelement eine rote, schräge Linie zeichnen
override func drawRect(rect: CGRect) {
  let context = UIGraphicsGetCurrentContext()
  let red     = UIColor.redColor().CGColor
  CGContextSetLineWidth(context, 3.0)
  CGContextSetStrokeColorWithColor(context, red)
  CGContextMoveToPoint(context,    10, 10)
  CGContextAddLineToPoint(context, 200, 500)
  CGContextStrokePath(context)
}
```

Alle Zeichenoperationen müssen auf einen Grafikkontext angewendet werden. Diesen Kontext ermittelt die Methode `UIGraphicsGetCurrentContext`, die uns die `UIView`-Basisklasse zur Verfügung stellt. Im Grafikkontext werden die Parameter der nachfolgenden Grafikoperationen gespeichert. Dazu zählen die Zeichenfarbe und die Linienstärke, die mit `CGContextSetXxx`-Methoden eingestellt werden. (CG steht dabei für »Core Graphics«.)

Anschließend legen die Methoden `CGContextMoveToPoint` und `CGContextStrokePath` den Start- und Endpunkt der Linie fest. Beachten Sie, dass Sie die Koordinaten in Form von `CGFloat`-Werten angeben müssen. Dabei handelt es sich je nach Architektur um 32- oder 64-Bit-Fließkommazahlen. Ergebnisse von Berechnungen müssen Sie zumeist explizit mit `CGFloat(ausdruck)` in diesen Datentyp umwandeln. Die so festgelegte Linie wird zuletzt mit `CGContextStrokePath` gezeichnet.

> **Zeichnen im UIView versus Zeichnen auf einem MapView**
>
> An dieser Stelle greifen wir das Thema Grafik schon zum zweiten Mal auf. Zu Beginn des Kapitels haben wir ja auch im MapView-Steuerelement den zuletzt zurückgelegten Weg markiert. Die dabei eingesetzten Overlay-Methoden sind aber ein MapView-spezifischer Sonderweg, der nur wenige Ähnlichkeiten mit den hier präsentierten und an vielen Stellen in iOS üblichen Zeichenmethoden hat.

Das Steuerelement verwenden

Unser `CompassView`-Steuerelement zeichnet in dieser Form zugegebenermaßen noch keinen Kompass, aber es ist bereits ein syntaktisch korrektes und funktionierendes Steuerelement. Probieren wir es also aus!

Nun stellt sich die Frage, wie das neue Steuerelement in eine App eingefügt werden kann: In der Objektbibliothek erscheint die `CompassView` nämlich nicht. Tatsächlich ist die Vorgehensweise – zumindest beim ersten Mal – ein wenig merkwürdig: Sie fügen in die App nämlich nicht die `CompassView` ein, sondern das zugrunde liegende Basissteuerelement – in diesem Beispiel also eine `UIView`.

Dann klicken Sie das Steuerelement an, öffnen in der rechten Seitenleiste den IDENTITY INSPECTOR und stellen im Feld CUSTOM CLASS die Steuerelementklasse ein, die Sie *tatsächlich* nutzen möchten – also `CompassView` (siehe Abbildung 13.11). Im Auswahlfeld stehen nur passende Steuerelemente zur Auswahl, also solche, die von dem Steuerelement abgeleitet sind, das Sie ursprünglich in den View-Controller eingefügt haben.

Diese Vorgehensweise ist dieselbe, die Ihnen aus dem Umgang mit mehreren View-Controllern schon vertraut ist: Auch dort wird der View-Controller, also genau genommen ein Objekt der UIViewController-Klasse, nachträglich mit einer eigenen Klasse verbunden – z. B. mit MyViewController oder wie immer Sie Ihre Klasse genannt haben.

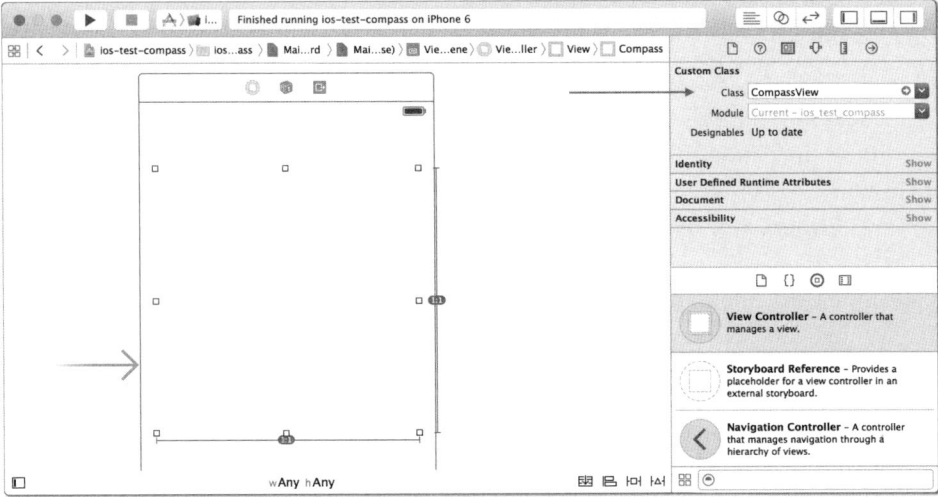

Abbildung 13.11 »Custom Class« bestimmt die tatsächlich genutzte Steuerelementklasse.

Ein Test im Simulator beweist, dass die Linie innerhalb des CompassView tatsächlich wie geplant gezeichnet wird (siehe Abbildung 13.12). Dass die Linie unten abgeschnitten ist, liegt daran, dass das Steuerelement im View-Controller zu klein dimensioniert wurde.

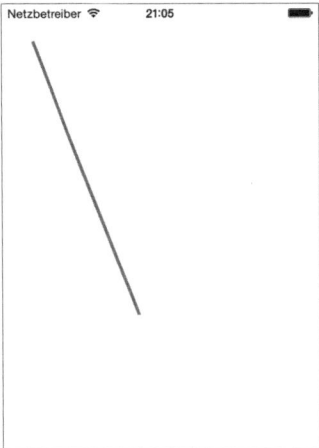

Abbildung 13.12 Die erste erfolgreiche Grafikausgabe

Eine richtige CompassView

Unsere ersten Tests in Ehren, aber mit einem Kompass hat das Steuerelement noch nicht viel zu tun. Um das zu ändern, ergänzen wir die CompassView-Klasse zuerst um die Eigenschaft heading. Diese Double-Zahl entspricht der trueHeading-Eigenschaft der CLHeading-Klasse. Liefert diese den Wert 90 (d. h., das iOS-Gerät zeigt nach Osten), dann wird die Kompassnadel entsprechend nach Westen gestellt (weil Norden, relativ zum Standpunkt des Nutzers, nun links ist).

Damit der Kompass bei jeder Änderung dieser Eigenschaft neu gezeichnet wird, versehen wir die Eigenschaft mit einem Property Observer. Jede Änderung führt nun dazu, dass die Methode setNeedsDisplay ausgeführt wird. Diese von der UIView-Klasse vererbte Methode löst einen Aufruf von drawRect aus.

```
class CompassView: UIView {
  var heading = 0.0   {   // Kompassrichtung in Grad, 0 = Norden
    didSet {              // bei Änderung neu zeichnen
      setNeedsDisplay()
    }
  }
  override func drawRect(rect: CGRect) { ... }
}
```

Nun müssen wir noch drawRect um einige Anweisungen ergänzen, die mittig im Steuerelement einen Kreis und darin eine symbolisierte Kompassnadel zeichnen. Der erforderliche Code ist ziemlich lang, aber nicht allzuschwer zu verstehen, wenn Sie die Sinus- und Cosinus-Funktionen kennen. In side wird die Seitenlänge des Quadrats ausgerechnet, das innerhalb des CompassView zur Darstellung des Kompasses vorgesehen ist. Die Seitenlänge ergibt sich aus dem kleineren Wert der Steuerelementlänge bzw. -breite. Die diversen x- und y-Variablen geben die Eckpunkte der Kompassnadel an.

Im Code kommen außerdem zwei neue Zeichenmethoden vor: CGContextAddArc zeichnet den Kreis, CGContextDrawPath zeichnet ein gefülltes umrandetes Polygon.

```
// Projekt ios-test-compass
// Datei CompassView.swift
override func drawRect(rect: CGRect) {
  let context = UIGraphicsGetCurrentContext()
  let rad = heading / 180.0 * M_PI  // Winkel von 0 bis 2*Pi

  // Kompassgröße
  let side   = min(frame.size.width, frame.size.height)
  let side2  = side/2          // halbe Seitenlänge
  let radout = side2 * 0.95    // Radius zur Spitze
  let radin  = side2 * 0.20    // Radius für Ost/West-Punkte
```

```
// Kompassspitze Nord
let xnorth = side2 - radout * CGFloat(sin(rad))
let ynorth = side2 - radout * CGFloat(cos(rad))

// Kompassspitze Süd
let xsouth = side2 - radout * CGFloat(sin(rad + M_PI))
let ysouth = side2 - radout * CGFloat(cos(rad + M_PI))

// Kompassseite Ost/West
let xeast  = side2 - radin  * CGFloat(sin(rad + M_PI_2))
let yeast  = side2 - radin  * CGFloat(cos(rad + M_PI_2))
let xwest  = side2 - radin  * CGFloat(sin(rad + 3 * M_PI_2))
let ywest  = side2 - radin  * CGFloat(cos(rad + 3 * M_PI_2))

// Kompassseite Ost/West für farblich abgesetzte Spitze
let xeast2  = (2 * xnorth + xeast) / 3
let yeast2  = (2 * ynorth + yeast) / 3
let xwest2  = (2 * xnorth + xwest) / 3
let ywest2  = (2 * ynorth + ywest) / 3

// Farben
let black  = UIColor.blackColor().CGColor
let red    = UIColor.redColor().CGColor

// Kreis
CGContextSetLineWidth(context, 2.0)
CGContextSetStrokeColorWithColor(context, black)
UIColor.blackColor().set()
CGContextAddArc(context,
            side2, side2,            // x, y
            side2 - 2,               // Radius
            0.0, CGFloat(M_PI * 2.0), 1)
CGContextStrokePath(context)

// Kompassnadelspitze (rot)
CGContextSetLineWidth(context, 1.0)
CGContextSetFillColorWithColor(context, red)
CGContextSetStrokeColorWithColor(context, red)
CGContextMoveToPoint(context, xnorth, ynorth)
CGContextAddLineToPoint(context, xeast, yeast)
CGContextAddLineToPoint(context, xwest, ywest)
CGContextAddLineToPoint(context, xnorth, ynorth)
// zeichnet Umrandung und Inhalt
CGContextDrawPath(context, CGPathDrawingMode.FillStroke)
```

```
// Kompassnadel schwarz (Norden)
CGContextSetFillColorWithColor(context, black)
CGContextSetStrokeColorWithColor(context, black)
CGContextMoveToPoint(context,    xeast2, yeast2)
CGContextAddLineToPoint(context, xeast,  yeast)
CGContextAddLineToPoint(context, xwest,  ywest)
CGContextAddLineToPoint(context, xwest2, ywest2)
CGContextAddLineToPoint(context, xeast2, yeast2)
CGContextDrawPath(context, CGPathDrawingMode.FillStroke)

// Kompassnadel weiß (Süden)
CGContextSetStrokeColorWithColor(context, black)
CGContextMoveToPoint(context, xsouth, ysouth)
CGContextAddLineToPoint(context, xeast, yeast)
CGContextAddLineToPoint(context, xwest, ywest)
CGContextAddLineToPoint(context, xsouth, ysouth)
CGContextStrokePath(context)  // nur Stroke
}
```

Naturgemäß können Sie die optische Gestaltung des Steuerelements noch optimieren, z. B. indem Sie die vier Himmelsrichtungen auf der Rose markieren, Gradangaben wie auf einem Zifferblatt einfügen etc. Auch 3D-Effekte wären denkbar – aber Sie wissen ja: Spätestens seit iOS 7 gilt bei der grafischen Gestaltung von Apps die Devise »Weniger ist mehr«.

Automatischer Redraw bei Größenänderung

Wenn sich die Größe des Steuerelements ändert, z. B. bei einer Drehung eines iOS-Geräts, dann erwarten wir natürlich, dass das Steuerelement in der neuen Größe neu gezeichnet wird. iOS kümmert sich darum – aber tut dies nicht automatisch. Vielmehr müssen Sie dazu das Steuerelement im Storyboard zuerst anklicken und dann im Attributinspektor die View-Eigenschaft MODE auf REDRAW stellen (siehe Abbildung 13.13). Hinter den Xcode-Kulissen heißt die betreffende Eigenschaft der UIView-Klasse contentMode.

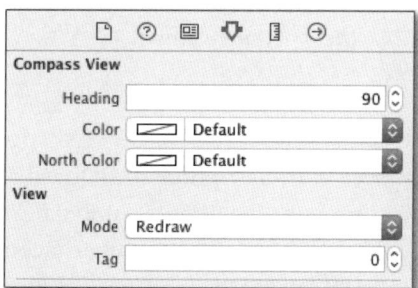

Abbildung 13.13 Die Einstellung »Mode = Redraw« stellt sicher, dass das Steuerelement bei Größenänderungen korrekt neu gezeichnet wird.

Kompassnadel einstellen

Nun geht es nur noch darum, die Kompassnadel entsprechend der Daten der loca-tionManager-Methode auszurichten und die Abweichung gegenüber der Nordrich-tung in einem Label anzuzeigen:

```
// Projekt ios-test-compass
// Datei CompassView.swift
func locationManager(manager: CLLocationManager,
                     didUpdateHeading newHeading: CLHeading)
{
  let head = newHeading.trueHeading
  label.text = String(format:"%.1f°", head)
  compass.heading = head
}
```

Im Simulator lässt sich dieses Programm nicht sinnvoll testen, aber die probeweise Ausführung auf einem iPhone zeigt, dass das Programm wie erwünscht funktioniert (siehe Abbildung 13.14).

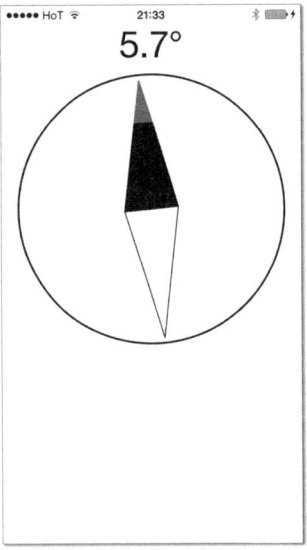

Abbildung 13.14 Eine Mini-App mit dem neuen »CompassView«-Steuerelement

Den Kompass an die Ausrichtung des Geräts anpassen

Allerdings fördert der Test ein neues Problem zutage: Wird das iPhone ins Querfor-mat gedreht, zeigt die Kompassnadel plötzlich nicht mehr nach Süden! Schuld daran ist, dass der Location Manager nichts von der Drehung der iOS-Benutzeroberfläche weiß. Abhilfe ist zum Glück nicht schwierig: Sie müssen bei jeder Änderung der Aus-richtung des Geräts auch die Ausrichtung des Kompasses anpassen.

Dazu richten Sie in viewDidLoad die Methode rotated ein, die immer dann automatisch ausgeführt werden soll, wenn sich die Geräteausrichtung ändert. addObserver meldet rotated beim Notification Center an. Dabei handelt es sich um eine zentrale Kommunikationseinheit für iOS-Apps. Hintergrundinformationen zum Notification Center folgen in Abschnitt 15.3, »Location Manager selbst gemacht«.

In rotated werten Sie die orientation-Eigenschaft von currentDevice aus und stellen entsprechend die headingOrientation des Location Managers ein. Die naheliegende Zuweisung

```
locmgr.headingOrientation = UIDevice.currentDevice().orientation
```

ist übrigens nicht möglich, weil die Eigenschaften headingOrientation und orientation unterschiedliche Datentypen aufweisen.

```
// Projekt ios-test-compass
// Datei ViewController.swift
override func viewDidLoad() {
  super.viewDidLoad()
  locmgr = CLLocationManager()
  // ... wie bisher

  // bei einer Änderung der Geräteausrichtung
  // die Methode rotated() ausführen
  NSNotificationCenter.defaultCenter().addObserver(
    self,
    selector: "rotated",
    name: UIDeviceOrientationDidChangeNotification,
    object: nil)
}


// Kompassausrichtung an die Geräteausrichtung anpassen
func rotated() {
  switch UIDevice.currentDevice().orientation {
  case .Portrait:
    locmgr.headingOrientation = .Portrait
  case .LandscapeLeft:
    locmgr.headingOrientation = .LandscapeLeft
  case .LandscapeRight:
    locmgr.headingOrientation = .LandscapeRight
  case .PortraitUpsideDown:
    locmgr.headingOrientation = .PortraitUpsideDown
  default: break
  }
}
```

Xcode-Integration mit IBDesignable und IBInspectable

Prinzipiell erfüllen das Kompasssteuerelement und seine Integration in die Kompass-App nun alle Aufgaben. Der Umgang mit dem Steuerelement ist aber wenig elegant: In Xcode wird das Steuerelement nur als rechteckiger Rahmen dargestellt; seine Eigenschaft heading kann nur per Code, aber nicht wie bei anderen Steuerelementen im Attributinspektor eingestellt werden.

Mit ein wenig Mühe können wir aus dem CompassView-Steuerelement ein vollwertiges Steuerelement machen. Dazu müssen wir die CompassView-Klasse mit dem Attribut @IBDesignable versehen und die für Xcode zugänglichen Eigenschaften der Klasse mit dem Attribut @IBInspectable kennzeichnen. Vorweg ein paar Hintergrundinformationen:

▶ @IBInspectable macht eigene Eigenschaften für den Attributinspektor von Xcode zugänglich. Wenn Sie also mit Swift ein neues Steuerelement entwickeln und eine Eigenschaft mit dem Attribut @IBInspectable auszeichnen, können Sie diese Eigenschaft im Attributinspektor einstellen. Dabei werden unter anderem die folgenden Datentypen unterstützt: Bool CGFloat, CGPoint, CGRect, CGSize, Double, Int, String, UIColor und UIImage.

▶ @IBDesignable ist für eigene Steuerelemente gedacht, die von der UIView-Klasse abgeleitet sind. Xcode kann mit diesem Attribut ausgestattete Steuerelemente im Storyboard-Editor direkt darstellen.

Damit das Steuerelement in Xcode eine »Live View« bietet, also bereits in der Vorschau korrekt angezeigt wird, stellen Sie der Klasse @IBDesignable voran. Außerdem machen Sie Eigenschaften des Steuerelements mit @IBInspectable für den Attributinspektor zugänglich. Dabei hat sich herausgestellt, dass der Datentyp der Eigenschaft explizit angegeben werden muss – hier also mit Double. Der Compiler erkennt zwar aufgrund der Zuweisung des Defaultwerts 0.0, dass es sich um eine Double-Variable handeln muss, aber für @IBInspectable ist das anscheinend zu wenig.

```
// Projekt ios-test-compass
// Datei CompassView.swift
import UIKit
@IBDesignable class CompassView: UIView {
  // Kompassrichtung in Grad, 0 = Norden
  @IBInspectable var heading:Double = 0.0   {
    didSet {                // bei Änderung neu zeichnen
      setNeedsDisplay()
    }
  }
  // weiterer Code wie bisher
}
```

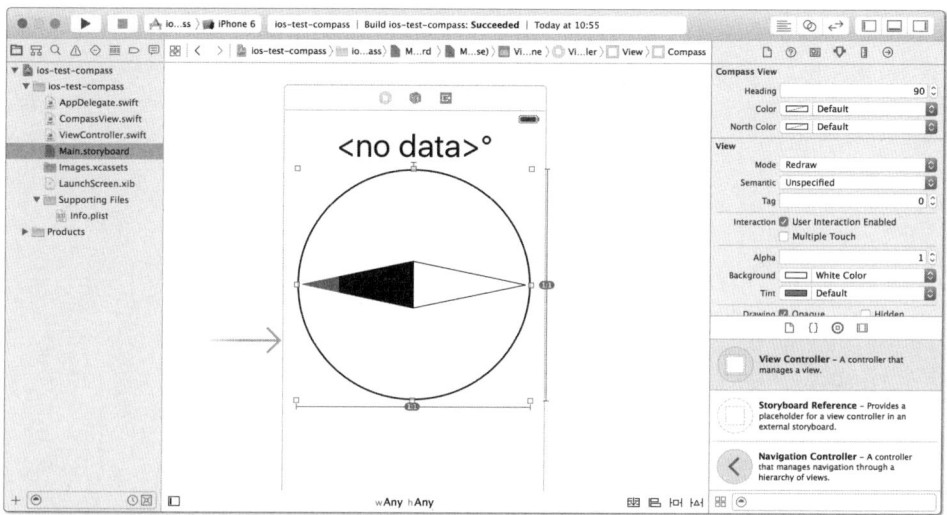

Abbildung 13.15 Vorschau des »CompassView«-Steuerelements in einem Storyboard, Einstellung seiner Eigenschaften im Attributinspektor

Da sich Eigenschaften nun derart bequem im Attributinspektor einstellen lassen, liegt es nahe, auch die Farben des Kompasses als Eigenschaften zu definieren:

```
// Farbe für die Kompassrose und die Nadel
@IBInspectable var color:UIColor = UIColor.blackColor()

// Farbe für die nach Norden zeigende Kompassspitze
@IBInspectable var northColor:UIColor = UIColor.redColor()
```

In der drawRect-Methode müssen die Farbeinstellungen entsprechend angepasst werden, z. B. so:

```
CGContextSetStrokeColorWithColor(context, color.CGColor)
```

Der Lohn unserer Arbeit zeigt sich in Xcode: Das Kompasssteuerelement wird nun bereits in der Vorschau korrekt angezeigt, seine Eigenschaften können direkt eingestellt werden (siehe Abbildung 13.15). Beachten Sie übrigens, dass Xcode die Eigenschaftsnamen nicht einfach unverändert übernimmt. Vielmehr wird der erste Buchstabe zu einem Großbuchstaben, außerdem wird die Bezeichnung bei Klein/Groß-Wechsel abgetrennt. Aus northColor wird also NORTH COLOR. Schade, dass Xcode das Steuerelement nicht auch in der Objektbibliothek anzeigt!

Kapitel 14
To-do-Listen

Die Zielsetzung dieses Kapitels ist die Programmierung einer einfachen App zur Verwaltung von To-do-Listen. Um keine falschen Erwartungen zu erwecken: Die App wird weder optisch noch funktionell mit der auf iPhones standardmäßig installierten App *Erinnerungen* mithalten können. Dafür erkläre ich Ihnen in diesem Kapitel ausführlich, wie Sie in iOS-Anwendungen Listen präsentieren. Das dafür eingesetzte UITableView-Steuerelement ist in vielen iOS-Apps ein unverzichtbarer Baustein.

Bevor ich auf die wichtigsten Anwendungsformen des UITableView-Steuerelements eingehe, möchte ich Ihnen in diesem Kapitel noch eine andere Gestaltungstechnik vorstellen: Mit Popups stellen Sie Minidialoge über der restlichen Benutzeroberfläche dar. Damit können Sie zusätzliche Kontextinformationen oder Hilfetexte anzeigen, Auswahlentscheidungen oder einfache Eingaben durchführen – und all das, ohne die gerade aktive Ansicht der App zu verlassen bzw. eine zusätzliche Navigationsebene einzuführen.

14

14.1 Popups

Popups bzw. im Apple-Jargon *Popovers* sind Ansichten oder Dialoge, die *über* der gerade aktuellen Ansicht angezeigt werden. Dabei gelten zwei Besonderheiten:

- Popups sind kleiner als der Bildschirm. Die im Hintergrund weiterhin sichtbare Ansicht wird abgedunkelt.
- Popups können unkompliziert durch einen Klick auf den Hintergrund verlassen werden.

Intern verhalten sich Popups weitgehend wie »normale« Ansichten: Sie verfügen über einen eigenen View-Controller, das Ein- und Ausblenden erfolgt über Segues etc.

Hello Popup!

Um Popups schnell und unkompliziert auszuprobieren, erstellen Sie ein neues iOS-Projekt, wobei Sie wie üblich den Typ SINGLE VIEW APPLICATION verwenden. In den vorgegebenen View-Controller fügen Sie einen Button ein. Dann richten Sie einen zweiten View-Controller ein, in den Sie z. B. ein Text-View-Steuerelement einfügen. Erstellen Sie mit `ctrl`-Drag einen Segue vom Button zum zweiten View-Controller und wählen Sie als Segue-Typ POPOVER PRESENTATION (siehe Abbildung 14.1). Fertig!

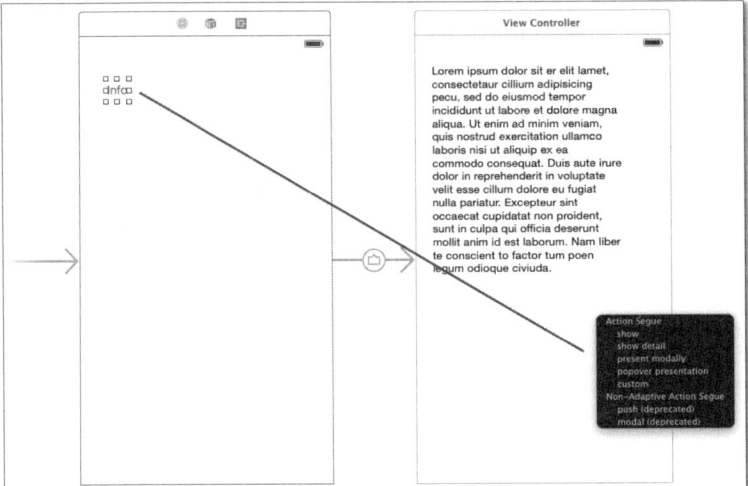

Abbildung 14.1 Popup-Segue vom Button zum zweiten View-Controller einrichten

Nun starten Sie die App, wobei Sie als Gerät aber ein iPad-Modell auswählen. Wenn man von der nicht optimalen Größe des Popups absieht, funktioniert alles bestens (siehe Abbildung 14.2).

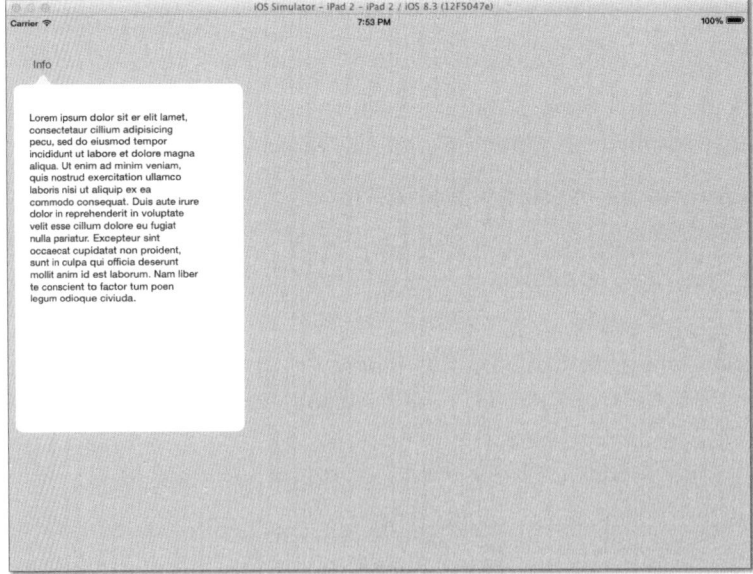

Abbildung 14.2 Die minimalistische Popup-Demo läuft in einem simulierten iPad.

Nicht zufriedenstellend verläuft der erste Popup-Test hingegen, wenn Sie als iOS-Gerät ein iPhone auswählen: Anstatt des Popups stellt iOS den zweiten View-Controller in einer ganz gewöhnlichen Ansicht dar. Noch schlimmer: Es gibt keinen Weg zurück in die ursprüngliche Ansicht, weil es keinen Hintergrund zum Anklicken gibt.

Popups auch auf dem iPhone

Der Grund für das unerwartete Versagen der Popup-Demonstration besteht darin, dass iOS per Default der Meinung ist, dass Popups auf dem relativ kleinen Display eines iPhones nicht zweckmäßig sind. Daher ignoriert iOS den Wunsch nach einer POPOVER PRESENTATION. Stattdessen macht es aus dem Popup-Dialog eine eigenständige Ansicht, in die ein »normaler« Segue führt.

Abhilfe schafft die Methode adaptivePresentationStyleForPresentationController des Protokolls UIPopoverPresentationControllerDelegate. (Es geht nichts über kurze, prägnante Namen …) Die Methode wird vor der Anzeige des Popups aufgerufen. Dort können Sie Einfluss darauf nehmen, wie das Popup angezeigt werden soll. Der Rückgabewert .None bedeutet, dass Sie explizit eine nichtmodale Anzeige wünschen, unabhängig davon, welche Ansicht iOS zu diesem Thema hat.

Damit die Methode im View-Controller verarbeitet werden kann, muss dieser das Protokoll implementieren. Außerdem muss in prepareForSeque die delegate-Eigenschaft des Popup-Presentation-Controllers eingestellt werden. Im folgenden Code setze ich voraus, dass dem View-Controller des Popups die Klasse PopupViewController zugeordnet ist.

```
// Projekt ios-popup
// Datei ViewController.swift

// Code im View-Controller, der den Popup-Aufruf initiiert
class ViewController: UIViewController,
  UIPopoverPresentationControllerDelegate
{
  override func prepareForSegue(segue: UIStoryboardSegue,
                               sender: AnyObject?)
  {
    if let dest = segue.destinationViewController
                  as? PopupViewController,
        popPC = dest.popoverPresentationController
    {
      popPC.delegate = self
    }
  }
```

```
// wird vor der Anzeige des Popups aufgerufen
func adaptivePresentationStyleForPresentationController(
      controller: UIPresentationController) ->
   UIModalPresentationStyle
{
  return .None
}
}
```

Größe des Popups einstellen

Wenn Sie bereits während des Designs Ihrer App genau wissen, wie groß Ihr Popup-Dialog sein wird, können Sie dessen Größe unveränderlich vorgeben. Dazu müssen Sie im Storyboard einige Eigenschaften verändern:

▶ Zuerst wählen Sie den View-Controller aus und stellen im Attributinspektor SIZE = FREEFORM und STATUS BAR = NONE ein.

▶ Dann wählen Sie innerhalb des View-Controllers die Hintergrund-View aus und stellen deren gewünschte Größe absolut ein, also WIDTH und HEIGHT im Size Inspector (siehe Abbildung 14.3).

▶ Schließlich wählen Sie wieder den View-Controller aus und stellen im Attribut-inspektor CONTENT SIZE = PREFERRED EXPLICIT SIZE ein. Damit übernimmt der View-Controller die Größe der View. Sollten Sie die View-Größe später nochmals ändern, müssen Sie die Option PREFERRED EXPLICIT SIZE erneut deaktivieren und wieder aktivieren, damit der View-Controller die neue Größe berücksichtigt.

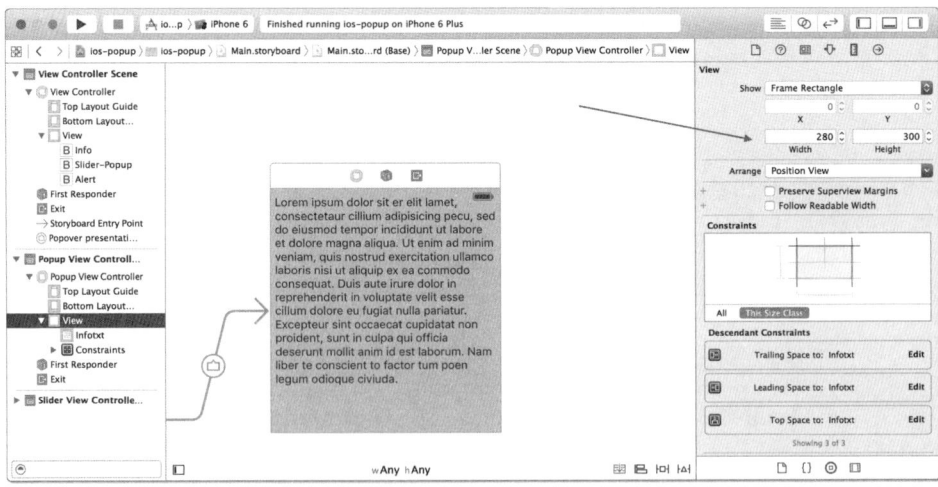

Abbildung 14.3 Absolute Einstellung der View-Größe

Nicht immer ist die Größe von vornherein klar: Vielleicht wollen Sie einen Text anzeigen, dessen Inhalt sich aus dem Programmverlauf ergeben hat. Oder die Größe der Steuerelemente im Popup hängt von der Sprache ab. In solchen Fällen müssen Sie im Controller der Popup-View die Eigenschaft preferredContentSize durch eigenen Code überschreiben. Diese Eigenschaft gibt an iOS die gewünschte Größe des Popup-Dialogs weiter. iOS versucht sich daran zu halten, garantiert dies aber nicht. Wenn etwa die gewünschte Größe die des Bildschirms überschreitet, muss iOS den Popup-Dialog verkleinern.

Der folgende Beispielcode geht davon aus, dass der View-Controller des Popups nur ein Textfeld enthält, dass dieses Textfeld den gesamten View-Controller ausfüllt und dass es Auto-Layout-Regeln gibt, die die vier Seiten des Textfelds mit den Rändern der View-Controllers verbinden. In der Klassendatei des Popups bauen Sie nun den folgenden Code ein:

```
// Projekt ios-popup
// Datei PopupViewController.swift
class PopupViewController: UIViewController {
  @IBOutlet weak var infotxt: UITextView!

  override var preferredContentSize: CGSize {
    get {
      if infotxt != nil, let pvc = presentingViewController {
        return infotxt.sizeThatFits(pvc.view.bounds.size)
      }
      return super.preferredContentSize
    }
    set { super.preferredContentSize = newValue }
  }
}
```

Im get-Teil dieser Computed Property wird getestet, ob das Textfeld bereits initialisiert ist und ob presentingViewController auf einen anderen View-Controller zeigt. In unserem Beispiel verweist presentingViewController auf den ersten View-Controller, dessen Button die Anzeige des Popups ausgelöst hat. Sind diese Voraussetzungen erfüllt, berechnet sizeThatFits die optimale Größe des Textfelds unter Berücksichtigung der Grenzen des übergeordneten View-Controllers. Die resultierende CGSize-Struktur wird zurückgegeben.

Sollte die Initialisierung hingegen noch nicht abgeschlossen sein bzw. wurde der View-Controller des Popups in einem anderen Kontext verwendet, dann greift super.preferredContentSize auf die Wunschgröße der Basisklasse zurück, also auf die Größe des UIViewControllers. Ähnlich agieren wir im set-Teil: Wenn preferredContentSize verändert wird, geben wir diese Information einfach an die Basisklasse weiter.

14

Popup-Richtung festlegen

Um den App-Benutzern zu verdeutlichen, welches Element die Anzeige des Popups initiiert hat, platziert iOS das Popup nach Möglichkeit neben oder unter das betreffende Steuerelement und baut in das Popup einen kleinen Pfeil ein (siehe Abbildung 14.2).

iOS entscheidet normalerweise selbst über die optimale Platzierung. Sie können im Attributinspektor des Segue aber vorgeben, welche Orte für Sie akzeptabel sind und welche nicht (siehe Abbildung 14.4). Die Richtungen beziehen sich dabei nicht auf das Popup, sondern auf dessen Pfeil. Wenn Sie als einzige Option DIRECTIONS = UP anklicken, wird das Popup *unterhalb* des Buttons angezeigt, die Pfeilrichtung zeigt entsprechend nach oben.

Abbildung 14.4 Segue-Eigenschaften steuern, in welche Richtung der Popup-Pfeil zeigen darf.

Bei der Einstellung ist Vorsicht angebracht: Eine ungünstige Einstellung kann dazu führen, dass das Popup sehr klein oder überhaupt nicht sichtbar wird. Denken Sie auch daran, dass Ihre App vielleicht auch im Landscape-Modus ausgeführt wird! In vielen Fällen ist es am besten, einfach alle vier Richtungsoptionen aktiviert zu lassen, wie die Defaulteinstellungen dies vorsehen.

Alternativ können Sie die zulässige Richtung mit der Eigenschaft permittedArrow-Direction auch per Code in prepareSegue einstellen. Gegebenenfalls können Sie mehrere Werte durch Oder, also mit dem Operator |, verknüpfen.

```
override func prepareForSegue(segue ...) {
  if let dest = segue.destinationViewController
               as? PopupViewController {
    if let popPC = dest.popoverPresentationController {
      popPC.permittedArrowDirections = .Right
    }
  }
}
```

Popups per Code anzeigen und entfernen

Um ein Popup ohne einen im Storyboard-Editor eingerichteten Segue per Code anzuzeigen, müssen Sie dem View-Controller des Popups zuerst einen Namen geben (Story Board ID im Identity Inspector). Andernfalls beklagt sich Xcode darüber, dass die Popup-Ansicht weder durch Segues mit den anderen Ansichten verbunden ist noch einen Identifier aufweist (*unsupported configuration*), und Ihr Programm kann auch nicht auf den View-Controller im Storyboard zugreifen.

Ist diese Voraussetzung erfüllt, können Sie mit der Methode `instantiateViewControllerWithIdentifier` eine Instanz des View-Controllers des Popup-Dialogs erzeugen. Anschließend müssen Sie einige Eigenschaften einstellen und können den Dialog schließlich mit `presentViewController` anzeigen. Im folgenden Beispiel steuert ein Slider in einem Popup-Dialog die Hintergrundfarbe der Hauptansicht zwischen Weiß und Schwarz (siehe Abbildung 14.5). Die Größe der Ansicht wurde im Storyboard starr eingestellt.

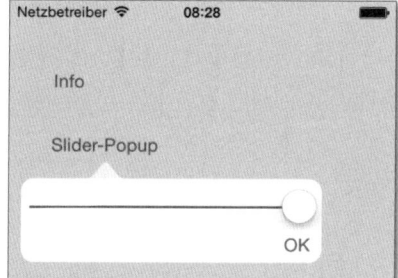

Abbildung 14.5 Popup mit Slider

Der Popup-View-Controller hat die ID `SliderPopup` und ist der Klasse `SliderViewController` zugeordnet. Die Klasse enthält nur ganz wenig Code, der für die richtige Einstellung des Sliders nach der Initialisierung des Dialogs verantwortlich ist.

```
// Projekt ios-popup
// Datei SliderViewController.swift
class SliderViewController: UIViewController {
  var sliderValue:Float = 0.0
  @IBOutlet weak var slider: UISlider!

  override func viewDidLoad() {
    super.viewDidLoad()
    slider.value = sliderValue
  }
}
```

Im Code der Hauptansicht kümmert sich die Outlet-Methode btnSlider darum, den Popup-Dialog ohne Segue anzuzeigen. Zuerst wird die Variable sliderVC mit einem Objekt des SliderViewControllers initialisiert. Wichtig ist die Einstellung der Eigenschaft modalPresentationStyle = .Popover, damit der Slider wirklich als Popup präsentiert wird.

Die weiteren Einstellungen betreffen den Presentation-Controller der Klasse. Hier müssen die Eigenschaften sourceView und sourceRect eingestellt werden, damit iOS weiß, welches Steuerelement die Popup-Anzeige initiiert und in welchen Bildschirmbereich der Popup-Pfeil weisen soll. Die Position des Rechtecks wird relativ zu den Koordinaten des Source-Views angegeben.

View-Koordinatensysteme

Hintergrundinformationen zu den Koordinatensystemen in iOS- und OS-X-Programmen finden Sie in Abschnitt 19.4, »Maus«. In diesem Abschnitt geht es eigentlich um die Verarbeitung von Mausereignissen unter OS X, die dort behandelten Grundlagen gelten aber ebenso für iOS.

```swift
// Projekt ios-popup
// Datei ViewController.swift
class ViewController: UIViewController, ... {
  var gray:Float = 1.0  // Graustufe der Hauptansicht

  // Slider-Popup per Code anzeigen
  @IBAction func btnSlider(sender: UIButton) {
    let sliderVC = storyboard?
      .instantiateViewControllerWithIdentifier("SliderPopup")
      as! SliderViewController
    sliderVC.modalPresentationStyle = .Popover
    sliderVC.sliderValue = gray
    let popPC = sliderVC.popoverPresentationController!
    popPC.sourceView = sender
    popPC.sourceRect = sender.bounds
    popPC.permittedArrowDirections = .Up
    popPC.delegate = self
    presentViewController(sliderVC, animated:true,
                          completion: nil)
  }
}
```

Unwind für Popups

Für den Unwind-Vorgang ist in `ViewController.swift` die Methode `unwindToMainVC` vorgesehen. Im Storyboard-Editor verbinden Sie den OK-Button durch einen `ctrl`-Drag zum Exit-Button mit dieser Methode (siehe Abbildung 14.6). Die `unwindToMainVC`-Methode liest den Zustand des Sliders aus, speichert ihn in der Eigenschaft `gray` und ändert außerdem die Hintergrundfarbe der Hauptansicht.

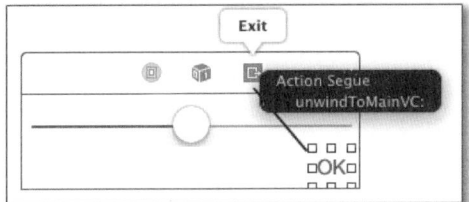

Abbildung 14.6 Verbindung des OK-Buttons mit der unwind-Methode im Storyboard

```
// Datei ViewController.swift
class ViewController: UIViewController, ... {
  // Popup wurde mit 'OK' beendet
  @IBAction func unwindToMainVC(segue: UIStoryboardSegue) {
    if let src =
        segue.sourceViewController as? SliderViewController {
      gray = src.slider.value
      view.backgroundColor = UIColor(white: CGFloat(gray),
                                     alpha: 1.0)
    }
  }
}
```

Die unwind-Methode wird nur aufgerufen, wenn der Popup-Dialog explizit durch den OK-Button geschlossen wurde – nicht aber, wenn der Popup-Dialog durch einen Klick auf den Hintergrund ausgeblendet wird. Sollten Sie diese Information in Ihrem Programm benötigen, müssen Sie im View-Controller des Popups das Protokoll `UIPopoverPresentationControllerDelegate` implementieren und die `delegate`-Eigenschaft des Presentation-Controllers auf `self` stellen. Dann kommt es zum Aufruf der Methode `popoverPresentationControllerShouldDismissPopover`:

```
class SliderViewController: UIViewController,
  UIPopoverPresentationControllerDelegate
{
  override func viewDidLoad() {
    super.viewDidLoad()
    popoverPresentationController?.delegate = self
  }
```

```
// wird aufgerufen, bevor das Popup durch einen Klick
// außerhalb ausgeblendet wird, nicht aber, wenn es regulär
// durch 'OK' plus Segue geschlossen wird
func popoverPresentationControllerShouldDismissPopover(
  popoverPresentationController:
  UIPopoverPresentationController) -> Bool
{
  // Aufräumarbeiten etc.
  print("should dismiss")
  return true
}
}
```

dismissViewControllerAnimated-Methode

Anstatt den OK-Button des Popup-Dialogs mit dem EXIT-Button und so mit einer eigenes programmierten dismiss-Methode zu verbinden, können Sie den OK-Button auch mit einer ganz gewöhnlichen Action-Methode des Popup-View-Controllers verbinden. Dort lösen Sie dann bei Bedarf mit der Methode dismissViewControllerAnimated das Ausblenden des Popups aus.

```
@IBAction func btnOK(sender: UIButton) {
  // ...
  dismissViewControllerAnimated(true,
    completion: { // Closure
      // .. diesen Code ausführen,
      // sobald der Popup-Dialog
      // verschwunden ist
  })
}
```

Im Parameter completion können Sie eine Funktion bzw. eine Closure übergeben, deren Code nach dem Schließen des Popups ausgeführt wird. Gleich eine ganze Sammlung entsprechender Beispiele finden Sie in Abschnitt 17.7, »Der Popup-Dialog«, von Kapitel 17, »Fünf gewinnt«.

14.2   Ja-Nein-Dialoge (UIAlertController)

Nicht immer ist es notwendig, gleich einen eigenen Popup-Dialog zu gestalten. In manchen Fällen können Sie auch auf die UIAlertController-Klasse zurückgreifen, um Sicherheitsabfragen, Ja-Nein-Dialoge oder andere Entscheidungsdialoge darzustellen (siehe Abbildung 14.7). Ein wichtiger Unterschied zu Popups besteht darin, dass die App-Benutzer sich für eine der Optionen entscheiden müssen; ein Klick außerhalb des Dialogs ist nicht erlaubt.

Abbildung 14.7 Eine wesentliche Frage für iOS-Entwickler

Der Umgang mit einem `UIAlertController` ist unkompliziert: Sie erzeugen einen `UIAlertController`, fügen mit `addAction` die gewünschten Optionen hinzu und zeigen den Dialog schließlich mit der Methode `presentViewController` an. Beim Erzeugen haben Sie die Wahl zwischen zwei Präsentationsformen:

▸ `preferredStyle: .Alert` zeigt den Dialog in der Bildschirmmitte an. Die Texte werden in schwarzer Schrift angezeigt.

▸ `preferredStyle: .ActionSheet` zeigt den Dialog am unteren Bildschirmrand an. Die Textfarbe ist grau, d. h., der Dialog wirkt unauffälliger und weniger wichtig.

Bei `addAction` fügen Sie dem Button eine `UIAlertAction` hinzu. Dabei können Sie zwischen drei Button-Varianten unterscheiden:

▸ `style: .Default` verwendet die Standardformatierung zur Gestaltung des Buttons. Für mehrere gleichwertige Optionen sollten Sie diese Variante wählen.

▸ `style: .Cancel` ist dazu gedacht, die Option hervorzuheben, mit der der Dialog abgebrochen werden kann. iOS verwendet eine fette Schrift für den Button-Text. Dieser Stil darf nur bei einer Aktion pro Controller verwendet werden.

▸ `style: .Destructive` warnt App-Benutzer vor einem gefährlichen Vorgang, z. B. vor dem Löschen eines Objekts. Der Button wird in roter Schrift dargestellt.

Interessant ist der dritte Parameter der Init-Funktion von `UIAlertAction`: Mit `handler` geben Sie eine Funktion an, die nach der Wahl der Option ausgeführt werden soll. An die Funktion wird das zugrunde liegende `UIAlertAction`-Objekt übergeben.

14

In einfachen Fällen bietet es sich an, die Handler-Funktion wie im folgenden Listing direkt als Closure zu realisieren. Wenn Sie am UIAlertAction-Parameter nicht interessiert sind, geben Sie anstelle des Parameters einfach das Pattern-Zeichen _ an.

Sind diese Vorbereitungsarbeiten erledigt, zeigen Sie den Dialog mit der Methode presentViewController an. Im completion-Parameter können Sie eine Funktion angeben, die im Anschluss an den Dialog ausgeführt werden soll. Das ist bei Alerts aber selten zweckmäßig.

```
// Projekt ios-popup
// Datei ViewController.swift
class ViewController: UIViewController, ... {
  @IBAction func btnAlert(sender: UIButton) {
    // Dialog zusammenstellen
    let alert = UIAlertController(
      title: "Programmiersprache",
      message: "Womit programmieren Sie iOS-Apps?",
      preferredStyle: .Alert)

    // Antwort 1
    alert.addAction(
      UIAlertAction(title: "Swift", style: .Default, handler:
        { (_) in print("Natürlich -- womit sonst?") }
    ))

    // Antwort 2
    alert.addAction(
      UIAlertAction(title: "Objective-C",
                    style: .Default,
                    handler:
        { (_) in print("Da haben Sie aber das " +
                    "falsche Buch gekauft ...") }
    ))

    // Dialog anzeigen
    presentViewController(alert, animated: true, completion: nil)
  }
}
```

14.3 Listen (UITableView)

Das UITableView-Steuerelement zählt zu den wichtigsten und universellsten Gestaltungselementen von iOS-Programmen. Es bietet die Möglichkeit, Elemente einer Liste in den unterschiedlichsten Formen darzustellen. Aus den vielen Anwendungsvarianten ergibt sich aber leider auch eine große Komplexität bei der Anwendung des Steuerelements.

In diesem Buch kann ich nur eine Einführung in den Umgang mit dem Steuerelement geben. Gruppierte und hierarchische Listen bleiben außen vor, ebenso viele fortgeschrittene Bearbeitungsfunktionen. Von Apple gibt es außer der UITableView-Klassenbeschreibung einen eigenen *Programming Guide*, dessen PDF-Version 70 Seiten umfasst:

https://developer.apple.com/library/ios/documentation/UIKit/
  Reference/UITableView_Class
https://developer.apple.com/library/ios/documentation/UserExperience/Conceptual/
  TableView_iPhone/AboutTableViewsiPhone/AboutTableViewsiPhone.html

---

UITableView versus UITableViewController

Alle Beispiele in diesem Kapitel basieren auf einem UITableView-Steuerelement. Im Storyboard-Editor fügen Sie dieses Steuerelement in ein UIView-Steuerelement ein — bei Bedarf mit anderen Steuerelementen, die zusammen die Ansicht der App gestalten.

Alternativ stellt die Objektbibliothek auch einen UITableViewController zur Verfügung. Dabei handelt es sich um einen selbstständigen View-Controller, der sich wie ein UIView mit einem randfüllenden UITableView-Steuerelement verhält.

Mit anderen Worten: Wenn eine Ansicht Ihrer App ausschließlich aus einer Table-View besteht, ist es egal, ob Sie ein UITableView-Steuerelement in eine gewöhnliche View einfügen oder ob Sie gleich einen UITableViewController einsetzen. Die Verwendung des UITableViewController ist mit keinerlei Vorteilen verbunden, wohl aber mit dem Nachteil, dass es unmöglich ist, später doch noch einen Button oder ein Label hinzuzufügen.

Hello UITableView!

Eine Art »Hello World!«-Projekt soll Sie mit dem Steuerelement vertraut machen. Unser Ziel besteht vorerst nur darin, in einer App die Bundesländer Deutschlands als Liste darzustellen.

Starten Sie also ein neues Projekt, und fügen Sie ein Table-View-Steuerelement in den View-Controller ein. Achten Sie darauf, dass Sie nicht irrtümlich einen Table-View-Controller verwenden! Nachdem Sie die Größe des Table-View-Steuerelements passend eingestellt haben, sind einige Einstellungen erforderlich:

14

- ▶ Im Attributinspektor erhöhen Sie die Anzahl der Prototype Cells von 0 auf 1. Prototypzellen dienen als Platzhalter für die Listenelemente, die zur Laufzeit in die Liste eingefügt werden.

- ▶ In der Baumansicht der View-Controller Scene wählen Sie nun die neue Zelle aus und geben ihr im Attributinspektor im Feld Identifier den Namen `ProtoCell` (siehe Abbildung 14.8). Die Benennung ist erforderlich, damit wir im Code auf die Zelle zugreifen können.

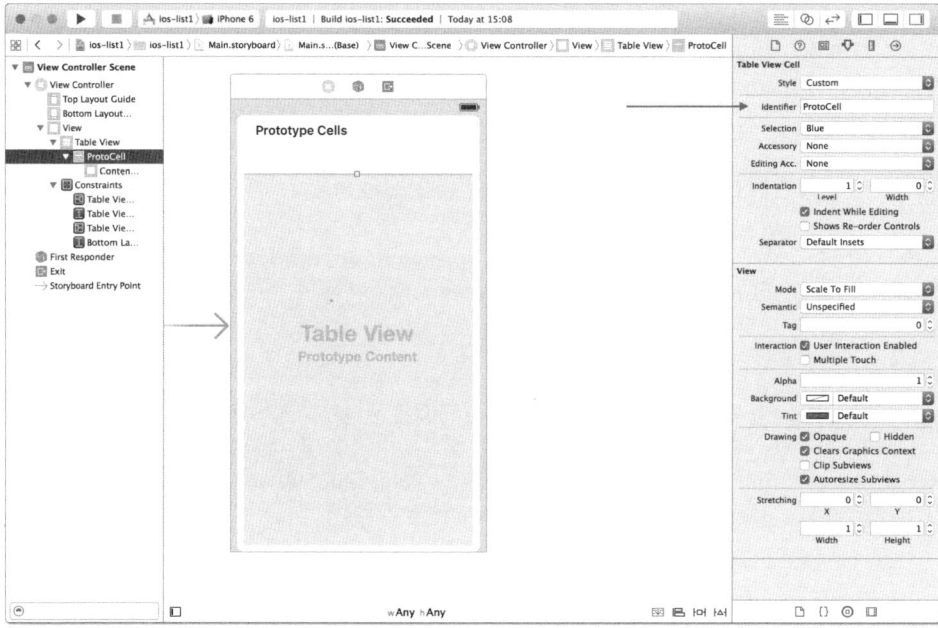

Abbildung 14.8 Benennung der Prototypzelle innerhalb der Table-View

Sie können die App in dieser Form bereits starten, werden dann aber nur eine leere Liste sehen. Im nächsten Schritt geht es also darum, die Liste mit Daten zu füllen. Dazu erstellen Sie eine Outlet-Variable für die Table-View und definieren dann in der Controller-Klasse ein Array, das als Datenquelle für die Liste dient. In diesem Beispiel habe ich einfach die Namen der Bundesländer Deutschlands verwendet. Außerdem geben Sie in `viewDidLoad` an, dass Sie in der Controller-Klasse die Delegate-Methoden der Protokolle `UITableViewDataSource` und `UITableViewDelegate` verarbeiten möchten.

```
// Projekt ios-list1
// Datei ViewController.swift
class ViewController: UIViewController {
  // Zugriff auf das Table-View-Steuerelement
  @IBOutlet weak var tableView: UITableView!
```

```
// Daten
var mydata = ["Baden-Württemberg", "Bayern", "Berlin", ...
  "Schleswig-Holstein", "Thüringen"]

// Delegate- und DataSource-Verarbeitung
override func viewDidLoad() {
  super.viewDidLoad()
  tableView.delegate = self
  tableView.dataSource = self
}
}
```

Delegation und Datenquelle in Xcode einstellen

In allen meinen Beispielprogrammen stelle ich delegate- und dataSource-Eigenschaften im Code ein, in der Regel in viewDidLoad. Das ist aber nicht der einzige Weg. Sie können die beiden Eigenschaften auch in Xcode einstellen. Dazu wählen Sie zuerst das Steuerelement aus – hier also die Table-View – und öffnen den Connections Inspector. Von dort ziehen Sie eine Verbindungslinie zum View-Controller (siehe Abbildung 14.9).

Die eine, zwei Zeilen Code sind so schnell eingetippt, wie es dauert, die Verbindung in Xcode herzustellen – sie haben aber den Vorteil, dass die Einstellung damit auch gleich dokumentiert ist. Die Xcode-Einstellung ist hingegen unsichtbar, Sie müssen im Connections Inspector explizit danach suchen.

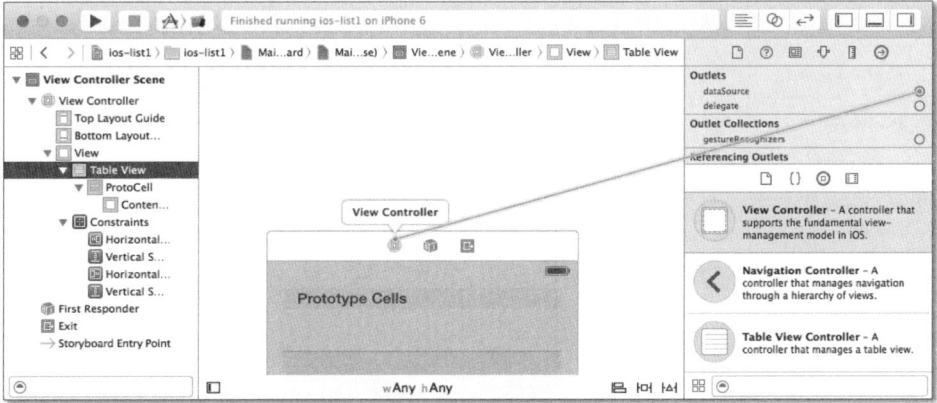

Abbildung 14.9 Delegation und Datenquelle in Xcode einstellen

Nun geht es darum, die Bundesländerdaten in die Table-View zu bringen. Hierfür gibt es keine Eigenschaften, mit denen Sie einfach Daten angeben – z. B. ein Array. Stattdessen unterstützt die Table-View das Data-Source-Protokoll. Die darin definierten Methoden werden automatisch aufgerufen, wenn das Steuerelement Daten benötigt.

Für eine minimale Implementierung sind drei Methoden erforderlich:

▶ In `numberOfSectionsInTableView(_:)` geben Sie an, aus wie vielen Abschnitten Ihre Liste besteht. Bei einfachen Listen gibt es nur einen Abschnitt.

▶ In `tableView(_:numberOfRowsInSection:)` geben Sie an, aus wie vielen Einträgen der jeweilige Abschnitt der Liste besteht. Da es im vorliegenden Beispiel nur einen Abschnitt gibt, ist eine Auswertung dieses Parameters nicht erforderlich. Die Methode gibt einfach die Anzahl der Array-Elemente von `mydata` zurück.

▶ Interessant wird es in `tableView(_:cellForRowAtIndexPath:)`: Diese Methode erwartet als Ergebnis ein `UITableViewCell`-Objekt für das betreffende Listenelement. Um derartige Objekte zu erzeugen, greifen Sie mit der Methode `dequeueReusable-CellWithIdentifier` auf die Prototypzelle zurück. In deren Eigenschaft `textLabel` speichern Sie nun die Zeichenkette, die im Listenelement angezeigt werden soll. Um die eigentliche Anzeige der Listenelemente müssen Sie sich nicht kümmern – das erledigt das Steuerelement für Sie (siehe Abbildung 14.10).

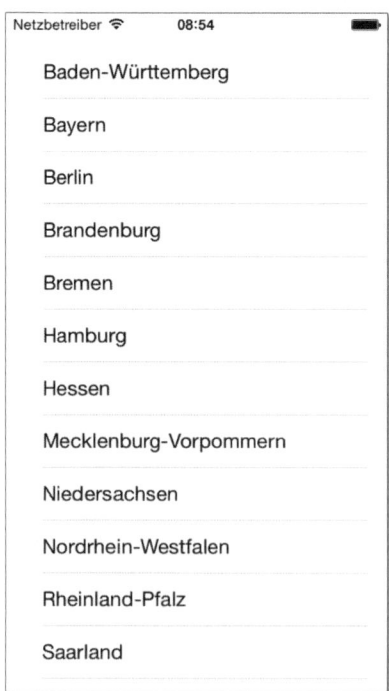

Abbildung 14.10 Die Darstellung der Bundesländerliste in der laufenden App

```
// DataSource-Methoden
extension ViewController: UITableViewDataSource {
  // gibt die Anzahl der Abschnitte der Liste an
  func numberOfSectionsInTableView(tableView: UITableView) -> Int
  {
    return 1
  }
  // gibt die Anzahl der Listenelemente an
  func tableView(tableView: UITableView,
              numberOfRowsInSection section: Int) -> Int
  {
    return mydata.count
  }
  // liefert Tabellenzellen zur Darstellung im Steuerelement
  func tableView(tableView: UITableView,
              cellForRowAtIndexPath indexPath: NSIndexPath)
      -> UITableViewCell
  {
    let cell = tableView.dequeueReusableCellWithIdentifier(
      "ProtoCell", forIndexPath: indexPath)
    let row = indexPath.row
    cell.textLabel?.text = mydata[row]
    return cell
  }
}
```

Damit die App auf die Auswahl eines Listenelements reagieren kann, muss sie noch die Methode tableView mit dem zweiten Parameter didSelectRowAtIndexPath aus dem UITableViewDelegate-Protokoll implementieren:

```
// TableView-Delegates
extension ViewController: UITableViewDelegate {
  func tableView(tableView: UITableView,
              didSelectRowAtIndexPath indexPath: NSIndexPath)
  {
    print(mydata[indexPath.row])
  }
}
```

Anzeige leerer Listeneinträge vermeiden

Wenn Ihre Liste weniger Einträge umfasst, als innerhalb des Steuerelements Platz finden, erscheinen am Ende der Liste als Platzhalter lauter leere Listeneinträge. Das sieht unschön aus und lässt sich durch folgende Anweisung in viewDidLoad vermeiden:

tableView.tableFooterView = UIView(frame: CGRectZero)

Listenzellen mit Bild und Zusatzinformationen

Für jede Listenzelle können Sie drei Eigenschaften einstellen:

- `textLabel` gibt den Titel der Zelle an.
- `detailTextLabel` kann Zusatzinformationen bzw. einen Untertitel enthalten.
- `imageView` kann ein Bild (`UIImage`-Objekt) enthalten.

Wie diese drei Datenelemente – soweit verfügbar – angezeigt werden, hängt von der Einstellung der Eigenschaft STYLE für die Protottypzelle ab. Zulässige Einstellungen sind:

- BASIC: Bild links, Titel rechts, keine Zusatzinformationen
- SUBTITLE: Bild links, Titel rechts, darunter die Zusatzinformationen
- RIGHT DETAIL: Bild links, Titel in der Mitte, rechts die Zusatzinformationen
- LEFT DETAIL: links die Zusatzinformationen, rechts der Titel, kein Bild

Das Beispielprogramm `ios-list2` zeigt Listenzellen mit STYLE = SUBTITLE, wobei bei jedem Bundesland zusätzlich die Flagge und die Landeshauptstadt angezeigt wird (siehe Abbildung 14.11).

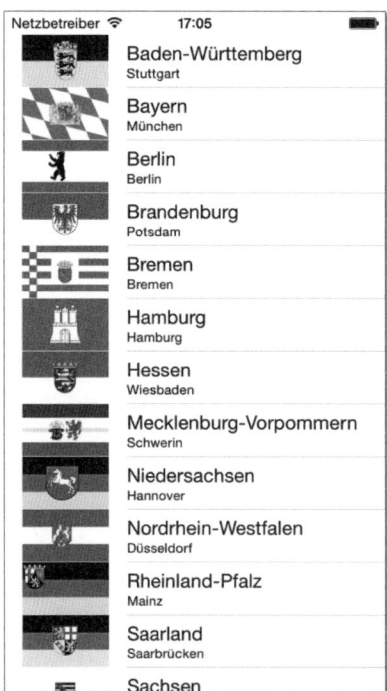

Abbildung 14.11 Darstellung der Listenelemente mit Untertitel und Bild

Bei der zweiten Inkarnation des Beispielprogramms befinden sich die Bundeslandinformationen in der Textdatei `bundesländer.txt`. Jede Zeile enthält, durch Tabulator-

Zeichen getrennt, den Namen des Bundeslands, seine Fläche, die Einwohneranzahl (Stand Ende 2012) sowie den Namen der Landeshauptstadt.

Zur Verwaltung der Daten gibt es nun – weitgehend im Sinne von MVC – ein eigenes *Model*, nämlich die Struktur Country. Dort ist auch die statische Methode readFromBundle definiert, die bundesländer.txt einliest. Grundlagen zum Zugriff auf Bundle-Dateien können Sie in Abschnitt 11.7, »Daten persistent speichern«, nachlesen. Auf eine explizite Fehlerbehandlung für den Fall, dass das Einlesen der Datei nicht funktioniert, habe ich verzichtet.

Die beiden recht unübersichtlichen split/map-Kombinationen dienen dazu, die Textdatei zuerst in Zeilen und dann in Spalten zu zerlegen. Dabei muss die ursprüngliche Zeichenkette jeweils Zeichen für Zeichen ausgelesen werden; die resultierenden Character-Arrays werden dann in String($0) wieder zu Zeichenketten zusammengefügt.

```
// Projekt ios-list2, Datei Country.swift
struct Country {
  var name:String
  var population:Int
  var area:Double
  var capital:String

  // Textdatei 'bundesländer.txt' aus dem Bundle lesen.
  static func readFromBundle() -> [Country] {
    var data = [Country]()
    let fmt = NSNumberFormatter()
    fmt.numberStyle = NSNumberFormatterStyle.DecimalStyle
    fmt.locale = NSLocale(localeIdentifier: "de_DE")
    if let path =  NSBundle.mainBundle()
      .pathForResource("bundesländer", ofType: "txt")
    {
      do {
        let txt =  try String(contentsOfFile: path,
                         encoding: NSUTF8StringEncoding)
        let lines = txt.characters.split() {$0 == "\n"}
          .map { String($0) }
        for line in lines {
          let columns = line.characters.split() {$0 == "\t"}
            .map { String($0) }
          if columns.count == 4 {
            let name = columns[0]
            let area =
              Double(fmt.numberFromString(columns[1]) ?? 0.0)
            let pop = Int(columns[2]) ?? 0
```

```
                  let cap = columns[3]
                  data.append(Country(name: name, population: pop,
                                      area: area, capital: cap))
              } // if-Ende
          }    // for-Ende
        } catch _ {}
      }  // if-let-Ende
      return data
    }     // func-Ende
}        // struct-Ende
```

Der restliche Aufbau der App ist ganz ähnlich wie bei der ersten Version. Die Unterschiede betreffen nur die Speicherung der Daten und das Erzeugen der Listenelemente:

```
// Projekt ios-list2
// Datei ViewController.swift
class ViewController: UIViewController {
  // Datenquelle
  var mydata = Country.readFromBundle()
  // restlicher Code wie bisher
}

extension ViewController: UITableViewDataSource {
  // liefert Tabellenzellen zur Darstellung im Steuerelement
  func tableView(tableView: UITableView,
              cellForRowAtIndexPath indexPath: NSIndexPath)
      -> UITableViewCell
  {
    let cell = tableView.dequeueReusableCellWithIdentifier(
      "ProtoCell", forIndexPath: indexPath)
    let row = indexPath.row
    // Titel
    cell.textLabel?.text = mydata[row].name
    // Untertitel
    cell.detailTextLabel?.text = mydata[row].capital

    // Flagge laden
    let name = mydata[row].name
      .stringByReplacingOccurrencesOfString(
        "ü", withString: "ue")
    cell.imageView?.image = UIImage(named: name)
    return cell
  }
  // restlicher Code wie bisher
}
```

Der interessanteste Code befindet sich zweifellos in der obigen `tableView`-Methode, in der nun für jede Zelle auch der Untertitel und ein Bild eingestellt wird. Die Flaggen liegen als PNG-Dateien vor, die innerhalb von `Images.xcassets` gespeichert wurden. Der Zugriff auf die Inhalte der Bilddatenbank erfolgt denkbar einfach in der Init-Funktion von `UIImage` mit dem `named`-Parameter:

```
UIImage(named: "name aus images.xcasset")
```

Dabei hat sich herausgestellt, dass das Laden von Bitmaps aus `Images.xcassets` nicht funktioniert, wenn der Name den deutschen Umlaut »ü« enthält. Aus diesem Grund ersetzt `stringByReplacingOccurrencesOfString` »ü« durch »ue«. Die betreffende Flaggen in `Images.xcassets` habe ich natürlich entsprechend umbenannt. Die eingesetzten Bilddateien stammen von der folgenden Webseite:

http://www.nationalflaggen.de/flaggen-zum-download.html

Höherauflösende Bilder finden Sie bei Bedarf in der Wikipedia. Dort ist auch nachzulesen, dass Flaggen in Deutschland gemeinfrei sind (also *public domain*):

http://de.wikipedia.org/wiki/Liste_der_Flaggen_deutscher_Länder

14

14.4 Individuelle Gestaltung der Listenelemente (UITableViewCell)

Wenn die vier vordefinierten Varianten der Prototypzellen nicht Ihren Vorstellungen entsprechen, müssen Sie sich die Mühe machen, für Ihre Zellen ein eigenes Layout zu entwickeln. Dazu verwenden Sie für die Prototyp-Zelle die Einstellung STYLE = CUSTOM.

Die gewünschte Höhe der Zelle können Sie direkt mit der Maus oder dem Trackpad einstellen. Alternativ finden Sie im Size Inspector das Feld ROW HEIGHT, in dem Sie die vertikale Größe punktgenau angeben können.

Innerhalb der Zelle sieht Xcode eine sogenannte »Content-View« vor. Das ist der Bereich der Zelle, den Sie selbst gestalten können. Darin fügen Sie nun die für Ihre Anwendung erforderlichen Steuerelemente ein und definieren durch Auto-Layout-Regeln deren Ausrichtung. Die Höhe der Zelle bleibt ja in jedem iOS-Gerät dieselbe, die Breite kann aber stark variieren (denken Sie an ein iPad im Querformat).

Für das hier vorliegende Beispiel habe ich in die Zelle zwei Label und ein Image-View-Steuerelement eingefügt (siehe Abbildung 14.12). Im Vergleich zur bisherigen Gestaltung befindet sich die Flagge nun rechts und wird etwas kleiner dargestellt.

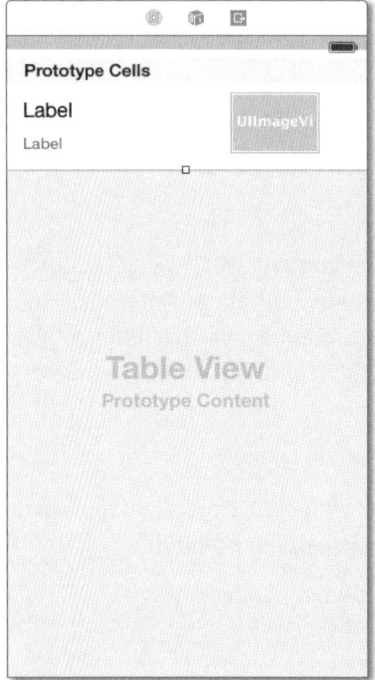

Abbildung 14.12 Individiuelle Gestaltung einer Listenzelle

Objektauswahl leicht gemacht

Wenn im Storyboard mehrere Steuerelemente, Zellen etc. übereinander angeordnet bzw. ineinander verschachtelt sind, wird es zunehmend schwierig, das gewünschte Objekt mit der Maus oder dem Trackpad zu treffen.

Viel einfacher ist es, wenn Sie die Storyboard-Seitenleiste DOCUMENT OUTLINE einblenden und das betreffende Element dort auswählen. Eine andere Möglichkeit besteht darin, das Steuerelement mit ⇧ und der rechten Maustaste anzuklicken: Dann erscheint ein Kontextmenü zur Auswahl aller darunter befindlichen Steuerelemente bzw. Container.

Abermals müssen Sie der Prototypzelle einen Namen geben (Feld IDENTIFIER im Attributinspektor), wobei ich wie in den vorigen Beispielen ProtoCell verwendet habe. Außerdem müssen Sie die Zelle nun auch mit einer eigenen Klassendatei ausstatten. Dazu führen Sie FILE • NEW • FILE aus, wählen die Vorlage COCOA CLASS, geben der neuen Klasse einen Namen (hier MyCell) und geben an, dass Ihre Klasse von der UITableViewCell-Klasse abgeleitet werden soll (siehe Abbildung 14.13).

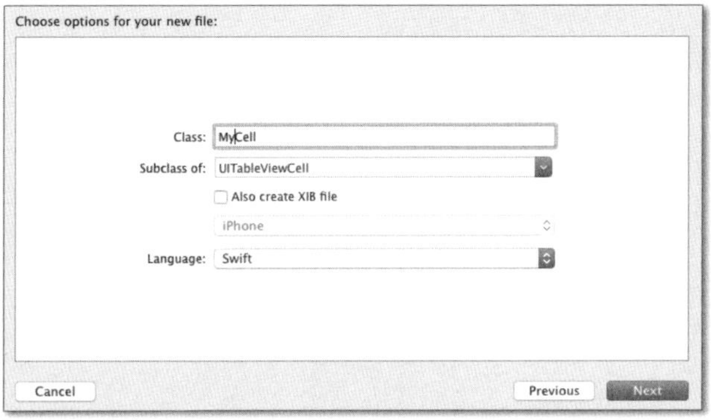

Abbildung 14.13 Neue Klassendatei für die Prototypzelle einrichten

Nun wählen Sie die Prototypzelle aus und verbinden diese mit Ihrer eigenen Klasse (CUSTOM CLASS • CLASS im Identity Inspector). Anschließend ordnen Sie in Xcode den Storyboard-Editor und die Code-Datei MyCell.swift nebeneinander an und verschieben die Steuerelemente der Prototypzelle mit ⌃ctrl⌄ in den Code. Dabei geben Sie den drei Outlets sinnvolle Namen. Weitere Änderungen am Code sind in diesem Beispiel nicht erforderlich, sodass der Code der neuen Klasse sehr kurz ausfällt:

```
// Projekt ios-list3
// Datei MyCell.swift
class MyCell: UITableViewCell {
  @IBOutlet weak var title:    UILabel!
  @IBOutlet weak var subTitle: UILabel!
  @IBOutlet weak var img:      UIImageView!
}
```

Zuletzt sind in der Methode tableView mit dem Parameter cellForRowAtIndexPath noch Änderungen erforderlich: Der Datentyp der Prototypzelle lautet nun MyCell, und der Zugriff auf die Steuerelemente erfolgt über die vorhin definierten Outlet-Namen.

```
// Projekt ios-list3
// Datei ViewController.swift
extension ViewController: UITableViewDataSource {
  // liefert Tabellenzellen zur Darstellung im Steuerelement
  func tableView(tableView: UITableView,
    cellForRowAtIndexPath indexPath: NSIndexPath)
    -> UITableViewCell
  {
    let cell = tableView.dequeueReusableCellWithIdentifier(
      "ProtoCell", forIndexPath: indexPath) as! MyCell
    let row = indexPath.row
    cell.title.text = mydata[row].name
```

```
    cell.subTitle.text = mydata[row].capital
    let name = mydata[row].name
      .stringByReplacingOccurrencesOfString(
        "ü", withString: "ue")
    cell.img.image = UIImage(named: name)
    return cell
  }
}
// restlicher Code der Klasse wie in den vorigen Beispielen
```

Detailansicht zu Listeneinträgen

In vielen iOS-Anwendungen gelangen Sie mit der Auswahl eines Listenelements in eine Detailansicht, die weitere Informationen zum Listeneintrag anzeigt bzw. Bearbeitungsfunktionen anbietet. Um den App-Benutzern einen optischen Hinweis zu geben, dass eine Detailansicht verfügbar ist, wählen Sie im Storyboard-Editor die Prototypzelle aus und stellen dann im Attributinspektor ACCESSORY = DISCLOSURE INDICATOR ein. Damit wird am rechten Rand jeder Listenzelle ein kleiner Pfeil nach rechts angezeigt (siehe Abbildung 14.14). Dadurch verkleinert sich der nutzbare Bereich der Listenzelle, also die Content-View-Größe, entsprechend.

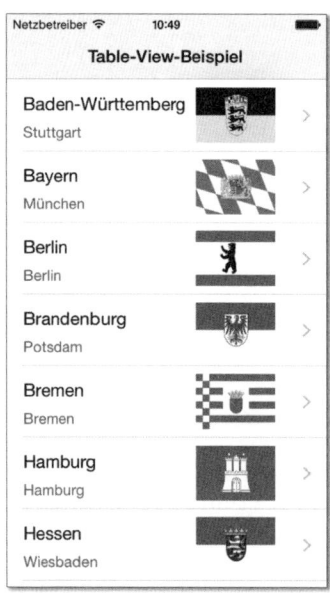 

Abbildung 14.14 Links die Listenansicht der Beispiel-App, rechts die Detailansicht

Der nächste Arbeitsschritt besteht darin, dass Sie Ihren View-Controller mit dem Table-View-Steuerelement in einen Navigation-Controller verpacken. Am einfachsten gelingt das mit dem Xcode-Kommando EDITOR • EMBED IN • NAVIGATION CON-

TROLLER. Oberhalb der Liste wird nun ein grauer Balken angezeigt, der später den ZURÜCK-Button aufnehmen wird. Für das vorliegende Beispiel habe ich den Balken per Doppelklick mit TABLE-VIEW-BEISPIEL beschriftet.

Mehr Platz mit »Hide Bars On Swipe«

Die Navigation-Controller-Option HIDE BARS ON SWIPE bewirkt, dass der Beschriftungsbalken beim Scrollen verschwindet und so bei der aktiven Nutzung der App keinen Platz wegnimmt. In der Listenansicht ist dies praktisch, aber leider gilt die Einstellung auch für die Detailansicht. Dort ist für den Benutzer der App nicht unmittelbar einsichtig, dass er auf dem Bildschirm unten ziehen muss, damit der ZURÜCK-Button erscheint.

Nach diesen Vorbereitungsarbeiten fügen Sie dem Storyboard nun einen weiteren View-Controller hinzu und beschriften diesen z. B. mit *Details*. Mit FILE • NEW • FILE richten Sie für den Controller eine neue Klassendatei ein und verbinden diese mit dem View-Controller. Für das vorliegende Beispiel lautet der Klassenname `DetailVC`.

Mit `ctrl` richten Sie nun den Segue von der Prototypzelle in den neuen View-Controller ein. Das gelingt am einfachsten, wenn Sie die Zieh-Operation nicht aus dem Table-View-Controller heraus starten (dort ist es nämlich schwierig, die Prototypzelle als solche anzuklicken), sondern vielmehr den Eintrag PROTOCELL aus dem Objektbaum in der Seitenleiste DOCUMENT OUTLINE ziehen (siehe Abbildung 14.15). Außerdem müssen Sie die Detailansicht nun mit den erforderlichen Labeln und einer Image-View ausstatten.

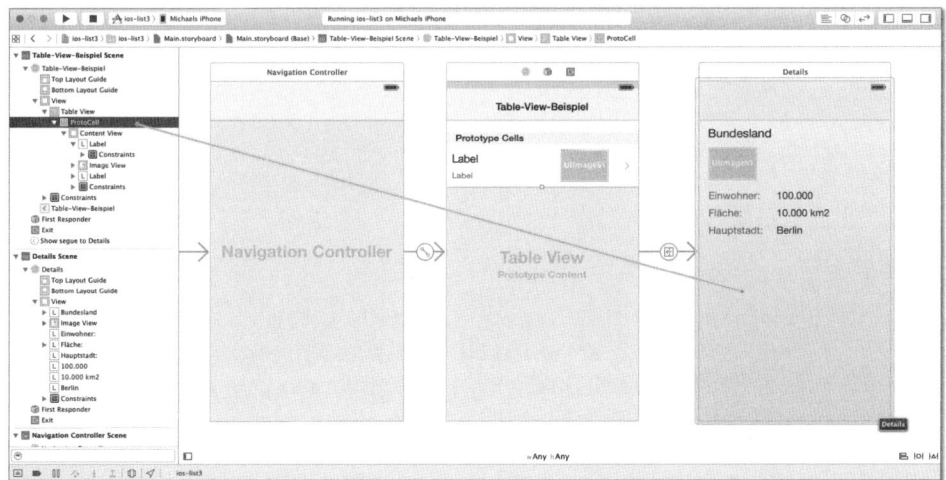

Abbildung 14.15 Die Controller der Beispiel-App beim Einrichten des Segue von der Prototypzelle in die Detailansicht

In der Code-Datei DetailVC.swift benötigen Sie Outlets zum Zugriff auf die Steuerelemente sowie eine Eigenschaft für die Country-Daten. Die Initialisierung der Steuerelemente erfolgt in viewDidLoad:

```
// Projekt ios-list3
// Datei DetailVC.swift
class DetailVC: UIViewController {
  var data:Country!  // die anzuzeigenden Daten

  @IBOutlet weak var country: UILabel!
  @IBOutlet weak var population: UILabel!
  @IBOutlet weak var area: UILabel!
  @IBOutlet weak var capital: UILabel!
  @IBOutlet weak var flag: UIImageView!

  // Initialisierung der Steuerelemente
  override func viewDidLoad() {
    super.viewDidLoad()
    if data == nil { return }

    // Bundesland
    country.text = data.name

    // Einwohneranzahl im Format 1.234.567
    let fmt = NSNumberFormatter()
    fmt.usesGroupingSeparator = true
    population.text = fmt.stringFromNumber(data.population)

    // Fläche im Format 1.234,56 km2
    fmt.minimumFractionDigits=2
    fmt.maximumFractionDigits=2
    area.text    =
      (fmt.stringFromNumber(data.area) ?? "?") + " km2"

    // Hauptstadt
    capital.text = data.capital

    // Flagge: Zugriff auf xcassets-Dateien mit äöü
    // klappt nicht; daher ü durch ue ersetzen
    let name = data.name.stringByReplacingOccurrencesOfString(
      "ü", withString: "ue")
    flag.image = UIImage(named: name)
  }
}
```

Die Datenübergabe an die Detailsicht erfolgt in der prepareForSegue-Methode in ViewController.swift. Dort stellen die beiden ersten if-let-Kommandos sicher, dass es sich um den richtigen Segue handelt und alle erforderlichen Daten zur Verfügung stehen. An den sender-Parameter wird eine Tabellenzelle übergeben. Die Methode indexPathForCell ermittelt daraus die Nummer des Eintrags, sodass in der data-Eigenschaft des DetailVC-Objekts die passenden Country-Daten gespeichert werden können.

```
// Projekt ios-list3
// Datei ViewController.swift
class ViewController: UIViewController {
  override func prepareForSegue(segue: UIStoryboardSegue,
                                sender: AnyObject?)
  {
    if let dest = segue.destinationViewController as? DetailVC,
           cell = sender as? MyCell,
           indexPath = tableView.indexPathForCell(cell)
    {
      dest.data = mydata[indexPath.row]
    }
  }
}
```

14.5   Veränderliche Listen

In den bisherigen Beispielen hat sich die Liste während der Laufzeit nie verändert. Für manche Apps trifft diese Annahme zu, in anderen Apps ist es aber erforderlich, Listen dynamisch zu verändern, indem Elemente hinzugefügt, verändert und wieder gelöscht werden.

Die Methode reloadData

Grundsätzlich ist die Veränderung von Listen unkompliziert: Sie führen die Änderung zuerst in der zugrunde liegenden Datenquelle durch und führen dann die Table-View-Methode reloadData aus. Damit werden alle sichtbaren Zellen der Table-View neu gezeichnet, natürlich unter Berücksichtigung der aktuellen Daten. Wenn Sie nur einzelne Listenelemente verändert haben, können Sie anstelle von reloadData auch reloadRowsAtIndexPaths aufrufen, um so nur ausgewählte Elemente neu zu zeichnen.

Die Scroll-Position der Liste ändert sich durch reloadData nicht. Sollte das in Ihrer App notwendig sein, helfen Sie mit der Methode scrollToRowAtIndexPath nach. Dabei können Sie allerdings nicht einfach eine ganze Zahl mit dem gewünschten Element

14

angeben, Sie müssen vielmehr vorher ein `NSIndexPath`-Objekt erzeugen, das die Position angibt. Am einfachsten gelingt das mit den Methoden `indexPathForRow` oder `indexPathForCell`, je nachdem, ob Sie eine Eintragsnummer oder ein vorhandenes Zellen-Objekt als Datenbasis verwenden möchten. Ein Beispiel für den Einsatz von `scrollToRowAtIndexPath` folgt in Abschnitt 14.6, »To-do-App«, unter dem Stichwort »Listeneintrag hinzufügen oder ändern«.

Edit-Modus

Mit der Methode `setEditing` können Sie das Table-View-Steuerelement in einen Bearbeitungsmodus versetzen. Dort werden dann, je nachdem, welche Delegate-Methoden implementiert sind, rote Lösch- und grüne Einfüge-Buttons sowie graue Verschiebebalken angezeigt. Damit können Sie die Reihenfolge der Listenelemente verändern. Jede dieser Operationen führt wiederum zum Aufruf von Delegate-Methoden, in denen Sie die gewünschten Änderungen auch im Datenmodell nachvollziehen müssen.

Auch der aus vielen Apps bekannte Links-Wisch zum Löschen von Listeneinträgen ist im Table-View-Steuerelement bereits vorgesehen. Auch in diesem Fall reicht die Implementierung einer Delegate-Methode, um die Funktion zu aktivieren.

Gestaltung der Benutzeroberfläche

Die eigentliche Herausforderung bei veränderlichen Listen besteht darin, eine gut bedienbare Benutzeroberfläche zu gestalten. Etabliert sind dabei zwei Wege:

▶ **Inline-Veränderung:** Bei Listen mit strukturell einfachen Daten ist es am elegantesten, Veränderungen direkt in der Listenansicht durchzuführen. Spielen Sie ein wenig mit der Apple-App *Erinnerungen* – dort finden Sie viele Anregungen, wie die Steuerung elegant durchzuführen ist. Die größte Herausforderung bei der Programmierung besteht darin, dass in die gerade aktive Zelle statt eines Labels ein Textfeld eingebettet werden muss und dass die dort durchgeführten Änderungen anschließend auch im Datenmodell gespeichert werden.

▶ **Eigene Eingabe- und Änderungsansicht:** Bei komplexeren Daten ist zur Neueingabe bzw. Veränderung der Daten ein eigener Dialog erforderlich. Die Navigation in diesen Dialog erfolgt in der Regel bei der Auswahl eines Elements, also wie im zuletzt vorgestellten Beispiel `ios-list3`.

Beispiele

Die im folgenden Abschnitt vorgestellte To-do-App beschreitet den ersten Weg, wenngleich anstelle von Inline-Veränderungen Popup-Dialoge eingesetzt werden. Dort erfahren Sie auch, wie Sie Listenelemente durch einen Links-Wisch löschen, Listenelemente nach oben bzw. nach unten verschieben etc.

Ein Beispiel für die Veränderung von Listenelementen in einem Detaildialog finden Sie in Kapitel 15, »Schatzsuche«: Dort können Sie den gerade aktuellen Ort als Listenelement speichern, um später dorthin zurückkehren.

14.6 To-do-App

Im Mittelpunkt dieses Abschnitts steht die Verwaltung einer ganz einfachen To-do-Liste: Mit dem Button TO-DO fügen Sie über einen Popup-Dialog ein neues Listenelement hinzu. Der Button BEARBEITEN aktiviert den Edit-Modus, in dem Sie Listeneinträge verschieben und löschen können (siehe Abbildung 14.16). Zur Veränderung eines vorhandenen Listeneintrags wählen Sie diesen mit dem Finger mehr als eine Sekunde lang aus – dann erscheint, ebenfalls als Popup, ein Edit-Dialog.

 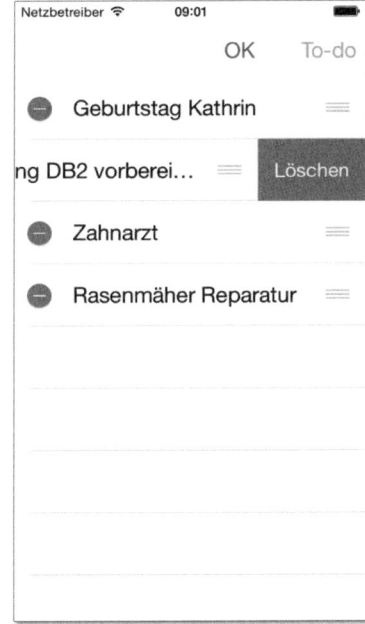

Abbildung 14.16 Links die App beim Einfügen eines neuen Eintrags, rechts im Bearbeitungsmodus

Auto Layout

Im Storyboard-Editor sieht die App unspektakulär aus (siehe Abbildung 14.17). Sie besteht nur aus der Hauptansicht (Klasse ViewController) und einem kleinen Popup (Klasse NewPopupVC).

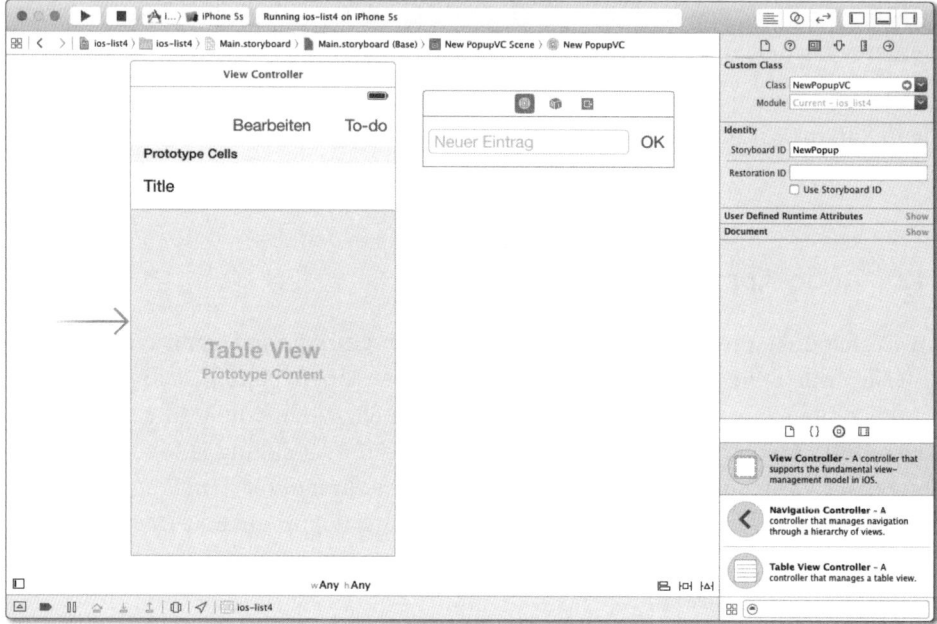

Abbildung 14.17 Die App im Storyboard-Editor

Auch die Layout-Regeln sind unkompliziert:

▸ Das Table-View-Steuerelement ist am linken, unteren und rechten Bildschirmrand fixiert. Zum oberen Rand ist ein fixer Abstand von 50 Punkten vorgesehen.

▸ Die Position des To-do-Buttons ist durch Abstände zum oberen und rechten Rand fixiert.

▸ Der Button Bearbeiten hat einen vorgegebenen Abstand zum To-do-Button und ist an der Unterkante des Texts ausgerichtet (Baseline).

Für die Popup-Ansicht ist eine fixe Größe von 300 × 60 Punkten eingestellt, also Size = Freeform und Content size = Use Preferred Explicit Size. Für die beiden enthaltenen Steuerelemente gilt:

▸ Das Textfeld hält fixe Abstände zum linken und oberen Rand der Ansicht sowie zum Beginn des Buttons ein.

▸ Der OK-Button ist relativ zum rechten Rand fixiert. Seine vertikale Position ergibt sich durch die Ausrichtung an der Textunterkante.

Datenmodell

Das Datenmodell der App ist denkbar einfach. Die To-do-Einträge werden in einem simplen String-Array gespeichert. Die Klasse Todo stellt zwei statische Methoden zur

Verfügung, um das Array in der Property List »User-Defaults« zu speichern bzw. von dort zu laden:

```
// Projekt ios-list4, Datei Todo.swift
// Hilfsfunktionen, um die To-do-Liste zu speichern bzw. zu laden
struct Todo {
  // Zugriff auf User-Defaults
  static let defaults = NSUserDefaults.standardUserDefaults()
  // String-Array in User-Defaults speichern
  static func save(data: [String]) {
    defaults.setObject(data, forKey: "todolist")
  }
  // String-Array aus User-Defaults lesen
  static func load() -> [String] {
    if let data =
      defaults.stringArrayForKey("todolist")
    {
      return data
    } else {
      return [String]()  // leeres String-Array, wenn noch
    }                    // keine Einträge gespeichert wurden
  }
}
```

In der View-Controller-Klasse wird das To-do-Array mit load initialisiert. Der Property Observer didSet kümmert sich bei jeder Änderung des Arrays darum, dass die gerade aktuelle To-do-Liste sofort wieder gespeichert wird.

```
// Projekt ios-list4, Datei ViewController.swift
class ViewController: UIViewController {
  var todoList = Todo.load()  {
    didSet {  // bei jeder Änderung sofort speichern
      Todo.save(todoList)
    }
  }
}
```

Outlets und Initialisierung

Im View-Controller gibt es drei Outlet-Variablen, die den Zugriff auf die Tabelle und die beiden Buttons geben. viewDidLoad richtet die Datenquelle ein und ermöglicht das Empfangen der Table-View-Delegates.

Damit ein Benutzer vorhandene Listeneinträge verändern kann, soll die App auf ein länger anhaltendes Auswählen eines Eintrags mit der Anzeige eines Edit-Popups reagieren. Dazu wird in viewDidLoad eine Instanz eines UILongPressGestureRecognizer eingerichtet. Diese Klasse zählt zu einer ganzen Gruppe von GestureRecognizern, mit denen die App verschiedene Fingerbewegungen erkennen kann. Zur Verarbeitung derartiger Gesten implementiert die To-do-App das Protokoll UIGestureRecognizerDelegate. Der entsprechende Code folgt in der weiteren Beschreibung des View-Controllers.

```
// Projekt ios-list4, Datei ViewController.swift
class ViewController: UIViewController {  // Fortsetzung
  @IBOutlet weak var tableView: UITableView!
  @IBOutlet weak var editButton: UIButton!
  @IBOutlet weak var newButton: UIButton!

  override func viewDidLoad() {
    super.viewDidLoad()
    tableView.delegate = self
    tableView.dataSource = self
    // langer Klick auf eine Tabellenzelle zum Ändern
    let lpgr = UILongPressGestureRecognizer(
      target: self, action: "handleLongPress:")
    lpgr.minimumPressDuration = 1.2  // in Sekunden
    tableView.addGestureRecognizer(lpgr)
  }
}
```

Hinweisen möchte ich an dieser Stelle noch auf die Einstellung des action-Parameters: Damit übergeben Sie die Signatur der aufzurufenden Methode als Zeichenkette. Da die Methode handleLongPress einen unbenannten Parameter hat, muss dem Methodenname ein Doppelpunkt folgen. Mehr Details zur Selektorsyntax finden Sie in Abschnitt 11.5, »Auto Layout« auf Seite 384.

Gesture Recognizer in Xcode einrichten

Gesture Recognizer lassen sich auch sehr komfortabel in Xcode einrichten. Dazu ziehen Sie den gewünschten Gesture Recognizer aus der Objektbibliothek in den View-Controller und stellen dann im Attributinspektor seine Eigenschaften ein.

Per ctrl-Drag richten Sie eine Outlet-Eigenschaft sowie eine Action-Methode ein. Die Outlet-Eigenschaft benötigen Sie, um dem Gesture Recognizer ein Steuerelement zuzuordnen. Die Action-Methode wird aufgerufen, wenn die Geste erkannt wird.

Es bleibt Ihnen überlassen, ob Ihnen eine reine Code-Lösung oder der gerade skizzierte Xcode-Weg eher zusagt. Ich habe in diesem Kapitel ja schon einmal meine Präferenz für Code durchklingen lassen.

Button- und Gesture-Methoden

Die Action-Methode für den Button BEARBEITEN startet bzw. beendet den Edit-Modus für die Liste (setEditing(true/false)). Der Text des Buttons wird mit der setTitle-Methode entsprechend angepasst. Solange dieser Modus aktiv ist, kann der zweite Button zum Hinzufügen eines neuen Eintrags nicht verwendet werden (enabled = false). Die Methode des To-do-Buttons kümmert sich darum, dass ein Popup zur Eingabe des neuen Eintrags unmittelbar unter dem Button angezeigt wird.

```swift
// Projekt ios-list4
// Datei ViewController.swift
class ViewController: UIViewController {  // Fortsetzung

  // Button 'Bearbeiten / OK'
  @IBAction func editButton(sender: UIButton) {
    if tableView.editing {
      // Edit abschließen
      tableView.setEditing(false, animated: true)
      newButton.enabled = true
      editButton.setTitle("Bearbeiten",
        forState: UIControlState.Normal)
    } else

    { // else-Block: Edit starten
      tableView.setEditing(true, animated: true)
      newButton.enabled = false
      editButton.setTitle("OK", forState: UIControlState.Normal)
    }
  }

  // Button 'To-do'
  @IBAction func addItem(sender: UIButton) {
    showPopup(sender, mode: "new")
  }
}
```

Für die Anzeige des Edit-Popups ist die Action-Methode handleLongPress zuständig, die in viewDidLoad eingerichtet wurde. Während eines »Long-Press«-Vorgangs kommt es zu mehreren Aufrufen dieser Methode, in denen gesture.state Auskunft über die verschiedenen Phasen des Events gibt (.Began, .Changed, .Ended, .Failed etc.).

In der To-do-App ist nur das .Began-Event relevant. Wenn es in der Folge gelingt, eine Tabellenzelle zu identifizieren, die der App-Benutzer mit dem Finger ausgewählt hat, kommt es wiederum zum Aufruf der Methode showPopup. In diesem Fall werden im dritten und vierten Parameter auch der aktuelle Text des Listeneintrags sowie dessen Nummer übergeben.

14

```
// Projekt ios-list4, Datei ViewController.swift
class ViewController: UIViewController {  // Fortsetzung
  // Long Press --> Edit
  func handleLongPress(gesture: UILongPressGestureRecognizer) {
    // hier ist nur der Event-Typ
    // UIGestureRecognizerStateBegan von Interesse
    if gesture.state != .Began { return }
    // wohin hat der Benutzer gedrückt?
    let pt = gesture.locationInView(tableView)
    let path = tableView.indexPathForRowAtPoint(pt)
    if let row = path?.row,
          cell = tableView.cellForRowAtIndexPath(path!)
    {
      // Long Press auf Tabellenzellen -->
      // Popup zum Ändern anzeigen
      showPopup(cell, mode:"edit", text:todoList[row], row:row)
    }
  }
}
```

Popup-Dialog anzeigen

Der Code zur Anzeige des Popups befindet sich in einer eigenen Methode, die zwischen den beiden Modi "edit" und "new" unterscheidet. Die Instanz des Popups wird direkt aus dem Storyboard erzeugt. Dafür ist es wichtig, dass der Popup-Controller im Storyboard-Editor korrekt benannt wurde (siehe Abbildung 14.17).

```
// Projekt ios-list4, Datei ViewController.swift
class ViewController: UIViewController {  // Fortsetzung
  // Popup zur Neueingabe oder zum Ändern anzeigen
  func showPopup(sender: UIView, mode:String,
              text:String="", row:Int=0)
  {
    if !(mode=="edit" || mode=="new") { return }

    // Eingabe-Popup vorbereiten
    let popVC = storyboard?
      .instantiateViewControllerWithIdentifier("NewPopup")
      as! NewPopupVC

    popVC.mode = mode
    popVC.currentText = text
    popVC.currentRow = row
    popVC.modalPresentationStyle = .Popover
```

```
    // Presentation-Controller konfigurieren
    let popPC = popVC.popoverPresentationController!
    popPC.sourceView = sender
    popPC.sourceRect = sender.bounds
    popPC.delegate = self
    popPC.permittedArrowDirections = [.Up, .Down]

    // Popup anzeigen
    presentViewController(popVC, animated:true,
      completion: nil)
  }
}
```

Wie schon in den bisherigen Popup-Beispielen in diesem Kapitel überredet die Delegate-Methode `adaptivePresentationStyleForPresentationController` iOS, den Popup-Dialog tatsächlich als solchen und nicht als modale Ansicht anzuzeigen. Um die Delegate-Methoden logisch von den restlichen Methoden des View-Controllers zu trennen, sind diese jeweils in einer Erweiterung (extension) formuliert.

```
// Projekt ios-list4, Datei ViewController.swift
extension ViewController :
  UIPopoverPresentationControllerDelegate
{
  func adaptivePresentationStyleForPresentationController(
    controller: UIPresentationController) ->
      UIModalPresentationStyle
  {
    return .None
  }
}
```

Listeneintrag hinzufügen oder ändern

Beim Verlassen des Popups mit OK oder ⏎ kommt es zum Aufruf von `unwindToMainVC`. Die Methode stellt zuerst sicher, dass die eingegebene Zeichenkette nicht leer ist (Variable `trimtxt`).

Wurde der Popup-Dialog im "new"-Modus aufgerufen, dann fügt die `unwind`-Methode den neuen Eintrag am Ende des `todoList`-Arrays hinzu. Die Methode `insertRowsAtIndexPath` bewirkt, dass der neue Eintrag eingeblendet wird. Da sich der Eintrag am Ende der Liste befindet, stellt `scrollToRowAtIndexPath` sicher, dass dieser Eintrag auch tatsächlich angezeigt wird.

```
class ViewController: UIViewController {  // Fortsetzung
  // Popover wurde mit 'OK' beendet
  @IBAction func unwindToMainVC(segue: UIStoryboardSegue) {
    if let src = segue.sourceViewController as? NewPopupVC,
        txt = src.txt.text
    {
      let trimtxt = txt.stringByTrimmingCharactersInSet(
        NSCharacterSet.whitespaceAndNewlineCharacterSet())
      // Text aus Popup ohne Leerzeichen am Beginn oder Ende
      if trimtxt != "" {
        if src.mode == "new" {
          // neuen Eintrag hinzufügen
          todoList.append(trimtxt)
          let path = NSIndexPath(forRow: todoList.count-1,
                                 inSection: 0)
          tableView.insertRowsAtIndexPaths([path],
                      withRowAnimation: .Automatic)
          tableView.scrollToRowAtIndexPath(path,
            atScrollPosition: .Top, animated: true)
        }
```

Im "edit"-Modus wird der entsprechende Eintrag des To-do-Arrays modifiziert. Anstatt nun die ganze Liste mit reloadData neu zu zeichnen, führt ein Aufruf von reloadRowsAtIndexPaths dazu, dass nur die betreffende Listenzelle aktualisiert wird.

```
        else if src.mode == "edit" {
          // vorhandenen Eintrag ändern
          todoList[src.currentRow] = trimtxt
          let path = NSIndexPath(forRow: src.currentRow,
            inSection: 0)
          // tableView.reloadData()
          tableView.reloadRowsAtIndexPaths([path],
                      withRowAnimation: .Automatic)
        }
      }
    }         // Ende if-let-Konstruktion
  }           // Ende unwind-Methode
}             // Ende class
```

DataSource-Methoden

Jetzt fehlen noch die Data-Source-Methoden, die sich wie bisher um die Darstellung der Listenelemente kümmern. Außerdem sind einige Methoden neu hinzugekommen:

▶ tableView(_:canEditRowAtIndexPath:) gibt an, welcher der Listeneinträge veränderlich ist. Die Rückgabe von true ist erforderlich, damit alle Listeneinträge mit einer Streichbewegung nach links gelöscht werden können (*delete on swipe*).

▶ tableView(_:commitEditingStyle:) wird aufgerufen, wenn ein Listeneintrag tatsächlich zu löschen ist. In der Methode muss der Eintrag sowohl aus todoList als auch mit deleteRowsAtIndexPaths aus dem Table-View-Steuerelement entfernt werden. Beachten Sie, dass deleteRowsAtIndexPaths auch mehrere Einträge auf einmal löschen kann und deswegen die path-Angaben als Array erwartet.

▶ tableView(_:canMoveRowAtIndexPath:) steuert, welche Listeneinträge im Edit-Modus verschoben werden können. Die Rückgabe von true bewirkt, dass bei allen Listeneinträgen rechts ein dreifacher Balken angezeigt wird, um ein Verschieben zu ermöglichen.

▶ tableView(_:moveRowAtIndexPath:) wird aufgerufen, wenn tatsächlich ein Listeneintrag verschoben wurde. Im Table-View-Steuerelement ist die Anzeige in diesem Fall bereits korrekt – es geht also nur noch darum, das todoList-Array entsprechend zu synchronisieren.

```
// DataSource-Methoden
extension ViewController: UITableViewDataSource {
  // Anzahl der Abschnitte der Liste
  func numberOfSectionsInTableView(tableView: UITableView) -> Int
  { return 1 }

  // Anzahl der Listenelemente an
  tableView: UITableView,
    numberOfRowsInSection section: Int) -> Int
  { return todoList.count }

  // Darstellung der Tabellenzellen
  func tableView(tableView: UITableView,
    cellForRowAtIndexPath indexPath: NSIndexPath)
    -> UITableViewCell
  {
    let cell =
      tableView.dequeueReusableCellWithIdentifier(
        "ProtoCell", forIndexPath: indexPath)
    let row = indexPath.row
    cell.textLabel?.text = todoList[row]
    return cell
  }
```

```
// alle Einträge sind veränderlich (für delete on swipe)
func tableView(tableView: UITableView,
  canEditRowAtIndexPath indexPath: NSIndexPath) -> Bool
{ return true }

// Eintrag löschen
func tableView(tableView: UITableView,
              commitEditingStyle editingStyle:
                UITableViewCellEditingStyle,
              forRowAtIndexPath indexPath: NSIndexPath)
{
  if editingStyle == .Delete {
    let row = indexPath.row
    todoList.removeAtIndex(row)
    tableView.deleteRowsAtIndexPaths([indexPath],
      withRowAnimation: .Fade)
  }
}

// Verschieben für alle Elemente erlauben
func tableView(tableView: UITableView,
  canMoveRowAtIndexPath indexPath: NSIndexPath) -> Bool
{
  return true
}

// Verschieben durchführen
func tableView(tableView: UITableView,
              moveRowAtIndexPath sourceIndexPath: NSIndexPath,
              toIndexPath destinationIndexPath: NSIndexPath)
{
  let item = todoList[sourceIndexPath.row]
  todoList.removeAtIndex(sourceIndexPath.row)
  todoList.insert(item, atIndex: destinationIndexPath.row)
}
}
```

Popup-View-Controller

Der Code des View-Controllers für den Popup-Dialog zum Hinzufügen eines neuen Eintrags bzw. zum Verändern eines vorhandenen Eintrags ist kurz. Neben einer Outlet-Variablen für das Textfeld gibt es drei Variablen, in denen der Nutzungsmodus und für den Edit-Modus der aktuelle Text und die Eintragsnummer gespeichert werden.

viewDidLoad kümmert sich um die Initialisierung des Textfelds. Im Modus "New"
bewirkt die Methode becomeFirstResponder, dass das Textfeld den Eingabefokus erhält
und sofort die Tastatur eingeblendet wird.

Im Edit-Modus habe ich vom Aufruf von becomeFirstResponder abgesehen. Das Problem ist hier, dass auch ein Listeneintrag am unteren Bildschirmrand verändert
werden kann. Das Einblenden der Tastatur bewirkt dann, dass das Popup-Fenster nach
oben verschoben wird. Dadurch geht aber die optische Zuordnung zu dem Listeneintrag verloren, der geändert werden soll, was die Bedienung unübersichtlich macht.

Der Popup-View-Controller implementiert auch das UITextFieldDelegate-Protokoll,
um auf die Eingabe von ⏎ reagieren zu können. In diesem Fall wird der Popup-
Dialog durch den Aufruf der Unwind-Methode geschlossen.

```swift
// Projekt ios-list4, Datei NewPopupVC.swift
class NewPopupVC: UIViewController, UITextFieldDelegate {
  @IBOutlet weak var txt: UITextField!

  // zulässige Modi: "new" und "edit"
  var mode = ""
  // zu ändernder Text und Eintrag (nur für Edit-Mode)
  var currentText = ""
  var currentRow = 0

  override func viewDidLoad() {
    super.viewDidLoad()
    if mode=="new" {
      // Tastatur sofort einblenden
      txt.becomeFirstResponder()
    } else {
      // vorhandenen Text einstellen
      txt.text = currentText
    }
    txt.delegate = self      // Textfeld-Ereignisse verarbeiten
  }

  // Reaktion auf 'Return'
  func textFieldShouldReturn(textField: UITextField) -> Bool {
    // Eingabe beenden, Tastatur ausblenden
    view.endEditing(true)
    // Segue zu View 2 initiieren
    performSegueWithIdentifier("SegueUnwindToMain", sender: self)
    // 'Return' nicht als Eingabe weitergeben
    return false
  }
}
```

14

Kapitel 15
Schatzsuche

Im Mittelpunkt dieses Kapitels steht ein Programm, das Ihnen dabei hilft, den Weg zu einem zuvor markierten Punkt zu finden. Die App eignet sich z. B. für ein Schatzsuchenspiel bei einem Kindergeburtstag oder kann bei einer Wanderung helfen, den Rückweg im Nebel zu finden.

Die App bedient sich aus dem Werkzeugkasten der beiden vorangegangenen Kapitel: Einerseits kommt die Ortungsfunktion aus Kapitel 13, »GPS- und Kompassfunktionen«, zum Einsatz, andererseits verwendet die Benutzeroberfläche Listen und Popup-Dialoge, die Ihnen aus Kapitel 14, »To-do-Listen«, schon vertraut sind.

Darüber hinaus kommen in der App einige weitere Programmiertechniken vor, die ich Ihnen bisher vorenthalten habe:

▸ persistentes Speichern mit `NSCoding`
▸ Kommunikation über das `NSNotificationCenter`
▸ Definition und Anwendung eines eigenen Delegation-Protokolls

15.1 Aufbau der App

Das zentrale Beispiel dieses Kapitels ist eine App, in der Sie die gerade aktuelle Position des Geräts benennen und speichern können. Später können Sie den Ort in einer Liste wieder auswählen. Die App zeigt dann an, wie weit Sie momentan vom gespeicherten Ort entfernt sind und wie groß die Distanz zum Ziel ist (siehe Abbildung 15.1).

Sie können die App dazu verwenden, um bei einer Wanderung alle 10 Minuten die Position zu speichern – dann sollten Sie anhand dieser Positionen später auch bei widrigen Wetterbedingungen (Nebel) wieder zurückfinden. Sie können aber auch ein paar Stunden vor Beginn eines Kindergeburtstags einen »Schatz« im Wald verstecken und den Kindern dann später das Handy als Hilfsmittel zur Suche in die Hand drücken. Das macht die beliebte Schatzsuche gleich ein wenig moderner und für ältere Kinder ansprechender. (Diese Art der privaten Schatzsuche hat nichts mit dem beliebten Geo-Caching zu tun, wo es um die Suche öffentlich bekannter »Schätze« geht.)

Abbildung 15.1 Links das Speichern eines Orts, rechts die Detailansicht, die dabei hilft, den Ort wiederzufinden

Für beide Anwendungsfälle ließe sich die App natürlich weiter optimieren und optisch ansprechender gestalten:

- Zum Einsatz als Orientierungshilfe im freien Gelände wäre eine regelmäßige automatische Speicherung von Markierungspunkten zweckmäßig. Die App müsste dann wie in Abschnitt 13.2, »Wegstrecke aufzeichnen«, als Hintergrund-App konfiguriert werden, und der Zugriff auf die Ortungsdaten müsste auch für den Hintergrundbetrieb zugelassen werden. Praktisch wäre auch eine Funktion, die die Suchfunktion automatisch auf den nächst-älteren gespeicherten Punkt umstellt, sobald der gerade ausgewählte Punkt annähernd erreicht ist.

- Die kindergeburtstagstaugliche Schatzsuche schreit geradezu nach einem ansprechenderen App-Layout. Noch unterhaltsamer lässt sich die Suche gestalten, wenn die Suche hin und wieder durch Quiz-Fragen unterbrochen wird. Sobald die Distanz zum Schatz z. B. auf 500 m sinkt, muss eine kniffelige Frage richtig beantwortet werden. Erst dann kann die App weiter genutzt werden. Auch ein Foto oder eine Detailkarte als Hilfestellung für die Suche auf den letzten Metern kann zweckmäßig sein. Das Foto bzw. die Karte wird erst eingeblendet, wenn der Abstand zum Schatz weniger als 30 m beträgt.

Die vorliegende App verzichtet bewusst auf die Darstellung einer Karte (MapView). Der Hauptvorteil besteht darin, dass die App so auch ohne Internetzugang funktioniert, was gerade bei Wanderungen ein großer Vorteil sein kann. Außerdem ist eine Schatzsuche wenig spannend, wenn der Ort des Schatzes mit einem Blick auf die Karte sofort klar wird.

Einschränkungen durch die GPS-Genauigkeit

Für grobe Orientierungsaufgaben ist das *Global Positioning System* mehr als genau genug. Es muss Ihnen aber bewusst sein, dass das System bei Distanzen ab ca. 20 Metern an seine Grenzen stößt.

Auch wenn die Abbildungen der App recht unspektakulär aussehen, verbergen sich dahinter doch viele Details und entsprechend viel Code. Die Beschreibung der App wurde daher über die weiteren Abschnitte dieses Kapitels verteilt und befasst sich mit den folgenden Themen:

- persistente Speicherung der Liste mit `NSCoding`-Unterstützung
- Auslagerung des Location Managers in eine eigene Klasse mit Kommunikation über den `NSNotificationManager`
- Darstellung eines Richtungspfeils mit `UIBezierPath` in einem eigenen Steuerelement
- Aufbau und Steuerung der App-Ansichten

Aufbau und Storyboard

Das Storyboard der App ist übersichtlich (siehe Abbildung 15.2). Ein Navigation-Controller enthält die Startseite der App, an deren oberem Rand die gerade aktuelle Position (geografische Breite und Länge) angezeigt wird. Der Button POSITION SPEICHERN führt dazu, dass ein Popup-Dialog zur Eingabe eines Namens angezeigt wird (STORYVC im Storyboard). Sobald auf der Startseite ein Eintrag im Table-View-Steuerelement berührt wird, erscheint die Detailseite (DETAILVC). Den drei Seiten bzw. Dialogen ist jeweils eine eigene Klassendatei zugeordnet:

- Startseite: `ViewController.swift`
- Popup-Dialog zum Speichern: `SaveVC.swift`
- Detail-Seite: `DetailVC.swift`

Darüber hinaus enthält das Xcode-Projekt neben den vorgegebenen Dateien wie `AppDelegate.swift` oder `Info.plist` noch die folgenden Swift-Dateien:

- globale Funktionen: `GlobalFunction.swift`
- Datenmodell (Klasse `Position`): `Position.swift`
- eigener Location Manager: `MyLocationManager.swift`
- Steuerelement für den Richtungspfeil: `ArrowView.swift`

15

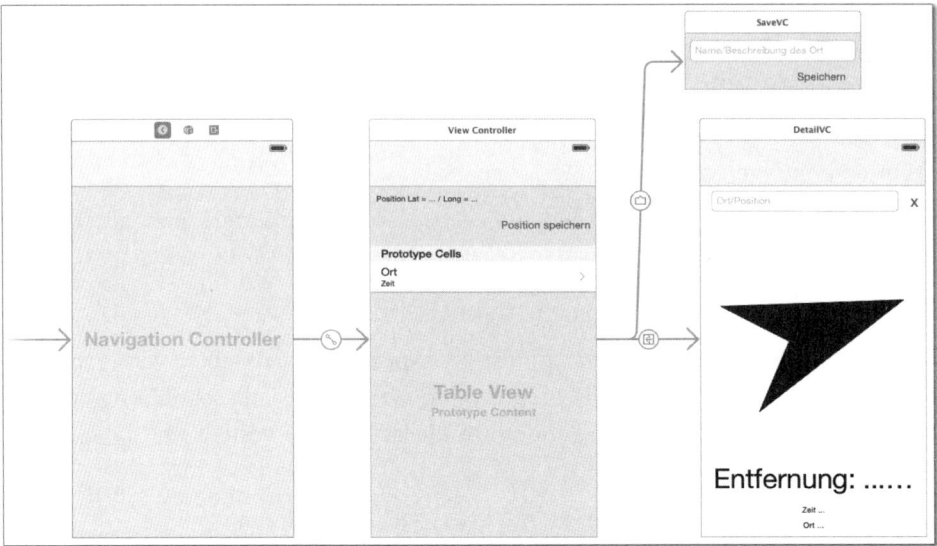

Abbildung 15.2 Das Storyboard der Schatzsuche-App

Layout-Regeln

Die Startansicht besteht aus drei Steuerelementen:

- Das Label für die Position ist links, oben und rechts fixiert, sodass es die ganze zur Verfügung stehende Breite des iOS-Geräts nutzt.
- Der Button POSITION SPEICHERN ist darunter angeordnet und mit dem rechten Rand verbunden.
- Den Rest des Bildschirms füllt das Table-View-Steuerelement aus. Es ist mit dem linken, unteren und rechten Rand verbunden. Seine Oberkante befindet sich 15 Punkte unter der Unterkante des Buttons.

Der Popup-Dialog hat dank SIZE = FREEFORM und USE PREFERRED EXPLIZIT SIZE eine fixe Größe von 250 × 80 Punkten. Die beiden enthaltenen Steuerelemente sind ohne Layout-Regeln positioniert. Das ist insofern unproblematisch, als sich die Größe des Popup-Dialogs ohnedies nicht ändern kann.

Einige Anmerkungen zu den Layout-Regeln der Detailansicht folgen dann in Abschnitt 15.7, »Detailansicht mit Richtungspfeil«.

Funktion zur Darstellung geografischer Daten

Die App benötigt an mehreren Stellen eine Funktion, um die Fließkommazahlen für die geografische Breite und Länge in eine besser lesbare Form mit Grad und Minuten umzuwandeln. Dazu habe ich in GlobalFunctions.swift die Funktion degreesMinutes definiert:

```
// Projekt ios-schatz, Datei GlobalFunctions.swift
// Beispiel: macht aus 12.5 --> "12° 30.00'"
func degreesMinutes(x:Double) -> String {
  let minutes = abs((x % 1) * 60)
  return String(format: "%d° %.2f'", Int(x), minutes)
}
```

Projekteinstellungen

Die App zur Schatzsuche kann sinnvollerweise nur auf iPhones in Normalausrichtung (hochkant) verwendet werden. Deswegen habe ich in den Target-Einstellungen GENERAL • DEPLOYMENT INFO als einzige Geräteausrichtung PORTRAIT zugelassen (siehe Abbildung 15.3).

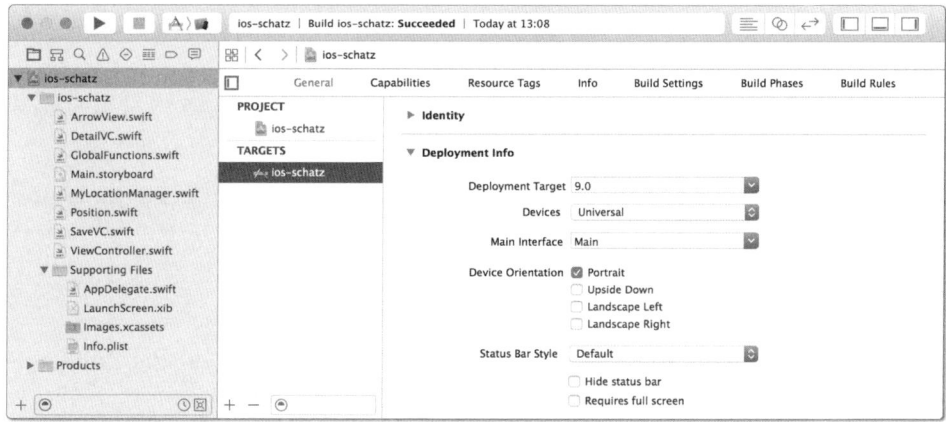

Abbildung 15.3 Die App läuft nur im Portrait-Modus.

Die App nutzt die Kompassfunktionen. Wenn Sie auch andere Ausrichtungen zulassen möchten, dann müssen Sie in der App die `UIDeviceOrientationDidChange`-`Notification`-Nachricht des Notification Center verarbeiten und auch die Ausrichtung des Kompasses anpassen. Der erforderliche Code ist in `ViewController.swift` enthalten, wird aber in diesem Kapitel nicht nochmals beschrieben. Werfen Sie gegebenenfalls einen Blick in Abschnitt 13.4, »Eigene Steuerelemente mit Grafikfunktionen«, wo diese Problematik behandelt wird.

15.2   Datenmodell

Jedes Mal, wenn in der App eine Position gespeichert wird, werden vier Daten erfasst: Der Name des Orts (muss eingegeben werden), der aktuelle Zeitpunkt sowie die geografischen Koordinaten. Diese vier Daten werden gemeinsam in einer Instanz der `Position`-Klasse gespeichert, die wie folgt definiert ist:

```
// Projekt ios-schatz
// Datei Position.swift
class Position:  NSObject, NSCoding {
  var name:String   // Name des Orts
  var time:NSDate   // Speicherzeitpunkt
  var lat:Double    // geogr. Breite
  var long:Double   // geogr. Länge

  init(_ name:String, _ time:NSDate,
      _ lat: Double, _ long:Double )
  {
    self.name   = name
    self.time   = time
    self.lat    = lat
    self.long   = long
  }

  // weitere Init-Funktionen und Methoden ...
}
```

Die eigentliche Datenspeicherung erfolgt in einem Position-Array. Der Zugriff auf dieses Array erfolgt durch die poslist-Eigenschaft in ViewController.swift.

Basisklasse und Protokolle

Die Position-Klasse ist von NSObject abgeleitet und implementiert die Protokolle NSCoding und CustomStringConvertible (durch NSObject vorgegeben):

▶ Die Ableitung von NSObject wird vom NSCoding-Protokoll vorausgesetzt.

▶ NSCoding erlaubt es, Position-Instanzen effizient in einer binären Datei zu speichern. Details dazu folgen gleich.

description-Eigenschaft

Damit ein gespeicherter Punkt zu Testzwecken unkompliziert mit print(posvar) ausgegeben werden kann, wird die description-Eigenschaft der NSObject-Klasse wie folgt überschrieben:

```
override var description:String {
  return name + "\(time) \(lat) \(long)"
}
```

Das Protokoll NSCoding

Die Zielsetzung des NSCoding-Protokolls ist es, bei der Umwandlung von Daten in einen binären Datenstrom bzw. bei der Zurückverwandlung zu helfen. Das Protokoll verlangt die Implementierung einer eigenen init-Funktion sowie der Methode encodeWithCoder. In beiden Fällen wird ein NSCoder-Objekt übergeben.

▸ **Decoder:** In init können die gewünschten Daten mit verschiedenen decode-Methoden extrahiert werden. Dabei wird jeweils eine Zeichenkette als Zugriffsschlüssel übergeben. Zeichenketten und NSDate-Instanzen werden als universelle Objekte betrachtet. Erst das Casting durch as! xxx macht daraus den gewünschten Datentyp.

▸ **Encoder:** Analog kommen in encodeWithCoder entsprechende encodeXxx-Methoden zum Einsatz.

```
// Daten aus dem Decoder extrahieren
required init?(coder aDecoder: NSCoder) {
  name = aDecoder.decodeObjectForKey("name") as! String
  time = aDecoder.decodeObjectForKey("time") as! NSDate
  lat  = aDecoder.decodeDoubleForKey("lat")
  long = aDecoder.decodeDoubleForKey("long")
}

// Daten codieren
func encodeWithCoder(aCoder: NSCoder) {
  aCoder.encodeObject(name, forKey: "name")
  aCoder.encodeObject(time, forKey: "time")
  aCoder.encodeDouble(lat,  forKey: "lat")
  aCoder.encodeDouble(long, forKey:"long")
}
```

Array speichern und wieder einlesen (NSKeyedArchiver)

Die Klasse NSKeyedArchiver stellt Methoden zur Verfügung, um Objekte in einer Datei zu speichern bzw. von dort wieder zu lesen, sofern deren Klassen das NSCoding-Protokoll unterstützen.

Uns interessiert hier freilich nicht das Speichern bzw. Lesen eines einzigen Position-Elements – wir wollen gleich ein ganzes Array verarbeiten. Dabei kommt uns zugute, dass aus der Objective-C-Welt stammende Methoden ein Swift-Array als NSArray betrachten – und NSArray implementiert NSCoding. Solange ein Swift-Array also NSCoding-kompatible Elemente enthält, gelingt das Archivieren in eine Datei mit archiveRootObject bzw. das Auslesen mit unarchiveObjectWithFile vollkommen unkompliziert.

15

Die App verwendet als Speicherort das Dokumentenverzeichnis und als Dateiname positions.bin. Den Pfad zu dieser Datei ermittelt die Methode getPath, wobei die aus Abschnitt 11.7, »Daten persistent speichern«, schon bekannte Klasse NSSearchPathForDirectoriesInDomains zum Einsatz kommt. In der Methode read-ArrayFromFile ist für den Fall vorgesorgt, dass die Datei noch gar nicht existiert und getPath daher nil zurückgibt. Das ist beim ersten Start der App der Fall. In diesem Fall liefert readArrayFromFile einfach ein leeres Array als Ergebnis.

```
// statische Methoden, um das Position-Array
// dauerhaft zu speichern bzw. wieder zu laden
static func saveArrayToFile(data:[Position]) {
  if data.count==0 { return }
  if let path = getPath() {
    NSKeyedArchiver.archiveRootObject(data, toFile: path)
  }
}

static func readArrayFromFile() -> [Position] {
  if let path = getPath() {
    if let result = NSKeyedUnarchiver
        .unarchiveObjectWithFile(path) as? [Position]
    {
      return result
    }
  }
  return [Position]()  // leeres Array
}

// Pfad zur Datei "positions.bin" im
// Document-Verzeichnis erstellen
private static func getPath() -> String? {
  let pfd =        // Datentyp [String]
    NSSearchPathForDirectoriesInDomains(
      .DocumentDirectory, .UserDomainMask, true)

  if let path = pfd.first {
    return path + "/positions.bin"
  } else {
    return nil
  }
}
```

15.3   Location Manager selbst gemacht

Viele Apps, die auf einen Location Manager zurückgreifen, brauchen diesen in mehreren Ansichten. Da jede Ansicht eine eigene Einheit bildet, die bei einem Segue geladen bzw. auch wieder aus dem Speicher entfernt wird, ist die gemeinsame Nutzung eines Location Managers schwierig. Natürlich kann jede Ansicht einfach jedes Mal einen neuen Location Manager erzeugen – aber das wäre ineffizient und führte zu redundantem Code. Wesentlich besser ist es, diesen Code in eine eigene Klasse auszulagern.

In der Schatzsuche-App habe ich hierfür die Klasse MyLocationManager vorgesehen. Sie erfüllt die folgenden Aufgaben:

- zentrale Nutzung in der gesamten App
- Verarbeitung der für die App relevanten Delegate-Methoden
- Zugriff auf die aktuelle Position und Richtung auch ohne Delegates

Beim ersten Zugriff auf die statische Eigenschaft MyLocationManager.sharedInstance wird eine Instanz erzeugt. Bei jedem weiteren Zugriff wird dann diese Instanz wiederverwendet.

```
// Projekt ios-schatz
// Datei MyLocationManager.swift
import CoreLocation
class MyLocationManager: NSObject, CLLocationManagerDelegate {
  // Zugriff auf gemeinsame Instanz von MyLocationManager
  static let sharedInstance = MyLocationManager()

  // Referenz auf den Location Manager
  var locmgr = CLLocationManager()

  // bequemer Zugriff auf die letzte Position enthält
  // Daten, sobald locationManager(..., didUpdateLocation)
  // zum ersten Mal aufgerufen wird
  var location:CLLocation!
  var heading:CLHeading!

  // Init-Funktion und Delegate-Methoden, Code folgt gleich ...
}
```

Möglicherweise fragen Sie sich, warum auch der MyLocationManager von NSObject abgeleitet ist. Das hat mit dem CLLocationManagerDelegate-Protokoll zu tun. Es setzt implizit voraus, dass es von einer Klasse implementiert wird, die von NSObject abgeleitet ist. Vergessen Sie das, dann zeigt der Compiler die Fehlermeldung *does not conform to protocol NSObjectProtocol* an. Das hat damit zu tun, dass die NSObject-Klasse wiederum das NSObjectProtocol voraussetzt.

15

Die Init-Funktion

In der Init-Funktion wird der »echte« Location Manager initialisiert und der Delegate-Aufruf aktiviert. Vergessen Sie nicht, für die Methode requestWhenInUse-Authorization in Info.plist eine Zeichenkette für den Schlüssel NSLocationWhen-InUseUsageDescription vorzusehen. Diese Zeichenkette wird angezeigt, wenn die App um die Erlaubnis fragt, auf Ortsdaten zuzugreifen (siehe Abschnitt 13.1, »Hello-MapView!«).

```
// Location Manager initialisieren
override init () {
  super.init()
  locmgr.delegate = self
  locmgr.desiredAccuracy = kCLLocationAccuracyBest
  // um Erlaubnis fragen
  locmgr.requestWhenInUseAuthorization ()
  // Location- und Heading-Ereignisse verarbeiten
  locmgr.startUpdatingLocation ()
  locmgr.startUpdatingHeading ()
}
```

Kommunikation über das Notification Center

Jetzt bleibt noch die Frage zu klären, wie die Anwender der MyLocationManager-Klasse darüber informiert werden, dass neue Orts- oder Richtungsdaten zur Verfügung stehen. Der »richtige« Location Manager verwendet dazu ja Delegation. Dieser Kommunikationsmechanismus scheidet in unserem Fall aber aus, weil auf diese Weise immer nur *ein* Empfänger benachrichtigt werden kann. Bei der Nutzung der MyLocationManager-Klasse kann der Empfänger aber wechseln, und es kann auch sein, dass es zwischenzeitlich mehrere Empfänger gleichzeitig gibt.

Glücklicherweise sieht iOS hierfür das sogenannte Notification Center vor. Das ist gewissermaßen eine zentrale Kommunikationseinheit für alle Klassen bzw. logischen Einheiten einer App. Beim Start jedes iOS-Programms wird automatisch eine Instanz des Notification Center erzeugt. An jeder Stelle im Code können Sie mit NSNotificationCenter.defaultCenter () darauf zugreifen. Theoretisch besteht auch die Möglichkeit, weitere Notification Manager einzurichten – in der Praxis ist dies aber selten zweckmäßig.

Der Notification Manager gibt uns nun die Möglichkeit, jederzeit Nachrichten über ein Ereignis an das Notification Center zu senden. In der MyLocationManager-Klasse machen wir davon in den Delegate-Methoden des CLLocationManagerDelegate-Protokolls Gebrauch:

```
// didUpdateLocation-Delegation verarbeiten
func locationManager(manager: CLLocationManager,
                  didUpdateLocations locations: [CLLocation])
{
  // aktuelle Position lokal speichern,
  // Nachricht an das Notification Center senden
  location = locmgr.location
  NSNotificationCenter.defaultCenter()
    .postNotificationName("NewLocation", object: manager)
}

// didUpdateLocation-Delegation verarbeiten
func locationManager(manager: CLLocationManager,
  didUpdateHeading newHeading: CLHeading)
{
  // aktuelle Richtung lokal speichern,
  // Nachricht an Notification Center senden
  heading = locmgr.heading
  NSNotificationCenter.defaultCenter()
    .postNotificationName("NewHeading", object: manager)
}

func locationManagerShouldDisplayHeadingCalibration(
  manager: CLLocationManager) -> Bool
{
  // bei Bedarf Dialog zur Kompasskalibrierung einblenden
  return true
}
```

Zum Versenden sieht das Notification Center die Methode postNotificationName vor. An diese Methode werden zwei Parameter übergeben: ein frei gewählter, eindeutiger Name des Ereignisses sowie auf Wunsch ein Objekt mit ereignis- oder nachrichtenspezifischen Daten. Der obige Code verzichtet auf die Weitergabe von Daten. Die Empfänger der Nachrichten können den aktuellen Ort bzw. die aktuelle Richtung ohnedies unkompliziert den Eigenschaften location oder heading der MyLocationManager-Instanz entnehmen.

Jetzt ist noch die Frage offen, wer die an das Notification Center versandten Nachrichten eigentlich erhält. Dazu ist ein Aufruf der Methode addObserver erforderlich (siehe Abbildung 15.4). Damit geben Sie bekannt, dass Sie den Nachrichtenfluss beobachten und beim Auftreten einer bestimmten Nachricht informiert werden möchten. An addObserver müssen vier Parameter übergeben werden:

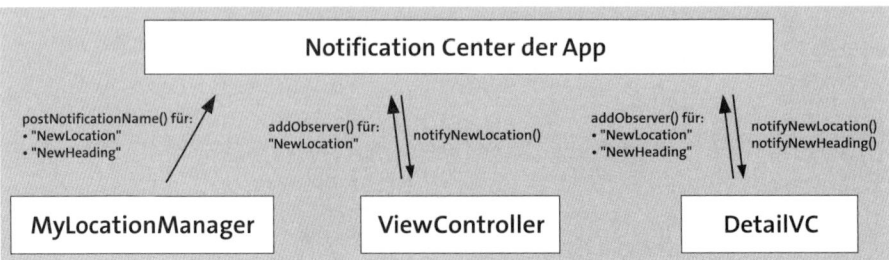

Abbildung 15.4 Nachrichtenfluss in der Schatzsuche-App

▶ das Objekt, das sich als Nachrichtenbeobachter anmeldet (in der Regel `self`)

▶ der Name der Methode, die das Notification Center aufrufen soll. Wichtig: Dem Methodennamen muss ein Doppelpunkt folgen! Der Name der Methode kann frei gewählt werden, Sie müssen aber einen Parameter zur Übergabe eines `NSNotification`-Objekts vorsehen.

▶ der Name der Nachricht, die verarbeitet werden soll

▶ das Objekt, das die Nachricht versendet hat. Wenn Sie hier ein Objekt angeben, erhalten Sie nur Nachrichten dieses Objekts. Übergeben Sie hingegen `nil`, dann berücksichtigt das Notification Center *jede* Nachricht, bei dem der Nachrichtenname zutrifft, unabhängig vom Sender.

Die folgenden Zeilen sind ein Vorgriff auf die Controller-Datei `ViewController.swift`. Sie zeigen beispielhaft die Verwendung von `addObserver` und den Aufbau einer `notify`-Methode:

```
// in ViewController.swift
// Benachrichtigung von MyLocationManager,
// wenn sich die Position ändert
NSNotificationCenter.defaultCenter().addObserver(
    self,
    selector: "notifyNewLocation:",  // Achtung, Doppelpunkt!
    name: "NewLocation",
    object: nil)

// wird vom Notification Center aufgerufen, sobald eine
// "NewLocation"-Nachricht eintrifft
func notifyNewLocation(notification:NSNotification) {
    ...
}
```

Bei Bedarf besteht die Möglichkeit, die Benachrichtigung durch den Notification Server, also den Aufruf der mit `addObserver` genannten Methode, wieder zu stoppen. Dazu verwenden Sie die Methode `removeObserver`. In der Beispiel-App besteht aber keine Notwendigkeit für den Einsatz dieser Methode.

15.4   Steuerelement zur Richtungsanzeige (UIBezierPath)

Ein weiteres Puzzlestück der Schatzsuche-App ist das Steuerelement zur Richtungsanzeige, für die die Klasse ArrowView zuständig ist. Wie Sie eigene Steuerelemente realisieren, habe ich Ihnen ja schon in Abschnitt 13.4, »Eigene Steuerelemente mit Grafikfunktionen«, gezeigt. Zur Wiederholung die Kurzfassung: Sie müssen eine von UIView abgeleitete Klasse entwickeln und darin die drawRect-Methode implementieren.

Die ArrowView-Klasse kennt zwei Eigenschaften: color gibt die Zeichenfarbe an, heading die Pfeilrichtung. Die Richtung wird in Grad angegeben. 0° bedeutet nach rechts, 90° nach oben, 180° nach links etc.

Während ich Ihnen in Abschnitt 13.4 einige Core-Graphics-Methoden vorgestellt habe, verwendet die ArrowView-Klasse die modernere UIBezierPath-Klasse. Diese Klasse eignet sich zum Zeichnen von Linien, Polygonen und gekrümmten Objekten.

Die prinzipielle Vorgehensweise sieht so aus, dass Sie zuerst ein UIBezierPath-Objekt erzeugen, dann mit move- und add-Methoden grafische Elemente hinzufügen und diese schließlich mit stroke zeichnen bzw. mit fill ausfüllen. Dabei werden die vorher durch setStroke bzw. setFill eingestellten Farben verwendet.

```
@IBDesignable class ArrowView: UIView {
  // Farbe des Pfeils
  @IBInspectable var color:UIColor = UIColor.blackColor()

  // Richtung des Pfeils
  @IBInspectable var heading:Double = 0.0   {
    didSet {              // bei Änderung neu zeichnen
      setNeedsDisplay()
    }
  }

  // Methode, um den Inhalt der View zu zeichnen
  override func drawRect(rect: CGRect) {
    let rad = heading / 180.0 * M_PI;

    let side   = min(frame.size.width, frame.size.height)
    let side2  = side/2            // halbe Seitenlänge
    let radius1 = side2 * 0.95      // Radius außen
    let radius2 = side2 * 0.25      // Radius innen
    let x0 = frame.size.width / 2   // Mittelpunkt
    let y0 = frame.size.height / 2

    let x1 = x0 + radius1 * CGFloat(cos(rad))  // Spitze
    let y1 = y0 - radius1 * CGFloat(sin(rad))
```

```
      let x2 = x0 + radius1 * CGFloat(cos(rad + M_PI * 0.8))
      let y2 = y0 - radius1 * CGFloat(sin(rad + M_PI * 0.8))
      let x3 = x0 + radius2 * CGFloat(cos(rad + M_PI))  // unten
      let y3 = y0 - radius2 * CGFloat(sin(rad + M_PI))
      let x4 = x0 + radius1 * CGFloat(cos(rad + M_PI * 1.2))
      let y4 = y0 - radius1 * CGFloat(sin(rad + M_PI * 1.2))

      let myBezier = UIBezierPath()
      myBezier.moveToPoint(CGPoint(x: x1, y: y1))
      myBezier.addLineToPoint(CGPoint(x: x2, y: y2))
      myBezier.addLineToPoint(CGPoint(x: x3, y: y3))
      myBezier.addLineToPoint(CGPoint(x: x4, y: y4))
      myBezier.closePath()
      color.setFill()
      myBezier.fill()
      color.setStroke()
      myBezier.stroke()
   }
}
```

15.5 Hauptansicht mit Listenfeld

Die Start- bzw. Hauptansicht der Schatzsuchen-App besteht aus einem Balken am oberen Bildschirmrand. Dort wird die gerade aktuelle geografische Position angezeigt.
Die Anzeige ist primär als Feedback für die Benutzer der App gedacht, damit diese
erkennen, dass Ortsdaten empfangen werden. Der Button POSITION SPEICHERN führt
über eine Segue in einen Popup-Dialog. Sofern dort ein Name für den zu speichern-
den Ort angegeben wird, fügt die App den Eintrag in die Liste ein. Im Folgenden sind
die wichtigsten Passagen aus dem Steuerungscode abgedruckt und erläutert.

Outlets, Eigenschaften und Initialisierung

In der ViewController-Klasse gibt es nur zwei Outlets zum Zugriff auf das Textfeld
mit der aktuellen Position sowie auf das Table-View-Steuerelement mit der Liste.
mylocmgr enthält eine Referenz auf ein MyLocationManager-Objekt. poslist enthält das
Array mit den Daten für die Listeneinträge. Das Array wird beim Programmstart mit
readArrayFromFile gelesen und bei jeder Änderung wieder gespeichert.

viewDidLoad richtet self als Datenquelle ein. Die zugehörigen Delegate-Methoden für
das DataSource-Protokoll folgen später. addObserver meldet beim Notification Center die Methode notifiyNewLocation an. Sie soll in Zukunft aufgerufen werden, wenn
eine NewLocation-Nachricht eintrifft. Diese Methode kümmert sich darum, dass im
Textfeld die aktuelle geografische Position angezeigt wird.

```
// Projekt ios-schatz
// Datei ViewController.swift
class ViewController: UIViewController {
  @IBOutlet weak var labelPosition: UILabel!
  @IBOutlet weak var tableView: UITableView!

  let mylocmgr = MyLocationManager.sharedInstance
  var poslist = Position.readArrayFromFile()

  override func viewDidLoad() {
    super.viewDidLoad()
    tableView.dataSource = self

    // Benachrichtigung von MyLocationManager,
    // wenn sich die Position ändert
    NSNotificationCenter.defaultCenter().addObserver(
      self,
      selector: "notifyNewLocation:",  // Achtung, Doppelpunkt!
      name: "NewLocation",
      object: nil)
  }

  // neue Position anzeigen
  func notifyNewLocation(notification:NSNotification) {
    let coord = mylocmgr.location.coordinate
    let long = degreesMinutes(coord.longitude)
    let lat  = degreesMinutes(coord.latitude)
    labelPosition.text = "Position Lat = \(lat) / Long = \(long)"
  }

  // weitere Methoden ...
}
```

DataSource-Anbindung

Als Datenquelle für das Table-View-Steuerelement dient das Array poslist. Die Anbindung erfolgt über Data-Source-Methoden – und zwar exakt genauso wie in den Einführungsbeispielen am Beginn des Kapitels. Um den Code übersichtlich zu halten, sind die Methoden in einer extension für das UITableViewDataSource-Protokoll gebündelt.

```
extension ViewController: UITableViewDataSource {
  func numberOfSectionsInTableView(...) -> Int { return 1 }
  func tableView(... numberOfRowsInSection ...) -> Int
    { return poslist.count }
```

15

```
func tableView(... cellForRowAtIndexPath ...)
  -> UITableViewCell
{
  let dfmt = NSDateFormatter()
  dfmt.dateStyle = .MediumStyle
  dfmt.timeStyle = .ShortStyle
  let cell = tableView.dequeueReusableCellWithIdentifier(
    "ProtoCell", forIndexPath: indexPath)
  let row = indexPath.row
  cell.textLabel?.text = poslist[row].name
  cell.detailTextLabel?.text =
    dfmt.stringFromDate(poslist[row].time)
  return cell
}
}
```

Segues vom und zum Speichern-Popup, neuen Eintrag speichern

Zum Aufruf von prepareForSegue kann es aus zwei Gründen kommen: einerseits beim Anklicken von POSITION SPEICHERN, andererseits beim Anklicken eines Listeneintrags. Im ersten Fall muss die delegate-Eigenschaft des Popup-Controllers SaveVC auf self gestellt werden. Das ermöglicht uns, auf den Aufruf von adaptivePresentationStyleForPresentationController des UIPopoverPresentationController-Delegate-Protokolls zu reagieren. Dort geben wir als UIModalPresentationStyle den Wert .None zurück – iOS soll den Popup-Dialog also auch auf einem iPhone als solchen anzeigen und keine modale Ansicht daraus machen.

```
// Projekt ios-schatz
// Datei ViewController.swift
class ViewController: UIViewController {  // Fortsetzung
  override func prepareForSegue(segue ...)
  {
    // Segue zum Popup-Speicherdialog
    if let dest = segue.destinationViewController as? SaveVC,
         popPC = dest.popoverPresentationController
    {
      popPC.delegate = self
    }

    // Segue zur Detailansicht
    // ... (folgt gleich)
  }
}
```

```
extension ViewController:
    UIPopoverPresentationControllerDelegate {
  // damit Popups auch auf dem iPhone funktionieren
  func adaptivePresentationStyleForPresentationController(...) ->
    UIModalPresentationStyle
  {
    return .None
  }
}
```

Bei der Rückkehr aus dem Speicher-Popup wird die Methode unwindToMainView aufgerufen. Da das automatische Ausblenden des Popups nicht immer funktioniert, wenn der Segue per Code ausgelöst wurde, hilft die Methode dismissViewControllerAnimated nach.

```
class ViewController: UIViewController {  // Fortsetzung
  @IBAction func unwindToMainView(segue: UIStoryboardSegue) {
    if let src = segue.sourceViewController as? SaveVC {
      // explizit ausblenden, siehe
      // http://stackoverflow.com/questions/28247727
      if !segue.sourceViewController.isBeingDismissed() {
        segue.sourceViewController
          .dismissViewControllerAnimated(true, completion: nil)
      }
      if let txt = src.posname.text {
        let posname = txt.stringByTrimmingCharactersInSet(
          NSCharacterSet.whitespaceAndNewlineCharacterSet())
        if posname != "", let loc = mylocmgr.location {
          let newpos =
            Position(posname,
                     loc.timestamp,
                     loc.coordinate.latitude,
                     loc.coordinate.longitude)
          // am Beginn der Liste einfügen
          poslist.insert(newpos, atIndex: 0)
          // neue Liste bleibend speichern
          Position.saveArrayToFile(poslist)
          // anzeigen
          tableView.reloadData()
        }
      }
    }   // Ende if-let-Konstruktion
  }     // Ende unwind-Methode
}       // Ende class
```

15

Die Methode `stringByTrimmingCharactersInSet` entfernt alle Leerzeichen aus dem Text, der im Textfeld des Popup-Dialogs steht. Bleibt dann noch etwas übrig, wird in `newpos` eine neue Instanz eines `Position`-Objekts gespeichert und dem `poplist`-Array am Beginn hinzugefügt. Die zuletzt gespeicherte Position wird im Table-View-Steuerelement also oben angezeigt. `saveArrayToFile` sorgt dafür, dass die neue Positionsliste bleibend gespeichert wird. `reloadData` löst ein Neuzeichnen der Table-View aus.

Segue vom und zum Detaildialog

Ein Klick auf einen Listeneintrag löst den Übergang in die Detailansicht aus. In `prepareForSeque` werden an das neue `DetailVC`-Objekt zwei Daten übergeben: der Indexeintrag des gerade aktiven Listeneintrags, der mit `indexPathForCell` ermittelt wird, sowie die `Position`-Instanz des ausgewählten Eintrags. Außerdem bewirkt `dest` `.delegate = self`, dass wir in dem aktuellen `ViewController`-Code auf Delegates der `DetailVC`-Klasse reagieren können.

```
// Projekt ios-schatz, Datei ViewController.swift
class ViewController: UIViewController {  // Fortsetzung
  override func prepareForSegue(segue: UIStoryboardSegue,
                       sender: AnyObject?)
  {
    // Segue zum Popup-Speicherdialog: ... siehe oben
    // Segue zur Detailansicht:
    if let dest = segue.destinationViewController as? DetailVC,
        cell = sender as? UITableViewCell,
        indexPath = tableView.indexPathForCell(cell)
    {
      dest.row = indexPath.row
      dest.pos = poslist[indexPath.row]
      dest.delegate = self
    }
  }
}
```

Die Delegate-Methode `backFromDetailVC`, deren Definition bei der Beschreibung der `DetailVC`-Klasse gleich folgt, wird bei der Rückkehr von der Detail- in die Listenansicht aufgerufen. Hier sind zwei Dinge zu erledigen:

▸ Wenn die `DetailVC`-Eigenschaft `deleteItem` den Wert `true` hat, wird der aktuelle Listeneintrag aus `poslist` gelöscht. Das Table-View-Steuerelement wird mit `reload` aktualisiert, die geänderte Liste mit `saveArrayToFile` gespeichert.

▸ Wenn der Name des Orts geändert wurde, wird der betreffende Listeneintrag verändert. Abermals kümmern sich reload und saveArrayToFile um die Synchronisierung der Table-View und der Positionsdatei.

```
// eigener Delegate zur Verarbeitung der Rückkehr von DetailVC
extension ViewController: DetailVCDelegate {
  func backFromDetailVC(sourceVC: DetailVC) {
    if sourceVC.deleteItem == true {
      // Listenelement löschen
      poslist.removeAtIndex(sourceVC.row)
      // anzeigen
      tableView.reloadData()
      // geänderte Liste bleibend speichern
      Position.saveArrayToFile(poslist)
    } else {
      // gegebenenfalls Titel des Listenelements ändern
      let txt = sourceVC.txtPosition.text!
      let newname = txt.stringByTrimmingCharactersInSet(
        NSCharacterSet.whitespaceAndNewlineCharacterSet())
      if newname != "" && newname != poslist[sourceVC.row].name {
        poslist[sourceVC.row].name = newname
        Position.saveArrayToFile(poslist)
        tableView.reloadData()
      }
    }
  }  // Ende if-else-Konstruktion
}  // Ende back-Methode
}  // Ende extension
```

15.6 Popup-Dialog zum Speichern

Der Popup-Dialog zum Speichern befindet sich in einem eigenen ViewController mit dem Klassennamen SaveVC. Ich beginne mit einer Zusammenfassung der wichtigsten Einstellungen, die ich im Storyboard-Editor vorgenommen habe:

▸ View-Controller:
  − SIZE = FREEFORM
  − STATUS BAR = NONE
  − CONTENT SIZE = PREFERRED EXPLICIT SIZE
▸ View innerhalb des View-Controllers:
  − WIDTH = 250
  − HEIGHT = 80
▸ Segue SegueUnwindSaveToMain vom SPEICHERN-Button zum Exit-Icon

Im Code zur Klasse wird wie schon in einigen früheren Beispielen die textFieldShould-
Return-Methode des UITextFieldDelegate-Protokolls verarbeitet, um die Tastatur mit
⏎ auszublenden und den Popup-Dialog zu schließen:

```
// Projekt ios-schatz
// Datei SaveVC.swift
class SaveVC: UIViewController, UITextFieldDelegate {
  @IBOutlet weak var posname: UITextField!

  override func viewDidLoad() {
    super.viewDidLoad()
    posname.delegate = self
  }

  // bei Return ausblenden
  func textFieldShouldReturn(textField: UITextField) -> Bool {
    // Eingabe beenden, Tastatur ausblenden
    view.endEditing(true)
    // Segue zu View 2 initiieren
    performSegueWithIdentifier("SegueUnwindSaveToMain",
        sender: self)
    // 'Return' nicht als Eingabe weitergeben
    return false
  }
}
```

15.7 Detailansicht mit Richtungspfeil

Abschließend muss ich noch den Controller DetailVC der Detailansicht beschreiben.
Im View-Controller befinden sich wenige Steuerelemente (siehe Abbildung 15.5):

▸ Textfeld zur Anzeige des Namens des Orts
▸ x-Button zum Löschen des Eintrags
▸ ArrowView-Steuerelement mit dem Richtungspfeil
▸ drei Label zur Anzeige von Entfernung, Zielkoordinate und Speicherzeitpunkt

Das ArrowView-Steuerelement wurde als gewöhnliches View-Steuerelement in die
Ansicht eingefügt. Anschließend wurden zwei Eigenschaften verändert:

▸ im Identity Inspector CLASS = ArrowView, damit nicht nur ein leeres UIView angezeigt wird, sondern das in ArrowView.swift definierte Steuerelement
▸ im Attributinspektor MODE = REDRAW, damit das Steuerelement bei Größenänderungen automatisch neu gezeichnet wird

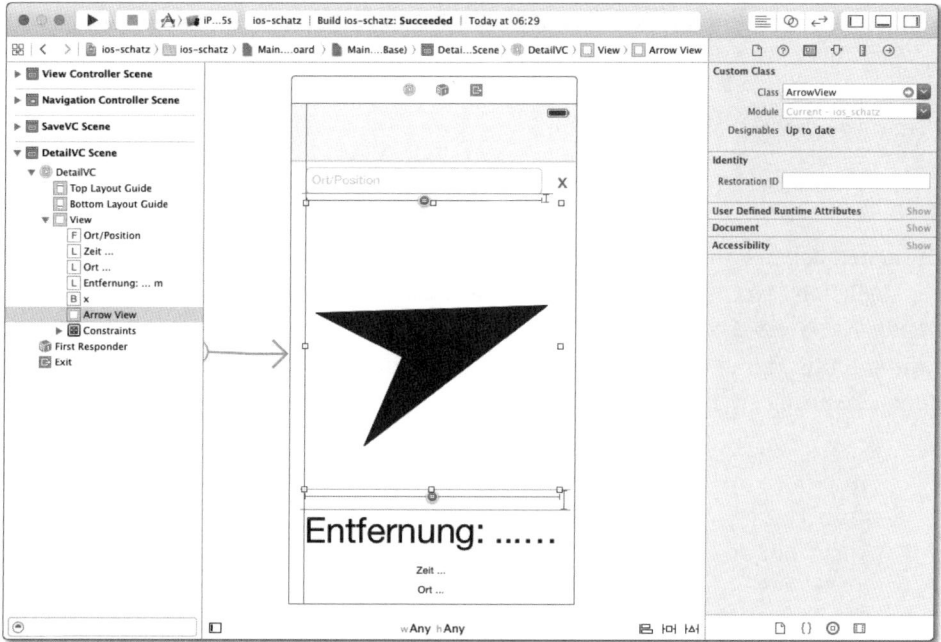

Abbildung 15.5 Die Detailansicht im Storyboard-Editor

Damit die Detailansicht automatisch angezeigt wird, sobald ein Listeneintrag aus-
gewählt wird, habe ich mit ⌈ctrl⌉-Drag einen Segue von der Table-View in den
Detail-View-Controller eingerichtet. Einen Unwind-Segue gibt es nicht, weil sich der
Navigation-Controller selbstständig darum kümmert.

Auto Layout

Die folgenden Punkte fassen die Layout-Regeln der Detailansicht zusammen:

▶ Der x-Button ist am rechten Rand fixiert. Seine vertikale Position ergibt sich
daraus, dass der Button mittig an dem daneben befindlichen Textfeld ausgerichtet ist.

▶ Das Textfeld zur Benennung der Position ist am linken und am oberen Rand fixiert.
Es reicht bis 8 Punkte vor den Button.

▶ Am unteren Ende der Detailansicht befinden sich drei Label. Sie sind jeweils mit
dem linken und dem rechten Bildschirmrand verbunden. Das unterste Label ist
außerdem zum unteren Bildschirmrand hin fixiert. Das mittlere Label hat vertikal
einen fixen Abstand zum untersten Label. Analog ist auch der Abstand zwischen
dem mittleren und dem oberen Label festgelegt. In allen drei Labeln wird der Text
dank einer entsprechenden ALIGNMENT-Einstellung zentriert.

▶ Jetzt bleibt noch der Richtungspfeil, der den Rest der Ansicht ausfüllt. Er ist mit dem linken und dem rechten Bildschirmrand verbunden. Seine Ober- und Unterkanten haben jeweils einen fixen Abstand zum jeweils nächsten darüber bzw. darunter befindlichen Steuerelement.

Initialisierung der Controller-Klasse

Die ersten Zeilen von viewDidLoad kümmern sich darum, die über die Eigenschaft pos zugänglichen Merkmale der Position in den Steuerelementen anzuzeigen. Außerdem richtet addObserver zwei Methoden ein, die aufgerufen werden, sobald das Notification Center durch MyLocationManager Nachricht von einem neuen Ort bzw. einer neuen Richtung erhält.

```
// Projekt ios-schatz
// Datei DetailVC.swift
class DetailVC: UIViewController {
  var pos:Position!       // Positionsinstanz
  var row:Int!            // Index für listpos-Array
  let mylocmgr = MyLocationManager.sharedInstance
  var deleteItem = false // den aktuellen Listeneintrag löschen
  var heading = 0.0       // Richtung zum Ziel (0 bis 360 Grad)
  var delegate:DetailVCDelegate?  // close-Benachrichtigung

  @IBOutlet weak var txtPosition: UITextField!
  @IBOutlet weak var lblTime: UILabel!
  @IBOutlet weak var lblLatLong: UILabel!
  @IBOutlet weak var lblDistance: UILabel!
  @IBOutlet weak var arrowview: ArrowView!

  override func viewDidLoad() {
    super.viewDidLoad()
    if pos == nil { return }

    // Steuerelemente mit Daten aus 'pos' initialisieren
    let dfmt = NSDateFormatter()
    dfmt.dateStyle = .MediumStyle
    dfmt.timeStyle = .ShortStyle
    txtPosition.text = pos.name
    lblTime.text = "Zeit: " + dfmt.stringFromDate(pos.time)
    let long =   degreesMinutes(pos.long)
    let lat  =   degreesMinutes(pos.lat)
    lblLatLong.text = "Ort: Lat = \(lat) / Long = \(long)"

    // Tastaturereignisse verarbeiten
    txtPosition.delegate = self
```

```
    // neue Position verarbeiten
    NSNotificationCenter.defaultCenter().addObserver(
      self,
      selector: "notifyNewLocation:",  // Achtung, Doppelpunkt!
      name: "NewLocation",
      object: nil)

    // neue Kompassrichtung verarbeiten
    NSNotificationCenter.defaultCenter().addObserver(
      self,
      selector: "notifyNewHeading:",  // Achtung, Doppelpunkt!
      name: "NewHeading",
      object: nil)
  }
  // ... weitere Methoden
}
```

Abstand und Richtung zum Zielpunkt errechnen

In der Methode notifyNewLocation muss der Abstand zwischen der aktuellen Position des iPhones und dem Zielpunkt ermittelt werden. Außerdem müssen Sie dort die Richtung bestimmen, in der das Ziel liegt. Zur Abstandsermittlung können wir einfach auf die Methode distanceFromLocation der CLLocation-Klasse zurückgreifen.

Mathematisch aufwendiger ist die Berechnung der Richtung. Die Formel habe ich von Stackoverflow übernommen. Eine detaillierte mathematische Begründung können Sie außerdem in der Wikipedia nachlesen:

http://stackoverflow.com/questions/3809337
http://en.wikipedia.org/wiki/Haversine_formula

Wichtig ist, dass zuerst alle Winkel in Radiant umgerechnet werden. Aus 180° wird also Pi. Das Ergebnis wird wieder zurück in einen Winkel gerechnet und in der Eigenschaft heading gespeichert.

```
class DetailVC: UIViewController {  // Fortsetzung
  // Benachrichtigung über neue Position
  func notifyNewLocation(notification:NSNotification) {
    // Entfernung zwischen 'pos' und dem aktuellen
    // Standpunkt errechnen
    let loc = CLLocation(latitude: pos.lat, longitude: pos.long)
    let dist = mylocmgr.location.distanceFromLocation(loc)
    lblDistance.text = "-> " + String(format: "%.0f m", dist)

    // Richtung vom Standpunkt zum Ziel berechnen
    let toLat   =   pos.lat / 180 * M_PI
```

```
      let toLong =    pos.long / 180 * M_PI
      let fromLat =
        mylocmgr.location.coordinate.latitude / 180 * M_PI
      let fromLong =
        mylocmgr.location.coordinate.longitude / 180 * M_PI
      let rad = atan2(sin(toLong - fromLong) * cos(toLat),
                      cos(fromLat) * sin(toLat) -
                      sin(fromLat) * cos(toLat) *
                      cos(toLong - fromLong))
      heading = rad * 180 / M_PI
    }

    // Benachrichtigung über neue Kompassrichtung
    func notifyNewHeading(notification:NSNotification) {
      // Pfeilrichtung einstellen
      arrowview.heading =
        mylocmgr.heading.trueHeading - heading + 90
    }
}
```

Die Auswertung von heading erfolgt erst in notifyNewHeading – also immer dann, wenn wir vom Kompass Nachricht erhalten, in welche Richtung das iPhone gerade zeigt. Die vom ArrowView-Steuerelement angezeigte Richtung ergibt sich aus der Kompassrichtung minus der Richtung zum Zielort. Die Korrektur um +90° ergibt sich daraus, dass unser ArrowView-Steuerelement bei heading=0 nach rechts zeigt. Für uns bedeutet ein Winkel von 0° aber, dass der Zielpunkt geradeaus nach vorne zu finden ist.

Listeneintrag löschen bzw. ändern

Die Detailansicht bietet auch die Möglichkeit, dem aktuellen Listeneintrag einen neuen Namen zu geben bzw. ihn zu löschen. Das ist schwieriger, als es auf den ersten Blick aussieht. Um den ZURÜCK-Sprung kümmert sich der Navigation-Controller. Zwar wird vor dem Ausblenden der Detailansicht die Methode viewWillDisappear aufgerufen – das Problem besteht aber darin, dass der vorherige View-Controller nicht benachrichtigt wird.

Also müssen wir uns um dieses Detail selbst kümmern (siehe Abbildung 15.6). Dazu implementieren wir in diesem Beispiel das Delegation-Muster. Die Datei DetailVC. swift definiert das Protokoll DetailVCDelegate mit der Methode backFromDetailVC:

```
// Projekt ios-schatz, Datei DetailVC.swift
protocol DetailVCDelegate {
  func backFromDetailVC(sourceVC: DetailVC)
}
```

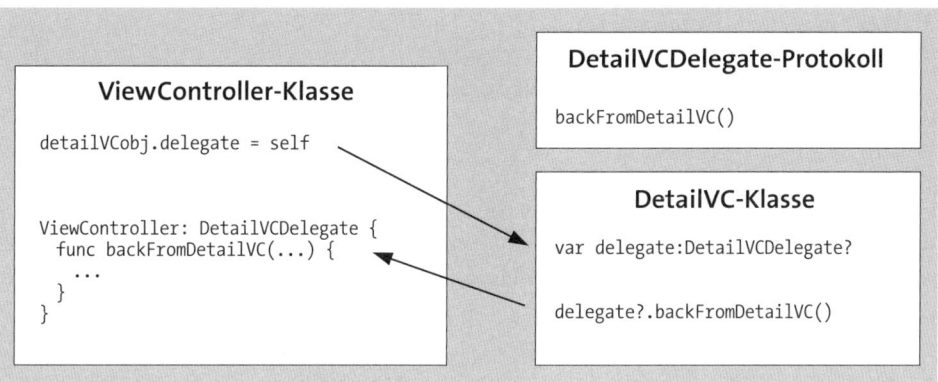

Abbildung 15.6 Delegation selbst gemacht

Die Klasse `ViewController` implementiert dieses Protokoll und kann daher den Aufruf der Methode `backFromDetailVC` verarbeiten. Hier sehen Sie nochmals die relevanten Zeilen aus `ViewController.swift`, die im Detail ja schon in Abschnitt 15.5, »Hauptansicht mit Listenfeld«, erläutert wurden:

```
// Projekt ios-schatz
// Datei ViewController.swift
class ViewController : UIViewController {
  override func prepareForSegue(segue ...) {
    ...
    if let dest = segue.destinationViewController as? DetailVC {
      dest.delegate = self
    }
  }
}
extension ViewController: DetailVCDelegate {
  func backFromDetailVC(sourceVC: DetailVC) {
    ...
  }
}
```

Zurück zur `DetailVC`-Klasse: Dort kann `viewWillDisappear` nun ohne Weiteres `back-FromDetailVC` aufrufen. Beachten Sie die Eleganz der Optional-Chaining-Syntax: Zum `backFromDetailVC`-Aufruf kommt es nur, wenn `delegate` initialisiert ist. Enthält die Variable dagegen `nil`, unterbleibt der Aufruf, es tritt aber auch kein Fehler auf.

```
// Projekt ios-schatz
// Datei DetailVC.swift
class DetailVC: UIViewController {   // Fortsetzung
  var delegate:DetailVCDelegate?    // für Delegation-Aufruf
  ...
```

```
    override func viewWillDisappear(animated: Bool) {
      super.viewWillDisappear(animated)
      delegate?.backFromDetailVC(self)
    }
}
```

Die Detailansicht enthält einen X-Button zum Löschen des aktuellen Eintrags. Wird dieser angeklickt, erscheint eine Sicherheitsabfrage. Diese ist ein Beispiel für die Anwendung der UIAlertController-Klasse (siehe Abschnitt 14.2). Nur wenn der Eintrag wirklich gelöscht werden soll, setzt die Methode deleteBtn die Eigenschaft deleteItem auf true. Außerdem wird mit der Methode popViewControllerAnimated die Rückkehr in die Hauptansicht der App initiiert. Die Auswertung von deleteItem erfolgt in der Methode backFromDetailVC der ViewController-Klasse. Das heißt, das eigentliche Löschen der Daten findet dort statt.

```
class DetailVC: UIViewController {  // Fortsetzung
  // 'Eintrag Löschen'-Button
  @IBAction func deleteBtn(sender: UIButton) {
    // Dialog zusammenstellen
    let alert = UIAlertController(
        title: "Eintrag löschen",
        message: "Soll der aktuelle Eintrag wirklich " +
                "gelöscht werden?",
        preferredStyle: UIAlertControllerStyle.Alert)

    // 'ja': deleteItem auf true setzen, dann Popup schließen
    alert.addAction(
      UIAlertAction(title: "Ja", style: .Destructive, handler:
        { (_) in self.deleteItem = true
                self.navigationController?
                  .popViewControllerAnimated(true)
        }
      ))

    // 'nein': keine Reaktion
    alert.addAction(
      UIAlertAction(title: "Nein", style: .Cancel, handler:nil))

    // Dialog anzeigen
    presentViewController(alert, animated: true,
                        completion: nil)
  }
}
```

Kapitel 16
Währungskalkulator

Dieses Kapitel stellt einen Währungsrechner vor. Die App bezieht die aktuellen Kurse von ca. 30 Währungen von der Webseite der Europäischen Zentralbank. Sie können zwei dieser Währungen auswählen und dann unkompliziert Beträge umrechnen.

Neben der Beschreibung des Codes geht dieses Kapitel wieder auf einige »Neben-themen« ein und erweitert so das riesige Puzzle der iOS-Grundlagen um einige weitere Teile:

- XML-Daten auswerten
- Fingerdruck erkennen (UITapGestureRecognizer)
- Listenauswahl mit dem UIPickerView-Steuerelement
- App-Gestaltung (Name, Icon, Launchscreen)
- Internationalisierung und Lokalisierung
- Bereitstellung bzw. Verkauf der App im App Store

16.1 App-Überblick

Die App ist mit einem Tab-Bar-Controller in zwei Ansichten organisiert (siehe Abbildung 16.1):

- Die Hauptansicht dient zur Umrechnung von Geldbeträgen. Bei der Eingabe einer Zahl in eines der beiden Textfelder wird der entsprechende andere Betrag sofort im zweiten Textfeld angezeigt. Der untere Bereich dieser Ansicht ist bewusst leer, weil dort normalerweise die Tastatur eingeblendet wird. Die Tastatur verschwindet wieder, sobald der Hintergrund berührt wird.

- In der Einstellungsansicht werden die beiden Währungen ausgewählt. Zur Auswahl stehen zurzeit 32 Währungen, für die die Europäische Zentralbank einmal täglich frei zugängliche Währungskurse zur Verfügung stellt. Neben den in Europa ver-wendeten Währungen sind dies z. B. der US-Dollar, der japanische Yen oder der chinesische Yuan.

Die App lädt beim Start die Kurse von der Europäischen Zentralbank. Sollte die Seite gerade nicht erreichbar sein bzw. das iOS-Gerät gerade keinen Internetzugang haben, verwendet die App die bei der letzten Verwendung im Cache-Verzeichnis gespeicherten Kurse. Das Datum der Kurse wird jeweils am unteren Rand der Umrechnungsseite dargestellt, und zwar in grüner Farbe, wenn die Kurse aktuell sind, in gelber Farbe bei Kursen, die älter als drei Tage sind, und in roter Farbe, wenn auf Daten zurückgegriffen werden muss, die vor mehr als einer Woche gespeichert wurden.

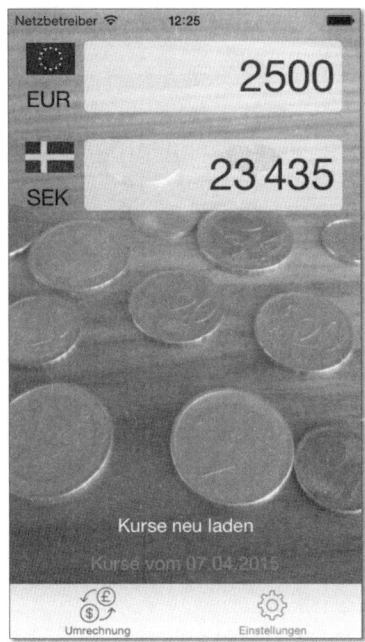

Abbildung 16.1 Die beiden Ansichten des Währungsrechners

Die App merkt sich natürlich auch, welche zwei Währungen zuletzt verwendet wurden. Diese Information wird in den User-Defaults gespeichert, also in der für Benutzereinstellungen vorgesehenen *.plist-Datei.

Was heißt »aktuell«?

Möglicherweise erscheint Ihnen ein Zeitraum von drei Tagen für »aktuelle« Kurse recht großzügig. Die EZB legt die Wechselkurse aber nur einmal täglich fest, und auch das nur an Arbeitstagen. Es handelt sich also nicht um Aktienkurse, die sich sekündlich ändern.

Sie können diese App kostenlos aus dem App Store herunterladen:

https://itunes.apple.com/us/app/wahrungs-rechner/id985004449

Storyboard und Klassen

Das Storyboard der App besteht aus einem Tab-Bar-Controller mit zwei Ansichten (siehe Abbildung 16.2). Die erste Ansicht enthält oben je zweimal ein Dreierpaket, das aus einer Image-View, einem Label und einem Text-Field besteht. Unten zeigt ein Label das Datum der Kurse an. Ein Button gibt den Benutzern die Möglichkeit, aktuelle Kurse nachzuladen. Das Hintergrundbild der App wurde für den Screenshot fast vollständig transparent gestellt, damit die Steuerelemente besser zu erkennen sind.

Die zweite Ansicht besteht aus zwei sogenannten Picker-View-Steuerelementen (`UIPickerView`). Die zur Auswahl stehenden Listenelemente werden dabei so dargestellt, als befänden sie sich auf einer drehbaren Walze.

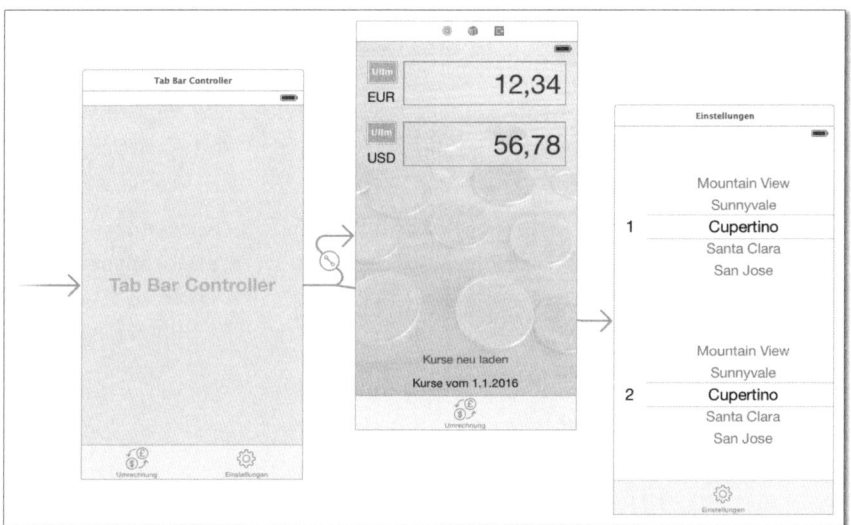

Abbildung 16.2 Die App im Storyboard-Editor

Den beiden Ansichten ist jeweils eine View-Controller-Klasse zugeordnet. Dazu gesellt sich die Klasse `CurCalc` mit dem Data Model:

- `CalcVC`: Controller für Umrechnungsansicht
- `SettingsVC`: Controller für Einstellungsansicht
- `CurCalc`: Verwaltung der Kurse, Durchführung der Währungsumrechnungen
- `SWXMLHash`: XML-Dokumente lesen/schreiben

Auto Layout in der Umrechnungsansicht

Die App ist eine reine iPhone-App, die ausschließlich im Hochformat läuft. Layouttechnisch am interessantesten sind die Dreierkombinationen aus Flaggenbild, Währungs-Label und Textfeld (siehe Abbildung 16.3) in der Umrechnungsansicht.

Nach einigen Experimenten habe ich die Breite und Höhe der Image-View und die des Labels jeweils durch Regeln fix eingestellt.

Die Oberkante des Textfelds ist durch eine Regel an der der Flagge ausgerichtet, die Unterkante des Textfelds an der des Labels. Der linke Rand des Textfelds hat einen fixen Abstand zu seinen beiden kleineren Nachbarn, und der rechte Rand reicht bis knapp an den Bildschirmrand, sodass das Textfeld bei größeren iPhone-Modellen wächst.

Content Hugging Priority und Content Compression Resistance Priority

Die fixe Einstellung von Breite und Höhe für Image-View und Label ist nicht ganz elegant, sie erspart Ihnen aber die wesentlich kompliziertere Einstellung der Parameter CONTENT HUGGING PRIORITY und CONTENT COMPRESSION RESISTANCE PRIORITY. Diese Werte entscheiden, welches Steuerelement das Auto-Layout-System bevorzugt, wenn zwei oder mehr Steuerelemente zur Darstellung ihrer Inhalte mehr Platz fordern bzw. wenn der Platz nicht ausreicht, um die Steuerelemente korrekt neben- oder übereinander anzuzeigen.

Probleme verursacht in diesem Zusammenhang oft die Image-View, die Bitmaps am liebsten 1:1 abbilden und dann bei großen Bitmaps viel zu viel Platz beanspruchen würde. Xcode erkennt solche Situationen und gibt den Tipp, die CONTENT-PRIORITY-Werte zu ändern. Alternativ ist es aber wie in dieser App oft zweckmäßiger, einfach die Bildgröße starr vorzugeben.

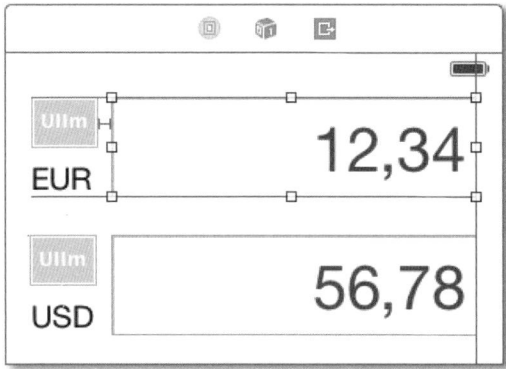

Abbildung 16.3 Layout-Details der Umrechnungsansicht

Die beiden Textfelder sind im Storyboard eckig, während die Ecken im laufenden Programm abgerundet sind. Für die runden Ecken ist zweimal `txt1.borderStyle = .RoundedRect` in `viewDidLoad` notwendig. Eine entsprechende Option gibt es auch im Attributinspektor – das Problem ist nur, dass sich dann die Höhe des Textfelds nicht mehr einstellen lässt.

Die folgende Liste fasst einige weitere Textfeldoptionen zusammen:

- ALIGNMENT = RIGHT: Der Text soll rechtsbündig angezeigt werden.

- FONT = SYSTEM 40, MIN FONT SIZE = 28 und ADJUST TO FIX: Die anfänglich recht große Schrift wird automatisch bis auf 28 Punkt reduziert, um auch Zahlen mit vielen Stellen vollständig abzubilden.

- KEYBOARD TYPE = DECIMAL PAD: Es soll eine Dezimaltastatur verwendet werden. Sie enthält außer den 10 Ziffern den Dezimaltrenner des jeweiligen Landes (in Deutschland also ein Komma) und ein Backspace-Symbol.

Für die beiden Image-Views für die Flaggensymbole gilt:

- MODE = ASPECT FIT: Das Bild soll vollständig unter Wahrung der Proportionen dargestellt werden.

Außerdem gibt es ein drittes Image-View-Steuerelement für das Hintergrundfoto mit den Münzen. Es füllt die gesamte Ansicht aus. Das heißt, aufgrund von Layoutregeln stimmen die Grenzen des Steuerelements immer mit denen des Bildschirms überein. Der Darstellungsmodus ist aber abweichend eingestellt:

- IMAGE = BACKGROUND: Als Bildquelle dient hier `Images.xcassets`. Dort wurde das Hintergrundfoto eingefügt und in `background` umbenannt.

- MODE = ASPECT FILL: Das Bild soll das Steuerelement vollständig ausfüllen, wobei wieder die Proportionen gewahrt bleiben. Wenn das Bild nicht dieselbe Form wie die Image-View hat, werden Teile des Bilds abgeschnitten.

- ALPHA = 0,8: Damit die restlichen Bedienungselemente gut lesbar bleiben, wird das Foto leicht transparent dargestellt. Auf dem sonst weißen Hintergrund entspricht dies einer Aufhellung.

Wenn Sie die Image-View für das Hintergrundbild erst zum Schluss in den View-Controller einfügen, überdeckt sie alle anderen Steuerelemente. Das ist natürlich nicht im Sinne des Erfinders. Dieses Darstellungsproblem beheben Sie, indem Sie das Steuerelement in der Seitenleiste der Storyboard-Editors, also in der DOCUMENT OUTLINE, innerhalb der View ganz nach oben schieben.

Auto Layout in der Einstellungsansicht

Viel unkomplizierter ist das Layout der Einstellungsansicht. Darin befinden sich zwei Picker-Views und zwei Label. Hierfür gelten im Wesentlichen die folgenden Layoutregeln:

- Die beiden Picker-Views sollen gleich breit und gleich hoch sein.
- Bei der ersten Picker-View sind die Abstände zum Label links, zum Rand oben und zum Rand rechts sowie zum Picker-View unten vorgegeben.

- Beim zweiten Picker-View sind die Abstände zum Rand rechts, zum Rand unten und zum Label links fixiert.
- Die beiden Label sind jeweils vertikal mittig zu den Picker-Views ausgerichtet.

Layout-Variante mit Stack-Views

In den Beispieldateien zu diesem Buch liegt der Währungsumrechner in zwei Varianten vor:

- Für die Standardvariante wurde die App wie vorhin beschrieben mit herkömmlichen Layout-Regeln gestaltet. Das hat den Vorteil, dass die App auch für ältere iOS-Versionen kompiliert werden kann.
- Um den Umgang mit der in iOS 9 neu eingeführten Stack-View zu zeigen, gibt es eine zweite Variante, bei der zur App-Gestaltung mehrere Stack-Views verwendet wurden. Dieser Abschnitt beschreibt die dabei verwendeten Einstellungen und Optionen.

In der Umrechnungsansicht wurden die drei Steuerelemente für das Währungssymbol, die Währungsbezeichnung und den Betrag jeweils in zwei Stack-Views verpackt (siehe Abbildung 16.4):

- Äußere Stack-View (enthält die innere Stack-View und das Textfeld):
  - AXIS = HORIZONTAL
  - ALIGNMENT = FILL
  - DISTRIBUTION = FILL
  - SPACING = 10 (horizontaler Abstand zwischen innerer Stack-View und Textfeld)
  - Höhe durch Regel mit 70 Punkten fixiert
- Innere Stack-View (enthält Image und Label):
  - AXIS = VERTICAL
  - ALIGNMENT = LEADING
  - DISTRIBUTION = FILL
  - SPACING = 10 (vertikaler Abstand zwischen Flagge und Währungsbezeichnung)
  - Breite durch Regel mit 50 Punkten fixiert
- Image-View für die Flagge:
  - MODE = ASPECT FIT
- Label für das Währungskürzel:
  - VERTICAL CONTENT COMPRESSION RESISTANCE PRIORITY = 751

Auch bei der Einstellungsansicht wurde das Layout durch Stack-Views vereinfacht. Hier gibt es eine äußere Stack-View, die bis auf einen Rand das gesamte Display ausfüllt. Darin befinden sich zwei weitere Stack-Views mit den Labeln für die Ziffern 1 und 2 und den Picker-Views:

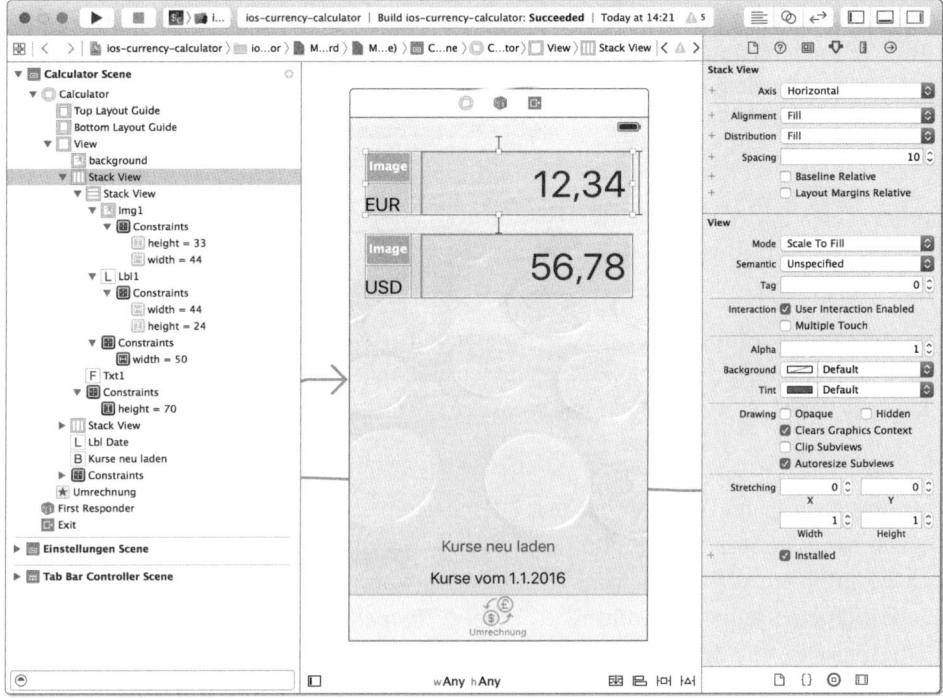

Abbildung 16.4 Die Stack-View-Variante des Währungskalkulators

- ▶ Äußere Stack-View (enthält die beiden innerern Stack-Views):
  - – Axis = Vertical
  - – Alignment = Fill
  - – Distribution = Fill Equally
  - – Spacing = 16 (vertikaler Mindestabstand zwischen den inneren Stack-Views)
- ▶ Innere Stack-View (enthält Label und Picker-View):
  - – Axis = Horizontal
  - – Alignment = Center
  - – Distribution = Fill
  - – Spacing = 16 (horizontaler Abstand zwischen Label und Picker-View)
- ▶ Label:
  - – Preferred Width = 16 (damit beide Label unabhängig von der enthaltenen Ziffer »1« bzw. »2« gleich breit sind)
  - – Horizontal Content Compression Resistance Priority = 751

Insgesamt war die Layout-Gestaltung mit den Stack-Views wesentlich unkomplizierter als mit Auto-Layout-Regeln. Allerdings zeigte Xcode diverse irreführende Warnungen an, dass die beabsichtigte und die tatsächliche Breite oder Höhe einiger Steuerelemente voneinander abweichen würden. Tatsächlich waren aber alle

Steuerelemente korrekt platziert, sowohl in Xcode als auch in der laufenden App. Vermutlich handelt es sich hier noch um Kinderkrankheiten in Xcode, die bis zur finalen Version 7 hoffentlich behoben sind.

Bildkataloge

Images.xcassets enthält die beiden Icons für den Tab-Bar-Controller, das Hintergrundfoto für die App sowie erstmals ein App-Icon. Details dazu folgen in Abschnitt 16.7, »App-Icon«.

Die zusammen mit den Währungscodes abgebildeten Flaggen habe ich aus Gründen der Übersichtlichkeit in eine zweite Xcassets-Datei eingefügt. Die dort enthaltenen Flaggen können von der folgenden Webseite kostenlos heruntergeladen werden:

http://flagpedia.net

Zusammen mit der App werden fast 200 Flaggen ausgeliefert, obwohl die EZB nur 32 Währungskurse zur Verfügung stellt. Wenn Sie die App schlanker machen möchten, könnten Sie alle überflüssigen Flaggen löschen, worauf ich aber verzichtet habe. Zusätzlich zur Flaggensammlung von *http://flagpedia.net* habe ich zwei Bilder eingefügt: eu.png mit der EU-Flagge und hk.png mit der Flagge von Hongkong (Quelle jeweils Wikipedia).

Erweiterungsmöglichkeiten

Wie jede App ließe sich auch diese erweitern. Ein paar Ideen:

▸ Ein eigenes Tab-Blatt könnte eine numerische Auflistung aller Kurse anzeigen, also z. B. 1 EUR = 1,0834 USD)

▸ Ein weiteres Tab-Blatt könnte eine Kurve mit der Kursentwicklung der letzten 90 Tage für das ausgewählte Währungspaar darstellen. Die erforderliche Datenbasis stellt die EZB unter folgender Adresse kostenlos zur Verfügung:

http://www.ecb.europa.eu/stats/exchange/eurofxref

▸ Der Währungskalkulator könnte zu einem vollständigen Taschenrechner ausgebaut werden. Dazu wäre aber eine Neugestaltung der Benutzeroberfläche erforderlich.

▸ Anstelle der EZB-Kurse gibt es im Internet auch andere Quellen für die aktuellen Wechselkurse mit zum Teil noch mehr Währungen. Entsprechende Links finden Sie auf der folgenden Stackoverflow-Seite:

http://stackoverflow.com/questions/3139879

▸ Der freie Platz unterhalb der beiden Textfelder der Hauptseite schreit geradezu danach, dort Werbung einzublenden.

16.2 XML-Dokumente lesen

Die Datengrundlage für die Währungs-App sind Wechselkurse, die die europäische Zentralbank (EZB) auf der folgenden Seite täglich im XML-Format zur Verfügung stellt:

http://www.ecb.europa.eu/stats/eurofxref/eurofxref-daily.xml

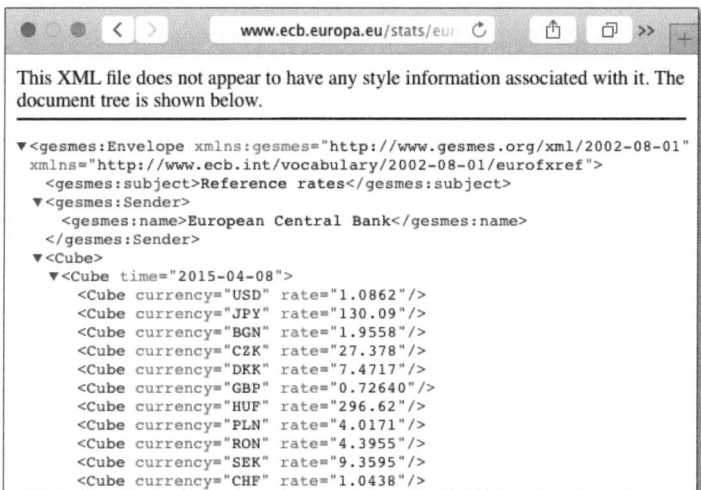

Abbildung 16.5 Wechselkurse relativ zum Euro, verpackt als XML-Dokument

Der Aufbau der Datei ist simpel (siehe Abbildung 16.5): Nach einigen Metadaten werden die eigentlichen Kurse mit einem <Cube>-Element eingeleitet. Ein weiteres <Cube>-Element enthält als Attribut das Datum der Kurse, weitere <Cube>-Elemente mit den Attributen currency und rate liefern die eigentlichen Wechselkurse. Die Währungskürzel werden dabei als Drei-Buchstaben-Code gemäß der ISO-Norm 4217 formuliert.

Für das Einlesen dieser Daten ist die Methode getEcbRates der Klasse CurCalc verantwortlich. Die Kurse sollen als Dictionary in der Eigenschaft rates gespeichert werden, das Datum der Kursfreigabe in der Eigenschaft lastupdate. Später wird currencies dann noch mit einer alphabetischen Liste aller Währungen initialisiert.

```swift
// Projekt ios-currency-calculator, Datei CurCalc.swift
class CurCalc {
  var lastupdate: NSDate!
  var rates: [String:Double]!
  var currencies: [String]!
  ...
  func getEcbRates() -> Bool { ... }
}
```

XML-Datei herunterladen

Das Einlesen der XML-Datei ist in iOS 9 komplizierter als erwartet. Die Init-Funktion von NSURL bevorzugt seit iOS 9 nämlich HTTPS-Seiten, wobei zur Verschlüsselung zumindest das Verfahren TLSv1.2 SSL verwendet wird. Die Seite eurofxref-daily.xml stand im Juli 2015 zwar tatsächlich via HTTPS zur Verfügung, aber leider verwendet die europäische Zentralbank kein ausreichend modernes Zertifikat. Die TLSv1.2-SSL-Voraussetzung ist deswegen nicht erfüllt, und NSURL(...) löst einen Fehler aus. Die Hintergründe sind auf der folgenden Stackoverflow-Seite beschrieben:

http://stackoverflow.com/questions/30720813

Um dieses Problem zu umgehen, muss in Info.plist eine Ausnahmeregel definiert werden, die den unverschlüsselten HTTP-Zugriff auf die Kurse erlaubt (siehe Abbildung 16.6).

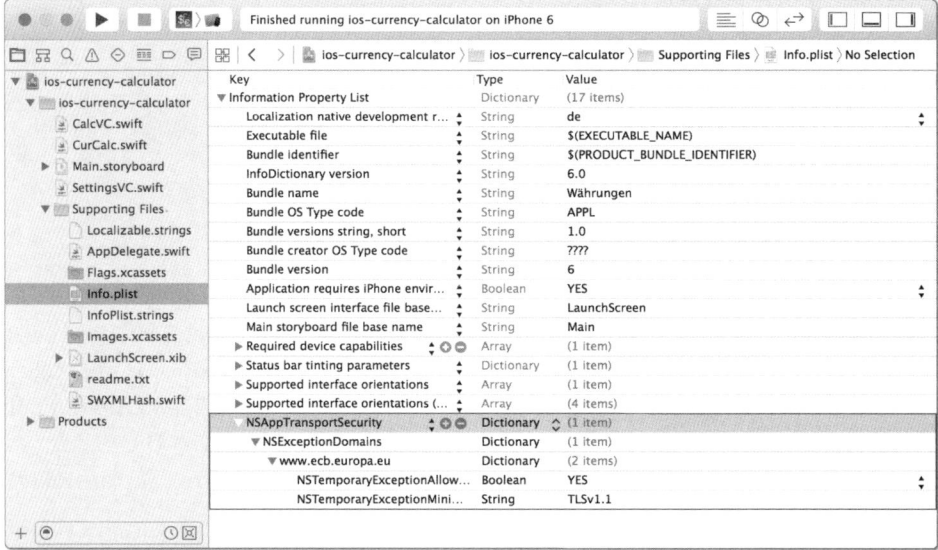

Abbildung 16.6 Ausnahmeregel zum HTTP-Zugriff auf die Kurse der europäischen Zentralbank

Die Eingabe dieser Ausnahmeregel im *.plist-Editor von Xcode ist mühsam und fehleranfällig. Besser ist es, die Datei in Xcode in einer einfachen Textansicht zu öffnen. Dazu klicken Sie die Datei im Projekt-Navigator mit der rechten Maus- oder Trackpad-Taste an und führen OPEN AS • SOURCE CODE aus. Nun fügen Sie am Ende dieser Datei die folgenden Zeilen ein. (Ein Muster für den XML-Code finden Sie auf der vorhin angegebenen Stackoverflow-Seite.)

```
<?xml version="1.0" encoding="UTF-8"?>
<!DOCTYPE plist PUBLIC "-//Apple//DTD PLIST 1.0//EN"
    "http://www.apple.com/DTDs/PropertyList-1.0.dtd">
```

```
<plist version="1.0">
<dict>
  <!-- diverse Einträge, nicht ändern -->

  <!-- neuer Code: -->
  <key>NSAppTransportSecurity</key>
  <dict>
    <key>NSExceptionDomains</key>
    <dict>
      <key>www.ecb.europa.eu</key>
      <dict>
        <key>NSTemporaryExceptionAllowsInsecureHTTPLoads</key>
        <true/>
        <key>NSTemporaryExceptionMinimumTLSVersion</key>
        <string>TLSv1.1</string>
      </dict>
    </dict>
  </dict>
  <!-- Ende des neuen Codes -->

</dict>
</plist>
```

16

Nach dieser Ergänzung in Info.plist sollte NSURL keine Probleme beim Erzeugen des NSURL-Objekts haben. Sollte dies doch der Fall sein, liefert die Methode nil zurück und guard veranlasst die Rückgabe von false.

Das Einlesen der XML-Seite in eine Zeichenkette gelingt unkompliziert mit einer NSString-Init-Funktion. Die Init-Funktion muss allerdings mit try abgesichert werden.

```
// Datei CurCalc.swift (Fortsetzung)
private func getEcbRates() -> Bool {
  // Dictionary für Währungen, mit Defaulteintrag für Euro
  rates = ["EUR": 1.0]
  // Defaultdatum
  let formatter = NSDateFormatter()
  formatter.dateFormat = "yyyy-MM-dd H:mm"
  formatter.timeZone = NSTimeZone(abbreviation: "CET")
  lastupdate = formatter.dateFromString("1900-01-01 12:00")!

  // Kurse von ECB laden
  do {
    // iOS 9: NSURL wünscht sich HTTPS mit TLSv1.2 SSL.
    // www.ecb.europa.eu kann zwar HTTPS, verwendet
    // aber kein ausreichend modernes Zertifikat; daher
```

```
// brauchen wir eine Ausnahme in Info.plist.
// guard versucht, ein URL-Objekt zu erzeugen
guard
  let ecburl = NSURL(string:
    "http://www.ecb.europa.eu/stats/eurofxref/
    eurofxref-daily.xml")
else { return false }
// try versucht, die XML-Seite in eine Zeichenkette zu lesen
let content = try NSString(
  contentsOfURL:ecburl,
  encoding:NSUTF8StringEncoding) as String
... (Fortsetzung folgt gleich)
```

Sollte der Seitenzugriff scheitern, gibt getEcbRates den Wert false zurück. (Der catch-Code folgt gleich.) Zuvor wurde schon die Eigenschaft rates initialisiert – mit dem Defaultdatum 1.1.1900 sowie mit einem Dictionary definiert, in dem eingetragen ist, dass der Euro zu sich selbst den Kurs 1,0 hat. Dieses Verhalten ist insofern sinnvoll, als die gesamte App mit diesen Daten prinzipiell ohne Fehler funktioniert – natürlich mit der Einschränkung, dass der Euro die einzig verfügbare Währung ist.

Die SWXMLHash-Bibliothek

Sofern das Laden des XML-Dokuments in eine Zeichenkette gelingt, steht nun die Auswertung der XML-Daten an. Die Foundation-Bibliothek stellt dazu die Klasse NSXMLParser zur Verfügung, deren Anwendung allerdings unhandlich ist. Wenn Sie sich dennoch damit auseinandersetzen möchten, gibt die folgende Seite eine gute, auf Swift abgestimmte Einführung:

http://www.theappguruz.com/tutorial/xml-parsing-using-nsxmlparse-swift

Wesentlich leichter fällt die Auswertung von XML-Daten mit der SWXMLHash-Bibliothek. Sie kann in Form einer Swift-Datei von der Webseite *https://github.com* heruntergeladen werden und befindet sich im Projekt ios-currency-converter in der Dateigruppe Supporting Files. Die Bibliothek untersteht der MIT-Lizenz und kann somit auch in kommerziellen Projekten kostenlos eingesetzt werden.

https://github.com/drmohundro/SWXMLHash

Die Grundidee der Bibliothek besteht darin, dass Sie aus der XML-Zeichenkette zuerst ein XMLIndexer-Objekt bilden und dann auf dessen XML-Elemente über Indizes mit den Elementnamen zugreifen. Bei XML-Elementen gibt die Eigenschaft attributes Zugriff auf alle enthaltenen Attribute:

```
let xml = SWXMLHash.parse(xmlstring)    // Typ XMLIndexer
let x1 = xml["Root"]                     // Typ XMLIndexer
```

```
for x2 in xml["root"]["Level1"] {        // Typ XMLIndexer
  // alle level1-Elemente verarbeiten
}
let e = xml["Root"]["Level1"].element   // Typ XMLElement?
let a = e1?.attributes["attrname"]      // Typ String?
```

Die SWXML-Bibliothek ist sehr fehlertolerant. Falsche XML-Elementnamen oder -Attributnamen führen einfach dazu, dass der entsprechende Ausdruck nil liefert. Mit dieser Syntax ist es nun ein Kinderspiel, das Datum der EZB-Daten zu lesen. Die eigentlichen Kurse werden in der for-Schleife ausgelesen und mit doubleValue in Fließkommazahlen umgerechnet. Sofern dabei keine Fehler auftreten, erweitert rates[currency] = rate das Dictionary.

```
private func getEcbRates() -> Bool {  // Fortsetzung
  ...
  do {
    ...
    let content = try NSString(
      contentsOfURL:ecburl,
      encoding:NSUTF8StringEncoding) as String

    // SWXMLHash
    let xml = SWXMLHash.parse(content)

    // Datum extrahieren
    let ecbtime = xml["gesmes:Envelope"]["Cube"]["Cube"].element?
      .attributes["time"] ?? "1900-01-01"
    if ecbtime == "1900-01-01" || lastupdate == nil {
      // Datum nicht gefunden --> fehlerhafte Daten
      return false
    }
    lastupdate = formatter.dateFromString(ecbtime + " 15:00")

    // Schleife über alle Kurse
    for r in xml["gesmes:Envelope"]["Cube"]["Cube"]["Cube"] {
      if let currency = r.element?.attributes["currency"],
        ratestr = r.element?.attributes["rate"]
      {
        let rate = NSString(string: ratestr).doubleValue
        if rate != 0.0 {
          rates[currency] = rate  // dem Dictionary hinzufügen
        }
      }
    }
  }
  return true  // alles bestens
```

```
        } catch _ {
          return false  // aktuelle Kurse nicht verfügbar
        }
}
```

Beachten Sie, dass der Dictionary-Eintrag ["EUR": 1.0] für das Funktionieren der App unbedingt erforderlich ist. Da die EZB alle Kurse relativ zum Euro angibt, fehlt im XML-Dokument ein eigener Eintrag für die Währung Euro. Dieser Eintrag wäre sinnlos, sein Kurs lautet natürlich immer 1. Aber die App möchte den Euro so wie alle anderen Währungen behandeln und benötigt daher auch für den Euro eine Kursinformation.

16.3   Das Datenmodell der App

Das Datenmodell des Währungskalkulators wird durch die Klasse CurCalc definiert. Neben ihrer gerade vorgestellten Methode getEcbRates enthält die Klasse einige weitere Methoden sowie eine Init-Funktion. Alle drei Eigenschaften sind mit »!« als Optionals gekennzeichnet. Der Grund dafür ist, dass so alle Eigenschaften automatisch mit nil initialisiert sind und es der Init-Funktion so formal erlaubt ist, auf andere Methoden zurückzugreifen. Die strenge Syntax von Swift verlangt ja, dass alle Eigenschaften initialisiert werden, bevor init andere Methode aufrufen darf.

```
// Projekt ios-currency-calculator
// Datei CurCalc.swift
class CurCalc {
  var lastupdate: NSDate!
  var rates: [String:Double]!
  var currencies: [String]!
  ...
  // Init-Funktion, Methoden
}
```

Init-Funktion

Die Init-Funktion versucht die Eigenschaften der Klasse mit aktuellen Kursen der EZB zu füllen. Gelingt dies, werden die Kurse sofort mit saveRates in den User-Defaults gespeichert – als Backup für den Fall, dass vielleicht beim nächsten Start der App kein Internetzugang besteht. Scheitert getEcbRates, versucht loadRates frühere Kurse zu laden. Sollte das ausgerechnet beim ersten Start der App passieren, wird auch loadRates scheitern und die App kennt außer dem Euro keine weiteren Währungen. Auf jeden Fall wird in der Init-Funktion zuletzt auch das String-Array currencies mit einer sortierten Liste aller Währungskürzel initialisiert.

```
// Datei CurCalc.swift (Fortsetzung)
init() {
  // aktuelle Kurse von ECB laden
  if getEcbRates() {
    saveRates()  // und in User-Defaults speichern
  } else {
    loadRates()  // früher gespeicherte Kurse aus
                 // den User-Defaults laden
  }
  // sortierte Währungsliste erzeugen
  let keys = Array(rates.keys)
  currencies = keys.sort(<)
}
```

Wechselkurse im Cache-Verzeichnis speichern

Die oben erwähnte Methode saveRates speichert die Wechselkurse und das dazugehörige Datum im Cache-Verzeichnis. Dessen Ort ermittelt die Methode getRatesFilename, die dazu wiederum auf NSSearchPathForDirectoriesInDomains zurückgreift (siehe Abschnitt 11.7, »Daten persistent speichern«).

```
// Datei CurCalc.swift (Fortsetzung)
private func getRatesFilename() -> String? {
  let pfd = NSSearchPathForDirectoriesInDomains(
    .CachesDirectory, .UserDomainMask, true)
  if let path:NSString = pfd.first {
    return path.stringByAppendingPathComponent("rates.plist")
  } else {
    return nil
  }
}
```

Cache-Verzeichnis versus User-Defaults

Noch einfacher wäre der Code, wenn die App die Kurse einfach in den User-Defaults speichern würde. Allerdings sind die Benutzereinstellungen explizit nicht dazu gedacht, dass sie als Zwischenspeicher missbraucht werden. Die missbräuchliche Nutzung der User Defaults kann ein Grund dafür sein, dass Apple Ihre App im App Store ablehnt.

saveRates speichert die Kurse nur, wenn ein kompletter Datensatz vorliegt. Der Vollständigkeitstest ist ein wenig willkürlich. Er basiert darauf, dass die EZB momentan 32 Kurse zur Verfügung stellt. Enthält rates keine Kurse, verzichet saveRates auf das Speichern.

Der Speichervorgang geht mühelos vonstatten: saveRates erzeugt ein leeres NSMut-ableDictionary-Objekt. In dieses können Sie mit der von den User-Defaults bekannten Methode setObject Daten einfügen (siehe Abschnitt 11.7, »Daten persistent speichern«). writeToFile speichert das Objekt in der Datei rates.plist.

```
// Datei CurCalc.swift (Fortsetzung)
private func saveRates() {
  if rates.count <= 1 {
    return   // nicht speichern
  }

  if let ratespath = getRatesFilename() {
    let dict = NSMutableDictionary()
    dict.setObject(lastupdate, forKey: "lastupdate")
    dict.setObject(rates, forKey: "rates")
    dict.writeToFile(ratespath, atomically: true)
  }
}
```

Die Umkehrfunktion loadRates testet zuerst, ob gültige Daten aus rates.plist geladen werden können. Ist dies nicht der Fall, werden rates und lastupdate mit Defaultdaten initialisiert:

```
// Datei CurCalc.swift (Fortsetzung)
private func loadRates() {
  if let ratespath = getRatesFilename() {
    if let dict = NSMutableDictionary(contentsOfFile: ratespath)
    {
      if let lu = dict.objectForKey("lastupdate") as? NSDate,
         let rt = dict.objectForKey("rates") as? [String:Double]
      {
        lastupdate = lu
        rates = rt
        return
      }
    }
  }
  // keine gültigen Daten gefunden:
  // Defaultwerte verwenden
  rates = ["EUR": 1.0]
  let formatter = NSDateFormatter()
  formatter.dateFormat="yyyy-MM-dd H:mm"
  lastupdate = formatter.dateFromString("1900-01-01 12:00")!
}
```

Kursumrechnung

Der Zweck der `CurCalc`-Klasse ist es ja, Kurse umzurechnen. Die entsprechende Methode ist nur wenige Zeilen lang. Sie erwartet drei Parameter: das Währungskürzel der Ausgangswährung, das Kürzel der Zielwährung und den umzurechnenden Wert in der Ausgangswährung. `if let` testet, ob beide Währungen im `rates`-Dictionary enthalten sind, und berechnet dann den neuen Betrag. Liegen hingegen ungültige Daten vor, gibt die Methode einfach 0 zurück.

```
func convert(value:Double, from:String?, to:String?) -> Double {
  if from == nil || to==nil { return 0.0 }
  if let ratefrom = rates[from!], rateto = rates[to!] {
    return value / ratefrom * rateto
  } else {
    return 0.0
  }
}
```

Länderkürzel aus Währungskürzeln extrahieren

Die ersten zwei Buchstaben des Währungskürzels ergeben den Ländercode, also z. B. "us" für "USD". Die Funktion `getCountryFromCurrency` extrahiert diese beiden Zeichen, was in Swift umständlicher als in anderen Programmiersprache ist.

```
static func getCountryFromCurrency(currency:String) -> String {
  if currency.characters.count <= 2 { return currency.
    lowercaseString }
  let start = currency.startIndex
  let end = currency.startIndex.advancedBy(2)
  return currency[start..<end].lowercaseString
}
```

16.4   Umrechnungsansicht

Der Controller für die Umrechnungsansicht befindet sich in der Klasse `CalcVC`, dessen Code im folgenden Listing überblicksartig skizziert ist. Der Code beginnt mit den üblichen Outlets. Die Eigenschaft `cc` verweist auf eine Instanz der vorhin beschriebenen `CurCalc`-Klasse.

```
// Projekt ios-currency-converter
// Datei CalcVC.swift
class CalcVC: UIViewController {
  // Label für Währung 1/2
  @IBOutlet weak var lbl1: UILabel!
  @IBOutlet weak var lbl2: UILabel!
```

```
    // Eingabefeld für Währung 1/2
    @IBOutlet weak var txt1: UITextField!
    @IBOutlet weak var txt2: UITextField!

    // Flagge für Währung 1/2
    @IBOutlet weak var img1: UIImageView!
    @IBOutlet weak var img2: UIImageView!

    // Label für Kursinfo
    @IBOutlet weak var lblDate: UILabel!

    // Zugriff auf User-Defaults
    let userdef = NSUserDefaults.standardUserDefaults()

    // zur Formatierung von Zahlen
    let formatter = NSNumberFormatter()

    // Calculator (Data Model)
    var cc: CurCalc!

    var cur1 = ... // (siehe unten)
    var cur2 = ...

    // diverse Methoden (siehe unten)
}
// diverse Extensions (siehe unten)
```

Property Observer für die Währungskürzel

Die beiden Eigenschaften cur1 und cur2 enthalten die beiden Währungskürzel als Zeichenkette. Bei jeder Veränderung wird die Property-Observer-Funktion didSet ausgeführt (siehe Abschnitt 7.3, »Eigenschaften«). Sie aktualisiert das Beschriftungslabel und die Image-View mit der Flagge, löscht den Inhalt der beiden Textfelder und speichert die aktuelle Einstellung in den User-Defaults. Damit ist sichergestellt, dass die App beim nächsten Start wieder die zuletzt ausgewählten Währungen zur Umrechnung anzeigt.

Die Defaulteinstellungen "EUR" und "USD" gelten nur für den ersten Start der App bzw. bis zur Ausführung von viewDidLoad. Der Zugriff auf die Outlets ist jeweils durch Optional Chaining abgesichert (lbl1? etc.), um Fehler für den Fall zu vermeiden, dass didSet schon vor der vollständigen Initialisierung der Steuerelemente aufgerufen wird.

```swift
// Projekt ios-currency-converter, Datei CalcVC.swift
class CalcVC: UIViewController {  // Fortsetzung
  var cur1 = "EUR" {
    // bei jeder Änderung: bleibend speichern,
    // Label aktualisieren, Textfelder löschen
    didSet {
      lbl1?.text = cur1
      img1?.image =
        UIImage(named: CurCalc.getCountryFromCurrency(cur1))
      txt1?.text = ""
      txt2?.text = ""
      userdef.setObject(cur1, forKey: "currency1")
    }
  }
  var cur2 = "USD" {
    didSet {
      lbl2?.text = cur2
      img2?.image =
        UIImage(named: CurCalc.getCountryFromCurrency(cur2))
      txt1?.text = ""
      txt2?.text = ""
      userdef.setObject(cur2, forKey: "currency2")
    }
  }
}
```

16

Initialisierung in viewDidLoad

Die Methode viewDidLoad kümmert sich um die Initialisierung von Steuerelementen und eigenen Eigenschaften. Die ersten Zeilen konfigurieren den NSNumberFormatter so, dass Zahlen mit maximal zwei Nachkommastellen dargestellt werden und dass Tausendergruppen durch ein kleines Leerzeichen getrennt werden.

Die Methode refreshData (Details folgen gleich) initialisiert das CurCalc-Objekt und zeigt im lblDate-Steuerelement das Datum der Kurse an. Anschließend werden cur1 und cur2 mit den zuletzt gespeicherten Währungen eingestellt. Die Delegates für die beiden Textfelder sind erforderlich, um ungültige Eingaben zu verhindern.

```swift
// Projekt ios-currency-converter, Datei CalcVC.swift
class CalcVC: UIViewController {  // Fortsetzung
  ...
  // Initialisierung
  override func viewDidLoad() {
    super.viewDidLoad()
```

```
    // Formatter-Eigenschaften
    formatter.maximumFractionDigits = 2
    formatter.minimumFractionDigits = 0
    formatter.groupingSeparator = "\u{2006}"  // kleiner Abstand
    formatter.usesGroupingSeparator = true

    // Kurse laden
    refreshData()

    // wenn schon in Xcode eingestellt, dann lässt
    // sich dort die Höhe nicht einstellen
    txt1.borderStyle = .RoundedRect
    txt2.borderStyle = .RoundedRect

    // zuletzt gültige Währungen aus den User-Defaults lesen
    cur1 = userdef.stringForKey("currency1") ?? "EUR"
    cur2 = userdef.stringForKey("currency2") ?? "USD"

    // Delegates für UITextField
    // Gesture Recognizer für Tap auf View
    // Details folgen weiter unten ...
  }
}
```

Das CurCalc-Objekt initialisieren und das Datum der Kurse anzeigen

refreshData erzeugt eine neue Instanz der CurCalc-Klasse und speichert diese in der Eigenschaft cc. Der restliche Code ermittelt, ob die Kurse aktuell sind. Wenn lastupdate nicht älter als drei Tage ist, wird das Datum in grüner Schrift angezeigt, wenn es nicht älter als sechs Tage ist, in gelber Schrift. Liegen keine aktuellen Kurse vor, weist ein roter Text darauf hin.

```
// Projekt ios-currency-converter, Datei CalcVC.swift
// ECB-Kurse laden
func refreshData() {
  txt1.text = ""
  txt2.text = ""
  cc = CurCalc()

  // Zeichenketten mit Datum der Kurse vorbereiten
  let msg1 = NSLocalizedString("Kurse vom %@",
      comment: "zeigt das Datum der Kurse an")
  let msg2 = NSLocalizedString(
      "Keine aktuellen Kurse verfügbar!",
      comment: "wird angezeigt, wenn ...")
```

```
let dateformatter = NSDateFormatter()
dateformatter.dateStyle = .MediumStyle
dateformatter.timeStyle = .NoStyle
let formattedDate = dateformatter.stringFromDate(cc.lastupdate)
lblDate.text = String(format: msg1, formattedDate)

// Kursinfo grün/gelb/rot
let daysSinceUpdate =
  -cc.lastupdate.timeIntervalSinceNow / (60*60*24.0)
if daysSinceUpdate < 3 {
  lblDate.textColor =
    UIColor(red:0.0, green:0.7, blue:0.0, alpha:1.0)
} else if daysSinceUpdate < 6 {
  lblDate.textColor =
    UIColor(red:0.5, green:0.4, blue:0.0, alpha:1.0)
} else {
  lblDate.text = msg2
  lblDate.textColor =
    UIColor(red:0.7, green:0.0, blue:0.0, alpha:1.0)
}
}
```

refreshData wird nicht nur in viewDidLoad aufgerufen, sondern auch in der Action-Methode des Buttons KURSE NEU LADEN:

```
@IBAction func refresh(sender: UIButton) {
  refreshData()
}
```

Ungültige Tastatureingaben vermeiden

In viewDidLoad ermöglicht delegate=self für die beiden Textfelder, dass vor der Verarbeitung von Tastatureingaben die Methode textField mit dem Parameter shouldChangeCharactersInRange aufgerufen wird. Das erfordert die Implementierung des UITextFieldDelegate-Protokolls, die aus Gründen der besseren Übersichtlichkeit in einer Extension realisiert wird. Die textField-Methode erfüllt zwei Aufgaben:

▸ Zum einen verhindert sie, dass mehr als ein Komma bzw. Dezimalpunkt eingegeben werden kann. Welches Zeichen als Dezimaltrenner verwendet wird, ergibt sich aus der decimalSeparator-Eigenschaft des NSNumberFormatter-Objekts.

▸ Zum anderen limitiert sie die Anzahl der eingegebenen Zeichen auf neun. Dabei ist es aber wichtig, dass leere Eingaben (input == "") weiterhin erlaubt bleiben, damit vorhandener Text gelöscht werden kann.

```
// Projekt ios-currency-converter, Datei CalcVC.swift
class CalcVC: UIViewController {  // Fortsetzung
  override func viewDidLoad() {
    // ... wie bisher
    // Delegates für UITextField
    txt1.delegate = self
    txt2.delegate = self
  }
}
// Text-Field-Delegates
extension CalcVC: UITextFieldDelegate {
  func textField(textField: UITextField,
    shouldChangeCharactersInRange range: NSRange,
    replacementString input: String) -> Bool
  {
    if let old = textField.text,
           sep = formatter.decimalSeparator
    {
      // keine Eingabe mehrerer Kommas/Dezimalpunkte
      if input == sep && old.rangeOfString(sep) != nil {
        return false
      }
      // nicht mehr als 9 Zeichen (aber Backspace erlauben)
      if input != "" && old.characters.count > 9 {
        return false
      }
    }
    return true
  }
}
```

Tap Gesture Recognizer

Noch ein Detail in `viewDidLoad` habe ich Ihnen bisher vorenthalten: Die letzten Zeilen dieser Initialisierungsmethode richten eine `UITapGestureRecognizer`-Instanz ein, damit ein Fingerdruck auf die Benutzeroberfläche festgestellt werden kann. In diesem Fall soll die Methode `handleTap` ausgeführt werden. Dazu muss die `CalcVC`-Klasse allerdings das `UIGestureRecognizerDelegate`-Protokoll implementieren. Die `delegate`-Eigenschaft des `tapGR`-Objekts wird entsprechend auf `self` gestellt.

Als Reaktion auf einen derart erkannten Fingerdruck wird in `handleTap` die Methode `endEditing` aufgerufen, um eine eventuell noch aktive Eingabe zu beenden und die Bildschirmtastatur auszublenden.

```
class CalcVC: UIViewController {  // Fortsetzung
  override func viewDidLoad() {
    // ... wie bisher
    // Gesture Recognizer für Tap auf View
    let tapGR = UITapGestureRecognizer(
      target: self, action: "handleTap:")
    tapGR.delegate = self
    view.addGestureRecognizer(tapGR)
  }
}

extension CalcVC: UIGestureRecognizerDelegate {
  func handleTap(gesture: UITapGestureRecognizer) {
    view.endEditing(true)  // Tastatur ausblenden
  }
}
```

Währungsumrechnung bei der Texteingabe

Sobald ein App-Benutzer in eines der beiden Textfelder eine Ziffer eingibt, wird der entsprechende Wert im zweiten Textfeld sofort aktualisiert. Dazu wurden im Storyboard-Editor zwei Action-Verknüpfungen von den Textfeldern zur Methode txtEditingChanged hergestellt. Diese Methode wird jeweils für das Ereignis *Editing Changed* aufgerufen. Beachten Sie, dass das eigentlich plausibler klingende Ereignis *Value Changed* bei Textfeldern nicht relevant ist!

In der Methode wird der eingegebene Text mit dem NSNumberFormatter in eine Double-Zahl umgewandelt. Mit einem Vergleich von sender kann festgestellt werden, welches Textfeld den Aufruf der Methode initiiert hat. Im jeweils anderen Textfeld wird der umgerechnete Wert angezeigt, wobei zur Formatierung wieder der NSNumberFormatter verwendet wird.

```
class CalcVC: UIViewController {  // Fortsetzung
  @IBAction func txtEditingChanged(sender: UITextField) {
    var value:Double
    if let decimal = formatter.numberFromString(sender.text!) {
      value = Double(decimal)
    } else {
      value = 0.0
    }
    if sender === txt1 {
      // Umrechnung in Währung zwei
      txt2.text = formatter.stringFromNumber(
        cc.convert(value, from:cur1, to: cur2))
    } else if sender === txt2 {
```

```
        // Umrechnung in Währung eins
        txt1.text = formatter.stringFromNumber(
            cc.convert(value, from:cur2, to: cur1))
    }
  }
}
```

16.5 Einstellungsansicht

Der Code für die Einstellungsansicht befindet sich in der Klasse SettingsVC. Ihre Hauptaufgabe besteht darin, die Picker-View-Steuerelemente mit Daten zu befüllen.

Picker-Views (UIPickerView-Klasse)

In iOS gibt es keine Dropdown- oder Auswahllisten. Stattdessen sieht iOS zwei Wege vor, um ein Element aus einer Liste auszuwählen:

▸ Sie verwenden eine eigene Ansicht mit einer Table-View. Diese Variante ist vor allem in der App *Einstellungen* oft anzutreffen.

▸ Oder Sie verwenden sogenannten »Picker-Views«: Das sind Steuerelemente, die aussehen wie drehbare Walzen. Der Vorteil dieser Variante besteht darin, dass kein weiterer Ansichtswechsel erforderlich ist. Dem steht der Nachteil gegenüber, dass die Auswahl vor allem bei langen Listen recht mühselig ist.

Für die hier vorliegende App habe ich mich dennoch für die Picker-Views entschieden, um Ihnen so ein weiteres Steuerelement vorstellen zu können. Hinter den Kulissen hat die UIPickerView-Klasse große Ähnlichkeiten mit der UITableView-Klasse (siehe Abschnitt 14.3, »Listen (UITableView)«). Abermals sind Delegate- bzw. DataSource-Methoden für die Befüllung des Steuerelements mit Listenelementen bzw. für die Reaktion auf die Listenauswahl zuständig.

Outlets, Eigenschaften und viewDidLoad

In der Klasse gibt es zwei Outlets, die auf die Picker-Views verweisen. Außerdem ermöglicht die Eigenschaft calcVC den Zugriff auf die Umrechnungsansicht samt der dort gespeicherten Daten. calcVC wird in viewDidLoad initialisiert. Der Zugriff auf den View-Controller der Umrechnungsansicht erfolgt über den Tab-Bar-Controller.

Die restlichen Zeilen betreffen die Picker-Views. dataSource=self und delegate=self bewirken, dass die Delegate-Methoden der Picker-Views direkt in der SettingsVC-Klasse verarbeitet werden. Die Klasse wird dazu um die entsprechenden Protokolle erweitert (siehe den folgenden Abschnitt). Mit selectRow wird bei beiden Picker-Views jeweils die Währung ausgewählt, die gerade in der Umrechnungsansicht aktiv ist.

Dazu ermittelt find die Indexnummer des Währungscodes im sortierten currencies-Array.

Die viewDidAppear-Methode stellt sicher, dass die Daten der Picker-Views jedes Mal neu geladen werden, wenn die Einstellungsansicht angezeigt wird. Das ist deswegen sinnvoll, weil in der Zwischenzeit unter Umständen neue Daten von der EZB geladen wurden und sich eventuell die Liste der Währungen verändert hat.

```
// Projekt ios-currency-calculator
// Datei SettingsVC.swift
class SettingsVC: UIViewController {
  var calcVC: CalcVC!   // Umrechnungs-View-Controller

  // die beiden Währungs-Picker
  @IBOutlet weak var picker1: UIPickerView!
  @IBOutlet weak var picker2: UIPickerView!

  override func viewDidLoad() {
    super.viewDidLoad()

    // Initialisierung von calcVC
    calcVC = tabBarController!.viewControllers?.first as? CalcVC

    // Picker-Views initialisieren
    picker1.dataSource = self
    picker1.delegate = self
    picker1.selectRow(
      cc.currencies.indexOf(calcVC.cur1) ?? 0,
      inComponent: 0,
      animated: true)
    picker2.dataSource = self
    picker2.delegate = self
    picker2.selectRow(
      cc.currencies.indexOf(calcVC.cur2) ?? 0,
      inComponent: 0,
      animated: true)
  }

  // Picker-View-Daten neu laden
  override func viewDidAppear(animated: Bool) {
    super.viewDidAppear(animated)
    picker1?.reloadAllComponents()
    picker2?.reloadAllComponents()
  }
}
```

16

Picker-View mit Daten füllen

Die Picker-View-Steuerelemente rufen selbstständig Delegate-Methoden auf, wenn sie Daten benötigen. Diese Methoden befinden sich in einer Erweiterung der SettingsVC-Klasse für die zugrunde liegenden Protokolle UIPickerViewDataSource und UIPickerViewDelegate.

numberOfComponentsInPickerView gibt zurück, aus wie vielen Abschnitten die Picker-View-Liste bestehen soll – aus einem. Die Methode pickerView mit dem zweiten Parameter numberOfRowsInComponent erwartet die Anzahl der Listenelemente für einen bestimmten Abschnitt. Da es nur einen Abschnitt gibt, erübrigt sich die Auswertung des component-Parameters.

Der Rückgabewert hängt davon ab, ob die Picker-View einen Rollover-Effekt unterstützen soll, d. h., dass nach der alphabetisch letzten Währung wieder die alphabetisch erste erscheinen soll. Wenn Sie das wünschen, geben Sie einfach einen sehr hohen Wert als Elementanzahl zurück. In den weiteren Picker-View-Methoden werten Sie dann einfach die Elementnummer Modulo n aus, wobei n die Anzahl der tatsächlich verfügbaren Auswahlmöglichkeiten ist.

```
// Datei SettingsVC.swift, Fortsetzung
extension SettingsVC: UIPickerViewDataSource,
                      UIPickerViewDelegate
{
  func numberOfComponentsInPickerView(pickerView: UIPickerView)
      -> Int
  {
    return 1  // nur ein Abschnitt
  }

  func pickerView(pickerView: UIPickerView,
            numberOfRowsInComponent component: Int) -> Int
  {
    // Anzahl der Picker-Zellen
    return CalcVC.cc.rates.count // * 100, falls Rollover
  }                             // erwünscht ist
}
```

Wenn Sie in der Picker-View nur Texte anzeigen möchten, dann implementieren Sie die Methode pickerView(_:titleForRow:forComponent) wie folgt:

```
func pickerView(pickerView: UIPickerView,
    titleForRow row: Int, forComponent component: Int) -> String!
{
  return CalcVC.cc.currencies[row]
}
```

Wir möchten aber in den Picker-Views zu jeder Währung auch die entsprechende Flagge anzeigen. Deswegen müssen wir die Methode `pickerView(_:viewForRow:forComponent:reusingView:)` zur Verfügung stellen. Dafür ist leider deutlich mehr Code notwendig. Anders als die Table-View sieht die Picker-View nämlich keine Prototypzellen vor, die in Xcode vorbereitet werden können.

Die Methode beginnt mit einem Test, ob es ein wiederverwendbares `UIView`-Objekt gibt. Ist dies der Fall, kann es unverändert zurückgegeben werden.

Ist ein Recycling unmöglich, ermitteln wir aus der Elementnummer `myrow` den Währungs- und den Ländercode. Danach geht es darum, ein neues `UIView`-Objekt zusammenzubasteln, das aus einem Label mit dem Währungscode sowie einem `UIImageView`-Element mit der Flagge besteht. Dabei verzichten wir auf Auto-Layout-Regeln und geben stattdessen die Größe und Position aller Elemente durch `CGRect`-Strukturen starr vor.

Die Bitmap der Flagge lädt eine Init-Funktion der `UIImage`-Klasse aus der Xcassets-Datei. Für das `UIImageView`-Steuerelement verwenden wir den Darstellungsmodus `ScaleAspectFit`: Die Flagge soll also vollständig, aber ohne eine Verzerrung der Proportionen dargestellt werden. Das Label und das `UIImageView`-Steuerelement werden nun mit `addSubview` in das Objekt `newview` eingefügt und schließlich mit `return` zurückgegeben.

```
// Datei SettingsVC.swift, Fortsetzung
extension SettingsVC: UIPickerViewDataSource,
                      UIPickerViewDelegate
{
  // Views für die Picker-Zellen erzeugen
  func pickerView(pickerView: UIPickerView,
    viewForRow row: Int,
    forComponent component: Int,
    reusingView view: UIView?) -> UIView
  {

    if view != nil {
      // vorhandene View wiederverwenden (der Inhalt für
      // eine bestimmte Zelle ändert sich nie)
      return view!
    } else {
      // % count für Rollover
      let myrow = row % CalcVC.cc.rates.count
      // Währungscode, 3 Buchstaben
      let txt = CalcVC.cc.currencies[myrow]
      // die ersten zwei Buchstaben sind der Ländercode
      let country = CurCalc.getCountryFromCurrency(txt)
```

```
// neue View erzeugen
let newview = UIView(frame: CGRectMake(0, 0, 150, 50))

// Label mit Währungscode
let lbl = UILabel(frame: CGRectMake(90, 0, 60, 50))
lbl.text = txt
lbl.font = lbl.font.fontWithSize(24)
newview.addSubview(lbl)

// Image mit Flagge
let img = UIImageView(frame: CGRectMake(0, 0, 50, 50))
img.image = UIImage(named: country)
img.contentMode = .ScaleAspectFit
newview.addSubview(img)
return newview
      }
   }
}
```

An die Methode `pickerView` mit dem zweiten Parameter `rowHeightForComponent` müssen wir zurückgeben, in welcher Höhe das gerade ausgewählte Element der Picker-View angezeigt werden soll:

```
// Datei SettingsVC.swift, Fortsetzung
extension SettingsVC: UIPickerViewDataSource,
                      UIPickerViewDelegate
{
  func pickerView(pickerView: UIPickerView,
    rowHeightForComponent component: Int) -> CGFloat
  {
    return 50
  }
}
```

Auswahl eines Picker-View-Elements

Während das Initialisieren und Befüllen der Picker-Views mit einigem Aufwand verbunden war, ist die Reaktion auf die Auswahl eines Elements einfach: Es muss lediglich das ausgewählte Währungskürzel in den Eigenschaften `cur1` oder `cur2` der Umrechnungsansicht gespeichert werden. Diese Arbeit erledigt die Methode `pickerView` mit dem zweiten Parameter `didSelectRow`. Auf die Modulo-Berechnung können Sie verzichten, wenn Sie die Picker-Views ohne Rollover-Effekt nutzen.

```
// Datei SettingsVC.swift, Fortsetzung
extension SettingsVC: UIPickerViewDataSource,
                      UIPickerViewDelegate
{
  func pickerView(pickerView: UIPickerView,
    didSelectRow row: Int,
    inComponent component: Int)
  {
    if pickerView === picker1 {
      calcVC.cur1 =
        CalcVC.cc.currencies[row % CalcVC.cc.rates.count]
    } else if pickerView === picker2 {
      calcVC.cur2 =
        CalcVC.cc.currencies[row % CalcVC.cc.rates.count]
    }
  }
}
```

16.6   Startansicht (Launch Screen)

Während des Starts der App wird kurz der »Launch Screen« angezeigt, also eine Art Willkommensbildschirm. Bei kleinen Apps auf modernen iPhones erfolgt der Start so schnell, dass diese Startansicht kaum zu sehen ist; länger sichtbar ist der Willkommensbildschirm, wenn die App während der Initialisierung Daten aus dem Internet lädt oder andere zeitaufwendige Arbeiten erledigen muss.

Abbildung 16.7 Gestaltung der Startansicht

Zur Gestaltung der Startansicht wählen Sie in Xcode die standardmäßig vorgesehene Datei LaunchScreen.xib aus (siehe Abbildung 16.7). Die Ansicht können Sie nun wie den Inhalt eines View-Controllers gestalten, also beispielsweise mit eigenen Texten oder einem Hintergrundbild ausstatten.

16.7   App-Icon

Standardmäßig erhalten alle in Xcode entwickelten Apps ein weißes, von Xcode generiertes Default-Icon. Bevor Sie Ihr Programm im AppStore einreichen können, müssen Sie aber ein eigenes Icon zur Verfügung stellen – und das ist aufwendiger, als man meinen möchte. Apple verlangt nämlich von Ihnen, dass Sie das quadratische Icon für eine iPhone- und iPad-kompatible App in nicht weniger als 10 verschiedenen Auflösungen in Images.xcassets einfügen (siehe Abbildung 16.8). Selbst wenn Sie als Gerät ausschließlich iPhones ab Version 6 unterstützen, bleiben immer noch drei Größen.

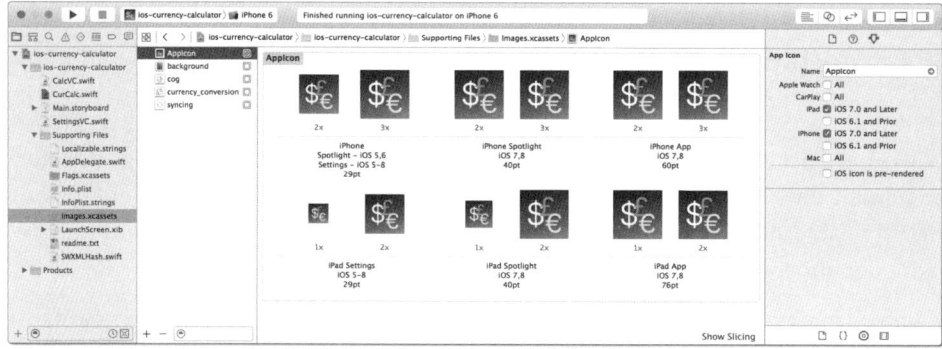

Abbildung 16.8 Das App-Icon wird in »Images.xcassets« festgelegt.

Manuell erzeugen Sie die Icons am besten, indem Sie das Icon zuerst in Photoshop, Gimp oder einem anderen Programm in hoher Auflösung zeichnen (empfehlenswert sind 1024 × 1024 Pixel), das Bild dann skalieren und in verschiedenen Auflösungen speichern. Dabei sind Dateinamen wie icon-nn@mx.png üblich, wobei nn die Anzahl der Pixel und m die Retina-Stufe angibt – also z. B. icon-40@3x.png für ein Icon mit 40 × 40 Pixel im Dreifach-Retina-Modus (real also 120 × 120 Pixel).

Warum Xcode nicht selbst die erforderlichen Mini-Bitmaps aus einem hochauflösenden Original erzeugt, bleibt ein Rätsel. Natürlich gibt es diverse Apps bzw. Webseiten, die diese Arbeit bei Bedarf erledigen:

http://nicolasmiari.com/utilities/icon-set-creator
http://iconifier.net
http://makeappicon.com

Kapitel 20, »Icon-Resizer«, zeigt, wie Sie selbst ein Programm entwickeln können, das schnell und unkompliziert Icons in allen erforderlichen Größen zur Verfügung stellt.

App-Name

Unterhalb des Icons wird auf iPhones oder iPads standardmäßig der Xcode-Projektname angezeigt. Wenn Sie einen anderen Namen wünschen, ist es aber durchaus nicht erforderlich, das Projekt umzubenennen. Vielmehr wählen Sie in Xcode die Datei Info.plist und ändern dort die Einstellung für BUNDLE NAME. Anstelle der dort vorgesehenen Einstellung $(PRODUCT_NAME) geben Sie den gewünschten Namen direkt an.

16.8   Internationalisierung und Lokalisierung

Die App wurde anfänglich in deutscher Sprache entwickelt, wobei ich für das Xcode-Projekt wie in Abschnitt 11.8, »Mehrsprachige Apps«, beschrieben, Deutsch als Entwicklungssprache eingestellt habe.

Später habe ich Englisch als zweite Sprache hinzugefügt. Im Code gibt es nur einen Ort, wo Zeichenketten für die Anzeige in einer Ansicht erzeugt werden – in der Methode refreshData der Klasse CalcVC. Die beiden dort vorkommenden Zeichenketten wurden deswegen als NSLocalizedString-Objekte verpackt.

```
// Datei CalcVC.swift, Methode refreshData()
let msg1 = NSLocalizedString("Kurse vom %@",
  comment: "zeigt das Datum der Kurse an")
let msg2 = NSLocalizedString("Keine aktuellen Kurse verfügbar!",
  comment: "wird angezeigt, wenn ...")
```

Die Tastatur zur Zahleneingabe enthält je nach Region ein Komma oder einen Punkt zur Dezimaltrennung (siehe Abbildung 16.9). Das ist kein Problem, weil zum Einlesen der Zeichenkette ohnedies ein NSNumberFormatter verwendet wird, der standardmäßig das jeweils landesübliche Trennzeichen erwartet. Dasselbe Formatobjekt wird auch für die Ausgabe der Zahl verwendet.

```
// Datei CalcVC.swift, Methode txtEditingChanged()
if let decimal = formatter.numberFromString(sender.text) {
  value = Double(decimal)
}
...
txt1.text = formatter.stringFromNumber(
  CalcVC.cc.convert(value, from:cur2, to: cur1))
```

Ein weiterer kritischer Ort ist die Methode `textField` mit dem zweiten Parameter `shouldChangeCharactersInRange`. Sie wird bei jeder Tastatureingabe aufgerufen, um zu verhindern, dass App-Benutzer zwei Kommas bzw. Dezimalpunkte eingeben. Um welches Zeichen es sich handelt, geht regionspezifisch aus der Eigenschaft `decimalSeparator` des `NSNumberFormatter`-Objekts hervor:

```
// Datei CalcVC.swift, Methode textField()
let sep = formatter.decimalSeparator
```

Abbildung 16.9 Im englischen Sprachraum verwenden Tastatur und Anzeige einen Punkt zur Dezimaltrennung.

16.9 App im App Store einreichen

Wenn die App schließlich zufriedenstellend läuft, wartet noch eine große Herausforderung auf Sie: das Einstellen der App in den App Store. Die hierfür erforderlichen Arbeiten (und oft ist es eine Menge Arbeit!) finden an drei Orten statt:

▶ auf der Webseite *https://developer.apple.com*, wo Sie eine App-ID und ein *Distribution Provisioning Profile* einrichten müssen

▶ auf der Webseite *https://itunesconnect.apple.com*, wo Sie alle Daten für den App Store zusammenstellen müssen

▶ und natürlich in Xcode, wo Sie ein speziell signiertes Archiv erstellen und auf iTunes Connect hochladen müssen.

Ist das einmal gelungen, können Sie nur hoffen, dass Apple Ihre App akzeptiert. Ist auch diese Hürde gemeistert, bleibt noch das Marketing, auf das ich hier aber nicht eingehe. Die richtige Bewerbung Ihrer App hat ja nichts mit der Swift-Programmierung zu tun.

App-Store-Regeln

Apple hat ein umfangreiches Dokument dazu veröffentlicht, welche Regeln für die Aufnahme in den App Store gelten:

https://developer.apple.com/app-store/review/guidelines

Viele Punkte haben im weitesten Sinne mit Copyright-Fragen zu tun. Eine Menge Regeln formulieren, was Apple religiös, politisch, wirtschaftlich (Glücksspiel) oder sexuell für akzeptabel hält und was nicht. Diese Punkte können Sie selbst nachlesen. Ich möchte Sie an dieser Stelle auf einige andere Aspekte hinweisen:

▶ Apple erwartet, dass Ihre App ausgereift aussieht und Funktionen bietet, die in dieser Art im App Store neu sind oder sich zumindest klar von anderen Apps unterscheiden. Einen Taschenrechner, dem man ansieht, dass er in zwei Tagen lieblos zusammengeschustert wurde, ist also weitgehend chancenlos. Apps, die in direkter Konkurrenz zu von Apple standardmäßig ausgelieferten Apps stehen, haben ebenfalls geringe Chancen.

▶ Die Gestaltung der App muss den *Human Interface Guidelines* entsprechen:

https://developer.apple.com/library/ios/documentation/UserExperience/ Conceptual/MobileHIG

▶ Ihre App muss fehlerfrei funktionieren, und zwar auf allen unterstützten iOS-Geräten, auch im Querformat (wenn dieses Format unterstützt wird), auch im Flugmodus bzw. ohne Internetzugang.

▶ Ihre App muss »echte« Benutzerdaten im `Documents`-Verzeichnis speichern. Diese Daten werden bei Backups gesichert, z. B. in der iCloud. Für zwischengespeicherte Inhalte, die bei Bedarf neu generiert werden können, muss hingegen das `Cache`-Verzeichnis verwendet werden.

Werfen Sie auch einen Blick auf die folgende Seite, die die häufigsten Ablehnungsgründe zusammenfasst. Sie finden dort sogar eine statistische Aufschlüsselung.

https://developer.apple.com/app-store/review/rejections

16

Bundle-ID (Xcode)

Beim Anlegen jedes Xcode-Projekts definieren Sie die Bundle-ID, die sich aus Ihrem in den Komponenten auf den Kopf gestellten Domainnamen und dem Projektnamen ergibt – also beispielsweise de.meinewebsite.mein-projekt. Welche Bundle-ID ein Projekt verwendet, können Sie in Xcode in den Target-Einstellungen feststellen (siehe Abbildung 16.10). An dieser Stelle können Sie die Bundle-ID auch ändern – aber nur so lange, bis Sie Ihre App zum ersten Mal erfolgreich in den App Store hochgeladen haben!

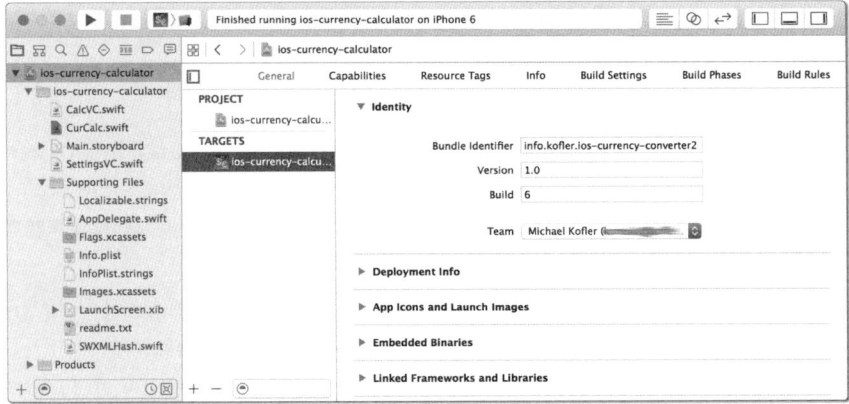

Abbildung 16.10 Die Bundle-ID in den Target-Einstellungen eines Xcode-Projekts

App-ID erzeugen (Apple Developer)

Bevor Sie Ihre App in iTunes Connect für den App Store einrichten können, müssen Sie auf der Apple-Developer-Seite eine sogenannte App-ID registrieren (siehe Abbildung 16.11).

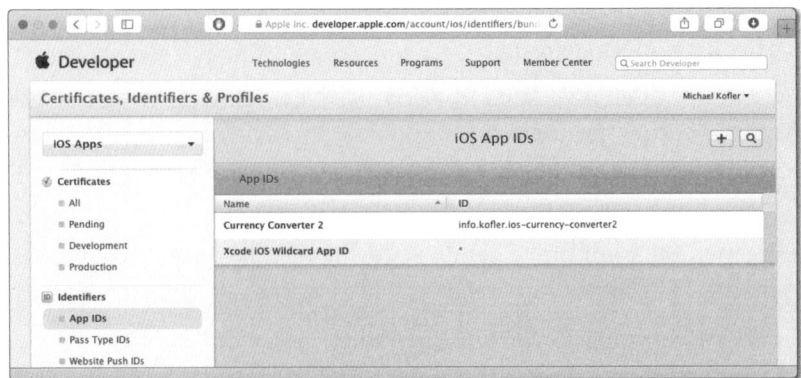

Abbildung 16.11 Verwaltung der App-IDs auf der Apple-Developer-Webseite

Dazu melden Sie sich mit Ihrer Developer-ID auf der folgenden Webseite an und wählen das Dialogblatt IDENTIFIERS • APP IDs aus.

https://developer.apple.com/account/ios/identifiers

Mit dem Plus-Button können Sie nun eine neue App-ID für Ihre App einrichten. Dabei
gibt es die folgenden Felder:

▶ APP ID DESCRIPTION: Hier geben Sie der App-ID einen Namen. Die Zeichenkette
hilft Ihnen dabei, Ihre verschiedenen App-IDs nicht durcheinanderzubringen, hat
ansonsten aber keine Bedeutung.

▶ APP ID PREFIX: Dieses Feld ist vorgegeben. Es enthält die Team-ID Ihres Developer-
Accounts.

▶ APP ID SUFFIX: Hier weisen Sie ihrer App eine explizite App-ID zu. Es ist üblich,
hier die Bundle-ID anzugeben. Nur wenn Ihre App keine Zusatzfunktionen wie das
Game Center, In-App Purchases etc., verwendet (das gilt auch für zukünftige Versionen der App!), können Sie anstelle der App-ID eine universelle WILDCARD APP
ID verwenden.

▶ APP SERVICES: Hier geben Sie an, welche Dienste Ihre App nutzt (Game Center,
HealthKit, HomeKit etc.). Viele Dienste sind nur auswählbar, wenn Sie sich im vorigen Punkt für eine explizite App-ID entschieden haben.

App einrichten (iTunes Connect)

Nun öffnen Sie in Ihrem Webbrowser die Webseite *https://itunesconnect.apple.com*
und richten dort Ihre neue App für den App Store ein. Dazu klicken Sie nach dem
Login auf das Icon MEINE APPS. Mit dem Plus-Button gelangen Sie in einen Dialog, in
dem Sie die Eckdaten der neuen App festlegen (siehe Abbildung 16.12).

Kurz eine Erklärung zu den leider teilweise missverständlichen Begriffen in diesem
Dialog:

▶ NAME: Hier müssen Sie den Namen Ihrer App angeben. Das ist oft schwierig, denn
der Name muss innerhalb des App Stores eindeutig sein. Und leider gilt ein Name
auch dann schon als reserviert, wenn ein anderer Entwickler irgendwann eine entsprechend benannte App in iTunes Connect eingerichtet hat – selbst wenn diese
App dann nie akzeptiert oder ausgeliefert wurde. (Daraus ergibt sich umgekehrt
die Schlussfolgerung: Richten Sie Ihre App möglichst früh in iTunes Connect ein,
bevor Ihnen andere Entwickler den Namen wegschnappen.)

▶ HAUPTSPRACHE: Diese Einstellung ist nur für Apps relevant, die in mehreren Sprachen lokalisiert sind. Die HAUPTSPRACHE gilt als Defaultsprache für die unzähligen
weiteren Felder, die Sie demnächst in iTunes Connect ausfüllen müssen. Bleiben

16

dort einzelne Felder für die Sprache Xy leer, übernimmt iTunes Connect die entsprechenden Einstellungen der Hauptsprache.

► BUNDLE-ID: Natürlich würde man annehmen, dass hier die Bundle-ID der App einzugeben ist – aber weit gefehlt! Vielmehr stehen in diesem Listenfeld die auf der Apple-Developer-Seite eingerichteten, aber bisher ungenutzten App-IDs zur Auswahl (siehe den vorigen Abschnitt).

Alternativ können Sie hier auch den Eintrag XCODE IOS WILDCARD APP ID wählen. In diesem Fall wird ein weiteres Eingabefeld SUFFIX FÜR BUNDLE-ID eingeblendet, in dem Sie nun tatsächlich die Bundle-ID Ihres Xcode-Projekts angeben. Für diese Variante dürfen Sie sich aber nur dann entscheiden, wenn Ihre App keine Zusatzfunktionen wie das Game Center, In-App Purchases etc., verwendet.

► VERSION: Hier geben Sie dieselbe Versionsnummer an, die Ihr Xcode-Projekt momentan verwendet (siehe Abbildung 16.10) – bei einer App, die erstmals eingereicht wird, also häufig »1.0«. Diese Versionsnummer wird später auch im App Store angezeigt.

► SKU: Diese Abkürzung steht für »Stock Keeping Unit« und bezeichnet eine eindeutige Nummer, die unter anderem auf den Abrechnungen verwendet wird. Sie müssen hier eine zumindest zweistellige Zahl angeben.

Beim erfolgreichen Abschluss dieser Eingaben wird die neue App eingerichtet und erhält die App Store ID. Das ist eine zurzeit neunstellige Zahl, die Ihre App weltweit eindeutig identifiziert.

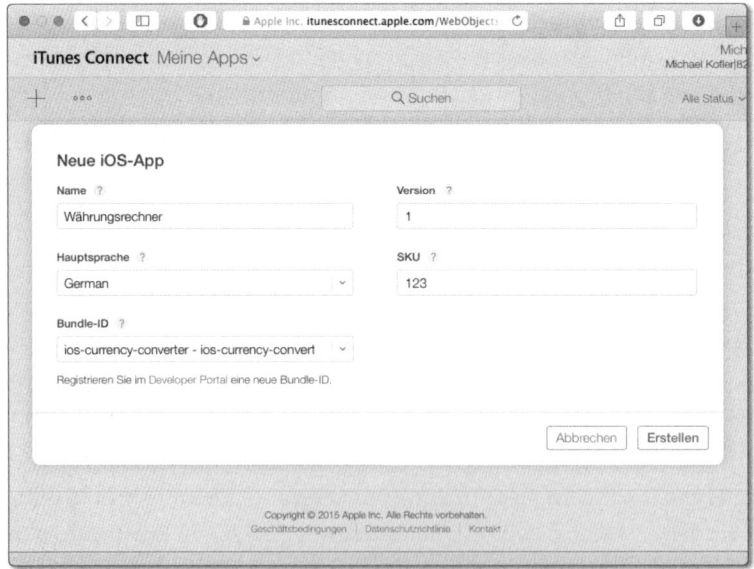

Abbildung 16.12 Eine neue App in iTunes Connect einrichten

---

iTunes-Connect-Webseite in englischer Sprache

Sofern Sie auf Ihrem Mac als Landessprache DEUTSCH eingestellt haben, verwendet auch die iTunes-Connect-Webseite deutsche Texte. Das ist sicher gut gemeint, aber nicht unbedingt eine große Hilfe – vor allem dann nicht, wenn Sie auf der Suche nach einem Fehler sind und im Internet fast ausschließlich Hilfetexte finden, die sich auf die englische Version dieser Webseite beziehen.

Wenn Sie Safari als Webbrowser verwenden, sehen Sie die Webseite nur dann im englischen Original, wenn Sie in den Systemeinstellungen von OS X die Sprache ENGLISCH einstellen und Ihren Mac neu zu starten. Einfacher ist es, einen anderen Browser zu verwenden (z. B. Firefox), in dem die bevorzugte Sprache einstellbar ist.

App-Daten ausfüllen (iTunes Connect)

Ist die neue App einmal eingerichtet, fängt die Arbeit erst richtig an: Sie müssen nun alle erdenklichen Eckdaten für die App angeben bzw. hochladen. Dazu zählen unter anderem:

- Screenshots der App für alle unterstützten iPhone- und iPad-Auflösungen
- optional ein Präsentationsvideo Ihrer App
- eine Beschreibung der App
- Schlüsselwörter, damit die App im App Store besser gefunden werden kann
- die Adresse einer Support-Webseite
- ein Icon in einer Auflösung von 1024 × 1024 Punkten
- die Angabe der primären und sekundären App-Kategorie (z. B. BÜCHER, WIRTSCHAFT, BILDUNG oder REISEN)
- die Altersfreigabe
- den Lizenzvertrag (Hier bestätigen Sie den Standardlizenzvertrag von Apple.)
- Copyright-Angaben
- Ihre Kontaktdaten

Klicken Sie hin und wieder auf SICHERN, damit eine Internet-Unterbrechung nicht dazu führen kann, dass Sie die ohnedies mühselige Eingabe wiederholen müssen!

Alle Angaben führen Sie vorerst für die Hauptsprache der App durch. Wenn Ihre App in mehrere Sprachen lokalisiert ist, fügen Sie im Sprachlistenfeld, das Sie fast ganz oben auf der Webseite bei den VERSIONSINFORMATIONEN finden, weitere Sprachen hinzu und wiederholen dann die obigen Eingaben in diesen Sprachen.

16

Probleme beim Bild-Upload

iTunes Connect ist beim Upload von Bildern (Icons, Screenshots) entsetzlich pingelig. Die Auflösung muss auf den Pixel exakt passen, außerdem müssen die Bilder ohne Alpha-Kanal gespeichert sein. Um den Alpha-Kanal einer PNG-Bitmap zu entfernen, können Sie das Bild im Programm *Vorschau* laden; beim Exportieren deaktivieren Sie dann die Option ALPHA. In Gimp klicken Sie im Dialog EBENEN die Bildebene mit der rechten Maus- oder Trackpad-Taste an und führen ALPHAKANAL ENTFERNEN aus.

Auch bei formal korrekten Bitmaps scheitert der Upload häufig. Hier helfen nur wiederholte Versuche.

In den weiteren Dialogblättern der App müssen Sie nun noch zumindest den Preis der App festlegen. Dabei können Sie für verschiedene Regionen unterschiedliche Preisstufen wählen, angeben, ab wann und wie lange die Preisstufe gültig ist, etc. Je nach App müssen Sie außerdem Einstellungen für In-App-Käufe, für das Game Center und für den Zeitungskiosk vornehmen.

Distribution Provisioning Profile erzeugen (Apple Developer)

Ist die Beschreibung der App in iTunes Connect einmal abgeschlossen, wollen Sie nun vermutlich Ihre App hochladen. Das ist aber nur möglich, wenn die kompilierte App in Xcode mit einem speziellen *Distribution Provisioning Profile* signiert ist. Damit weiß Apple, dass wirklich Sie und nicht jemand anderer die App erstellt hat. Ein Distribution Provisioning Profile für Ihre App richten Sie auf der Apple-Developer-Seite im Dialogblatt PROVISIONING PROFILES • DISTRIBUTION ein:

https://developer.apple.com/account/ios/profile/profileList.action

Der Plus-Button leitet den Vorgang ein, der aus vier Schritten besteht:

▶ Im ersten Schritt müssen Sie angeben, welche Art von Provisioning Profile Sie erstellen möchten. Wir benötigen eines zur Weitergabe der App im App Store.

▶ Im zweiten Schritt wählen Sie die App-ID Ihrer App aus. Das Distribution Provisioning Profile gilt also nur für diese eine App.

▶ Im dritten Schritt geben Sie an, welche Zertifikate in das Provisioning Profile eingebettet werden sollen. Wenn Sie nicht in einem Team arbeiten, steht an dieser Stelle nur Ihr eigenes Zertifikat zur Wahl.

▶ Zuletzt müssen Sie dem Profile noch einen Namen geben (siehe Abbildung 16.13).

Die Apple-Developer-Webseite zeigt nun einen Download-Link für die Profile-Datei an – aber ein manueller Download ist gar nicht erforderlich. Stattdessen öffnen Sie den Einstellungsdialog von Xcode, aktivieren das Dialogblatt ACCOUNTS und klicken dann auf VIEW DETAILS. Der untere Bereich des Detaildialogs zeigt die Liste aller Provisioning Profiles an (siehe Abbildung 16.14). Ein Klick auf den Button DOWNLOAD ALL lädt die gerade auf der Apple-Developer-Seite erzeugte Profile-Datei.

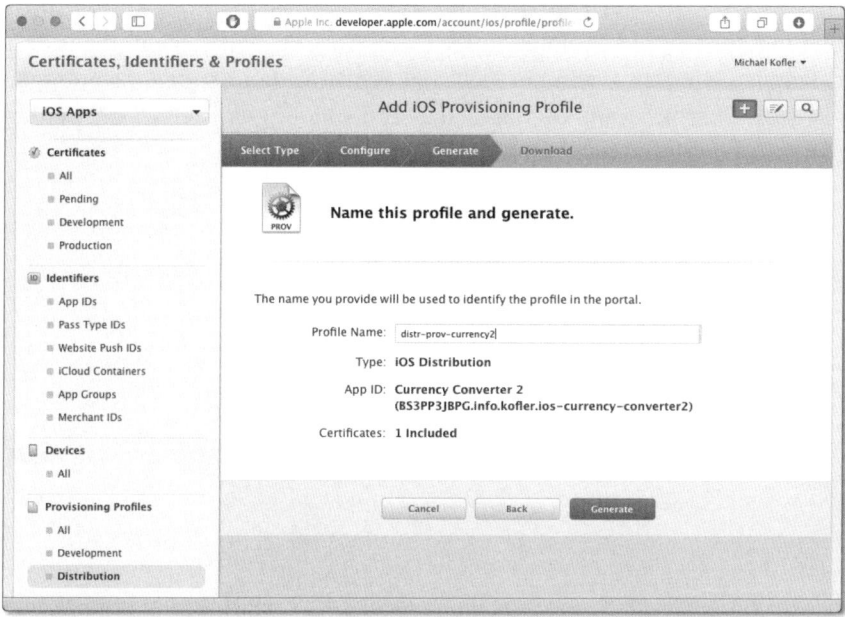

Abbildung 16.13 Das Distribution Provisioning Profile auf der Apple-Developer-Webseite einrichten

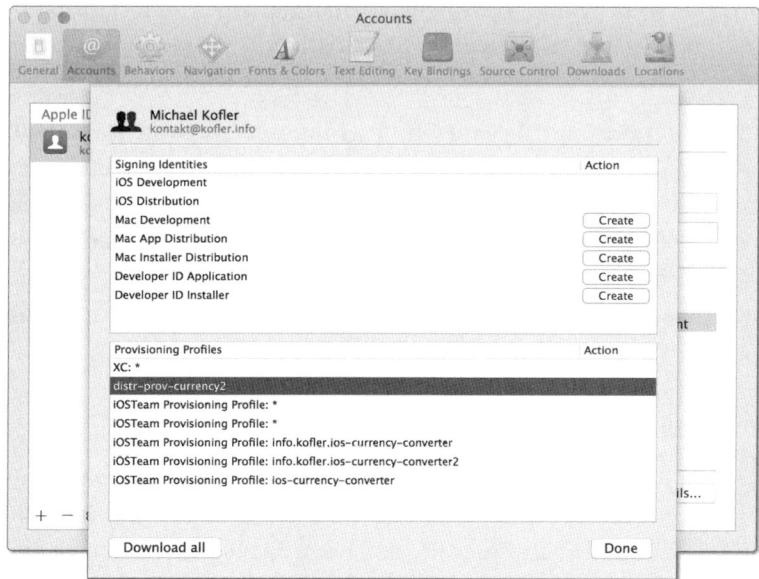

Abbildung 16.14 Verwaltung der Provisioning Profiles in den Xcode-Einstellungen

App-Upload (Xcode)

Damit Xcode das frisch erstellte Distribution Provisioning Profile tatsächlich verwendet, öffnen Sie die Target-Einstellungen und dort das Dialogblatt BUILD SETTINGS (siehe Abbildung 16.15). In der Optionsgruppe CODE SIGNING stellen Sie nun das PROVISIONING PROFILE ein. Das Listenfeld stellt dabei alle in den Xcode-Einstellungen angezeigten Profile zur Auswahl. Die restlichen Code-Signing-Einstellungen werden mit der Einstellung des Provisioning Profile ebenfalls aktualisiert.

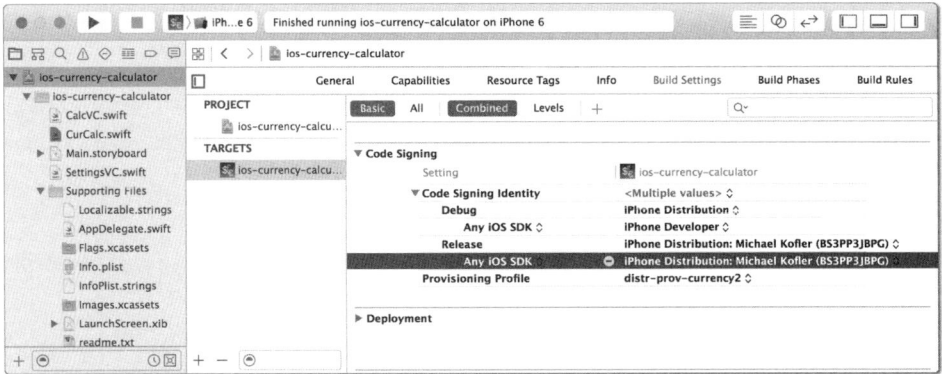

Abbildung 16.15 Das Provisioning Profile in den Build Settings einstellen

Als Nächstes müssen Sie mit dem Xcode-Kommando PRODUCT • ARCHIVE ein sogenanntes Archiv der App erzeugen. Dieses Kommando steht nur zur Auswahl, wenn Sie im Listenfeld in der Xcode-Symbolleiste neben dem dreieckigen Run-Button ein »echtes«, an Ihren Computer angeschlossenes iOS-Gerät auswählen, *nicht* ein simuliertes Device.

Xcode kompiliert Ihre App nun mit Release-Optimierung und verpackt sie in eine Archiv-Datei. Alle Archive werden in einem eigenen Xcode-Fenster aufgelistet. Dieses Fenster können Sie bei Bedarf auch später wieder mit WINDOW • ORGANIZER öffnen. In dem Fenster können Sie nun mit VALIDATE überprüfen, ob das Archiv alle formalen Voraussetzungen für den Upload erfüllt. Ist dies der Fall, starten Sie mit SUBMIT TO APP STORE den Upload, der hoffentlich mit einer Erfolgsmeldung endet (siehe Abbildung 16.16).

Warten auf das Okay von Apple

Jetzt beginnt eine in der Regel mehrtägige Wartezeit, bis Apple-Mitarbeiter Ihre App ansehen und dann der Veröffentlichung zustimmen oder diese ablehnen. Beim Währungsrechner aus diesem Kapitel hat dieser Prozess neun Tage (sieben Arbeitstage) gedauert.

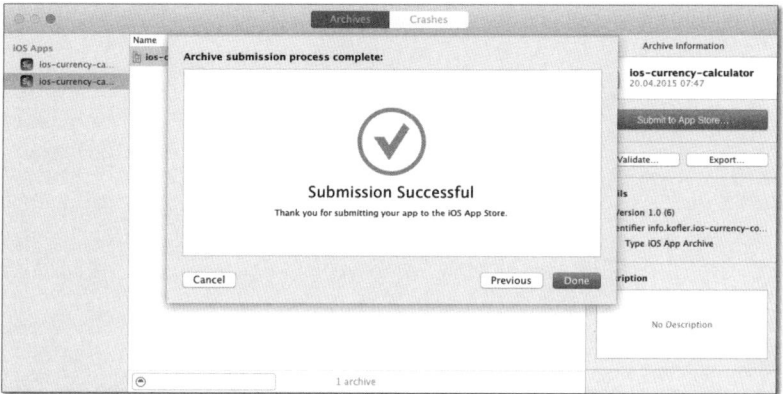

Abbildung 16.16 Die App wurde erfolgreich hochgeladen.

Etwas überraschend wurde die App dann aber im ersten Anlauf akzeptiert. Ich hatte eigentlich eine Ablehnung erwartet: Währungsrechner gibt es ja wahrlich schon genug. Sollten die Apple-Tester Ihre App hingegen ablehnen, müssen Sie die beanstandeten Funktionen verbessern und die App erneut einreichen.

16

Kapitel 17
Fünf Gewinnt

Dieses Kapitel beschreibt nach einem einleitenden Abschnitt zum Thema »Animationen« die App »5 Gewinnt«. Bei dieser gleichermaßen für iPhones, iPads und iPods geeigneten App platzieren zwei Spieler abwechselnd ihre Steine auf der schachbrettförmigen Spielfläche. Wer zuerst fünf Steine in einer Reihe anordnet, hat gewonnen. Die App kann von einem oder zwei Spielern genutzt werden: Im ersten Fall spielt der Computer gegen den Menschen, im zweiten Fall dient die App nur als Spielfläche.

17.1 Einfache Animationen

iOS stellt innerhalb des UIKit ein ganzes Framework von Klassen und Methoden zur Verfügung, um Elemente von Benutzeroberflächen mit Animationen zu verändern. Einmal gestartete Animationen blockieren das Hauptprogramm nicht. Wenn mehrere Animationen auf einmal gestartet werden, laufen diese gleichzeitig ab. Animieren lassen sich unter anderem die Form und Größe aller Steuerelemente (Views), deren Farben und Transparenzeinstellungen sowie diverse andere Eigenschaften, die für das visuelle Erscheinungsbild verantwortlich sind.

Hello World!

Dieses Buch ist nicht der geeignete Ort für eine enzyklopädische Beschreibung des Animation-Frameworks. Stattdessen möchte ich Ihnen hier nur die elementarsten Konzepte anhand von Beispielen näherbringen. Als Ausgangspunkt dient das Projekt `ios-animation`: Es enthält einen Tab-Bar-Controller mit drei Seiten, wobei auf jeder Seite eine Animation mit dem START-Button ausgeführt werden kann. Auf der ersten Seite wandert ein anfänglich graues Quadrat nach unten. Dabei verändert sich seine Form in ein Rechteck und seine Farbe in Blau (siehe Abbildung 17.1).

Der für die Animation verantwortliche Code ist verblüffend kurz und einfach: In der Action-Methode des Buttons wird die statische Methode `animateWithDuration` ausgeführt. An diese Methode werden zwei Parameter übergeben: die Zeitdauer der Animation, hier also eineinhalb Sekunden, sowie eine Closure mit Einstellungen, die das animierte Objekt zum Schluss haben soll. In diesem Beispiel sollen also

Ort, Größe und Hintergrundfarbe des `UIView`-Objekts `myview` verändert werden. Die `animateWithDuration`-Methode wird sofort beendet, und die Animation wird anschließend im Hintergrund automatisch fortgesetzt.

Abbildung 17.1 Die Tab-Seite zu Beginn und am Ende der Animation

```
// Projekt ios-animation, Datei FirstViewController.swift
class FirstViewController: UIViewController {
  @IBOutlet weak var myview: UIView!

  // Action-Methode des Start-Buttons
  @IBAction func start(sender: AnyObject) {
    UIView.animateWithDuration(1.5, animations:
      {
        self.myview.frame =
          CGRect(x: 200, y: 400, width: 30, height: 80)
        self.myview.backgroundColor = UIColor.blueColor()
      }
    )
  }
}
```

Alternativ können Sie die Closure auch nachgestellt an `animateWithDuration` übergeben und so eine Klammerebene einsparen.

```
UIView.animateWithDuration(1.5) { // Closure-Beginn
    self.myview.frame =
        CGRect(x: 200, y: 400, width: 30, height: 80)
    self.myview.backgroundColor = UIColor.blueColor()
} // Closure-Ende
```

In Anleitungen zum Thema Animation im Internet wird die Closure mitunter mit [unowned self] in ... eingeleitet. Diese Formulierung kann Memory Leaks verhindern, wenn eine geschlossene Referenzkette zwischen self und der Closure entsteht. Bei animateWithDuration besteht diese Gefahr aber nicht, unowned self ist überflüssig.

animateWithDuration kennt einen optionalen dritten Parameter completion, in dem Sie Code angeben können, der nach dem Ende der Animation ausgeführt werden soll. An diese Closure wird ein boolescher Parameter übergeben, der die Closure darüber benachrichtigt, ob die Animation korrekt beendet oder vorzeitig abgebrochen wurde. Wenn Sie den Parameter berücksichtigen wollen, formulieren Sie die Closure so:

```
completion: { (finished: Bool) in Code ... }
```

Sie können den Parameter aber auch wie im folgenden Beispiel mit dem Pattern-Zeichen _ ignorieren. Hier setzt animateWithDuration das animierte Rechteck zum Schluss wieder an seine Startposition zurück:

```
UIView.animateWithDuration(1.5,
  animations: {
    // Closure zur Einstellung der animierten Eigenschaften
    self.myview.frame = CGRect(x: 200, y: 400,
                               width: 30, height: 80)
    self.myview.backgroundColor = UIColor.blueColor()
  },
  completion: {
    // Closure mit Code, der beim Ende
    // der Animation ausgeführt wird
    (_) in
      self.myview.frame = CGRect(x: 20, y: 60,
                                 width: 60, height: 60)
      self.myview.backgroundColor = UIColor.grayColor()
  }
)
```

Fade-In-Effekt

Das zweite Dialogblatt der Beispiel-App enthält eine Bitmap. Diese ist aber nicht sofort sichtbar, sondern wird nach der Auswahl des Dialogblatts im Verlauf einer Sekunde eingeblendet. Der erforderliche Code sieht so aus:

```
// Projekt ios-animation, Datei SecondViewController.swift
class SecondViewController: UIViewController {
  @IBOutlet weak var imgview: UIImageView!

  // Bitmap ist anfänglich transparent
  override func viewDidLoad() {
    super.viewDidLoad()
    imgview.alpha=0
  }

  // Animation beim Anzeigen der Tab-Seite starten
  override func viewDidAppear(animated: Bool) {
    UIView.animateWithDuration(2.5) {
        self.imgview.alpha = 1
      }
  }
}
```

Bemerkenswert ist hier zuerst einmal, dass die Animation in `viewDidAppear` gestartet wird. Die sonst so allgegenwärtige Methode `viewDidLoad` ist zum Start von Animationen ungeeignet, weil die View zu diesem Zeitpunkt zwar geladen, aber noch nicht sichtbar ist. Der Aufruf von `animateWithDuration` würde wirkungslos bleiben.

Der eigentliche Code ist leicht zu verstehen: Die Bitmap wird bereits in `viewDidLoad` mit `alpha=0` transparent (also unsichtbar) gemacht. Mit dem Beginn der Animation wird die Transparenz dann schrittweise so reduziert, dass die Bitmap zum Schluss vollkommen sichtbar ist.

Animationszeiten

Eine Animationszeit von zweieinhalb Sekunden wie in diesem Beispiel ist ungewöhnlich lang. Im Regelfall sollten Animationen schnell vor sich gehen und unaufdringlich sein. Dafür reichen Zeitspannen zwischen 0,2 und 0,5 Sekunden vollkommen aus.

Steuerelemente animiert erscheinen und verschwinden lassen

Die dritte Tab-Ansicht zeigt oben vier Schalter (`UISwitch`-Objekte) und darunter vier Buttons (siehe Abbildung 17.2). Mit den Schaltern können Sie einzelne Buttons aus- und wieder einblenden. Dieser Vorgang erfolgt jeweils animiert. Selbstverständlich funktioniert dies nicht nur für Buttons, sondern für jede Art von Steuerelementen bzw. `UIView`-Objekten.

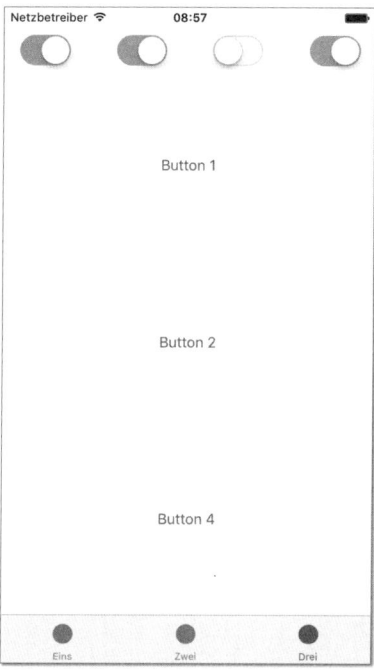

Abbildung 17.2 Mit den Schaltern kann die Sichtbarkeit von vier Buttons eingestellt werden.

Zur Anordnung der Steuerelemente kommen zwei Stack-Views zum Einsatz. Die erste ist horizontal ausgerichtet und verteilt die vier Schalter über die ganze Breite des iOS-Geräts. Die zweite Stack-View verteilt die Buttons gleichmäßig über die restliche Anzeigefläche.

Die Stack-Views sind hier nicht nur praktisch, um der mühseligen Einstellung von Layoutregeln aus dem Weg zu gehen, sie eignen sich auch besonders gut für Animationen: Zum Ein- und Ausblenden von Steuerelementen bzw. ganz generell von UIView-Objekten wird einfach die Eigenschaft hidden auf true oder false gestellt. Derartige Ja/Nein-Eigenschaften lassen sich normalerweise schlecht animieren. Die Stack-View kommt aber auch mit diesem Sonderfall zurecht und kann die Steuerelemente animiert neu anordnen. Die gleichzeitige Animation der Transparenz der Steuerelemente macht den Effekt noch eleganter.

Der Code sollte auf Anhieb verständlich sein. Der Zustand der Schalter geht aus der Eigenschaft on hervor. Die Auswertung von on erfolgt durch den ternären Operator (siehe Abschnitt 2.4, »Operatoren für Fortgeschrittene«).

```
// Projekt ios-animation, Datei ThirdViewController.swift
class ThirdViewController: UIViewController {
  @IBOutlet weak var btn1: UIButton!
```

```
@IBOutlet weak var btn2: UIButton!
@IBOutlet weak var btn3: UIButton!
@IBOutlet weak var btn4: UIButton!

// Schalterzustand hat sich geändert
@IBAction func switch1changed(sender: UISwitch) {
  sender.on ?  show(btn1) : hide(btn1)
}
@IBAction func switch2changed(sender: UISwitch) {
  sender.on ?  show(btn2) : hide(btn2)
}
@IBAction func switch3changed(sender: UISwitch) {
  sender.on ?  show(btn3) : hide(btn3)
}
@IBAction func switch4changed(sender: UISwitch) {
  sender.on ?  show(btn4) : hide(btn4)
}
// UIView in Stack-View ein- und ausblenden
func show(v: UIView) {
  UIView.animateWithDuration(0.35) { // Closure
    v.hidden = false
    v.alpha = 1
  }
}
func hide(v: UIView) {
  UIView.animateWithDuration(0.35) { // Closure
    v.hidden = true
    v.alpha = 0
  }
}
}
}
```

17.2   Die App »5 Gewinnt«

Die Spielidee ist einfach: Im Einspielermodus spielt das iOS-Gerät gegen seinen Besitzer. Wem es zuerst gelingt, fünf Steine in einer Reihe zu platzieren, der hat gewonnen (siehe Abbildung 17.3). Und so viel gleich vorweg: In der Regel wird dies der Computer sein …

In einem kleinen Popup-Menü können Sie ein neues Spiel starten oder den letzten Zug rückgängig machen. Es stehen vier Spielbrettgrößen zur Wahl, wobei die Einstellungen *Large* und *X-Large* nur auf einem iPad praktikabel sind (siehe Abbildung 17.4). In dem Menü geben Sie auch an, ob Sie gegen den Computer oder gegen einen zweiten Spieler antreten möchten.

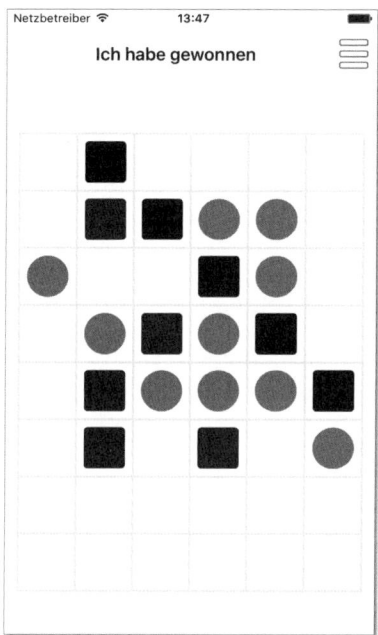

Abbildung 17.3 »5 Gewinnt« auf einem iPhone

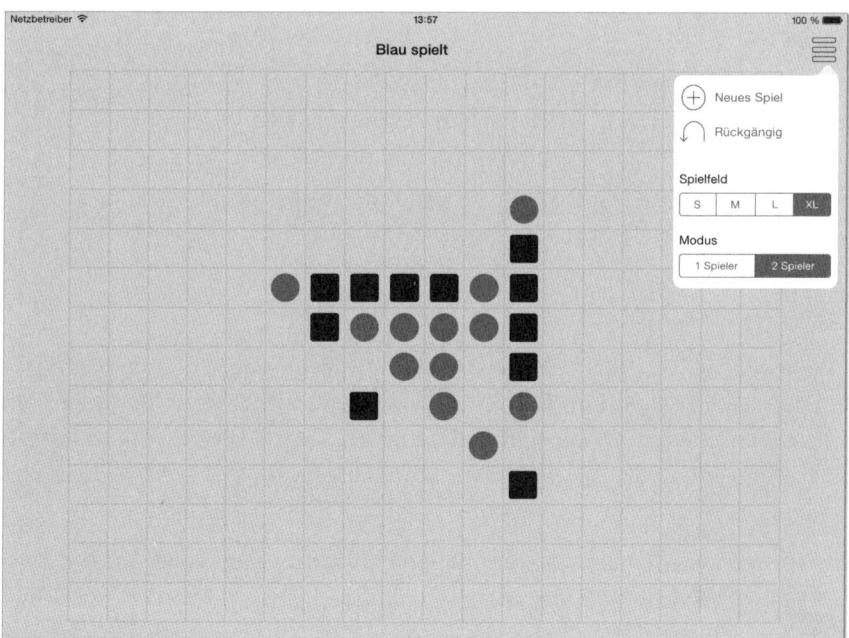

Abbildung 17.4 »5 Gewinnt« mit Popup-Menü auf einem iPad

Bei jedem Zug erscheint der neue Stein mit einer dezenten Animation. Sobald ein Spieler gewinnt, wird die Siegeslinie farblich hervorgehoben und ebenfalls kurz animiert.

Hintergründe zum Spiel

Die Grundzüge des Spiels sind also für jedes Kind auf Anhieb verständlich. In der Wikipedia können Sie nachlesen, dass das Spiel uralt ist und international unter verschiedenen Namen populär wurde, z. B. in Japan als *Gomoku* oder in China als *Wuziqi*. Vielfach wird das Spiel in diesen Ländern auf Go-Spielbrettern mit 15 × 15, 17 × 17 oder 19 × 19 Feldern gespielt.

https://de.wikipedia.org/wiki/Fünf_in_eine_Reihe

Der Spieler, der das Spiel beginnt, wird bei einem fehlerfreien Spiel immer gewinnen. Dieses Manko lässt sich durch einige (in der hier vorgestellten App nicht realisierte) Zusatzregeln für die Eröffnungszüge kompensieren. Diese Spielvariante heißt *Renju*:

https://de.wikipedia.org/wiki/Renju

Programmaufbau

In Xcode verteilt sich die App über die folgenden Dateien, die ich in den weiteren Abschnitten dieses Kapitels im Detail erläutere:

- `Globals.swift`: Enumerationen, Strukturen und globale Funktionen
- `BoardView.swift`: eigene `UIView` zur Darstellung des Spielbretts und der darauf platzierten Steine
- `FiveWins.swift`: Speicherung des Spielstands, Spiellogik
- `Main.storyboard`: Gestaltung der Haupt- und Popup-View
- `PopupVC.swift`: View-Controller zum Popup-Dialog
- `SetPieceDelegate.swift`: Protokoll zur Benachrichtigung über neu platzierte Steine
- `ViewController.swift`: View-Controller zur Hauptansicht

Storyboard und Auto-Layout-Regeln

Das Storyboard fällt im Vergleich zu anderen Beispielprogrammen in diesem Buch bescheiden aus (siehe Abbildung 17.5). Es gibt nur zwei View-Controller. Im ersten befinden sich oben mittig ein Label und in der rechten oberen Ecke ein Menü-Button. Den Rest des iOS-Geräts füllt – bis auf einen schmalen Rand – das selbst entwickelte `BoardView`-Steuerelement aus.

Der Popup-View-Controller besteht aus einigen Buttons, zwei Labels sowie zwei Segmented Controls (Klasse `UISegmentedControl`), die in diesem Buch erstmals hier vorkommen. Dabei handelt es sich um spezielle Buttons, die eine übersichtliche Auswahl einer Option aus *n* Optionen ermöglichen.

Die beiden View-Controller sind durch einen Popover-Segue verbunden. Bei der Darstellung als Popover wird die Ansicht unterhalb der Modus-Auswahl abgeschnitten

(Einstellung Use Preferred Excplicit Size = 200 × 260 Punkte). Wozu dient also der Button Spiel fortsetzen, wenn dieser normalerweise gar nicht angezeigt wird?

Bei der Entwicklung des Spiels wollte ich die App auch für iOS 7 lauffähig machen. Dabei tritt aber das Problem auf, dass Popovers in iOS 7 nur auf iPads unterstützt werden und dass weder die Klasse UIPopoverPresentationController noch das Protokoll UIPopoverPresentationControllerDelegate zur Verfügung steht. Um die App iOS-7-kompatibel zu machen, muss der Segue-Typ auf Present Modally umgestellt werden. Mit dem nun angezeigten Button Spiel fortsetzen können die Anwender der App den Einstellungsdialog verlassen.

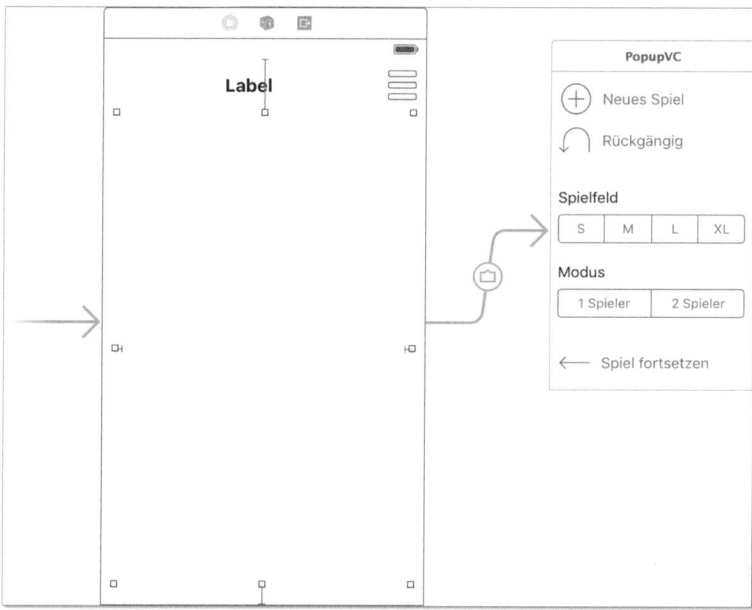

Abbildung 17.5 Das Storyboard von »5 Gewinnt«

17.3   Enumerationen und globale Funktionen (Globals.swift)

Die Datei Globals.swift enthält eine bunte Sammlung einfacher Enumerationen, Strukturen, Klassenerweiterungen und globaler Funktionen, die an verschiedenen anderen Stellen des Codes benötigt werden.

Feld- und Spielstatus (Piece und GameStatus)

Die in Piece und GameStatus definierten Enumerationswerte helfen dabei, den Zustand eines Felds des Spielbretts bzw. den aktuellen Zustand des ganzen Spiels zu verwalten. Die Methode toStatus hilft bei der Umwandlung von Piece-Werten in

GameStatus-Werte. Beachten Sie, wie Sie hier mit `self` auf den gerade aktuellen Wert einer Enumeration zugreifen können.

```swift
// Projekt fuenf-gewinnt, Datei Globals.swift
// Belegung eines Felds des Spielbretts
enum Piece {
  case Empty, Player1, Player2

  func toStatus() -> GameStatus {
    if self == .Player1 {
      return .Player1Won
    } else if self == .Player2 {
      return .Player2Won
    } else {
      return .Open
    }
  }
}

// Status des Spiels
enum GameStatus {
  case Open       // Spiel läuft noch
  case Player1Won // Spieler 1 hat gewonnen
  case Player2Won // Spieler 2 hat gewonnen
  case Draw       // unentschieden
}
```

Spielbrettgrößen (BoardSize)

Ursprünglich wollte ich auch die vier Spielbrettgrößen durch eine Enumeration ausdrücken. Allerdings kann Swift keine Tupel als Raw Values von Enumerationswerten speichern. `enum BoardSize: (Int, Int)` funktioniert also nicht. Ein Ausweg hätte darin bestanden, als Raw Values einen eigenen Typ zu verwenden, also `enum BoardSize: SizeType` – aber noch einfacher ist es, anstelle einer Enumeration gleich eine Stuktur zu verwenden und die möglichen Einstellungen in Form von statischen Variablen zu definieren:

```swift
// Projekt fuenf-gewinnt, Datei Globals.swift, Fortsetzung
struct BoardSize {
  static let Small  = (6, 8)
  static let Medium = (8, 11)
  static let Large  = (11, 14)
  static let XLarge = (14, 18)
```

```swift
// liefert einen Größen-Tupel für die Modi 0, 1, 2 und 3
static func getSize(mode:Int) -> (Int, Int) {
  switch mode {
  case 1:  return BoardSize.Medium
  case 2:  return BoardSize.Large
  case 3:  return BoardSize.XLarge
  default: return BoardSize.Small
  }
}

// liefert einen Größen-Tupel entsprechend der User-Defaults-
  Einstellung
static func getDefaultSize() -> (Int, Int) {
  return getSize(getDefaultSizeMode())
}

// lädt bzw. speichert den Größen-Modus in den User Defaults
static func getDefaultSizeMode() -> Int {
  let defaults = NSUserDefaults.standardUserDefaults()
  return defaults.integerForKey("sizemode")
}
static func setDefaultSizeMode(mode: Int) {
  let defaults = NSUserDefaults.standardUserDefaults()
  defaults.setInteger(mode, forKey: "sizemode")
}
}
```

Die statischen Funktionen `getSize`, `getDefaultSize`, `getDefaultSizeMode` und `setDefaultSizeMode` helfen dabei, die vier möglichen Einstellungen als ganze Zahl in der User-Defaults-Datenbank zu speichern bzw. wieder von dort auszulesen. Die Funktionen werden in `ViewController.swift` und in `PopupVC.swift` eingesetzt.

2D-Arrays erzeugen

Im Datenmodell des Spiels, das in `FiveWins.swift` definiert ist, müssen mehrfach zweidimensionale Arrays erzeugt und mit einem Startwert initialisiert werden. Dabei hilft die generische Funktion `createArray2D`:

```swift
func createArray2D <T>(n: Int, _ m: Int, value:T)  -> [[T]] {
  return [[T]](
    count: n,
    repeatedValue: [T](count: m,
      repeatedValue: value))
}
```

Farben aufhellen bzw. abdunkeln

Um die fünf Steine zu markieren, die eine Linie bilden und zum Sieg für einen der Spieler führten, wird deren Farbe abgedunkelt. Besonders elegant gelingt dies mit der folgenden Erweiterung der UIColor-Klasse:

```
// Projekt fuenf-gewinnt, Datei Globals.swift, Fortsetzung
// dunklere Farbe
extension UIColor {
  func darker() -> UIColor {
    var hue:CGFloat = 0
    var sat:CGFloat = 0
    var bright:CGFloat = 0
    var alpha:CGFloat = 0

    getHue(&hue,
      saturation: &sat,
      brightness: &bright,
      alpha: &alpha)
    return UIColor(hue: hue,
      saturation: sat ,
      brightness: bright*0.66,
      alpha: alpha)
  }
}
```

getHue ermittelt also die Farbwerte der gegebenen Farbe. Daraus wird eine neue Farbe mit einem reduzierten Helligkeitswert (bright * 0.66) erzeugt und zurückgegeben. Die Anwendung der Methode sieht so aus:

```
let col1 = UIColor.blueColor()
let col2 = col1.darker()
```

In Globals.swift ist auch der analoge Code für die Methode brighter enthalten. Der einzige Unterschied zu darker besteht darin, dass die neue Helligkeit mit min(1.0, bright*1.33) berechnet wird. Die min-Funktion stellt sicher, dass die Helligkeit nie größer als 1 wird.

Rechteck rund um Mittelpunkt erzeugen

In der App besteht mehrfach die Notwendigkeit, eine CGRect-Struktur zu erzeugen, deren Mittelpunkt und Größe bekannt sind. Damit dabei nicht immer die gleichen Berechnungen wiederholt werden müssen, erweitern die folgenden Zeilen die CGRect-Struktur um eine neue Funktion zur Initialisierung der Eigenschaften origin und size:

```
// Rechteck zentriert um einen Mittelpunkt erzeugen
extension CGRect {
  init(xcenter:Double, ycenter:Double,
      w:Double,        h:Double)
  {
    origin = CGPoint(x: xcenter - w/2, y: ycenter - h/2)
    size = CGSize(width: w, height: h)
  }
}
```

Code verzögert ausführen

Wenn der Computer seinen Zug ausführt, noch bevor die Animation des Zugs des Spielers zu Ende ist, wirkt das demotivierend. Deswegen habe ich nach einer Möglichkeit gesucht, eine Funktion bzw. Closure zeitverzögert auszuführen. Wie so oft fand sich auf der Webseite Stackoverflow eine Lösung:

http://stackoverflow.com/questions/24034544

Die Funktion delay erwartet zwei Parameter: die Verzögerungszeit in Sekunden und eine Funktion oder Closure, die nach dieser Zeit ausgeführt werden soll. Intern ist für die Ausführung die Funktion dispatch_after zuständig. An diese Funktion müssen der Startzeitpunkt, die Verarbeitungs-Queue und die auszuführende Funktion übergeben werden.

```
// Projekt fuenf-gewinnt, Datei Globals.swift, Fortsetzung
func delay(delay:Double, closure:()->()) {
  dispatch_after(
    dispatch_time(
      DISPATCH_TIME_NOW,
      Int64(delay * Double(NSEC_PER_SEC))
    ),
    dispatch_get_main_queue(), closure)
}
```

Die Anwendung von delay sieht so aus:

```
delay(0.5, closure:
  {
    // ... auszuführender Code als Closure
  }
)
```

17

17.4   Die Spiellogik (FiveWins.swift)

Das Datenmodell der App ist in der Klasse FiveWins verpackt. Darin ist die gleichnamige Klasse definiert. Sie hat zwei Aufgaben: Einerseits speichert sie die Positionen aller Steine auf dem Spielfeld, andererseits enthält sie Methoden, um den für den Computer besten Zug zu finden. Der Großteil dieses Abschnitts beschäftigt sich mit dem Code zur Suche nach dem optimalen Zug.

Spielfeld speichern

Die Eigenschaften width und height geben die Spielgröße an. Das zweidimensionale Array board enthält für jedes Feld des Spielbretts dessen aktuelle Belegung in Form von Piece-Enumerationswerten (also .Player1, .Player2 oder .Empty). Analog werden im Array winning die Steine mit true gekennzeichnet, die zum Sieg führten. Im Array history werden alle bisher durchgeführten Züge in Form von (x, y)-Tupeln gespeichert. Das ist notwendig, damit Züge bei Bedarf rückgängig gemacht werden können. Zur Initialisierung der Arrays wird die vorhin vorgestellte Funktion createArray2D verwendet.

Die Init-Funktion initialisiert die Arrays, wobei darauf geachtet wird, dass die Höhe des Spielbretts kleiner als die Breite oder gleich ist. Die Form des Spielbretts entspricht damit der eines iPhones in der üblichen Lage. Wenn das iPhone gedreht wird bzw. wenn das Spiel auf einem iPad im Querformat ausgeführt wird, kümmert sich die BoardView-Klasse darum, dass das Spielbrett entsprechend gedreht wird. Und um diese Logik nicht komplizierter als notwendig zu machen, gilt die Voraussetzung, dass das board-Array der FiveWinws-Klasse nie mehr Spalten als Reihen haben darf.

Zuletzt wird in der Init-Funktion der Zufallszahlengenerator für den späteren Einsatz der Funktion drand48 initialisiert. Diese Funktion bietet die bequemste Möglichkeit, um Double-Zufallszahlen zwischen 0 und 1 zu erzeugen.

```
// Projekt fuenf-gewinnt, Datei FiveWins.swift
class FiveWins {
    // Größe des Spielfelds
    let width: Int
    let height: Int

    // Reihenfolge der Züge (für Undo)
    var history: [(Int, Int)]

    // Belegung der Spielfelder (zweidimensionales Array)
    var board: [[Piece]]

    // Kennzeichnung der fünf Steine, die zum Sieg führten
    var winning: [[Bool]]
```

```
// Init-Funktion
init(width:Int, height:Int) {
  if width > height {
    NSException(name: "Illegal arguments",
      reason: "width must be <= height",
      userInfo: nil).raise()
  }
  self.width = width
  self.height = height

  // Arrays
  board = createArray2D(width, height, value: Piece.Empty)
  winning = createArray2D(width, height, value: false)
  history = [(Int, Int)]()

  // Zufallszahlengenerator initialisieren
  srand48(Int(arc4random_uniform(1_000_000_000)))
  }
}
```

Zug ausführen und rückgängig machen

Das Ausführen eines Zugs bedeutet für FiveWins im Wesentlichen nur, dass im entsprechenden Element im Array board ein Piece-Enumerationswert gespeichert wird. Wenn piece den Wert .Empty enthält, muss außerdem das winning-Array zurückgesetzt werden. Andernfalls wird der Zug dem history-Array hinzugefügt, damit er später bei Bedarf widerrufen werden kann.

Nun folgen zwei Tests:

▶ Die Methode detectWin durchsucht das boardArray nach einer Linie mit fünf gleichen Steinen. Ist die Suche erfolgreich, dann hat ein Spieler gewonnen und setPiece liefert den entsprechenden Rückgabewert.

▶ Deutlich diffiziler ist die Erkennung, ob das Spiel unentschieden ist. Das ist dann der Fall, wenn es auf dem ganzen Spielbrett keine fünf aneinanderliegenden Felder gibt, die ein Spieler mit den Steinen seiner Farbe belegen kann.

Diesen Test erledigt die Methode getAllLineScoresFor quasi nebenbei. Die Hauptaufgabe dieser Methode besteht darin, für jedes Feld die an dieser Position beginnenden Linien zu bewerten (Details folgen später). Diese Informationen interessieren uns an dieser Stelle aber gar nicht – deswegen werden Sie in der Zuweisung let (_, drawn) = ... mit _ ignoriert.

```
// Projekt fuenf-gewinnt, Datei FiveWins.swift, Fortsetzung
func setPiece(x:Int, _ y:Int, _ piece:Piece) -> GameStatus {
  board[x][y] = piece

  // Winning zurücksetzen, falls Undo-Zug
  if piece == .Empty {
    winning = createArray2D(width, height, value: false)
  } else { // sonst Zug speichern
    history.append( (x, y) )
    // Siegeszug erkennen
    let result = detectWin()
    if result == .Player1Won || result == .Player2Won {
      return result
    }
  }

  // Kann das Spiel noch gewonnen werden?
  let (_, drawn) = getAllLineScoresFor(.Player1)
  if drawn {
    return .Draw
  } else {
    return .Open
  }
}
```

Mit diesen Voraussetzungen ist es ganz einfach, einen Zug rückgängig zu machen: undo testet, ob das history-Array zumindest eine gespeicherte Position enthält. Das im letzten Array-Element enthaltene Tupel wird mit removeLast entfernt und gleich in den Variablen x und y gespeichert. Die gerade beschriebene Methode setPiece kümmert sich um den Rest.

Sieg-Test

Die Methode detectWin testet für alle Linien des Spielfelds, ob diese fünf gleiche Steine enthalten. Wird eine derartige Linie gefunden, dann werden auch die entsprechenden Elemente im Array winning auf true gesetzt.

In detectWin durchlaufen die Variablen x und y alle Felder des Spielbretts. Für jedes Feld werden die an dieser Position beginnenden Linien nach links, nach links unten, nach unten und nach rechts unten überprüft. Dazu wird jeweils die Funktion detectAndMarkWinningLine aufgerufen, die ausgehend von einem Startpunkt eine Linie in die durch deltax und deltay vorgegebene Richtung durchläuft. deltax=1 und deltay=0 testet eine horizontale Linie, deltax=1 und deltay=1 eine Linie diagonal nach rechts unten etc.

```
// Projekt fuenf-gewinnt, Datei FiveWins.swift, Fortsetzung
func detectWin() -> GameStatus {
  // für alle Felder
  for var x=0; x<width; x++ {
    for var y=0; y<height; y++ {
      // Linie nach links
      if x+4 < width {
        let result = detectAndMarkWinningLine(
          x, y, deltax: 1, deltay: 0)
        if result != .Open { return result}
      }

      // Linie diagonal nach rechts unten
      if x+4 < width && y+4 < height {
        let result = detectAndMarkWinningLine(
          x, y, deltax: 1, deltay: 1)
        if result != .Open { return result}
      }

      // Linie nach unten
      if y+4 < height {
        let result = detectAndMarkWinningLine(
          x, y, deltax: 0, deltay: 1)
        if result != .Open { return result}
      }

      // Linie diagonal nach links unten
      if x-4 >= 0 && y+4 < height {
        let result = detectAndMarkWinningLine(
          x, y, deltax: -1, deltay: 1)
        if result != .Open { return result}
      }
    }  // for-y
  }  // for-x
  return .Open
}

// eine Linie überprüfen, ob lauter gleiche Steine;
// wenn ja, Positionen im winning-Array markieren
func detectAndMarkWinningLine(x:Int, _ y: Int,
      deltax: Int, deltay: Int) -> GameStatus
{
  let startpiece = board[x][y]
  // Startfeld leer
  if startpiece == .Empty { return .Open }
```

17

```
// Linie testen
for var i=1; i<5; i++ {
  if board[x + deltax*i][y + deltay*i] != startpiece {
    // Felder der Linie stimmen nicht überein
    return .Open
  }
}

// alle Felder gleich: Siegesfelder markieren
for var i=0; i<5; i++ {
  winning[x + deltax*i][y + deltay*i] = true
}
return startpiece.toStatus()

}
```

Der Spielalgorithmus

Jetzt kommen wir zur interessantesten Fragestellung in der FiveWins-Klasse: Wie kann der Computer den besten Zug finden? Bevor ich Ihnen die dafür implementierten Methoden im Detail vorstelle, gibt dieser Abschnitt einen Überblick über den Algorithmus. Die Grundidee ist simpel: Das Programm durchläuft in einer Schleife alle freien Felder und bewertet diese. Der Zug erfolgt dann auf das bestbewertete Feld.

Damit sind wir bei der nächsten Frage: Wie kann der Wert eines Felds berechnet werden? Grundsätzlich können durch jedes Feld in vier Richtungen bis zu fünf Siegeslinien verlaufen (siehe Abbildung 17.6). Das sind Linien, auf denen es theoretisch möglich ist, das Spiel zu gewinnen. Durch Felder im Inneren eines Spielbretts mit mindestens 9 × 9 Feldern gehen 20 Linien. Bei Feldern am Rand kann die Anzahl der Linien auf drei sinken.

Der Wert eines Feldes ergibt sich nun ganz einfach aus dem Wert der Linien, die durch das Feld führen. Wie groß ist nun der Wert einer Linie? Hierfür verwendet der Algorithmus die folgenden Regeln:

▸ Linien, auf denen beide Spieler mindestens einen Stein gesetzt haben, sind wertlos (also Wert 0). Der Grund: Auf dieser Linie kann es keinem Spieler mehr gelingen, fünf eigene Steine zu platzieren.

▸ Vollständig leere Linien haben den Wert 0,1. Der Wert ist nicht 0, weil eine leere Linie zumindest später eine Chance auf den Sieg verspricht. Der kleine Wert von 0,1 reicht aus, dass der Computer bei einem vollkommen leeren Spielbrett die Felder im Zentrum bevorzugt, weil durch sie viele leere Linien mit einem Wert von jeweils 0,1 führen.

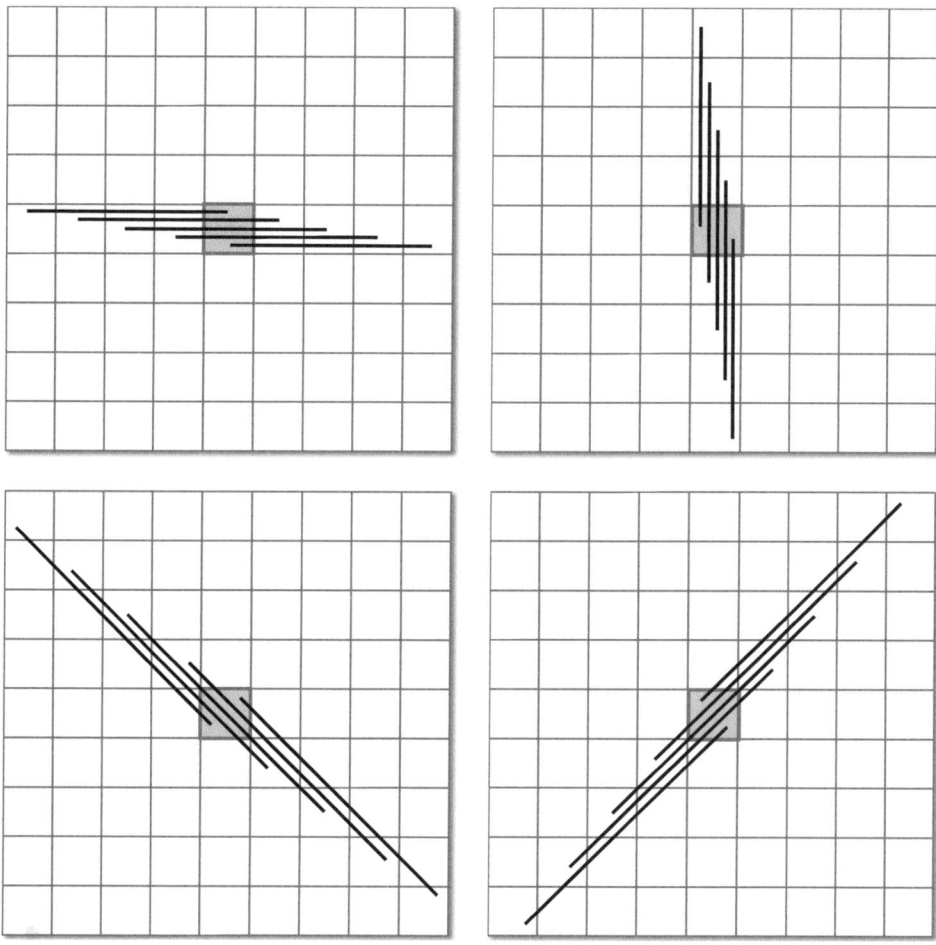

Abbildung 17.6 Durch die Felder eines Spielbretts können bis zu 20 Siegeslinien gehen.

► Linien mit einem, zwei, drei oder vier eigenen Steine werden die Werte 1, 4, 16 und 256 zugeordnet. Der riesige Sprung bei vier Steinen ist dadurch begründet, dass das Spiel hiermit gewonnen ist. Es muss lediglich ein Stein auf das verbleibende Feld der Linie gesetzt werden.

► Linien mit ein bis vier Steinen des Gegners werden mit 1, 4, 16 und 64 Punkten bewertet. Ein Zug auf ein Feld einer derartigen Linie ist deswegen wertvoll, weil er die Chancen für den Gegner mindert.

Damit der Computer im Zweifelsfall eher aggresiv spielt, also seine eigenen Chancen höher bewertet als die des Gegners, wird die gegnerische Bewertung mit einem Faktor von 0,85 multipliziert.

> **David Levy**
>
> Die Idee für den Algorithmus stammt von David Levy und wurde meines Wissens erstmals 1984 in der englischen Computerzeitschrift *Practical Computing* veröffentlicht. David Levy beschäftigt sich ansonsten mit anspruchsvolleren Spielen: Er ist Internationaler Meister im Schach und hat bereits 1976 eines der ersten Bücher zum Thema Computer-Schach geschrieben.
>
> *https://en.wikipedia.org/wiki/David_Levy_(chess_player)*

Den Wert einer Linie berechnen

Nachdem ich Ihnen das Konzept gewissermaßen Top-Down präsentiert habe, beginne ich beim Code von der anderen Seite: bei den Details. Die Methode getLineScoreFor berechnet den Wert einer Linie aus der Sicht eines Spielers. Die Belegung der fünf Felder wird im Array line übergeben.

```
// Projekt fuenf-gewinnt, Datei FiveWins.swift, Fortsetzung
func getLineScoreFor(player: Piece, _ line: [Piece]) -> Double {
  let ownScore   = [0, 1.0, 4.0, 16.0, 256.0]
  let otherScore = [0, 1.0, 4.0, 16.0,  64.0]

  // eigene Chancen höher bewerten als fremde Risiken;
  // führt zu aggressiverem Spiel
  let scaleOther = 0.85

  // eigene/fremde Steine zählen
  var cntOwn = 0, cntOther = 0
  for var i=0; i<5; i++ {
    if line[i] == player {
      cntOwn++     // eigener Stein
    } else if line[i] != .Empty {
      cntOther++   // Stein des Gegners
    }
  }

  // Auswertung
  if cntOwn==0 && cntOther==0 { return 0.1 }  // leere Linie
  if cntOwn>0 && cntOther>0   {return 0.0 }   // blockierte Linie
  if cntOwn>0 {
    return ownScore[cntOwn]
  } else {
    return otherScore[cntOther] * scaleOther
  }
}
```

Wert aller Linien berechnen

Es wäre ineffizient, zur Bewertung aller Spielfelder immer wieder alle Linien zu bewerten, die durch dieses Feld führen. Die gleichen Linienbewertungen werden ja auch für andere Felder benötigt. Deswegen wird diese Aufgabe einmal vorab erledigt. getAllLineScoresFor durchläuft alle Felder des Spielbretts. Die Werte von bis zu vier Linien, die an dieser Position beginnen (siehe Abbildung 17.7), werden in Elementen der Struktur LineScores gespeichert. Die Bewertung erfolgt aus der Sicht des Spielers, der im ersten Parameter übergeben wird.

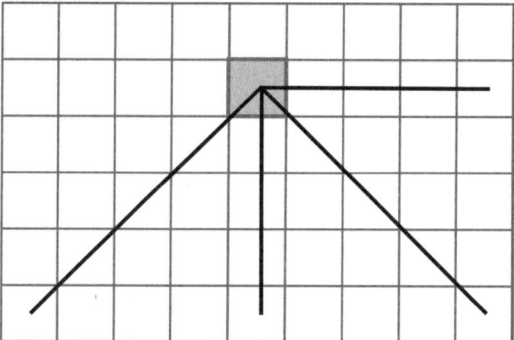

Abbildung 17.7   Bis zu vier Linien können an einem Feld des Spielbretts beginnen.

```
// Projekt fuenf-gewinnt, Datei FiveWins.swift, Fortsetzung
struct LineScores {
  var scoreLeft  = 0.0
  var scoreDiag1 = 0.0
  var scoreDown  = 0.0
  var scoreDiag2 = 0.0
}
```

Gleichsam als Nebenergebnis kann getAllLineScoresFor auch ein Unentschieden feststellen: Beträgt die Summe aller bewerteten Linien 0, dann gibt es keine Linie mehr auf dem Spielbrett, die das Spiel entscheiden könnte. Diese Unentschieden-Bewertung wird im zweiten Wert des Ergebnis-Tupels zurückgegeben. Beachten Sie, dass der Test hier nicht scoreSum == 0.0 lauten darf. Aufgrund von Rundungsfehlern wird scoreSum in der 15. oder 16. Nachkommastelle von 0 abweichen.

```
func getAllLineScoresFor(player: Piece)
    -> ( [[LineScores]], Bool )
{
  var result = createArray2D(width, height, value: LineScores() )
  var fiveSquares = [Piece](count: 5, repeatedValue: .Empty)
  var scoreSum = 0.0
```

```
// für alle Felder
for var x=0; x<width; x++ {
  for var y=0; y<height; y++ {

    // Linie nach links
    if x+4 < width {
      for var i=0; i<5; i++ {
        fiveSquares[i] = board[x+i][y]
      }
      let score = getLineScoreFor(player, fiveSquares)
      scoreSum += score
      result[x][y].scoreLeft = score
    }

    // Linie diagonal nach rechts unten
    if x+4 < width && y+4 < height {
      for var i=0; i<5; i++ {
        fiveSquares[i] = board[x+i][y+i]
      }
      let score = getLineScoreFor(player, fiveSquares)
      scoreSum += score
      result[x][y].scoreDiag1 = score
    }

    // Linie nach unten, Linie diagonal nach links unten:
    // noch zweimal ein analoger Code-Block wie oben ...

  } // Ende for y
} // Ende for-x

return (result, scoreSum < 0.001)
} // Ende func getAllLineScoresFor
```

Den Wert eines Spielfelds berechnen

Mit einem LineScores-Array ist es einfach, den Wert eines Feldes zu ermitteln: getScore summiert einfach die Werte aller Linien, die durch das Feld laufen, das durch die Position x und y definiert ist. Damit das iPhone oder iPad bei gleichen Stellungen nicht immer genau gleich spielt, fügt getScore der Bewertung noch einen zufälligen Wert zwischen 0 und 0,1 hinzu und multipliziert das Ergebnis mit einem Faktor zwischen 1 und 1,02.

```
// Projekt fuenf-gewinnt, Datei FiveWins.swift, Fortsetzung
func getScore(x:Int, _ y:Int,
              _ linescores: [[LineScores]]) -> Double
{
  // Summe der Bewertungen aller Linien ausrechnen,
  // die durch das aktuelle Feld führen
  var result = 0.0

  for var i = 0; i<5; i++ {
    // horiz. Linien
    if x-i >= 0 {
      result += linescores[x-i][y].scoreLeft
    }

    // Linien diag. nach unten
    if y-i >= 0 {
      result += linescores[x][y-i].scoreDown
    }

    // Linien diag. nach rechts unten
    if x-i >= 0 && y-i >= 0 {
      result += linescores[x-i][y-i].scoreDiag1
    }

    // Linien diag. nach links unten; Startpunkt rechts oben
    if x+i < width && y-i>=0 {
      result += linescores[x+i][y-i].scoreDiag2
    }
  }

  // kleinen Zufallsfaktor hinzufügen
  result += drand48() * 0.1
  result *= (1 + drand48() * 0.02)

  return result
}
```

Der Computer spielt zu gut!

Wenn Sie die ersten paar Spiele gegen die App verloren haben und frustriert sind, weil der Computer zu gut spielt, können Sie getScore ein wenig manipulieren: Je mehr Sie die drand48()-Multiplikatoren vergrößern, desto eher macht das Programm auch Züge, die nicht optimal sind.

Den besten Zug auswählen

Damit sind wir fast am Ziel: findMoveFor sucht für den im Parameter übergebenen Spieler den besten Zug und gibt diesen als (x, y)-Tupel zurück. Dazu werden alle möglichen Züge in einem Array vom Typ Move gesammelt. Move ist eine simple Datenstruktur zur Speicherung der Koordinaten eines Felds samt Bewertung. Da Move das Protokoll Comparable implementiert, kann das Array possibleMoves zum Schluss sortiert werden. Das erste Element des sortierten Arrays enthält den besten Zug. (Wenn Sie möchten, dass der Computer weniger stark spielt, können Sie auch hier eingreifen, z. B. indem Sie aus den besten drei möglichen Zügen einen zufällig auswählen.)

```swift
// Projekt fuenf-gewinnt, Datei FiveWins.swift, Fortsetzung
struct Move : Comparable {
  let x: Int
  let y: Int
  let score: Double
}
func ==(lhs: Move, rhs:Move) -> Bool {
  return lhs.score == rhs.score
}
func <(lhs:Move, rhs:Move) -> Bool {
  return lhs.score < rhs.score
}
func findMoveFor(player: Piece) -> (Int, Int)? {
  // vorweg: einmal Array mit Werten für alle
  // möglichen Siegeslinien ausrechnen
  let (lineScores, _) = getAllLineScoresFor(player)

  var possibleMoves = [Move]()
  for var y=0; y<height; y++ {
    for var x=0; x<width; x++ {
      if board[x][y] == .Empty {
        // für alle leeren Felder
        let score = getScore(x, y, lineScores)
        possibleMoves.append( Move(x: x, y: y, score: score) )
      }
    }
  }
  // Gibt es überhaupt noch mögliche Züge?
  if possibleMoves.count == 0 { return nil }

  // einen Zug auswählen
  possibleMoves.sortInPlace(>)
  let best = possibleMoves.first!
  return (best.x, best.y)
}
```

17.5   Darstellung des Spielbretts und der Steine (BoardView.swift)

Die Klasse BoardView ist für die Darstellung des Spielbretts samt der darauf platzierten Steine verantwortlich. Außerdem benachrichtigt die View den View-Controller über Berührungen leerer Spielfelder, mit denen die Spieler Züge durchführen. Die Benachrichtigung erfolgt über das minimalistische Protokoll SetPieceDelegate. (Eine ausführliche Beschreibung zu eigenen Implementierungen des Delegation-Modells finden Sie in Abschnitt 15.7. Werfen Sie insbesondere auch einen Blick auf Abbildung 15.6.)

```
// Projekt fuenf-gewinnt, Datei SetPieceDelegate.swift
protocol SetPieceDelegate {
  func setPiece(x x:Int, y:Int)
}
```

Die BoardView-Klasse ist von UIView abgeleitet. Um sie zu nutzen, müssen Sie in den View-Controller ein gewöhnliches View-Objekt einfügen und danach drei Einstellungen verändern:

▶ CLASS = BoardView (im Identity Inspector)

▶ MODE = REDRAW (im Attributinspektor)

▶ OPAQUE-Option deaktivieren (ebenfalls im Attributinspektor)

Bevor ich mich auf die Details stürze, noch ein paar allgemeine Anmerkungen zur Konzeption der Klasse:

▶ Die Methode drawRect, die ja üblicherweise für die grafische Darstellung eigener UIView-Objekte verantwortlich ist, kümmert sich bei der BoardView nur um das Spielbrett an sich.

▶ Die Spielsteine werden in Form eigener Views dargestellt. Mit jedem Zug wird in die von UIView vererbten subviews-Aufzählung ein neues UIView-Objekt für den Spielstein hinzugefügt. Der Hauptgrund für diese Vorgehensweise besteht darin, dass nur so die einzelnen Steine animiert werden können – sowohl beim Erscheinen als auch bei einem Sieg. Leider müssen der Ort und die Größe aller derartigen Views immer wieder geändert werden, wenn das iOS-Gerät gedreht wird.

Eigenschaften

Die BoardView-Klasse beginnt mit der Definition diverser Eigenschaften: fw verweist auf ein Objekt der FiveWins-Klasse. Dieser Verweis widerspricht genau genommen dem MVC-Muster, demzufolge die Kommunikation zwischen View und Model immer über den Controller erfolgen sollte. In diesem Fall spart der direkte Zugriff auf das FiveWins-Objekt aber eine Menge redundanten Code. Da es zu keinem Zeitpunkt mehr als ein aktives FiveWin-Objekt gibt und die Zuordnung zwischen dem BoardView-

und dem `FiveWins`-Objekt immer eine direkte ist, sind auch keine Nebenwirkungen zu befürchten.

Die diversen `color`-Eigenschaften bestimmen die Farben der Spielfelder, ihrer Ränder sowie der Spielsteine. Der `borderFactor` gibt an, wie breit der Rand relativ zur Größe eines Spielfelds ist. Analog steuert `pieceFactor` die Größe der Spielsteine innerhalb eines Felds.

`rotate` gibt an, ob das iOS-Gerät im Querformat läuft und das Spielbrett daher gedreht dargestellt werden soll. Die Eigenschaften `field`- und `borderSize` sowie `boardWidth` und `-Height` geben die exakte Größe eines Spielfelds bzw. des gesamten Spielbretts an. `x`- und `yoffset` legen fest, bei welchem Koordinatenpunkt innerhalb der `BoardView` das Spielbrett beginnt. Das ist nötig, weil die Proportionen der `BoardView` und des Spielbretts normalerweise nicht übereinstimmen. Das Spielbrett soll in diesem Fall zentriert innerhalb der View dargestellt werden.

```
// Projekt fuenf-gewinnt, Datei BoardView.swift
class BoardView: UIView {
  weak private var fw: FiveWins!    // Zugriff auf Spielfeld
  var delegate: SetPieceDelegate?  // zum setPiece()-Aufruf

  // Farben
  let fieldcolor = UIColor(white: 1.0, alpha: 1)   // Spielfeld
  let bordercolor = UIColor(white: 0.94, alpha: 1) // Rand
  let player1color =
    UIColor(red: 1, green: 0, blue: 0, alpha: 1)
  let player2color =
    UIColor(red: 0, green: 0, blue: 1, alpha: 1)

  // Verhältnis Spielfeldrand zum Spielfeld-Inneren
  private let borderFactor = 0.04

  // Verhältnis Stein zu Spielfeld
  private let pieceFactor = 0.75

  // Eckdaten zum Zeichnen bzw. zur Touch-Auswertung
  // werden in updateXywh() aktualisiert
  private var rotate = false
  // absolute Größe eines Felds bzw. Randbreite
  private var fieldsize, bordersize: Double!
  // absolute Größe des Spielfelds
  private var boardWidth, boardHeight: Double!
  // Offset des Spielfelds innerhalb der UIView
  private var xoffset, yoffset: Double!
}
```

Die Positions- und Größenangaben werden in mehreren Methoden der BoardView-Klasse benötigt. Diese Werte müssen immer wieder aktualisiert werden, z. B. nach einer Drehung des Geräts, aber auch nach der Aktivierung der Multi-Tasking-Funktionen von iOS 9 (siehe Abbildung 17.8). Für die Berechnung der gerade aktuellen Werte ist die Methode updateXywh zuständig.

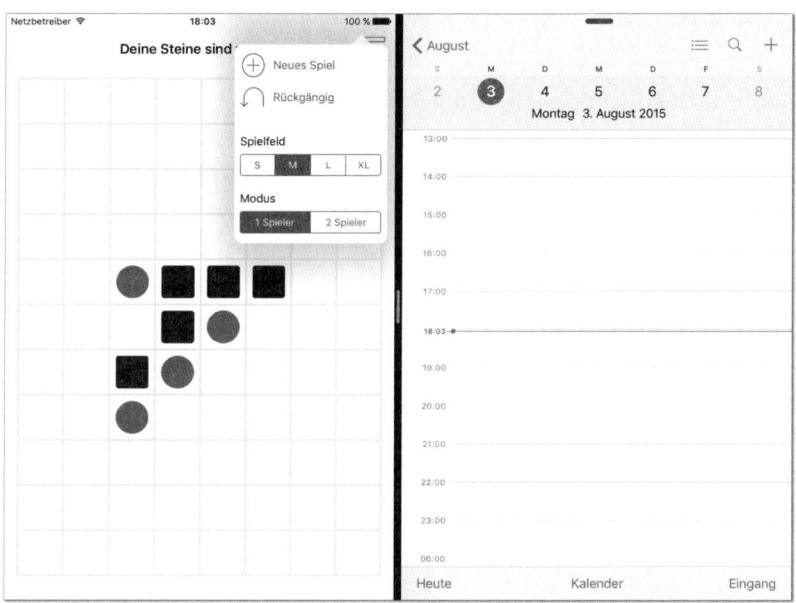

Abbildung 17.8 »5 Gewinnt« im Multi-Tasking-Modus von iOS 9

```
// Projekt fuenf-gewinnt, Datei BoardView.swift, Fortsetzung
private func updateXywh() {
  rotate = frame.width > frame.height ? true : false

  // relative Spielfeldgröße:
  // 1.0 = Feldgröße, mal width/height, plus die Ränder
  // +1 weil beidseitiger Rand (+1)
  var relWidth =
    Double(fw.width) + Double(fw.width + 1) * borderFactor
  var relHeight =
    Double(fw.height) + Double(fw.height + 1) * borderFactor

  if rotate { swap(&relWidth, &relHeight) }

  // absolute Spielfeldgröße im Koordinatensystem der UIView
  fieldsize = min(Double(frame.width)  / relWidth,
                  Double(frame.height) / relHeight)
```

```
bordersize = fieldsize * borderFactor
boardWidth = fieldsize * relWidth
boardHeight = fieldsize * relHeight

// absolute Position innerhalb der UIView
xoffset = (Double(frame.width) - boardWidth) / 2
yoffset = (Double(frame.height) - boardHeight) / 2
}
```

In updateXywh, aber auch sonst an vielen Stellen im Code der App, wird der ternäre Operator eingesetzt, um Ja/Nein-Auswertungen platzsparend auszuführen. Vielleicht wollen Sie nochmals einen Blick in Abschnitt 2.4, »Operatoren für Fortgeschrittene«, werfen, wo ich diesen Operator vorgestellt habe?

```
ergebnis = bedingung ? wert1 : wert2
```

Reset

Bei der erstmaligen Initialisierung des BoardView-Objekts im View-Controller sowie in der Folge bei jedem Start eines neuen Spiels wird die Methode reset ausgeführt. An diese Methode wird ein neues FiveWin-Objekt übergeben und in der Eigenschaft fw gespeichert. Anschließend werden alle Subviews mit Spielsteinen entfernt. setNeedsDisplay löst ein Neuzeichnen des jetzt leeren Spielbretts aus.

```
func reset(fw:FiveWins) {
  self.fw = fw
  // Subviews mit Spielsteinen entfernen
  for sub in subviews {
    sub.removeFromSuperview()
  }
  // Spielbrett neu zeichnen
  setNeedsDisplay()
}
```

Spielbrett zeichnen

Die Methode drawRect ist für das Zeichnen des Spielbretts ohne Steine verantwortlich. Dabei wird zuerst das gesamte Spielbrett in der durch bordercolor festgelegten Farbe gezeichnet. Anschließend werden in zwei Schleifen alle Felder des Spielfelds darübergezeichnet (Farbe fieldcolor). Die Auswertung von rotate stellt sicher, dass das Spielbrett gegebenenfalls in das Querformat gedreht wird. Hintergrundinformationen zum Zeichnen mit UIBezierPath-Objekten können Sie bei Bedarf in Abschnitt 15.4, »Steuerelement zur Richtungsanzeige (UIBezierPath)«, nachlesen.

```
override func drawRect(rect: CGRect) {
  updateXywh()

  // ganzes Spielfeld hellgrau (daraus werden die Ränder
  // um die Spielfelder)
  let rect = CGRect(x: xoffset, y: yoffset,
    width: boardWidth, height: boardHeight)
  let path = UIBezierPath(rect: rect)
  bordercolor.set()
  path.fill()

  // alle quadratischen Felder
  let xmax = rotate ? fw.height : fw.width;
  let ymax = rotate ? fw.width : fw.height;
  for var x=0; x<xmax; x++ {
    for var y=0; y<ymax; y++ {
      // quadratische Felder
      let x0 = xoffset +
        bordersize +
        Double(x) * (fieldsize + bordersize)
      let y0 = yoffset +
        fieldsize * borderFactor +
        Double(y) * (fieldsize + bordersize)
      let rect = CGRect(x: x0, y: y0,
        width: fieldsize, height: fieldsize)
      let path = UIBezierPath(rect: rect)
      fieldcolor.set()
      path.fill()
    }
  }
}
```

Zug ausführen

setPiece platziert einen neuen Stein auf dem Spielfeld. Wenn der Zug zu einem Sieg führt, werden mit replaceAllPieces sämtliche Steine erzeugt, wobei die Siegessteine animiert werden. Bei einem gewöhnlichen Zug wird durch den Aufruf von addViewForPiece nur eine neue View für den neuen Stein eingerichtet.

```
// Projekt fuenf-gewinnt, Datei BoardView.swift, Fortsetzung
func setPiece(x:Int, _ y:Int, _ piece:Piece) -> GameStatus {
  let result = fw.setPiece(x, y, piece)
  updateXywh()
```

```
if fw.winning[x][y] {
  // alle Subviews neu machen, winning-Steine markieren
  replaceAllPieces()
} else {
  // nur den neuen Stein als Subview hinzufügen
  addViewForPiece(x, y, piece, animation: true)
}
return result
}
```

Einen Spielstein als (animierte) View darstellen

addViewForPiece erzeugt ein neues, an sich leeres UIView-Objekt und fügt dieses mit addSubview zur Liste der Sub-Views der BoardView hinzu. Die Position innerhalb des gitterförmigen Spielfelds wird durch die Variablen xrot und yrot festgelegt, wobei dabei eine eventuelle Drehung des iOS-Geräts in das Querformat berücksichtigt wird.

Die Farbe der neuen UIView ergibt sich aus der Eigenschaft backgroundColor bzw. backgroundColor.darker(), wenn der optionale Parameter winning den Wert true hat. Die Form des Spielsteins wird durch die Veränderung des mit der View verbundenen CALayer-Objekts bestimmt. Durch die Veränderung von dessen cornerRadius wird die View nicht rechteckig, sondern kreisförmig bzw. als abgerundetes Rechteck dargestellt. (Diese sehr simple Vorgehensweise macht es unmöglich, z. B. X-förmige Steine zu verwenden. Wenn Sie das möchten, müssen Sie eine eigene, von UIView abgeleitete Klasse sowie deren drawRect-Methode implementieren.)

CALayer-Animationen

In diesem Buch fehlt der Platz, um auf die vielen Spielarten einzugehen, mit denen Sie durch die Manipulation von CALayer-Objekten bzw. -Eigenschaften grandiose Animationseffekte erzielen können. Eine wunderbare Einführung gibt dieser Artikel auf der Webseite des iOS-Experten Ray Wenderlich:

http://www.raywenderlich.com/90488/calayer-in-ios-with-swift-10-examples

---

Wenn der optionale Parameter animation den Wert true hat, erscheint die neue View animiert: Dank der animateWithDuration-Methode wächst der Spielstein im Verlauf von circa einer drittel Sekunde von einer reduzierten Startgröße (startrect) zu seiner vollen Größe (endrect). Diese Animation läuft selbstständig im Hintergrund ab, also nach dem Abschluss der addViewForPiece-Methode.

```
// Projekt fuenf-gewinnt, Datei BoardView.swift, Fortsetzung
private func addViewForPiece(x:Int, _ y:Int, _ piece:Piece,
  animation:Bool = false, winning:Bool = false)
{
  // xrot, yrot: Positionsindex nach Rotation
  let (xrot, yrot) = rotate ?
    (y, fw.width - 1 - x) :
    (x, y)

  // Mittelpunkt des Steins
  let x0 = xoffset +
           bordersize +
           (fieldsize + bordersize) * Double(xrot) +
           fieldsize / 2
  let y0 = yoffset +
           bordersize +
           (fieldsize + bordersize) * Double(yrot) +
           fieldsize / 2

  // View-Rectangle zu Beginn und am Ende der Animation
  var startrect, endrect: CGRect
  endrect = CGRect(
    xcenter: x0,
    ycenter: y0,
    w: fieldsize * pieceFactor,
    h: fieldsize * pieceFactor)
  if animation {
    startrect = CGRect(
      xcenter: x0,
      ycenter: y0,
      w: fieldsize * 0.4,
      h: fieldsize * 0.4)
  } else {
    startrect = endrect
  }

  // UIView erzeugen
  let newview = UIView(frame: startrect)
  if piece == .Player1 {
    newview.layer.cornerRadius =
      CGFloat(fieldsize * pieceFactor * 0.5)
    newview.backgroundColor = player1color
    if winning {
      newview.backgroundColor = player1color.darker()
    }
```

```
    } else if piece == .Player2 {
      newview.layer.cornerRadius = 4
      newview.backgroundColor = player2color
      if winning {
        newview.backgroundColor = player2color.darker()
      }
    }
  }

  // UIView der BoardView hinzufügen
  self.addSubview(newview)

  // UIView-Anzeige animieren
  if animation {
    UIView.animateWithDuration(0.3, animations:
      {   // Closure
        newview.frame = endrect
      }
    )
  } // if-Ende
} // func-Ende
```

Steine neu positionieren

Der hier gewählte Ansatz, die Spielsteine in eigenen Views darzustellen, hat einen gravierenden Nachteil: Bei einer Drehung des iOS-Geräts stimmen Position und Größe der zuvor erstellten Views nicht mehr. Eine Möglichkeit bestünde nur darin, Referenzen auf alle Views in einem Array zu speichern und diese nach einer Drehung neu zu positionieren. Stattdessen habe ich mich hier für einen einfacheren, wenn auch weniger effizienten Ansatz entschieden: replaceAllPieces löscht alle Sub-Views und erstellt diese dann neu. (Die Effizienz ist in dieser App kein ernsthaftes Problem. Ich habe die App sogar auf einem uralten iPhone 4 getestet, und sie läuft selbst dort flüssig.)

```
// Projekt fuenf-gewinnt, Datei BoardView.swift, Fortsetzung
func replaceAllPieces() {
  // zuerst vorhandene Subviews entfernen
  for sub in subviews {
    sub.removeFromSuperview()
  }
  // dann alle Spielsteine neu erzeugen
  updateXywh()
  for var x = 0; x<fw.width; x++ {
    for var y=0; y<fw.height; y++ {
      if fw.board[x][y] != .Empty {
        let win = fw.winning[x][y]
```

```
      addViewForPiece(x, y, fw.board[x][y],
        animation: win,
        winning: win)
    } // if
  }   // for-y-Ende
 }    // for-x-Ende
}     // func-Ende
```

Zu einer Änderung der Größe des Zeichenbereichs kommt es bei Drehungen des iOS-Geräts sowie bei der (De-)Aktivierung des Multi-Tasking-Modus von iOS 9. Zur Feststellung der neuen Größe habe ich die von `UIView` geerbte Eigenschaft `bounds` nachträglich um einen Property Observer erweitert, also um eine `didSet`-Methode. Dort wird bei Bedarf `replaceAllPieces` ausgeführt.

```
override var bounds: CGRect {
  didSet {
    if fw == nil { return }
    if subviews.count == 0 { return }
    replaceAllPieces()
  }
}
```

Zum Aufruf von `replaceAllPieces` kommt es auch in der bereits beschriebenen Methode `setPiece`, wenn dort der Sieg eines Spielers festgestellt wird. In diesem Fall geht es mir darum, alle Siegessteine zu animieren.

Benutzereingaben feststellen und weiterleiten

Die letzte Aufgabe der `BoardView`-Klasse besteht darin, Finger-Berührungen im Spielfeld richtig zu identifizieren und gegebenenfalls die Delegate-Methode `setPiece` aufzurufen. Berührungen des Displays bzw. Bewegungen mit einem oder mehreren Fingern lösen Aufrufe von `touchesBegan`, `touchesMoved` und `touchesEnded` aus. Für unsere Zwecke reicht die Verarbeitung der letzten Methode aus.

An die Methode wird ein Set von `UITouch`-Objekten übergeben. Da es uns nur um Berührungen mit einem Finger geht, verwerfen wir Aufrufe mit mehreren Objekten. Die Koordinaten des Touch-Ereignisses müssen mit `locationInView` in das lokale Koordinatensystem der `BoardView` umgerechnet werden. Außerdem muss der Offset des Spielbretts innerhalb der `BoardView` berücksichtigt werden.

Klicks innerhalb des Spielbretts werden zuerst einem Spielfeld zugeordnet (`xind` und `yind`). In einem weiteren Test wird nun sichergestellt, dass der Klick in einem kreisförmigen Bereich rund um den Mittelpunkt des Felds stattgefunden hat. Klicks im Randbereich zwischen zwei Feldern werden so ausgeschlossen. Vor dem Aufruf von setPiece muss außerdem eine eventuelle Drehung des iOS-Geräts und damit des Spielfelds berücksichtigt werden.

```swift
// Projekt fuenf-gewinnt, Datei BoardView.swift, Fortsetzung
override func touchesEnded(touches: Set<UITouch>,
                          withEvent event: UIEvent?)
{
  if touches.count>1  { return }   // keine Mehr-Finger-Touches
  let touch = touches.first!       // erstes Touch-Objekt
  updateXywh()

  // x, y: Koordinaten auf dem Spielbrett
  let x = Double( touch.locationInView(self).x ) - xoffset
  let y = Double( touch.locationInView(self).y ) - yoffset

  // Außerhalb des Spielbretts?
  if x<0 || y<0 || x>boardWidth || y>boardHeight {
    return
  }

  // Index-Position
  var xind = Int((x-bordersize) / (fieldsize + bordersize))
  var yind = Int((y-bordersize) / (fieldsize + bordersize))

  // nur akzeptieren, wenn Touch-Koordinaten innerhalb
  // eines Kreises im Radius eines Spielsteins sind
  let x0 = bordersize + fieldsize / 2.0 +
    Double(xind) * (fieldsize + bordersize)
  let y0 = bordersize + fieldsize / 2.0 +
    Double(yind) * (fieldsize + bordersize)
  let dist = sqrt( Double( (x-x0)*(x-x0) +
                           (y-y0)*(y-y0) ) )
  if dist > Double(fieldsize / 2.5) { return }

  // Okay, Treffer. Eventuell für Querformat drehen.
  if rotate {
    (xind, yind) = (fw.width - 1 - yind, xind)
  }

  // Ist das Feld überhaupt frei?
  if fw.board[xind][yind] == Piece.Empty {
    // Delegate-Methode aufrufen
    delegate?.setPiece(x: xind, y: yind)
  }
}
```

17.6   Steuerung des Spielablaufs (ViewController.swift)

Die FiveWins- und BoardView-Klassen geben uns nun ein solides Fundament, um im View-Controller den eigentlichen Spielablauf zu steuern. Die Klasse implementiert das selbst definierte Protokoll SetPieceDelegate.

Zwei Outlets ermöglichen den Zugriff auf das BoardView-Steuerelement und ein Label. Die Eigenschaften boardWidth, boardHeight und fw enthalten die Spielbrettgröße und einen Verweis auf das FiveWins-Objekt. Einige Statusvariablen speichern den gerade aktuellen Zustand des Spiels. Soweit es sich dabei um Einstellungen aus den User-Defaults handelt, werden diese von dort gelesen. Wer das erste Spiel beginnt, wird zufällig festgelegt. In der Folge ändert sich der Startspieler mit jedem neuen Spiel.

In viewDidLoad wird die delegate-Eigenschaft der BoardView auf self eingestellt, sodass der View-Controller die setPiece-Methoden verarbeiten kann. Um die restliche Initialisierung kümmert sich die Methode newGame.

```
// Projekt fuenf-gewinnt, Datei ViewController.swift
class ViewController: UIViewController, SetPieceDelegate {
  @IBOutlet weak var board: BoardView!
  @IBOutlet weak var label: UILabel!

  // Spielfeld
  var (boardWidth, boardHeight) = BoardSize.getDefaultSize()
  var fw: FiveWins!

  // Status
  var player1Starts = arc4random_uniform(2) == 0 ? true : false
  var gameover = false
  var waitingForMove = false

  // 2-Spieler-Modus
  var twoplayer =
    NSUserDefaults.standardUserDefaults().boolForKey("twoplayer")
  var nextToPlay = Piece.Player1   // nur relevant bei
                                   // zwei Spielern
  // Initialisierung
  override func viewDidLoad() {
    super.viewDidLoad()
    board.delegate = self
    newGame()
  }
}
```

Ein neues Spiel starten

Die Methode newGame erzeugt ein neues FiveWin-Objekt in der gewünschten Größe. Mit reset werden diese Daten an das BoardView-Steuerelement übergeben; diese Methode löst gleichzeitig ein Neuzeichnen des Spielbretts aus.

Der weitere Verlauf hängt davon ab, ob die App nur als Spielbrett für zwei menschliche Spieler dient oder ob es sich um ein Spiel zwischen Mensch und Computer handelt. Im ersten Fall reicht es aus, nextToPlay richtig einzustellen, um im Label einen Hinweis anzuzeigen, welcher Spieler beginnt. Im zweiten Fall hängt die Vorgehensweise davon ab, ob der Mensch oder der Computer beginnt. Wenn der Computer am Zug ist, wird mit findMoveFor(.Player2) ein geeigneter Startzug ermittelt und mit setPiece ausgeführt. updateStatus zeigt danach an, dass nun der menschliche Spieler an der Reihe ist.

```swift
// Projekt fuenf-gewinnt, Datei ViewController.swift, Fortsetzung
// neues Spiel starten
func newGame() {
  // neues Spielfeld
  fw = FiveWins(width: boardWidth, height: boardHeight)
  board.reset(fw)
  gameover = false

  // Es beginnen abwechselnd Player1 / Player2 (=Computer).
  player1Starts = !player1Starts

  if twoplayer {
    // 2-Player-Game
    nextToPlay = player1Starts ? .Player1 : .Player2
    label.text = player1Starts ? "Rot beginnt" : "Blau beginnt"
  } else {
    // Mensch <--> Computer
    if player1Starts {
      let (x, y) = fw.findMoveFor(.Player2)!
      updateStatus(board.setPiece(x, y, .Player2))
    } else {
      label.text = "Du beginnst"
    }
  }
  waitingForMove = true
}
```

Warten auf den nächsten Zug

Die App wartet nun darauf, dass eine Berührung des Spielfelds von der BoardView-
Klasse als Zug interpretiert wird und so zum Aufruf von setPiece führt. Dieses Ereignis wird ignoriert, wenn das Spiel bereits beendet ist oder wenn die App gerade keine
Eingabe erwartet. Das ist insbesondere dann der Fall, wenn der Computer gerade über
seinen Zug »nachdenkt«. (In Wirklichkeit erfolgt die Berechnung des nächsten Zugs
derart schnell, dass das Nachdenken durch delay simuliert werden muss.)

Im Zwei-Spieler-Modus wird der gewünschte Zug mit setPiece ausgeführt. Ein Aufruf
von updateStatus aktualisiert danach den Label-Text.

Im Computer-Modus wird zuerst der Zug des Spielers ausgeführt. Wenn das Spiel
danach nicht schon entschieden ist, wird nach einer Wartezeit von einer halben Sekunde ein in einer Closure formulierter Code ausgeführt. Dort ermittelt
findMoveFor(.Player2) den nächsten Zug für den Computer und führt ihn aus.

```
// Projekt fuenf-gewinnt, Datei ViewController.swift, Fortsetzung
func setPiece(x x: Int, y: Int) {
  if gameover { return }
  if !waitingForMove { return }

  var result:GameStatus

  if twoplayer {
    // Variante für zwei Spieler
    if nextToPlay == .Player1 {
      result = board.setPiece(x, y, .Player1)
      nextToPlay = .Player2
    } else {
      result = board.setPiece(x, y, .Player2)
      nextToPlay = .Player1
    }
    updateStatus(result)

  } else {
    // Variante Computer <--> Mensch:

    // Zug des Spielers ausführen
    result = board.setPiece(x, y, .Player1)
    updateStatus(result)

    // Ist das Spiel entschieden?
    if result == .Open {
      // Nein, nach einer halben Sekunde spielt der Computer.
      waitingForMove = false
```

```
        delay(0.5, closure:
          {
            if let (x, y) = self.fw.findMoveFor(.Player2) {
              result = self.board.setPiece(x, y, .Player2)
              self.updateStatus(result)
            }
          } // Closure-Ende
        )
      } // if-result-Ende
    }   // if-twoplayer-Ende
}       // func-Ende
```

Aktualisierung des Labels und der Statusvariablen

updateStatus wertet den Rückgabewert der letzten setPiece-Methode aus und aktualisiert das Label entsprechend. Bei der Auswahl der Texte muss jeweils unterschieden
werden, ob die App im Zwei-Spieler-Modus läuft oder nicht. Der Einsatz des ternären
Operators bietet sich hierfür an. Außerdem müssen je nach Spielstand die Statusvariablen gameover und waitingForMove neu eingestellt werden.

```
// Projekt fuenf-gewinnt, Datei ViewController.swift, Fortsetzung
func updateStatus(status:GameStatus) {
  switch status {
  case .Player1Won:
    label.text =
      twoplayer ? "Rot hat gewonnen!" : "Du hast gewonnen!"
    gameover = true
    waitingForMove = false

  case .Player2Won:
    label.text =
      twoplayer ? "Blau hat gewonnen!" : "Ich habe gewonnen"
    gameover = true
    waitingForMove = false

  case .Draw:
    label.text = "Unentschieden"
    gameover = true
    waitingForMove = false

  case .Open:
    if twoplayer {
      label.text =
        (nextToPlay == .Player1) ? "Rot spielt" : "Blau spielt"
    } else {
```

```
        label.text = "Deine Steine sind rot."
      }
      waitingForMove = true
    }
}
```

Undo

Zum Aufruf der Undo-Methode kommt es aus dem Popup-Dialog. Im Zwei-Spieler-Modus wird dann einfach der letzte Zug rückgängig gemacht. Außerdem muss nextToPlay von .Player1 auf .Player2 umgestellt werden (oder umgekehrt).

Bei einem Spiel zwischen Mensch und Computer müssen hingegen zwei Züge rückgängig gemacht werden: zuerst der letzte Zug des Computers und dann der Zug des menschlichen Spielers.

In beiden Fällen wurden die Änderungen vorerst nur im FiveWins-Objekt ausgeführt. Der Aufruf board.replaceAllPieces() stellt sicher, dass anschließend auch die UIView-Objekte der betroffenen Spielsteine vom Spielbrett verschwinden.

```
func undo() {
  if !waitingForMove { return }

  if twoplayer {
    if fw.undo() { // letzter Zug rückgängig
      nextToPlay = (nextToPlay == .Player1) ? .Player2 : .Player1
      updateStatus(.Open)
    }
  } else {
    fw.undo()   // letzter Zug des Computers
    fw.undo()   // letzter eigener Zug
  }

  board.replaceAllPieces()
}
```

Popup-Aufruf

Der Menü-Button des View-Controllers ist im Storyboard mit einer Segue zum Popup-Dialog verbunden – insofern müssen wir uns um die Anzeige des Popup-Dialogs nicht weiter kümmern. Die Methode prepareForSegue erfüllt vielmehr zwei andere Aufgaben: Zum einen wird an den Popup-Dialog eine Referenz auf den aktuellen View-Controller übergeben, sodass der Popup-Code Zugriff auf dessen Daten und Methoden hat. Zum anderen bewirkt popPC.delegate = self, dass die Methode adaptivePresentationStyleForPresentationController aufgerufen wird, die Popups auf iPhones und iPods erst ermöglicht (siehe Abschnitt 14.1, »Popups«).

```
// Projekt fuenf-gewinnt, Datei ViewController.swift, Fortsetzung
class ViewController: UIViewController, SetPieceDelegate {
  override func prepareForSegue(segue: UIStoryboardSegue,
                                sender: AnyObject?)
  {
    if let dest = segue.destinationViewController as? PopupVC,
      popPC = dest.popoverPresentationController
    {
      dest.mainVC = self
      popPC.delegate = self // Popups auf dem iPhone/iPod
    }
  }
}

extension ViewController :
        UIPopoverPresentationControllerDelegate
{
  func adaptivePresentationStyleForPresentationController(
                    controller: UIPresentationController)
    -> UIModalPresentationStyle
  {
    return .None
  }
}
```

Mit Ausnahme des gerade präsentierten Popup-Codes ist die App auch unter iOS 7 lauffähig. Um die Kompatibilität zu iOS 7 herzustellen, entfernen Sie die beiden obigen Methoden und fügen stattdessen die folgenden Code-Zeilen ein. (Leider hat es sich als unmöglich erwiesen, den Code mit if #available so zu formulieren, dass er ohne Änderungen sowohl unter iOS 7 als auch unter aktuellen iOS-Versionen lauffähig ist.)

```
// Projekt fuenf-gewinnt, Datei ViewController.swift,
// iOS-7-Variante
class ViewController: UIViewController, SetPieceDelegate {
  override func prepareForSegue(segue: UIStoryboardSegue,
                                sender: AnyObject?)
  {
    if let dest = segue.destinationViewController as? PopupVC {
      dest.mainVC = self
    }
  }
}
```

Außerdem müssen Sie den Segue-Typ im Storyboard von Popover auf Present Modally umstellen.

17.7   Der Popup-Dialog (PopupVC.swift)

Der View-Controller für den Popup-Dialog befindet sich in der Klasse PopupVC. Drei Outlets geben Zugriff auf den Undo-Button und die Button-Gruppen zur Einstellung der Spielbrettgröße und des Spielmodus. In viewDidLoad werden die Größe und der Modus aus den User-Defaults gelesen und die Button-Gruppen entsprechend voreingestellt. Außerdem wird der Undo-Button deaktiviert, wenn momentan gar keine Eingabe erwartet wird. Das hat zur Konsequenz, dass ein Zug nicht mehr rückgängig gemacht werden kann, wenn das Spiel bereits entschieden ist.

```
// Projekt fuenf-gewinnt, Datei PopupVC.swift
class PopupVC: UIViewController {
  @IBOutlet weak var btnUndo: UIButton!
  @IBOutlet weak var segmentedBoardSize: UISegmentedControl!
  @IBOutlet weak var segmentedPlayer: UISegmentedControl!

  // Rückverweis auf Haupt-View-Controller
  weak var mainVC: ViewController!

  // Zugriff auf User Defaults
  let defaults = NSUserDefaults.standardUserDefaults()

  // Initialisierung
  override func viewDidLoad() {
    super.viewDidLoad()

    // Größenmodus aus User-Defaults voreinstellen
    segmentedBoardSize.selectedSegmentIndex =
      BoardSize.getDefaultSizeMode()

    // Spielmodus aus User-Defaults voreinstellen
    segmentedPlayer.selectedSegmentIndex =
      defaults.boolForKey("twoplayer") ? 1 : 0

    // Undo-Button deaktivieren, wenn ein Undo unmöglich ist
    if !mainVC.waitingForMove {
      btnUndo.enabled = false
    }
  }
}
```

Neues Spiel starten, Zug rückgängig machen

Der Button NEUES SPIEL führt zum Aufruf der Action-Methode newGame. Dort wird der Popup-Dialog mit dismissViewControllerAnimated geschlossen. Anschließend wird die Methode newGame des View-Controllers für die Hauptansicht ausgeführt. Dieser Code ist als Closure formuliert, die im zweiten Parameter an die dismiss-Methode übergeben wird:

```swift
// Projekt fuenf-gewinnt, Datei PopupVC.swift, Fortsetzung
@IBAction func newGame(sender: AnyObject) {
  // Popup schließen + Closure ausführen
  dismissViewControllerAnimated(true,
    completion: { // Closure
      self.mainVC.newGame()
  })
}
```

Ähnlich kurz und leicht verständlich ist der Code für den Button RÜCKGÄNGIG:

```swift
@IBAction func undo(sender: AnyObject) {
  dismissViewControllerAnimated(true,
    completion: { self.mainVC.undo() } )
}
```

Einstellungen ändern

Nach der Auswahl einer neuen Spielbrettgröße wird changeBoardSize ausgeführt. Die getSize-Methode der BoardSize-Struktur ermittelt aus dem Index des ausgewählten Buttons die gewünschte Breite und Höhe des Spielbretts. setDefaultSizeMode speichert den Index außerdem in den User-Defaults. Nach dem Schließen des Popups wird die neue Größe in den Eigenschaften boardHeight und -Width des Haupt-View-Controllers gespeichert und mit newGame() ein neues Spiel gestartet.

```swift
// Projekt fuenf-gewinnt, Datei PopupVC.swift, Fortsetzung
@IBAction func changeBoardSize(sender: UISegmentedControl) {
  // width + height für den ausgewählten Modus
  let (w, h) = BoardSize.getSize(sender.selectedSegmentIndex)

  // Einstellung speichern
  BoardSize.setDefaultSizeMode(sender.selectedSegmentIndex)

  // Popup schließen + Closure ausführen
  dismissViewControllerAnimated(true,
    completion: { // Closure
      self.mainVC.boardHeight = h
      self.mainVC.boardWidth = w
```

```
      self.mainVC.newGame()
  }) // Closure- und Dismiss-Ende
} // func-Ende
```

Ganz ähnlich ist die Logik zum Wechsel zwischen dem Ein- und dem Zwei-Spieler-Modus aus:

```
@IBAction func changeGameMode(sender: UISegmentedControl) {
  let twoplayer = sender.selectedSegmentIndex == 1
  defaults.setBool(twoplayer, forKey: "twoplayer")
  dismissViewControllerAnimated(true,
    completion: { // Closure
      self.mainVC.twoplayer = twoplayer
      self.mainVC.newGame()
  })
}
```

Dialog schließen unter iOS 7

Sollten Sie die App unter iOS 7 ausführen wollen, müssen Sie wie am Ende von Abschnitt 17.6, »Steuerung des Spielablaufs (ViewController.swift)«, beschrieben den Segue-Typ auf PRESENT MODALLY umstellen und die prepareForSegue-Methode des Haupt-View-Controllers ändern. Damit der Dialog nun beendet werden kann, ohne ein neues Spiel zu starten oder den letzten Zug rückgängig zu machen, gibt es den in der Popup-Ansicht unsichtbaren Button SPIEL FORTSETZEN. Die dazugehörende Action-Methode schließt den Dialog, ohne irgendeinen weiteren Code auszuführen:

```
@IBAction func close(sender: AnyObject) {
  dismissViewControllerAnimated(true, completion: {} )
}
```

17.8   Erweiterungsmöglichkeiten

Wie bei den anderen Apps dieses Buchs kann ich auch bei »5 Gewinnt« unzählige Erweiterungsideen anbieten, um die App noch attraktiver zu machen.

Spielstand automatisch speichern

Wenn Sie das Spiel unterbrechen und iOS Ihre App aus dem Speicher entfernt, gehen die Informationen zum aktuellen Spielstand verloren. Diesen Mangel können Sie beheben, indem Sie das Array board der FiveWins-Klasse nach jedem Zug im Dokumentenverzeichnis speichern und bei einem Neustart der App von dort wieder einlesen. Die prinzipielle Vorgehensweise ist in Abschnitt 15.2, »Datenmodell«, in Kapitel 15, »Schatzsuche«, beschrieben.

Spielstärke

Für Gelegenheitsspieler ist die Spielstärke sicher ausreichend bzw. eher schon zu groß. Einige Tipps, wie Sie die Spielstärke bei Bedarf reduzieren können, habe ich Ihnen am Ende von Abschnitt 17.4, »Die Spiellogik (FiveWins.swift)«, ja schon gegeben. Wenn Sie diese Ideen verwirklichen, sollten Sie im Popup-Dialog eine weitere Einstellmöglichkeit für die Spielstärke vorsehen.

Profis ist die Spielstärke vielleicht zu gering: In diesem Fall können Sie versuchen, die in der Methode getLineScoreFor enthaltenen Bewertungsparameter zu justieren. Viel Potenzial zur Verbesserung der Spielstärke sehe ich dabei aber nicht. Erfolgversprechender, aber mit wesentlich höherem Aufwand verbunden, ist die Implementierung eines Minimax-Algorithmus, damit der Computer mehrere Halbzüge vorausdenken kann:

https://de.wikipedia.org/wiki/Minimax-Algorithmus

Nur wenige Halbzüge lassen den Rechenaufwand dann explodieren, weswegen Sie eine zeitliche Limitierung vorsehen sollten, z. B. auf circa zehn Sekunden: je stärker die Rechenleistung des iOS-Geräts ist, desto höher wird dann die Spielstärke.

Sollten Sie Zeit und Mühe in die Verbesserung des Algorithmus investieren, liegt es nahe, auch gleich die Profi-Variante von »5 Gewinnt« zu realisieren, also die in der Wikipedia beschriebenen *Renju*-Eröffnungsregeln.

Animationen und Audio-Effekte

Was die Animationen betrifft, beschränkt sich die App in der aktuellen Form auf das absolute Minimum. Denkbare weitere Effekte wären:

▸ ein kurzes »Zittern« aller Steine, wenn ein Unentschieden erreicht wird

▸ ein »Herunterfallen« aller Steine beim Start eines neuen Spiels nach dem Verlust der vorigen Partie

▸ ein feuerwerksähnliches Hinauffliegen der Steine nach einem Sieg

Mit wenig Aufwand können sowohl jeder Zug als auch das Spielende mit Audio-Effekten untermalt werden. Eine Kurzanleitung zum Abspielen von Audio-Dateien sowie eine Sammlung frei verfügbarer Audio-Dateien finden Sie auf den folgenden Webseiten:

http://stackoverflow.com/questions/24043904
http://stackoverflow.com/questions/1210286

Denken Sie daran, dass nicht jeder Spieler eine audio-visuelle Zwangsbeglückung wünscht, und machen Sie zumindest die Audio-Effekte abschaltbar.

Optische Gestaltung

Mit wenig Aufwand können Sie den Code in `drawRect` in der Klasse `BoardView` so anpassen, dass das Spielbrett wahlweise schachbrettförmig oder wie beim Spiel Go mit Gitterlinien dargestellt wird. Etwas mehr Arbeit ist die Gestaltung schönerer Spielsteine: Dazu können Sie eine eigene, von `UIView` abgeleitete Klasse entwerfen und das Aussehen der Figuren durch Code in der `drawRect`-Methode festlegen. Eine andere Vorgehensweise besteht darin, die Form der Steine durch ein `CALayerMask`-Objekt festzulegen. Vergessen Sie nicht, die Texte in den Methoden `newGame` und `updateStatus` der Klasse `ViewController` an eventuell veränderte Farben der Spielsteine anzupassen!

Geld verdienen

Ich bezweifle, dass ein Logikspiel wie »5 Gewinnt« großes Potenzial zum Geldverdienen bietet – aber Sie können es natürlich probieren. Naheliegend sind zwei Ansätze:

▸ **In-App-Käufe:** Sie können die fortgeschrittenen Funktionen der App aufpreispflichtig machen, z. B. die Spielbrettgrößen L und XL oder andere in diesem Abschnitt beschriebene Verbesserungsvorschläge.

▸ **iAD:** Sie können mit dem iAd-Programm Werbung einblenden. Einerseits erzielen Sie (voraussichtlich geringe) Werbeeinnahmen, andererseits können Sie die Werbung durch einen In-App-Kauf deaktivieren und so auch an nicht angezeigter Werbung verdienen.

17

TEIL III
OS X

Kapitel 18
Hello OS-X-World!

In Teil II dieses Buchs haben Sie gelernt, erste iOS-Programme zu entwickeln. Damit Sie fit für die gesamte Apple-Produktpalette werden, zeige ich Ihnen in diesem und den folgenden beiden Kapiteln die Grundlagen der OS-X-Programmentwicklung. Dabei gibt es zum Glück eine Menge Ähnlichkeiten. In den drei OS-X-Kapiteln setze ich voraus, dass Ihnen zumindest die Grundbegriffe und -konzepte der iOS-Programmierung bekannt sind – andernfalls müsste ich ganz viele Dinge hier nochmals präsentieren und das Buch mit unnötigen Redundanzen aufblähen.

Dieses Hello-World-Kapitel zeigt Ihnen gleich vier verschiedene Varianten zur Programmierung eines einfachen Lottozahlengenerators. Die Vielfalt der Programmierverfahren ist historisch entstanden. In den weiteren OS-X-Kapiteln werde ich mich dann auf das Verfahren konzentrieren, das die größte Ähnlichkeit zu iOS hat: auf den Programmentwurf auf der Basis eines Storyboards.

18.1 Von iOS zu OS X

Vor dem ersten Beispielprogramm gibt dieser Abschnitt einen kurzen Überblick darüber, wo es Ähnlichkeiten zwischen iOS und OS X gibt und welche Unterschiede bestehen. Aus der historischen Perspektive ist das natürlich ein wenig absurd. OS X gab es schon lange vor iOS, und insofern wäre es logischer, in diesem Buch zuerst die OS-X-Programmierung zu behandeln und erst dann auf iOS und dessen Besonderheiten einzugehen.

Faktum ist aber, dass die Mehrheit der Entwickler im Apple-Universum momentan an iOS-Apps arbeitet. Das ist mittlerweile auch bei den Entwicklungswerkzeugen spürbar. Xcode-Funktionen, Steuerelemente und Bibliotheken, die zuerst für iOS entwickelt wurden, finden nach und nach Eingang in die OS-X-Welt. Das begründet, warum ich in diesem Buch iOS den Vorzug gegeben und ausführlicher behandelt habe.

Gemeinsamkeiten

Die folgende Liste nennt ohne Anspruch auf Vollständigkeit einige Gemeinsamkeiten zwischen iOS- und OS-X-Projekten:

- ▶ ähnliche Xcode-Arbeitstechniken
- ▶ ähnlicher Xcode-Projektaufbau inklusive `Info.plist` und `Images.xcassets`
- ▶ gemeinsame Foundation-Basisbibliothek
- ▶ gleiche Programmiertechniken (MVC-Modell, Delegation, Notifications etc.)
- ▶ teilweise ähnlich konzipierte Steuerelemente
- ▶ Actions und Outlets (aber keine Outlet Collections)
- ▶ Auto-Layout-System
- ▶ Storyboards und Segues (beides neu in OS X 10.10)
- ▶ Lokalisierung

Außerdem gibt es sicher noch hundert weitere Themen, auf die ich in diesem Buch aus Platzgründen nicht eingehen konnte, die aber dennoch unter iOS und OS X ähnlich oder sogar gleich gehandhabt werden – von Core Data über iCloud bis zum Sprite Kit.

Unterschiede

Die wesentlichsten Unterschiede zwischen iOS-Apps und OS-X-Programmen ergeben sich aus den geänderten Voraussetzungen: Während unter iOS das Gerät die Bildschirmgröße vorgibt, laufen OS-X-Programme in Fenstern beliebiger Größe. Die Steuerung erfolgt nicht über Wischbewegungen auf dem Bildschirm, sondern über eine richtige Tastatur sowie eine Maus oder ein Trackpad. Darüber hinaus gibt es viele weitere Unterschiede:

- ▶ zusätzliche Xcode-Komponenten (Bindings Inspector, View Effects Inspector etc.)
- ▶ Window-Controller statt bzw. ergänzend zum View-Controller
- ▶ viele ganz anders als für iOS konzipierte Steuerelemente
- ▶ Drag & Drop
- ▶ Menüs
- ▶ viel unkompliziertere App-Weitergabe, App Store freiwillig

Als Basis für alle OS-X-Programme dient das Cocoa-Framework. Die dort definierten Klassen beginnen mit dem Kürzel NS, das an die NextStep-Herkunft erinnert. Bei vielen Steuerelementen und anderen Basisklassen stimmt der Name bis auf das Kürzel überein – also `UIButton` aus dem UIKit-Framework versus `NSButton` aus dem Cocoa-Framework. Verlassen Sie sich aber nicht darauf, dass die Klassen kompatibel sind – zum Teil gibt es erhebliche Unterschiede!

Window- versus View-Controller

iOS-Apps sind im Regelfall auf den Bildschirm des jeweiligen Geräts beschränkt. (Ausgenommen von dieser Regel sind Apps, die per Air Play ein externes Display ansteuern.) Innerhalb dieses Displays verwendet die App Ansichten (Views), um verschiedene Programmzustände darzustellen. Für die Steuerung dieser Ansichten ist der View-Controller verantwortlich, der ja in allen iOS-Kapiteln omnipräsent war.

Ganz anders ist das Konzept von OS-X-Programmen: Diese nutzen Fenster, oft mit variabler Größe. Sind Einstellungen zu erledigen oder sollen Zusatzinformationen angezeigt werden etc., kann jederzeit ein weiteres Fenster geöffnet werden.

Fenster werden in Cocoa durch die NSWindow-Klasse abgebildet. Bei der Verwaltung des Fensters hilft der zugeordnete NSWindowController. Zu den Aufgaben des Window-Controllers zählen das Laden, Anzeigen und Schließen von Fenstern. Bei einfachen Programmen kann es sein, dass Sie mit dem Window-Controller nie in Kontakt kommen. Bei Programmen mit mehreren Fenstern kann es aber zweckmäßig sein, die Controller-Funktionen des Programms jeweils in Klassen zu realisieren, die vom NSWindowController abgeleitet sind. Der Window-Controller kann dann ähnliche Aufgaben wie der View-Controller unter iOS erfüllen, also z. B. auf einen Button-Klick reagieren.

OS-X-Steuerelemente sind grundsätzlich von der NSView-Klasse abgeleitet. Diese Klasse kann auch eigenständig als Container für andere Steuerelemente verwendet werden. Ein NSWindow-Objekt verweist über die contentView-Eigenschaft auf das Basis-View-Objekt. Die zur Verwaltung von Views vorgesehene NSViewController-Klasse war bis OS X 10.9 primär zum Laden von Views aus XIB/NIB-Dateien sowie für die Verwaltung des Inhalts verantwortlich. Die wichtigsten Methoden sind viewDidLoad, viewWillAppear und viewDidAppear, viewWillLayout und viewDidLayout sowie schließlich viewWill- und ViewDidDisappear.

Beginnend mit OS X 10.10 ist es darüber hinaus möglich, von NSViewController abgeleitete Klassen wie unter iOS dazu einzusetzen, um mit Actions und Outlets die Controller-Logik des Programms zu realisieren. Wirklich vorteilhaft ist dies, wenn Sie in komplexen Anwendungen mehrere Fensterbereiche durch eigene Views realisieren. Ebenfalls möglich, wenngleich unüblich, ist der Wechsel der aktiven Ansicht innerhalb eines Fensters – also wie in iOS-Programmen.

Langer Rede kurzer Sinn: Die in OS X 10.10 erweiterte Klasse NSViewController führt in die OS-X-Welt Steuerungsmöglichkeiten ein, die bisher iOS vorbehalten waren. Es ist Ihnen freigestellt, diese zu nutzen.

Storyboards

Eine weitere große Neuerung in OS X 10.10 besteht darin, dass Sie zur Entwicklung von OS-X-Programmen Storyboards verwenden können – so wie es unter iOS schon seit Jahren gebräuchlich ist. Wenn Sie sich für diese Variante entscheiden, erstellt der Storyboard-Editor für jedes Fenster einen Window- *und* einen View-Controller. Ihr eigener Code landet in einer Klasse, die von der `NSViewController`-Klasse abgeleitet ist. Diese Vorgehensweise hat primär zwei Vorteile:

▶ Die Ähnlichkeit zu iOS macht den Umstieg einfacher.

▶ Mehrere Fenster bzw. Ansichten können durch Segues verbunden werden.

Wenn Sie sich in eigenen Projekten für die Storyboard-Variante entscheiden, dann bedeutet das auch, dass Ihr eigener Controller-Code in View-Controller-Klassen landet. Im vorigen Abschnitt habe ich schon ausgeführt, dass sich daraus nur bei anspruchsvollen Projekten Vorteile ergeben. View-Controller schaden aber auch in einfachen Projekten nicht, und sie ebnen den Weg für spätere Erweiterungen.

Der einzige wesentliche Nachteil von Storyboards besteht darin, dass damit entwickelte Programme OS X 10.10 voraussetzen und unter älteren OS-X-Versionen nicht laufen. Für Einsteiger ist es zudem verwirrend, dass sich die unzähligen im Internet und in Büchern verfügbaren Anleitungen, Tipps und Problemlösungen selten auf die Storyboard-Variante beziehen.

Für dieses Buch habe ich mich dazu entschlossen, alle Beispielprogramme auf der Basis von Storyboards zu entwickeln – mit der Ausnahme von drei Hello-World-Varianten, die ich Ihnen im weiteren Verlauf dieses Kapitels noch präsentiere. Ich sehe den Hauptvorteil von OS-X-Storyboards darin, dass diese die Programmentwicklung für iOS und OS X einheitlicher machen. Und da Sie Swift als Programmiersprache einsetzen, nehme ich an, dass Sie auch sonst neuen Entwicklungen gegenüber aufgeschlossen sind.

18.2   Lottozahlengenerator (Storyboard-Variante)

Mit dem mittlerweile erworbenen Swift- und Xcode-Know-how würde ein ganz simples Hello-World-Programm Sie unterfordern. Deswegen habe ich mich für ein minimal anspruchsvolleres Projekt entschieden. Die Funktionen des Programms sind schnell umrissen:

▶ Das Programm generiert Lotto-Tipps (siehe Abbildung 18.1). Der erste Tipp wird direkt nach dem Start angezeigt. Wenn Ihnen das nicht reicht, klicken Sie auf den Button NOCH EIN TIPP!.

▶ Sie können zwischen dem deutschen und dem österreichischen Lottosystem umschalten.

▶ Die Fenstergröße ist unveränderlich vorgegeben. Ein Klick auf den roten Schließen-Button in der Fensterleiste beendet das Programm.

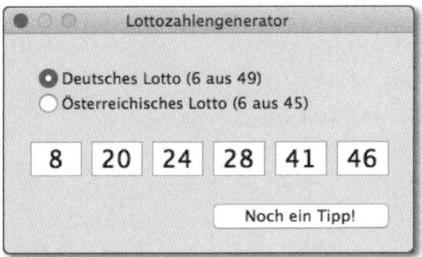

Abbildung 18.1 Ein einfacher Lottozahlengenerator

Projekt einrichten

Um das Programm als Storyboard-Projekt zu entwickeln, führen Sie in Xcode FILE •
NEW • PROJECT aus und wählen als Projekttyp OS X • COCOA APPLICATION. Im zweiten Dialog geben Sie dem Projekt einen Namen und wählen als Programmiersprache
SWIFT. Die Option USE STORYBOARDS muss gesetzt werden, wohingegen die restlichen Optionen für uns nicht relevant sind (siehe Abbildung 18.2). Im letzten Dialog
müssen Sie nur noch den Speicherort akzeptieren oder ändern – das ist Ihnen ja von
iOS-Projekten vertraut.

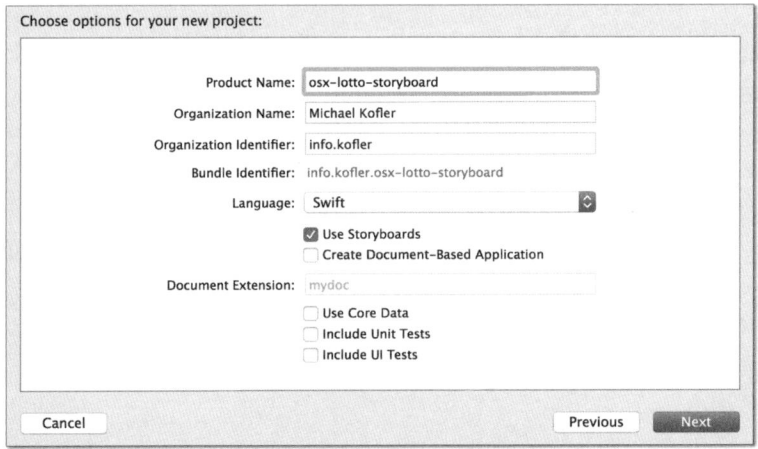

Abbildung 18.2 Ein OS-X-Projekt mit Storyboard einrichten

Gestaltung der Benutzeroberfläche

Im Projektnavigator sieht das neue Projekt wie ein iOS-Projekt aus. Aber sobald Sie
`Main.storyboard` öffnen, sehen Sie den ersten wesentlichen Unterschied: Während es
unter iOS nur ein Pseudo-Fenster für den View-Controller gab, kommen nun zwei weitere Fenster für das Menü und den Window-Controller hinzu (siehe Abbildung 18.3).

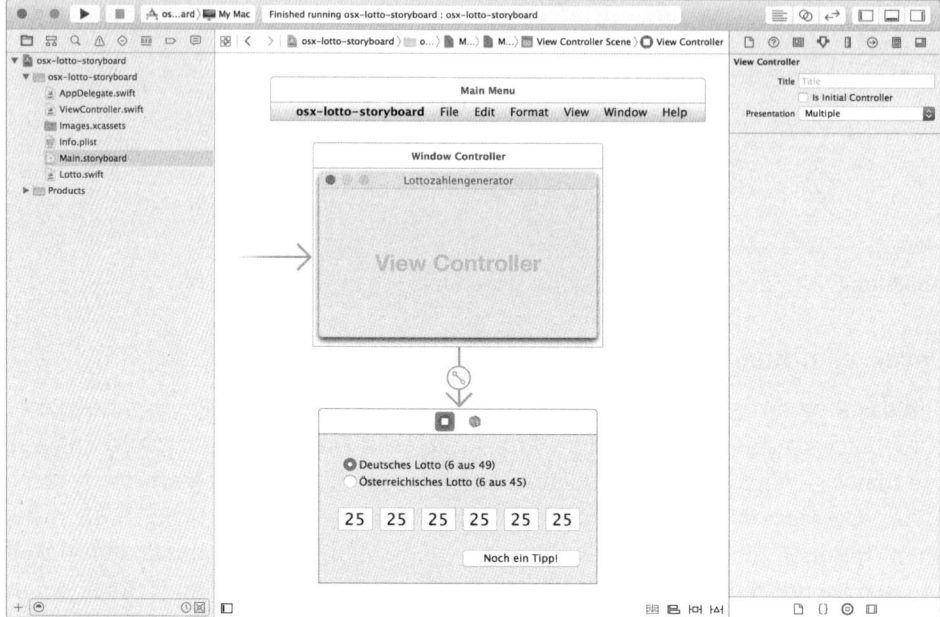

Abbildung 18.3 Menü (oben), Window-Controller (Mitte) und View-Controller (unten)

Diese Unterscheidung zwischen Innerem (View) und Äußerem (Menü und Fenster) ist zweckmäßig, weil unter OS X ja auch der Fensterrahmen gestaltet und seine Merkmale verändert werden können. Die meiste Zeit werden Sie aber wie bisher damit verbringen, Steuerelemente in den View-Controller einzufügen und deren Eigenschaften einzustellen.

Zur Gestaltung der Benutzeroberfläche des Lottogenerators fügen Sie nun aus der Objektbibliothek die folgenden drei Steuerelemente in den View-Controller ein, also in das unterste der drei Objekte im Storyboard-Editor:

► einen Radiobutton
► einen Label
► einen Push-Button

Effizient arbeiten mit Kopieren und Einfügen

Warum habe ich Ihnen empfohlen, nur einen Radiobutton und nur einen Label einzufügen, wo wir doch zwei bzw. sechs Stück benötigen? Weil es effizienter ist, zuerst möglichst viele Eigenschaften einzustellen und die Steuerelemente dann durch ⌘+C und ⌘+V zu duplizieren.

Beim Radiobutton ist vorerst nichts einzustellen. Dafür müssen Sie beim Textfeld im Attributinspektor einige Optionen verändern:

▶ TITLE = 25 (Auch jede andere zweistellige Zahl ist okay. Es geht nur darum, den Platz-bedarf für den Text richtig einzuschätzen.)

▶ ALIGNMENT = mittig

▶ BORDER = Rechteck

▶ FONT = SYSTEM 20

Was ist ein Label?

Während es unter iOS ein eigenes Label-Steuerelement gibt (UILabel-Klasse), ist unter OS X die NSTextField-Klasse sowohl für Textfelder mit Eingabemöglichkeit als auch für statische Texte (also »Label«) zuständig.

In der Objektbibliothek scheint es zwar ein Label zu geben, aber in Wirklichkeit ist die-ses intern als NSTextField realisiert – wenn auch mit einer speziellen Voreinstellung der Eigenschaften. Später können Sie im Attributinspektor durch die Veränderung der BEHAVIOR-Eigenschaft jederzeit aus einem Label ein Textfeld machen – und umge-kehrt!

Nun stellen Sie die Größe mit der Maus noch passend ein und erstellen dann fünf Kopien des Textfelds. Bei der Anordnung der sechs Textfelder hilft Ihnen Xcode: Plat-zieren Sie die Steuerelemente so, dass sie entlang der blauen Linien einrasten. Beim ersten Radiobutton wählen Sie schließlich noch STATE = ON, beim zweiten belassen Sie STATE = OFF.

Im Storyboard-Editor gelten dieselben Prinzipien zur Einstellung der Layoutregeln wie für iOS-Apps. Im Lottozahlengenerator sind aber gar keine Layoutregeln erforder-lich, weil wir im nächsten Schritt die Fenstergröße fix einstellen.

Fenstergröße und Fenstertitel einstellen

Beim ersten Start eines OS-X-Programms erscheint dieses in der Größe des Window-Controllers (nicht des View-Controllers!) auf dem Bildschirm. Wenn Sie das Fenster während der Ausführung ändern, merkt OS X sich die neue Größe und verwendet diese beim nächsten Start.

Für den Lottozahlengenerator ist eine veränderliche Fenstergröße aber gar nicht zweckmäßig. Vielmehr geht es nun darum, die optimale Fenstergröße zu ermitteln und diese dann fix einzustellen. Dazu verändern Sie die Größe des View-Controller so, dass rechts unten ein angemessener Rand zu den Steuerelementen entsteht. Dann kli-cken Sie das Innere des View-Controllers an (genau genommen dessen erstes NSView-Element) und ergründen im Size Inspector dessen Größe (siehe Abbildung 18.4). Mer-ken Sie sich diese Maße!

18

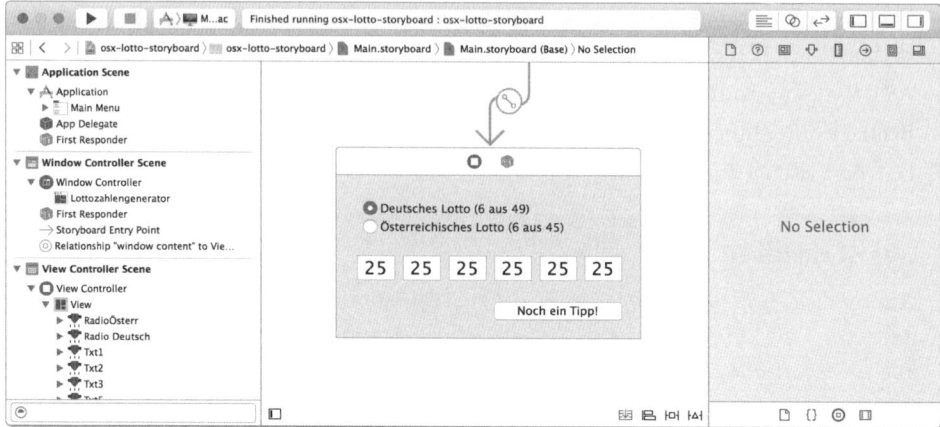

Abbildung 18.4 Der Size Inspector verrät die Größe der ersten View im View-Controller.

Nun klicken Sie in das Innere des Window-Controllers und wählen so das darin enthaltene NSWindow-Objekt aus. Im Size Inspector stellen Sie anschließend die zuvor ermittelten Maße als CONTENT SIZE ein und aktivieren dann die Optionen CONSTRAINTS MINIMUM SIZE und MAXIMUM SIZE (siehe Abbildung 18.5). Damit wird die Fenstergröße unveränderlich fixiert. Je nach Art des Programms können Sie an dieser Stelle natürlich auch nur die minimale oder maximale Größe einstellen und außerdem festlegen, wo auf dem Bildschirm das Fenster beim Start erscheinen soll.

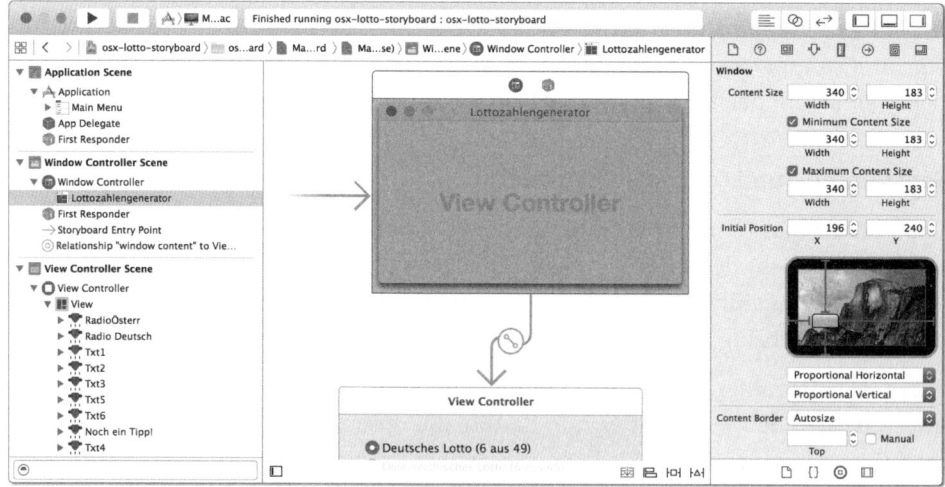

Abbildung 18.5 Fenstergröße durch die Einstellung der Minimal- und Maximalgröße fixieren

Immer noch für das Window stellen Sie im Attributinspektor noch zwei Eigenschaften ein:

▸ TITLE = Lottozahlengenerator
▸ RESIZE deaktivieren

Wenn Sie das Programm versuchsweise starten, sollte es optisch bereits wie das fertige Programm aussehen. Nur die Funktionalität fehlt noch – Zeit also, endlich wieder ein paar Zeilen Swift-Code zu verfassen!

Menü

Jedes gewöhnliche OS-X-Programm besitzt ein eigenes Menü. Xcode stellt dafür ein Defaultmenü zur Verfügung, das Sie nach Ihren Vorstellungen anpassen können. Für dieses Lottozahlen-Beispiel ignorieren wir das Menü aber ganz einfach. Tipps zur Organisation eigener Menüs folgen in Abschnitt 19.6, »Menüs«.

---

viewDidLoad und representedObject

Bevor Sie mit dem Programmieren beginnen, klicken Sie auf den Button ASSISTENZ-EDITOR (»Eheringe«). Neben dem Storyboard sollte nun die Datei `ViewController.swift` angezeigt werden. Sollte das nicht klappen, hilft es zumeist, die Datei einmal im Projektnavigator auszuwählen. Standardmäßig enthält die Klasse bereits einige Zeilen Code:

```
class ViewController: NSViewController {
  override func viewDidLoad() {
    super.viewDidLoad()
    // Do any additional setup after loading the view.
  }

  override var representedObject: AnyObject? {
    didSet {
      // Update the view, if already loaded.
    }
  }
}
```

▸ Die Methode `viewDidLoad` wird wie in iOS-Apps ausgeführt, sobald die Ansicht vollständig geladen ist. `viewDidLoad` eignet sich ausgezeichnet dazu, um eigene Eigenschaften zu initialisieren oder um Änderungen an den geladenen Steuerelementen durchzuführen. In unserem Beispielprogramm ermöglicht uns die Methode, gleich beim Start die ersten Lottozahlen zu erzeugen und anzuzeigen.

▸ Die Eigenschaft `representedObject` bietet bei einigen Cocoa-Klassen die Möglichkeit, ein beliebiges Datenobjekt (Datentyp `AnyObject?`) zuzuordnen. Damit können Sie eine Verbindung zum Datenmodell herstellen bzw. Daten übergeben. Bei einem View-Controller ist das aber selten zweckmäßig. Viel besser ist es, dazu eigene Eigenschaften mit einem klar definierten Datentyp zu verwenden und diese gegebenenfalls in einer `prepareForSegue`-Methode zu initialisieren. Im Lottozahlengenerator brauchen wir das `representedObject` jedenfalls nicht. Löschen Sie die entsprechenden Zeilen einfach aus dem Code.

Outlets und Actions

Wie bei iOS-Apps geht es nun darum, in den Code Outlet-Eigenschaften zum Zugriff auf die Steuerelemente sowie Action-Methoden zur Reaktion auf Ereignisse einzufügen (siehe Abschnitt 10.3, »Steuerung der App durch Code«). Dazu ziehen Sie die jeweiligen Steuerelemente mit ⌃ctrl⌄-Drag in den View-Controller. Für den Lottozahlengenerator benötigen wir gleich acht Outlets – je eines für jeden Radiobutton sowie je eines für jedes der sechs Textfelder.

Außerdem müssen wir zwei Action-Methoden für drei Steuerelemente definieren. Das klingt wie ein Widerspruch – aber es ist keiner. Beginnen wir mit dem Button Noch ein Tipp!, für den Sie einfach mit ⌃ctrl⌄-Drag eine Action-Methode in den Code einfügen. Etwas diffiziler ist es bei den Radiobuttons: Auch hier fügen Sie mit ⌃ctrl⌄-Drag zuerst eine Methode ein. Danach stellen Sie mit ⌃ctrl⌄-Drag eine Verbindung zwischen dem zweiten Radiobutton und der schon vorhandenen Methode her (siehe Abbildung 18.6).

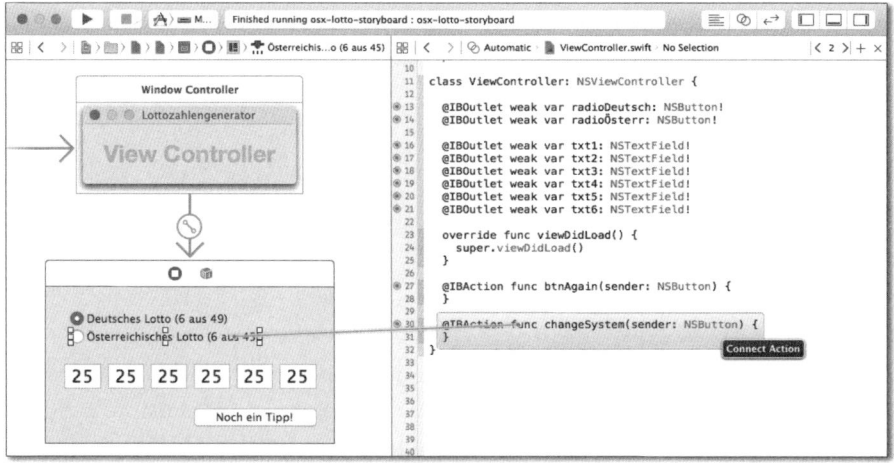

Abbildung 18.6 Beide Radiobuttons werden mit derselben Action-Methode verbunden.

Damit sind nun beide Radiobuttons mit einer Action-Methode verbunden. Diese Verbindung ist unter anderem deswegen notwendig, weil Xcode nun erkennt, dass die Radiobuttons zusammengehören. Klicken Sie den einen an, wird der andere automatisch deaktiviert.

Die Lotto-Klasse

Bevor wir nun den View-Controller mit eigenem Code gleichsam zum Leben erwecken, benötigen wir noch das Datenmodell unseres Programms. Dazu ergänzen Sie das Projekt mit FILE • NEW • FILE um die Swift-Datei `Lotto.swift` und fügen dort den folgenden Code ein:

```
// Projekt osx-lotto-storyboard, Datei Lotto.swift
class Lotto {
  let count:Int     // Anzahl der Lottozahlen
  let max:UInt32    // höchstmögliche Lottozahl

  init(count:Int, max:Int) {
    self.count = count
    self.max   = UInt32(max)
  }

  // Lottozahlen erzeugen
  func generateNumbers() -> [Int] {
    var set = Set<Int>()        // leeres Set erzeugen
    repeat {                    // Lottozahlen einfügen
      set.insert(Int(arc4random_uniform(max))+1)
    } while(set.count < count)

    let lotto = Array(set)
    return lotto.sort(<)        // sortiert zurückgeben
  }
}
```

Den Code zum Erzeugen der Lottozahlen habe ich ja schon in Abschnitt 4.3, »Sets«, beschrieben. Er ist hier in eine Klasse verpackt, deren Eigenschaften `count` und `max` festlegen, nach welchem Schema die Lottozahlen erzeugt werden sollen.

Die View-Controller-Klasse

In der View-Controller-Klasse benötigen wir die Eigenschaft `lotto`, um darin das gerade gültige `Lotto`-Objekt zu speichern. `viewDidLoad` initialisiert die Eigenschaft für das deutsche Lottomodell und ruft die Methode `newNumbers` auf, um sechs Lottozahlen zu erzeugen und in den sechs Textfeldern anzuzeigen.

Das Anklicken eines der Radiobuttons führt zum Aufruf von changeSystem. Hier wird lotto neu initialisiert und dann ebenfalls newNumbers aufgerufen. Auch das Anklicken von NOCH EIN TIPP! führt zum Aufruf von newNumbers. Dort wird die Eigenschaft stringValue verwendet, um die anzuzeigende Zeichenkette der Textfelder einzustellen.

```swift
// Projekt osx-lotto-storyboard, Datei ViewController.swift
class ViewController: NSViewController {
  @IBOutlet weak var radioDeutsch: NSButton!
  @IBOutlet weak var radioÖsterr:  NSButton!

  @IBOutlet weak var txt1: NSTextField!
  @IBOutlet weak var txt2: NSTextField!
  @IBOutlet weak var txt3: NSTextField!
  @IBOutlet weak var txt4: NSTextField!
  @IBOutlet weak var txt5: NSTextField!
  @IBOutlet weak var txt6: NSTextField!

  var lotto:Lotto!

  // Initialisierung
  override func viewDidLoad() {
    super.viewDidLoad()
    lotto = Lotto(count: 6, max: 49)
    newNumbers()
  }

  // einer der beiden Radiobuttons wurde angeklickt
  @IBAction func changeSystem(sender: NSButton) {
    if sender === radioDeutsch {
      lotto = Lotto(count: 6, max: 49)
    } else {
      lotto = Lotto(count: 6, max: 45)
    }

    newNumbers()
  }

  // Button 'Noch ein Tipp' wurde angeklickt
  @IBAction func btnAgain(sender: NSButton) {
    newNumbers()
  }
```

```
// neue Lottozahlen erzeugen und in den Textfeldern anzeigen
func newNumbers() {
    let nmbs = lotto.generateNumbers()
    txt1.stringValue = "\(nmbs[0])"
    txt2.stringValue = "\(nmbs[1])"
    txt3.stringValue = "\(nmbs[2])"
    txt4.stringValue = "\(nmbs[3])"
    txt5.stringValue = "\(nmbs[4])"
    txt6.stringValue = "\(nmbs[5])"
  }
}
```

Programmende

Anders als unter iOS sollten OS-X-Programme explizit beendet werden können. Für den Lottozahlengenerator ist dies bereits der Fall – und zwar, wenn der Benutzer über das Menü QUIT ausführt. Eleganter wäre es freilich, wenn das Programm bereits beim Schließen des Fensters enden würde.

Dazu ist lediglich eine Zeile Code in der Methode viewDidDisappear innerhalb der View-Controller-Klasse erforderlich. Die Schablone für die Methode fügen Sie ein, indem Sie die Anfangsbuchstaben von viewDidDisappear eintippen und dann die gewünschte Methode aus der Vervollständigungsliste auswählen. Danach greifen Sie mit sharedApplication auf das NSApplication-Objekt des Programms zu und leiten mit terminate dessen Ende ein. terminate bewirkt kein sofortiges Ende, vielmehr wird das Programm geordnet heruntergefahren. Dabei wird unter anderem die Methode applicationWillTerminate der AppDelegate-Klasse ausgeführt, um dem Programm die Gelegenheit für letzte Aufräumarbeiten zu geben.

```
// Projekt osx-lotto-storyboard, Datei ViewController.swift
class ViewController: NSViewController {
  ...
  override func viewDidDisappear() {
    super.viewDidDisappear()
    NSApplication.sharedApplication().terminate(self)
  }
}
```

> **Programmende bei Programmen mit mehreren Fenstern**
>
> Die hier skizzierte Vorgehensweise ist nur bei Programmen mit genau einem Fenster sinnvoll. Programme, die mehrere (Dokumenten)-Fenster öffnen können, bieten zumeist im Menü ein QUIT-Kommando an.

18.3   Lottozahlengenerator (XIB/AppDelegate-Variante)

Wenn Sie OS-X-Programme ohne Storyboard entwickeln möchten, gibt es verschiedene Möglichkeiten, wie Sie die Komponenten Ihres Programms und die dazugehörenden Klassen organisieren:

- **Actions und Outlets in AppDelegate:** Am einfachsten ist es, die von Xcode vorgegebene Projektstruktur zu behalten und den eigenen Code in der AppDelegate-Klasse einzufügen. Empfehlenswert ist dies aber nur bei einfachen Programmen mit nur einem einzigen Fenster. Der Lottozahlengenerator ist dafür ein gutes Beispiel. Diese Vorgehensweise wird in diesem Abschnitt behandelt.

- **Fenster mit eigenem Window-Controller:** Bei Programmen mit mehreren Fenstern ist es zumeist sinnvoll, für jedes Fenster eine von NSWindowController abgeleitete Klasse mit XIB-Datei einzurichten (siehe Abschnitt 18.4).

- **Fenster mit einem oder mehreren View-Controllern:** Komplexe OS-X-Programme vereinen oft in einem einzigen Fenster verschiedene Bereiche mit unterschiedlichen Funktionen. Dies trifft in besonderem Maße für Xcode selbst zu, aber auch für das mit OS X mitgelieferte Mail-Programm. In solchen Fällen ist es empfehlenswert, jedem Bereich einen eigenen View Controller zuzuordnen. Sozusagen als ersten Schritt dorthin zeigt Abschnitt 18.5 eine Variante des Lottozahlengenerators mit eigenem View-Controller.

Natürlich gibt es noch mehr Varianten – ganz nach dem Motto: Viele Wege führen nach Rom. Aber die in diesem Kapitel erläuterten Arbeitstechniken sollten Ihnen zumindest einen ersten Überblick geben.

XIB-Dateien

Der größte Unterschied zwischen Storyboard-Projekten und herkömmlichen Projekten besteht darin, dass im ersteren Fall alle Window- und View-Controller-Einstellungen in einer zentralen Storyboard-Datei gespeichert werden, im zweiten Fall aber in getrennten XIB-Dateien. Das sind XML-Dateien, die die Interface-Builder-Einstellungen eines Objekts enthalten – z. B. eines Window- oder View-Controllers.

Organisation des Projekts

Beim Einrichten eines neuen Projekts müssen Sie im zweiten Dialog darauf achten, dass die Option USE STORYBOARDS (siehe Abbildung 18.2) *nicht* aktiviert ist. Auch alle anderen in diesem Dialog vorgesehenen Optionen sind für unsere Zwecke nicht erforderlich.

Im Projektnavigator fehlen nun die vertrauten Dateien Main.storyboard und ViewController.swift. Stattdessen gibt es die Datei MainMenu.xib mit dem Defaultmenü und einem leeren Fenster (siehe Abbildung 18.7). Da es keinen View-Controller als Xcode-Objekt gibt, entfällt die im Storyboard anfangs ungewohnte Trennung zwischen Window und View. Sie können das Programm sofort starten – dann erscheint das leere Fenster auf dem Bildschirm.

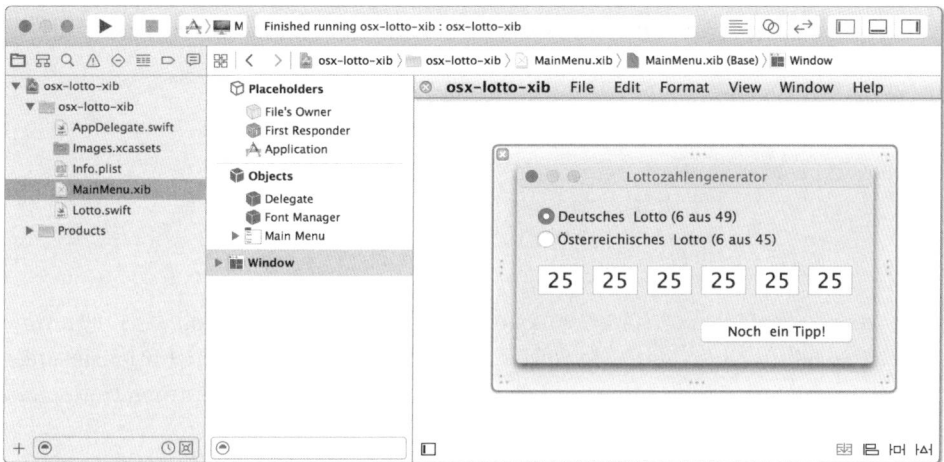

Abbildung 18.7 Xcode-Projekt mit XIB-Datei für das Menü und ein Fenster

Die Gestaltung der Benutzeroberfläche erfolgt genau so wie bei der Storyboard-Variante: Sie fügen die erforderlichen Steuerelemente aus der Objektbibliothek in das Fenster ein und modifizieren im Attributinspektor die Eigenschaften so wie ich es in Abschnitt 18.2, »Lottozahlengenerator (Storyboard-Variante)«, beschrieben habe.

In einem Punkt macht Ihnen die XIB-Variante das Leben leichter: Da die Trennung zwischen Window und View entfällt, brauchen Sie bei der Einstellung der Fenstergröße nicht zwischen diesen Objekten hin und her zu springen. Sie stellen einfach die gewünschte Fenstergröße im Editor ein und aktivieren dann im Size Inspector die Optionen CONSTRAINTS MINIMUM SIZE und MAXIMUM SIZE.

Die AppDelegate-Klasse

Die AppDelegate-Klasse enthält Methoden, die beim Start bzw. bei Ende des Programms ausgeführt werden. Das trifft für jedes OS-X-Programm zu, also auch für Storyboard-Programme.

Bei Programmen, die wie dieses Beispiel keinen Window und View-Controller verwenden, spielt die AppDelegate-Klasse aber eine viel wichtigere Rolle. Sie nimmt Actions und Outlets auf und enthält den Code zur Steuerung der Benutzeroberfläche – also für das C aus dem MVC-Modell. Anfänglich enthält die AppDelegate-Klasse den folgenden Code:

```
@NSApplicationMain
class AppDelegate: NSObject, NSApplicationDelegate {
  @IBOutlet weak var window: NSWindow!

  func applicationDidFinishLaunching(
    aNotification: NSNotification)
  {
    // Insert code here to initialize your application
  }

  func applicationWillTerminate(aNotification: NSNotification) {
    // Insert code here to tear down your application
  }
}
```

Die Methode applicationDidFinishLaunching wird aufgerufen, sobald der Programm-start geglückt ist. Diese Methode ist der richtige Ort, um nun eigene Initialisierungs-arbeiten durchzuführen – ganz ähnlich wie viewDidLoad bei Programmen mit einem View-Controller.

In der Methode applicationWillTerminate können Sie unmittelbar vor dem Pro-gramm-ende Aufräumarbeiten durchführen. In unserem Beispiel ist das nicht erfor-derlich. Sie können die Methode daher aus AppDelegate.swift löschen.

Bemerkenswert ist, dass die AppDelegate-Klasse bereits ein Outlet enthält. Über die Eigenschaft window können Sie auf das in MainMenu.xib enthaltene Fenster zugreifen – d. h. genauer gesagt natürlich auf dessen NSWindow-Objekt.

Eigener Code

Das Beispielprogramm verwendet dieselbe Lotto-Klasse wie die Storyboard-Variante. Fügen Sie dem Projekt also eine neue Swift-Datei mit der Definition der Lotto-Klasse hinzu.

Der gesamte weitere Code landet in AppDelegate.swift. Zum Einfügen der Outlets und Actions öffnen Sie in Xcode links MainMenu.xib und rechts im Assistenzeditor AppDelegate.swift. Per ctrl-Drag definieren Sie nun Outlets für die beiden Radiobut-tons und für die sechs Textfelder, eine Action-Methode für den Button NOCH EINEN TIPP! sowie eine gemeinsame Action-Methode für die zwei Radiobuttons.

Jetzt müssen Sie der AppDelegate-Klasse nur noch Ihren eigenen Code hinzufügen:

▶ eine Eigenschaft lotto zum Zugriff auf das gerade aktuelle Lotto-Objekt
▶ Initialisierungscode in applicationDidFinishLaunching
▶ Code zur Reaktion auf das Drücken der Buttons
▶ die Methode newNumbers wie bei der Storyboard-Variante

Der gesamte Code der AppDelegate-Klasse sieht damit dann aus:

```
// Projekt osx-lotto-xib, Datei AppDelegate.swift
@NSApplicationMain
class AppDelegate: NSObject, NSApplicationDelegate {
  @IBOutlet weak var window: NSWindow!
  @IBOutlet weak var radioDeutsch: NSButton!
  @IBOutlet weak var radioÖsterr: NSButton!
  @IBOutlet weak var txt1: NSTextField!
  // analog für txt2 bis txt6

  // Zugriff auf das Lotto-Objekt
  var lotto:Lotto!

  // Initialisierung
  func applicationDidFinishLaunching(
    aNotification: NSNotification)
  {
    lotto = Lotto(count: 6, max: 49)
    newNumbers()
  }

  // einer der beiden Radiobuttons wurde angeklickt
  @IBAction func changeSystem(sender: NSButton) {
    if sender === radioDeutsch {
      lotto = Lotto(count: 6, max: 49)
    } else {
      lotto = Lotto(count: 6, max: 45)
    }
    newNumbers()
  }

  // Button 'Noch ein Tipp' wurde angeklickt
  @IBAction func btnAgain(sender: NSButton) {
    newNumbers()
  }

  // neue Lottozahlen erzeugen und in den Textfeldern anzeigen
  func newNumbers() {
    let nmbs = lotto.generateNumbers()
    txt1.stringValue = "\(nmbs[0])"
    // analog für txt2 bis txt6 ...
  }
}
```

18

Programmende

Damit sollte die zweite Variante des Lottozahlengeneratos exakt genauso funktionieren wie die erste – bis auf ein Detail: Das Schließen des Fensters führt nicht zum Programm-ende. Bei der Storyboard-Variante haben wir dieses Problem gelöst, indem wir die viewDidDisappear-Methode der NSViewController-Klasse überschrieben haben. Diese Möglichkeit haben wir hier aber mangels View-Controller nicht.

Stattdessen müssen wir einen Weg finden, wie wir uns vom Schließen des Fensters benachrichtigen lassen. Dieser Weg führt über das NSWindowDelegate-Protokoll, das hierfür und für unzählige weitere Windows-spezifische Ereignisse Methoden vorsieht. Damit wir diese Methoden in der AppDelegate-Klasse nutzen können, müssen wir die Klasse um das Protokoll erweitern und in applicationDidFinishLaunching die delegate-Eigenschaft des NSWindow-Objekts auf self stellen. Damit können wir nun die Methode windowWillClose implementieren und dort wie gehabt durch terminate das Programmende einleiten.

```swift
// Projekt osx-lotto-xib, Datei AppDelegate.swift
// Ergänzungen
class AppDelegate: NSObject, NSApplicationDelegate,
                   NSWindowDelegate     // <-- neu
{
  // ... Eigenschaften und Methoden wie bisher

  // Abschluss der Initialisierungsarbeiten
  func applicationDidFinishLaunching(
    aNotification: NSNotification)
  {
    // ... wie bisher
    window.delegate = self           // <-- neu
  }

  // Programmende                     <-- neu
  func windowWillClose(notification: NSNotification) {
    NSApplication.sharedApplication().terminate(self)
  }
}
```

Delegate-Einstellung in Xcode

Anstatt im Code window.delegate = self auszuführen, können Sie die Verbindung auch in Xcode herstellen: Dazu klicken Sie in MainMenu.xib das Fenster an und stellen dann mit ctrl-Drag eine Verbindung vom delegate-Outlet im Connections Inspector zum Objekt App Delegate in der Document Outline her. Mir ist die eine Codezeile sympathischer, weil so die Struktur des Programms dokumentiert ist.

18.4 Lottozahlengenerator (XIB/WindowController-Variante)

Aus iOS-Sicht wirkt der Code in der AppDelegate-Klasse des vorherigen Beispiels fehlplaziert, und spätestens mit dem zweiten Fenster werden sich selbst Minimalisten nach einer besseren Strukturierung des Controller-Codes sehnen. Der naheliegendste Weg für ein OS-X-Programm besteht dann darin, jedes Fenster mit seinem eigenen Window-Controller auszustatten.

Die dritte Variante des Lottozahlengenerators illustriert die dazu erforderlichen Arbeitsschritte. Sie beginnen wieder mit einem Xcode-Projekt ohne Storyboard. Im neuen Projekt öffnen Sie MainMenu.xib und löschen daraus das vordefinierte Fenster. Danach öffnen Sie AppDelegate.swift und löschen dort die Outlet-Eigenschaft, die auf das nicht mehr vorhandene Fenster zeigt.

```
// diese Zeile aus AppDelegate entfernen
@IBOutlet weak var window: NSWindow!
```

Das so beschnittene Projekt ist weiterhin ausführbar! Wenn Sie das Programm starten, erscheint dessen Menü. Es gibt aber keine Fenster, Sie können das Programm lediglich mit QUIT beenden.

Window-Controller mit XIB-Datei

Nun fügen Sie dem Projekt mit FILE • NEW • FILE eine Datei vom Typ SOURCE • COCOA CLASS hinzu. Im zweiten Schritt geben Sie der Klasse einen Namen, wählen als Basisklasse NSWindowController aus und aktivieren die Option ALSO CREATE XIB FILE FOR USER INTERFACE (siehe Abbildung 18.8). Das bedeutet, dass Sie nicht nur eine neue Swift-Code-Datei erzeugen möchten, sondern auch eine dazugehörende XIB-Datei – also eine XML-Datei mit den Komponenten und Einstellungen der Benutzeroberfläche des Fensters.

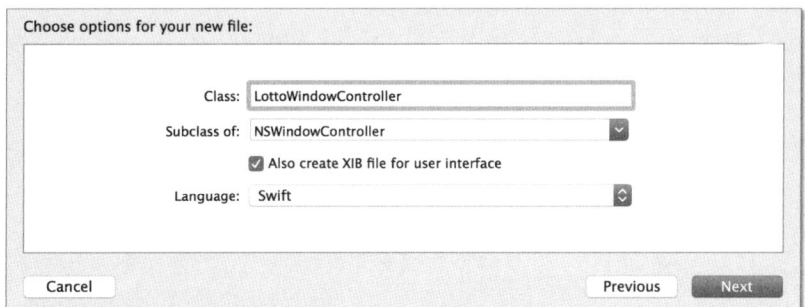

Abbildung 18.8 Window-Controller mit XIB-Datei hinzufügen

Im Projektnavigator klicken Sie nun die neue XIB-Datei an, um in den vertrauten Interface Builder zu gelangen. Das Einfügen der Steuerelemente und die Einstellung der Eigenschaften erfolgt exakt so wie bei den vorigen Varianten des Beispielprogramms (siehe Abbildung 18.9).

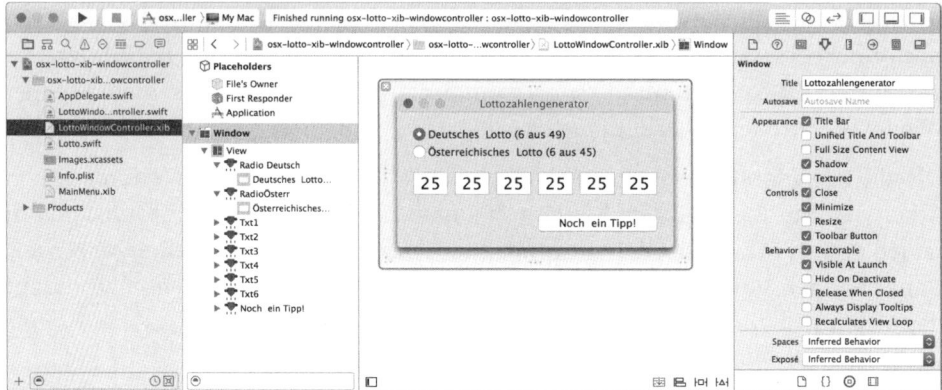

Abbildung 18.9 Gestaltung der Benutzeroberfläche für den Lottozahlengenerator

Wenn Sie das Programm nun starten, werden Sie möglicherweise enttäuscht sein: Obwohl Sie sich so viel Mühe mit der Benutzeroberfläche gemacht haben, erscheint kein Fenster. Weiterhin ist das Menü der einzige Indikator, dass das Programm überhaupt läuft.

Das Fenster in der AppDelegate-Klasse anzeigen

Der Grund für das scheinbare Fehlverhalten besteht darin, dass sich niemand darum kümmert, das Fenster anzuzeigen. Bei der ersten XIB-Variante hat Xcode die Aufgabe übernommen, das in MainMenu.xib enthaltene Fenster beim Start zu erzeugen und anzuzeigen. Wenn Sie aber einen eigenen Window-Controller verwenden, müssen Sie diese Aufgabe selbst übernehmen. Dazu modifizieren Sie AppDelegate.swift wie folgt:

```
// Projekt osx-lotto-xib-windowcontroller
// Datei AppDelegate.swift
@NSApplicationMain
class AppDelegate: NSObject, NSApplicationDelegate {
  var lottoWinCtrl:LottoWindowController!

  // beim Programmstart WindowController erzeugen und anzeigen
  func applicationDidFinishLaunching(
    aNotification: NSNotification)
  {
    lottoWinCtrl = LottoWindowController(
      windowNibName: "LottoWindowController")
    lottoWinCtrl.showWindow(self)
  }
}
```

Um den Window-Controller zu erzeugen, verwenden wir dessen in der NSWindow-Controller-Klasse definierte Init-Funktion. Im Parameter windowNibName müssen Sie den Dateinamen der XIB-Datei ohne Kennung übergeben. Tatsächlich verwendet die Init-Funktion nicht die XIB-Datei, sondern die von Xcode daraus kompilierte NIB-Datei. showWindow zeigt das Fenster an und übergibt dabei eine Referenz auf das AppDelegate-Objekt.

> **Die Windows-Controller-Referenz muss gespeichert werden!**
>
> Es ist unbedingt notwendig, das Window-Controller-Objekt in einer Eigenschaft in der AppDelegate-Klasse zu speichern. Vergessen Sie das, gibt es keine Referenz auf das Objekt. Die Speicherverwaltung entfernt das Objekt wieder aus dem Speicher, und das Fenster verschwindet sofort wieder, sofern es überhaupt je sichtbar wurde.

Ein nochmaliger Programmstart beweist, dass das Fenster nun wie vorgesehen angezeigt wird. Es erfüllt aber noch nicht seine Aufgabe, weil der Controller-Code fehlt.

Windows-Controller-Code

Für die Programmlogik ist wieder die Lotto-Klasse zuständig, die Sie dem Projekt wie gehabt in der Datei Lotto.swift hinzufügen. Den gesamten weiteren Code verfassen Sie in LottoWindowController.swift. Dazu ordnen Sie in Xcode die XIB- und die Swift-Datei des Window-Controllers nebeneinander an und erstellen mit ⌘ctrl⌘-Drag dieselben acht Outlets und zwei Actions wie bisher.

Für die Initialisierungsarbeiten ist nun die von Xcode schon als Schablone eingefügte Methode windowDidLoad verantwortlich. Sie wird aufgerufen, sobald das Fenster komplett geladen ist und Sie über die Outlet-Eigenschaften auf alle Steuerelemente zugreifen können. Die folgenden Zeilen geben einen Überblick über den gesamten Code, ohne aber alle schon bekannten Anweisungen zu wiederholen:

```
// Projekt osx-lotto-xib-windowcontroller
// Datei LottoWindowController.swift
class LottoWindowController : NSWindowController {
  @IBOutlet weak var radioDeutsch: NSButton!
  @IBOutlet weak var radioÖsterr: NSButton!
  @IBOutlet weak var txt1: NSTextField!
  // ... analog für txt2 bis txt6
  var lotto:Lotto!

  // Initialisierung
  override func windowDidLoad() {
    super.windowDidLoad()
```

```
        lotto = Lotto(numbers: 6, max: 49)
        newNumbers()
    }

    // einer der beiden Radiobuttons wurde angeklickt
    @IBAction func changeSystem(sender: NSButton) {
        // ... wie bisher
    }

    // Button 'Noch ein Tipp' wurde angeklickt
    @IBAction func btnAgain(sender: AnyObject) {
        newNumbers()
    }

    // neue Lottozahlen erzeugen und in den Textfeldern anzeigen
    func newNumbers() {
        let nmbs = lotto.generateNumbers()
        txt1.stringValue = "\(nmbs[0])"
        // ... analog für txt2 bis txt6
    }
}
```

Programmende

Das letzte ungelöste Problem ist das Programmende, zu dem es beim Schließen des Fensters kommen soll. Die Lösung sieht ganz analog wie bei der XIB-Variante ohne Window-Controller aus: Wir müssen das NSWindowDelegate-Protokoll implementieren und die delegate-Eigenschaft des NSWindow-Objekts auf self stellen; dann wird die Methode windowWillClose beim Schließen des Fensters aufgerufen, und wir können das Programm beenden. Die folgenden Zeilen fassen die erforderlichen Änderungen zusammen. Der Zugriff auf das NSWindow-Objekt gelingt über die window-Eigenschaft des Window-Controllers.

```
// Projekt osx-lotto-xib-windowcontroller
// Datei LottoWindowController.swift, Ergänzungen
class LottoWindowController: NSWindowController,
                            NSWindowDelegate {  // <-- neu

    override func windowDidLoad() {
        // ... wie bisher
        self.window?.delegate = self              // <-- neu
    }
```

```
  // Programmende beim Schließen des Fensters        <-- neu
  func windowWillClose(notification: NSNotification) {
    NSApplication.sharedApplication().terminate(self)
  }
}
```

18.5   Lottozahlengenerator (XIB/ViewController-Variante)

Während iOS-Apps ständig von einer Ansicht in eine andere wechseln und der View-Controller daher unabdingbar ist, besteht in OS-X-Programmen dazu oft keine Notwendigkeit. Das heißt aber nicht, dass dies unmöglich wäre. In der folgenden letzten Inkarnation des Lottozahlengenerators zeige ich Ihnen, wie Sie das in einem leeren XIB-Projekt vorgegebene Fenster mit einem eigenen View-Controller verbinden.

> **Verwenden Sie Storyboards!**
>
> Dieser Abschnitt zeigt, wie Sie einen View-Controller zur Steuerung eines Programms verwenden, das nicht als Storyboard entwickelt wird. Viel einfacher ist es in solchen Fällen aber, das Projekt gleich rund um ein Storyboard zu konzipieren.

Sie beginnen also wieder mit einem neuen Projekt, wobei die STORYBOARD-Option deaktiviert bleibt. Diesem Projekt fügen Sie nun mit FILE • NEW • FILE eine neue COCOA CLASS hinzu, wobei Sie als Basisklasse NSViewController verwenden und die Option ALSO CREATE XIB FILE FOR USER INTERFACE aktivieren (siehe Abbildung 18.10).

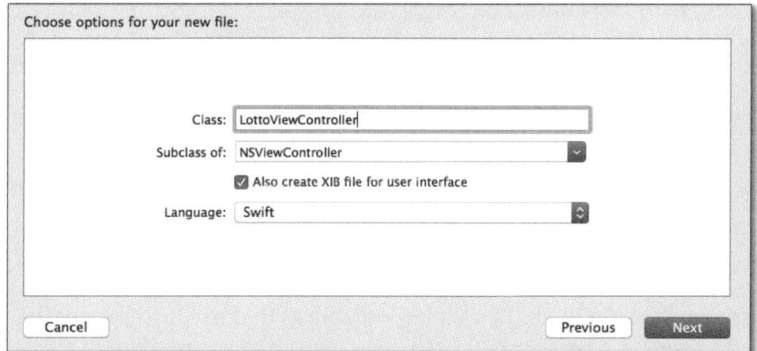

Abbildung 18.10 Einen neuen View-Controller mit XIB-Datei erzeugen

Öffnen Sie nun LottoViewController.xib zur Bearbeitung, und fügen Sie wieder die schon bekannten zwei Radiobuttons, vier Textfelder und den Push-Button ein. Da es sich um einen View-Controller handelt, können Sie im Attributinspektor dessen Größe nicht einstellen. Das und die Einstellung des Fenstertitels müssen Sie in MainMenu.xib für das dort schon vorhandene Fenster erledigen.

Das Fenster mit dem View-Controller verbinden

Wenn Sie das Programm nun starten, erscheint nur ein leeres Fenster. Das liegt daran, dass das Fenster nichts vom View-Controller weiß und diesen nicht nutzt. Abhilfe schaffen einige Codezeilen in applicationDidFinishLaunching in der AppDelegate-Klasse. Wichtig ist, dass eine Referenz auf den LottoViewController in der AppDelegate-Klasse gespeichert wird (Eigenschaft mainvc) – sonst entfernt die ARC-Speicherverwaltung den View-Controller gleich wieder aus dem Arbeitsspeicher!

```swift
// Projekt osx-lotto-xib-viewcontroller
// Datei AppDelegate.swift
@NSApplicationMain
class AppDelegate: NSObject, NSApplicationDelegate {
  @IBOutlet weak var window: NSWindow!
  var mainvc:LottoViewController?

  func applicationDidFinishLaunching(
    aNotification: NSNotification)
  {
    if let lvc = LottoViewController(
      nibName: "LottoViewController", bundle:nil)
    {
      window.contentView!.addSubview(lvc.view)
      lvc.view.frame = window.contentView!.bounds
      mainvc = lvc
    }
  }
}
```

An die Init-Funktion der LottoViewController-Klasse müssen der Name der XIB/NIB-Datei sowie ein Verweis auf eine Bundle-Datei übergeben werden. Wenn wie in unserem Fall das Main-Bundle verwendet werden soll, übergeben Sie nil.

Mit addSubview wird das NSView-Objekt des View-Controllers in das Fenster eingefügt. Jetzt muss noch die Größe des Views eingestellt werden. Dieser soll exakt genauso groß sein wie die Innenmaße des Fensters.

Controller-Code

Der gesamte weitere Code landet im LottoViewController.swift. Zuerst platzieren Sie die XIB- und die Swift-Datei nebeneinander, um die Outlets und Actions einzufügen, dann ergänzen Sie den Code. Für die Initialisierung ist nun viewDidLoad zuständig, für das Programmende viewDidDisappear.

```
// Projekt osx-lotto-xib-viewcontroller
// Datei LottoViewController.swift
class LottoViewController : NSViewController {
  // ... Outlets wie bisher
  var lotto:Lotto!

  // Initialisierung
  override func viewDidLoad() {
    super.viewDidLoad()
    lotto = Lotto(count: 6, max: 49)
    newNumbers()
  }

  // Programmende, wenn Fenster mit View geschlossen wird
  override func viewDidDisappear() {
    super.viewDidDisappear()
    NSApplication.sharedApplication().terminate(self)
  }

  @IBAction func changeSystem(sender: NSButton) { ... }
  @IBAction func btnAgain(sender: NSButton) { ... }
  func newNumbers() { ... wie bisher  }
}
```

18

Kapitel 19
OS-X-Grundlagen

Dieses Kapitel gibt einen systematischen Einstieg in einige grundlegende Themen der OS-X-Programmierung. In den folgenden Abschnitten lernen Sie:

- wie Sie Storyboard-Projekte mit mehreren Fenstern, View-Controllern und Segues organisieren
- wie Sie mit dem Tab-View-Controller einen Einstellungsdialog zusammensetzen und Optionen in den User-Defaults speichern
- wie Sie Standarddialoge zur Auswahl von Dateien, Schriften und Farben aufrufen
- wie Sie Maus- und Tastaturereignisse verarbeiten
- wie Sie das Hauptmenü und Kontextmenüs gestalten und auf die Menüauswahl reagieren
- wie Sie Programme ohne Menüs gestalten (sogenannte »Menubar-Apps«)
- wie Sie Eigenschaften von Steuerelementen und Eigenschaften Ihrer Klassen durch sogenanntes »Binding« verknüpfen

Schon an dieser Stelle sei betont, dass dieses Kapitel keinen Anspruch auf Vollständigkeit erhebt. Es gibt genug Themen rund um die OS-X-Programmierung, um gleich ein ganzes Dutzend derartiger Kapitel zu füllen. Das Ziel dieses Kapitel besteht also darin, ein Fundament zu schaffen und wichtige Arbeitstechniken vorzustellen. Mit diesem Wissen und etwas Internet-Recherche sollte es Ihnen möglich sein, sich selbst in weitere Themen einzuarbeiten.

19.1 Programme mit mehreren Fenstern

Der Lottozahlengenerator aus dem vorigen Kapitel bestand aus nur einem Fenster. In diesem Abschnitt gebe ich Ihnen anhand eines Beispiels Tipps zur Verwaltung von mehreren Fenstern. Dabei setze ich wie bei allen weiteren Programmen voraus, dass Sie mit Storyboards arbeiten.

Das Beispielprogramm zeigt anfänglich ein Startfenster an. Mit dessen Buttons erzeugen Sie dann beliebig viele weitere Fenster. Dabei können Sie eine Nachricht übergeben. Die Buttons der neuen Fenster demonstrieren verschiedene Möglichkeiten, eine an das Fenster gekoppelte Ansicht als *Sheet*, als Popup-Fenster oder als modalen Dialog zu öffnen (siehe Abbildung 19.1).

Abbildung 19.1 Beispielprogramm zur Fensterverwaltung

Das Storyboard für das Beispiel besteht aus zwei Window- und vier View-Controllern (siehe Abbildung 19.2). Neue Window- oder View-Controller fügen Sie aus der Objektbibliothek in den Storyboard-Editor ein. Die View-Controller sind anfänglich mit `NSViewController`-Klassen verbunden.

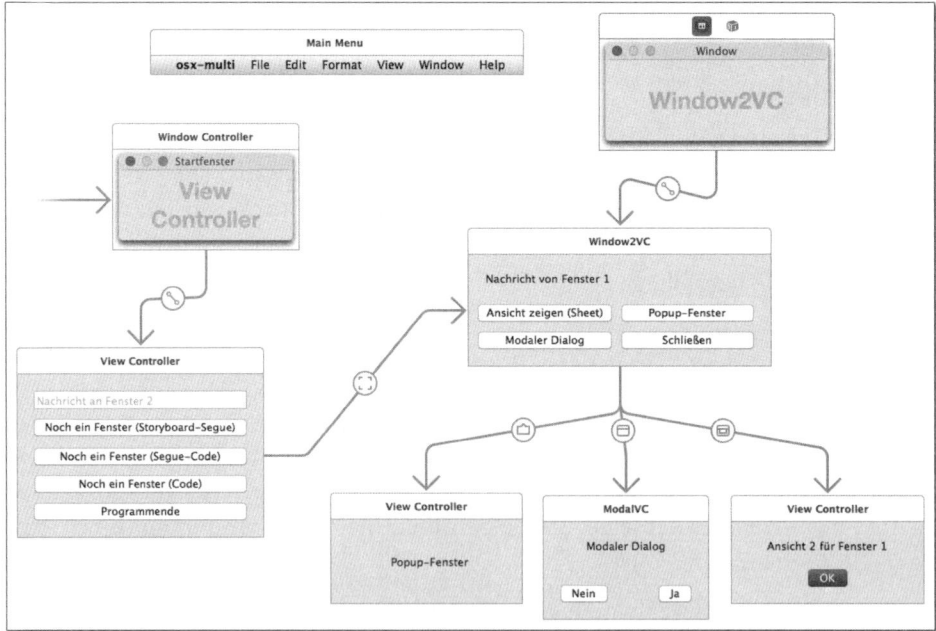

Abbildung 19.2 Storyboard des Beispielprogramms zur Fensterverwaltung

Um die View-Controller mit eigenem Code zu verbinden, fügen Sie dem Projekt eine neue Datei vom Typ COCOA CLASS hinzu, wählen NSViewController als Basisklasse und deaktivieren die Option ALSO CREATE XIB FILE. Anschließend wählen Sie den View-Controller im Storyboard aus und stellen im Identity Inspector die gerade erzeugte Klasse als CUSTOM CLASS ein.

Segues

Segues dienen in iOS-Programmen dazu, Übergänge zwischen Ansichten zu gestalten. Unter OS X können Segues aber auch einfach Verbindungen zwischen Controllern herstellen – dann spricht man von »Containment Segues« oder »Presenting Segues«.

Gewöhnliche Segues erzeugen Sie, indem Sie mit ⌃ctrl⌄-Drag eine Verbindung von einem Steuerelement zu einem View-Controller herstellen. Dabei haben Sie die Wahl zwischen verschiedenen Typen:

- SHEET: den View-Controller als an die Fensterleiste fixierten Subdialog anzeigen
- POPOVER: den View-Controller in einem Popup-Fenster anzeigen
- MODAL: den View-Controller als modalen Dialog anzeigen; damit wird das Hauptprogramm bis zum Schließen dieses Dialogs blockiert.
- SHOW: den View-Controller als neues, eigenes Fenster anzeigen
- CUSTOM: ermöglicht eine individuelle Gestaltung.

Containment Segues erstellen Sie, falls notwendig, indem Sie eine Verbindung vom Window-Controller zum View-Controller herstellen. Sie starten den ⌃ctrl⌄-Drag-Vorgang im blauen Icon WINDOW CONTROLLER in der Titelleiste. Als einziger Typ steht dann WINDOW CONTENT zur Auswahl.

19

Segues von einem Steuerelement zu einem Windows-Controller

Xcode erlaubt es Ihnen, auch Segues zwischen einem Steuerelement und einem Windows-Controller herzustellen (also nicht wie üblich zu einem View-Controller). Sie haben dann die Wahl zwischen den drei Segue-Typen SHOW, CUSTOM und MODAL.

Grundsätzlich funktionieren diese Segues einwandfrei, allerdings wird dabei die Methode prepareToSegue nicht aufgerufen. Der praktische Nutzen solcher Segues ist damit gering, weil Sie keine Daten vom Quell-Controller zum Ziel-Controller übergeben können. Diese Funktion wirkt momentan (Xcode 6.3) noch unausgereift.

Im Beispielprogramm gibt es die folgenden Segues:

- vom Start-Window-Controller zum View-Controller (Containment Segue, wurde von Xcode bei der Projekterstellung eingerichtet)
- vom zweiten Window-Controller zum View-Controller Window2VC (Containment Segue, wurde von Xcode erstellt, als ein zweiter Window-Controller in das Storyboard eingefügt wurde)

- ▶ vom Button NOCH EIN FENSTER (STORYBOARD-SEGUE) zum View-Controller `Window2VC`

- ▶ vom Button ANSICHT ZEIGEN (SHEET) zum View-Controller des Popup-Fensters (Typ SHEET)

- ▶ vom Button MODALER DIALOG zum View-Controller `ModalVC` (Typ MODAL)

- ▶ vom Button POPUP-FENSTER zum View-Controller mit dem Text ANSICHT 2 (Typ POPOVER)

Datenübergabe mit der Methode prepareForSegue

Grundsätzlich erfolgt die Anzeige der neuen Ansicht automatisch, also ohne Code. Oft wollen Sie aber vom Quell-Controller Daten an den Ziel-Controller übergeben. Dabei hilft Ihnen die aus der iOS-Programmierung schon vertraute Methode `prepareForSegue`. Sie wird vor dem Segue aufgerufen und ermöglicht es, auf den Ziel-Controller zuzugreifen. Dabei dürfen Sie aber noch nicht auf dessen Steuerelemente (Outlets) zugreifen, weil diese noch nicht initialisiert sind. Stattdessen übergeben Sie die Daten an Eigenschaften der Klasse des Ziel-Controllers.

In der `viewDidLoad`-Methode des Ziel-Controllers können Sie die Eigenschaften dann auslesen und gegebenenfalls in Steuerelemente übertragen. Im Beispielprogramm wird dieser Mechanismus verwendet, um einen Text aus dem Startfenster in ein neues Fenster zu übergeben. Der erforderliche Code im Quell-Controller sieht so aus:

```
// Projekt osx-multi
// Datei ViewController.swift
class ViewController: NSViewController {
  @IBOutlet weak var txtfield: NSTextField!

  // Datenübergabe an den Ziel-Controller
  override func prepareForSegue(segue: NSStoryboardSegue,
    sender: AnyObject?)
  {
    if let dest = segue.destinationController as? Window2VC {
      dest.data = txtfield.stringValue
    }
  }
}
```

Im Ziel-Controller wertet `viewDidLoad` die Eigenschaft `data` aus:

```
// Projekt osx-multi
// Datei Window2VC.swift
class Window2VC: NSViewController {
 @IBOutlet weak var label: NSTextField!
  var data:String?
```

```
  // Initialisierung eines Labels
  override func viewDidLoad() {
    super.viewDidLoad()
    label.stringValue = data ?? "keine Nachricht"
  }
}
```

Oft wollen Sie beim Schließen des Ziel-Controllers Daten zurück in den Quell-Controller übergeben. Das gelingt am einfachsten, wenn Sie im Ziel-Controller eine weak-Variable einrichten, die zurück auf den Quell-Controller zeigt. Die Variable muss weak sein, damit kein zyklischer Verweis zwischen Quell- und Ziel-Controller entsteht. Ein zyklischer Verweis würde verhindern, dass die Speicherverwaltung den Ziel-Controller wieder aus dem Speicher entfernt, wenn dieser nicht mehr benötigt wird.

Eleganter, aber aufwendiger zu programmieren als der Rückverweis wäre ein eigenes Delegation-Protokoll wie ich es in Abschnitt 15.7, »Detailansicht mit Richtungspfeil«, demonstriert habe.

Die Variable initialisieren Sie in prepareForSegue. Der Ziel-Controller kann damit nun auf Daten und Methoden des Quell-Controllers zugreifen. Im Beispielprogramm wird dieser Mechanismus anhand des modalen Ja/Nein-Dialogs demonstriert. Der Aufruf dieses Dialogs erfolgt durch einen Button des Window2VC-Controllers und führt zu einem Aufruf von prepareForSegue:

```
// Projekt osx-multi, Datei Window2VC.swift
class Window2VC: NSViewController {
  override func prepareForSegue(
    segue: NSStoryboardSegue, sender: AnyObject?)
  {
    if let dest = segue.destinationController as? ModalVC {
      dest.srcVC = self
    }
  }
}
```

Der Ziel-Controller, also in der Klasse ModalVC, kann nun über die Eigenschaft srcVC auf den Quell-Controller zugreifen:

```
// Projekt osx-multi, Datei Window2VC.swift
class ModalVC: NSViewController {
  weak var srcVC: Window2VC!
  @IBAction func btnNo(sender: NSButton) {
    srcVC.label.stringValue = "Nein"
    dismissController(sender)
  }
```

```
@IBAction func btnYes(sender: NSButton) {
  srcVC.label.stringValue = "Ja"
  dismissController(sender)
 }
}
```

Fenstergröße fixieren

Neue Fenster/Dialoge/Popups übernehmen grundsätzlich die Größe des View-Controllers. Die Größe von Fenstern, die durch einen SHOW- oder MODAL-Segue erzeugt werden, ist aber in der Regel veränderlich. Wenn Sie das nicht möchten, bestehen zwei Möglichkeiten:

▶ Sie können die Größe durch Layoutregeln fixieren.
▶ Sie können nach dem Erzeugen des Fensters dessen Eigenschaften als unveränderlich festlegen.

Dieser Abschnitt behandelt die erste Variante, Tipps zum zweiten Lösungsweg folgen im nächsten Abschnitt. Das Problem mit den Layoutregeln besteht darin, dass Sie die Größe der ersten View in dem View-Controller nicht durch Regeln fixieren können. Sie müssen stattdessen den umgekehrten Weg beschreiten und für zumindest ein Steuerelement im View eine fixe Größe einstellen. Anschließend legen Sie auch den Abstand dieses Steuerelements zu den Rändern des Containers fix fest.

Diese Vorgehensweise habe ich beim View-Controller Window2VC gewählt (siehe Abbildung 19.3): Das Textfeld hat eine Größe von 322 × 17 Punkten, die Abstände zum Container (SUPERVIEW) sind in allen vier Richtungen fixiert.

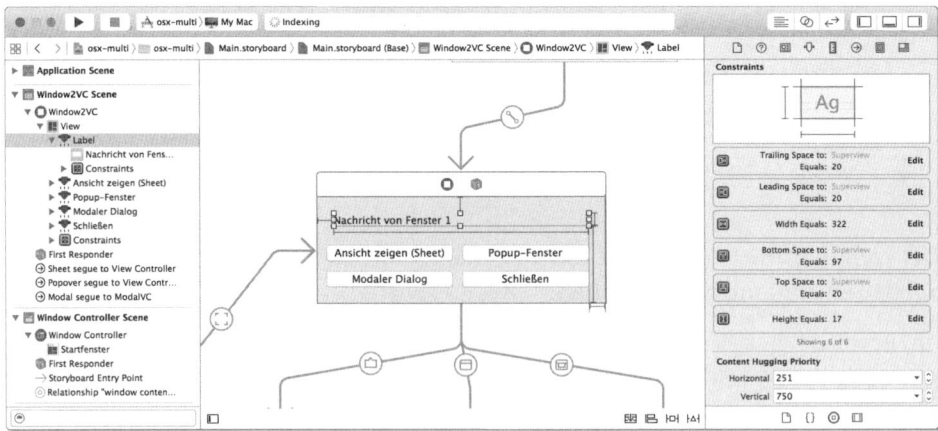

Abbildung 19.3 Layoutregeln für das Textfeld fixieren die Größe der Ansicht.

Window-Eigenschaften des Ziel-Controllers einstellen

Bei Übergängen vom Typ MODAL oder VIEW erscheint der View-Controller in einem neuen Fenster, das unabhängig vom Ausgangsfenster ist. Selbst wenn der Ziel-Controller mit einem Window-Controller verbunden ist, werden die dort eingestellten Fenstereigenschaften ignoriert. Wenn Sie individuelle Einstellungen für das Fenster wünschen, müssen Sie diese in der Methode viewDidAppear des Ziel-Controllers einstellen. Beachten Sie, dass eine Einstellung in viewDidLoad nicht möglich ist! Zu diesem Zeitpunkt existiert noch kein Fenster, die Eigenschaft window enthält daher nil.

Im Beispielprogramm stellt viewDidAppear der Window2VC-Klasse den Fenstertitel ein.

```
// Projekt osx-multi, Datei Window2VC.swift
class Window2VC: NSViewController {
  override func viewDidAppear() {
    super.viewDidAppear()
    let win = view.window!
    win.title = "Noch ein Fenster"
  }
}
```

Auch beim modalen Dialog (Klasse ModalVC) wird der Fenstertitel auf diese Weise eingestellt. Außerdem soll die Fenstergröße unveränderlich sein. Das Fenster darf nicht minimiert oder geschlossen werden. Um das zu erreichen, wird die Eigenschaft styleMask ohne die sonst üblichen Attribute NSResizableWindowMask, NSClosable-WindowMask und NSMiniaturizableWindowMask eingestellt. Das Fenster soll also lediglich den Titel anzeigen.

```
// Projekt osx-multi, Datei ModalVC.swift
override func viewDidAppear() {
  super.viewDidAppear()
  view.window?.title = "Ein modaler Dialog"
  view.window?.styleMask = NSTitledWindowMask
}
```

Ansichten/Fenster schließen

Ansichten, die mit einem Segue des Typs POPOVER, MODAL oder SHEET erzeugt wurden, können mit der Methode dismissController geschlossen werden. Selbst diese eine Zeile Code können Sie sich oft sparen, in dem Sie mit ⌃ctrl⌄-Drag eine Verbindung vom Button zum blauen View-Controller-Icon zeichnen. Im nun erscheinenden Menü wählen Sie unter RECEIVED ACTIONS den Eintrag DISMISSCONTROLLER aus. Beachten Sie aber, dass diese Auswahl eine eventuell andere für den Button einge-

19

richtete Action ersetzt. Wenn es also eine Action-Methode gibt, dann müssen Sie die Methode dismissController dort ausführen.

Ein Sonderfall sind Ansichten, die mit einem SHOW-Segue in einem eigenen, unabhängigen Fenster angezeigt werden. Hier bleibt dismissController wirkungslos. Sie müssen explizit das Fenster mit close schließen.

```
// Projekt osx-multi, Datei Window2VC.swift
class Window2VC: NSViewController {
  // Fenster schließen
  @IBAction func btnClose(sender: NSButton) {
    view.window?.close()
  }
}
```

Segues per Code ausführen

Um einen Segue per Code auszuführen, müssen Sie ihm zuerst im Attributinspektor einen Namen (IDENTIFIER) geben. Anschließend können Sie ihn mit performSegue-WithIdentifier ausführen:

```
@IBAction func btnOpen(sender: NSButton) {
  performSegueWithIdentifier("SegueToAnother", sender: self)
}
```

Fenster per Code erzeugen

Wenn Sie ein neues Fenster ohne Segue per Code erzeugen möchten, müssen Sie im Storyboard sowohl einen Window- als auch einen View-Controller einrichten. Dem Window-Controller müssen Sie im Identity Inspector im Feld STORYBOARD ID einen Namen geben.

In jedem View-Controller können Sie über die Eigenschaft storyboard auf das Storyboard des Programms zugreifen. Die Methode instantiateControllerWithIdentifier erzeugt eine Instanz des namentlich genannten Window-Controllers. showWindow zeigt das Fenster an.

Vergessen Sie nicht, eine Referenz auf den neuen Controller in einer Variablen oder in einem Array zu speichern! Gibt es keine Referenz, löscht die Speicherverwaltung das neu erzeugte Objekt, und das Fenster verschwindet sofort wieder vom Bildschirm.

Im folgenden Beispielcode sollen zusätzlich Daten an den View-Controller im neuen Fenster übergeben werden. Das ist prinzipiell kein Problem, die Vorgehensweise ist aber anders als in prepareForSegue. Der View-Controller ist nämlich bereits initialisiert, und der Code in viewDidLoad wurde schon ausgeführt. Dafür ist es nun möglich, Eigenschaften des Ziel-View-Controllers einzustellen, und ein Property Observer überträgt die Daten dann auf die bereits zur Verfügung stehenden Steuerelemente.

```
// Projekt osx-multi, Datei ViewController.swift
class ViewController: NSViewController {
  var win2array:[NSWindowController] = []

  // anderes Fenster ohne Segue erzeugen
  @IBAction func btnOpen2(sender: NSButton) {
    if let winctrl = storyboard!
      .instantiateControllerWithIdentifier("w2vc")
      as? NSWindowController
    {
      if let w2vc = winctrl.contentViewController as? Window2VC {
        // Daten übertragen
        w2vc.data =  txtfield.stringValue
      }
      winctrl.showWindow(self)
      win2array.append(winctrl)  // sonst sofort wieder weg!
    }
  }
}

// Projekt osx-multi, Datei Window2VC.swift
class Window2VC: NSViewController {
  @IBOutlet weak var label: NSTextField!
  // Property Observer für 'data', wenn das
  // Textfeld zur Verfügung steht, werden
  // Änderungen sofort dort angezeigt
  var data:String? {
    didSet {
      label?.stringValue = data!
    }
  }
  // ... weiterer Code
}
```

19

19.2 Tab-View-Controller

Der in OS X 10.10 eingeführte Tab-View-Controller ergänzt das schon lange verfügbare Tab-View-Steuerelement um eine Variante, die besonders gut für das Storyboard geeignet ist: Mit dem Tab-View-Controller können Sie mehrblättrige Dialoge gestalten, bei denen für jede Dialogseite ein eigener View-Controller zuständig ist.

Das Beispielprogramm in diesem Abschnitt zeigt, wie Sie mit dem Tab-View-Controller einen Einstellungsdialog gestalten (siehe Abbildung 19.4). Der Einstellungsdialog kann wahlweise über den Menüeintrag EINSTELLUNGEN oder einen gleichnamigen Button im Hauptfenster geöffnet werden.

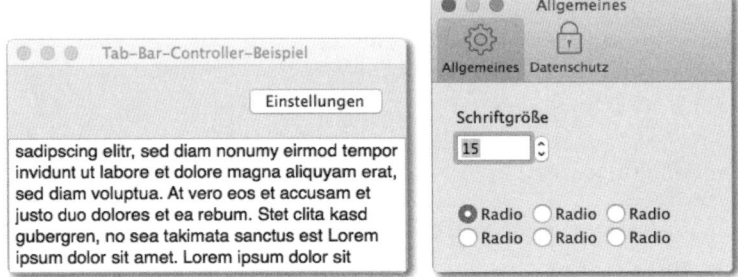

Abbildung 19.4 Veränderung der Textgröße in einem Einstellungsdialog

Dieser Abschnitt ist nicht nur eine logische Fortsetzung zum View-Controller-Beispiel aus dem vorigen Abschnitt, er greift auch nochmals das Thema der User-Defaults auf (siehe auch Abschnitt 11.7, »Daten persistent speichern«):

▶ Zum einen sollen die im Einstellungsdialog veränderten Optionen natürlich bleibend gespeichert werden.

▶ Zum anderen zeigt das Beispiel einen praktikablen Weg auf, wie Sie Defaulteinstellungen für die User-Defaults-Datenbank definieren.

Defaults für User-Defaults?

Die vielen »Defaults« können einen hier schwindlig werden lassen. Eine kurze Erklärung: Die »User-Defaults« sind Benutzereinstellungen, die in einer *.plist-Datei gespeichert werden. Sobald ein Programm einmal einen Wert dort gespeichert hat, kann es später wieder auf ihn zurückgreifen.

Was geschieht aber, wenn das Programm zum ersten Mal läuft und die User Defaults noch leer sind? Dann müssen Standardwerte (Defaults) zum Einsatz kommen. Hier geht es also um diese Default-Werte. Die hier vorgestellten Techniken gelten auch für iOS.

Die einzige Funktion des Beispielprogramms ist die bleibende Einstellung der Textgröße. Alle anderen Radio- und Checkbox-Buttons im Einstellungsdialog dienen nur als Platzhalter.

Storyboard und Tab-View-Controller-Einstellungen

Das Beispielprogramm besteht im Wesentlichen aus einem gewöhnlichen Fenster und einem Einstellungsdialog. In Kombination mit den dazugehörenden View-Controllern und Segues ergibt das ein eindrucksvolles Storyboard (siehe Abbildung 19.5).

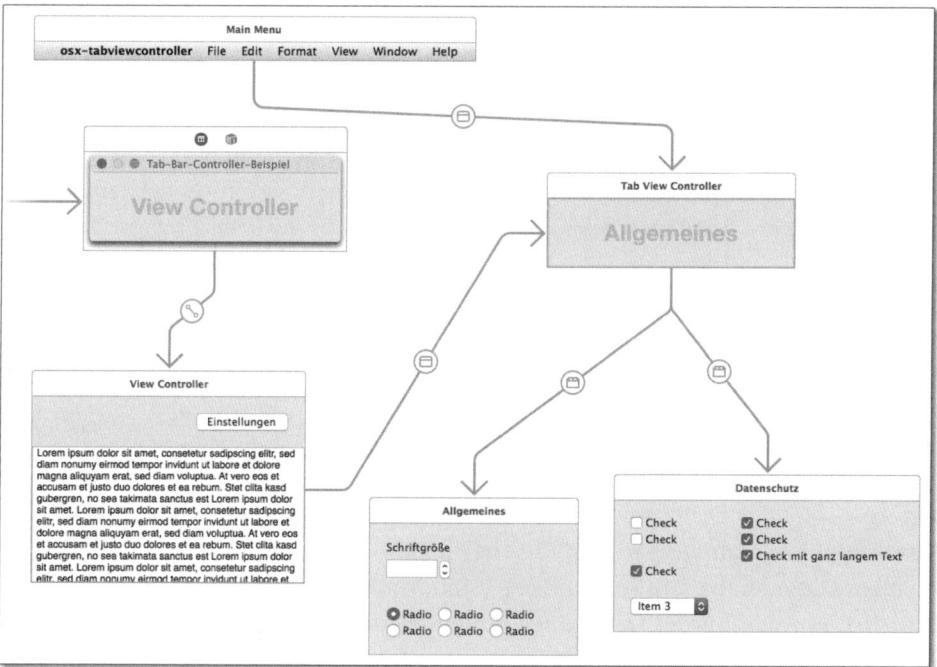

Abbildung 19.5 Storyboard des Tab-View-Controller-Beispiels

Wenn Sie einen Tab-View-Controller aus der Objektbibliothek in das Storyboard einfügen, bildet Xcode eine Kombination aus dem Tab-View-Controller und zwei View-Controllern, die für zwei Seiten des mehrblättrigen Dialogs zuständig sind. Benötigen Sie mehr Seiten, fügen Sie einfach weitere View-Controller ein und stellen mit [ctrl]-Drag eine Verbindung vom Tab-View-Controller zum neuen View-Controller her.

Für den Tab-View-Controller selbst führen Sie im Attributinspektor normalerweise nur eine einzige Einstellung durch: Die STYLE-Eigenschaft bestimmt das Erscheinungsbild des Dialogs, wobei TABS ON TOP, TABS ON BOTTOM oder TOOLBAR zur Auswahl stehen. Letztere Option kommt bei diesem Beispiel zur Anwendung und gibt dem Dialog das aus anderen Programmen vertraute Erscheinungsbild von Einstellungsdialogen.

Tab-Reihenfolge ändern

Mit der Einstellung STYLE = TOOLBAR geht dem Tab-View-Controller leider die Vorschaufunktion verloren. Wenn Sie die Reihenfolge der Tabs ändern möchten, schalten Sie vorübergehend auf TABS ON TOP um und verschieben die Dialogblätter in der Tab-Leiste nach Bedarf.

Der Tab-View-Controller übernimmt die Beschriftung der Reiter automatisch aus den Titeln der enthaltenen View-Controller. Damit jedes Dialogblatt die für Einstellungsdialoge typischen Icons zeigt, fügen Sie zuerst passende Bilder in Images.xcassets ein. Anschließend wählen Sie in der Document Outline oder direkt im Storyboard die Reiter aus (Tool-Bar-Items) und stellen im Attributinspektor die IMAGE-Eigenschaft ein.

Dialogblattgröße

Die Größe des mehrblättrigen Dialogs ergibt sich aus der Größe des gerade aktiven View-Controllers. Wenn Sie vermeiden möchten, dass sich die Fenstergröße mit jedem Seitenwechsel ändert, achten Sie darauf, alle Dialogblätter gleich groß zu gestalten.

Ob die Größe des Dialogs verändert werden kann, hängt davon ab, wie die Größe des View-Controllers bestimmt ist. Gibt es im View-Controller (zumindest) ein Steuerelement, das eine fixe Größe und fixe Abstände zu den vier Rändern des Controllers aufweist, übernimmt der Dialog die Größe unveränderlich. Gibt es hingegen keine derartigen Layoutregeln, kann die Größe des Fensters mit dem mehrblättrigen Dialog im laufenden Betrieb verändert werden.

Im Beispielprogramm können Sie beide Effekte ausprobieren. Im View-Controller für das Dialogblatt ALLGEMEINES gibt es keine Layoutregeln. Solange dieses Dialogblatt angezeigt wird, können Sie die Fenstergröße ändern. Wechseln Sie aber in das Dialogblatt DATENSCHUTZ, vergrößert sich der Einstellungsdialog so weit, dass der gesamte View-Controller Platz findet. Eine Größenänderung ist nun nicht mehr möglich. Die Größe des View-Controllers ergibt sich im Beispielprogramm aus der Checkbox CHECK MIT GANZ LANGEM TEXT. Für dieses Steuerelement wurden sechs Layoutregeln definiert, um Länge, Breite sowie Randabstände zu fixieren.

Segues

Im Beispielprogramm gibt es die folgenden Verbindungen und Segues:

▶ vom Window-Controller zum View-Controller mit dem Lorem-Ipsum-Text (Typ: WINDOW CONTENT)
▶ vom Tab-View-Controller zu den View-Controllern mit den Dialogseiten (Typ: TAB ITEM)

- vom Button Einstellungen zum Tab-View-Controller (Typ: modal)
- vom Menüeintrag Preferences zum Tab-View-Controller (Typ: modal)

Mehr Details zum Umgang mit Menüeinträgen folgen in Abschnitt 19.6, »Menüs«, aber auf ein Detail möchte ich an dieser Stelle schon hinweisen: Da das Menü ein eigenes, vom View-Controller unabhängiges Objekt ist, kommt es im View-Controller des Fensters zu keinem prepareForSegue-Aufruf!

Splitter-Steuerelement

Der View-Controller Allgemeines enthält ein Textfeld und einen sogenannten »Splitter«. Dieses durch die NSSplitter-Klasse abgebildete Steuerelement enthält zwei winzige Buttons mit Pfeilspitzen, die nach oben und unten zeigen. Für den Splitter ist im Attributinspektor ein zulässiger Wertebereich von 6 bis 127 eingestellt. Größere oder kleinere Werte können im Textfeld direkt eingegeben werden, aber nicht durch einen Klick auf den Splitter.

Splitter und Textfeld durch Bindings verbinden

Häufig bietet es sich an, Splitter und Textfeld durch Bindungs zu verbinden (siehe Abschnitt 19.8, »Bindings«). In diesem Beispiel müssen aber *vier* Einstellungen synchronisiert werden: die Textgröße im Hauptfenster, der in den User-Defaults gespeicherte Wert sowie die Inhalte des Textfelds und des Splitters aus dem Einstellungsdialog. Das lässt sich am einfachsten durch einige Zeilen Code bewerkstelligen.

Klassen

Der Code zu dem Beispiel verteilt sich über drei Klassen:

- AppDelegate enthält eine eigene Init-Funktion, die die Datei appdefaults.plist mit den User-Defaults verbindet.
- ViewController mit dem View-Controller zum Hauptfenster lädt beim Erscheinen des Fensters die zuletzt eingestellte Schriftgröße aus den User Defaults.
- SettingsGeneralVC mit dem View-Controller zur Dialogseite Allgemeines synchronisiert das Textfeld zur Veränderungen der Schriftgröße mit dem Splitter, den Einstellungen in den User-Defaults und der Schriftgröße im Hauptfenster.

Application Defaults mit den User-Defaults verbinden (AppDelegate.swift)

Die NSUserDefaults-Klasse bietet die Möglichkeit, mit der Methode registerDefaults ein Dictionary mit Defaulteinstellungen festzulegen. Die dort enthaltenen Einstellungen kommen zum Einsatz, wenn noch nie Benutzereinstellungen gespeichert wurden oder es für den betreffenden Schlüssel keinen Eintrag gibt.

19

Im Beispielprogramm wird dieses Dictionary aus der Datei `appdefaults.plist` extrahiert. Damit können die Defaulteinstellungen sehr komfortabel direkt in Xcode eingetragen und verwaltet werden (siehe Abbildung 19.6).

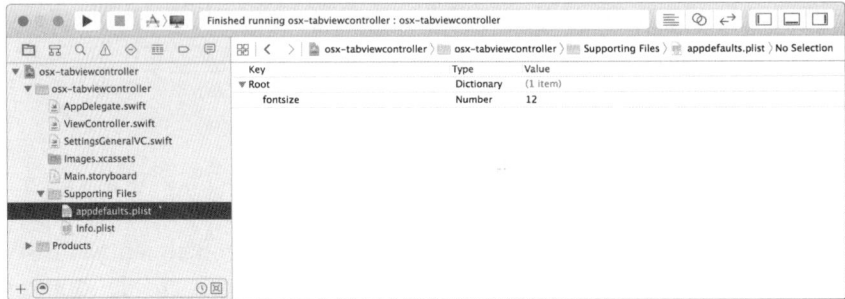

Abbildung 19.6 Die Datei appdefaults.plist mit Defaulteinstellungen für das Programm

Die Verbindung zwischen den User-Defaults und den dazugehörigen Defaultwerten muss ganz früh unmittelbar nach dem Programmstart durchgeführt werden, also noch bevor Window- oder View-Controller geladen werden. Aus diesem Grund wurde in `AppDelegate.swift` die Init-Funktion der `AppDelegate`-Klasse überschrieben. Würde der selbe Code in den Methoden `applicationWillFinishLaunching` oder `applicationDidFinishLaunching` eingebaut, wäre es zu spät, die Defaultwerte blieben unberücksichtigt.

Der eigentliche Code ist unspektakulär: `standardUserDefaults` liefert eine Referenz auf die immer zur Verfügung stehende `NSUserDefaults`-Instanz des Programmes. `URLForResource` ermittelt den Pfad zu der mit dem Programm mitgelieferten Bundle-Datei `appdefaults.plist`. Die Init-Funktion der `NSDirectory`-Klasse bildet aus dieser Datei eine `NSDirectory`-Instanz. Diese wird mit der schon erwähnten Methode `registerDefaults` weiterverarbeitet.

Die `AppDelegate`-Klasse enthält darüber hinaus die Eigenschaft `mainVC`. Sie wird später in `viewDidLoad` der View-Controller-Klasse initialisiert und gibt dann allen Klassen des Programms die Möglichkeit, über das `AppDelegate`-Objekt auf die Steuerelemente des Hauptfensters zuzugreifen.

```swift
// Projekt osx-tabviewcontroller
// Datei AppDelegate.swift
@NSApplicationMain
class AppDelegate: NSObject, NSApplicationDelegate {
  // Verweis auf den View-Controller des Hauptfensters
  var mainVC: ViewController!

  // Defaultwerte für die Benutzereinstellungen laden
  override init() {
    super.init()
```

```
    let userDefaults = NSUserDefaults.standardUserDefaults()
    if let url = NSBundle.mainBundle().URLForResource(
      "appdefaults", withExtension: "plist"),
      appDefaults = NSDictionary(contentsOfURL: url)
    {
      userDefaults.registerDefaults(
        appDefaults as! [String : AnyObject])
    }
  }
}
```

Textgröße aus den User-Defaults lesen (ViewController.swift)

Die Klasse ViewController enthält die beiden Eigenschaften userDefaults und app, die auf Instanzen von AppDelegate und der NSUserDefaults zeigen. Die beiden Ausrufezeichen bei der Initialisierung der app-Eigenschaft sind normalerweise etwas, was den erfahrenen Swift-Programmierer nervös macht. In diesem Fall besteht aber kein Grund zur Sorge: Die delegate-Eigenschaft hat zwar den Typ NSApplicationDelegate?, aber so wie das Programm aufgebaut ist, *muss* diese Eigenschaft eine Instanz der gerade oben beschriebnen AppDelegate-Klasse verweisen.

In viewDidLoad wird zuerst die Eigenschaft mainVC der AppDelegate-Instanz initialisiert. Danach wird aus den User-Defaults die zuletzt gespeicherte Schriftgröße gelesen. Ein Aufruf von setFontSize verändert die Schrift. Dabei wird ein neues NSFont-Objekt erzeugt, das bis auf die Größe die anderen Eigenschaften der bisherigen Schrift übernimmt.

```
// Projekt osx-tabviewcontroller, Datei ViewController.swift
class ViewController: NSViewController {
  @IBOutlet var txtfield: NSTextView!
  // Zugriff auf die User-Defaults und die AppDelegate-Instanz
  var userDefaults =
    NSUserDefaults.standardUserDefaults()
  let app =
    NSApplication.sharedApplication().delegate! as! AppDelegate

  override func viewDidLoad() {
    app.mainVC = self
    // Schriftgröße aus Defaults laden und setzen
    let size = userDefaults.integerForKey("fontsize")
    setFontSize(size)
  }
```

19

```
// Schriftgröße von txtfield ändern
func setFontSize(size:Int) {
  txtfield.font = NSFont(
    descriptor: txtfield.font!.fontDescriptor,
    size: CGFloat(size))
  }
}
```

Andere Schriftattribute ändern

Um aus einer vorhandenen Schrift ein neues NSFont-Objekt mit einer anderen Schrift-
größe zu machen, gibt es die im obigen Listing eingesetzte Init-Funktion. Wenn
Sie andere Schriftattribute ändern möchten, setzen Sie am besten einen NSFont-
Manager ein:

```
let fontmanager = NSFontManager.shareFontManager()
let newfont = fontmanager.convertFont(oldfont,
  toHaveTrait: NSFontTraitMask.BoldFontMask)
```

Einstellungen ändern (SettingsGeneralVC.swift)

Auch die SettingsGeneralVC-Klasse beginnt mit der schon bekannten Definition der
Variablen app und userDefaults. In viewDidLoad wird die delegate-Eigenschaft des Text-
feldes auf self gesetzt. Damit kommt es bei Änderungen im Textfeld zum Aufruf der
Methode controlTextDidChange.

Außerdem lädt userForKey den zuletzt gespeicherten Wert für die Textgröße und ruft
setAndSaveFontSize auf. Diese Methode synchronisiert das Textfeld, den Splitter, die
Textgröße im Hauptfenster und den Wert in den User-Defaults. Auch die Methoden
sizestepper und controlTextDidChange rufen diese Methode auf, sobald ein Benutzer
einen neuen Wert im Textfeld eingibt oder diesen durch die Pfeil-Buttons vergrößert
oder verkleinert.

```
// Projekt osx-tabviewcontroller, Datei SettingsGeneralVC.swift
class SettingsGeneralVC: NSViewController, NSTextFieldDelegate {
  var app = NSApplication.sharedApplication().delegate!
    as! AppDelegate
  var userDefaults =
    NSUserDefaults.standardUserDefaults()
  @IBOutlet weak var sizestepper: NSStepper!
  @IBOutlet weak var fntsize: NSTextField!

  override func viewDidLoad() {
    super.viewDidLoad()
    fntsize.delegate = self
```

```
  // aktuelle Schriftgröße
  let size = userDefaults.integerForKey("fontsize")
  setAndSaveFontSize(size)
}


// Änderungen an den Steuerelementen
@IBAction func sizestepper(sender: NSStepper) {
  setAndSaveFontSize(Int(sizestepper.stringValue)!)
}
override func controlTextDidChange(obj: NSNotification) {
  if let newsize = Int(fntsize.stringValue) {
    setAndSaveFontSize(newsize)
  }
}


// Schriftgröße in den Steuerelementen des Settings-Dialogs
// und im Hauptfenster einstellen, außerdem in den
// User-Defaults speichern
private func setAndSaveFontSize(size:Int) {
  sizestepper.stringValue = "\(size)"
  fntsize.stringValue = "\(size)"
  userDefaults.setInteger(size, forKey: "fontsize")
  app.mainVC.setFontSize(size)
}
}
```

User-Defaults-Interna

Die User-Defaults eines OS-X-Programms werden in einer binären *.plist-Datei im Library-Verzeichnis gespeichert. Der Dateiname dieser Datei ergibt sich aus dem Bundle Identifier des Programms. Beim Beispielprogramm ergibt sich der folgende Dateiname:

```
~/Library/Preferences/info.kofler.osx-tabviewcontroller.plist
```

Im Terminal können Sie mit defaults read die ganze Datei in Textform anzeigen. Dabei ist es nicht notwendig, den Pfad und die Kennung .plist anzugeben.

```
defaults read info.kofler.osx-tabviewcontroller
  {
    fontsize = 12;
  }
```

Mit dem defaults-Kommando können Sie auch einzelne Werte auslesen oder verändern. Details über den Umgang mit diesem Kommando können Sie im Terminal mit man defaults ergründen.

19.3 Standarddialoge

Nicht jeden Dialog müssen Sie selbst programmieren. Für einige, häufig vorkommende Aufgaben stellt das AppKit-Framework fertige Dialoge zur Verfügung. Dazu zählen:

- die Anzeige von Nachrichten und einfachen Auswahldialogen
  (JA, NEIN, ABBRECHEN etc.)
- die Auswahl einer vorhandenen Datei oder eines Verzeichnisses zum Öffnen
- die Auswahl einer neuen Datei zum Speichern
- die Auswahl einer Schrift
- die Auswahl einer Farbe

Das Beispielprogramm osx-dialogs zeigt die Anwendung dieser Standarddialoge (siehe Abbildung 19.7). Ein wenig befremdlich ist dabei, dass die dazu erforderlichen Techniken je nach Dialog stark variieren. Der gesamte Code befindet sich in ViewController.swift. Der Code beginnt mit Outlets für die fünf Ergebnis-Label und die sogenannte »Color Well«:

```
// Projekt osx-dialogs, Datei ViewController.swift
class ViewController: NSViewController {
    @IBOutlet weak var txtMessage: NSTextField!
    @IBOutlet weak var txtFilename: NSTextField!
    @IBOutlet weak var txtFilename2: NSTextField!
    @IBOutlet weak var txtFont: NSTextField!
    @IBOutlet weak var txtColor: NSTextField!
    @IBOutlet weak var colorwell: NSColorWell!

    // ... diverse Methoden, Details folgen gleich
}
```

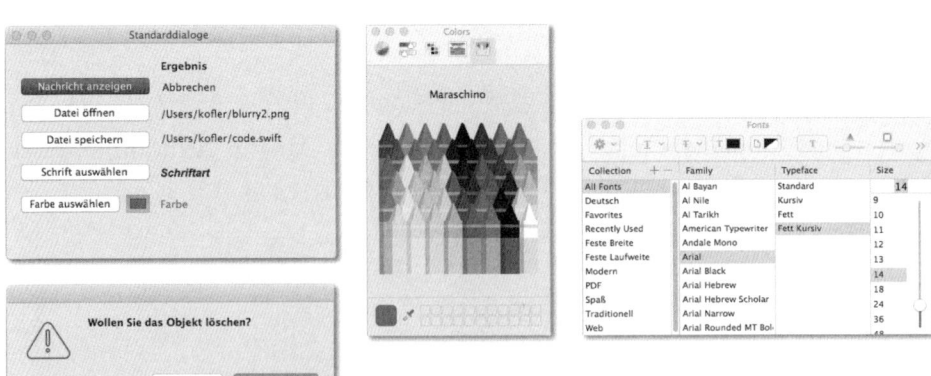

Abbildung 19.7 Demonstration verschiedener Standarddialoge

Nachrichten anzeigen und Ja/Nein-Entscheidungen treffen

Zur Anzeige von Nachrichten, die üblicherweise mit einem OK-Button zu bestätigen sind, und einfachen Dialogen zur Entscheidung zwischen JA/NEIN oder anderen Optionen verwenden Sie eine Instanz der NSAlert-Klasse. Bevor Sie den Dialog mit runModal anzeigen, stellen Sie mit der Eigenschaft messageText die Nachricht ein. addButtonWithTitle fügt beliebig viele Buttons hinzu, wobei der erste Button ganz rechts angezeigt wird.

Die Nachrichtenbox zeigt normalerweise links das Programm-Icon an. Über die icon-Eigenschaft wählen Sie bei Bedarf ein anderes Bild aus Images.xcassets. Mit der zusätzlichen Einstellung alertStyle = CriticalAlertStyle erreichen Sie, dass Ihr Icon um ein Warndreick erweitert wird.

runModal blockiert das restliche Programm, bis der Dialog geschlossen ist. Die Methode gibt für die ersten drei Button NSAlertFirst-, NSAlertSecond- bzw. NSAlertThirdButtonReturn zurück. Gibt es mehr Buttons, müssen Sie deren Rückgabewerte selbst mit NSAlertThirdButtonReturn+n errechnen.

```
// Projekt osx-dialogs, Datei ViewController.swift
// Fortsetzung
class ViewController: NSViewController {
  @IBAction func btnMessage(sender: NSButton) {
    let alert = NSAlert()
    alert.messageText = "Wollen Sie das Objekt löschen?"
    alert.addButtonWithTitle("Abbrechen")
    alert.addButtonWithTitle("Löschen")
    alert.icon = NSImage(named: "warning") // aus Images.xcassets

    switch alert.runModal() {
    case NSAlertFirstButtonReturn:
      txtMessage.stringValue = "Abbrechen"
    case NSAlertSecondButtonReturn:
      txtMessage.stringValue = "Löschen"
    default:
      break
    }
  }
}
```

19

Datei- und Verzeichnisauswahl

Zur Datei- und Verzeichnisauswahl stehen die Klassen NSOpenPanel bzw. NSSavePanel zur Auswahl. Obwohl die mit runModal angezeigten Dialoge ganz ähnlich aussehen, gibt es doch einige grundlegende Unterschiede. So unterstützt nur NSOpenPanel eine Mehrfachauswahl und die Auswahl von Verzeichnissen. Dafür können Sie mit NSFilePanel einen Dateinamen angeben, den es noch gar nicht gibt. Tun Sie dies nicht, erscheint eine Rückfrage, ob Sie die vorhandene Datei überschreiben möchten.

Der Umgang mit den beiden Panel-Klassen ist ganz ähnlich wie beim NSAlert: Sie stellen zuerst einige Eigenschaften ein, öffnen den Dialog dann mit runModal und werten danach die Eigenschaft URL oder URLs aus. Die folgenden Zeilen zeigen den Umgang mit dem NSSavePanel:

```swift
// Projekt osx-dialogs, Datei ViewController.swift
// Fortsetzung
class ViewController: NSViewController {
  @IBAction func btnFileSave(sender: NSButton) {
    let saveFile = NSSavePanel()
    saveFile.title = "Datei speichern"
    saveFile.prompt = "Speichern"
    saveFile.worksWhenModal = true
    saveFile.canCreateDirectories = true
    saveFile.runModal()
    if let url = saveFile.URL, fname = url.path {
      txtFilename2.stringValue = fname
    }
  }
}
```

Auf die Wiedergabe des ganz ähnlichen Codes für das NSOpenPanel habe ich hier verzichtet – werfen Sie gegebenenfalls einen Blick in die Beispieldateien zum Buch. Wie Sie die Dateiauswahl durch die richtige Einstellung der allowedFileTypes-Eigenschaft auf bestimmte Dateitypen einschränken, zeigt ein Beispiel in Abschnitt 20.7, »Drag & Drop-Empfänger für Icons«.

Schrift einstellen

Jedem OS-X-Programm steht eine Instanz des NSFontManager zur Verfügung, der bei allen erdenklichen Aufgaben im Zusammenhang mit Schriften hilft. Der Zugriff auf die Instanz erfolgt über die statische Methode sharedFontManager. Sie können mit convertFont aus einer vorhandenen Schrift eine neue mit einem veränderten Attribut erstellen, mit traitsOfFont die Attribute eines gegebenen NSFont-Objekts herausfinden, mit availableFonts alle verfügbaren Fonts auflisten etc.

Für uns ist hier aber die Methode orderFrontFontPanel am interessantesten. Sie zeigt den aus allen OS-X-Programmen bekannten Dialog zur Schriftauswahl an, der intern durch die NSFontPanel-Klasse realisiert ist. Beachten Sie, dass es sich dabei nicht um einen modalen Dialog handelt. Das Hauptprogramm bleibt weiter benutzbar, der Schriftendialog kann parallel dazu offen bleiben, solange der Benutzer dies wünscht.

Vor dem Aufruf von `orderFrontFontPanel` müssen Sie die Eigenschaften `delegate` und `target` auf `self` stellen, damit in Ihrer View-Controller-Klasse die Methode `changeFont` aufgerufen wird. Zumeist ist es außerdem zweckmäßig, mit `setSelectedFont` die gerade aktuelle Schrift voreinzustellen.

Ein wenig merkwürdig ist die richtige Vorgehensweise in der Methode `changeFont`: Der Font-Manager stellt Ihnen die gerade ausgewählte Schrift nicht als fertiges `NSFont`-Objekt zur Verfügung. Stattdessen müssen Sie ausgehend von einem beliebigen vorhandenen `NSFont`-Objekt mit `convertFont` ein neues Objekt erzeugen, das der durchgeführten Auswahl entspricht.

```swift
// Projekt osx-dialogs, Datei ViewController.swift
// Fortsetzung
class ViewController: NSViewController {
  // Font-Dialog anzeigen
  @IBAction func btnChooseFont(sender: NSButton) {
    let fontmanager = NSFontManager.sharedFontManager()
    fontmanager.delegate = self
    fontmanager.target = self
    fontmanager.setSelectedFont(txtFont.font!, isMultiple: false)
    fontmanager.orderFrontFontPanel(self)
  }
  // Reaktion auf Auswahl einer neuen Schriftart
  override func changeFont(sender: AnyObject?) {
    let oldfont = txtFont.font!
    let newfont = NSFontManager.sharedFontManager()
      .convertFont(oldfont)
    txtFont.font = newfont
  }
}
```

Beachten Sie, dass `changeFont` von nun an immer wieder aufgerufen wird, wenn der Benutzer Änderungen im Schriftendialog durchführt. Wenn Sie in Ihrem Programm verschiedene Schriften einstellen können, müssen Sie in `changeFont` darauf Rücksicht nehmen.

Farbe einstellen

Das Beispielprogramm zeigt gleich zwei Varianten, um die Farbe eines Textfelds einzustellen:

▶ Der Button FARBE AUSWÄHLEN führt zum Aufruf der Action-Methode `btnChoose-Color`. Dort greift der Code über `sharedColorPanel` auf die in jedem OS-X-Programm vorhandene Instanz des `NSColorPanel` zu.

19

Die Methoden `setTarget` und `setAction` geben an, dass bei einer Farbauswahl die Methode `colorSelect` der eigenen Klasse aufgerufen werden soll. `makeKeyAnd-OrderFront` zeigt das Color Panel an. Bei der Farbauswahl können Sie in der durch `setAction` definierten Methode über die `color`-Eigenschaft des `NSColorPanel` die ausgewählte Farbe auslesen.

▶ Noch deutlich einfacher ist es, zur Farbauswahl das Color-Well-Steuerelement zu verwenden (Klasse `NSColorWell`). Das Steuerelement zeigt einen farbigen Button an. Beim Anklicken erscheint automatisch der Farbauswahldialog. Jedes Mal, wenn der Benutzer eine Farbe auswählt, kommt es zum Aufruf der zugeordneten Action-Methode, in der das als `sender` übergebene `NSColorWell`-Objekt die ausgewählte Farbe verrät.

```swift
// Projekt osx-dialogs, Datei ViewController.swift
// Fortsetzung
class ViewController: NSViewController {
  // Farbauswahl mit Button
  @IBAction func btnChooseColor(sender: NSButton) {
    let colorpanel = NSColorPanel.sharedColorPanel()
    colorpanel.setTarget(self)
    colorpanel.setAction("newColor:")
    colorpanel.makeKeyAndOrderFront(self)
  }
  func newColor(sender:AnyObject?) {
    let colorpanel = NSColorPanel.sharedColorPanel()
    txtColor.textColor = colorpanel.color
    // mit Color Well synchronisieren
    colorwell.color = colorpanel.color
  }
  // Farbauswahl mit Color Well
  @IBAction func colorSelect(sender: NSColorWell) {
    txtColor.textColor = sender.color
  }
}
```

19.4   Maus

In vielen Fällen müssen Sie sich um Maus- oder Trackpad-Ereignisse gar nicht kümmern: Das gerade angeklickte Steuerelement erhält den Fokus, es werden Button-Ereignisse ausgelöst, Scrollbalken lassen sich verschieben, Text markieren etc. – alles ohne eine Zeile Code.

Aber wie immer gibt es Ausnahmen, und zwar insbesondere dann, wenn Sie mit View- oder Image-View-Elementen arbeiten: Diese Steuerelemente sehen nämlich keine Actions zur Verarbeitung von Mausklicks vor, und es gibt auch kein Delegate-Protokoll mit entsprechenden Methoden. Vielmehr müssen Sie eine eigene, von NSView oder NSImageView abgeleitete Klasse erzeugen und diese dann im Identity Inspector als CUSTOM CLASS angeben.

Mausereignisse

In der von NSView abgeleiteten Klasse können Sie nun die folgenden Methoden überschreiben:

- ▸ mouseEntered: Der Mauszeiger wurde in das Steuerelement hineinbewegt.
- ▸ mouseDown: Die linke Maus- oder Trackpad-Taste wurde gedrückt.
- ▸ mouseDragged: Die Maus wurde bei gedrückter Maustaste bewegt.
- ▸ mouseUp: Die Maustaste wurde losgelassen.
- ▸ mouseExited: Der Mauscursor hat das Steuerelement verlassen oder befindet sich momentan über einem anderen Steuerelement innerhalb der View.

Die Methoden mouseDown, mouseDragged und mouseUp gelten nur für die linke Maustaste. Für die rechte gibt es drei weitere Methoden:

- ▸ rightMouseDown: Die rechte Maus- oder Trackpad-Taste wurde gedrückt.
- ▸ rightMouseDragged: Die Maus wurde bei gedrückter Maustaste bewegt.
- ▸ rightMouseUp: Die Maustaste wurde losgelassen.

An all diese Methoden wird ein NSEvent-Objekt übergeben, aus dem die Mausposition sowie der Status der Zustandstasten ⇧, ctrl, alt und ⌘ ermittelt werden kann. Bevor wir uns mit der Mausposition beschäftigen können, sind aber noch einige Grundlagen zum Koordinatensystem erforderlich, das innerhalb eines NSView-Steuerelements gilt.

Koordinatensysteme, Bounds und Frames

Grundsätzlich gilt sowohl für das Fenster als Ganzes als auch für jedes einzelne darin enthaltene Steuerelement ein Koordinatensystem, dessen Ursprung in der Ecke links unten ist (siehe Abbildung 19.8). Als Einheit werden Punkte verwendet, wobei aber bei Retina-Bildschirmen in jede Richtung zwei Pixel gezeichnet werden. Sehr hilfreich ist in diesem Zusammenhang, dass Koordinaten und Größen schon seit jeher mit CGFloat-Zahlen ausgedrückt werden, also mit Fließkommazahlen. Intern handelt es sich bei CGFloat-Zahlen unter OS X um Double-Zahlen, weil es alle aktuelle Versionen von OS X nur noch in 64-Bit-Versionen gibt.

Jedes Steuerelement gibt anhand von zwei Eigenschaften Auskunft über seine Position und Größe:

19

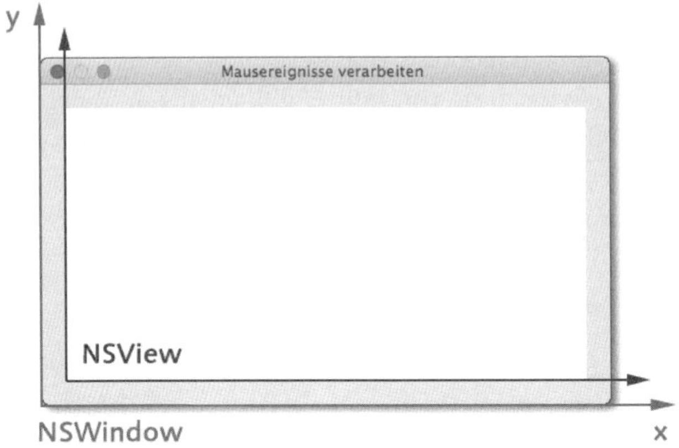

Abbildung 19.8 Koordinatensystem des Fensters und einer darin enthaltenen View

▶ bounds enthält NSRect-Daten im Koordinatensystem des Steuerelement.

▶ frame enthält ein weiteres NSRect-Element, das aber das Koordinatensystem des Containers verwendet, also der View, in der das Steuerelement enthalten ist.

Grundsätzlich gilt, dass keine der beiden Eigenschaften das Koordinatensystem des Fensters verwendet! Die frame-Koordinaten stimmen nur dann mit den Fensterkoordinaten überein, wenn sich Steuerelemente direkt in der ersten View des Fensters befinden, die dieses vollständig ausfüllt.

NSPoint, NSSize, NSRect versus CGPoint, CGSize, CGRect

Beim Umgang mit bounds und frame werden Sie mit drei Datenstrukturen konfrontiert, die Sie auch sonst häufig benötigen. NSPoint enthält einen Koordinatenpunkt, dessen Position aus den Eigenschaften x und y hervorgeht. NSSize enthält eine Größenangabe, die durch die Eigenschaften width und height definiert ist. Ein NSRect -Element beschreibt Position und Größe eines Rechtecks. Intern setzt es sich aus einem NSPoint- und einem NSSize-Element zusammen. Die beiden Strukturen sprechen Sie über die Eigenschaften origin und size an.

NSPoint, NSSize und NSRect sind als typealias der aus Core Graphics stammenden Strukturen CGPoint, CGSize und CGRect definiert. Deswegen können Sie zwischen diesen Strukturen beliebig wechseln.

Mausposition ergründen

Das an die diversen mouse-Methoden übergebene NSEvent-Objekt verrät über die Eigenschaft locationInWindow die Position des Mauscursors. Wie der Name der Eigenschaft schon vermuten lässt, wird die Position des Mauscursors im Koordinatensystem des Fensters angegeben.

Häufig werden Sie die Koordinatenposition aber im Koordinatensystem der NSView-Klassen benötigen, die Sie implementieren. Zur Umrechnung stellt die NSView-Klasse die Methode convertPoint zur Verfügung. An diese Methode übergeben Sie im ersten Parameter die Position. Im zweiten Parameter können Sie ein anderes NSView-Objekt angeben, wenn die ursprüngliche Position relativ zu diesem Objekt ist. Bei Positionen im Fensterkoordinatensystem übergeben Sie hier einfach nil.

```
class MyView: NSView {
  override func mouseDown(theEvent: NSEvent) {
    let locationInView =
      convertPoint(theEvent.locationInWindow, fromView:nil)
    ...
  }
}
```

Statustasten

In vielen Programmen müssen in Mausereignissen auch die Zustandstasten ⇧, ctrl, alt und ⌘ berücksichtigt werden. Das NSEvent-Objekt stellt Ihnen entsprechende Informationen in der modifierFlags-Eigenschaft als OptionSet (siehe Abschnitt 4.4, »Option-Sets (OptionSetType)«) zur Verfügung. Um zu testen, ob ein bestimmtes Flag gesetzt ist, verwenden Sie am besten die contains-Methode:

```
if mod.contains(.ShiftKeyMask) { ... } // Shift ist gedrückt
```

Beispielprogramm

Das Beispielprogramm besteht aus einem Fenster, das im Inneren mit einem Abstand von 20 Punkten zu den Rändern ein View-Steuerelement mit weißem Hintergrund enthält. Dort können Sie per Mausklick rote Kreise zeichnen. Wenn Sie außerdem die ⇧-Taste drücken, werden die Kreislinien stärker ausgeführt (siehe Abbildung 19.9).

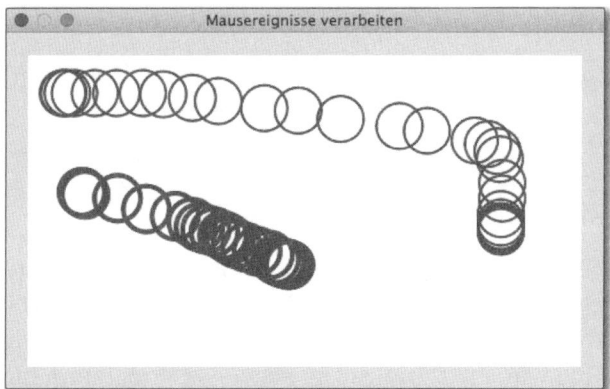

Abbildung 19.9 Kreise zeichnen mit der Maus

Das Beispielprogramm definiert außer den vom Xcode vorgesehenen Klassen die eigene Klasse `MyView` sowie die Datenstruktur `Circle`, um die Daten eines Kreises zu speichern. Der Swift-Compiler erzeugt für die `Circle`-Struktur eine Init-Funktion, an die die Parameter in der Reihenfolge übergeben werden, in der sie definiert sind.

```
// Projekt osx-mouse, Datei Circle.swift
struct Circle {
  var x:CGFloat            // x-Koordinate
  var y:CGFloat            // y-Koordinate
  var radius:CGFloat       // Radius
  var lineWidth: CGFloat   // Linienstärke
  var color:NSColor        // Farbe
}
```

Die `MyView`-Klasse ist von `NSView` abgeleitet. Im Identity Inspector ist diese Klasse als CUSTOM CLASS für das View-Steuerelement im Zentrum des View-Controllers eingestellt (siehe Abbildung 19.10).

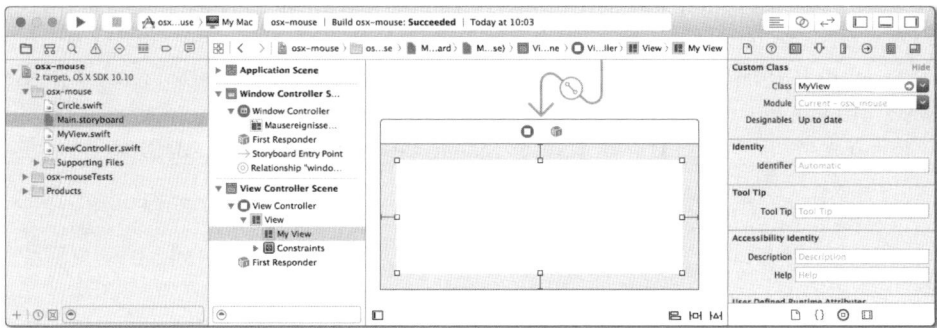

Abbildung 19.10 Das Storyboard des Beispielprogramms

Die MyView-Klasse

Die `MyView`-Klasse hat zwei Aufgaben:

▶ Einerseits reagiert sie auf Mausklicks. Sie ermittelt die Position und fügt dann dem Array `circles` ein neues `Circle`-Element mit den Eckdaten des Kreises hinzu.

▶ Andererseits zeichnet sie den Inhalt der View bei Bedarf neu – also immer dann, wenn ein neuer Kreis hinzukommt, wenn das Fenster vorübergehend verdeckt war oder wenn sich die Fenstergröße ändert.

Bei Änderungen der Fenstergröße bleibt die Position der bisher gezeichneten Kreise unverändert. Das ist insofern nicht selbstverständlich, als eine direkte Interpretation der Koordinaten dazu führen würde, dass die Kreise bei einer Vergrößerung des Fensters nach unten wandern würden. Deswegen speichert das Programm die

Y-Koordinate so, als würde sich der Koordinatenursprung oben befinden. Beim Zeichnen wird die Y-Koordinate dann wieder in das OS-X-Koordinatensystem gerechnet.

Auf noch ein Detail möchte ich hinweisen: Die vielleicht naheliegendere Lösung der Aufgabenstellung bestünde darin, einfach in der mouseDown-Methode einen Kreis an der Mausposition zu zeichnen. Das ist aber zum einen gar nicht vorgesehen; gelänge es doch, ergibt sich der Nachteil, dass die Zeichenoperation nicht nachhaltig ist. Das Programm und somit auch die selbst implementierte View muss ja zu einem späteren Zeitpunkt in der Lage sein, seinen bzw. ihren Inhalt wieder neu zu zeichnen. Aus diesem Grund speichert das Programm Position, Größe, Farbe etc. jedes Kreises in einem Array von Circle-Strukturen.

Die Klasse MyView ist mit dem Attribut @IBDesignable gekennzeichnet. Das bedeutet, dass Xcode die Klasse sofort kompiliert und das Steuerelement im Storyboard-Editor so anzeigt, wie es später aussehen wird. In unserem Fall bewirkt dies, dass das Steuerelement mit weißem und nicht wie sonst üblich mit grauem Hintergrund dargestellt wird.

```
// Projekt osx-mouse, Datei MyView.swift
@IBDesignable
class MyView: NSView {
  var circles = [Circle]()

  // Code folgt gleich
  override func drawRect(dirtyRect: NSRect) { ... }
  override func mouseDown(theEvent: NSEvent) { ... }
}
```

Die drawRect-Methode

In eigenen Steuerelementen muss die drawRect-Methode überschrieben werden, um den Inhalt des Steuerelements zu zeichnen. In diesem Buch gab es dafür bei der iOS-Programmierung ja schon mehrere Beispiele, z. B. beim Steuerelement zur Richtungsanzeige in der »Schatzsuche«-App (siehe Abschnitt 15.4).

Bei diesem Beispiel ist die Aufgabenstellung einfach: Zuerst wird mit NSRectFill ein weißer Hintergrund gezeichnet; danach wird für jeden Kreis aus dem circles-Array ein NSBezierPath-Objekt erzeugt und gezeichnet. Der Code sollte auch ohne Hintergrundwissen in der Grafikprogrammierung plausibel sein. Beachten Sie die Berechnung der Y-Koordinate des Kreismittelpunkts: Diese ergibt sich aus der Innengröße der View minus dem im Circle-Element gespeicherten Wert.

Eine denkbare Optimierung bestünde darin, vorweg bei jedem Kreis zu überprüfen, ob dieser überhaupt innerhalb des als dirtyRect-Parameter vorgegebenen Zeichenbereichs liegt (Bounding-Box-Test). Wenn sehr viele komplexe Grafikelemente effizient dargestellt werden sollen, könnte das zu einem flüssigeren Bildaufbau führen. Bei diesem Beispiel lohnt sich die Mühe aber nicht.

```swift
// Projekt osx-mouse, Datei MyView.swift
@IBDesignable
class MyView: NSView {
  var circles = [Circle]()

  override func drawRect(dirtyRect: NSRect) {
    // weißer Hintergrund
    NSColor.whiteColor().setFill()
    NSRectFill(dirtyRect)

    // falls nicht NSView als Basisklasse:
    // super.drawRect(dirtyRect)

    // Vordergrund
    for c in circles {
      let path = NSBezierPath()
      path.appendBezierPathWithArcWithCenter(
        NSPoint( x: c.x,
                 y: bounds.size.height - c.y),
            radius: c.radius,
        startAngle: 0,
          endAngle: 360)
      c.color.set()
      path.lineWidth = c.lineWidth
      path.stroke()
    }
  }
}
```

Aufruf von super.drawRect

Bei Steuerelementen, die direkt von NSView abgeleitet sind, enthält die drawRect-Methode der Basisklasse keinen Code. Ein Aufruf ist daher überflüssig.

Bei anderen Steuerelementen müssen Sie aber in Ihrer eigenen drawRect-Methode super.drawRect aufrufen, wenn das Steuerelement zuerst seinen eigenen Inhalt zeichnen soll. Der Aufruf von super.drawRect sollte nach dem Zeichnen eines eigenen Hintergrunds erfolgen, aber vor weiteren Grafikausgaben, die zuletzt über dem Originalsteuerelement sichtbar sein sollen.

Die mouseDown-Methode

In mouseDown wird die Position des Mauscursors in das View-Koordinatensystem umgerechnet. Die Y-Koordinate wird außerdem so umgerechnet, dass sie den Abstand von oben und nicht von unten bestimmt. Je nachdem, ob die ⇧-Taste gedrückt wird oder nicht, verwendet die Methode eine unterschiedliche Linienstärke. Das so erzeugte Kreiselement wird nun dem circles-Array hinzugefügt.

Jetzt könnten wir es uns einfach machen und mit der Anweisung

```
setNeedsDisplayInRect(bounds)
```

einfach ein Neuzeichnen des gesamten Steuerelements auslösen. Aber stellen Sie sich vor, das Programm läuft im Vollbildmodus auf einem Retina-iMac mit rund 15 Millionen Pixel: Der gesamte Fensterinhalt würde neu gezeichnet, obwohl sich nur ein vergleichsweise kleiner Bereich geändert hat. Deswegen ist es hier wirklich zweckmäßig, ein NSRect-Element zusammenzusetzen, das den Kreis umhüllt. Dabei dürfen Sie die Linienstärke nicht vergessen, sonst wird der Kreis beim Zeichnen an den Rändern beschnitten! Wichtig ist auch, dass die Methode setNeedsDisplayInRect die Y-Koordinate natürlich im Koordinatensystem der View erwartet.

```
// Projekt osx-mouse, Datei MyView.swift, Fortsetzung
class MyView: NSView {
  override func mouseDown(theEvent: NSEvent) {
    let locationInView =
      convertPoint(theEvent.locationInWindow, fromView:nil)
    let x = locationInView.x
    let y1 = locationInView.y          // OS-X-Koordinatensystem
    let y2 = bounds.size.height - y1  // eigenes Koordinatensys.
    let r = CGFloat(20)
    let lw:CGFloat

    if theEvent.modifierFlags.contains(.ShiftKeyMask) {
      lw = CGFloat(4)
    } else {
      lw = CGFloat(2)
    }

    let color = NSColor.redColor()
    circles.append(Circle(x: x, y: y2, radius: r,
                          lineWidth: lw, color: color))
```

19

```
    // neu zu zeichnenden Bereich festlegen
    let rect = NSRect(
            x: x - r - lw,
            y: y1 - r - lw,
        width: 2 * (r + lw),
       height: 2 * (r + lw))
    setNeedsDisplayInRect(rect)
  }
}
```

Wenn Sie durch eine Mausbewegung mit gedrückter Maustaste viele Kreise hintereinander zeichnen möchten, rufen Sie mouseDown einfach auch aus der mouseDragged-Methode auf. Auf die mouseDragged-Methode werden wir dann wieder in Abschnitt 20.2, »Drag & Drop«, stoßen, wo sie verwendet wird, um eine Drag & Drop-Operation zu initiieren.

```
// bei gedrückter Maustaste viele Kreise zeichnen
override func mouseDragged(theEvent: NSEvent) {
  mouseDown(theEvent)
}
```

19.5 Tastatur

Mit Tastaturereignissen ist es ähnlich wie mit Mausereignissen: In vielen Fällen kümmert sich OS X bzw. das AppKit-Framework um deren Verarbeitung, z. B. in Textfeldern. Es gibt aber zwei Ausnahmen:

▶ In Textfeldern wollen Sie mitunter sofort bei jeder Eingabe auf diese reagieren, z. B. um bestimmte Eingaben zu unterbinden oder um andere Objekte zu synchronisieren. In solchen Fällen implementieren Sie in der View-Controller-Klasse das NSTextFieldDelegate-Protokoll, setzen die delegate-Eigenschaft des Textfelds auf self und können dann in diversen controlText-Methoden auf Textereignisse reagieren.

Ein Beispiel für diese Vorgehensweise gibt die Klasse SettingsGeneralVC.swift im Projekt osx-tabviewcontroller, das ich in Abschnitt 19.2, »Tab-View-Controller«, beschrieben habe.

▶ Bei Steuerelementen, die von sich aus keine Tastatureingaben verarbeiten, müssen Sie eine eigene Klasse mit diversen Responder-Methoden programmieren. Der Umgang mit der NSResponder-Klasse steht im Mittelpunkt dieses Abschnitts.

Die NSResponder-Klasse

Die NSView-, die NSWindow- und die NSApplication-Klasse haben eine Gemeinsamkeit: Sie sind alle von der NSResponder-Klasse abgeleitet. Das gibt ihnen die Möglichkeit, zu einem sogenannten »First Responder« zu werden. Mit diesem Begriff wird dasjenige Objekt bezeichnet, das als erstes Tastatureingaben, Menükommandos etc. verarbeitet. In jedem Fenster kann immer nur ein Objekt bzw. Steuerelement der First Responder sein. Es ist aber erlaubt, dass mehrere Fenster jeweils ihren eigenen First Responder aufweisen. In diesem Fall verarbeitet das gerade aktive Fenster die Eingaben.

Wenn der Benutzer in einem Fenster mit mehreren Textfeldern eines davon anklickt, dann muss zuerst das gerade aktive Steuerelement seinen First-Responder-Status abgeben. Anschließend muss das angeklickte Steuerelement den First-Responder-Status akzeptieren. Erst danach kann das Textfeld Eingaben empfangen. In anderen GUI-Frameworks würde man sagen: Es hat den Eingabefokus erhalten.

Damit Ihre eigene View-Klasse als First Responder agieren kann, sind nur wenige Zeilen Code erforderlich:

```
class MyView: NSView {
  override var acceptsFirstResponder:Bool { return true }
  override func becomeFirstResponder() -> Bool {
    return true
  }
  override func resignFirstResponder() -> Bool {
    return true
  }
}
```

Eine kurze Erklärung:

- ▶ Die Read-only-Eigenschaft acceptsFirstResponder muss den Wert true zurückgeben. Damit bringt das NSView-Objekt zum Ausdruck, dass es bereit ist, als First Responder Tastaturereignisse zu verarbeiten.

- ▶ Die Methode becomeFirstResponder wird aufgerufen, wenn die View zum First Responder wird. Diese Methode gibt üblicherweise true zurück, d. h., die View akzeptiert den First-Responder-Status.

  In Fenstern mit mehreren Steuerelementen ist es zumeist zweckmäßig, das Steuerelement jetzt zu kennzeichnen. Beispielsweise können Sie in Ihrer Klasse eine highlight-Eigenschaft definieren, diese in drawRect auswerten und dort bei Bedarf einen Rahmen rund um das Steuerelement zeichnen. Ein Beispiel für diese Vorgehensweise finden Sie in Abschnitt 20.2, »Drag & Drop«.

19

▶ Die Methode `resignFirstResponder` wird aufgerufen, wenn die View den First-Responder-Status wieder verliert. Wenn das aus irgendeinem Grund gerade nicht möglich ist, können Sie das durch die Rückgabe von `false` verhindern.

Tastaturereignisse

Sobald Ihre View der First Responder ist, führt jede Tastatureingabe zum Aufruf der folgenden Methoden:

▶ `keyDown`: Eine Taste wurde gedrückt. Diese Methode wird mehrfach aufgerufen, wenn die Taste länger gedrückt bleibt (Auto-Repeat).
▶ `keyUp`: Eine Taste wurde losgelassen.
▶ `flagsChanged`: Die Zustandstasten ⇧, ⌃, ⌥ oder ⌘ haben sich geändert.

An diese Methoden wird jeweils ein `NSEvent`-Objekt übergeben, das Ihnen von den Mausereignissen ja schon vertraut ist. Sie können nun einige tastaturspezifische Eigenschaften dieses Objekts auswerten:

▶ `characters` enthält eine Zeichenkette mit dem eingegebenen Zeichen.
▶ `keyCode` enthält den Code der gedrückten Taste.
▶ `modifierFlags` enthält eine Kombination von Werten, die den Zustand von ⇧, ⌃, ⌥ oder ⌘ widerspiegeln.

Es ist grundsätzlich möglich, in `keyDown` diese Eigenschaften auszuwerten und im Programm dann entsprechend darauf zu reagieren. Allerdings bereitet speziell die Interpretation des `keyCode`-Werts Probleme. Das Cocoa-Framework enthält nämlich keine Enumeration bzw. keine Konstanten mit den zulässigen Werten.

Einfacher ist es in der Regel, das `NSEvent`-Objekt an die Methode `interpretKeyEvents` zu übergeben. Dann kümmert sich diese Methode um die Auswertung der Eingabe. In der Folge kommt es für jede denkbare Aktion zur Ausführung einer entsprechenden Methode. Die Dokumentation der `NSResponder`-Klasse zählt über 80 derartige Methoden auf. Zu ihnen zählen:

▶ `cancelOperation`: Der Vorgang soll abgebrochen werden (`esc`).
▶ `deleteXxx`: Es sollen Daten gelöscht werden.
▶ `insertText`: Es wurde ein Zeichen eingegeben.
▶ `insertXxx`: Es sollen Sonderzeichen eingefügt werden, z. B. ein Tabulatorzeichen.
▶ `moveXxx`, `pageXxx`: Die Cursorposition soll verändert werden.
▶ `scrollXxx`: Der sichtbare Ausschnitt der Daten soll verändert werden.
▶ `selectXxx`: Der ausgewählte Bereich der Daten soll verändert werden.

Beispielprogramm

Das Beispielprogramm zu diesem Abschnitt zeigt das Icon eines Hockey-Spielers. Dessen Position können Sie mit den Cursortasten oder mit den Tasten Ⓘ, Ⓙ, Ⓚ und Ⓜ steuern. Bei einer Bewegung nach links ändert das Icon-Symbol sogar seine Richtung – der Hockey-Schläger zeigt also immer nach vorne.

Abbildung 19.11 Beispielprogramm zur Verarbeitung von Tastaturereignissen

---

Verwenden Sie Sprite Kit zur Spielprogrammierung!

Der spielerische Charakter dieses Beispiels soll Sie keineswegs dazu animieren, selbst auf dieser Basis Spiele zu programmieren! Dazu gibt es eigene Bibliotheken, unter anderem das sogenannte Sprite Kit.

Das Beispielprogramm besteht lediglich aus einem Fenster mit der standardmäßig bereits enthaltenen View. Dessen CUSTOM CLASS wurde auf `MyView` umgestellt. Bis auf wenige Zeilen in `viewDidLoad` des View-Controllers befindet sich der gesamte Code dieses Beispiels in `MyView.swift`.

Bei der Initialisierung eines `MyView`-Objekts werden aus `Images.xcassets` zwei Icons mit den nach vorne bzw. nach hinten laufenden Hockey-Spielern geladen. Die Klasseneigenschaften `x` und `y` bestimmen die aktuelle Position des Spielers, `img` verweist auf das gerade gültige Icon. `x`, `y` und `img` werden in `viewDidLoad` der View-Controller-Klasse mit Startwerten belegt.

```
// Projekt osx-keyboard, Datei MyView.swift
class MyView: NSView {
  // Bitmaps sind im Images.xcassets
  let forward = NSImage(named: "hockey")!
  let backward = NSImage(named: "hockey-back")!
  let size:CGFloat = 64  // Größe des Icons
```

```
// Eigenschaften
var x:CGFloat!    // x-Koordinate
var y:CGFloat!    // y-Koordinate, von oben gerechnet!
var img:NSImage!

// als First Responder auftreten
override var acceptsFirstResponder:Bool { return true }
override func becomeFirstResponder() -> Bool {
  return true
}
override func resignFirstResponder() -> Bool {
  return true
}

// ... weitere Methoden, Details folgen
}
```

drawRect zeichnet das Hockey-Icon mit der Methode drawInRect an die aktuelle Position. Vorher stellen zwei verschachtelte min/max-Funktionen sicher, dass sich der Hockey-Spieler innerhalb der View befindet. Die Kontrolle an dieser Stelle vereinfacht nicht nur den restlichen Code, sondern ist auch bei einer Veränderung der Fenstergröße wirksam. Dabei kommt es nämlich immer zu einem drawRect-Aufruf.

```
// Projekt osx-keyboard, Datei MyView.swift, Fortsetzung
class MyView: NSView {
  // den Hockey-Spieler zeichnen
  override func drawRect(dirtyRect: NSRect) {
    if img == nil { return }
    // Position muss innerhalb der View sein
    x = max(0, min(bounds.width - size, x))
    y = max(0, min(bounds.height - size, y))
    let rect = NSRect(x: x,
                      y: bounds.height - y - size,
                  width: size,
                 height: size)
    img.drawInRect(rect)
  }
}
```

Beim Drücken einer Taste wird die Methode keyDown aufgerufen. Sie übergibt das NSEvent-Objekt direkt an interpretKeyEvents. Wenn diese Methode das Drücken der Cursortasten erkennt, kommt es zum Aufruf der vier move-Methoden. Eingaben von Buchstaben führen zum Aufruf von insertText, wo die Tasten [I], [J], [K] und [M] wie Cursortasten behandelt werden. In den move-Methoden wird der Einfachheit halber ein Neuzeichnen der gesamten View ausgelöst.

```swift
// Projekt osx-keyboard, Datei MyView.swift, Fortsetzung
class MyView: NSView {
  // Eingabe auswerten
  override func keyDown(theEvent: NSEvent) {
    interpretKeyEvents([theEvent])
  }
  override func insertText(insertString: AnyObject) {
    if let input = insertString as? String {
      switch  input.lowercaseString {
      case "j":
        moveLeft(self)
      case "k":
        moveLeft(self)
      case "i":
        moveUp(self)
      case "m":
        moveDown(self)
      default:
        break
      }
    }
  }
  // Figur bewegen
  override func moveLeft(sender: AnyObject?) {
    x = x - 10
    img = backward
    setNeedsDisplayInRect(bounds)
  }
  override func moveRight(sender: AnyObject?) {
    x = x + 10
    img = forward
    setNeedsDisplayInRect(bounds)
  }
  override func moveDown(sender: AnyObject?) {
    y = y + 10
    setNeedsDisplayInRect(bounds)
  }
  override func moveUp(sender: AnyObject?) {
    y = y - 10
    setNeedsDisplayInRect(bounds)
  }
}
```

19

19.6 Menüs

Menüs sind ein zentrales Steuerungselement vieler OS-X-Programme, wenngleich viele Programme für eine möglichst menülose Bedienung optimiert sind. Dieser Abschnitt gibt einen Überblick über die verschiedenen Erscheinungsformen von Menüs und über deren Anwendung in eigenen Programmen. Das dazugehörende Beispielprogramm osx-menu besteht aus zwei Fenstern. Das Menü EIGENES MENÜ besteht aus den folgenden Einträgen:

- TEST 1 ist immer verwendbar, die Action-Methode befindet sich in AppDelegate.
- TEST 2 ist nur verwendbar, wenn Fenster 1 aktiv ist. Die Action-Methode befindet sich in der ViewController-Klasse.
- TEST 3 und TEST 4 sind verwendbar, wenn eine Instanz von Fenster 2 aktiv ist. TEST 4 zeigt ein Auswahlhäkchen an, das durch die Menüauswahl gesetzt bzw. wieder entfernt wird. Die Action-Methoden befinden sich im ViewController2.

Innerhalb des zweiten Fensters steht außerdem ein Kontextmenü mit drei Einträgen zur Verfügung (siehe Abbildung 19.12).

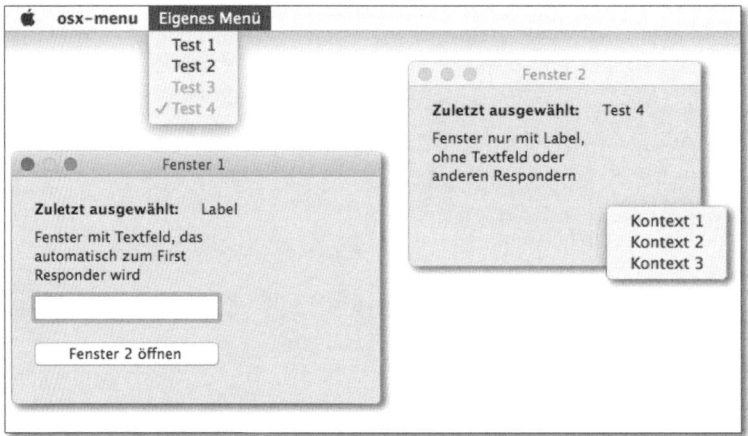

Abbildung 19.12 Menübeispielprogramm

Die Responder-Kette

Wie die Verarbeitung von Menüaktionen vor sich geht, lässt sich nur mit etwas Grundwissen über den sogenannten First Responder und die nachfolgende Responder-Kette begreifen. Auf den First Responder sind Sie ja im vorigen Abschnitt schon gestoßen: So wird das Objekt bezeichnet, das Tastaturereignisse empfangen und verarbeiten kann. Oft handelt es sich dabei um ein Textfeld, aber prinzipiell sind alle Objekte von Klassen dazu in der Lage, die von NSResponder abgeleitet sind. Zu diesen Klassen zählen:

- ▶ NSView und somit alle Steuerelemente
- ▶ NSViewController
- ▶ NSWindow und NSWindowController
- ▶ NSDocumentController (hilft bei der Konzeption von Programmen, die in ihren Fenstern Dokumente verwalten – also Editoren jeder Art, Office-Programme etc.)
- ▶ NSApplication

Der Nachrichtenfluss beginnt beim First Responder. Ist dieser an der Nachricht nicht interessiert, leitet er die Nachricht an das nächste Objekt in der Responder-Kette weiter (siehe Abbildung 19.13). Dieser Nachrichtenfluss endet, wenn ein Objekt das Ereignis verarbeitet. »Eine Nachricht empfangen« bedeutet, dass eine entsprechende Methode aufgerufen wird.

Wie die Responder-Kette ausgeprägt ist, hängt von der Gestaltung des Programmes ab. Gibt es einen Window-Controller? Gibt es View-Controller? Gibt es einen Document-Controller? Sind Window-Delegates implementiert? Wie verschachtelt sind die Steuerelemente im Fenster?

Zudem ändert sich die Responder-Kette während der Programmausführung ständig: Mal ist das eine Fenster mit einem Textfeld aktiv, dann wieder ein Dialog mit anderen Steuerelementen. Sicher ist nur: Am Ende der Responder-Kette steht immer das NSApplication-Objekt sowie dessen Delegates, in einem typischen Storyboard-Projekt also die AppDelegate-Klasse.

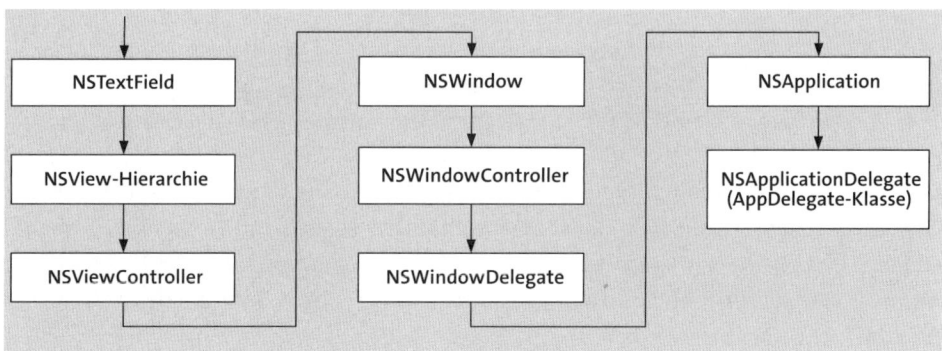

Abbildung 19.13 Eine mögliche Responder-Kette für Ereignisse

Und warum ist dies für Menüs relevant? Weil auch Menüereignisse, also die Auswahl eines Menükommandos, über die Responder Chain zuerst an den First Responder geleitet werden und anschließend über alle anderen Objekte der Responder-Kette.

Gestaltung der Menüleiste

Neue Xcode-Projekte enthalten eine umfangreiche vordefinierte Menüleiste. Nicht benötigte Menüs oder Menüeinträge klicken Sie einfach an und löschen sie mit ⌫ .

Wenn Sie neue Menüs hinzufügen möchten, suchen Sie in der Objektbibliothek nach *menu*. Lassen Sie sich von den vielen Ergebnissen nicht irritieren – die meisten Einträge sind einfach vordefinierte Menüs, z. B. das Font-Menü zur Veränderung der Schrift. Vorerst reicht es aus, wenn Sie zwischen zwei Menüklassen differenzieren:

▸ NSMenu (MENU in der Objektbibliothek) ist ein Menü, also eine aus mehreren Einträgen bestehende Box.

▸ NSMenuItem (MENU ITEM) ist ein *Eintrag* eines Menüs, also z. B. SPEICHERN.

Um also einen zusätzlichen Eintrag in ein schon vorhandenes Menü einzubauen, verschieben Sie per Drag & Drop ein MENU ITEM an die gewünschte Stelle im Menü. Während des Verschiebevorgangs klappen die Menüs nach einigen Sekunden bei Bedarf auf. Nach dem Einfügen verändern Sie den Menütext per Doppelklick oder im Attributinspektor. Auch das zugeordnete Tastenkürzel kann direkt im Menü verändert werden. Ein Doppelklick im rechten Bereich eines Menüeintrags zeigt eine kleine, rechteckige Box. Sie können nun eine beliebige Tastenkombination drücken, die dann als Kürzel eingetragen wird. Unter OS X übliche Tastenkürzel sollten Sie möglichst vermeiden.

Programmname-Menü

Der Name des ersten Menüs in der Menüleiste ist durch den Programmnamen vorgegeben. Sie können zwar im Storyboard-Editor einen anderen Namen einstellen, im laufenden Programm wird dann aber doch der Programmname angezeigt.

Um ein ganzes Menü einzufügen, verschieben Sie ein SUBMENU MENU ITEM aus der Objektbibliothek in die Menüleiste. Dabei handelt es sich in Wirklichkeit um drei Objekte: um ein NSMenuItem mit dem Eintrag für die Menüleiste (Beschriftung MENU), um ein NSMenu mit dem neuen Menü und um ein darin befindliches NSMenuItem (Beschriftung MENUITEM).

Wenn Sie Ihr Programm nun starten, werden Sie feststellen, dass Ihre eigenen Menüeinträge in grauer Schrift angezeigt werden und nicht verwendbar sind. Das liegt daran, dass die Einträge im aktuellen Kontext, also für das geöffnete Fenster, nicht mit einer Aktion verbunden sind. (Was bedeutet hier »im aktuellen Kontext«? Es ist möglich, dass ein Menü mit einer Methode eines View-Controllers verbunden ist. Dadurch ist der Menüeintrag dann verwendbar, wenn ein Fenster mit diesem View-Controller das aktive Fenster ist und der View-Controller oder ein darin enthaltenes Steuerelement der First Responder ist, also Eingaben verarbeitet. Klicken Sie ein anderes Fenster an, wird der Menüeintrag wieder grau.)

Responder-Aktionen

Natürlich soll nach der Auswahl eines Menüeintrags auch etwas passieren. Einige Menüeinträge des Default-Menüs sind standardmäßig schon mit Aktionen verbunden.

Um eigene Menüeinträge mit vordefinierten Responder-Aktionen zu verbinden, zeichnen Sie mit ctrl-Drag eine Verbindungslinie vom Menüeintrag zum orangenen Icon FIRST RESPONDER in der Titelleiste des Menüs. In einem Popup-Dialog stehen weit über 100 Aktionen zur Auswahl (siehe Abbildung 19.14). Es handelt sich dabei um alle Action-Methoden der Systemklassen und des Projekts. Um eine Aktion auszuwählen, tippen Sie am besten deren Anfangsbuchstaben ein.

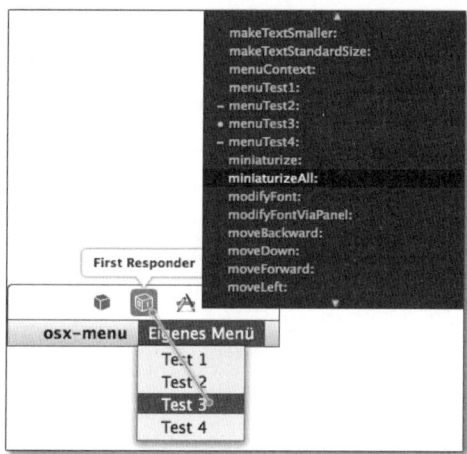

Abbildung 19.14 Menüeintrag mit Responder-Aktion verbinden

Bei der Aktionsliste handelt es sich um eine Zusammenstellung der Methoden der NSResponder-, NSDocumentController- und NSApplication-Klassen sowie um @IBAction-Methoden Ihrer eigenen Klassen. Die Zusammenstellung ist insofern irreführend, als die aufgelisteten Methoden nur dann tatsächlich ausgeführt werden können, wenn das betreffende Objekt auch Teil der Responder-Kette ist. Bei vielen Methoden ist dies aber normalerweise nicht der Fall – z. B. wenn es in Ihrem Programm gar keinen NSDocumentController gibt.

Menüaktionen in der AppDelegate-Klasse

In der Regel wollen Sie eigene Menüeinträge mit eigenen Methoden verbinden. Naheliegend wäre es, wie bei Steuerelementen mit ctrl-Drag eine Action-Methode in der View-Controller-Klasse einzufügen. Leider unterstützt Xcode das nicht. Wie Sie dennoch Menüaktionen auf View-Controller-Ebene verarbeiten können, erkläre ich Ihnen gleich.

19

Vorerst konzentrieren wir uns aber auf den Weg, den Xcode vorsieht: Sie öffnen im Haupteditor das Storyboard und im Assistenzeditor `AppDelegate.swift` und stellen dann mit ⌈ctrl⌉-Drag eine Verbindung her. Auf diese Weise können Sie sowohl Actions als auch Outlets einfügen. Da sich die `AppDelegate`-Klasse am Ende der Responder-Kette befindet (siehe Abbildung 19.13), ist sichergestellt, dass die Aktion auf jeden Fall ausgeführt wird – ganz egal, welches Fenster bzw. ob überhaupt ein Fenster geöffnet ist bzw. welches Steuerelement gerade als First Responder agiert.

Leider ist die `AppDelegate`-Klasse für viele Aktionen nicht der am besten geeignete Ort – vor allem, wenn das Menükommando eigentlich ein Fenster oder einen Bereich eines Fensters betrifft. Wenn es in Ihrem Programm ohnedies nur ein einziges Fenster gibt, macht die Verwendung der `AppDelegate`-Klasse für Menükommandos den Code auch nicht wesentlich unübersichtlicher. Für Mehr-Fenster-Anwendungen ist die hier skizzierte Vorgehensweise aber weder empfehlenswert noch sinnvoll durchführbar.

Die Kompromisslösung sieht so aus, dass Sie in der `AppDelegate`-Klasse eine Eigenschaft definieren, die auf den View-Controller Ihres einzigen Fensters zeigt. In `viewDidLoad` des View-Controllers initialisieren Sie diese Eigenschaft. Damit können Sie nun von der `AppDelegate`-Klasse auf alle Eigenschaften und Methoden des View-Controllers zugreifen. Das folgende Listing mit Code aus beiden Klassen veranschaulicht den Lösungsweg.

```
// Projekt osx-menu, Datei AppDelegate.swift
@NSApplicationMain
class AppDelegate: NSObject, NSApplicationDelegate {
  // Zugriff auf den View-Controller des Fensters
  var mainVC:ViewController?

  // Action-Methode für einen Menüeintrag
  @IBAction func menuTest1(sender: NSMenuItem) {
    mainVC?.mylabel.stringValue = "Test 1"
  }
}

// Projekt osx-menu, Datei ViewController.swift
class ViewController: NSViewController {
  @IBOutlet weak var mylabel: NSTextField!

  override func viewDidLoad() {
    super.viewDidLoad()
    let app =
      NSApplication.sharedApplication().delegate as! AppDelegate
    app.mainVC = self
  }
}
```

Menüaktionen in eigenen View-Klassen

Selbstverständlich ist es möglich, Menüeinträge mit Action-Methoden zu verbinden, die in einem View-Controller definiert sind. Dazu müssen Sie die Methode aber selbst eintippen, ein ⌈ctrl⌉-Drag vom Menüeintrag in das Code-Fenster funktioniert nicht. Vergessen Sie nicht, dass an die Action-Methode ein Parameter vom Typ NSMenuItem übergeben wird.

```
// Projekt osx-menu, Datei ViewController.swift
// Fortsetzung
class ViewController: NSViewController {
  @IBOutlet weak var mylabel: NSTextField!

  // Action-Methode für 'Test 2'
  @IBAction func menuTest2(sender: NSMenuItem) {
    mylabel.stringValue = "Test 2"
  }
}
```

Die Verbindung vom Menüeintrag zur gerade verfassten Action-Methode stellen Sie her, indem Sie einen ⌈ctrl⌉-Drag vom Menüeintrag zum orangen Icon FIRST RESPONDER des Menüfensters durchführen. In der endlosen Liste der Responder-Aktionen ist nun auch menuTest2 enthalten – diese Methode wählen Sie aus.

Es gibt eine wichtige systembedingte Einschränkung: Der so verbundene Menüeintrag kann nur ausgewählt werden, wenn ein Steuerelement im View-Controller der First Responder ist – denn nur dann ist der View-Controller ein Glied der Responder-Kette! In der Praxis heißt das:

▸ Das Menükommando ist nur dann aktiv, wenn es ein Objekt in der Responder-Kette mit einer passenden Action-Methode gibt. Ist das nicht der Fall, wird der Menüeintrag in grauer Schrift angezeigt und kann nicht ausgewählt werden.

▸ Das Menükommando ist auch dann nicht benutzbar, wenn Ihr View-Controller gar kein Steuerelement enthält, das ein First Responder ist.

Letzteres Problem tritt am ehesten in Testprogrammen auf, wenn ein Fenster z. B. nur einen Label enthält. Aber natürlich gibt es auch »reale« Anwendungen, bei denen ein Fenster ohne Buttons, Textfelder etc. auskommt. Zum Glück gibt es eine einfache

19

Lösung: Sie implementieren einfach eine von `NSView` abgeleitete Klasse mit First-Responder-Funktionen (siehe Abschnitt 19.5, »Tastatur«) und ordnen diese Klasse der ersten View im View-Controller zu.

Das Beispielprogramm zu diesem Abschnitt demonstriert diese Vorgehensweise beim zweiten Fenster. Der Code der Klasse `MyView` für die View im View-Controller 2 sieht so aus:

```
// Projekt osx-menu, Datei MyView.swift
class MyView: NSView {
  override var acceptsFirstResponder:Bool { return true }

  override func becomeFirstResponder() -> Bool {
    return true
  }

  override func resignFirstResponder() -> Bool {
    return true
  }
}
```

Veränderung von Menüeinträgen per Code

An die Action-Methode wird das `NSMenuItem`-Objekt im `sender`-Parameter übergeben. Das gibt Ihnen die Möglichkeit, den Menüeintrag in der Methode zu verändern. Ein einfaches Beispiel dafür ist das Anzeigen bzw. Entfernen eines Auswahlhäkchens vor dem Menüeintrag.

```
// Projekt osx-menu, Datei ViewController.swift
class ViewController2: NSViewController {
  @IBOutlet weak var label: NSTextField!

  // Action-Methode für den Menüeintrag 'Test 4'
  @IBAction func menuTest4(sender: NSMenuItem) {
    label.stringValue = "Test 4"
    // Auswahlhäkchen setzen/entfernen
    if sender.state == NSOffState {
      sender.state = NSOnState
    } else {
      sender.state = NSOffState
    }
  }
}
```

Auf die gesamte Menüleiste können Sie über die `menu`-Eigenschaft des `NSApplication`-Objekts zugreifen. Mit `addItem` können Sie nun bei Bedarf `NSMenu` und `NSMenuItem`-

Objekte hinzufügen und auf diese Weise dynamische Menüs realisieren. Ein Beispiel für ein per Code erzeugtes Menü finden Sie in Abschnitt 19.7, »Programme ohne Menü«. Dort geht es darum, eine sogenannte »Menubar-App« zu programmieren, also ein Programm ohne ein reguläres Menü, aber dafür mit einem Icon im rechten Bereich der Menüleiste.

Menüeintrage je nach Kontext aktivieren oder deaktivieren

Wenn Sie Menüeinträge per Code aktivieren bzw. deaktivieren möchten, implementieren Sie hierfür das `NSMenuValidation`-Protokoll. Dessen Methode `validateMenuItem` wird aufgerufen, bevor ein Menüeintrag sichtbar wird. Je nachdem, in welchem Zustand sich Ihr Programm gerade befindet, können Sie nun entscheiden, ob der Menüeintrag aktiv sein soll oder nicht. Dementsprechend muss Ihre Methode `true` oder `false` zurückgeben.

Kontextmenüs

Um ein Kontextmenü zu definieren, ziehen Sie ein MENU aus der Objektbibliothek in den Titelbereich des View-Controllers oder an die entsprechende Stelle in der Document Outline. Auch die Bearbeitung der Einträge muss dort erfolgen. Eine Menüvorschau wie beim Hauptmenü gibt es also nicht. Dafür können Sie für die Menüeinträge unkompliziert per ctrl-Drag Outlets und Actions in die View-Controller-Klasse einfügen (siehe Abbildung 19.15).

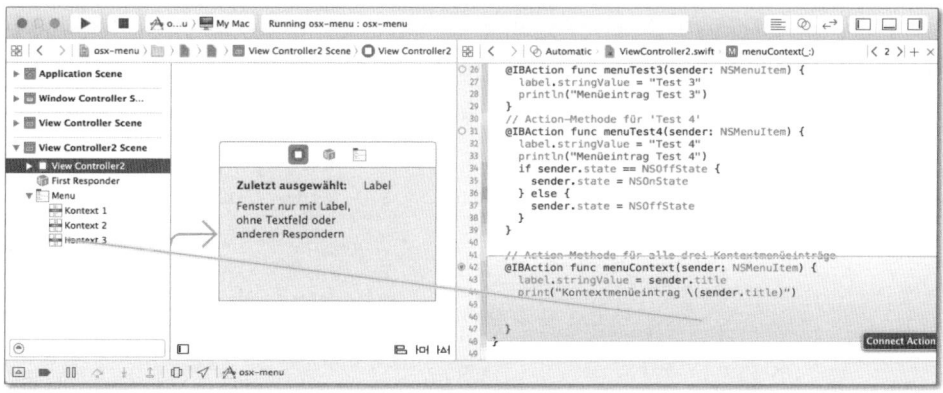

Abbildung 19.15 Action-Methode für einen Kontextmenüeintrag einrichten

Damit das Kontextmenü automatisch angezeigt wird, sobald der Anwender die rechte Maustaste bzw. die linke Taste zusammen mit ctrl drückt, müssen Sie nur die `menu`-Eigenschaft der View einstellen, beispielsweise in `viewDidLoad`. Im Beispielprogramm gibt es im zweiten Fenster ein Kontextmenü. Alle drei Einträge dieses Menüs sind mit derselben Methode `menuContext` verbunden:

```
// Projekt osx-menu, Datei ViewController.swift
// Fortsetzung
class ViewController2: NSViewController {
  @IBOutlet weak var label: NSTextField!
  @IBOutlet var contextMenu: NSMenu!

  override func viewDidAppear() {
    // ...
    view.menu = contextMenu
  }

  // Action-Methode für alle drei Kontextmenüeinträge
  @IBAction func menuContext(sender: NSMenuItem) {
    label.stringValue = sender.title
  }
}
```

19.7 Programme ohne Menü

Für Programme, die überwiegend im Hintergrund laufen, besteht die Möglichkeit, auf
ein Menü ganz zu verzichten. Dazu reicht es aus, in der Projektdatei Info.plist den
Eintrag APPLICATION IS AGENT (UIELEMENT) = YES einzufügen (siehe Abbildung 19.16).
Das Programm lässt sich weiter ganz normal starten und bedienen. Es besitzt nun
aber weder ein eigenes Menü noch wird es im Dock angezeigt.

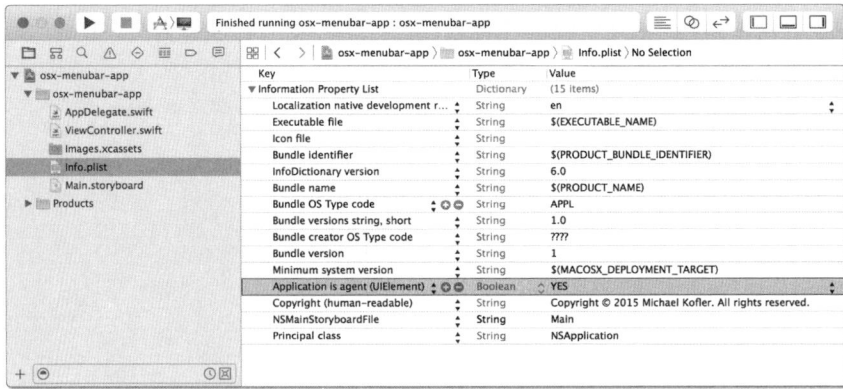

Abbildung 19.16 Menü ausblenden mit einer Info.plist-Einstellung

Im Prinzip sind Sie damit auch schon fertig. Sie müssen nur darauf achten, dass beim
Schließen des einzigen bzw. letzten Fensters das Programm beendet wird – andernfalls läuft es im Hintergrund weiter, ohne dass es eine Möglichkeit gibt, es wieder zu
aktivieren.

Menubar-Apps

In der Praxis werden menülose Programme zumeist als sogenannte »Menubar-Apps« ausgeführt. Solche Programme präsentieren sich im rechten Bereich der Menüleiste, also dort, wo die Uhrzeit angezeigt wird, in Form eines kleinen Icons. Das Anklicken dieses Icons führt wahlweise in ein kleines Menü zur Steuerung der Programmfunktionen oder zeigt einfach das Programmfenster an.

Der rechte Bereich der Menüleiste wird »Menubar« genannt. Etwas inkonsequent ist es, dass die Namen der dafür verantwortlichen Klassen alle mit `NSStatusBar` beginnen. Das folgende Minibeispiel besteht aus einem Fenster, das mit einem Button aus- und über das Menü des Menubar-Icons wieder eingeblendet werden kann (siehe Abbildung 19.17).

Abbildung 19.17 Eine winzige Menubar-App

Die Gestaltung von Menubar-Apps erfolgt weitestgehend durch Code. Dem Storyboard-Editor von Xcode fehlen momentan Werkzeuge zur visuellen Gestaltung von Status-Menüs. Das hat aber den Vorteil, dass dieser Abschnitt mir die Gelegenheit bietet, Ihnen zu zeigen, wie Sie eigene Menüs per Code zusammensetzen.

Die AppDelegate-Klasse

Der Großteil des Codes befindet sich in `AppDelegate.swift`. Dort wird, wie schon in vielen Beispielen, eine Variable definiert, die auf den View-Controller des einzigen Fensters des Programms zeigt. Die Variable wird später in `viewDidLoad` des View-Controllers initialisiert.

`statusBarItem` enthält ein neues `NSStatusBarItem`-Objekt, das mit der Methode `statusItemWithLength` erzeugt wurde. In `applicationDidFinishLaunching` wird dieser Eintrag in der Menubar mit einem Icon aus `Images.xcassets` ausgestattet. Die Bitmap sollte 16 × 16 Pixel groß sein, die Retina-Variante (x2) 32 × 32 Pixel.

Die weiteren Zeilen erzeugen ein neues Menü mit zwei Einträgen und verbinden dieses mit dem neuen Statusbar-Element. Die action-Eigenschaften verweisen jeweils auf die Methoden, die bei einer Menüauswahl auszuführen sind. showMyWindow greift über die Eigenschaften view und window auf das einzige Fenster des Programms zu und bringt dieses mit makeKeyAndOrderFront in den Vordergrund.

```swift
// Projekt osx-menubar, Datei AppDelegate.swift
class AppDelegate: NSObject, NSApplicationDelegate {
  var mainVC:ViewController!
  let statusBarItem =
    NSStatusBar.systemStatusBar().statusItemWithLength(-1)

  func applicationDidFinishLaunching(aNotification:
    NSNotification) {
    // Icon für MenuBar-Eintrag
    let icon = NSImage(named: "flag")  // aus Images.xcassets
    statusBarItem.image = icon

    // Menü zusammensetzen
    let menu: NSMenu = NSMenu()
    var menuItem   = NSMenuItem()
    menuItem.title = "Fenster anzeigen"
    menuItem.action = "showMyWindow:"
    menu.addItem(menuItem)

    menuItem   = NSMenuItem()
    menuItem.title = "Beenden"
    menuItem.action = "quit:"
    menu.addItem(menuItem)

    // Menü mit Statusbar-Element verbinden
    statusBarItem.menu = menu
  }

  // Reaktion auf Menüeintrag
  func showMyWindow(sender:NSMenuItem) {
    // Fenster anzeigen
    mainVC?.view.window?.makeKeyAndOrderFront(self)
  }
  func quit(sender:NSMenuItem) {
    NSApplication.sharedApplication().terminate(self)
  }
}
```

View-Controller

Der View-Controller initialisiert die `mainVC`-Eigenschaft der `AppDelegate`-Klasse. Die Action-Methode `btnHide` zeigt das Gegenstück zu `makeKeyAndOrderFront`: Die Methode `orderOut` blendet das Fenster aus.

```
class ViewController: NSViewController {
  override func viewDidLoad() {
    super.viewDidLoad()
    let app =
      NSApplication.sharedApplication().delegate as! AppDelegate
    app.mainVC = self
  }
  // Fenster ausblenden
  @IBAction func btnHide(sender: NSButton) {
    view.window?.orderOut(self)
  }
}
```

19.8 Bindings

Bindings bieten die Möglichkeit, den Zustand bzw. Inhalt von Steuerelementen mit Eigenschaften zu verbinden. Das Steuerelement und die Eigenschaft werden also synchronisiert – und das, ohne eine Zeile Code zu schreiben. Über den `NSUserDefaultsController` können auch in den User-Defaults gespeicherte Einstellungen mit Steuerelementen verbunden werden.

Das Bindings-Framework geht noch viel weiter. Werte können nicht nur 1:1 weitergereicht, sondern auch formatiert, umgerechnet oder umgewandelt werden. Eine recht umfassende Einführung, deren PDF-Version fast 100 Seiten umfasst, finden Sie auf der Apple-Developer-Seite:

https://developer.apple.com/library/mac/documentation/Cocoa/Conceptual/
  CocoaBindings

Bindings sind einerseits faszinierend, andererseits aber auch ziemlich komplex in ihrer Anwendung. Ihre unsichtbare Natur macht nicht nur die Fehlersuche schwierig, sondern auch die Orientierung in fremden Projekten. Dort eingesetzte Bindings müssen Sie in Xcode richtiggehend suchen. Insofern bin ich außer in trivialen Fällen kein großer Fan von Bindings und schreibe lieber die erforderlichen Zeilen Code in Action-Methoden.

19

Hello Bindings!

Gewissermaßen das »klassische« Einführungsbeispiel zum Umgang mit Bindings sind ein Slider, ein Textfeld und eine Eigenschaft, die alle miteinander verbunden werden (siehe Abbildung 19.18). Wird eine Variable im Code geändert, passen sich die Steuerelemente entsprechend an. Analog führt das Verschieben des Sliders oder die Eingabe einer neuen Zahl dazu, dass sowohl das jeweils andere Steuerelement als auch die Eigenschaft verändert wird. Der RESET-Button setzt die Variable zurück auf 0.

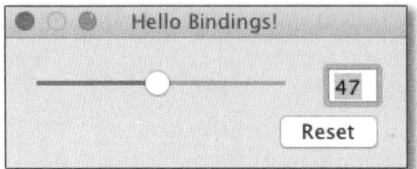

Abbildung 19.18 Simple Bindings-Demonstration

Um das auszuprobieren, starten Sie ein neues Cocoa-Projekt mit der Option USE STORYBOARDS. In den View-Controller fügen Sie nun einen Slider und ein Textfeld ein, in die ViewController-Klasse die Eigenschaft myvalue. Außerdem fügen Sie mit ⌃ctrl⌄-Drag eine Action-Methode für den RESET-Button in den Code ein. Die Methode setzt myValue auf 0 und beweist, dass die Synchronisation in beide Richtungen funktioniert.

```
// Projekt osx-bindings-hellow, Datei ViewController.swift
class ViewController: NSViewController {
  dynamic var myValue = 50  // Startwert

  @IBAction func btnReset(sender: NSButton) {
    myValue = 0
  }
}
```

> **Vergessen Sie »dynamic« nicht!**
>
> Das Schlüsselwort dynamic ist hier bei der Definition der Eigenschaft myValue unbedingt erforderlich! Die Kennzeichnung macht die Eigenschaft kompatibel zu Objective-C und führt dazu, dass an myValue durchgeführte Änderungen an die verbundenen Steuerelemente gemeldet werden. Ohne dynamic funktioniert das Binding nur als Einbahnstraße, d. h. vom Steuerelement hin zur Eigenschaft, aber nicht in die andere Richtung.

Mit dem Code sind wir damit schon fertig – jetzt folgen noch einige Einstellungen in Xcode. Dazu klicken Sie zuerst den Slider an und aktivieren dann im Attributinspektor die Option CONTINUOUS. Sie bewirkt, dass der Slider seine Bindings bereits während des Verschiebens aktualisiert – und nicht erst zum Abschluss des Verschiebevorgangs. Anschließend wechseln Sie in den Bindings Inspector und wählen dort die Eigenschaft VALUE aus. Wir möchten also den aktuellen Wert des Sliders (und nicht eine der vielen anderen Eigenschaften) für das Binding verwenden. Von den unzähligen Einstellmöglichkeiten im Bindings Inspector müssen Sie nur zwei ändern (siehe Abbildung 19.19):

▶ BIND TO = VIEW CONTROLLER stellt die Verbindung zur View-Controller-Klasse her. (Alternativ würde BIND TO = SHARED USER DEFAULTS CONTROLLER bewirken, dass Sie eine Verbindung zu einem User-Defaults-Eintrag herstellen möchten.)

▶ MODEL KEY PATH = myValue gibt an, welche Eigenschaft dieser Klasse mit der Value-Eigenschaft des Sliders verbunden werden soll.

Abbildung 19.19 Einstellungen im Bindings Inspector

Ganz ähnlich nehmen Sie nun die Einstellungen für das Textfeld vor. Dort können Sie auf das Setzen der Option CONTINUOUS im Attributinspektor verzichten – sie ist für das Textfeld nicht relevant. Dafür müssen Sie aber im Bindings Inspector die Option CONTINUOUSLY UPDATE VALUE aktivieren. Ohne diese Option würden Texteingaben erst dann berücksichtigt, wenn das Textfeld den Eingabefokus verliert.

Sonderfälle

Wenn Sie das Miniprogramm nun ausprobieren, werden Sie sehen, dass die Synchronisation zwischen den beiden Steuerelementen und der Variablen wunderbar funktioniert. Allerdings gibt es einige Spezialfälle, mit denen das Programm in der aktuellen Form nur schlecht zurechtkommt: Wenn Sie den Inhalt des Textfelds löschen oder dort Text eingeben, der sich nicht in eine Zahl umwandeln lässt, zeigt Xcode eine Fehlermeldung an. Immerhin läuft das Programm weiter.

Eine winzige Änderung am Code zeigt außerdem, dass auch Fließkommazahlen das einfache Beispiel an seine Grenzen bringen. Verschieben Sie nun den Slider, enthält das Textfeld die entsprechende Dezimalzahl mit dem bei uns üblichen Komma als

Dezimaltrenner. Führen Sie aber im Textfeld selbst eine Eingabe durch, müssen Sie den in den USA gebräuchlichen Dezimalpunkt verwenden!

```
dynamic var myValue = 50.0
```

Eine weitere Änderung beweist, dass Bindings und Optionals inkompatibel zueinander sind:

```
// Fehler, Optionals dürfen nicht 'dynamic' sein
dynamic var myValue: Double! = 50.0
```

Verzichten Sie probeweise auf dynamic, zeigt Xcode beim Start eine Fehlermeldung an. Das Fenster erscheint zwar, aber ohne Steuerelemente.

```
// Fehler: this class is not key value coding-compliant
//         for the key myValue
dynamic var myValue: Double! = 50.0
```

Die hier skizzierten Probleme lassen sich dadurch umschiffen, dass Sie für das Binding zusätzliche Validierungs- und Formatierungsregeln definieren. Das beweist einerseits die enorme Bandbreite der Binding-Möglichkeiten, deutet aber andererseits auch deren Komplexität in der Praxis an.

Kapitel 20
Icon-Resizer

Dieses Kapitel beschreibt – quasi als krönenden Abschluss dieses Buchs – ein schon einigermaßen komplexes OS-X-Programm. Es hilft dabei, Icons in unterschiedlichen Größen zur Verfügung zu stellen. Dazu wählen Sie zuerst eine Icon-Datei in hoher Auflösung aus bzw. fügen diese per Drag & Drop ein. Anschließend können Sie verkleinerte Icons aus dem Programm wiederum per Drag & Drop in den Xcassets-Editor von Xcode einfügen. Das Programm vereinfacht also die mühselige Bereitstellung von Icon-Dateien in allen möglichen Auflösungen und Retina-Faktoren.

Das Programm bietet gleichzeitig eine gute Gelegenheit, einige grundlegende Programmiertechniken vorzustellen und andere zu wiederholen:

- **Table-View:** Das Table-View-Steuerelement hilft dabei, Listen bzw. tabellarische Daten anzuzeigen.

- **Drag & Drop:** Drag & Drop-Operationen sind ein zentrales Bedienungselement unter OS X. In diesem Kapitel lernen Sie, wie Ihr Programm als Ziel oder als Ausgangspunkt für Drag & Drop-Operationen agiert.

- **Bitmaps skalieren und speichern:** In Objekten der Klassen NSImage bzw. UIImage für OS X bzw. iOS können Sie Bitmaps speichern – das ist Ihnen ja schon vertraut. In diesem Kapitel lernen Sie darüber hinaus, wie Sie Bitmaps skalieren und speichern.

- **Popup-Dialoge:** Popups (Apple spricht von »Popovers«) unter OS X funktionieren ganz ähnlich wie unter iOS.

- **Temporäre Verzeichnisse:** Der letzte Abschnitt des Kapitels zeigt, wie Sie ein eigenes, programmspezifisches temporäres Verzeichnis einrichten und zum Programmende wieder löschen.

20.1 Tabellen (NSTableView)

Das Table-View-Steuerelement ist das vermutlich vielseitigste OS-X-Steuerelement. Ihm liegt die NSTableView-Klasse zugrunde – und eine ganze Menge weiterer Klassen und Protokolle, die für die Teilkomponenten wie die Spaltenbeschriftung zuständig sind.

Mit dem `NSTableView`-Steuerelement arbeiten Sie ähnlich wie mit dem `UITableView`-Steuerelement (siehe Abschnitt 14.3), das Ihnen von der iOS-Programmierung her vertraut ist. Es gibt aber auch grundlegende Unterschiede. Diese haben damit zu tun, dass unter OS X mehrere Spalten erlaubt sind, die Breite und Anordnung der Spalten oft variabel ist, der Inhalt nach den Spalten sortiert werden kann etc.

Hello NSTableView!

Wenn Sie ein Table-View-Steuerelement in den View-Controller einfügen, wird in Wirklichkeit ein ganzes Konglomerat von Objekten erzeugt und eingebaut. Am einfachsten lässt sich die Hierarchie der Elemente in der DOCUMENT OUTLINE-Seitenleiste ergründen (siehe Abbildung 20.1).

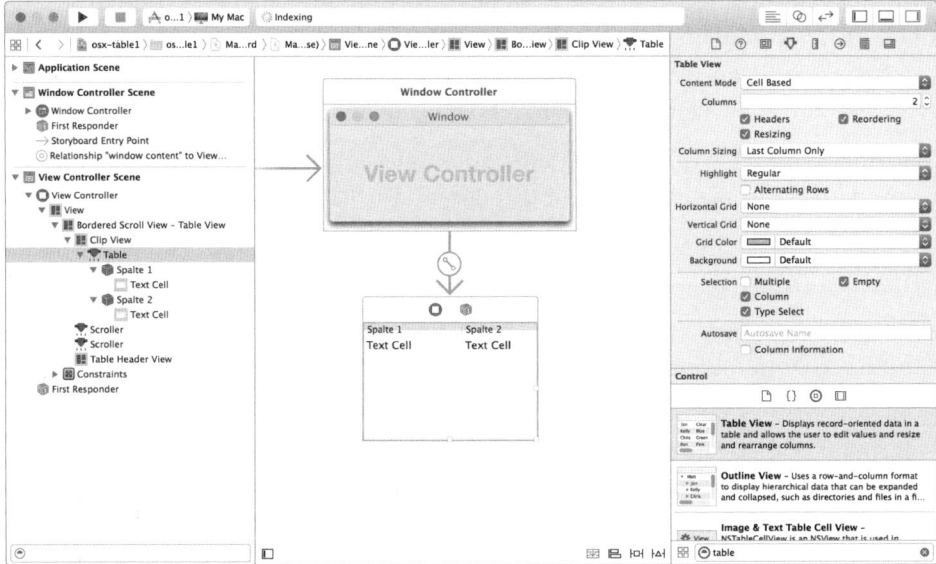

Abbildung 20.1 Table-View-Einstellungen in Xcode

Die Document Outline effizient nutzen

Cocoa-Steuerelemente bestehen oft aus vielen ineinander verschachtelten Objekten. Im Storyboard-Editor ist es schwierig und oft unmöglich, das gerade erforderliche Objekt anzuklicken. Abhilfe: Verwenden Sie die Seitenleiste DOCUMENT OUTLINE, um Objekte auszuwählen, Actions und Outlets in den Code einzufügen, Verbindungen herzustellen etc.

Das Ausklappen der vielen Ebenen in der DOCUMENT OUTLINE gelingt am schnellsten zusammen mit `alt` – dann werden gleich auch alle Unterebenen ausgeklappt.

Die Anzahl der gewünschten Spalten legen Sie im Attributinspektor für das Objekt *Table* fest. Zur Beschriftung klicken Sie auf die entsprechenden TABLE-COLUMN-Objekte in der Document Outline. Im Identity Inspector können Sie zudem für jede Spalte den IDENTIFIER festlegen. Diese Zeichenkette benötigen Sie später, um in den Delegate-Methoden zu erkennen, welche Spalte gemeint ist.

Für dieses Hello-World-Beispiel erstellen Sie ein neues Cocoa-Projekt mit Storyboard, fügen das Table-View-Steuerelement in den View-Controller ein, passen seine Größe an die des View-Controllers an und legen dann mit ADD MISSING CONSTRAINTS entsprechende Layout-Regeln fest. Anschließend führen Sie die folgenden Einstellungen durch (siehe Abbildung 20.1):

- Table: CONTENT MODE = CELL BASED
- Table Column (erste Spalte): TITLE = *Spalte 1*, IDENTIFIER = *1*
- Table Column (zweite Spalte): TITLE = *Spalte 2*, IDENTIFIER = *2*

Was ist der CONTENT MODE? Das `NSTableView`-Steuerelement kann auf zwei Arten verwendet werden:

- **Cell Based:** Bei dieser Variante ist für jede Tabellenzelle ein Textfeld vorgesehen. Die zugrunde liegende Klasse heißt `NSTextFieldCell`. Anstelle von Textzellen können auch Buttons, Slider, Popups etc. verwendet werden. Geeignete Steuerelemente finden Sie, wenn Sie in der Objektbibliothek nach *Cell* suchen.

- **View Based:** Bei dieser Variante müssen Sie für jede Tabellenzelle ein `NSView`-Objekt erzeugen. Das gibt Ihnen viel mehr Gestaltungsmöglichkeiten, allerdings zum Preis eines etwas höheren Programmieraufwands. Ein Beispiel dazu folgt im nächsten Abschnitt.

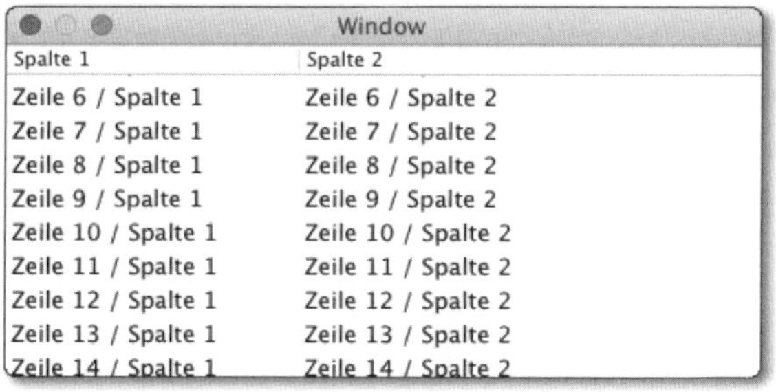

20

Abbildung 20.2 Ein Miniprogramm zum Kennenlernen des Table-View-Steuerelements

Nachdem Sie mit ⌃-Drag ein Outlet des Table-Views in die View-Controller-Klasse eingefügt haben, geht es nun darum, die Tabelle mit Daten zu befüllen. Wie beim `UITableView` verwenden Sie dazu Datenquellmethoden. In diesem Beispiel habe ich dazu die Instanz der View-Controller-Klasse verwendet. In vielen Tutorials im Internet kommt stattdessen die `AppDelegate`-Klasse zum Einsatz.

Welches der bessere Ort ist, hängt davon ab, wie Ihr Programm konzipiert ist, d. h. davon, wo Sie die Verbindung zwischen dem Controller und dem Datenmodell vorsehen: Bei Programmen mit nur einem Fenster ist der View-Controller naheliegend; bei Programmen mit mehreren Fenstern, aber gemeinsamen Daten bietet sich dagegen die AppDelegate-Klasse an.

viewDidLoad stellt die Datenquelle und das Delegate-Objekt auf self. Während dies in iOS-Apps über die Eigenschaften delegate bzw. dataSource erfolgt, müssen in OS-X-Programmen die Methoden setDelegate bzw. setDataSource verwendet werden.

Datenquelle und Delegation im Connections Inspector einstellen

Wie in iOS-Apps besteht auch in OS-X-Programmen die Möglichkeit, das Delegation-Objekt und die Datenquelle im Connections Inspector einzustellen. Dazu wählen Sie zuerst die Table-View aus öffnen den Connections Inspector. Dort ziehen Sie vom Verbindungsknopf der Datasource- bzw. Delegate-Eigenschaftn eine Verbindungslinie zum View-Controller-Icon, also zum ersten Icon im View-Controller-Fenster des Storyboard-Editors.

Mir ist die Initialisierung in viewDidLoad sympathischer – die zwei Codezeilen sind rasch geschrieben, kaum zu übersehen und leicht nachzuvollziehen.

Die weiteren Zeilen erweitern die ViewController-Klasse um die Protokolle NSTableViewDataSource und NSTableViewDelegate. Für dieses Beispiel reicht es aus, nur zwei Methoden tatsächlich zu implementieren:

▸ numberOfRowsInTableView(_:) gibt an, wie viele Zeilen die Tabelle umfasst.

▸ tableView(_:objectValueForTableColumn:row) wird aufgerufen, wenn OS X eine Tabellenzelle darstellen will. Die resultierenden Objekte werden dann als Zeichenketten dargestellt (siehe Abbildung 20.2).

Beim Ausprobieren des Miniprogramms werden Sie feststellen, dass Sie einzelne Zeilen auswählen, die Spaltenbreite verändern und sogar die Reihenfolge der Spalten ändern können.

```
// Projekt osx-table1, Datei ViewController.swift
class ViewController: NSViewController {
  @IBOutlet weak var table: NSTableView!

  override func viewDidLoad() {
    super.viewDidLoad()
    table.setDataSource(self)
    table.setDelegate(self)
  }
}
```

```
extension ViewController: NSTableViewDataSource,
                          NSTableViewDelegate
{
  // Anzahl der Zeilen
  func numberOfRowsInTableView(tableView: NSTableView) -> Int {
    return 20
  }

  // Inhalte der Tabellenzellen
  func tableView(tableView: NSTableView,
      objectValueForTableColumn tableColumn: NSTableColumn?,
      row: Int) -> AnyObject?
  {
    let colid = tableColumn?.identifier
    return "Zeile \(row+1) / Spalte \(colid!)"
  }
}
```

Table-View mit eigenen Views

Im zweiten Beispiel geht es darum, die Eckdaten der deutschen Bundesländer samt ihrer Flagge in einer Tabelle darzustellen. Im Beispielprogramm werden diese Daten als Tabelle angezeigt, wobei die Sortierung geändert werden kann (siehe Abbildung 20.3). Die Einwohner- und Flächenangaben sind jeweils rechtsbündig ausgerichtet.

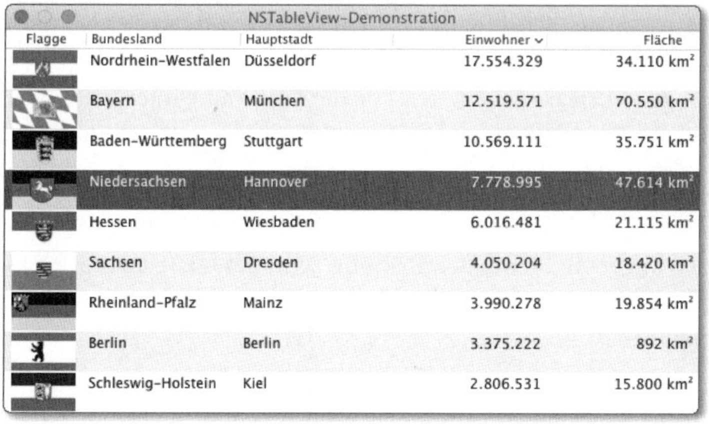

Abbildung 20.3 Die deutschen Bundesländer in einem Table-View-Steuerelement

Die Realisierung dieses Beispielprogramms ist schon mit deutlich mehr Arbeit verbunden. Die ersten Schritte erfolgen im Storyboard-Editor, wo eine Menge Eigenschaften des Table-View-Steuerelements bzw. dessen Spalten eingestellt werden müssen. Beginnen wir mit den Table-View-Einstellungen:

- CONTENT MODE = VIEW BASED bedeutet, dass Sie die Tabellenzellen selbst in Form von NSView-Objekten zur Verfügung stellen wollen.

- COLUMNS = 5 bedarf keiner Erklärung.

- COLUMN SIZING = UNIFORM bedeutet, dass bei einer Größenänderung des Steuerelements alle Spalten gleichmäßig verkleinert bzw. vergrößert werden sollen.

- Die Highlight-Option ALTERNATING ROWS bewirkt, dass die Zeilen wechselweise weiß und grau hinterlegt werden. Das erhöht die Lesbarkeit vor allem bei langen Zeilen.

Anschließend sind für jede der fünf Spalten einige Einstellungen erforderlich, die Sie in Xcode durchführen (siehe Abbildung 20.4).

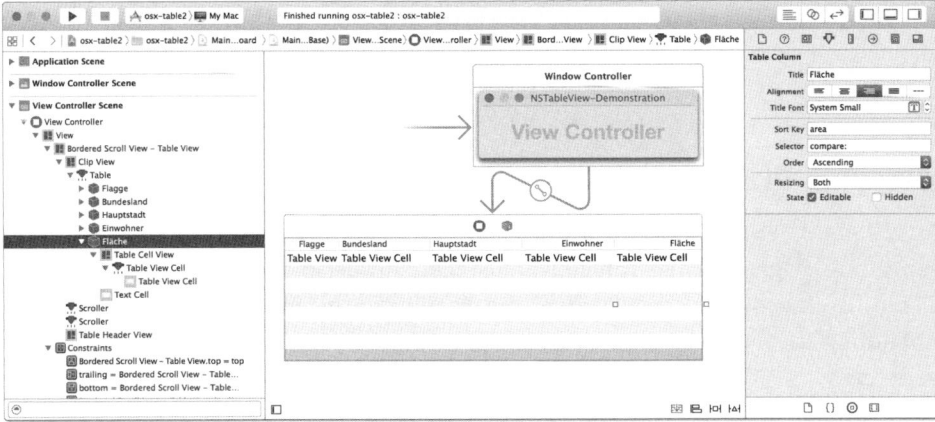

Abbildung 20.4 Einstellungen für die Tabellenspalten in Xcode

- Im Identity Inspector geben Sie im Feld IDENTITY jeder Spalte eine interne Bezeichnung. Ich habe dabei die Zeichenketten *flag*, *name*, *capital*, *population* und *area* verwendet.

- Im Attributinspektor stellen Sie mit TITLE die Spaltenbeschriftung ein.

- Hier können Sie auch angeben, ob die Beschriftung zentriert (erste Spalte), linksbündig (per Default, zweite und dritte Spalte) oder rechtsbündig erfolgen soll (vierte und fünfte Spalte).

- Für Spalten, nach deren Inhalt die Tabelle sortiert werden soll, geben Sie im Feld SORT KEY eine Zeichenkette zur Identifizierung der Spalte an (siehe Abbildung 20.4). Ich habe für die zweite bis fünfte Spalte die Zeichenketten *name*, *capital*, *population* und *area* angegeben. Diese Namen müssen mit den Namen der Eigenschaften der Country-Klasse des Datenmodells übereinstimmen. Xcode stellt automatisch für das nächste Feld SELECTOR = COMPARE: ein – diese Information ist für unser Programm aber nicht relevant.

- Zu guter Letzt geben Sie im Size Inspector die gewünschte Startbreite jeder Spalte an. Ich habe für die erste Spalte 70, für alle weiteren Spalten 120 Punkte verwendet. An dieser Stelle können Sie auch die minimale und maximale Breite für jede Spalte festlegen.

Programmaufbau und Country-Klasse

Das Beispielprogramm `osx-table2` besteht aus den folgenden Dateien:

- `AppDelegate.swift`: unverändert wie von Xcode erzeugt

- `bundesländer.txt`: CSV-Text mit den Bundesländerdaten

- `Country.swift`: Klasse zur Speicherung eines Bundeslands

- `Images.xcassets`: enthält die PNG-Bitmaps der Flaggen, wobei für Baden-Württemberg und Thüringen die Schlüssel `Baden-Wuerttemberg` und `Thueringen` verwendet wurden

- `Main.storyboard`: enthält die Fenster-, View- und Table-View-Einstellungen

- `ViewController.swift`: Controller-Klasse, Details folgen gleich.

Die Ausgangsdaten und die `Country`-Struktur habe ich bereits in Abschnitt 14.3, »Listen (UITableView)«, erläutert. Für dieses Beispiel wurde das Datenmodell angepasst: Aus `struct Country` wurde `class Country : NSObject`. Da Klassen anders als Strukturen nicht automatisch eine Init-Funktion erhalten, musste diese hinzugefügt werden:

```swift
class Country : NSObject {
  var name:String
  var population:Int
  var area:Double
  var capital:String

  init(name:String, population:Int, area:Double, capital:String)
  {
    self.name=name
    self.population=population
    self.area=area
    self.capital=capital
  }
  // aus Textdatei 'bundesländer.txt' lesen,
  static func readFromBundle() -> [Country] { ... }
}
```

Der Grund für den Wechsel von `struct` zu einer von `NSObject` abgeleiteten Klasse besteht darin, dass ein `NSArray` von `NSObject`-Objekten mit `sortedArrayUsingDescriptors` sortiert werden kann. Wie Sie gleich sehen werden, erleichtert das die geordnete Darstellung der Bundesländerdaten in der Table-View enorm.

20

Table-View-Code

Der gesamte für das Table-View-Steuerelement relevante Code befindet sich in View-
Controller.swift. Dort verweist mydata auf die Bundesländerdaten, die während der
Initialisierung des Controllers mit der Methode readFromBundle aus bundesländer.txt
gelesen werden. viewDidLoad richtet wie im ersten Beispiel die Datenquelle und das
Delegation-Objekt ein. Die entsprechenden Delegation-Methoden sind in einer Erwei-
terung der Klasse formuliert und werden in den weiteren Abschnitten behandelt.

```
// Projekt osx-table2, Datei ViewController.swift
class ViewController: NSViewController {
  // die anzuzeigenden Daten
  var mydata = Country.readFromBundle()

  // Zeilenhöhe
  let cellheight:CGFloat = 33

  // Outlet zum Zugriff auf das Table-View-Steuerelement
  @IBOutlet weak var table: NSTableView!

  override func viewDidLoad() {
    super.viewDidLoad()
    table.setDataSource(self)
    table.setDelegate(self)
  }
}

extension ViewController: NSTableViewDataSource,
                          NSTableViewDelegate
{
  // ... alle weiteren Methoden
}
```

Die Tabelle mit Daten füllen

Alle weiteren Methoden befinden sich in der ViewController-Klasse. numberOfRows-
InTableView(_:) liefert die Anzahl der Tabellenzeilen, tableView(_:heightOfRow:) die
Zeilenhöhe. Sie ist so gewählt, dass in schmalen Spalten lange Texte zur Not über zwei
Zeilen verteilt werden können.

```
// Projekt osx-table2, Datei ViewController.swift, Fortsetzung
// Anzahl der Zeilen
func numberOfRowsInTableView(tableView: NSTableView) -> Int {
  return mydata.count
}
```

```
// Höhe der Zeilen
func tableView(tableView: NSTableView, heightOfRow row: Int)
  -> CGFloat
{
  return cellheight
}
```

Der wichtigste Unterschied zum Einführungsbeispiel besteht darin, dass nun die Methode `tableView(_:viewForTableColumn:row:)` implementiert ist. Diese Methode wird aufgerufen, wenn OS X eine Tabellenzelle auf dem Bildschirm darstellen will. Als Ergebnis muss nun ein `NSView`-Objekt oder ein Objekt einer davon abgeleiteten Klasse zurückgegeben werden.

Die Methode ermittelt zuerst die `identifier`-Zeichenkette der Spalte und ruft dann `makeImage` oder `makeLabel` auf, die ein passendes `NSImageView`- oder ein `NSTextField`-Objekt erzeugt. Bei den Spalten für die Fläche bzw. für die Einwohner wird ein `NSNumberFormatter` verwendet, um die Zahlen übersichtlich und gemäß den Ländereinstellungen darzustellen.

```
// Projekt osx-table2, Datei ViewController.swift, Fortsetzung
// Tabellenzellen erzeugen
func tableView(tableView: NSTableView,
  viewForTableColumn tableColumn: NSTableColumn?,
  row: Int) -> NSView?
{
  if let colid = tableColumn?.identifier {
    let width = tableColumn!.width
    let formatter = NSNumberFormatter()
    formatter.usesGroupingSeparator = true
    switch colid {
    case "flag":
      return makeImage(mydata[row].name)
    case "name":
      return makeLabel(mydata[row].name, width)
    case "capital":
      return makeLabel(mydata[row].capital, width)
    case "area":
      let txt =
        formatter.stringFromNumber(mydata[row].area) ?? ""
      return makeLabel("\(txt) km2", width, .Right)
    case "population":
      let txt =
        formatter.stringFromNumber(mydata[row].population)
      return makeLabel(txt ?? "", width, .Right)
```

20

```
      default:
        break
      }
    }
    return nil
}
```

makeLabel erzeugt ein NSTextField. Position und Größe werden dabei durch eine CGRect-Struktur bestimmt, die die frame-Eigenschaft des Objekts festlegen. Position und Größe werden also absolut und nicht durch Layoutregeln festgelegt. Das erfordert wesentlich weniger Code. Beachten Sie, dass sich der Koordinatenursprung innerhalb von Views links unten befindet, nicht wie in manchen anderen Systemen zur GUI-Programmierung links oben!

stringValue = txt stellt den anzuzeigenden Text ein. editable = false und bezeled = false bewirken, dass das Textfeld ohne Rahmen angezeigt wird. (Anders als Cocoa Touch kennt Cocoa ja keine richtige Label-Klasse. Label sind einfach NSTextField-Objekte mit besonderen Eigenschaften.)

drawsBackground = false ist wichtig, damit die alternierende Spaltenhintergrundfarbe unter den Texten sichtbar bleibt und damit bei markierten Zeilen das farbige Hervorheben funktioniert. Die alignment-Eigenschaft bestimmt schließlich, ob der Text innerhalb des NSTextField links- oder rechtsbündig dargestellt wird.

Eigentlich wollte ich den Text auch vertikal zentrieren. Das NSTextField-Steuerelement sieht das aber nicht vor. Ein relativ komplizierter Ausweg hätte darin bestanden, das Textfeld mit Layout-Regeln in ein NSView-Steuerelement vertikal zentriert einzubetten.

```
// Projekt osx-table2, Datei ViewController.swift, Fortsetzung
// NSTextField erzeugen
private func makeLabel(txt:String,
      _ width:CGFloat,
      _ align:NSTextAlignment = .Left)
  -> NSTextField
{
  let lbl =
    NSTextField(frame: CGRectMake(0, 0, width, cellheight))
  lbl.stringValue = txt
  lbl.editable = false
  lbl.bezeled = false
  lbl.drawsBackground = false
  lbl.alignment = align
  return lbl
}
```

Die Methode `makeImage` erzeugt ein `NSImageView` mit der Flagge des Bundeslands. Das Laden von Bitmaps aus `Images.xcassets` funktioniert merkwürdigerweise nur, wenn der Name keine deutschen Umlaute enthält. Daher ersetzt `stringByReplacing-OccurrencesOfString` »ü« durch »ue«. Die betreffenden Flaggen in `Images.xcassets` habe ich natürlich entsprechend umbenannt.

```
// Projekt osx-table2, Datei ViewController.swift, Fortsetzung
// NSImageView mit Bundeslandflagge erzeugen
private func makeImage(flagname:String) -> NSImageView {
  let img = NSImageView(frame: CGRectMake(0, 0, 50, cellheight))
  let name = flagname.stringByReplacingOccurrencesOfString(
             "ü", withString: "ue")
  img.image = NSImage(named: name)
  return img
}
```

Tabelle sortieren

Beim Klick auf eine Tabellenspalte soll die Tabelle entsprechend sortiert werden. Für alle Spalten, bei denen im Attributinspektor ein Sort Key angegeben wurde, kommt es dann zum Aufruf der Methode `tableView(_:sortDescriptorsDidChange:)`. Die an diese Methode übergebenen Parameter sind für uns irrelevant. Dafür interessiert uns die `sortDescriptors`-Eigenschaft des `NSTableView`-Objekts.

Diese enthält ein Array von `NSSortDescriptor`-Objekten. Jedes Objekt gibt an, welche Spalte auf- oder absteigend sortiert wird. Die detaillierte Auswertung dieses Arrays können wir uns zum Glück ersparen – für `NSArrays` existiert nämlich die Methode `sortedArrayUsingDescriptors`, die die enthaltenen Daten gemäß der `NSSortDescriptor`-Daten selbstständig sortiert! Damit wir diese Methode anwenden können, müssen aber zwei Voraussetzungen erfüllt sein:

▶ Die zu sortierenden Objekte müssen Instanzen einer von `NSObject` abgeleiteten Klasse sein. Strukturen oder »gewöhnliche« Swift-Klassen sind nicht geeignet. Das ist der Grund, weswegen die `Country`-Struktur aus Abschnitt 14.3, »Listen (UITable-View)«, für dieses Beispiel in eine Klasse umgewandelt wurde.

▶ Das Array muss ein `NSArray` sein. Für Swift-Arrays steht `sortedArrayUsingDescriptors` leider nicht zur Verfügung.

Die zweite Voraussetzung bedingt, dass wir unser Array `mydata` vor dem Sortieren in ein `NSArray` und danach zurück in ein Swift-Array verwandeln müssen. Das klingt alles recht kompliziert, aber der gesamte Code ist nur drei Zeilen lang! `reloadData` bewirkt anschließend, dass die gesamte Tabelle neu gezeichnet wird.

20

```
// Projekt osx-table2, Datei ViewController.swift, Fortsetzung
// Tabelle neu sortieren
func tableView(tableView: NSTableView,
                sortDescriptorsDidChange oldDescriptors: [
    NSSortDescriptor])
  {
   let nsa = mydata as NSArray
    mydata = nsa.sortedArrayUsingDescriptors(
                     tableView.sortDescriptors) as! [Country]
    table.reloadData()
  }
}
```

Auswahl einer Zeile

Wenn der Benutzer eine Zeile der Tabelle anklickt, kommt es zum Aufruf der Methode tableViewSelectionDidChange. Da diese Methode aber auch nach dem Anklicken einer Spalte aufgerufen wird, muss zuerst überprüft werden, ob die Eigenschaft selectedRow positiv ist.

```
// Projekt osx-table2, Datei ViewController.swift, Fortsetzung
// Auswahl einer Zeile oder Spalte aufgerufen
func tableViewSelectionDidChange(notification: NSNotification) {
  if table.selectedRow >= 0 {
    print("Ausgewählt: \(mydata[table.selectedRow].name)")
  }
}
```

20.2 Drag & Drop

Wenn Sie Drag & Drop-Operationen unterstützen sollen, haben Sie die Wahl, ob Steuerelemente Ihres Programms als Empfänger oder als Sender (Initiator) eines Drag & Drop-Vorgangs fungieren sollen. Natürlich ist auch beides möglich. Die prinzipielle Vorgehensweise sieht so aus, dass Sie eine eigene Klasse entwickeln, die von NSView oder einer anderen Steuerelementklasse abgeleitet ist. In Ihrer Klasse implementieren Sie nun das bzw. die Protokolle NSDraggingDestination und/oder NSDraggingSource.

Die beiden folgenden Abschnitte fassen die wichtigsten Schritte und Methoden kurz zusammen. Ein längeres Beispielprogramm illustriert dann die wichtigsten Programmiertechniken im Detail.

Drag-Operationen empfangen (NSDraggingDestination)

Damit Ihr Steuerelement Drag-Operationen empfangen kann, müssen Sie zuerst mit der Methode `registerForDraggedTypes` angeben, welche Art von Daten Ihr Steuerelement empfangen kann. Das erledigen Sie üblicherweise während der Initialisierung des View-Controllers.

Außerdem muss Ihre Steuerelementklasse das Protokoll `NSDraggingDestination` implementieren. Dieses Protokoll sieht neun Methoden vor, von denen aber zum Glück nicht alle in jedem Fall erforderlich sind. Unabdingbar sind in der Regel nur `draggingEntered` und `performDragOperation`. Die folgende Liste beschreibt die wichtigsten Methoden in der Reihenfolge ihres Aufrufs:

- `draggingEntered` wird aufgerufen, wenn ein Anwender Ihres Programms mit der Maus bzw. mit dem Touchpad ein Drag & Drop-Objekt in das Steuerelement bewegt. Sie müssen nun entscheiden, ob Daten vorliegen, die Ihr Programm verarbeiten kann. Die Methode gibt zurück, welche Arten von Drag & Drop-Operationen Ihr Programm unterstützt – z. B. Verschieben, Kopieren oder Löschen. Außerdem ist es in der Regel zweckmäßig, ein optisches Feedback zu geben, also die Hintergrundfarbe zu ändern oder einen Rahmen zu zeichnen.

- `draggingUpdated` wird nun während der Bewegung des Drag & Drop-Objekts innerhalb Ihres Steuerelements kontinuierlich aufgerufen. Abhängig von der Mausposition und anderen Parametern können Sie nun die erlaubten Drag & Drop-Operationen ändern. Eine Implementierung dieser Methode ist beispielsweise dann erforderlich, wenn sich das beabsichtigte Verhalten während des Drag & Drop-Vorgangs noch ändern kann – beispielsweise durch das Drücken der [alt]- oder [⌘]-Taste.

- `draggingExited` informiert Ihr Programm, dass das Drag & Drop-Objekt das Steuerelement verlassen hat, ohne dass das Objekt losgelassen wurde (Drop). Wenn Sie Ihr Steuerelement markiert haben, entfernen Sie die Markierung jetzt wieder. Sonst gibt es nichts zu tun.

- `prepareForDragOperation` wird aufgerufen, wenn ein Anwender Ihres Programm das Drag & Drop-Objekt tatsächlich fallen gelassen hat. Wenn Sie die Methode implementieren, können Sie hier entscheiden, ob Sie den Drop-Vorgang akzeptieren oder ablehnen (Rückgabe `true`/`false`).

- `performDragOperation` wird aufgerufen, nachdem die optische Darstellung des Drag-Objekt vom Bildschirm entfernt wurde. In dieser Methode müssen Sie die eigentliche Drag & Drop-Operation im Kontext Ihres Programms durchführen. Die erforderlichen Daten befinden sich im `sender`-Parameter der Methode (Datentyp `NSDraggingInfo`).

► `concludeDragOperation` schließt die Drag & Drop-Aktion ab. Wenn Sie das Emp-
fängersteuerelement optisch markiert haben, müssen Sie diese Markierung hier
wieder entfernen.

Drag-Operationen initiieren (NSDraggingSource)

Dass der Benutzer Ihres Programms eine Drag & Drop-Aktion initiieren möchte,
erkennen Sie am Aufruf der `mouseDragged`-Methode. Dort stellen Sie die zu über-
mittelnden Daten sowie deren bildliche Darstellung in einer `NSDraggingItem`-Instanz
zusammen und übergeben diese dann an die Methode `beginDraggingSession-`
`WithItems`.

Für den weiteren Verlauf der Drag & Drop-Operation sind nun Methoden des `NSDrag\-`
`ging\-Source`-Protokolls zuständig. Das Protokoll definiert zwölf verschiedene Methoden, oft reicht es aber aus, nur zwei davon zu implementieren:

► In `draggingSession(_:sourceOperationMaskForDraggingContext:)` geben Sie an, welche Drag & Drop-Operationen Sie unterstützen, z. B. Verschieben und Kopieren.
Diese Methode ist unbedingt erforderlich.

► `draggingSession(_:endedAtPoint:operation:)` gibt an, an welchem Punkt und mit
welcher Aktion (z. B. Löschen) die Drag & Drop-Operation beendet wurde. Nach
Verschiebe- oder Löschoperationen müssen Sie hier die entfernten Daten löschen
oder ausblenden, sodass für die Programmanwender optisch ersichtlich ist, dass
die gewünschte Aktion durchgeführt wurde.

Beispielprogramm

Das Programm `osx-drag-drop` veranschaulicht die praktischen Details der Drag &
Drop-Programmierung. Beim Start zeigt das Programm vier nebeneinander ange-
ordnete Icons an (siehe Abbildung 20.5). Sie können nun die folgenden Aktionen
durchführen:

► die Icons aus den ersten drei Containern verschieben bzw. kopieren
► die Icons aus den ersten drei Containern löschen, in dem Sie diese in den vierten
Container oder in den Mülleimer von OS X verschieben
► PNG- oder JPG-Dateien aus dem Finder oder aus dem OS-X-Desktop in die drei ersten Container einfügen

Container, in die gerade ein gültiges Objekt hineingeschoben wird, werden mit einem
blauen Rand gekennzeichnet. Der vierte Container mit dem Mülleimer ist nur ein
Drag & Drop-Ziel und kann selbst keine Drag & Drop-Aktion initiieren. Dieser Mülleimer ist nur für programminterne Drag & Drop-Bewegungen gedacht. Sie können
ihn also z. B. nicht verwenden, um eine Datei aus dem Finder zu löschen.

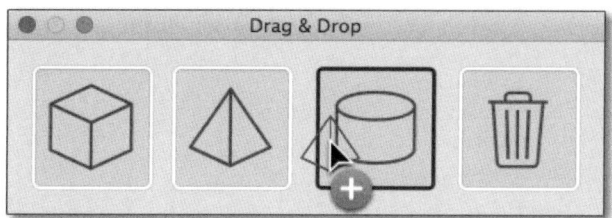

Abbildung 20.5 Drag & Drop-Beispielprogramm

Alles in allem liest sich die Programmbeschreibung also recht unspektakulär. Sie werden aber gleich merken, dass die wenigen Funktionen dennoch eine Menge Code erfordern.

Projektaufbau

Das Projekt verwendet ein Storyboard. Als einzige Datei im Vergleich zu den Vorgaben von Xcode ist die Datei `MyView.swift` hinzugekommen. Sie enthält die `MyView`-Klasse, eine von `NSImageView` abgeleitete Klasse mit Drag & Drop-Funktionalität.

In den View-Controller wurden vier Image-Views eingefügt. Layoutregeln sind nicht notwendig, weil die Fenstergröße im Size Inspector für das Window-Objekt fix eingestellt wurde: SIZE, MINIMUM SIZE und MAXIMUM SIZE enthalten also jeweils dieselben Werte.

Die vier Image-Views verwenden Bitmaps aus `Images.xcassets`. Die Symbole stammen übrigens aus der empfehlenswerten iOS-8-Icons-Sammlung von PixelLove. Darüber hinaus gelten für die vier Image-Views die folgenden Einstellungen:

► Identity Inspector: CLASS = MYVIEW
► Attribut Inspektor: BORDER = BEZEL

View-Controller

Die View-Controller-Klasse enthält vier Outlets für die vier Bild-Container. In `viewDidLoad` werden diese Steuerelemente initialisiert. Dabei legt die Methode `registerForDraggedTypes` fest, welche Objekte per Drag & Drop in die Steuerelemente hineingezogen werden dürfen: Dateinamen und Zeichenketten. Die Dokumentation zu `registerForDraggedTypes` zählt diverse weitere Datentypen auf, die OS X für Drag & Drop unterstützt – Webadressen (URLs), formatierter Text (RTF) etc. Beachten Sie, dass Sie die zulässigen Typen in jedem Fall als Array übergeben müssen, auch wenn Ihr Programm nur einen Typ unterstützt.

Die beiden Eigenschaften `dragSrcOp` und `dragDestOp` sind in der Klasse `MyView` definiert. Sie legen fest, welche Art von Drag & Drop-Operationen das jeweilige Steuerelement als Empfänger bzw. als Initiator des Drag & Drop-Vorgangs unterstützt. Beachten Sie, dass für das mvtrash-Outlet ganz andere Einstellungen gelten, damit dieser Container als Mülleimer agiert.

```swift
// Projekt osx-drag-drop, Datei ViewController.swift
import Cocoa
class ViewController: NSViewController {
  @IBOutlet weak var mv1: MyView!
  @IBOutlet weak var mv2: MyView!
  @IBOutlet weak var mv3: MyView!
  @IBOutlet weak var mvtrash: MyView!

  override func viewDidLoad() {
    super.viewDidLoad()

    // Was kann in die View gezogen werden?
    let dragtypes = [NSFilenamesPboardType, NSStringPboardType]
    mv1.registerForDraggedTypes(dragtypes)
    mv2.registerForDraggedTypes(dragtypes)
    mv3.registerForDraggedTypes(dragtypes)
    mvtrash.registerForDraggedTypes([NSStringPboardType])

    // Welche Operationen werden als Quelle unterstützt?
    mv1.dragSrcOp = [.Copy, .Move, .Delete]
    mv2.dragSrcOp = [.Copy, .Move, .Delete]
    mv3.dragSrcOp = [.Copy, .Move, .Delete]
    mvtrash.dragSrcOp = .None

    // Welche Operationen werden als Empfänger unterstützt?
    mv1.dragDestOp = [.Copy, .Move]
    mv2.dragDestOp = [.Copy, .Move]
    mv3.dragDestOp = [.Copy, .Move]
    mvtrash.dragDestOp = .Delete
  }
}
```

Die MyView-Klasse

Die MyView-Klasse erweitert die NSImageView-Klasse um einige Eigenschaften und Methoden, damit die Klasse sowohl Drag & Drop-Vorgänge initiieren als auch empfangen kann. Der Code ist in drei Teilen organisiert:

► Im ersten Teil sind die Eigenschaften dragSrcOp, dragDestOp und myhighlight definiert. Die Methode drawRect kümmert sich darum, bei Bedarf einen blauen Rahmen um das Bildfeld zu zeichnen.

► Der zweite Teil der Klasse fasst alle Methoden zusammen, die das Steuerelement zu einem Drag & Drop-Empfänger macht.

► Der dritte Teil enthält die Methoden, die erforderlich sind, damit das Steuerelement selbst Drag & Drop-Aktionen initiieren kann.

Natürlich wäre es auch möglich, die Klasse mit `class MyView: NSImageView, NSDraggingSource, NSDraggingDestination` einzuleiten und dann einfach alle Methoden einzubauen. Die Organisation als Basis plus Erweiterungen strukturiert den Code aber besser. Die mit `MARK:` eingeleiteten Kommentare helfen zudem dabei, im Editor rasch zur gewünschten Methode zu springen (siehe Abbildung 20.6).

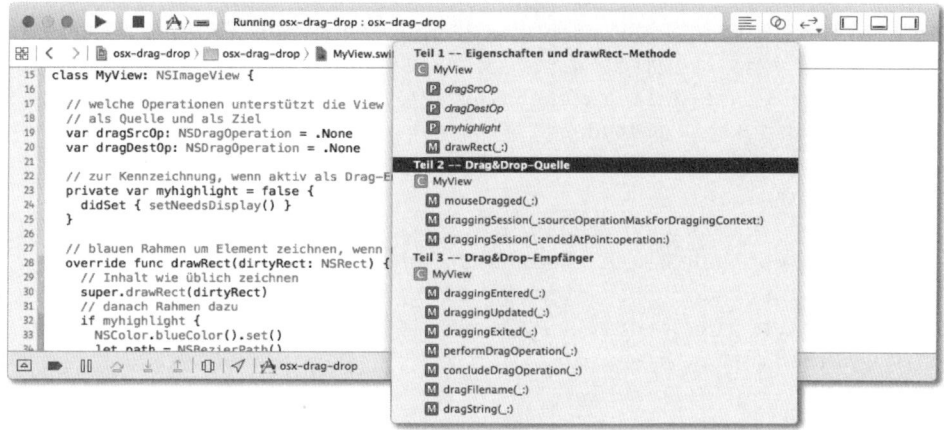

Abbildung 20.6 Übersichtliche Code-Struktur durch Extensions und MARK:-Kommentare

Die beiden `dragXxx`-Eigenschaften legen fest, welche Drag & Drop-Operationen der Bild-Container zulassen soll. Zulässig sind jeweils eine beliebige Kombination aus `.Copy`, `.Move` und `.Delete`.

Jede Veränderung von `myhighlight` bewirkt aufgrund von `setNeedsDisplay`, dass es zum sofortigen Neuzeichnen des Steuerelements durch die Methode `drawRect` kommt. In dieser Methode kümmert sich `super.drawRect` darum, zuerst einmal das Steuerelement wie üblich zu zeichnen.

Wenn `myhighlight` wahr ist, fügt `appendBezierPathWithRoundedRect` ein abgerundetes Rechteck in den `NSBezierPath` ein. `bounds` ist dabei eine Eigenschaft der zugrunde liegenden `NSView`-Klasse. Sie enthält eine `NSRect`-Struktur mit den Ausmaßen des Steuerelements. `NSInsetRect` verkleinert das Rechteck nach innen hin um 2,5 Punkt. Die weiteren Parameter von `appendBezierPathWithRoundedRect` bestimmen den Eckradius. Das so definierte abgerundete Rechteck wird nun mit `stroke` in blauer Farbe und einer Linienstärke von 2,5 Punkt gezeichnet. Ein weiteres Beispiel zum Umgang mit Bézier-Pfaden für die verwandte `UIBezierPath`-Klasse finden Sie in Abschnitt 15.4, »Steuerelement zur Richtungsanzeige«.

```
// Projekt osx-drag-drop, Datei MyView.swift
// MARK: Teil 1 -- Eigenschaften und drawRect-Methode
class MyView: NSImageView {
  // welche Operationen unterstützt die View
  // als Quelle und als Ziel:
  var dragSrcOp: NSDragOperation = .None
  var dragDestOp: NSDragOperation = .None

  // View kennzeichnen, wenn diese zum Drag-Empfänger wird
  private var myhighlight = false {
    didSet { setNeedsDisplay() }
  }
  // blauen Rahmen um Element zeichnen, wenn myhighlight = true
  override func drawRect(dirtyRect: NSRect) {
    // Inhalt wie üblich zeichnen
    super.drawRect(dirtyRect)
    // danach Rahmen dazu
    if myhighlight {
      let path = NSBezierPath()
      path.appendBezierPathWithRoundedRect(
        NSInsetRect(bounds, 2.5, 2.5), xRadius:3, yRadius:3)
      NSColor.blueColor().set()
      path.lineWidth = 2.5
      path.stroke()
    }
  }
}
```

Drag & Drop initiieren

Die Methode mouseDragged ist zwar nicht im NSDraggingSource-Protokoll definiert, sie ist aber meistens der Ausgangspunkt für Drag & Drop-Operationen. Zu ihrem Aufruf kommt es, wenn ein Benutzer die Maus mit gedrückter Taste ein kleines Stück bewegt.

In der Methode wird zuerst getestet, ob überhaupt Daten vorliegen (image-Eigenschaft) und ob in der dragSrcOp-Eigenschaft Drag & Drop-Operationen vorgesehen sind. Sind diese Voraussetzungen erfüllt, geht es darum, die Drag & Drop-Daten in einem NSDraggingItem-Objekt zusammenzustellen. In diesem Beispiel reicht es aus, wenn bei programminternen Drag & Drop-Operationen einfach eine Zeichenkette übergeben wird – hier "Drag&Drop test". Sie können versuchen, aus dem Beispielprogramm eine Drag & Drop-Operation in einen Texteditor durchzuführen – dann wird auch dort diese Zeichenkette eingefügt.

Wesentlich aufwendiger ist die Einstellung von `imageComponentsProvider` des `NSDraggingItem`-Objekts: An diese Eigenschaft muss eine Funktion übergeben werden, die OS X später ausführt, um ein Vorschaubild des zu verschiebenden Objekts anzuzeigen. Die Funktion ist hier als Closure formuliert.

Die Erstellung des Bilds ist im Beispielprogramm einfach – wir können auf die `image`-Eigenschaft des Steuerelements zurückgreifen. Das Bild wird in einem 50 × 50 Punkt großen Container angezeigt, der wiederum mittig zur aktuellen Mausposition platziert wird. Der hier verwendete Code führt allerdings dazu, dass nichtquadratische Bilder verzerrt werden. Wenn das stört, müssen Sie `component.frame` so berechnen, dass die Proportionen des Bilds in `image` erhalten bleiben.

Das so vorbereitete `NSDraggingItem` kann schließlich an die `beginDraggingSessionWithItems`-Methode übergeben werden. Dabei ist zu beachten, dass Sie die Daten als Array übergeben müssen, selbst wenn es nur ein Drag & Drop-Objekt gibt.

```
// Projekt osx-drag-drop, Datei MyView.swift
// MARK: Teil 2 -- Drag&Drop-Quelle
extension MyView: NSDraggingSource {

  // Drag starten (Quelle)
  override func mouseDragged(theEvent: NSEvent) {
    // wenn ImageView leer ist oder dragSrcOp == .None:
    // kein Drag möglich
    if image == nil { return }
    if dragSrcOp == .None { return }
    let data = NSDraggingItem(pasteboardWriter: "Drag&Drop test")

    // aktuelle Mausposition relativ zur aktuellen NSView
    let position = convertPoint(theEvent.locationInWindow,
      fromView: nil)
    data.imageComponentsProvider =
      { // Closure, legt das während des Drag-Vorgangs
        // anzuzeigende Bild fest
        let component = NSDraggingImageComponent(
          key: NSDraggingImageComponentIconKey)
        component.contents = self.image

        // 50x50-Punkt großes Vorschaubild
        // mittig zur Mausposition
        component.frame = NSRect(
          origin: NSPoint(x: position.x-25, y: position.y-25),
          size: NSSize(width: 50, height: 50))
        return [component]
      } // Closure-Ende
```

```
    // mit dieser Methode enden die mouseDragged-Aufrufe
    beginDraggingSessionWithItems(
       [data], event: theEvent, source: self)
  } // func-Ende
```

draggingSession(_:sourceOperationMaskForDraggingContext:) muss als einzige Methode des NSDraggingSource-Protokolls zwingend implementiert werden. Die Methode gibt eine Kombination von NSDragOperation-Werten zurück, die beschreiben, welche Drag & Drop-Operationen unterstützt werden. Vorgesehen sind neben den im Programm implementierten Werten .Copy, .Move und .Delete auch .Link, .Generic und .Private.

Zum Abschluss des selbst initiierten Drag & Drop-Vorgangs kommt es zum Aufruf von draggingSession(_:endedAtPoint:operation:). Diese Methode ist *nicht* für die Ausführung der Drag & Drop-Operation beim Empfänger zuständig, sondern nur für Aufräumarbeiten beim Sender. Im Beispielprogramm wird in dieser Methode nach einer abgeschlossenen .Move- oder .Delete-Operation die image-Eigenschaft des Steuerelements auf nil gesetzt.

```
  // Fortsetzung Teil 2
  // welche Drag-Operationen werden unterstützt (als Quelle)
  func draggingSession(session: NSDraggingSession,
     sourceOperationMaskForDraggingContext context:
        NSDraggingContext) -> NSDragOperation
  {
     if self.image == nil {
        // image ist leer, also gibt es nichts
        // zum Verschieben/Kopieren etc.
        return .None
     } else {
        return dragSrcOp
     }
  }


  // Benachrichtigung über Ende des Drag-Vorgangs an die Quelle
  func draggingSession(session: NSDraggingSession,
     endedAtPoint screenPoint: NSPoint,
     operation: NSDragOperation)
  {
     if operation == .Delete || operation == .Move {
        image = nil
     }
  }
}
```

Drag & Drop-Empfang zulassen

Zuletzt sind nun noch die Methoden des `NSDraggingDestination`-Protokolls zu beschreiben, die für den Empfang einer Drag & Drop-Operation verantwortlich sind. Dabei sei vorausgeschickt, dass die folgende Implementierung bereits ziemlich viele Sonderfälle berücksichtigt. Dass es auch einfacher geht, beweist die in Abschnitt 20.7, »Drag & Drop-Empfänger für Icons«, beschriebene Klasse `OriginalIconView`, die ohne viel Firlefanz vom Finder verschobene Dateien verarbeitet.

Vermutlich hätten Sie erwartet, dass der Code für die Erweiterungen gemäß des `NSDraggingDestination`-Protokolls mit

```
extension MyView: NSDraggingDestination { ...
```

beginnen würde. Normalerweise ist das auch der richtige Ansatz. In unserem Fall dient aber die `NSImageView`-Klasse als Ausgangspunkt, und diese Klasse implementiert so wie auch die `NSView`-Klasse das `NSDraggingDestination`-Protokoll bereits. Deswegen würde die obige Anweisung zu einem Syntaxfehler führen (*redundant conformance to protocol xxx*). Um den eigenen Code für den Drag & Drop-Empfang dennoch übersichtlich zu bündeln, ist es daher bei

```
extension MyView { ...
```

geblieben.

Die Methode `draggingEntered` wird aufgerufen, wenn ein Drag & Drop-Objekt in das Steuerelement hineingeschoben wird. In der Methode müssen zwei Dinge kontrolliert werden:

▶ Handelt es sich um Daten, die verarbeitet werden können?

▶ Welche von mehreren infrage kommenden Drag & Drop-Operationen soll durchgeführt werden?

Als Ergebnis muss dann ein Wert der `NSDragOperation`-Enumeration zurückgegeben werden – eventuell auch `.None`, wenn die Daten ungeeignet sind. Das Beispielprogramm kann zwei Arten von Daten verarbeiten: einerseits die Zeichenkette `"Drag& Drop test"`, die ein programminternes Drag & Drop-Ereignis anzeigt, andererseits eine einzelne PNG- oder JPEG-Datei. Ob derartige Daten vorliegen, wird in den Methoden `dragString` bzw. `dragFilename` überprüft.

Im ersten Fall muss noch entschieden werden, welche Operation tatsächlich ausgeführt werden soll. Das hängt von mehreren Faktoren ab: welche Operationen der Sender vorsieht, welche der Empfänger erlaubt und ob die resultierenden Kombinationen (z. B. `.Move` oder `.Copy`) durch das Drücken von [alt] reduziert wurden. Um Letzteres kümmert sich die Methode `draggingSourceOperationMask`, die die Sender-Operationen beim Drücken von Zustandstasten automatisch beschneidet.

20

Die Methode intersect, die einer binären Und-Verknüpfung mit den Empfänger-Operationen entspricht, reduziert die infrage kommenden Operationen weiter. Sollten dann noch mehrere Operationen zur Auswahl stehen, bevorzugt die folgende if-Kaskade .Move und .Copy. Die infrage kommenden Drag & Drop-Operationen werden dabei mit contains getestet.

Sofern draggingEntered entscheidet, dass die Drag & Drop-Operation akzeptiert wird, setzt die Methode gleichzeitig myhighlight auf true. Damit wird das Empfänger-Steuerelement vorübergehend durch einen blauen Rahmen hervorgehoben.

```
// Projekt osx-drag-drop, Datei MyView.swift
// MARK: Teil 3 -- Drag&Drop-Empfänger
// implementiert Methoden des NSDraggingDestination-Protokolls
extension MyView: {
  override func draggingEntered(sender: NSDraggingInfo)
    -> NSDragOperation
  {
    // Quelle und Ziel dürfen nicht übereinstimmen
    if sender.draggingSource() === self {
      return .None
    }

    // String-Drags: Copy, Move oder Delete?
    if dragString(sender) {
      let mask = sender.draggingSourceOperationMask()
      let result = mask.intersect(dragDestOp)
      if result.contains(.Move) {
        myhighlight = true
        return .Move
      } else if result.contains(.Copy) {
        myhighlight = true
        return .Copy
      } else if result.contains(.Delete) {
        myhighlight = true
        return .Delete
      }
    }

    // File-Drags: nur Copy akzeptieren
    if dragFilename(sender) != nil &&
      dragDestOp.contains(.Copy)
    {
      myhighlight = true
      return .Copy
    }
```

```
      // keine passenden Daten
      return .None
    }
```

Sobald der Drag & Drop-Vorgang begonnen hat, wird `draggingUpdated` fortwährend aufgerufen. Auch diese Methode erwartet sich eine Rückmeldung, ob die Operation zugelassen wird – also können wir einfach die Methode `draggingEntered` aufrufen und deren Ergebnis zurückgeben.

Die vorhin erwähnten Methoden `dragString` und `dragFilename` werten das `NSDragging-Info`-Objekt aus. `dragString` reizt die Möglichkeiten der `if-let`-Syntax weitgehend aus: Die mehrzeilige Konstruktion testet, ob die Anzahl der Objekte genau eins beträgt, ob die Methode `readObjectsForClasses` ein String-Array liefert und ob schließlich das erste Element dieses Arrays die magische Zeichenkette `"Drag&Drop test"` ist.

```
// Fortsetzung Teil 3
override func draggingUpdated(sender: NSDraggingInfo)
  -> NSDragOperation
{
  return draggingEntered(sender)
}

// Zeichenkette in NSDraggingInfo suchen
private func dragString(draginfo: NSDraggingInfo)
    -> Bool
{
  let pboard = draginfo.draggingPasteboard()

  if draginfo.numberOfValidItemsForDrop == 1,
    let data = pboard.readObjectsForClasses(
        [NSString.self], options: [:]) as? [String]
    where data.first == "Drag&Drop test"
  {
    return true
  }
  return false
}
```

Ganz ähnlich agiert `dragFilename`, wobei hier aber das `PasteBoard`-Objekt mit `property-ListForType` ausgewertet wird, um darin nach Dateinamen zu suchen. Haben diese auch die richtige Kennung, gibt die Methode den Dateinamen zurück, sonst `nil`.

```
// Fortsetzung Teil 3
// NSFilenamesPboardType in NSDraggingInfo suchen
private func dragFilename(draginfo: NSDraggingInfo)
  -> String?
{
  let pboard = draginfo.draggingPasteboard()

  if draginfo.numberOfValidItemsForDrop == 1,
     let data = pboard.propertyListForType(
                  NSFilenamesPboardType) as? [String],
        fname:NSString = data.first
  {
    switch fname.pathExtension.lowercaseString {
    case "png", "jpeg", "jpg":
      return String(fname)
    default:
      return nil
    }
  } // if-let-Ende
  return nil
} // func-Ende
```

Drag & Drop-Empfang verarbeiten

Verlässt das Drag & Drop-Objekt das Steuerelement wieder, kümmert sich um dragging-
Exited darum, den blauen Markierungsrahmen rund um das Steuerelement wieder
zu entfernen.

Kommt es hingegen wirklich zum Abschluss der Drag & Drop-Operation, ist die
Methode performDragOperation für deren Durchführung zuständig. Bei einem pro-
gramminternen Drag & Drop wird mit contains getestet, ob der Empfänger .Move oder
.Copy erlaubt und ob es sich beim Sender tatsächlich um ein MyView-Objekt handelt.
Trifft dies alles zu, kann das NSImage-Objekt einfach übernommen werden. Geht hin-
gegen ein File-Drag & Drop zu Ende, muss die Datei geladen werden.

concludeDragOperation stellt sicher, dass mit Abschluss der Drag & Drop-Operation
auch die optische Hervorhebung des Steuerelements endet.

```
// Projekt osx-drag-drop, Datei MyView.swift
// Fortsetzung Teil 3
// Drag-Objekt verlässt View ohne Drop
override func draggingExited(sender: NSDraggingInfo?) {
  myhighlight = false
}
```

```
  // Drop verarbeiten (als Ziel)
  override func performDragOperation(sender: NSDraggingInfo)
      -> Bool
  {
    // String-Drag abgeschlossen
    if dragString(sender) {
      if dragDestOp.contains(.Move) ||
        dragDestOp.contains(.Copy),
        let src = sender.draggingSource() as? MyView
      {
        self.image = src.image
      } // if-let-Ende
      return true
    } // if-Ende

    // File-Drag abgeschlossen: Icon-Datei laden
    if let fname = dragFilename(sender) {
      image = NSImage(byReferencingFile: fname)
      return true
    }
    return false
  } // func-Ende

  // Drop abschließen (als Ziel)
  override func concludeDragOperation(sender: NSDraggingInfo?) {
    // Hintergrundfarbe wieder zurücksetzen
    myhighlight = false
  }
} // extension-Ende (Teil 3)
```

20.3   Icon-Resizer

Das Abschlussbeispiel dieses Buchs ist ein Programm, das Ihnen dabei hilft, die unzähligen Bitmaps für das App-Icon eines iOS- oder OS-X-Programms effizient zu erstellen. Nach dem Start laden Sie entweder durch einen Klick in den linken Teil des Programms das Original-Bild, oder Sie fügen dieses per Drag & Drop ein. Dabei sollte es sich möglichst um ein Bild mit 1024 × 1024 Pixel handeln.

Rechts werden nun die verkleinerten Icons in allen Auflösungen angezeigt, die Xcode für iOS-Apps ab Version 7 verlangt. Wenn Sie stattdessen Icons für ein OS-X- oder ein Apple-Watch-Programm benötigen, wählen Sie das entsprechende Icon-Set über das Einstellungsmenü (siehe Abbildung 20.7).

20

Sie haben nun zwei Möglichkeiten, die Icons zu nutzen: Entweder ziehen Sie ein Icon nach dem anderen per Drag & Drop in den *.xcassets-Editor von Xcode, oder Sie klicken auf den Speichern-Button und speichern so alle Icons in einem Verzeichnis.

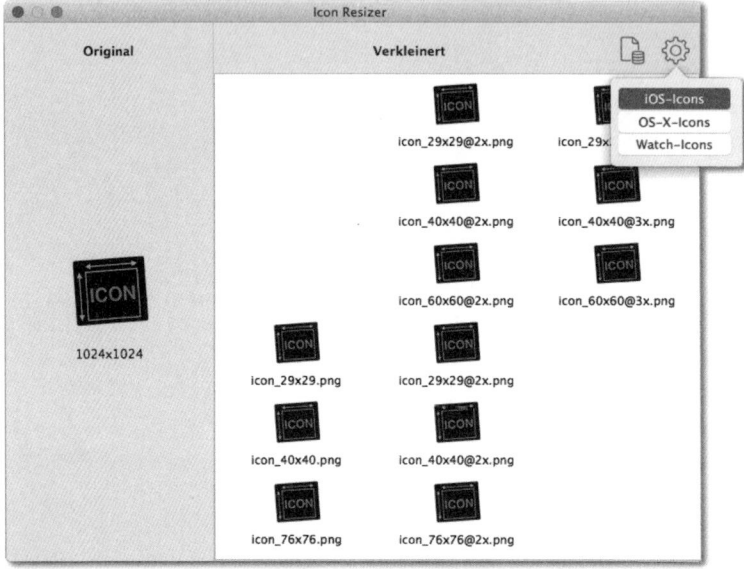

Abbildung 20.7 Icon-Resizer

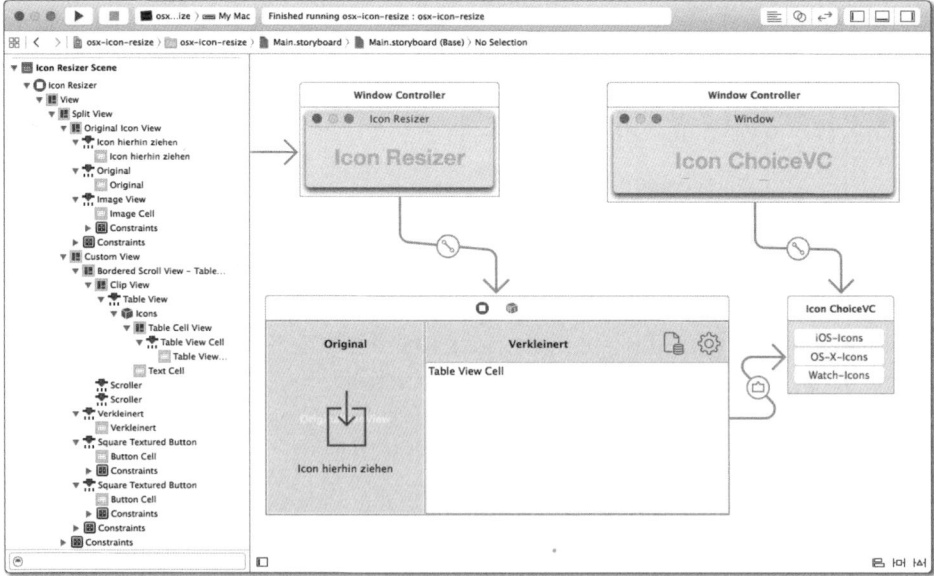

Abbildung 20.8 Das Storyboard des Icon-Resizers

Programmaufbau

Das Projekt `osx-icon-resizer` besteht aus den folgenden Dateien:

- `Main.storyboard` enthält die beiden Window- und View-Controller für das Hauptfenster und das Popup-Menü (siehe Abbildung 20.8).
- `ViewController.swift` und `IconChoiceVC.swift` definieren die dazugehörenden View-Controller-Klassen.
- `AppDelegate` enthält Code, um ein temporäres Verzeichnis einzurichten und dieses beim Programmende wieder zu löschen.
- `IconSize.swift` enthält die Struktur `IconSize` sowie diverse Methoden, um Icons zu skalieren, zu speichern etc.
- `OriginalIconView.swift` definiert eine von `NSView` abgeleitete Klasse. Sie wird für den linken Programmteil verwendet, um Mausklicks zu verarbeiten und Drag & Drop-Objekte zu empfangen.
- `IconCellView.swift` enthält eine weitere von `NSView` abgeleitete Klasse. Ihre Aufgabe ist es, ein Icon samt Beschriftung innerhalb einer Zeile der Table-View darzustellen.

Die detaillierte Beschreibung der Klassen folgt in den weiteren Abschnitten dieses Kapitels.

Das Split-View-Steuerelement

Das Hauptfenster des Icon-Resizers ist mit einer Vertical-Split-View in zwei Teile gegliedert, deren Trennlinie verschiebbar ist. Die Split-View ist also ein Steuerelement, das ein Fenster in zwei Bereiche unterteilt. Dazwischen wird je nach STYLE-Einstellung nur eine dünne Linie oder ein etwas breiterer Balken mit einem Anfasspunkt angezeigt (STYLE = PANE SPLITTER). Wenn das Programm läuft, kann der Anwender die Linie mit der Maus oder dem Trackpad verschieben und so die Raumaufteilung im Fenster verändern.

Das größte Problem bei der Anwendung der Split-View besteht darin, die Anfangsposition festzulegen. Eigentlich ergibt sich diese aus dem Inhalt der Views auf den beiden Seiten. Wenn die beiden Views aber keine großen Steuerelemente mit fixen Maßen enthalten, entscheidet sich Xcode scheinbar willkürlich für eine Position, die leider selten Ihren Vorstellungen entspricht.

Da die Split-View in Xcode keine Eigenschaften enthält, um seine Position festzulegen, müssen Sie für eine der durch den Splitter getrennten Views explizit eine Breite vorgeben. Im Icon-Resizer habe ich deswegen für die linke View INTRINSIC SIZE = PLACEHOLDER und WIDTH = 200 eingestellt (siehe Abbildung 20.9). Nach der Neuanordnung aller Steuerelemente durch die mehrmalige Ausführung des Kommandos UPDATE FRAMES wird die linke Seite dann schmaler als die rechte Seite angezeigt.

20

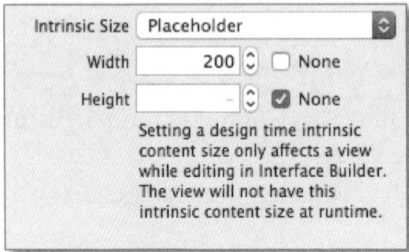

Abbildung 20.9 Einstellung der Placeholder-Breite für die linke View

Der Placeholder-Wert gilt nur für den Xcode-Editor, nicht für das laufende Programm. Deswegen stellt das Programm die gewünschte Split-View-Position in viewDidLoad mit der Methode setPosition ein:

```
// Projekt osx-icon-resizer, Datei ViewController.swift,
// in der Methode viewDidLoad
splitter.setPosition(200, ofDividerAtIndex: 0)
```

Split-View versus Split-View-Controller

Neben der Split-View gibt es seit OS X 10.10 auch einen Split-View-Controller. Während sich die »gewöhnliche« Split-View weitgehend wie ein Steuerelement verhält, verwaltet der Split-View-Controller zwei eigene View-Controller für die beiden Fensterteile. Das ist vor allem bei sehr komplexen Programmen zweckmäßig, wo Sie den Code der beiden Teile voneinander trennen möchten.

Leider hinterließ der Split-View-Controller bei meinen Tests einen unausgereiften und schlecht dokumentierten Eindruck. Wenn die Aufgabenstellung wie in diesem Beispiel nicht allzu komplex ist, kommen Sie mit der einfachen Split-View schneller ans Ziel.

Layoutregeln für das Hauptfenster

Von der Split-View abgesehen sind die Layoutregeln für das Programm unkompliziert. Der linke Bereich enthält zwei Textfelder, die horizontal jeweils mittig angeordnet sind. Der Text ORIGINAL ist vertikal mit dem Text VERKLEINERT aus dem rechten Bereich ausgerichtet. Der Text ICON HIERHIN ZIEHEN ist einige Punkte unterhalb der Image-View angeordnet. Die Image-View, die anfangs ein Download-Icon aus Images .xcassets und später das Icon in der originalen Auflösung anzeigt, ist vertikal und horizontal mittig platziert und hat eine feste Breite und Höhe von 84 Punkten.

Der rechte Bereich wird zum größten Teil von einer Table-View ausgefüllt. Das Tabellensteuerelement ist am linken, unteren und rechten Rand fixiert und hält nach oben hin einen fixen Abstand von 52 Punkten ein. Darüber hinaus wurden diese Einstellungen vorgenommen:

▶ CONTENT MODE = VIEW BASED

▶ COLUMNS = 1

▶ COLUMN SIZING = UNIFORM

▶ HIGHLIGHT = NONE

Obwohl die Tabelle optisch so wirkt, als würde sie drei Spalten enthalten, gibt es tatsächlich nur eine Spalte. In deren Zellen werden dann aber später bis zu drei nebeneinander befindliche Icon-Symbole platziert.

In den verbleibenden Streifen oberhalb der Tabelle befinden sich links ein Textfeld mit zentriertem Text und rechts zwei Texture-Buttons mit den folgenden Einstellungen:

▶ fixe Breite und Höhe

▶ STYLE = TEXTURED

▶ TYPE = MOMENTARY PUSH In

▶ BORDERED deaktiviert

▶ TOOL TIP = SPEICHERN bzw. iOS / OS X / WATCH

Die Buttons zeigen Symbole an, die zuvor in `Images.xcassets` eingefügt wurden.

Nichts als Buttons!

Wenn Sie in der Objektbibliothek nach *button* suchen, findet Xcode 16 (!) verschiedene Buttons. Bei 12 davon handelt es sich aber lediglich um Varianten ein- und derselben Klasse – nämlich `NSButton`. Auch der in diesem Beispiel eingesetzte Texture-Button ist ein ganz gewöhnlicher `NSButton` – aber eben mit den oben zusammengefassten Einstellungen.

20

Tool Tips

Tooltips sind kurze Hilfetexte, die erscheinen, wenn der Mauszeiger eine Weile über einem Steuerelement verweilt. Den Tool-Tip-Text können Sie im Identity Inspector einstellen.

Popup-Menü

Das Popup-Menü zur Auswahl der Icon-Sets für iOS, OS X oder Apple Watch ist in einem eigenen View-Controller realisiert. Auch hier kommen Textured-Buttons zum Einsatz, aber mit etwas anderen Einstellungen:

- STYLE = TEXTURED
- TYPE = ON OFF
- BORDERED aktiviert

Das Menü benötigt keine Layoutregeln, da der Benutzer die Größe des Fensters nicht verändern kann.

Das Popup-Menü ist durch einen Popover-Segue mit dem Zahnrad-Button verbunden. In Xcode müssen Sie dazu mit `ctrl`-Drag eine Linie vom Button in das Innere des View-Controllers ziehen. Im Attributinspektor habe ich für den Segue die folgenden Einstellungen vorgenommen:

- IDENTIFIER = *popupSegue*
- STYLE = POPOVER
- PREFERRED EDGE = BOTTOM (Das Menü soll also unterhalb des Buttons erscheinen.)

Erweiterungsmöglichkeiten

Wenn Sie Spaß an dem Beispiel haben, können Sie es um einige Funktionen erweitern.

- Menükommandos zum Laden des Icons, zum Speichern der verkleinerten Icons sowie zur Umstellung zwischen den Icon-Sets
- Mehrfach-Auswahl, Drag & Drop für mehrere Icons zugleich
- Speicherfunktion für eine `*.xcassets`-Datei, die dann in das Xcode-Projekt eingefügt werden kann
- Einstellungsdialog für andere Icon-Sets

20.4   Arbeiten mit Bitmaps (IconSize-Struktur)

Die Datei `IconSize.swift` definiert zwei Enumerationen sowie die `IconSize`-Struktur zur Speicherung der Auflösung und der Retina-Stufe eines Icons. Über das eigentliche Beispiel hinaus interessant sind die ebenfalls hier untergebrachten Methoden zum Skalieren und Speichern von Bitmaps. Im MVC-Modell repräsentiert `IconSize` die Grundlage für das Datenmodell.

Enumerationen

`IconSize.swift` beginnt mit der Definition von zwei Enumerationen. `IconSet` enthält drei Konstanten zur Auswahl des gewünschten Icon-Sets für iOS, OS X und Apple Watch. `RetinaType` enthält die Konstanten X1, X2 und X3 für die Retina-Stufen.

```
// Projekt osx-icon-resizer, Datei IconSize.swift
enum IconSet {
  case Ios, Osx, Watch
}
enum RetinaType {
  case X1  // kein Retina
  case X2  // Retina (doppelte Auflösung)
  case X3  // Super Retina (dreifache Auflösung, iPhone 6 Plus)
}
```

IconSize-Struktur

Die Klasse `IconSize` ist eigentlich ganz simpel. Sie kombiniert in den vier Eigenschaften `sidelength` sowie `x1`, `x2` und `x3` Informationen darüber, in welchen Retina-Typen ein Icon in einer bestimmten Größe erforderlich ist.

```
// Projekt osx-icon-resizer, Datei IconSize.swift, Fortsetzung
struct IconSize {
  var sidelength: CGFloat
  var x1, x2, x3: Bool

  // Init-Funktion
  init(_ sidelength:CGFloat, _ x1:Bool, _ x2:Bool, _ x3:Bool) {
    self. sidelength = sidelength
    self.x1 = x1
    self.x2 = x2
    self.x3 = x3
  }

  // weitere Methoden ...
}
```

Vielleicht überrascht es Sie, dass `sidelength` als `CGFloat` und nicht als `Int` definiert ist. Die Bitmap-Größe muss ja immer eine ganze Zahl sein, oder? Erstaunlicherweise denkt Apple da anders: Wenn Sie Apps für die Apple Watch erstellen, müssen Sie ein Retina-Icon mit der Auflösung von 27,5 virtuellen Pixeln übergeben. Netto ergibt das eine Bitmap von 55 × 55 Pixeln. Um ein entsprechendes `IconSize`-Element zu erzeugen, rufen Sie die Init-Funktion so auf: `IconSize(27.5, false, true, false)`.

Initialisierung von IconSize-Arrays

Die für einen bestimmten Programmtyp erforderlichen Icon-Größen können nun als `IconSize`-Array ausgedrückt werden. Zur Initialisierung derartiger Arrays enthält `IconSize.swift` die statische Methode `getSizes`, die beispielsweise so eingesetzt wird:

20

```
// erzeugt ein Array von IconSize-Elementen
var iconsizes = IconSize.getSizes(IconSet.Ios)
```

getSizes greift wiederum auf die Methoden iosSizes, osxSizes und watchSizes zurück, von denen hier aber nur die erste Methode vollständig abgedruckt ist.

```
// Projekt osx-icon-resizer, Datei IconSize.swift
struct IconSize {  // Fortsetzung
  static func getSizes(set:IconSet) -> [IconSize] {
    switch set {
    case .Ios:   return IconSize.iosSizes()
    case .Osx:   return IconSize.osxSizes()
    case .Watch: return IconSize.watchSizes()
    }
  }

  private static func iosSizes() -> [IconSize] {
    // für iOS >= 7
    return [
      IconSize(29, false, true, true),
      IconSize(40, false, true, true),
      IconSize(60, false, true, true),
      IconSize(29, true, true, false),
      IconSize(40, true, true, false),
      IconSize(76, true, true, false)
    ]
  }

  private static func osxSizes() -> [IconSize] {
    return [ ... ]
  }

  private static func watchSizes() -> [IconSize] {
    return [ ... ]
  }
}
```

Bitmaps skalieren

Zu den zentralen Aufgaben des Icon-Resizers zählt es, eine Bitmap, also ein NSImage-Objekt, in eine andere Auflösung zu skalieren. Warum der *.xcassets-Editor von Xcode nicht ebenfalls eine derartige Funktion enthält, ist mir rätselhaft.

Für IconResizer-Elemente generiert die Methode scale aus der als Parameter übergebenen Bitmap eine neue Bitmap in der gewünschten Retina-Stufe.

```
// erzeugt eine 80x80-Pixel-Bitmap (Retina x2)
let is = IconSize(40, false, true, true)
let mediumSizedIcon = is.scale(fullsize, .X2)
```

Das Internet ist voll von Anleitungen, wie man Bitmaps unter iOS bzw. OS X am besten skaliert. Grundsätzlich bestehen drei Möglichkeiten, je nachdem, für welche Plattform Sie programmieren:

- iOS: UIImage-Objekte und die drawInRect-Methode
- OS X: NSImage-Objekte und die drawInRect-Methode
- Beide Plattformen: CGImage-Objekte und die CGContextDrawImage-Funktion

Einen guten, wenn auch iOS-spezifischen Überblick gibt diese Webseite:

http://nshipster.com/image-resizing

In der ersten Version dieses Programms habe ich mit NSImage-Objekten und der drawInRect-Methode gearbeitet. Allerdings hat sich herausgestellt, dass sich die Auflösung der resultierenden Bitmaps verdoppelt, wenn der Icon-Resizer auf einem Mac mit Retina-Display läuft. Beim Erzeugen neuer NSImage-Objekte nimmt OS X an, dass diese für die spätere Ausgabe auf dem Bildschirm gedacht sind, und passt daher die Auflösung an die des Displays an. Normalerweise ist das praktisch, für unsere Aufgabenstellung aber ungeeignet.

```
// ungeeigneter Code, weil destimg bei Macs mit einem
// Retina-Display 60x60 Pixel groß ist
let destimg = NSImage(size: NSSize(width: 30, height: 30))
let destRect =  NSRect(origin: NSZeroPoint, size: destnew.size)
destnew.lockFocus()          // destnew für Zeichenoperationen
                             // sperren
srcimg.drawInRect(destRect,  // Zielrechteck
  fromRect: NSZeroRect,      // Quelle = alles
  operation: .CompositeSourceOver,  // Ziel vollst. ersetzen
  fraction: 1.0)             // Alpha
destnew.unlockFocus()        // destnew wieder freigeben
```

Deswegen habe ich in einer zweiten Version auf die Low-Level-Funktionen der Core-Graphics-Bibliothek zurückgegriffen. Die im Folgenden abgedruckte Methode scale verarbeitet eine Ausgangs-Bitmap (Parameter icon, Datentyp NSImage) und gibt als Ergebnis eine skalierte Bitmap zurück (Datentyp CGImage oder nil, wenn ein Fehler auftritt).

Dazu muss zuerst mit der Methode CGImageForProposedRect aus dem vorhandenen NSImage-Objekt ein CGImage-Objekt erzeugt werden. Daraus wird dann mit der Methode CGContextDrawImage ein neues, verkleinertes CGImage-Objekt erstellt. Bevor diese Methode verwendet werden kann, sind allerdings diverse Vorbereitungsarbeiten notwendig: Es muss ein geeigneter Grafikkontext eingerichtet werden, der

Informationen darüber enthält, wie die Bitmap intern dargestellt werden soll, in welcher Qualität Skalierungsoperationen durchgeführt werden sollen etc. Erst CGBitmapContextCreateImage macht dann aus der internen Darstellung der verkleinerten Bitmap ein CGImage-Objekt.

```
// Projekt osx-icon-resizer, Datei IconSize.swift
struct IconSize {  // Fortsetzung
  // verarbeitet NSImage, liefert verkleinertes CGImage
  private func scale(icon:NSImage, _ type:RetinaType)
    -> CGImage?
  {
    // Wie groß soll die verkleinerte Bitmap werden?
    let newlength:Int
    switch type {
    case .X1: newlength = Int(sidelength)
    case .X2: newlength = Int(sidelength * 2)
    case .X3: newlength = Int(sidelength * 3)
    }

    // NSImage --> CGimage
    var rect = CGRect(x: 0, y: 0,
                      width: icon.size.width,
                      height: icon.size.height)
    if let cgimg = icon.CGImageForProposedRect(
                   &rect, context: nil, hints: nil)
    {
      // CGImage skalieren
      let colorSpace:CGColorSpace = CGColorSpaceCreateDeviceRGB()
!
      let bitmapInfo = CGBitmapInfo(
       rawValue: CGImageAlphaInfo.PremultipliedLast.rawValue)
      let context = CGBitmapContextCreate(
        nil, newlength, newlength, 8, 0,
        colorSpace, bitmapInfo.rawValue)
      CGContextSetInterpolationQuality(context, .High)
      let newrect = CGRect(x: 0, y: 0,
                           width: newlength,
                           height: newlength)
      CGContextDrawImage(context, newrect, cgimg)
      return CGBitmapContextCreateImage(context)
    }

    // etwas ist schiefgegangen
    return nil
  }
```

Bitmaps im PNG-Format speichern

Die Methode save der IconSize-Struktur speichert die als Parameter übergebene, in voller Auflösung vorliegende Bitmap in verkleinerter Form in einer PNG-Datei innerhalb eines Verzeichnisses:

```
// speichert /Users/kofler/icon_40x40@2x.png
let is = IconSize(40, false, true, true)
let fname = is.save(bigicon, .X2, "/Users/kofler")
```

save greift dabei auf drei weitere Methoden zurück: auf die gerade beschriebene scale-Methode, auf iconName, um einen passenden Dateinamen zu erzeugen, und auf savePNG, wo das eigentliche Speichern stattfindet. Diese Methode bildet aus dem Dateinamen ein NSURL-Objekt und erzeugt dann ein CGImageDestination-Objekt. In dieses Objekt wird das zu speichernde CGImage-Objekt eingefügt. CGImageDestinationFinalize kümmert sich um das eigentliche Speichern, wobei die Funktion true oder false zurückgibt, je nachdem, ob die Operation erfolgreich war oder nicht.

```
// Projekt osx-icon-resizer, Datei IconSize.swift
struct IconSize {  // Fortsetzung
  func save(icon:NSImage, _ type:RetinaType, _ folder:String ) ->
    String {
    let name = IconSize.iconName("icon_", sidelength, type)
    let fname = NSString(string: folder)
      .stringByAppendingPathComponent(name)
    if let img = scale(icon, type) {
      if savePNG(img, fname) {
        return fname  // alles bestens, Dateinamen zurückgeben
      }
    }
    // etwas ist schiefgegangen
    return ""
  }
  // CGImage in PNG-Datei speichern
  private func savePNG(img:CGImage, _ fname:String) -> Bool {
    if let url = NSURL(string: "file://" + fname),
         dest = CGImageDestinationCreateWithURL(
                  url, kUTTypePNG, 1, nil)
    {
      CGImageDestinationAddImage(dest, img, nil)
      return CGImageDestinationFinalize(dest)
    }

    // etwas ist schiefgegangen
    return false
  }
```

20

```
// Icon-Dateinamen zusammenbasteln. Beispiel:
// iconName("icon_", 40, .X2) liefert icon_40x40@2x.png
static func iconName(prefix:String, _ sidelength:CGFloat, _
  rtype:RetinaType) -> String {
  let formatter = NSNumberFormatter()
  formatter.minimumFractionDigits = 0
  formatter.maximumFractionDigits = 1
  formatter.locale = NSLocale(localeIdentifier: "en_US")
  let txt = formatter.stringFromNumber(sidelength)!

  var result = prefix + txt + "x" + txt
  if rtype == .X2 { result += "@2x" }
  if rtype == .X3 { result += "@3x" }
  result += ".png"

  return result
  }
}
```

Zuletzt noch einige Worte zum `NSNumberFormatter` in der oben abgedruckten Methode iconName: Das Objekt hat die Aufgabe, die Icon-Größe als Dezimalzahl in US-Notation darzustellen. Aus der Zahl 27,5 muss also die Zeichenkette `27.5` werden. Daher muss der `NSNumberFormatter` zur US-Notation gezwungen werden.

20.5 Hauptfenster (ViewController.swift)

Der Großteil der Steuerungsfunktionen des Programms befindet sich in der View-Controller-Klasse. Diese beginnt wie üblich mit Outlets zum Zugriff auf die Steuerelemente sowie mit der Definition einiger Eigenschaften. Am wichtigsten sind icon und iconsizes. icon enthält die vom Benutzer geladene oder per Drag & Drop zur Verfügung gestellte Original-Bitmap des Icons in voller Auflösung. iconsizes enthält ein Array von IconSize-Elementen. Dieses Array gibt die gewünschten Auflösungen der verkleinerten Icons an.

```
// Projekt osx-icon-resizer, Datei ViewController.swift
class ViewController: NSViewController {
  @IBOutlet weak var splitter: NSSplitView!
  @IBOutlet weak var leftView: OriginalIconView!
  @IBOutlet weak var origImg: NSImageView!
  @IBOutlet weak var origLabel: NSTextField!
  @IBOutlet weak var iconTable: NSTableView!
  @IBOutlet weak var settingsButton: NSButton!
  @IBOutlet weak var saveButton: NSButton!
```

```
// Icon in voller Auflösung (linke Seite)
var icon: NSImage! {
  didSet {
    origImg.image = icon
    origLabel.stringValue =
      "\(Int(icon.size.width))x\(Int(icon.size.height))"
    iconTable.reloadData()
  }
}

// Zeilenhöhe für Table-View auf der rechten Seite
let cellheight:CGFloat = 80

// Welches Set von Icons wird angezeigt?
var iconset = IconSet.Ios

// Array mit den gewünschten Icon-Größen
// und Retina-Modes, Datentyp [IconSize]
var iconsizes = IconSize.getSizes(IconSet.Ios)

// diverse Methoden, Details folgen gleich
}
```

viewDidLoad mit dem Aufruf von unregisterDraggedTypes

Die viewDidLoad-Methode kümmert sich um die Initialisierung der eigenen Daten. Der Großteil des Codes sollte aufgrund der Kommentare klar sein, auf ein Detail möchte ich aber hinweisen. leftView verweist auf den linken Fensterbereich, für den die OriginalIconView-Klasse verantwortlich ist (siehe Abschnitt 20.7, »Drag & Drop-Empfänger für Icons«). Die View soll File-Drag & Drop-Operationen empfangen. Standardmäßig funktioniert dies mit registerForDraggedTypes aber nur für die Bereiche, die nicht von anderen Drag & Drop-fähigen Steuerelementen bedeckt sind.

Im konkreten Fall betrifft dies nur das NSImageView-Steuerelement (Outlet imgView), das mittig in leftView platziert ist. Damit dieses Steuerelement Drag & Drop-Ereignisse an seinen Container weiterleitet, hier also an leftView, ist ein Aufruf von imgView.unregisterDraggedTypes erforderlich. In viewDidLoad befindet sich stattdessen eine Schleife, primär, um die allgemeingültige Lösung dieses Problems zu zeigen.

```
// Projekt osx-icon-resizer, Datei ViewController.swift
class ViewController: NSViewController {  // Fortsetzung
  override func viewDidLoad() {
    super.viewDidLoad()
```

```
    // in leftView Referenz auf self speichern ,
    // als File - Drag&Drop - Empfänger einrichten
    leftView.vc = self
    leftView.registerForDraggedTypes ([ NSFilenamesPboardType ])

    // alle Subviews von leftView sollen Drag weitergeben
    for v in leftView.subviews {
      v.unregisterDraggedTypes ()
    }

    // Startposition für Splitter festlegen , Delegates
    verarbeiten
    splitter.setPosition (200 , ofDividerAtIndex : 0)
    splitter.delegate = self

    // Table - View
    iconTable.setDataSource (self)
    iconTable.setDelegate (self)
  }
}
```

Popup- und Speicher-Buttons, Programmende

Die Methoden showPopup und saveAll werden aufgerufen, wenn der Benutzer auf die entsprechenden Buttons klickt. showPopup führt performSegueWithIdentifier aus und zeigt so das Popup-Menü an. Dabei kommt es zum Aufruf von prepareForSegue. Diese Methode übergibt eine Referenz auf den Haupt-View-Controller an den View-Controller des Menüs.

saveAll zeigt einen Dialog zur Auswahl eines Verzeichnisses an. Ist die Auswahl erfolgreich, werden dort die Icons in allen erforderlichen Größen im PNG-Format gespeichert. Anschließend öffnet die Methode activateFileViewerSelectingURLs ein Finder-Fenster für dieses Verzeichnis.

Beim Schließen des Fensters wird viewDidDisappear aufgerufen. Dort wird mit der terminate-Methode das Programmende eingeleitet.

```
// Projekt osx - icon - resizer , Datei ViewController.swift
class ViewController : NSViewController {  // Fortsetzung
  // Button : Popup - Menü anzeigen
  @IBAction func showPopup (sender : NSButton) {
    performSegueWithIdentifier ("menuSegue", sender : sender)
  }
```

```swift
override func prepareForSegue(segue: NSStoryboardSegue,
                             sender: AnyObject?)
{
  if let icvc = segue.destinationController as? IconChoiceVC {
    // Referenz auf den eigenen View-Controller übergeben
    icvc.mainVC = self
  }
}

// Button: speichern
@IBAction func saveAll(sender: NSButton) {
  if icon == nil { return }

  let openFile = NSOpenPanel()
  openFile.title = "Verzeichnis zum Speichern der Icons"
  openFile.prompt = "Auswählen"
  openFile.worksWhenModal = true
  openFile.allowsMultipleSelection = false
  openFile.canChooseDirectories = true
  openFile.canChooseFiles = false
  openFile.canCreateDirectories = true
  openFile.resolvesAliases = true
  openFile.runModal()

  if let url = openFile.URL, folder = url.path {
    // Icons in allen Größen speichern
    for sz in iconsizes {
      if sz.x1 { sz.save(icon, RetinaType.X1, folder) }
      if sz.x2 { sz.save(icon, RetinaType.X2, folder) }
      if sz.x3 { sz.save(icon, RetinaType.X3, folder) }
    }
    // Finder anzeigen
    NSWorkspace.sharedWorkspace()
      .activateFileViewerSelectingURLs( [url] )
  }
}

// Programmende beim Schließen des Fensters
override func viewDidDisappear() {
  super.viewDidDisappear()
  NSApplication.sharedApplication().terminate(self)
}
}
```

20

Split-View-Delegation

Das Verschieben der Teilungslinie der Split-View und somit auch das Ändern der Fenstergröße führt zum Aufruf von Delegate-Methoden des `NSSplitViewDelegate`-Protokolls. Zwei derartige Methoden sind im Programm als Erweiterung der View-Controller-Klasse implementiert. Sie verhindern, dass der linke oder rechte Bereich schmaler als 100 Punkte wird. Als Minimum für die gesamte Fenstergröße wurde in Xcode ein Rechteck von 400 × 200 Punkten festgelegt. Damit ist ausgeschlossen, dass die zweite `splitView`-Methode negative Werte liefert.

```
// Projekt osx-icon-resizer, Datei ViewController.swift
extension ViewController : NSSplitViewDelegate {
  // linker Bereich nicht kleiner als 100 Punkte
  func splitView(splitView: NSSplitView,
     constrainMinCoordinate proposedMinimumPosition: CGFloat,
     ofSubviewAt dividerIndex: Int) -> CGFloat
  { return 100 }
  // rechter Bereich mindestens 100 Punkte breit
  func splitView(splitView: NSSplitView,
     constrainMaxCoordinate proposedMaximumPosition: CGFloat,
     ofSubviewAt dividerIndex: Int) -> CGFloat
  { return view.frame.size.width - 100 }
}
```

Table-View-Datenquelle

Auch die Methoden des `NSTableViewDataSource`-Protokolls sind wieder in einer Erweiterung der Klasse enthalten. Am interessantesten ist der Code der Methode `tableView(_:viewForTableColumn:row:)`: Dort wird zuerst ein `NSView`-Objekt erzeugt, das die gesamte Tabellenzelle aufnimmt. Darin werden dann mit `addSubview` die drei Icon-Symbole nebeneinander platziert. Die erforderlichen Steuerelemente setzt die Methode `makeLabeledIcon` zusammen.

```
// Projekt osx-icon-resizer, Datei ViewController.swift
extension ViewController : NSTableViewDataSource,
   NSTableViewDelegate {
  // Anzahl der Tabelleneinträge
  func numberOfRowsInTableView(tableView: NSTableView) -> Int {
    return iconsizes.count
  }
  // Höhe der Tabellenzeilen
  func tableView(tableView: NSTableView, heightOfRow row: Int)
    -> CGFloat
  {
    return cellheight
  }
```

```swift
// bei Änderung der Spaltenbreite neu zeichnen, um die
// drei virtuellen Spalten gleichmäßig zu verteilen
func tableViewColumnDidResize(notification: NSNotification) {
  iconTable.reloadData()
}
// Tabellenzelle zusammenbasteln
func tableView(tableView: NSTableView,
  viewForTableColumn tableColumn: NSTableColumn?,
  row: Int) -> NSView?
{
  let width  = tableColumn?.width ?? 200
  let width3 = width / 3
  let isize  = iconsizes[row]
  let n      = isize.sidelength

  // Container
  let newview =
    NSView(frame: CGRectMake(0, 0, width, cellheight))
  // links: erstes Icon
  if isize.x1 {
    let name  = IconSize.iconName("icon_", n, .X1)
    newview.addSubview(
      makeLabeledIcon(0, width3, isize, .X1, name))
  }

  // Mitte: zweites Icon für Retina
  if isize.x2 {
    let name  = IconSize.iconName("icon_", n, .X2)
    newview.addSubview(
      makeLabeledIcon(width3, width3, isize, .X2, name))
  }
  // rechts: drittes Icon für Super-Retina
  if isize.x3 {
    let name  = IconSize.iconName("icon_", n, .X3)
    newview.addSubview(
      makeLabeledIcon(width3 * 2, width3, isize, .X3, name))
  }
  // alles zusammen
  return newview
}
```

Die Methode makeLabeledIcon erzeugt zuerst ein IconCellView-Objekt als Container. Die von NSView abgeleitete Klasse IconCellView kann Drag & Drop-Operationen initiieren und wird im nächsten Abschnitt beschrieben. addSubview fügt in den Container ein NSTextField- und ein NSImageView-Objekt ein. Sie enthalten den Icon-Dateinamen und eine Referenz auf das NSImage-Objekt mit dem hochauflösenden Originalbild. Für die Tabellenansicht wird also immer das Bild in der Originalauflösung verwendet. Die skalierte Version wird erst beim Speichern erzeugt.

```
// Projekt osx-icon-resizer, Datei ViewController.swift
extension ViewController : NSTableViewDataSource,
                            NSTableViewDelegate  // Fortsetzung
{
  // Icon mit Beschriftung
  func makeLabeledIcon(offset: CGFloat,
                      _ width: CGFloat,
                      _ isize: IconSize,
                      _ rtype: RetinaType,
                      _ txt: String) -> NSView
  {
    let iconview =
      IconCellView(frame: CGRectMake(offset, 0,
                                      width, cellheight))
    // IconCellView-spezifische Eigenschaften
    iconview.isize = isize
    iconview.rtype = rtype
    iconview.icon = icon

    // Textfeld zur Beschriftung
    let lbl = NSTextField(frame: CGRectMake(0, 0, width, 20))
    lbl.stringValue = txt
    lbl.alignment = .Center
    lbl.editable = false
    lbl.bezeled = false
    lbl.drawsBackground = false
    iconview.addSubview(lbl)

    // Image-View mit Icon
    let side = cellheight - 30 // Icon-Größe
    let rect = CGRectMake((width-side) / 2, 25, side, side)
    let img = NSImageView(frame: rect)
    img.image = icon ?? NSImage(named: "file_question")
    iconview.addSubview(img)
    return iconview
  }
}
```

Table-View-Delegation

Vielleicht ist Ihnen aufgefallen, dass in `viewDidLoad` die Anweisung `iconTable.set-Delegate(self)` ausgeführt wird und dass die `ViewController`-Klasse das `NSTableViewDelegate`-Protokoll einhält, obwohl keine einzige Protokollmethode implementiert wird. (Es werden nur `NSTableViewDataSource`-Methoden implementiert.) Ganz egal, ob Sie `NSTableViewDelegate`-Methoden benötigen oder nicht — Sie *müssen* ein Delegation-Objekt angeben, sonst zeigt die Table-View nur leere Zellen an.

20.6 Drag & Drop-Quelle für Icons (IconCellView.swift)

Die gerade erwähnte Klasse `IconCellView` ist lediglich eine einfache Erweiterung der `NSView`-Klasse. Sie definiert drei Eigenschaften zur Speicherung der Icon-Daten und implementiert die Methoden `mouseDragged` und `draggingSession(_:source-OperationMaskForDraggingContext:)`, um Drag & Drop-Operationen zu initiieren. `mouseDragged` ermittelt zuerst den Ort des temporären Verzeichnisses, dessen Pfad in einer Eigenschaft der `AppDelegate`-Klasse gespeichert ist. In dieses Verzeichnis wird nun eine skalierte Version des Icons gespeichert.

`convertPoint` ermittelt den Ort des Mauszeigers im Koordinatensystem des `IconCellView`-Objekts. Um diese Position wird nun ein kleines Rechteck erzeugt, das an die Methode `dragFile` übergeben wird. Das ist notwendig, damit das Drag & Drop-Symbolbild unmittelbar neben dem Mauszeiger erscheint.

Die `dragFile`-Methode ist der einfachste Weg, eine Drag & Drop-Operation zu initiieren, die einen Dateinamen transportiert. Dabei reicht es aus, im ersten Parameter den Namen der Datei anzugeben. OS X kümmert sich selbst um den Rest, insbesondere um die Darstellung eines leeren Dokumentvorschaubildes samt Dateinamen. Um die Objektvorschau müssen Sie sich sonst recht mühsam selbst kümmern, in dem Sie eine Closure an die Eigenschaft `imageComponentsProvider` des `NSDraggingItem`-Objekts übergeben. `dragFile` erspart Ihnen also viel Arbeit.

Ein wenig befremdlich ist die leere Methode `mouseDown`. Wird sie weggelassen, kommt es zu keinem Aufruf von `mouseDragged`. Ich habe nicht ergründen können, warum das so ist. Im Drag & Drop-Beispiel aus Abschnitt 20.2 war die Implementierung von `mouseDown` auf jeden Fall nicht erforderlich.

```
// Projekt osx-icon-resize, Datei IconCellView.swift
class IconCellView: NSView, NSDraggingSource {
    var isize:IconSize!
    var rtype:RetinaType!
    var icon:NSImage!
```

```
// sonst wird mouseDragged nicht aufgerufen
override func mouseDown(theEvent: NSEvent) {
}

// Drag&Drop beginnen
override func mouseDragged(theEvent: NSEvent) {
  // kein Drag, wenn keine Daten
  if icon == nil  { return }

  // Icon in temporärem Verz. speichern
  let app =
    NSApplication.sharedApplication().delegate as! AppDelegate
  let fname = isize.save(icon, rtype, app.tempdir)

  // Mausposition
  let position =
    convertPoint(theEvent.locationInWindow, fromView: nil)
  let mouserect =
    NSRect(origin: position, size: NSSize(width: 10,
                                          height: 10))

  // Drag&Drop für einen Dateinamen starten
  dragFile(fname, fromRect: mouserect,
         slideBack: true, event: theEvent)
}
// nur Copy erlauben
func draggingSession(_: NSDraggingSession,
  sourceOperationMaskForDraggingContext _: NSDraggingContext)
  -> NSDragOperation
{
  return .Copy
}
} // class-Ende
```

20.7   Drag & Drop-Empfänger für Icons (OriginalIconView.swift)

Die Klasse OrignalIconView ist von NSView abgeleitet und wird als View für den linken Fensterbereich verwendet. Die Klasse erfüllt zwei Aufgaben:

▸ Sie empfängt Datei-Drag & Drop-Objekte, sofern es sich dabei um PNG- oder JPEG-Dateien handelt.

▸ Sie reagiert auf Mausklicks und zeigt dann einen Dialog zum Laden einer Icon-Bitmap an.

Drag & Drop einer Bilddatei empfangen

Beginnen wir mit dem Drag & Drop-Empfang von Dateien. Das folgende Listing zeigt nur den dafür absolut erforderlichen Code. Tatsächlich enthält die Datei Original-IconView.swift auch Anweisungen, die die Hintergrundfarbe der View während Drag & Drop-Operationen verändert, und so ein optisches Feedback geben. Werfen Sie gegebenenfalls einen Blick in die Beispieldateien!

draggingEntered überprüft durch einen Aufruf von dragFilename, ob ein Drag & Drop-Objekt vorliegt, das verarbeitet werden kann. Ist dies der Fall, erlaubt die Methode den Empfang durch die Rückgabe von .Copy.

Lässt der Benutzer das Drag & Drop-Objekt fallen, lädt performDragOperation die Bitmap-Datei in die icon-Eigenschaft der ViewController-Klasse. Die didSet-Methode dieser Eigenschaft kümmert sich darum, dass auch alle anderen Komponenten des Programms aktualisiert werden.

Am aufwendigsten ist das Extrahieren des Dateinamens aus dem Drag & Drop-Objekt in der Methode dragFilename. Ein komplexes if-let-Kommando stellt sicher, dass ein und nicht mehrere Objekte übergeben werden, ermittelt das NSPasteboard-Objekt, sucht darin nach Dateinamen und speichert das erste Element des resultierenden Arrays in der Variablen fname.

Wenn sich die Datei des Drag & Drop-Objekts im temporären Verzeichnis des Programms befindet, wird der Vorgang abgebrochen. Dieser Test vermeidet, dass irrtümlich ein verkleinertes Icon aus dem rechten Bereich des Fensters in den linken Bereich kopiert wird.

```
// Projekt osx-icon-resize
// Datei OriginalIconView.swift
class OriginalIconView: NSView {
  // Referenz auf den übergeordneten View-Controller
  weak var vc:ViewController!

  // Drag&Drop-Objekt zulassen
  override func draggingEntered(sender: NSDraggingInfo)
    -> NSDragOperation
  {
    if dragFilename(sender) != nil {
      return .Copy
    }
    return .None
  }
```

20

```
  // Drag abgeschlossen: Icon-Datei laden
  override func performDragOperation(sender: NSDraggingInfo)
    -> Bool
  {
    if let fname = dragFilename(sender) {
      vc.icon = NSImage(contentsOfFile: fname)
      return true
    }
    return false
  }

  // Dateinamen aus dem Drag&Drop-Objekt extrahieren
  private func dragFilename(draginfo: NSDraggingInfo)
    -> String?
  {
    let pboard = draginfo.draggingPasteboard()
    if draginfo.numberOfValidItemsForDrop == 1,
      let data = pboard.propertyListForType(
                  NSFilenamesPboardType) as? [String],
        fname = data.first
    {
      let app = NSApplication.sharedApplication()
        .delegate as! AppDelegate

      if fname.hasPrefix(app.tempdir) {
        return nil
      }

      switch fname.pathExtension.lowercaseString {
      case "png", "jpeg", "jpg":
        return fname
      default:
        return nil
      }
    } // if-let-Ende
    return nil
  } // func-Ende
} // class-Ende
```

Dateiauswahldialog für die Bilddatei

mouseDown bewirkt, dass ein Klick in den linken Bereich des Fensters einen Dateiauswahldialog öffnet. Nach der erfolgreichen Auswahl wird das Bild in die icon-
Eigenschaft des View-Controllers geladen.

```
// Projekt osx-icon-resize, Datei OriginalIconView.swift
class OriginalIconView: NSView, NSDraggingDestination {
  override func mouseDown(theEvent: NSEvent) {
    let openFile = NSOpenPanel()
    openFile.title = "Icon-Datei öffnen"
    openFile.prompt = "Öffnen"
    openFile.worksWhenModal = true
    openFile.allowsMultipleSelection = false
    openFile.allowedFileTypes =
      ["png", "jpg", "jpeg", "PNG", "JPEG", "JPG"]
    openFile.canChooseDirectories = false
    openFile.resolvesAliases = true

    // Dialog anzeigen
    openFile.runModal()
    if let  url = openFile.URL {
      vc.icon = NSImage(contentsOfFile: url.path!)
    }
  }
}
```

20.8   Popup-Menü (IconChoiceVC.swift)

Für die Darstellung des Popup-Menüs sieht das Storyboard einen eigenen Window-
und View-Controller vor. Die Klasse IconChoiceVC enthält den dazugehörenden
Code, der leicht verständlich ist. Zur Anzeige des Menüs kommt es durch einen
Segue, in dessen Verlauf die Eigenschaft mainVC eingestellt wird (prepareForSegue in
ViewController.swift).

viewDidLoad wertet aus, welches Icon-Set im Hauptfenster gerade aktiv ist. Dementsprechend wird einer der drei Buttons in den Ein-Zustand versetzt, um dem Benutzer
ein optisches Feedback zu geben.

Beim Anklicken eines Buttons wird die Eigenschaft iconset von mainVC geändert. Die
Methode dismiss lädt anschließend das iconsize-Array neu, initiiert mit reloadData
ein Neuzeichnen der Table-View und schließt mit dismissController das Fenster des
Popup-Menüs.

```
// Projekt osx-icon-resize, Datei IconChoiceVC.swift
class IconChoiceVC: NSViewController {
  @IBOutlet weak var btnIos: NSButton!
  @IBOutlet weak var btnOsx: NSButton!
  @IBOutlet weak var btnWatch: NSButton!
```

```
// Verweis auf den View-Controller des Hauptfensters
weak var mainVC:ViewController!

// den richtigen Button auswählen
override func viewDidLoad() {
  super.viewDidLoad()
  switch mainVC.iconset {
  case .Ios:   btnIos.state   = NSOnState
  case .Osx:   btnOsx.state   = NSOnState
  case .Watch: btnWatch.state = NSOnState
  }
}

// einer der Buttons wurde angeklickt
@IBAction func btnIos(sender: AnyObject) {
  mainVC.iconset = IconSet.Ios
  dismiss()
}

@IBAction func btnOsx(sender: AnyObject) {
  mainVC.iconset = IconSet.Osx
  dismiss()
}

@IBAction func btnWatch(sender: NSButton) {
  mainVC.iconset = IconSet.Watch
  dismiss()
}

private func dismiss() {
  mainVC.iconsizes =
    IconSize.getSizes(mainVC.iconset)
  mainVC.iconTable.reloadData()
  dismissController(self)
}
}
```

20.9   Temporäres Verzeichnis erstellen und löschen (AppDelegate.swift)

Der Icon-Resizer verwendet ein temporäres Verzeichnis, um darin die verkleinerten Icons zu speichern. Methoden der AppDelegate-Klasse kümmern sich um das Einrichten und Löschen dieses Verzeichnisses, das als Unterverzeichnis icon-resizer innerhalb des gewöhnlichen temporären Verzeichnisses des Benutzers eingerichtet

wird. Der Ort des temporären Verzeichnisses geht im Terminal aus der Umgebungs-
variable TMPDIR hervor:

```
echo $TMPDIR
  /var/folders/11/m66hgj4s143b8932t5z8nc600000gn/T/
```

Ein eigenes temporäres Verzeichnis einstellen

In Swift-Programmen verrät die Funktion NSTemporaryDirectory den Ort des temporären Verzeichnisses. Dieses Verzeichnis teilen sich aber alle Programme des
Benutzers – deswegen ist es zweckmäßig, dort ein programmspezifisches Unterverzeichnis einzurichten. Darum kümmert sich beim Programmstart die Methode
applicationDidFinishLaunching. Darin ermöglicht die Variable fmgr den Zugriff auf
den NSFileManager (siehe auch Abschnitt 11.7, »Daten persistent speichern«).

Der Pfad des eigenen temporären Verzeichnisses wird mit der Methode stringBy-
AppendingPathComponent aus dem Ergebnis NSTemporaryDirectory und der Erweiterung
icon-resizer zusammengesetzt. fileExistsAtPath überprüft, ob es dieses Verzeichnis
schon gibt. Das kann insbesondere dann passieren, wenn das Programm in Xcode
getestet und dort abgebrochen wird. removeItemAtPath löscht dann das Verzeichnis
mit seinem gesamten Inhalt. Gehen Sie mit dieser Methode vorsichtig um – sie löscht
Verzeichnisse rekursiv und lässt sich nicht rückgängig machen.

Die Methode createDirectoryAtPath erzeugt nun ein (neues) Verzeichnis und speichert dessen Ort in der tempdir-Variablen. Über diese Variable können alle Komponenten des Programms darauf zugreifen.

```
// Projekt osx-icon-resize, Datei AppDelegate.swift
@NSApplicationMain
class AppDelegate: NSObject, NSApplicationDelegate {
  var tempdir:String!

  // temporäres Verzeichnis zum Programmstart einrichten
  func applicationDidFinishLaunching(aNotification:
    NSNotification) {
    let fmgr = NSFileManager.defaultManager()

    // Unterverzeichnis icon-resizer im temporären Verzeichnis
    let temp = NSString(string: NSTemporaryDirectory())
      .stringByAppendingPathComponent("icon-resizer")

    do { // Existiert schon? löschen!
      if fmgr.fileExistsAtPath(temp) {
        try fmgr.removeItemAtPath(temp)
      }
```

20

```
      // erzeugen
      try fmgr.createDirectoryAtPath(temp,
        withIntermediateDirectories: false,
        attributes: nil)
      tempdir = temp
    } catch _ {
      // wenn Fehler passieren: gewöhnliches temporäres
      // Verzeichnis verwenden
      tempdir = NSTemporaryDirectory()
    } // do-Ende
  } // func-Ende
} // class-Ende
```

Temporäres Verzeichnis löschen

Um die Aufräumarbeiten kümmert sich die Methode applicationWillTerminate. Sie
stellt zuerst mit hasSuffix sicher, dass tempdir wirklich auf das programmeigene temporäre Verzeichnis zeigt, und löscht dieses dann.

```
// Projekt osx-icon-resize, Datei AppDelegate.swift, Fortsetzung
@NSApplicationMain
class AppDelegate: NSObject, NSApplicationDelegate {
  ...
  // temporäres Verzeichnis beim Programmende löschen
  func applicationWillTerminate(aNotification: NSNotification) {
    if tempdir.hasSuffix("icon-resizer") {
      let fmgr = NSFileManager.defaultManager()
      do {
        // temporäres Verzeichnis wieder löschen
        try fmgr.removeItemAtPath(tempdir)
      } catch _ { }   // Fehler ignorieren
    }
  }
}
```

20.10 OS-X-Programme weitergeben

Grundsätzlich bestehen zwei Möglichkeiten, Ihre eigenen Programme weiterzugeben:

▶ Sie können den Apple-eigenen App Store verwenden. Die Vorgehensweise ist
  ähnlich wie bei iOS-Apps (siehe Abschnitt 16.9, »App im App Store einreichen«).
  Allerdings müssen Sie bei den Projekteigenschaften (CAPABILITIES) die Option APP
  SANDBOX = ON setzen und die Regeln für den Dateizugriff einstellen und einhalten.

▶ Sie können das kompilierte Programm über Ihre Webseite anbieten oder über einen anderen Dienstleister verkaufen.

Dieser Abschnitt konzentriert sich auf die zweite Variante. Auch hierfür sollten Sie Mitglied im kostenpflichtigen Apple-Developer-Programm sein. Das gibt Ihnen nämlich die Möglichkeit, in Xcode das kompilierte Programm so zu signieren, dass das Programm auf einem anderen Rechner ohne unnötige Warnungen installiert werden kann. Im Folgenden gehe ich davon aus, dass Sie am Developer-Programm teilnehmen.

Gatekeeper

Nicht signierte Programme lassen sich unter OS X nur installieren, wenn in den Systemeinstellungen im Modul SICHERHEIT die Einstellung APPS-DOWNLOADS ERLAUBEN VON = KEINE EINSCHRÄNKUNG gilt. Auf Entwicklerrechnern ist dies oft der Fall. Gewöhnliche Anwender verwenden aber zumeist die sicherere Einstellung APPS-DOWNLOADS ERLAUBEN VON = MAC APP STORE bzw. ... = MAC APP STORE UND VERIFIZIERTE ENTWICKLER. Apple nennt diese Sicherheitsfunktion »Gatekeeper«.

Programme signieren und archivieren

Der erste Schritt zur Weitergabe Ihres Programms besteht darin, dass Sie bei den Programmeinstellungen in der Gruppe IDENTITY angeben, um welche Art von Programm es sich handelt und wie Sie es signieren möchten. Für die Weitergabe ohne App Store wählen Sie hier die Option DEVELOPER ID (siehe Abbildung 20.10). Wenn Sie das zum ersten Mal machen, wird Xcode die Fehlermeldung *no code signing identities found* anzeigen. Ein Klick auf den ebenfalls angezeigten Button FIX ISSUE richtet die erforderlichen Schlüssel aber sofort ein.

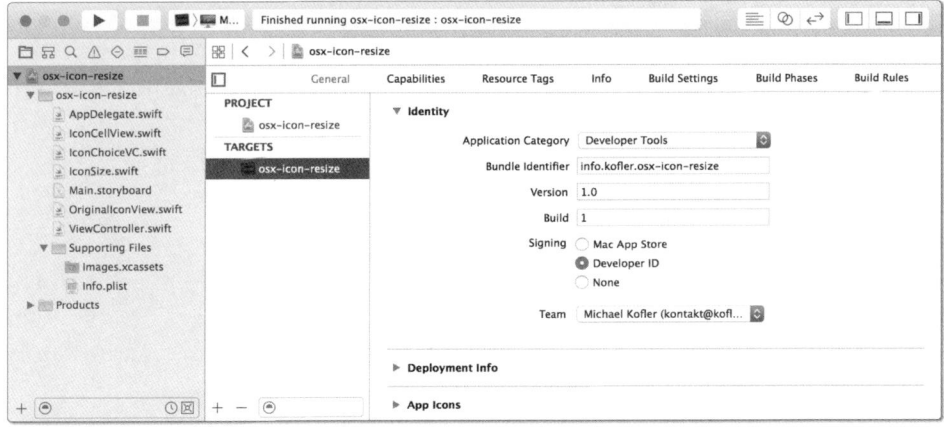

Abbildung 20.10 Identity-Einstellungen zur Programmweitergabe

Product • Archive erstellt nun eine für die Weitergabe kompilierte Version Ihres Programms. Der Button Export führt in einen weiteren Dialog, in dem Sie die Option Export a Developer ID-signed Application wählen (siehe Abbildung 20.11). Xcode erzeugt nun eine *.app-Datei Ihres Programms und speichert diese in einem Schreibtischverzeichnis.

Abbildung 20.11 Programm exportieren

Um zu überprüfen, ob die *.app-Datei wirklich korrekt signiert ist, aktivieren Sie gegebenenfalls in den Systemeinstellungen die Gatekeeper-Funktion. Anschließend führen Sie in einem Terminalfenster die folgenden Kommandos aus, wobei Sie natürlich die Verzeichnis- und Dateinamen anpassen müssen. Das spctl-Kommando testet die Signatur des Programms, die Ausgaben müssen wie folgt aussehen:

```
cd Desktop/osx-icon-resize\ 2015-07-28\ 09-25-46/
spctl -a -v osx-icon-resize.app
  osx-icon-resize.app: accepted
  source=Developer ID
```

Als weiteren Test können Sie sich die *.app-Datei selbst mailen. Damit betrachtet OS X die Datei als heruntergeladen und zeigt beim ersten Startversuch die üblichen Warnungen an (siehe Abbildung 20.12).

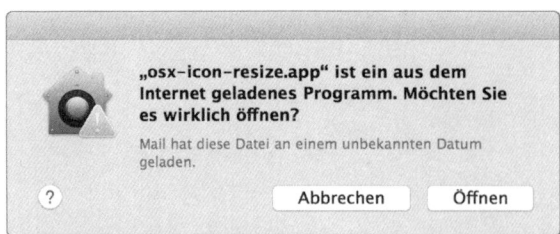

Abbildung 20.12 Die Warnung vor dem ersten Ausführen eines aus dem Internet geladenen Programms

Programme in einem DMG-Image verpacken

Grundsätzlich können Sie die *.app-Datei nun direkt zum Download anbieten. Üblicher ist es aber, die Datei als Disk-Image (DMG-Datei) zu verpacken. Es gibt im Internet allerlei Anleitungen bzw. Tools, die dabei helfen. Als besonders effizient hat sich das in JavaScript entwickelte Kommando appdmg herausgestellt.

Damit Sie dieses kostenlose Script installieren und ausführen können, benötigen Sie aber das Kommando npm. Es ist im Paket node enthalten, zu dessen Installation Sie aber wiederum brew benötigen. brew ist ein Kommando aus dem gleichnamigen Projekt, das bei der Installation von Kommandowerkzeugen hilft, die unter OS X normalerweise fehlen. Details zu allen hier genannten Tools können Sie auf den folgenden Seiten nachlesen:

https://github.com/LinusU/node-appdmg
https://nodejs.org
https://docs.npmjs.com/getting-started/what-is-npm
http://brew.sh
http://stackoverflow.com/questions/8680132

Auch wenn der Installationsprozess aufwendig klingt, müssen Sie nur drei Kommandos im Terminal eingeben. In einer Minute ist alles erledigt. Die https-Adresse ist hier nur aus Platzgründen zweigeteilt. Sie müssen die Adresse ohne das Zeichen »/« und ohne Leerzeichen eingeben.

```
ruby -e "$(curl -fsSL https://raw.githubusercontent.com/\
                        Homebrew/install/master/install)"
brew install node
npm install -g appdmg
```

Sind diese Voraussetzungen einmal erfüllt, müssen Sie mit einem Editor noch eine winzige *.json-Datei nach dem folgenden Muster zusammenstellen:

```
{
  "title": "Test Title",
  "background": "background.png",
  "icon-size": 80,
  "contents": [
    { "x": 192,  "y": 344,
      "type": "file",
      "path": "TestApp.app" },
    { "x": 448,  "y": 344,
      "type": "link",
      "path": "/Applications" }
  ]
}
```

20

Die größte Arbeit besteht nun darin, ein Hintergrundbild zu gestalten, das in der Datei `background.png` zu speichern ist – optional ein zweites Mal in Retina-Auflösung unter dem Namen `background@2x.png`. Ich habe passend zum obigen Listing eine Bitmap in der Größe von 420 × 410 Pixel erstellt. Nach diesen Vorbereitungsarbeiten verläuft das Erzeugen des DMG-Images mühelos:

```
cd Desktop/osx-icon-resize\ 2015-07-28\ 09-25-46/
appdmg spec.json icon-resizer.dmg
open icon-resizer.dmg
```

Im `appdmg`-Kommando gibt der erste Parameter den Namen der `*.json`-Datei an, der zweite den Namen des zu erstellenden Images. Benutzer, die das DMG-Image herunterladen und öffnen, müssen nun nur noch das App-Icon in das Verzeichnis *Applications* verschieben (siehe Abbildung 20.13).

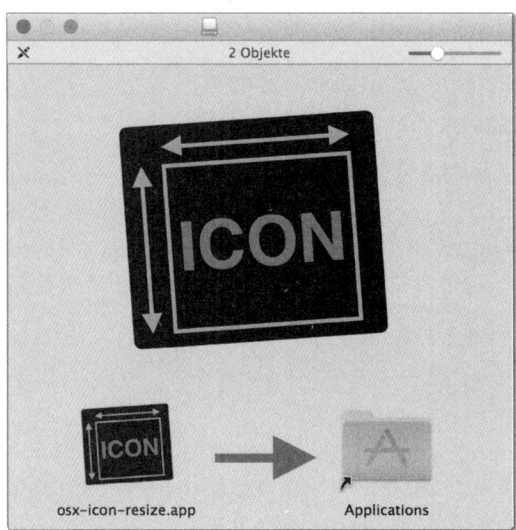

Abbildung 20.13 Finder-Fenster nach dem Öffnen des DMG-Images

Vermutlich gelingt die optische Gestaltung nicht beim ersten Versuch – dann müssen Sie das Image im Finder mit dem AUSWERFEN-Button aus dem Verzeichnisbaum lösen und die DMG-Datei löschen. Erst dann können Sie `appdmg` neuerlich ausführen.

Index

R

- Die neue Programmiersprache für OS X und iOS verständlich erklärt

- Alle Sprachgrundlagen inkl. objektorientierte und funktionale Programmierung

- Swift in der Praxis: Entwickeln Sie eine App für iOS und OS X

Jan Brinkmann

Programmieren mit Swift

Das umfassende Training

Sie kennen sich mit Objective-C aus und wollten schon immer einmal für das iPad programmieren? Apple macht es Ihnen mit Swift besonders leicht, Anwendungen für iPad & Co. zu entwickeln. Und in diesem Video-Training zeigt Ihnen ein erfahrener Software-Entwickler, wie Sie mit Swift für iOS und OS X programmieren. Neben allen Sprachgrundlagen lernen Sie auch, wie Sie objektorientiert programmieren und die Vorteile der funktionalen Programmierung nutzen. Der perfekte Einstieg für alle, die mit Swift schneller ans Ziel kommen wollen.

DVD oder Download, Mac und Windows, 8 Stunden Spielzeit, 39,90 Euro
ISBN 978-3-8362-3731-4
erschienen April 2015
www.rheinwerk-verlag.de/3829

- Grundlagen der Anwendungs-entwicklung mit Xcode 6

- Apps entwickeln, testen, absichern und veröffentlichen

- Inkl. Objective-C, Swift, iCloud, Debugging, Versionierung, Sicher-heite & zahlreicher Praxisbeispiele

Klaus M. Rodewig, Clemens Wagner

Apps programmieren für iPhone und iPad

Das umfassende Handbuch

Unsere Autoren zeigen Ihnen, wie Sie schnell zur eigenen App kommen. Dabei werden alle wichtigen Themen in der gebotenen Tiefe mit viel Hintergrund-wissen beschrieben. Praktische und direkt nachvollziehbare Beispiele helfen beim Verständnis. Natürlich kommt in diesem Buch auch die Programmierung nicht zu kurz. Grundkenntnisse sollten jedoch vorhanden sein. Eine kurze Einführung in Objective-C und Cocoa vermittelt Ihnen alles, was Sie wissen müssen. Inkl. Schnittstellen zum Datenaustausch, Events, Alerts, Datenverwal-tung mit Core Data, Sicherheit und die verschiedenen Möglichkeiten der Netz-werkprogrammierung. Aktuell zu iOS 8.

1.267 Seiten, gebunden, 49,90 Euro
ISBN 978-3-8362-2955-5
3. Auflage 2015, erschienen Dezember 2014
www.rheinwerk-verlag.de/3653

- Einstieg ohne Vorwissen – So entwickeln Sie Ihre eigenen Computerspiele!

- Alle Skripte und Spielekomponenten für Ihr erstes Computerspiel

- Drei Komplettworkshops: Arcade-Sidescroller, Point-and-Click-Adventure, Jump-and-Run

Garvin Gurbat

Spiele entwickeln mit Unity 5

Das umfassende Training

Steigen Sie ein die Welt der Computerspiele! Garvin Gurbat zeigt Ihnen, wie Sie Unity einrichten und führt Sie durch die Oberfläche der Entwicklungssoftware. Sie erfahren, wie Sie die Werkzeuge und Funktionen einsetzen und rüsten sich für drei Praxisworkshops. Dabei erstellen Sie eigene Spielekomponenten, Grafiken und Animationen und entwickeln die Spielfigur und ihre Steuerung. Nebenbei machen Sie sich mit der C#-Programmierung vertraut. Und das Beste: Sie brauchen keine besonderen Programmierkenntnisse!

DVD oder Download, Windows und Mac, 10 Stunden Spielzeit, 39,90 Euro
ISBN 978-3-8362-3726-0
erschienen Juni 2015
www.rheinwerk-verlag.de/3827

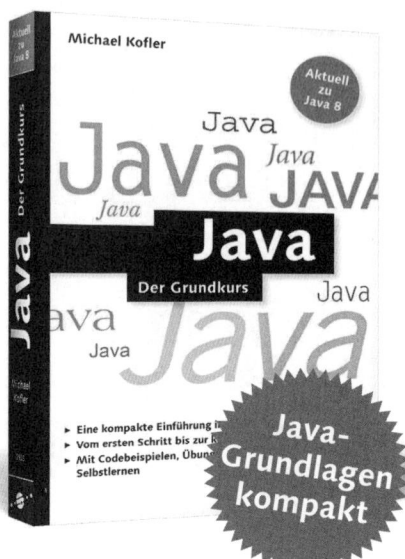

- Eine kompakte Einführung in die Programmiersprache Java

- Von den Grundlagen bis zur komplexen Anwendung

- Mit Codebeispielen, Übungen und Lösungen zum Selbstlernen

Michael Kofler

Java

Der Grundkurs

Unser kompletter Java-Grundkurs für die Jackentasche. Dieses Buch führt Sie in wohlüberlegten Schritten in die Sprache Java ein - und in alle Konzepte, die Sie dafür brauchen. Auf dem Fundament aus Java-Syntax und objektorientierter Programmierung bauen Sie auf und lernen das Collections-Framework, Generics, Lambdas und vieles mehr kennen.
Alle Codebeispiele sind im Unterricht erprobt; Aufgaben und Lösungen unterstützen Sie beim Selbststudium. Auch zum Auffrischen und Nachschlagen ideal, da Sie jedes Thema leicht finden und separat bearbeiten können.

426 Seiten, broschiert, 12,90 Euro
ISBN 978-3-8362-2923-4
erschienen November 2014
www.rheinwerk-verlag.de/3632

■ Professionelle Apps für
Smartphones, Tablets und
Smartwatches

■ Von der Idee bis zur
Veröffentlichung in Google Play

■ Multimedia, Kamera, GPS,
Kalender, GUIs, Multitasking,
Android Wear u. v. m.

Thomas Künneth

Android 5

Apps entwickeln mit Android Studio

Sie möchten Apps für Android Handys, Tablets oder Smartwatches entwickeln?
Java-Kenntnisse vorausgesetzt, wird Ihnen das durch die verständlichen
Erklärungen und zahlreichen Praxisbeispiele schnell gelingen. Ob GUIs, Daten-
banken, Kamera, Multimedia, Kontakte oder GPS - hier erfahren Sie alles, was
Sie wissen müssen!

629 Seiten, gebunden, 34,90 Euro
ISBN 978-3-8362-2665-3
3. Auflage 2015, erschienen Mai 2015
www.rheinwerk-verlag.de/3493

Wie hat Ihnen dieses Buch gefallen?
Bitte teilen Sie uns mit, ob Sie zufrieden waren,
und bewerten Sie das Buch auf:
www.rheinwerk-verlag.de/feedback

Ausführliche Informationen zu unserem aktuellen
Programm samt Leseproben finden Sie ebenfalls
auf unserer Website. Besuchen Sie uns!

www.rheinwerk-verlag.de